国家出版基金项目
NATIONAL PUBLICATION FOUNDATION

抗日战争
专题研究

张宪文 主
朱庆葆 编

第十辑
日军暴行
与审判

南京大屠杀
国际安全区研究

张连红　王卫星　刘燕军　杨夏鸣　著

江苏人民出版社

图书在版编目(CIP)数据

南京大屠杀国际安全区研究 / 张连红等著.
— 南京：江苏人民出版社，2022.6
（抗日战争专题研究 / 张宪文，朱庆葆主编）
ISBN 978 - 7 - 214 - 26744 - 3

Ⅰ. ①南… Ⅱ. ①张… Ⅲ. ①南京大屠杀－研究
Ⅳ. ①K265.607

中国版本图书馆 CIP 数据核字(2021)第 252171 号

书　　　名	南京大屠杀国际安全区研究
著　　　者	张连红　王卫星　刘燕军　杨夏鸣
责 任 编 辑	张惠玲
装 帧 设 计	刘葶葶
责 任 监 制	王　娟
出 版 发 行	江苏人民出版社
地　　　址	南京市湖南路 1 号 A 楼，邮编:210009
照　　　排	江苏凤凰制版有限公司
印　　　刷	苏州市越洋印刷有限公司
开　　　本	652 毫米×960 毫米　1/16
印　　　张	39　插页 4
字　　　数	440 千字
版　　　次	2022 年 6 月第 1 版
印　　　次	2022 年 6 月第 1 次印刷
标 准 书 号	ISBN 978 - 7 - 214 - 26744 - 3
定　　　价	148.00 元

（江苏人民出版社图书凡印装错误可向承印厂调换）

教育部哲学社会科学研究重大委托项目
2021年度国家出版基金资助项目
南京大学"双一流"建设卓越计划项目
"十四五"国家重点出版物出版专项规划项目

合作单位

南京大学　北京大学　南开大学　武汉大学
复旦大学　浙江大学　山东大学
台湾中国近代史学会

学术顾问

编 纂 委 员 会

总　序

张宪文　朱庆葆

日本侵华与中国抗日战争是近代中国最重大的历史事件。中国人民经过 14 年艰苦卓绝的英勇奋战,付出惨重的生命和财产的代价,终于取得伟大的胜利。

自 1945 年抗日战争结束至 2015 年,度过了漫长的 70 年。对这一影响中国和世界历史进程的重大事件,国内外历史学界已经做过大量的学术研究,出版了许多论著。2015 年 7 月 30 日,在抗日战争胜利 70 周年前夕,中共中央政治局就中国人民抗日战争的回顾和思考进行集体学习,习近平总书记发表重要讲话,指示学术界应该广为搜集整理历史资料,大力加强对抗日战争历史的研究。半个月后,中共中央宣传部迅速制定抗日战争研究的专项规划。8 月下旬,时任中共中央宣传部部长刘奇葆召开中央各有关部委、国家科研机构和部分高校代表出席的专题会议,动员全面贯彻习总书记的讲话精神,武汉大学和南京大学的代表出席该会。

在这一形势下,教育部部领导和社会科学司决定推动全国高校积极投入抗战历史研究,积极支持南京大学联合有关高校建立抗战研究协同创新中心,并于南京中央饭店召开了由数十所高校的百余位教授、学者参加的抗战历史研讨会。台湾"中国近代史学会"也派出十多位学者,在吕芳上、陈立文教授率领下出席会议,共同协商在新时代深入开展抗战历史研究的具体方案。台湾著名资深教授蒋永敬在会议上发表了热情洋溢的讲话。经过几个月的酝酿和准备,南京大学决定牵头联合我国在抗战历史研究方面有深厚学术基础的北京大学、南开大学、武汉大学、复旦大学、浙江大学、山东大学及台湾"中国近代史学会",组织两岸历史学者共同组建编纂委员会,深入开展抗日战争专题研究。中央档案馆和中国第二历史档案馆也积极支持。在南京中央饭店学术会议基础上,编纂委员会初步筛选出 130 个备选课题。

南京大学多次举行党政联席会议和校学术委员会会议,专门研究支持这一重大学术工程。学校两届领导班子均提出具体措施支持本项工作,还派出时任校党委副书记朱庆葆教授直接领导,校社科处也做了大量工作。南京大学将本项目纳入学校"双一流"建设卓越计划,并陆续提供大量经费支持。

江苏省委、省政府以及江苏省委宣传部,均曾批示支持抗战历史研究项目。国家教育部社科司将本项研究列为哲学社会科学研究重大委托项目,并要求项目完成和出版后,努力成为高等学校代表性、标志性的优秀成果。

本项目编纂委员会考察了抗战历史研究的学术史和已有的成果状况,坚持把学术创新放在第一位,坚持填补以往学术研究的空白,不做重复性、整体性的发展史研究,以此推动抗战历史研究在已有基础上不断向前发展。

本项目坚持学术创新,扩大研究方向和范围。从以往十分关注的九一八事变向前延伸至日本国内,研究日本为什么发动侵华战争,日本在早期做了哪些战争准备,其中包括思想、政治、物质、军事、人力等方面的准备。而在战争进入中国南方之后,日本开始实施一号作战,将战争引出中国国境,即引向亚太地区,对东南亚各国及东南亚地区的西方盟国势力发动残酷战争。特别是日军偷袭美军重要海军基地珍珠港,不仅给美军造成严重的军事损失,也引发了日本法西斯逐步走向灭亡的太平洋战争。由此,美国转变为支援中国抗战的主要盟国。拓展研究范围,研究日本战争准备和研究亚太地区的抗日战争,有利于进一步揭露日本妄图占领中国、侵占亚洲、独霸世界的阴谋。

本项目以民族战争、全民抗战、敌后和正面战场相互支持相互依靠的抗战整体,来分析和认识中国抗日战争全局。课题以国共两党合作为基础,运用大量史实,明确两党在抗日战争中的地位和作用,正确认识各民族、各阶级对抗日战争的贡献。本项目内容涉及中日双方战争准备、战时军事斗争、战时政治外交、战时经济文化、战时社会变迁、中共抗战、敌后根据地建设以及日本在华统治和暴行等方面,从不同视角和不同层面,深入阐明抗日战争的曲折艰难历程,以深刻说明中国抗日战争的重大意义,进一步促进中华民族的伟大复兴。

对于学界已经研究得甚为完善的课题,本项目进一步开拓新的研究角度和深化研究内容。如对山西抗战的研究更加侧重于国共合作抗战;对武汉会战的研究将进一步厘清抗战中期中国政治、经济、社会的变迁及国共之间新的友好关系。抗战前期国民党军队丢失大片国土,而中国共产党在十分艰难的状况下,在敌后逐步收复失地,建立抗日根据地。本项目要求各根据地相关研究课题,应在以往学界成果基础上,着力考察根据地在社会改造、经济、政治、人才培养等方面,如何探索和积累经验,为1949年后的新中国建设提供有益的借鉴。抗战时期文学艺术界以其特有的文化功能,在揭露日军罪行、动员广大民众投入抗战方面,发挥了重要作用。我们尝试与艺术界合作,动员南京艺术学院的教授撰写了与抗日战争相关的电影、美术、音乐等方面的著作。

本项目编纂委员会坚持鼓励各位作者努力挖掘、搜集第一手历史资料,为建立创新性的学术观点打下坚实基础。编纂委员会要求全体作者坚决贯彻严谨的治学作风,坚持严肃的学术道德,恪守学术规范,不得出现任何抄袭行为。对此,编纂委员会对全部书稿进行了两次"查重",以争取各个研究课题达到较高的学术水平,减少学术差错。同时,还聘请了数十位资深专家,对每部书稿从不同角度进行了五轮审稿。

本项目自2015年酝酿、启动,至2021年开始编辑出版,是一项巨大的学术工程,它是教育部重点研究基地南京大学中华民国史研究中心一直坚持的重大学术方向。百余位学者、教授,六年时间里付出了艰辛的劳动,对抗战历史研究做出了重要贡献!编纂委员会向全体作者,向教育部、江苏省委省政府以及各学术合作院校,向江苏凤凰出版传媒集团暨江苏人民出版社,向全体编辑人员,表示最崇高的敬意和诚挚的感谢!

目　录

导　论

1941 年 6 月 10 日,迁都重庆的国民政府以"渝字第 369 号",为一位美国女传教士发布褒扬令,对她的去世以示哀悼,褒扬令内容如下:

> 美籍女士华群,秉性仁慈,见义勇赴,曩任金陵女子大学副校长,辛勤训育,卓著成绩,二十六年冬季,敌犯南京,势焰凶残,独能不避艰险,出任救济工作,避难妇孺,赖以保全者甚多,兹闻在美逝世,轸惜良深,应予明令褒扬,以彰懿行。此令。①

华群是明妮·魏特琳(Minnie Vautrin)女士的中文名。魏特琳 1886 年生于美国伊利诺伊州,1912 年来华传教,1919 年受聘担任金陵女子大学(简称金女大)教务主任,一直工作到 1940 年生病回国,1941 年 5 月 14 日,魏特琳因抑郁症加重,在美国自杀。南京大屠杀期间,金女大是专门收容妇女儿童的难民所,最多时收容保护了 1.3 万多名妇孺难民,魏特琳不仅是金女大难民收容所所长,

---

① 《美籍金女大副校长华群褒扬令》(1941 年 6 月 10 日),中国第二历史档案馆藏,三四(953)。

而且兼任国际红十字会南京分会要员,她成了难民心目中救苦救难的"活菩萨"。

1998年12月13日,在纪念侵华日军南京大屠杀遇难同胞61周年之际,南京师范大学南京大屠杀研究中心正式成立。南京师范大学校址前身即为中国第一所女子大学——金陵女子大学所在地。南京大屠杀研究中心成立之后,立即以"魏特琳与金女大难民所研究"作为研究中心开展学术研究的切入点,先后翻译出版《魏特琳日记》①,撰写《魏特琳传》②,在校园里竖立了一尊魏特琳铜像供世人瞻仰,2001年5月举办了以纪念魏特琳女士逝世60周年暨南京大屠杀研究为主题的国际学术会议,中央电视台、山东电视台、江苏电视台等也相继拍摄了多部魏特琳的电视纪录片,从此,魏特琳在南京大屠杀期间拯救妇女难民的故事广为传播。

南京大屠杀期间,魏特琳女士是留在南京20余位西方人士的杰出代表,金女大难民收容所是安全区内25个难民收容所之一。随着南京大屠杀史料特别是海外史料的翻译出版,包括魏特琳与金女大难民所在内的整个南京安全区的研究持续深入,海内外相关研究成果不断涌现。

一、学界有关南京安全区的史料整理

最早出版的有关南京安全区的史料,是英国《曼彻斯特报》记者田伯烈(H. J. Timperley)根据南京安全区国际委员会成员贝茨(Miner Searle Bates,中文名贝德士)等人提供的资料编辑而成的

---

① [美]明妮·魏特琳:《魏特琳日记》,南京师范大学南京大屠杀研究中心译,江苏人民出版社2000年版。
② 南京师范大学南京大屠杀研究中心主编:《魏特琳传》,南京出版社2001年版。

《外人目睹中之日军暴行》(*What War Means：the Japanese Terror in China*)，1938 年该书在伦敦、纽约以英文出版，与此同时，在武汉也翻译成中文推出。还有一本是 1939 年燕京大学教授徐淑希在上海编辑出版的英文版《南京安全区档案》(*Douments of the Nanking Safety Zone*)，也是较早的南京安全区文献资料。

　　学术界有关南京安全区的研究得益于新史料的不断挖掘。一是海外史料的搜集整理，美国方面有关南京安全区的史料集中在耶鲁神学院图书馆和美国国家档案馆，华中师范大学章开沅教授较早发现和整理翻译出版了《南京大屠杀的历史见证》(贝德士文献研究系列之一)①、《天理难容：美国传教士眼中的南京大屠杀(1937—1938)》②和《贝德士文献研究》③，南京师范大学南京大屠杀研究中心在 2000 年翻译出版《魏特琳日记》，其后由南京大学张宪文教授领衔主编的《南京大屠杀史料集》④又推出《耶鲁文献》(上、下册)。美国国家档案馆所藏相关档案也被学者整理出版，主要集中在《南京大屠杀史料集》第 29 册《国际检察局文书·美国报刊报道》、第 63 册《美国外交文件》、第 71 册《东京审判书证及苏、意、德文献》。另外，美国哥伦比亚大学图书馆收藏有安全区总干事乔治·菲奇(George A. Fitch，中文名费吴生)的个人档案，据悉即将由南京大学姜良芹教授整理出版。德国方面，除了 1997 年翻译出版的《拉贝日记》外，德国档案馆收藏的当时驻华使领馆报告内

① 章开沅：《南京大屠杀的历史见证》，湖北人民出版社 1995 年版。

② 章开沅编译：《天理难容：美国传教士眼中的南京大屠杀(1937—1938)》，南京大学出版社 1999 年版。

③ 章开沅：《贝德士文献研究》，广西师范大学出版社 2011 年版。

④ 张宪文主编：《南京大屠杀史料集》(1—72 册)，江苏人民出版社 2005、2006、2007、2010 年版。

容也比较丰富,《抗日战争研究》杂志最早翻译发表德国外交官罗森(G. F. Rosen)的档案①,后来经学者前往德国搜集整理,推出《德国使领馆文书》,列入《南京大屠杀史料集》第 30 册。英国方面的档案主要收藏在英国国家档案馆,其主要档案史料《英国使领馆文书》列入《南京大屠杀史料集》第 31 册。二是国内有关南京安全区史料,主要是抗战胜利后国民政府所开展的敌人罪行调查和南京大屠杀战犯谷寿夫案的审判调查,以及始于 1980 年代的幸存者受害调查,这些调查档案和口述史资料大都以《南京审判》《抗战损失调查委员会调查统计》《日军罪行调查委员会调查统计》《南京市临时参议会调查》《幸存者的日记与回忆》《幸存者调查口述》等专题列入《南京大屠杀史料集》中相继出版。

目前有关南京安全区的史料总体而言较为丰富,但是十分遗憾的是战时日方相关文献档案较为缺失,至今日本军方和外务省使领馆方面的原始档案文献却一直没有发现。日本学者井上久士编辑解说的日本华中"宣抚班"的一些工作报告价值极大。② 另外,虽然留在南京西方人士中大部分美国传教士的文献已经被挖掘整理,但也有一些传教士却未找到相关文献记录,有些日记如当时鼓楼医院的鲍尔(Grace Bauer,中文名鲍恩典)女士日记因涉及隐私,至今一直没有能够公开。③

---

① 《德国档案馆中有关侵华日军南京大屠杀的档案资料》,《抗日战争研究》1991 年第 2 期。

② 井上久士编·解说《华中宣抚工作资料》,不二出版、1989 年。

③ 2007 年 12 月 12 日,南京市鼓楼医院第一次公布了新发现的鲍恩典日记。这本日记记录了 1937 年 11 月 25 日至 1941 年 9 月 15 日鲍恩典在南京鼓楼医院亲历的事情,但至今该日记没有向社会公开。

二、关于南京安全区的研究进展

国内学术界开展南京大屠杀研究最早的学者是南京大学历史系高兴祖，1960 年高兴祖带领历史系同学开始进行南京大屠杀的调查，1962 年曾编印一本《日寇在南京的大屠杀》。[①] 1982 年，日本发生教科书事件后，右翼政客不断否定南京大屠杀，促使国内学术界开展南京大屠杀史的研究。40 年来，学术界有三本具有代表性的南京大屠杀通史类著作，分别是 1987 年"南京大屠杀"史料编辑委员会著的《侵华日军南京大屠杀史稿》[②]、1997 年孙宅巍主编的《南京大屠杀》[③]和 2012 年张宪文主编的《南京大屠杀全史》（3 册）[④]。这三本通史著作中关于南京安全区都设有专章研究，论述了安全区的建立和 20 余位西方人士冒着生命危险，阻止日军暴行，拯救成千上万无辜难民的历史。在一些相关南京大屠杀专题研究著作中，也都设有专题研究南京安全区，如经盛鸿著《南京沦陷八年史》（2 册）[⑤]、孙宅巍著《澄清历史：南京大屠杀研究与思考》[⑥]、张生等著《南京大屠杀史研究》（2 册）[⑦]、张连红等著《创伤的历史：南京大屠杀与战时中国社会》[⑧]，张连红、孙宅巍主编《南京大

---

① 张生：《"原典"的创建、叙事和流变：从〈日寇在南京的大屠杀〉开始的知识考古》，《江海学刊》2020 年第 1 期。

② "南京大屠杀"史料编辑委员会：《侵华日军南京大屠杀史稿》，江苏古籍出版社 1987 年版。

③ 孙宅巍主编：《南京大屠杀》，北京出版社 1997 年版。

④ 张宪文主编：《南京大屠杀全史》（上、中、下），南京大学出版社 2012 年版。

⑤ 经盛鸿：《南京沦陷八年史》（上、下），社会科学文献出版社 2005 年版。

⑥ 孙宅巍：《澄清历史：南京大屠杀研究与思考》，江苏人民出版社 2005 年版。

⑦ 张生等：《南京大屠杀史研究》（上、下），凤凰出版社 2015 年版。

⑧ 张连红、经盛鸿、陈虹等：《创伤的历史：南京大屠杀与战时中国社会》，南京师范大学出版社 2005 年版。

屠杀研究：历史与言说》（2 册）①等。

在南京安全区的专题研究方面，学术界的研究十分活跃，主要集中在下面三个方面：

一是关于安全区中的西方人士活动。在人物传记方面，章开沅围绕金陵大学历史系贝德士教授进行了系列研究，出版了《南京大屠杀的历史见证》（贝德士文献研究系列之一），黄慧英以拉贝日记等文献撰写了《拉贝传》②，南京师范大学南京大屠杀研究中心撰写了《魏特琳传》，戴袁支历尽辛苦，寻找江南水泥厂难民所丹麦人辛德贝格（Bernhard Arp Sindberg）的珍贵资料，著有《1937—1938：人道与暴行的见证——经历南京腥风血雨的丹麦人》③。2016 年张建军和卢海鸣主编"南京不会忘记"丛书，推出了拉贝、贝德士、魏特琳、马吉（John G. Magee）、菲奇、福斯特（Ernest H. Forster）、威尔逊（Robert O. Wilson）、京特（Karl Günther）、辛德贝格、罗森、阿利森（John. Moore Allison）的个人传记，以及报道南京大屠杀的 5 位西方记者斯蒂尔（Archibald T. Steele）、德丁（Frank Tillman Durdin）、孟肯（Arthur Menken）、史密斯（L. C. Smith）、麦克丹尼尔（C. Yates McDaniel）的合传。④ 在探讨南京大屠杀期间西方人士的具体活动方面，黄慧英发表《拉贝在"南京大屠杀"期间行为及思想变化简析》一文，对拉贝在南京大屠杀期间思想变化做了较为深入的研究。⑤ 戴袁支的《威尔逊视角下的劫

---

① 张连红、孙宅巍主编：《南京大屠杀研究：历史与言说》（上、下），江苏人民出版社 2014 年版。
② 黄慧英：《拉贝传》，百家出版社 2002 年版。
③ 戴袁支：《1937—1938：人道与暴行的见证——经历南京腥风血雨的丹麦人》，江苏人民出版社 2010 年版。
④ 张建军、卢海鸣主编："南京不会忘记"丛书，南京出版社 2016 年版。
⑤ 黄慧英：《拉贝在"南京大屠杀"期间行为及思想变化简析》，《民国档案》1997 年第 4 期。

后南京栖霞山——兼论辛德贝格与"威尔逊栖霞之行"》①、《南京大屠杀见证人科拉功罪的历史评说》②运用第一手档案文献史料,分别对威尔逊和白俄科拉(Cola Podshivoloff)的重要活动进行了个案分析和评论。张生以爱德华·施佩林给罗森的报告为例,探讨了安全区西方人士目击日军暴行的真实性。③ 张连红通过大量文献检索,揭示了一直不为世人所知的奥地利人哈茨(Rupert R. Hatz)在大屠杀期间的英雄行为。④ 冯翠、姜良芹的《亲历、书写、传播:费吴生与南京大屠杀研究》,利用哥伦比亚大学图书馆藏费吴生书信文献资料,对安全区总干事费吴生在南京大屠杀前后的事迹进行了梳理。⑤ 王山峰围绕麦卡伦的活动也进行了探讨。⑥ 南京大学张珊珊、董芙蓉分别围绕威尔逊、贝德士撰写了硕士学位论文。⑦ 在传教士群体研究方面,彭剑的成果比较集中,他的硕士论文重点考察了南京大屠杀期间西方传教士的心态⑧,后来相继发表

---

① 戴袁支:《威尔逊视角下的劫后南京栖霞山——兼论辛德贝格与"威尔逊栖霞之行"》,《日本侵华南京大屠杀研究》2018 年第 2 期。

② 戴袁支:《南京大屠杀见证人科拉功罪的历史评说》,《日本侵华史研究》2016 年第 4 卷。

③ 张生:《无尽的追问:史料的连环解读——以南京大屠杀期间的爱德华·施佩林为例》,《社会科学战线》2017 年第 9 期。

④ 张连红:《南京英雄:南京大屠杀期间奥地利机械师鲁佩特·哈茨》,《日本侵华南京大屠杀研究》2018 年第 1 期。

⑤ 冯翠、姜良芹:《亲历、书写、传播:费吴生与南京大屠杀研究》,《民国档案》2019 年第 3 期。

⑥ 王山峰:《美国传教士见证的南京大屠杀——以麦卡伦为中心的考察》,《大连近代史研究》2016 年第 13 辑。

⑦ 张珊珊:《罗伯特威尔逊与南京大屠杀事件研究》,南京大学硕士学位论文,2013 年。董芙蓉:《贝德士研究》,南京大学硕士学位论文,2015 年。

⑧ 彭剑:《南京大屠杀期间留宁美国传教士心态研究》,华中师范大学硕士学位论文,2002 年。

了《被忽视的受害者——南京大屠杀中美国传教士的另一面相》①、《角色紧张与南京大屠杀期间外籍人士揭露日军暴行的延误——兼驳松村俊夫的"豹变"论》②、《仇日乎,反日乎——试析南京大屠杀期间美国传教士对日军之态度》③、《爱邻如己·和平主义·效法基督——南京大屠杀期间美国传教士正义行为之思想源泉初探》④和《为了世界和平——从基督教仁爱观分析南京大屠杀期间的"国际救援"动机》⑤。董为民以南京大屠杀期间的西方在宁人士为题撰写了博士论文,他的《南京大屠杀时期在宁西方外交人员的活动及其影响》一文,探讨了 1938 年 1 月陆续回宁的西方外交人员的活动。⑥ 经盛鸿的《南京沦陷前后的西方侨民及其对日抗争》⑦和杨夏鸣的《欲盖弥彰:南京陷落后日军对西方人士返回南京的阻挠》⑧揭露了日军当局威胁西方侨民和阻挠外交官返回南京的内幕。朱成山的《亲历南京大屠杀的外籍人士人数考》对亲历南京大屠杀的西方人士进

① 彭剑:《被忽视的受害者——南京大屠杀中美国传教士的另一面相》,《南京社会科学》2003 年第 8 期

② 彭剑:《角色紧张与南京大屠杀期间外籍人士揭露日军暴行的延误——兼驳松村俊夫的"豹变"论》,《福建论坛》2003 年第 10 期。

③ 彭剑:《仇日乎,反日乎——试析南京大屠杀期间美国传教士对日军之态度》,《南京社会科学》2004 年第 6 期。

④ 彭剑:《爱邻如己·和平主义·效法基督——南京大屠杀期间美国传教士正义行为之思想源泉初探》,《近代史学刊》2005 年第 2 辑。

⑤ 彭剑、汤蕾:《为了世界和平——从基督教仁爱观分析南京大屠杀期间的"国际救援"动机》,《宗教学研究》2012 年第 3 期。

⑥ 董为民:《南京大屠杀时期在宁西方外交人员的活动及其影响》,《福建论坛》2012 第 2 期。

⑦ 经盛鸿:《南京沦陷前后的西方侨民及其对日抗争》,《南京社会科学》2006 年第 4 期。

⑧ 杨夏鸣:《欲盖弥彰:南京陷落后日军对西方人士返回南京的阻挠》,《日本侵华南京大屠杀研究》2018 年第 1 期。

行了分类考证,认为前后共有 39 名西方人士亲历了南京大屠杀。[1]

　　二是关于南京安全区的运行以及与各方关系。孙宅巍的《试论南京大屠杀中的"安全区"》是学术界最早的一篇较为全面论述安全区的成立、日军暴行与历史作用的论文。[2] 杨夏鸣的《论南京"安全区"功能的错位及其原因》认为日军拒绝承认安全区,导致安全区功能发生错位。[3] 王卫星的《论南京国际安全区的成立》梳理了南京安全区成立错综复杂的过程。[4] 张连红的《南京大屠杀时期的日军当局与南京安全区》[5]、《饶家驹与南京安全区的设立》[6]、《人道主义与民族主义:南京保卫战中的南京安全区国际委员会》[7]和《南京大屠杀时期的南京市自治委员会与安全区国际委员会》[8],分别论述了南京安全区与日军当局、饶家驹与南京安全区成立、南京安全区与南京守军以及与南京市自治委员会的互动关系。刘燕军的《南京大屠杀与国际救援——上海"南京国际救济会"钩沉》揭示了上海"南京国际救济会"对南京安全区的援助。[9] 关于南京安全区国际委员会改名为南京国际救济委员会,袁志秀的《南京大屠杀之后的难民安置与救济工作——以南京国际救济委员会的工作

---

① 朱成山:《亲历南京大屠杀的外籍人士人数考》,《抗日战争研究》2005 年第 4 期。

② 孙宅巍:《试论南京大屠杀中的"安全区"》,《南京社会科学》1992 年第 5 期。

③ 杨夏鸣:《论南京"安全区"功能的错位及其原因》,《抗日战争研究》2000 年第 4 期。

④ 王卫星:《论南京国际安全区的成立》,《民国档案》2005 年第 4 期。

⑤ 张连红:《南京大屠杀时期的日军当局与南京安全区》,《近代史研究》2001 年第 3 期。

⑥ 张连红:《饶家驹与南京安全区的设立》,《军事历史研究》2015 年第 2 期。

⑦ 张连红:《人道主义与民族主义:南京保卫战中的南京安全区国际委员会》,《南京政治学院学报》2014 年第 6 期。

⑧ 张连红:《南京大屠杀时期的南京市自治委员会与安全区国际委员会》,《民国档案》2007 年第 4 期。

⑨ 刘燕军:《南京大屠杀与国际救援——上海"南京国际救济会"钩沉》,《民国档案》2017 年第 3 期。

为例》和《南京国际救济委员会工作述论》有专门研究。①　巧合的是,2020 年同时有两篇硕士学位论文不约而同研究南京国际救济委员会,一篇是辽宁师范大学徐丹妮的《南京国际救济委员会对难民的救济(1937 年 11 月至 1941 年 4 月)》和南京师范大学乐凡的《南京国际救济委员会研究(1938 年 2 月—1941 年 12 月)》。南京大屠杀期间的红十字会和红卍字会,也有专门论文研究,如高翔宇、钟声的《人道主义的赞歌——南京大屠杀期间的中国红十字会南京分会的人道救援》②,薛丽蓉、池子华的《南京大屠杀与红十字会的人道救援》,高鹏程、池子华的《南京大屠杀期间红卍字会的两面性》③等。关于安全区内难民所的研究,孙宅巍的《南京大屠杀期间的难民收容所研究》④和朱成山的《考证南京难民收容所》⑤对南京安全区内的难民收容所分布情况进行了考证。杨雅丽的《南京大屠杀期间金陵大学附属中学难民收容所研究》⑥和王勇忠的《南京大屠杀时期的金陵大学难民收容所》⑦,分别围绕金中和金大难民收容所进行了十分深入的个案研究。

---

① 袁志秀:《南京大屠杀之后的难民安置与救济工作——以南京国际救济委员会的工作为例》,《日本侵华史研究》2015 年第 4 期。《南京国际救济委员会工作述论》,《档案与建设》2016 年第 12 期。

② 高翔宇、钟声:《人道主义的赞歌——南京大屠杀期间的中国红十字会南京分会的人道救援》,《渤海大学学报》2011 年第 4 期。

③ 高鹏程、池子华:《南京大屠杀期间红卍字会的两面性》。此文收录于张连红、孙宅巍主编:《南京大屠杀研究:历史与言说》(上、下),江苏人民出版社 2014 年版。

④ 孙宅巍:《南京大屠杀期间的难民收容所研究》,《江苏社会科学》2017 年第 5 期。

⑤ 朱成山:《考证南京难民收容所》,《江苏地方志》2005 年第 4 期。

⑥ 杨雅丽:《南京大屠杀期间金陵大学附属中学难民收容所研究》,《日本侵华南京大屠杀研究》2020 年第 1 期;杨雅丽:《金陵大学附属中学难民收容所研究》,南京师范大学硕士学位论文,2021 年。

⑦ 王勇忠:《南京大屠杀时期的金陵大学难民收容所》,《抗日战争研究》2008 年第 4 期。

　　三是围绕南京安全区内的难民生活。近 20 年来,学术界从不同角度研究南京安全区难民日常生活的成果丰硕。张生的《死神面前的"不平等"——南京大屠杀期间国际安全区中国难民内部分层》认为:在死亡威胁和战争暴行面前,难民处境不完全相同。由于处境不同,结果也不同,中国难民在死神面前,并不"平等",内部由此形成分层,并影响到南京大屠杀的具体历史面貌和结果。① 朱天乐、朱成山发表的《南京安全区难民生存的真相——兼论南京难民经历"法益侵害"和"人道救援"的双重际遇》,讨论了安全区难民被侵害和被保护的双重际遇。② 郭昭昭以南京难民生活秩序为主题撰写了博士学位论文,并发表了《南京大屠杀期间的难民医疗救助》。③ 屈胜飞、张生的《南京大屠杀时期难民生活状况研究》探讨了安全区难民的生活状况。④ 董为民的《伪装的"安民":日据南京初期的难民登记》揭示了日军在难民登记初期以"安民"为幌子搜捕和屠杀"不良分子"的真相。⑤ 他的另一篇论文《南京大屠杀时期的粮食问题研究》深入探讨了安全区难民粮食供应、消费危机。⑥ 关于南京大屠杀期间的鼓楼医院,也有多篇论文进行了讨论,如张生、陈如芳的《南京大屠杀期间的鼓楼医院》⑦、顾碧的《南京大屠杀

---

① 张生:《死神面前的"不平等"——南京大屠杀间国际安全区中国难民内部分层》,《西南大学学报》2016 年第 6 期。

② 朱天乐、朱成山:《南京安全区难民生存的真相——兼论南京难民经历"法益侵害"和"人道救援"的双重际遇》,《民国档案》2020 年第 4 期。

③ 郭昭昭:《南京大屠杀前后南京市民生活秩序变迁研究(1937.7—1938.4)》,南京大学博士学位论文,2011 年。《南京大屠杀期间的难民医疗救助》,《安徽史学》2012 年第 1 期。

④ 屈胜飞、张生:《南京大屠杀时期难民生活状况研究》,《阅江学刊》2010 第 1 期。

⑤ 董为民:《伪装的"安民":日据南京初期的难民登记》,《福建论坛》2020 第 3 期。

⑥ 董为民:《南京大屠杀时期的粮食问题研究》,《民国研究》2010 年第 2 期。

⑦ 张生、陈如芳:《南京大屠杀期间的鼓楼医院》,《北华大学学报》2008 年第 5 期。

前后的鼓楼医院研究》①、经盛鸿的《南京大屠杀前后的金陵大学
(鼓楼)医院》②都从不同角度探讨了鼓楼医院对南京难民的医疗救
护。难民社会心理研究也有不少相关成果,如刘燕军的《南京大屠
杀前后的谣言》对难民区的各种谣言现象进行了梳理③,张连红的
《南京大屠杀之前南京市民的社会心理》④、《南京大屠杀与南京市
民的创伤记忆》⑤和《南京大屠杀对南京市民社会心理的影响》⑥分
别探讨了南京大屠杀前后南京难民的心态变化。长期以来,对参
加南京安全区工作的中国人士关注研究较少,只有极少数文章论
及,如陈蓁法的《南京大屠杀期间难民区的忠诚卫士陈嵘教授》,对
金陵大学陈嵘教授在南京沦陷期间受命留守金陵大学和参与国际
委员会的工作进行了论述。⑦ 张连红、胡华玲的《许传音:南京大屠
杀的重要见证人》,第一次较为深入地挖掘了安全区重要的中方人
士许传音的事迹。⑧ 另外,也有一些文章涉及齐兆昌、陈文书、韩湘
琳等。⑨

　　日本学者在南京安全区研究方面也取得了丰硕的成果。以洞
富雄、藤原彰、吉田裕、笠原十九司等进步学者组织的南京事件调

① 顾碧:《南京大屠杀前后的鼓楼医院研究》,南京师范大学硕士学位论文,2009年。
② 经盛鸿:《南京大屠杀前后的金陵大学(鼓楼)医院》,《民国档案》2010年第2期。
③ 刘燕军:《南京大屠杀前后的谣言》,《日本侵华史研究》2011年第1卷。
④ 张连红:《南京大屠杀之前南京市民的社会心理》,《抗日战争研究》2002年第4期。
⑤ 张连红:《南京大屠杀与南京市民的创伤记忆》,《江海学刊》2003年第1期。
⑥ 张连红:《南京大屠杀对南京市民社会心理的影响》,《江苏社会科学》2000年第6期。
⑦ 陈蓁法:《南京大屠杀期间难民区的忠诚卫士陈嵘教授》,《南京社会科学》1997年第
　 8期。
⑧ 张连红、胡华玲:《许传音:南京大屠杀的重要见证人》,《钟山风雨》2005年第4期。
⑨ 参见汪晓茜《建筑设计师齐兆昌的1937》,《莫愁》2020年第5期;陈巨慧、王新蕾:《血
　 色南京下的山东人》,《大众日报》2013年12月13日,第9版;王新蕾、陈巨慧:《陈文
　 书:草根英雄的坎坷路》,《大众日报》2013年11月8日,第10版。

查研究会,曾组织人员到美国、德国和中国搜集资料,编辑出版了《南京事件资料集①·美国关系资料编》《南京事件资料集②·中国关系资料编》,其中有许多是关于南京安全区的资料。石田勇治编译的《资料·德国外交官目睹的南京事件》,收集翻译了德国驻南京使领馆罗森等人关于南京安全区的报告。① 另外,十分重要的拉贝日记(平野卿子译)和魏特琳日记(冈田良之助、伊原阳子译)在日本都有日文版出版。日本铭心会的松冈环在日本采访了102名参加南京战的老兵,也多次来南京采访了120名南京大屠杀幸存者,分别以《南京战:寻找封闭的记忆》和《南京战:被割裂的受害者之魂》为题出版,这些口述史资料中也有不少涉及南京安全区的内容。在研究方面,洞富雄的《决定版·南京大屠杀》早在1980年代初就围绕南京安全区做了十分深入的研究。1995年,笠原十九司著《南京难民区百日》是第一本研究安全区的专著,该书以安全区西方人士为中心,较为全面地论述了南京大屠杀期间西方人士目睹日军在南京安全区的暴行。② 一直在日本大学任教的戴维·艾斯克(David Askew)也发表了系列论文,其中有专文考证南京大屠杀期间留在南京的西方人士。③ 另外,在日本也有一些学者从否定南京大屠杀事实的角度,对南京安全区进行误读,如立命馆大学北村稔的《探究"南京事件"——求证真相》、东中野修道的《南京大屠杀的彻底检证》④、松村俊夫的《南京大屠杀的大疑问》等,这些著

---

① 石田勇治訳·編集　笠原十九司　吉田裕編集協力『資料　ドイツ外交官の見た南京事件』,大月書店、2001年。

② 笠原十九司『南京難民区の百日——虐殺を見た外国人』,岩波書店、1995年。

③ ［澳］戴维·艾斯克:《南京安全区国际委员会研究——南京大屠杀期间留宁西方人士考证》,王山峰译,《南京大屠史研究》2011年第2期。

④ 東中野修道『「南京虐殺」の徹底検証』,展转社、1998年。

作对南京大屠杀期间西方人士的动机，西方人士对日军暴行的抗议、揭露等进行别有用心的解构。

在欧美学者中，卜正明（Brook Timothy）教授对南京安全区的研究比较集中，1999 年，他在美国密歇根大学出版社出版了一本《南京大屠杀文献》，收集了南京安全区档案和鼓楼医院威尔逊医生的日记。[①] 2005 年他在哈佛大学出版社推出专著《秩序的沦陷：抗战初期的江南五城》，其中设有专章讨论沦陷初期南京安全区、伪南京市自治委员会和日军当局的互动。[②] 耶鲁大学神学院图书馆的斯茉莉女士（Martha Lund Smally）利用神学院收藏的传教士资料，编辑出版了《美国传教士眼中的南京大屠杀（1937—1938）》，汇编了传教士在南京的日记和书信。[③] 在美国的华人学者更为活跃，最有影响的是张纯如女士在 1997 年出版的《南京浩劫：被遗忘的大屠杀》，作者较早查阅了耶鲁神学院的传教士资料，对南京安全区中西方人士有较深入的研究，该书在美国出版后产生巨大反响。[④] 美国科罗拉多大学历史学博士胡华玲女士早在 1994 年就开始关注传教士明妮·魏特琳在南京大屠杀中的事迹。1997 年她用中文撰写了第一本《金陵永生：魏特琳女士传》，在台北九歌出版社出版，2000 年在美国南伊利诺伊大学出版社出版了英文版的魏特琳女士传记《南京大屠杀时期的美国女神：明妮·魏特琳的勇气》，

---

① Brook，Timothy（1999），*Documents on the Rape of Nanking*，The University of Michigan Press.

② Brook，Timothy（2005），*Japanese Agents and Local Elites in Wartime China*，The University of Harvard Press.

③ Martha Lund Smally（edit. 1997），*American Missionary Eyewitness To The Nanking Massacre，1937 – 1938*，Yale Divinity School Library Occasional，Publication No. 9.

④ Chang，Iris（1997），*The Rape of Nanking，The forgotten holocaust of World War Ⅱ*，Basic Books.

十分深入地研究了南京大屠杀期间魏特琳女士竭尽全力救助南京难民的感人事迹。[①] 2010 年,胡华玲又和张连红合作编辑出版了南京大屠杀期间魏特琳和金女大舍监程瑞芳二位女士的日记,真实再现了南京大屠杀期间金女大难民所的难民生活实态,揭露了日军的各种暴行。[②] 2019 年该书再次修订出版。美国内布拉斯加大学陆束屏教授长期以来一直致力于南京大屠杀史研究,特别是在挖掘南京大屠杀前后英美等国外交官的档案文献方面用功极深,成果颇丰,出版的英文著作有:《南京大屠杀——英美人士的目击报道》[③]、《南京暴行:明妮·魏特琳的日记与书信(1937—1938)》[④]、《美国外交官的记载——日军大屠杀与浩劫后的南京》[⑤]和《历史上的黑暗一页:英国外交文件与英美海军档案中的南京大屠杀》[⑥],这些著作在国内都有中文版。另外,旅居美国的尹集钧在美国积极参加日本侵华史研究的工作,1997 年在中国出版了

[①] Hua-ling Hu(2000), *American Goddess at the Rape of Nanking*, Southern Illinois University Press.

[②] Hua-Ling Hu, Zhang Lian-Hong(2010), *The Undaunted Women of Nanking: The Wartime Diaries of Minnie Vautrin and Tsen Shui-fang*, Southern Illinois University Press.

[③] Lu Suping(2004), *They Were in Nanjing: The Nanjing Massacre Witnessed by American and British Nationals*, University of Honkong Press.

[④] Lu Suping eds. (2008), *Terror in Minnie Vautrin's Nanjing: Diaries and Correspondence, 1937-38*, Urbana and Chicago: University of Illinois Press.

[⑤] Lu Suping(2010), *A Mission under Duress: The Nanjing Massacre and Post-Massacre Social Conditions Documented by American Diplomats*, University of American Press.

[⑥] Lu Suping(2012), *A Dark Page in History under: The Nanjing Massacre and Post-Massacre Social Conditions Recorded in British Diplomatic Dispatches, Admiralty Documents and U. S. Naval Intelligence Reports*, University of American Press.

《1937,南京大救援——西方人士与国际安全区》。① 该书虽然是一部报告文学,但在1997年有关美国传教士和拉贝的日记还没有正式出版之前,就使用了不少耶鲁神学院收藏的安全区新资料。

三、本书研究的思路与重点

从上面梳理的学术史回顾来看,40年来,国内外学术界围绕南京安全区研究已经取得了十分丰富的成果,南京安全区国际委员会部分成员已有学者专题研究,许多学者从不同角度探讨了南京安全区的设立和内外运行机制以及同各方关系,南京安全区内难民的医疗、住房、粮食、心态等日常生活实态也有许多个案研究。这些研究成果为我们撰写一部系统全面深入的南京安全区史提供了可能。

本书在前人研究的基础上,试图运用不断挖掘的新资料,以实证研究为指针,围绕南京安全区展开全面系统深入的研究。在研究思路上,以南京安全区为中心,聚焦在日军残暴统治下,南京安全区国际委员会组织机构的运行和功能演变,揭露安全区内令人震惊的日军暴行,以及在大恐怖之下安全区内南京难民的日常生活。在章节设计上,分别从南京安全区的成立、南京安全区的组织机构和成员、南京安全区的功能、安全区难民的心理与生活、安全区内的日军暴行、中日当局与南京安全区和南京安全区的解散七个方面展开全面深入的研究。在研究观点上,强调创新。如关于安全区的成立,以往论著中大多只引用杭立武回忆录中的叙述,认为安全区是由杭立武提议的,本书通过对最新资料的研究,认为设立安全区是由西方人士最先提出的。关于安全区的功能,本书认

---

① 尹集钧:《1937,南京大救援——西方人士与国际安全区》,文汇出版社1997年版。

为由于安全区的建立系个人行为,而非国家或政府行为,加上日军拒绝正式承认安全区,并以部分放下武器的中国军人躲进了安全区等为由肆意搜捕疑似士兵,导致安全区原先设定的安全功能未能得到充分发挥,但同安全区之外相比,安全区还是相对安全的。关于安全区国际委员会中的中方成员,以往论著中几乎从不提及中国人,似乎安全区的运作就是靠二十几个西方人士,事实上,如果没有大批中国人参与工作,安全区是不可能有效运作的,本课题组在资料极为匮乏的情况下,设有专节进行了探讨。关于安全区内 20 余万南京难民,本课题组进行了十分深入的研究,探讨了难民的组成、难民的生活和难民的社会心理等问题。另外,关于安全区与日军当局的关系,课题组选择了从加害者与保护者关系的角度进行研究,得出了许多很有说服力的结论。

在侵华日军南京大屠杀期间,国际友好人士冒着生命危险,在日军的屠刀下,拯救了成千上万的南京难民。通过南京安全区的研究,我们应该讴歌那些国际友人为维护人类尊严而进行的不懈努力和无私奉献的人道主义精神,我们应该永远铭记和宣传这些曾经为中国人民做过巨大贡献的国际友好人士。侵华日军在南京犯下的暴行是人类文明史最为黑暗最为耻辱的一页,南京安全区的研究有助于深入揭露侵华日军的暴行,用铁的证据批驳日本右翼否认历史事实的荒谬言论,制止日本军国主义复活,维护世界永久和平。南京安全区的研究让我们认识到,在侵华日军的暴虐和淫威之下,南京难民饱经屈辱和苦难,为了维护人类尊严,他们和国际友好人士一起同日军进行了英勇顽强的抗争,共同见证了人道主义的巨大力量。这一苦难历史,永远值得我们铭记。

南京安全区作为历史的一面镜子,人类将会永无止境地从中汲取智慧和教训。

第一章　南京安全区的成立

第一节　南京安全区成立的背景

一、日机对南京的轰炸

1937 年 7 月 7 日，卢沟桥事变爆发，日本发动了全面侵华战争。为了迅速迫使中国政府妥协投降，日本向中国的经济中心上海发动进攻。1937 年 8 月 13 日，日本海军陆战队向闸北、江湾等地的中国军队发起进攻，停泊在黄浦江上的日本军舰也向闸北等地炮击。面对日军的进攻，中国军队奋起抗击，"八一三"淞沪抗战由此爆发。

8 月 15 日，日本政府公布内阁会议通过的《帝国政府声明》，声称"为膺惩暴虐的中国军队，促使南京政府反省，于今日不得不采取断然之措施"。该"声明"还放弃所谓"不扩大方针"，将解决局部事件升级为"全面地、根本地调整日华关系"。所谓"断然之措施"，就是对中国采取进一步的军事行动。同日，日本政府以天皇的名义，决定组建以松井石根大将为司令官的上海派遣军，增援驻扎上海的日本海军陆战队。

为了配合日军对上海的进攻,削弱中国军队的战斗力,掌握制空权,同时出于战略上的考虑,动摇中国政府及中国人民的抗战意志,从 8 月 15 日起,日军飞机对中国首都南京进行了长达 4 个月的猛烈轰炸。

1937 年 8 月 15 日,日本木更津海军航空队的 20 架 96 式陆上攻击机从日本长崎县大村航空基地起飞,穿过刚刚被台风肆虐的中国沿海,经过 4 个多小时的飞行,于下午 2 时 50 分抵达南京上空。虽然中国空军的战斗机升空拦截,地面高射炮也猛烈射击,但日机仍突破封锁,从西北方向强行突入南京市区上空,轰炸了南京大校场机场、明故宫机场等目标。这是日机首次空袭南京。根据日军文件记载,此次空袭,日机向南京大校场机场投下 250 公斤炸弹 19 枚,向南京明故宫机场投下 250 公斤炸弹 11 枚,"炸毁飞机库 4 座(其中 2 座起火燃烧)以及兵营 2 栋,炸毁机库外飞机约 17 架(其中 1 架起火燃烧)"。[1]

时任金陵女子文理学院教务长和教育系主任的美籍教师魏特琳女士在 8 月 15 日的日记中写道:"2 时警报就响起来了,飞机在南京低空盘旋。5 时前又来了一次,城市的许多地方响起了隆隆的防空炮火声。造成了什么样的损失,我们不得而知,但我们肯定有人员伤亡,因为飞机进行了猛烈的扫射。"[2]

日机轰炸的目标主要为军事设施、政府机关、交通枢纽、发电厂、通讯机构、广播电台等。但是,南京城南的人口稠密区,以及学

---

① 「昭和十二年八月十五日木更津海軍航空隊南京攻擊戰鬪詳報」、防衛省防衛研究所
　　図書館蔵、支那事变 50。

② ［美］明妮·魏特琳:《魏特琳日记》,第 12—13 页。

校、医院等亦遭到日机的轰炸与扫射。8月26日，日机轰炸了南京的军事和民用目标，中央大学实验中学、省立第三医院、宪兵团驻地、东郊遗族学校、国民政府卫生署均遭到轰炸。卫生署署长刘瑞恒在致行政院的呈文中称："查近日敌机不时来侵袭我首都，本署以邻近军事区域，至昨日（八月二十六日）夜十二时，敌机飞经本署上空时，投落炸弹数枚，其中二枚落于本署，当命中制药厂后部，炸毁及烧毁厂房五十余［平］方，制药仪器及材料伤损半数，自来水管亦由地中爆出，煤气管及电线均被毁损，职员宿舍亦受震荡，裂痕多处，幸未伤人。制药厂被炸后旋即起火，由本署消防班及警察厅消防队施救，延烧至一小时始告扑灭，统计房屋、药品、设备等各项损失，约值四、五万元之谱。"①

9月22日，日军舰载轰炸机在战斗机的掩护下，对南京进行了多轮空袭，轰炸了航空署、防空委员会、国民党中央党部、南京市政府、下关火车站、浦口火车站等地，投下250公斤炸弹8枚、60公斤炸弹72枚。② 日机在轰炸下关火车站时，殃及下关的难民收容所。该收容所系用芦席搭起的临时性建筑，日机轰炸使收容所燃起大火，"致死难民在百余人以上"。③ 路透社记者史密斯目睹了下关难民收容所被炸的惨状："轰炸后我去下关难民收容所看了看，那情景真是触目惊心，轰炸现场到处是遇难者的遗体。大多数难民居

①《刘瑞恒为卫生署被日机轰炸致行政院呈文》（1937年8月27日），中国第二历史档案馆、南京市档案馆编：《侵华日军南京大屠杀档案》，江苏古籍出版社1997年版，第3页。

②「第二聯合航空隊戰闘詳報　昭和十二年九月—昭和十二年十二月」，防衛省防衛研究所図書館蔵、（2）支那事変39。

③《被轰炸者逾三十处　下关难民收容所与新住宅区亦被炸》，《申报》1937年9月23日，第1版。

住的简陋小屋被炸弹引燃,燃起了熊熊大火,从烈火中冒出的浓烟形成了一股巨大的烟柱矗立在空中,在很远的地方也能看见。"①

图 1-1　日机炸弹留下的巨大弹坑。空袭来临之际,人们急急忙忙跑向防空设施。

（沈弘编译:《抗战现场:〈伦敦新闻画报〉1937—1938 年抗日战争图片报道选》,中国社会科学出版社 2000 年版）

当时在南京的西方人士也目睹了日机对南京的轰炸。德国西门子公司南京办事处负责人约翰·拉贝在经历了日机轰炸后记述道:"紧靠中央党部大门的西边看上去情况要严重得多。通向交通

————————————

①「日本軍南京を反復爆撃　英・米・仏の抗議を無視」、洞富雄編『日中戦争　南京大残虐殺事件資料集　第 2 巻　英文資料編』、青木書店、1985 年、85 頁。

学校(以前的炮兵学校)的街道拐角没有了,拐角处的一所房子消失了。在它的后面,紧靠城市铁道路基(火神埃利亚斯)旁,两枚炸弹炸毁了6所房子。一大群人站在巨大弹坑的周围,正在从这些中国房子的废墟里寻找出尸体碎块,放进准备好的棺材里。人群里寂静无声,只听见站在后面的妇女们在哭泣……中央党部里不许我进去。据说在那里投下了5枚炸弹,当场死了一些人(具体数字没有公布)。在机关大楼的后面,最后一枚针对国民党中央党部的炸弹命中了一个靠墙的防空洞,炸死了8个人。一个从防空洞里朝外张望的女人的脑袋没有了。只有一个大约10岁的小姑娘奇迹般地幸免于难。"①9月26日,拉贝在日记中还记述了邻近卫生署的中央医院遭日机轰炸的情形:"中央医院里落下了15枚炸弹。这很难说是否就是把医院当作轰炸目标。但看上去很像是这样,因为许多弹坑一个接一个,就在中山路的方向。"②

　　美国驻日本大使 C. 格鲁记录了日机对南京的若干次空袭情况:"8月26—27日,江苏南京。南京的贫民区遭到轰炸,约100名平民死亡,其中有50人被烧死……这是8月15日以来对南京连续轰炸中最猛烈最惨烈的一次。""9月25日,江苏南京(9月19—29日也一样)。对街道进行猛烈轰炸,在攻击政府建筑物目标的同时,中央大学、中央医院也包括在内。这些地区与军用机场、武器库、兵营并没有关系。数百名非军事人员被炸死,数千人受伤。""11月24日,江苏南京。日机20架轰炸了中央商场地区,炸弹落入国立博物馆附近,法国教会,以及小商贩密集的商业街,约40名

---

① [德]约翰·拉贝:《拉贝日记》,本书翻译组译,江苏人民出版社、江苏教育出版社1997年版,第15—16页。

② [德]约翰·拉贝:《拉贝日记》,第22页。

平民被炸死。"①

　　日机空袭南京后,世界舆论哗然,许多国家的政府和中外人士纷纷谴责日军飞机轰炸和平城市的暴行。在南京的美国、英国、法国、德国、意大利等国的外交官一致要求日本政府从人道主义和国际法准则的立场出发,停止对南京的轰炸。②

　　9月1日,美国驻日大使格鲁在致日本外务省的一份备忘录中指出:"美国大使于8月23日口头通知副外相,希望注意驻南京之外交使节——包括美国、英国、法国、德国及意大利的外交声明,抗议日军轰炸行动,不要把外国人居住地区及外国船只停泊的地区包括在轰炸范围之内。但美国政府认为事件的其他有关方面,也应给予相等的考虑。8月26日晚日本广泛地轰炸南京市时,使当地非作战人民的生命及财产,包括外国人和中国人的,受到危害,而美国政府认为有关的日本当局,在知道这一事实后,应该从人道主义及国际礼让方面一般不轰炸一个国家的政治首都的原则来考虑对今后之行动加以适当的限制,特别是目前并未存在战争状态……美国政府及人民是与中国和日本都有友好关系的。由此,基于这个友好关系及一般人道主义原则,美国政府请求不要继续这种行动,这种行动虽然有其军事目标,但实际结果却是不加区别地破坏用作教育或其他非军事目的的建筑物,也残酷地滥杀无辜平民。"③

---

① 南京事件調査研究会編訳『南京事件資料集〈1〉 アメリカ関係資料編』、青木書店、1992年、26—27頁。
② 《美国驻华大使(约翰逊)致国务卿》(1937年8月30日),杨夏鸣编:《美国外交文件》,张宪文主编:《南京大屠杀史料集》第63册,江苏人民出版社2010年版,第17页。
③ 美国国务院编:《美国外交文件(日本1931—1941年)选译》,张玮瑛、张友云、杜继东译,中国社会科学出版社1998年版,第173页。

1937 年 9 月 27 日，国际联盟召开大会，一致通过了《国际联盟谴责日本轰炸城市的决议案》，指出："国际联盟日中问题咨询委员会就日本飞机对中国不设防城市进行空中轰炸的问题进行紧急磋商，对在轰炸中死难的包括妇女儿童在内的无辜人民表示深切的哀悼，让世界陷入恐怖和义愤的轰炸暴行是无法辩解的，我们对此表示严厉的谴责。"[①]然而，日本当局置国际社会的谴责和抗议于不顾，继续对南京进行猛烈轰炸。南京市长马超俊在致行政院的呈文中指出："查自淞沪抗日军兴以来，我后方不设防城市，迭遭敌机肆意轰炸，凶狠残毒，漫无目标。京市为首都所在，敌人谋我更属无所不用其极，计自八月十五日至十月十五止两个月中，共遭空袭六十五次，骚扰破坏无时或已，我无辜民众惨死敌弹之下者，先后达三百余人，他如文化组织、慈善团体以及医药机关等，亦莫不遭其摧毁。每一落弹，墙圮壁颓，血肉横飞。似此违反公理、灭绝人道之暴行，实为历史所罕觏，举世所共愤。"[②]截至 12 月 13 日，日军飞机对南京的轰炸总计在 110 次以上。[③]

日机对南京长达 4 个月的频繁轰炸，不仅给南京市民的生命财产安全造成威胁，也严重破坏了南京的城市建设，还危及各国在南京的使领馆和西方人士的生命安全。

二、上海南市难民区的设立

自"八一三"淞沪抗战以来，由于地面炮火的轰击和飞机的轰炸，上海遭受了空前的灾难，不仅财产损失甚巨，而且军民伤亡惨

---

① 南京事件调查研究会编訳『南京事件资料集〈1〉　アメリカ关系资料编』、25 页。

② 《南京市长马超俊就本市被日机空袭损伤情况致行政院呈文》(1937 年 11 月 4 日)，中国第二历史档案馆、南京市档案馆编：《侵华日军南京大屠杀档案》，第 4—5 页。

③ 笠原十九司『南京难民区の百日——虐杀を见た外国人』、9 页。

重,大批平民家破业毁,沦为难民。据 1937 年 9 月底的调查,上海及周边地区的难民总数不下 130 万人。[①] 战火引发的难民问题成为当时亟待解决的重要问题之一。

鉴于上海地区难民问题严峻,中国红十字会上海国际委员会(Shanghai International Red Cross,简称"上海国际红十字会")决定发起组织南市难民区,以收容、救济饱受战火蹂躏的难民。上海南市难民区的发起人是法国天主教神父饶家驹。

饶家驹(1878—1946),原名 Robert Charles Emile Jacquinot de Besange,出生于法国桑特市,1894 年入耶稣会,在英国和比利时修道,获神学硕士学位。1913 年饶家驹到上海传教,初在徐家汇学习中文,任徐汇公学监学,并教授法文和化学,当时人们称其为饶神父。他是上海震旦大学教授、华洋义赈会会长、国际救济基金委员会委员、上海国际救济会救济部主任兼上海国际红十字会副主席。1932 年"一·二八"淞沪抗战中,他冒着生命危险,深入战区,救护中国伤员和难民。在此过程中,他的右臂因中流弹而致残。

1937 年淞沪会战期间,当中国军队从闸北撤退后,饶家驹意识到难民问题将更趋严重,遂向上海市长俞鸿钧提出在南市设立难民收容所的设想。南市毗邻法租界,其间有铁栅门相隔。为了躲避战火,南市居民大多逃入租界,其空置房屋较多,是设立难民区的理想区域。

为了谋求中日交战双方承认南市难民区,饶家驹四处奔走。11 月 3 日,上海市长俞鸿均就南市难民区问题发表声明称:"中国红十字会上海国际委员会为安插本市战区难民事,曾由法教士饶神父向本人建议,指定城内某一小区为收容难民之处。此纯系友

---

① 《本市简讯》,《立报》1937 年 10 月 1 日,第 2 版。

图 1‑2　饶家驹

（中国第二历史档案馆、南京市档案馆、侵华日军南京大屠杀遇难同胞纪念馆编著：《侵华日军南京大屠杀图集》，江苏古籍出版社 1997 年版）

邦人士热心人道之举动，颇甚钦佩，故已予考虑。"①同时，饶家驹还向日军当局提出建议，要求日军承认难民区并在此区域内勿施武力。11 月 4 日，上海市政府批准设立南市难民区。

为了征得日方对难民区的认可，饶家驹向日本驻上海领事冈本季正通报了情况。冈本表示赞赏饶家驹的设想，因为这有助于

①《密勒氏评论报》编：《中国的抗战》第一集，第 94 页，转引自罗义俊：《南市难民区述略》，上海市政协文史资料工作委员会编：《抗日风云录》，上海人民出版社 1985 年版，第 174—175 页。

防止中国军队进入南市难民区,并表示将通知日军当局。①

11 月 5 日,饶家驹得知中日双方已同意设立南市难民区后,即公开宣布了这一消息。11 月 8 日,上海市政府发出布告称:"中国红十字会上海国际委员会建议在本市沪南划出难民区,以为战区难民暂时寄托之所……本府以事关救济难民,为维护人道起见,业已呈奉中央核准照办在案。兹准于本月九日中午十二时起实行。"②

11 月 8 日,上海国际救济会在南市难民区四周各路口竖起有该会名称及"红十字"标志的旗帜作为界标。至此,南市难民区正式划定,其区域西至方浜路西端,东至小东门黄浦江边。翌日,上海国际救济会又在方浜路各路口设置路障。同时,中国方面向难民区派出 200 名警察,佩带警棍、手枪等,以维持秩序。9 日下午,上海国际救济会中外人士十余人及国民党上海市党部有关人员一同巡视了难民区,大家对南市难民区均感满意。至此,南市难民区正式成立,并开始收容难民。

一个法国天主教传教士,是什么力量促使他不顾个人安危,毅然挺身而出,从事难民收容和救济工作呢? 或许,饶家驹自己的话是最好的回答:"首先我觉得,我现在担任中国的救济事业认为非常荣幸快活。在中国的慈善团体很多,本人曾参加过很多慈善工作,但是从到中国来干慈善事业,更觉得令人兴奋愉快。因为中国是最博得人同情的民族,现在中国所遭遇的苦难很多,所以很容易获得人的同情。同时慈善事业是人道的一种使命,人道昌盛,慈善必愈加发达;慈善事业愈加发达,则人道愈加昌盛。这两者是互相

① [美]阮玛霞:《饶家驹安全区——战时上海的难民》,白华山译,江苏人民出版社 2011 年版,第 71 页。

② 《密勒氏评论报》编:《中国的抗战》第一集,第 94 页,转引自罗义俊:《南市难民区述略》,上海市政协文史资料工作委员会编:《抗日风云录》,第 175 页。

因果的。"①

南市难民区设立后,难民收容工作进展顺利,至 11 月中旬,已安置难民十余万人。② 上海国际救济会在南市难民区收容难民的同时,还开展难民救济工作。11 月 10 日,由于战事推进到南市附近,难民区内不仅缺乏食物,水电也已断绝。在此情况下,饶家驹四处奔走,多方设法,终于基本解决了难民的生活问题。虽然难民的食物供应每人每天仅有大米六两,但因为有外援接济,并未出现断粮问题。

11 月 12 日,中国军队自南市撤退后,难民区处于日军的三面包围之中,为了确保难民的安全,饶家驹公开表示"誓与难民区共存亡",并且拒绝日军进入难民区。尽管饶家驹尽力保护难民,但日军仍不时地在难民区周边施暴。据当时报纸报道:"前天各慈善团体曾组织视察团赴难民区视察,走到方滨路时,顽强[固]的敌人曾对准着这一群慈善家们开枪,搜寻着了食物,然而是一群手无寸铁的弱者食物";"围绕着难民区,是汉奸们和鬼子们放火燃烧着民房,冲入云间的火焰,这火焰侵入了难民区,老年人和孩子们蒙上了眼睛,悚悚地流着眼泪"。③ "沪南市难民区,收容难民三万余。及贫苦居民十万余。自敌军开入南市后,百般破坏,办事人员,横遭殴辱拘捕,并押去壮丁五十余,为敌军服苦役。敌军近又在难民区外设警戒区,将难民区三面包围,致区内难民,益为惶恐,前途殊

---

① 《人道的战士饶神父访问记》,上海社会科学院历史研究所编:《"八一三"抗战史料选编》,上海人民出版社 1986 年版,第 442 页。
② 《救亡日报》1937 年 11 月 18 日。
③ 《救亡日报》1937 年 11 月 20 日。

为可虑。又敌警戒区内,现尚存死尸五百余具,未经收殓。"①

虽然在南市难民区周边日军的暴行不断,但整体而言,难民区还是相对安全的。因此,上海南市难民区为保护和救济上海难民,使难民免遭战火殃及,发挥了重要的作用。

上海南市难民区在饶家驹的主持下,成功地收容和救济了大批难民,上海各报均对饶家驹和南市难民区进行了大量报道,在南京的西方人士对此早有所闻。因此,可以说上海南市难民区的设立,为南京安全区的建立起到了积极的示范作用。关于这一点,南京安全区的倡议发起者之一米尔斯在给妻子的信中清楚地说明了:"关于安全区,我们自然是从饶神父(Father Jacquinot)在上海设区的成功经验中汲取灵感。我称之为饶神父区,正是由于他的名字辉煌地与它联结在一起。"②安全区国际委员会的重要成员贝德士在远东国际军事法庭的证词也充分说明了这一点。当法庭问及贝德士与南京安全区国际委员会的关系时,他回答说"我是南京安全区国际委员会的成员,而且是创始成员","这个委员会成立于1937 年 11 月下旬,我们预计日军将要进攻南京。我们效仿了上海的法国牧师雅坎诺(Jacquinot)神父的做法,他建立的国际委员会对保护和帮助那里大量的中国平民起到了重要作用,我们试图在南京,在非常不同的条件下做相同的事情"。③

---

①《敌军蹂躏下的沪市难民》,上海社会科学院历史研究所编:《"八一三"抗战史料选编》,第 94—95 页。

②《米尔士致妻子函》(1938 年 1 月 24 日),章开沅编译:《美国传教士的日记与书信》,张宪文主编:《南京大屠杀史料集》第 4 册,江苏人民出版社、凤凰出版社 2005 年版,第222 页。

③ Martha Lund Smally (edit.), *American Missionary Eyewitness to The Nanking Massacre*,*1937—1938*,Yale Divinity School Library Occasional Publication No. 9. p. 44.

三、日军进犯南京

1937 年 11 月 5 日拂晓,正当中国军队在上海苏州河阵地与日军激战时,增援上海的日军第十军所属第六师团、第十八师团、第一一四师团及国崎支队,在日本海军炮火的掩护下,开始从杭州湾北岸的金山卫一带登陆。中日两军原来在上海的相持战局,由于日军第十军的登陆而急转直下,中国军队腹背受敌,形势日趋不利。

11 月 8 日,第三战区司令长官蒋介石与副司令长官顾祝同签署了《第三战区作战计划》,要求"战区以巩固首都之目的,先向平嘉、吴福既设阵地转移,以节约并保持国军战力,拒止敌人,待后续兵力之到达,再以广德为中心,于钱塘江左岸方向,转移攻势"。同一天,第三战区司令长官部下达了撤退命令:中国军队分为左右两翼分别向吴(苏州)福(山)线和乍(浦)平(湖)嘉(善)一线撤退。然而,撤退命令的下达,造成部队拥挤混乱,"各部队非仅无余裕之准备,竟有未接退却命令而随邻部队撤退而撤者,且对于退却之道路未予明示,各部均相拥挤于公路,秩序至为混乱"[①]。11 日,最后一支中国军队撤出上海。翌日,上海沦陷。

早在上海沦陷前的 11 月 7 日,即日军在杭州湾登陆两天后,日军参谋本部为统一上海方面日军的作战指挥,下达了"临参命第138 号"命令,组建由松井石根大将为司令官的华中方面军,统一指挥上海派遣军和第十军。日军占领上海后,中国军队向西撤退,国民政府也于 11 月 20 日发表《移驻重庆宣言》,表明了中国继续抗战

---

① 《第三战区淞沪会战经过概要》(1937 年 8—12 月),中国第二历史档案馆编:《抗日战争正面战场》上,凤凰出版社 2005 年版,第 454 页。

的立场和决心,日军速战速决,迅速解决所谓"支那事变"①的战略目标并没有达到。为此,日军华中方面军参谋部于 11 月 22 日提出《关于华中方面今后作战的意见》,内称:"南京政府因在湖东会战②中大败,现已做出迁都之举,仅留统帅机关于南京。其第一线部队之战斗力已显著丧失。如今,敌之抵抗在各阵地皆极为微弱。很难确认敌是否有确保南京之意图。在此之际,留部队于苏州、嘉兴一线,不仅丧失战机,而且致使敌方恢复元气,战斗力得以重新整备";"要迅速解决事变,固然应考虑开辟西南方面或山东方面的新战场,但此等作战给予支那政府之影响虽有相当之价值,但较之攻占敌之首都、迫其心脏而言,则意义相差甚远";"要攻占南京,若以方面军之精锐兵力(可抽出若干部队组成),且充分利用铁路和水路,则后方可保平安。另外,敌之抵抗在丧失无锡与湖州之后,以地形及平时之设施来观察,当不会出现大量牺牲。估计两个月以内,可达目的"。该"意见"据此得出结论:"华中方面军为了加速解决事变,需要趁现在敌之颓势攻占南京。"③

11 月 24 日,华中方面军制定了《华中方面军第二期作战计划大纲》。"大纲"分为作战方针、指导要领、作战准备、兵团部署、陆海军协同,以及兵站、交通和通信六个方面,声称"华中方面军与支那方面舰队协同,迅速攻占南京","方面军以一部自扬子江左岸及

---

① "支那"为当时日本对中国的称谓,初无贬义,后具有轻蔑的语气。"支那事变"初为日本对 1937 年爆发的卢沟桥事变及八一三事变的称谓,后为 1937 年 7 月 7 日卢沟桥事变爆发至 1941 年 12 月 7 日珍珠港事件爆发这一时期日本侵华战争的称谓。

② 指太湖以东地区的作战。

③ 「中方参電第一六七号・中支那方面今後ノ作戦ニ関スル意見具申」(11 月 22 日)、南京戦史編集委員会編『南京戦史資料集Ⅰ』、偕行社、1993 年、430—431 頁。

芜湖方面进至南京背后,其主力自丹阳以东之京沪铁路①—丹阳—句容方面,以及湖州—宜兴—溧阳—溧水方面相呼应,于南京要塞外,歼灭敌之野战军,攻占南京"。②

实际上,日军华中方面军攻占南京的意见,也是松井石根的个人意愿。淞沪会战爆发伊始,松井石根即在1937年8月16日的日记中记述:"现在的局势是,放弃了不扩大战局的方针,进入了全面解决支那问题的阶段。也就是说,需要考虑对整个支那的政策以及我军的作战。要全力以赴将南京政府作为目标,采用武力和经济手段进行逼迫,使今秋迅速向全面解决的阶段迈进……根据以上理由,我军应该以迅速攻占南京为目的,向中支那③派遣必要兵力(约五个师团),必须一举推翻南京政府。"④

日军占领上海不久,日军参谋本部派战争指导课课长河边虎四郎大佐赴上海,与华中方面军司令官松井石根及参谋长塚田攻等商讨下一步作战计划。"战争指导当局鉴于前线已以破竹之势向南追击,打算在作战指导上利用现在的战局,促进停战谈判时机的成熟,以导致战事的一举解决。即建议:为了保持中国方面的面子,防止蒋介石撤出南京,促使其定下停战谈判的决心,不一举攻占南京,而是在设法按兵不动的同时,为更有把握起见,迅速促进广州方面的作战。"⑤为了开辟广州战场,河边虎四郎向华中方面军

---

① 南京至上海的铁路。

② 「中支那方面軍第二期作戦計画ノ大綱」(11月24日)、南京戦史編集委員会編『南京戦史資料集Ⅰ』、431頁。

③ 即华中、华东地区。

④ 「松井石根大将戦陣日記」、南京戦史編集委員会編『南京戦史資料集Ⅱ』、偕行社、1993年、6頁。

⑤ [日]堀场一雄:《日本对华战争指导史》,军事科学出版社1988年版,第80页。

转达了参谋本部打算从华中方面军抽调一个半师团的意见，然而，松井石根则表示攻占南京的强烈愿望。河边虎四郎回忆说："松井大将个人强烈地表示出无论如何必须攻取南京的愿望，并且很自信地断言，即使抽调走一个半师团的兵力，也能攻占南京。"①

12月1日，日本大本营陆军部下达"大陆命第7号"命令，明确了华中方面军的战斗序列。同日，大本营陆军部还下达了"大陆命第8号"命令："华中方面军应与海军协同，攻占敌国首都南京。"②在接到大本营陆军部攻占南京命令的当晚7时，松井石根即下达了华中方面军攻占南京的命令：

一、华中方面军计划与支那方面舰队协同攻占南京。

二、上海派遣军主力于12月5日前后开始行动。重点保持于丹阳、句容方面，击破当面之敌，进至磨盘山脉西部地区。

令一部自扬子江左岸地区攻击敌之背后，同时截断津浦铁路及江北大运河。

三、第十军主力于12月3日前后开始行动。以一部自芜湖方面进抵南京背后，以主力击破当面之敌，并进抵溧水附近。③

早在"大陆命第8号"命令下达之前，华中方面军所属之上海派遣军和第十军即向南京进犯。11月24日，第十军之第六师团、第一一四师团占领了湖州；11月25日，上海派遣军之第九师团、第

① 河边虎四郎『市ケ谷台から市ケ谷台へ——最後の参謀次長回想録』、時事通信社、1962年、144—145頁。

② 「大陸命第八号・命令」、南京戦史編集委員会編『南京戦史資料集Ⅰ』、428頁。

③ 「中方作命第二十五号・中支那方面軍命令」（12月1日午後7時）、南京戦史編集委員会編『南京戦史資料集Ⅰ』、432頁。

十六师团占领无锡；11 月 26 日，第六师团、第一一四师团占领了长兴；11 月 29 日，第十六师团占领了常州。①

"大陆命第 8 号"命令下达的当天和之后，日军继续向南京进犯。12 月 1 日，第十六师团占领了丹阳；12 月 2 日，上海派遣军之第十三师团占领了江阴炮台，第九师团占领了金坛；12 月 4 日，第六师团占领了溧水；12 月 5 日，第十六师团占领了句容；12 月 6 日，第十六师团占领了南京东郊的汤水镇②，第九师团占领了南京东南郊的淳化镇。③

面对日军咄咄逼人的进攻，蒋介石为组建南京卫戍军，于 11 月 19 日下达手令，任命唐生智为南京卫戍司令长官，20 日，唐生智正式上任。24 日，国民政府正式发布任命唐生智为南京卫戍司令长官的公告，组建南京卫戍军，以唐生智为司令官。27 日，唐生智向中外记者发表谈话，表示誓守南京城的决心：

> 中国为一爱好和平之民族，从不侵略他国，讵九一八后，日本以数十年之准备，大举侵犯中国国土。中国在物质上虽乏准备，但精神上则具无上之抵御决心。卢沟桥事件以来，我军在各地多遭败挫，但吾人将屡败屡战，至最后胜利为止。本人奉命保卫南京，至少有两事最有把握：第一，即本人及所属部队誓与南京共存亡，不惜牺牲于南京之保卫战中；第二，此种牺牲，定将使敌人付以莫大之代价。④

随着日军向南京外围防御阵地的进攻，南京外围阵地接连失

① 『支那事変経過日誌』、陸軍省新聞班、昭和 13 年 8 月 15 日、27 頁。

② 今南京东郊的汤山镇。

③ 『支那事変経過日誌』、27—28 頁。

④ 《唐生智表示誓与首都共存亡》，《大公报》（汉口版）1937 年 11 月 28 日，第 2 版。

守。12 月 7 日晨,蒋介石飞离南京。此后,日军向以南京城墙为主体的复廓阵地发起猛烈进攻,中日两军围绕南京城的攻防战即将打响。

第二节 南京安全区国际委员会的成立

一、南京安全区的酝酿

11 月中旬,日军占领上海后继续向南京进犯。中国政府为了持久抗战,决定迁都重庆。11 月 16 日,国民政府各部原本秘密准备的迁移工作开始公开进行。11 月 20 日,国民政府正式发表《移驻重庆宣言》,内称:

> 迩者暴日更肆贪黩,分兵四进,逼我首都,察其用意,无非欲挟其暴力,要我为城下之盟。殊不知我国自决定抗战自卫之日,即已深知此为最后关头,为国家生命计,为民族人格计,为国际正义为世界和平计,皆已无屈服之余地。凡有血气,无不具宁为玉碎、不为瓦全之决心。国民政府兹为适应战况,统筹全局,长期抗战起见,本日移驻重庆,以后将以最广大之规模,从事更持久之战斗,以中华人民之众、土地之广、人人抱必死之决心,以其热血与土地凝结为一,任何暴力,不能使之分离,外得国际之同情,内有民众之团结,继续抗战,必能达到维护国家民族生存独立之目的。①

随着国民政府和南京市政府的西迁,许多政府官员也随机关

---

① 《国民政府迁重庆 昨日发表宣言 将以更广大之规模 从事更持久之战斗》,《申报》1937 年 11 月 21 日,第 2 版。

内迁,形成了撤离南京的人流潮。然而举家撤离南京需要相当的花费,这对普通市民来说是望尘莫及之事。金女大美籍教师魏特琳记述了人们撤离南京的情形:"数周以来,人们一直在撤离南京。先是富有的人开始撤离,所有的卡车、小汽车都派上了用场,成千上万的人沿江驶向汉口或更远的西部。接着是中产阶级开始撤离,最后是穷苦人。多少天以来,你可以看见人力车满载着箱子、铺盖卷和乘客经过。所有能这么做的人都逃出了南京。"①

图 1-3　难民乘船离开南京时的拥挤情形

(耶鲁大学神学院图书馆)

---

① 华群:《第一个月的评述》(1937 年 12 月 13 日—1938 年 1 月 13 日),章开沅编译:《美国传教士的日记与书信》,张宪文主编:《南京大屠杀史料集》第 4 册,第 311 页。

　　然而，当时南京还有许多人因经济原因，无力举家迁徙，不得不留在南京，还有一些人因舍不得家中的家当，也不愿迁移。与此同时，一些由苏南等地区为躲避战火逃难而来的难民也涌入南京。在日军不断向南京进犯及国民政府西迁的背景下，尤其是日军即将向南京城发起大规模进攻的情况下，无法撤离南京的中下层平民及难民无疑将要面临战火的威胁。

　　11月中旬，留在南京的西方人士首先提出效仿饶家驹在上海南市设立难民区的成功先例，在南京设立难民区的构想。

　　金陵大学校董会董事长杭立武曾回忆说："1937年11月，我在南京看到报纸上报导上海有个饶神父，在上海设难民区，容纳很多妇女和小孩。我忽然动脑筋，觉得日本将来进攻南京了，我准备成立一个南京安全区国际委员会，并设立一个难民区。那时我是金陵大学校董会的董事长，认得金陵大学的许多美国人，同时我也是中英文教基金会的总干事，和许多英国人、德国人有来往。我约集了一二十个外国人，我说我们要设一个难民区，他们都同意，他们认为这是为人道的事情，应该赞同。我们这个难民区很自然的就把金陵大学、金陵女子文理学院划进去，一直到鼓楼、新街口。划好后，我们就写信给上海饶神父，请他把地图给日本的司令看，请他同意我们成立难民区，并且答应不要骚扰难民区。"①

　　杭立武的回忆说明，在南京设立难民区的设想首先是由他提出的，同时也得到了当时在南京大部分西方人士的赞同。但有资料显示，当时西方人士并不是由杭立武提议后才同意设立难民区构想的。1937年11月17日，金女大美籍教师明妮·魏特琳女士

──────────

① 杭立武：《筹组南京沦陷后难民区的经过》，(台北)《传记文学》第41卷第3期，1982年
　　8月，第26页。

致信美国驻华大使馆官员 W. R. 佩克，建议在南京设立一个安全区域，以保护难民。信件全文如下：

亲爱的佩克先生：

在日军逼近南京前，我认为事先为那些无法避难的贫苦妇女、儿童，以及其他市民设立一个对他们来说较为安全的场所为好，并期望能事先就此事进行商讨。

正如您所知，这样的事情在上海已经实行了，但为时已晚。毫无疑问，如果能及早着手进行周密的准备，将能挽救更多人的生命。

当然，我知道这件事并不那么容易，即使是相对安全，也必须事先征得交战双方的同意。另外，不仅只是（向交战双方）提出建议，为了获得军方的同意，还必须由有影响的中立国人士出面。

我认为金陵女子文理学院从地理位置和建筑物的牢固性来说，作为（安全）中心是再合适不过了。如果这里被用作人道的目的，那些出资捐助者们（指美国资助金陵女子文理学院的教会组织——引者注）也一定会很乐意的。若本校被指定为（安全）中心，我们准备立即腾出楼下的房屋，准备好大房间，以备万一。

上述事情，恳请您认真加以考虑和研究，并请尽快商讨，我希望及早看到商讨的结果。①

从魏特琳的上述信件中可以看出，魏特琳之所以提出成立安全中心，也是受到上海南市难民区的启发，而且她认为南市难民区成立得过晚，因此希望尽早准备。佩克收到魏特琳的信后，立即将

---

① 南京事件調査研究会編訳『南京事件資料集〈1〉　アメリカ関係資料編』、124 頁。

此事报告了美国驻华大使约翰逊，并于当天给魏特琳回了信，回信如下：

> 亲爱的魏特琳女士：
>
> 　　你 1937 年 11 月 17 日的来信已经给大使看了。信中建议，将非武装的平民集中起来，提供一个"安全中心"，以尽可能避免战争的伤害，并应当将这一情况告知交战双方的军事当局。
>
> 　　如果设立这样的中心，大使馆是欢迎的，并打算代为向日军当局转达。①

在魏特琳向美国大使馆官员提出建议的当天下午 5 时 30 分，美国长老会牧师米尔斯，金陵大学美籍教授贝德士、斯迈思三人相约来到美国大使馆官员佩克家，就设立安全区问题与佩克进行商谈。据史料记载，最早提出安全区设想的是美国传教士米尔斯②，他的提议得到贝德士、斯迈思等人的赞同。

图 1－4　明妮·魏特琳
（耶鲁大学神学院图书馆）

在与佩克的商谈中，米尔斯等人首先向佩克提出了设立安全区的构想。他们认为，首先，一旦南京附近及市内发生战事，为了让普通平民躲避战火，应当设立一个安全区，或称难民区及非战斗区域，以保障平民的安全；其次，关于安全区的位

---

① 南京事件調査研究会編訳『南京事件資料集〈1〉　アメリカ関係資料編』、125 頁。
② ［德］约翰·拉贝：《拉贝日记》，第 680 页。

置,设在市内西部较为适宜,因为根据判断,战事将发生在市区的东部和南部,而中国军队在西部地区并没有重要的军事设施,所以中国军方有可能会同意将西部地区划为非军事区。

图 1 - 5　米尔斯
(耶鲁大学神学院图书馆)

米尔斯还表示,一旦安全区进入实质性操作阶段,希望美国大使馆能代为向日本当局转达这一信息。佩克表示:"对这件事,今天大使馆已明确表示了态度,因为对金陵女子文理学院魏特琳女士关于设立安全区的来信,已有明确的答复,大使馆很乐意代向日本当局转达。"①

二、各方对设立安全区的态度

在日军向南京进犯的过程中,在南京的西方人士提议在南京设立安全区的设想能否实现,关键在于能否得到中日交战双方及中立国的支持和认可。因此,各方对设立安全区的态度至关重要。

美国驻华大使馆最早获悉设立南京安全区的建议,并表示赞同。11 月 17 日,魏特琳向美国大使馆官员佩克提出设立安全区的设想后,美国大使约翰逊立即表示赞同,并愿意代为向中日双方转达这一信息。11 月 17 日晚,美国驻华大使约翰逊及大使馆官员佩

---

① 南京事件調查研究会編訳『南京事件資料集〈1〉　アメリカ関係資料編』、122 頁。

克与孙科等中国官员共进晚餐,张群和南京市长马超俊也在座。席间,佩克向在座的中方人士说明了下午与米尔斯等人交谈的主要内容。美国大使约翰逊也向中国官员表示,这不是美国官方的建议,而是一些民间人士的设想,目前还处于商讨阶段,如果这一建议进入实质性操作阶段,美国大使馆可代为向日本当局转达这一信息。①

在第三国中,除了美国外,英国、德国驻华大使馆对设立安全区一事也表示赞同,至少在 11 月 22 日之前,英国大使馆对此已表示同意。② 德国虽然是日本的盟友,但德国大使对此亦表示赞同。拉贝在 11 月 22 日的日记中记述:"德国大使在上船前不久通过我们的介绍认识了斯迈思博士(委员会秘书)。大使同意委员会草拟的有关建立安全区的建议,该建议将通过美国大使馆(有一个电台)电发给上海美国总领事再转交给日本大使。"③ 另外,德国大使馆官员罗森将张群的官邸转交给拉贝作为安全区国际委员会总部的办公场所,这也从一个侧面说明了德国大使馆对设立南京安全区的态度。1937 年 12 月 24 日,罗森在给德国外交部的报告中写道:"12 月 9 日,日本向所有大使馆发出了要求,要一切外国人立即离开南京。这时我同领事馆的秘书许尔特尔先生一起再次坐车进城,以便把留在那里的帝国德意志人接到长江上去——可惜没有成功。无论如何我感到安慰的是,在此之前我把一家中国银行供我支配的一所房子交给了拉贝先生,这所房子有一个由德国顾问建造的,不怕轰炸的地下大掩体。"④ 罗森的报告对房屋的记述有

---

① 南京事件調査研究会編訳『南京事件資料集〈1〉　アメリカ関係資料編』、123 頁。
②③〔德〕约翰・拉贝:《拉贝日记》,第 97 页。
④《德国驻华大使馆留守南京办事处政务秘书罗森给德国外交部的报告》,《抗日战争研究》1991 年第 2 期。

误，该房屋当时并非中国银行所有，而是张群的官邸，位于南京市宁海路 5 号。

安全区能否设立，关键是中日双方的态度。中国政府及南京市政府对设立安全区持较为积极的态度。11 月 17 日晚，当美国驻华大使约翰逊向参加宴会的张群等人告知设立安全区的设想时，张群表示现在考虑这一问题还为时过早，而马超俊市长似乎是第一次听到设立安全区的构想，他没有表明个人的态度。① 但米尔斯与美国大使馆官员佩克的交谈中，已表明在南京设立安全区的设想已得到时任教育部长王世杰的赞同，而且这一建议已传告唐生智（当时唐的南京卫戍司令长官的任命尚未公布），唐生智当时并未明确表态，只是同意就此事与蒋介石商谈。② 然而根据王世杰的日记记载，当时唐生智是表示赞同的。不仅如此，参谋总长何应钦也表示赞同。王世杰在 11 月 18 日的日记中说："在京外国人士，意欲组织团体，请求中日两方承认就京市划一区域，以为不能迁徙之市民，以作避难之地点。彼等托杭立武君向余言，盼余转达政府。余已将此意转告何敬之（即何应钦——引者注）、唐孟潇（即唐生智——引者注），彼等表示赞同，并以下关或为适宜地域。各西方人士于今日成立一种团体，准备此□□接洽。"③

在安全区酝酿的过程中，杭立武在西方人士与中国官方之间起到了牵线搭桥的作用。杭立武当时是金陵大学校董会的董事长、中英文教基金会的总干事，在文化教育界有相当的影响力，其妻玛丽·陈是金陵大学校长陈裕光的妹妹。另外，杭立武与中国官方有着密切的联系，而且与蒋介石夫人宋美龄的私交甚好。从

---

①② 南京事件调查研究会编訳『南京事件資料集〈1〉　アメリカ関係資料編』、122 页。
③《王世杰日记》（手稿本）第一册，（台北）"中央研究院"近代史研究所，1990 年，第 142 页。

11月17日至28日,中国官方虽然没有正式明确承认安全区,但拉贝等西方人士仍然通过一些渠道,间接地了解到中国方面对此举的肯定态度。11月26日,当拉贝向杭立武询问中国方面是否同意设立安全区时,杭立武表示:"不必为中国政府是否同意建立中立区一事担心,最高统帅本人(指蒋介石——引者注)已经表示赞同。"①另外,张群将自己在宁海路5号的官邸提供给德国大使馆,并由德国大使馆的罗森转交给拉贝,作为安全区国际委员会总部的办公场所,这件事也从一个侧面表明了中方的基本态度。

　　11月29日下午,安全区国际委员会成员在北平路(今北京西路)英国文化协会召开会议,讨论安全区的相关问题。南京市长马超俊出席了会议,并在会上"当众宣布了国际委员会成立"。② 南京市长马超俊显然是以中方官员的身份宣布安全区国际委员会成立的,这表明中国官方正式同意设立安全区,并在政治、法律上给予安全区及安全区国际委员会以合法地位。

　　安全区国际委员会成立后,虽然日本方面尚未正式表明态度,但中国方面尤其是南京市政府给予了国际委员会大力支持。

　　首先,中方给予安全区国际委员会以市政管理的行政权。安全区要收容难民,面临着许多需要解决的问题,如难民的安置与住房、粮食、资金、医疗卫生、物资运输、治安维持等问题。为此,安全区国际委员会专门成立了住房、粮食、卫生、运输等专门委员会,分别管理相关事务。实际上,在国民政府和南京市政府撤离南京后,安全区国际委员会将行使部分市政管理职能。南京市政府为了支持国际委员会的工作,将部分市政职能移交给了安全区国际委员

①［德］约翰·拉贝:《拉贝日记》,第109页。
②［德］约翰·拉贝:《拉贝日记》,第117页。

会。德国西门子公司南京办事处负责人,后来被推举为安全区国际委员会主席的德国商人约翰·拉贝在日记中收录了安全区国际委员会给中国报界的新闻稿,内称:"1937年12月1日,市长马先生来到南京安全区国际委员会,要求委员会承担管辖安全区的全部责任……由于在目前的紧急形势下没有其他出路,所以国际委员会只有非常不情愿地承担了由马市长转授的负责安全区行政管理工作的责任。一旦困难时期过去,委员会承担的责任也将随

图1-6　南京市长马超俊

（南京市政府秘书处编:《十年来之南京》,1937年6月1日）

即停止,并将应南京市政府的请求将这种责任归还给市政府。"①12月17日,拉贝在致函日本大使馆官员福井淳时也特别指出:"我们从未考虑寻求某种权力,与日本当局进行政治上的合作。在这里我要指出的是,1937年12月1日,南京市政府马市长将城市在特别时期的几乎所有管理职能赋予了我们,这其中包括管理警务、看管公共机构、消防、管理和支配房屋住宅的权力、食品供应、城市卫生等等。1937年12月13日,星期一的上午,贵军获胜进城的时候,城市的管理权在我们手上,我们是唯一尚在运行的机构。"②除

---

① ［德］约翰·拉贝:《拉贝日记》,第152—154页。
② ［德］约翰·拉贝:《拉贝日记》,第191—192页。

了前述市政职能外,南京市长马超俊还为安全区配备了 400 名警察,以"看守安全区边界,并负责区内的治安"。①

图1-7　南京安全区国际委员会总部,米尔斯(右二)、马吉(右一)与安全区警察。

(耶鲁大学神学院图书馆)

其次,南京市政府给予安全区粮食和资金支持。就在安全区国际委员会成立的当天,中方表示将给国际委员会拨款 10 万元。② 至 12 月 7 日,安全区国际委员会已收到其中的 4 万元。后来国际委员会又陆续收到拨款,共计 8 万元。南京市政府还答应调拨 2 万袋大米和 1 万袋面粉,后来由于运输困难,国际委员会实际收到了 9 067 袋大米、1 000 袋面粉和 350 袋食盐。③

再次,中方在军事上也给予相应的配合。国际委员会所构想的安全区之所以能够让平民在此避难,关键在于这里实际上是一个非军事区域。为此,国际委员会一直与中日双方的军事当局交涉,以获得中日两军的认可。安全区国际委员会总干事菲奇在日记中写道:"在南京陷

①［德］约翰·拉贝:《拉贝日记》,第 154 页。

②［德］约翰·拉贝:《拉贝日记》,第 117 页。

③《南京国际救济委员会报告书》(1937 年 11 月至 1939 年 4 月 30 日),中国第二历史档案馆藏,一一六/800。

落前的两周里,南京安全区委员会与日本人、中国人都进行了协商,确认这一地区不准有(中国)士兵和军事人员,日军也不能轰炸这一地区,这里在形势恶化时可容纳南京 100 万人中的 20 万难民。"①

为了让南京卫戍司令长官唐生智支持安全区,撤出军事设施和军事人员,南京市长马超俊还专门致函唐生智,询问其对设立安全区的态度及所划定安全区域的具体意见:"近因时局紧张,战线延长,本京附近地带,诚恐不免交战事影响。旅京丹麦及德、英、美各国侨民,爰拟组织南京难民安全区国际筹备会,建议敌我双方于本京设立安全区域,为平民避难之所。后经各友邦侨民迭次前来接洽,用意甚善,并据函陈意见前来,所请求各点,及拟划区域,是否可行。事关救济,理□缮同原函二件,呈请钧长鉴核,迅予训示祗遵,实为公便。"②从信函中可以看出,马超俊首先肯定设立安全区"用意甚善",并强调"事关救济",其肯定、支持的态度十分明确。显然,马超俊致函唐生智主要有两个目的:一是表明自己的态度,希望唐生智积极配合;二是询问国际委员会划定的安全区范围,从军事角度考虑是否适当。

12 月 3 日,唐生智致函拉贝,明确表示"原则上完全赞同成立这么一个区域的想法","关于从安全区撤出所有军事组织和交通设施一事,我已经下达命令,根据您的愿望执行。我会尽快敦促军事人员不得在区域内居住或穿越该区域。总而言之,我会在我的权限范围内满足您的愿望,因为作为卫戍司令,我钦佩贵委员会的

---

① 《费吴生日记》(1937 年 12 月 10 日—1938 年 1 月下旬),章开沅编译:《美国传教士的日记与书信》,张宪文主编:《南京大屠杀史料集》第 4 册,第 66 页。

② 《南京市长马超俊致南京卫戍司令长官唐生智函》(1937 年 11 月 26 日),南京市档案馆藏。

工作并愿意竭诚与您合作。"①

随着唐生智下令从安全区内撤离军事设施和人员,一些军事设施开始撤离。《北华捷报》报道称:"昨日(12月7日)召开军事会议后,南京城防司令唐生智命令所有部队撤出安全区。该命令被迅速执行,在美国大使馆附近五台山上的高射炮很快被运走。今天凌晨,中国军队仍在搬运其他军用物资。"②

尽管短时间内从安全区内撤出全部军事设施和人员还存在诸多困难,事实上在中国守军撤离安全区的过程中也出现了反复和撤离缓慢等问题,但从整体上说,中国守军还是基本上将军事设施和人员撤出了安全区。这无疑给安全区国际委员会以极大的鼓励、支持和信心。

除了从安全区撤出军事设施及人员外,为了便于国际委员会筹集和运输物资,南京卫戍司令长官司令部给国际委员会发放了通行证,在国际委员会运输车辆不足的情况,还提供给国际委员会三辆卡车,以方便国际委员会运送救济物资。③ 这从另一个侧面反映出中国军方对南京安全区的肯定和支持态度。

虽然中方对安全区表示支持,但日本方面尤其是日本军方的态度则直接关系到南京安全区未来的命运。11月22日,国际委员会得到中国方面初步认可后,即于当晚通过美国大使馆向上海美国总领事馆、美国政府和国务卿发出了由拉贝、潘廷、斯迈思等人签名的关于设立南京安全区的电报,并希望尽快将电文转交给在

① [德]约翰·拉贝:《拉贝日记》,第137页。

② 《北华捷报》(*The North China Herald*)1937年12月15日,张生编:《外国媒体报道与德国使馆报告》,张宪文主编:《南京大屠杀史料集》第6册,江苏人民出版社、凤凰出版社2005年版,第19页。

③ [德]约翰·拉贝:《拉贝日记》,第186页。

上海的日本大使。电文如下：

由丹麦、德国、英国和美国等国家（人士）组成的一个国际委员会希望向中国和日本当局建议，在南京城或周围敌对行动不幸发生的情况下，为平民难民建立一个安全区。

国际委员会将采取行动从中国当局那里获得特别的保证，即在拟议中的安全区内将不会设置军事设施和机构，包括通信机构；除了配发手枪的民事警察，武装军人不得入内；不能成为士兵和任何身份军官的通道。国际委员会将检查并视察安全区，落实这些措施是否令人满意地被贯彻执行。

国际委员会建议指定地区如下，目的是能方便并适合照料平民难民。该地区位于城市的西部地区，日本空军在他们的轰炸行动中小心地避免轰炸这一地区。拟议中的地区是如下划界的：在东边，沿中山北路从新街口到山西路圆圈。在北边，沿着往西的一条线从山西路圆圈到西康路（是新住宅区的西部边界）。在西边，沿着西康路从刚提及的北部边线，一直向南到汉口路的十字路口（该十字路口是新住宅区的西南角）；在东南部，一条直线到上海路和汉中路的十字路口。在南边，沿汉中路从上海路的十字路口到最初在新街口的出发点。国际委员会将确保该地区的边界清楚地标上白旗或其他大家同意的标识，并对所有相关方都一目了然。委员会建议在委员会向双方当局提交后，一旦获得双方批准的日期就是安全区生效之时。

国际委员会急切地希望日本当局能从人道主义出发，尊重该安全区的民间属性。委员会认为，对平民仁慈的态度将会给双方负责当局带来光荣。为使与中国当局必要的谈判在尽可能短的时间内完成，也为了对照料难民提出适当的预防措施,委员会谦恭地要求日本当局对该建议迅速作出回答。

国际委员会确信对此请求会有令人满意的答复。①

为了敦促日本方面承认南京安全区,11 月 23 日,德国驻华大使馆也要求德国驻上海总领事馆将国际委员会设立安全区的计划转达给日本方面。②

11 月 25 日,由于没接到日本方面的答复,为了促使日本当局能迅予承认安全区,国际委员会主席拉贝还致电希特勒和德国驻上海总领事克里贝尔,恳求希特勒"说服日本政府同意为非战斗人员建立一个中立区,否则,即将为争夺南京而展开的战事会危及 20 余万人的生命",同时请求总领事克里贝尔支持他给希特勒发电报。③

11 月 27 日,由于仍未收到日本当局的答复,国际委员会再次通过美国大使馆致电日本大使馆,"委员会急需立即开始工作。出于人道主义,特此请求即刻答复委员会的建议"。④

除了通过正常的外交途径与日本当局联系外,29 日晚,国际委员会还求助法国神父饶家驹,希望他尽快与日本驻华大使川越茂、大使馆副顾问日高联系⑤,并希望他"把地图给日本的司令看,请他

---

① 《美国驻华大使(约翰逊)致国务卿》(1937 年 11 月 22 日),杨夏鸣编:《美国外交文件》,张宪文主编:《南京大屠杀史料集》第 63 册,第 161—162 页。

② 《罗森致上海德国总领事馆电报》(1937 年 11 月 23 日),陈谦平、张连红、戴袁支编:《德国使领馆文书》,张宪文主编:《南京大屠杀史料集》第 30 册,江苏人民出版社 2007 年版,第 11 页。

③ 《罗森致上海总领事馆公函》(1937 年 11 月 25 日),陈谦平、张连红、戴袁支编:《德国使领馆文书》,张宪文主编:《南京大屠杀史料集》第 30 册,第 14 页。

④ [德]约翰·拉贝:《拉贝日记》,第 112 页。

⑤ 「南京安全区計画頓挫す ジャキノ神父、計画立案者に日本側の回答を打電」,『大陸報』(The China Press)1937 年 12 月 4 日(土)、南京戦史編集委員会編『南京戦史資料集Ⅰ』、643 頁。

同意我们成立难民区,并且答应以后不要骚扰难民区"①。

由于日军快速向南京进犯,因此,安全区国际委员会迫切希望得到日军当局的明确答复,但是日本方面十分谨慎,迟迟不予回复。直到 12 月 2 日,拉贝等人才收到由法国神父饶家驹转来的日本政府关于设立南京安全区的答复:"日本政府已获悉你们建立安全区的申请,却不得不遗憾地对此予以否决……但是,只要与日方必要的军事措施不相冲突,日本政府将努力尊重此区域。"②尽管日本政府对设立安全区的建议予以否决,但国际委员会认为日本政府的答复模棱两可、措辞微妙,为自己留下了一条后路。收到电报后,国际委员会立即通过美国大使馆给饶家驹神父回电,希望他再次与日本当局联系,以便委员会能获得日本政府"带有保证性的通知"。12 月 3 日,德国大使馆从汉口发来的电报称:日本"出于军事上的原因不同意设立南京特别保护区或要塞区域"。12 月 5 日,国际委员会收到东京通过美国大使馆转来的于 12 月 4 日作出的关于南京安全区的正式答复,对国际委员会设立安全区的建议再次给予拒绝,其答复与 12 月 1 日的答复除内容更为详细外,并无其他不同。答复如下:

日本当局仔细考虑了南京国际区的建议,日本大使现通过总领事馆将下列通告通知美国大使:

1. 考虑到一旦发生紧急情况,委员会不具备完全切断安全区与外界联系的自然条件与人工设施,有必要给安全区领导层提供足够的物资材料或其他特别权力,以便安全区附近

---

① 杭立武:《筹组南京沦陷后难民区的经过》,(台北)《传记文学》第 41 卷第 3 期,1982 年 8 月,第 23—24 页。

② [德]约翰·拉贝:《拉贝日记》,第 124 页。

发生战斗时,能够阻挡中国武装部队进入安全区寻求保护或将安全区用于军事目的。

2. 此外还必须考虑到,不论是在安全区内,还是在安全区的附近都有中国的军事设施和据点,一旦在南京发生战斗,这些设施和据点很难做到不会被中国军队使用。

3. 鉴于上述原因,日本政府认为,即使该建议受到中国当局的欢迎,但仍然不能保证做到在南京发生战斗时,能够完全阻挡住中国军队进入安全区并将安全区用于军事目的。

4. 尽管日本政府完全承认对此建议负责的领导层的高尚动机,但是在这种情况下,日本政府不承担在未来对所述区域免遭炮击或轰炸的保证义务。

5. 可以把下列情况看成是一种表态,日本军队无意对未被中国军队使用的地点或不存在军事设施或没有部署中国军队的区域发动进攻。①

国际委员会认为日本方面的答复模棱两可,因此没有断绝设立安全区的一线希望,仍然加紧筹设安全区,并积极敦促中国军队从安全区内撤离。12 月 8 日,当日本方面得知国际委员会仍然在积极筹设安全区后,日本驻上海总领事冈本季正于 12 月 8 日在一份致挪威总领事等人并向外交使团感兴趣的成员传递信息的信件中,再次要求留在南京的西方人士撤离。同时,日军当局也宣称:所有撤入南京"所谓的安全区"的人是"自甘冒险"。② 12 月 9 日,日本主要报纸也以"大使馆发言人声明 不承认安全区"为题,刊

---

① [德]约翰·拉贝:《拉贝日记》,第 135 页。
② 《日军表明态度》,陆束屏编译:《南京大屠杀——英美人士的目击报道》,红旗出版社 1999 年版,第 9 页。

登了日本同盟社 12 月 8 日发自上海的电讯,公布了日本驻华大使馆发言人对南京安全区问题的声明:

> 最近外国通讯社报道了南京中立区委员①的活动情况以及难民拥入的情况。但遗憾的是,正如众所周知,鉴于实际上异常之困难,日本当局无法对所谓安全区的设立给予任何保障。事实上,从南京的地势以及防卫状况来看,可以说南京构成了一个整体的大要塞,在这样的地区内设立所谓的安全区,不能不说这是观念上的矛盾。正如帝国军队早已多次声明的那样,对于外国人的生命财产自不待言,即使对普通支那民众也丝毫不愿意故意令其蒙受战争的惨祸。基于上述理由,对于南京的所谓安全区无法给予任何保障。所有在此避难的人应当了解自己可能遇到的危险处境。为此特明确声明,万一战斗波及到该地区,我方将不负任何责任。②

从日本当局的答复和大使馆发言人的声明来看,其拒绝承认南京安全区的理由较为含糊,但拒绝的态度较为明确。其拒绝的理由归纳起来有二点:其一,作为民间机构的南京安全区国际委员会本身没有能力阻止安全区为中国军队所利用;其二,安全区本身缺少设立中立区的自然条件,"南京的地形以及中国军队修建的防御工事已使整个南京城成为一座巨大的堡垒。安全区存在于这样一地区在名称上也是自相矛盾"。③

---

① 即南京安全区国际委员会。

② 《大使馆发言人声明　不承认安全区》,王卫星编:《〈东京日日新闻〉与〈大阪每日新闻〉报道》,张宪文主编:《南京大屠杀史料集》第58册,江苏人民出版社2010年版,第159页。

③ 《日本人未予担保》,陆束屏编译:《南京大屠杀——英美人士的目击报道》,第10页。

实际上,日本当局所谓"日本军队无意对未被中国军队使用的地点或不存在军事设施或没有部署中国军队的区域发动进攻"的表态,纯粹是为了掩饰,如果断然加以拒绝,从人道主义的角度看,日方担心会受到国际舆论的谴责。

南京安全区国际委员会非常清楚日本当局回复电文背后的含义,因此也未对市民的安全作出任何明确的保证。12月8日,国际委员会在市内张贴的《告南京市民书》中,非常婉转地道出了他们的担忧:"然而在战争的时候,对于任何人的安全自然不能担保的。无论何人也不应当认为进了这个区域,就可以完全保险平安。"[1]在落款时,国际委员会也特别注意,使用了"南京难民区国际委员会",而不是"南京安全区国际委员会",以防止市民的误解。[2]

三、安全区国际委员会的成立及安全区的启用

安全区国际委员会在酝酿初期,只有米尔斯、贝德士、斯迈思等少数几个西方人士(主要为美国人)参与,拉贝是在11月19日才得知国际委员会之事的。拉贝在日记中说:"成立了一个委员会(主要由鼓楼医院的美国医生和在金陵大学任教授的传教士组成)。委员会试图建立一个难民区,即位于城内或城外的一个中立区。一旦城市遭到炮击,非战斗人员可以躲避到那里去。有人问我(我要留在这里的消息已传出)是否愿意参加这个委员会,我表示愿意。晚上在斯迈思教授家吃饭的时候,我结识了很多美国籍

[1]《告南京市民书》(1937年12月8日),中国第二历史档案馆、南京市档案馆、侵华日军南京大屠杀遇难同胞纪念馆编著:《侵华日军南京大屠杀图集》,江苏古籍出版社1997年版,第149页。

[2] 张连红:《南京大屠杀时期的日军当局与南京安全区》,《近代史研究》2001年第3期。

的委员。"①11 月 22 日，筹备国际委员会的西方人士召开会议，着重讨论了设立安全区的相关事宜。在这次会议上，与会者一致推举约翰·拉贝为安全区国际委员会主席。拉贝在 11 月 22 日的日记中说："下午 5 时，国际委员会开会讨论成立一个南京平民中立区。大家推举我当'主席'，我推辞不掉，为了做件好事，我让步了。但愿我能够胜任这个也许会变得十分重要的职务。"此后，安全区国际委员会又确定斯迈思为委员会秘书、菲奇为总干事、杭立武为副总干事。②

国际委员会之所以推举拉贝为主席，主要有以下几个方面的原因：第一，拉贝是德国西门子公司南京办事处的负责人，又是德国纳粹党南京支部的组长。早在 1936 年，德国与日本即签订了《反对共产国际条约》，一年后，即 1937 年 11 月，德国、日本、意大利三国又形成了轴心国集团。因此，由当时日本的盟国德国人出任安全区国际委员会主席一职，有利于国际委员会开展工作；第二，拉贝对中国十分熟悉，且具有相当的组织领导能力。早在 1908 年，年轻的拉贝即来到中国，先后担任过德国西门子公司北平、天津办事处的经理。1930 年，他又担任西门子公司南京办事处的负责人。从 1908 年算起，他在中国已工作、生活了近 30 年，对中国的政治、社会经济、风俗习惯等均相当了解。拉贝出任国际委员会主席，是较为合适的人选。

关于南京安全区国际委员会成立的具体日期，既有的研究论及较少。根据目前所掌握的资料来看，国际委员会自己认为其成立的时间为 11 月 22 日。南京国际救济委员会（南京安全区国际委员会 1938 年 2 月 18 日更名为"南京国际救济委员会"）在《南京国

---

① ［德］约翰·拉贝：《拉贝日记》，第 92 页。
② ［德］约翰·拉贝：《拉贝日记》，第 132—133 页。

图 1-8　约翰·拉贝
(耶鲁大学神学院图书馆)

际救济委员会报告书》中称："难民区——若干在南京之人士，鉴于饶神甫与其同志在上海南市设立难民区所获之成功，遂欲步其后尘，在南京设一类似之区域。经五、六日之筹备，于一九三七年十一月二十二日组成南京难民区国际委员会。"①据《拉贝日记》记载，11 月 22 日，筹备安全区国际委员会的西方人士召开会议，确定了拉贝为南京安全区国际委员会主席。因此，安全区国际委员会将这一天确定为南京安全区国际委员会的成立日。

然而，南京安全区国际委员会只是一些西方人士自发成立的"民间组织"，不是现代国际政治学意义上的"国际组织"，因此其对主权国家并不具有约束力，而且委员会在日军进攻南京城及占领南京之初，代行某些市政职能。因此，国际委员会的成立，必须得到中国官方尤其是南京市政府的认可。虽然南京安全区国际委员会在筹备之初即得到中国有关方面的赞同，但这与正式认可毕竟不同。

南京安全区国际委员会得到中国官方的正式承认是 11 月 29 日。拉贝在 11 月 29 日的日记中说："下午 4 时，委员会内部会议召

---

① 《南京国际救济委员会报告书》(1937 年 11 月至 1939 年 4 月 30 日)，中国第二历史档案馆藏，一一六/800。

开,我们讨论了许多有待解决的问题。6 时,在英国文化协会举行例会,市长当众宣布了国际委员会成立。"虽然南京安全区国际委员会自己认为成立的时间为 1937 年 11 月 22 日,而中国官方正式认可是在南京市长马超俊当众宣布安全区国际委员会成立之时,即 1937 年 11 月 29 日。安全区国际委员会的成立,标志着委员会的工作已由筹备阶段进入实质性操作阶段。

南京安全区国际委员会成立后,参照上海南市难民区的区标,将南京安全区国际委员会的会标确定为白底红色圆圈中套一个红十字,同时划定了安全区的范围,拟收容难民。国际委员会划定的安全区具体范围为:"东面:以中山路为界,从新街口至山西路交叉路口;北面:从山西路交叉路口向西划线(即新住宅区的西边界),至西康路;西面:从上面提到的北界线向南至汉口路中段(呈拱形)(即新住宅区的西南角),再往东南划直线,直至上海路与汉中路交叉路口;南面:从汉中路与上海路交叉路口起,至新街口起点止。"①安全区总面积约 3.86 平方公里。

国际委员会划定上述区域为安全区,主要出于以下几个方面的考虑:

第一,一旦日军进攻南京,由于日军的进攻方向主要在中山门、光华门、中华门等处,因此中日双方的交战区域主要集中在市区的东部、东南部和南部,而安全区位于市区的西部,距离交战区域相对较远。

第二,安全区内包括南京市的"新住宅区"。所谓"新住宅区",即 20 世纪二三十年代建设的高级住宅区。在这一区域内居住的大多是政府要员及社会名流,而这些人大多随政府西迁撤离了南

————————

① [德]约翰·拉贝:《拉贝日记》,第 98 页。

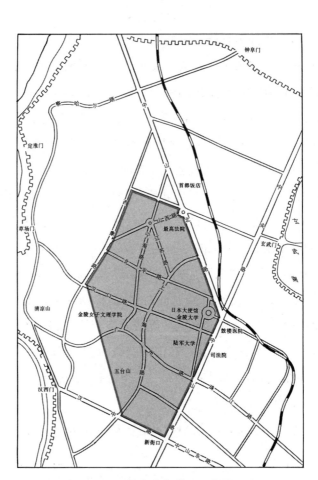

图 1 - 9　南京安全区示意图

（中国第二历史档案馆、南京市档案馆、侵华日军南京大屠杀遇难同
胞纪念馆编著:《侵华日军南京大屠杀图集》,江苏古籍出版社 1997 年版。）

京。时任南京电话局留守工程团工程师的侯楷回忆说:"当时南京
城内的一些外国人,他们组织了一个国际机构,叫作国际委员会,
其范围是南京的新住宅区,即山西路西段,中山路西侧,汉中路北
边的一块地区。地区内包括了金陵大学、金陵女子文理大学,及新
住宅区内的许多房屋。那些房屋多数已无人居住,有些只有个别
看守房屋的人。因此,城内的老百姓,纷纷扶老携幼,进入难民区,

找到空房就进去住。"①《南京国际救济委员会报告书》也记载："新
住宅区亦在难民区内,其中官吏阶级所住之广厦,业已搬空,其他
新式房屋,曾为知识阶级及中产阶级所居者,其住户均已西迁。此
等私人产业,有时仅有佣仆或戚属留守其中。"②由此可见,新住宅
区空置房屋较多,便于安置难民。

第三,在安全区内,外国大使馆和外国学校、机构众多。包括
美国大使馆、意大利大使馆及日本大使馆在内的许多国家大使馆
都设在这一区域内。此外,在安全区内,外国财产也较为集中,其
中重要的有金陵大学、金陵大学附属中学、金女大、金陵神学院、金
陵女子神学院、五台山美国小学、鼓楼医院,等等。这些外国机构
和财产的存在,不仅使日军在轰炸和炮击时不得不有所顾忌,而且
国际委员会也可以有效地保护这些财产的安全。

第四,在安全区内,中国军事设施相对较少。当时除安全区边
缘地带和五台山等地有少数中国军队的高射炮阵地外,没有其他
军事设施,这不仅便于中国军队的撤离,对保证安全区的"非军事
性"也十分有利。

南京安全区国际委员会正式成立后,为便于开展工作,于 12
月 2 日迁入宁海路 5 号办公,此后,这里便成为安全区国际委员会
的总部。

安全区国际委员会成立后,面临着许多问题和困难。如此时
中国方面虽然同意设立安全区,但区内中方的军事设施还没有全

① 侯楷:《难民区历劫记》,全国政协文史资料研究委员会《南京保卫战》编审组编:《原国
　民党将领抗日战争亲历记·南京保卫战》,中国文史出版社 1987 年版,第 282—
　283 页。
②《南京国际救济委员会报告书》(1937 年 11 月至 1939 年 4 月 30 日),中国第二历史档
　案馆藏,一一六/800。

部撤出，而且国际委员会与中国军方在安全区边界问题上还存在分歧，军方的一些人甚至不赞成设立安全区。①

为了保证安全区的中立性，国际委员会不断与中国军方交涉。同时，拉贝与国际委员会的贝德士、施佩林、米尔斯等人还和中国军方的一位上校一同视察了安全区边界沿线。但是，双方并没有就安全区边界问题达成一致②，直到12月12日夜中国军队撤退后这一问题才得以消除。

在此期间，安全区国际委员会副总干事杭立武接到蒋介石的命令，让他将藏于南京朝天宫的1万余箱文物转移到汉口。12月2日晚，杭立武用船将1.4万箱故宫文物运往汉口，他也随船赴汉口。杭立武的离去，对国际委员会来说是一大遗憾。拉贝在日记中说："我们为他的离去而深感惋惜，因为他极其能干，曾给予我们很大帮助。我们希望他能够重返此地。"③

安全区国际委员会成立之初，由于日本方面没有给予正式答复，国际委员会不敢贸然向市民宣布安全区正式设立。拉贝在12月1日的日记中记述："晚上7时30分，在首都饭店召开委员会会议。我们很难决定是否继续开展建立难民区的工作，因为我们始终还没有得到日本当局的答复。如果我们要求留在南京的市民搬进中立区，之后却又遭到日本人断然拒绝，那么我们将负有很大的责任。表决的结果，大多数委员赞成我们继续工作下去。"④此后，国际委员会继续开展筹设安全区的各项工作。

由于日本方面只给安全区国际委员会一个含糊其辞的答复，

---

① ［德］约翰·拉贝：《拉贝日记》，第139页。
② ［德］约翰·拉贝：《拉贝日记》，第155页。
③ ［德］约翰·拉贝：《拉贝日记》，第127—128页。
④ ［德］约翰·拉贝：《拉贝日记》，第123页。

同时少数中国军队迟迟未能撤出安全区,所以从严格意义上说,南京安全区始终没有正式对外宣布设立,正如米尔斯所说:"我们一直未能向双方正式宣告安全区的运作,因为当中国军队已经撤退至足以使我们如实宣告时,外国炮舰已经从江面全部撤出,我们无法发出任何信息,而其他通讯渠道已完全中断。我们所能做的,只是在所有通讯线路中断以前宣告,安全区国际委员会深信(交战)双方注意到已作出的承诺,按计划努力推动安全区的运作。"①国际委员会虽然没有正式宣布安全区的设立,但从国际委员会的工作来看,安全区实际上显然已经存在,并在继续筹设。

为了筹设安全区,当时安全区国际委员会的一项重要工作是将南京市政府赠送的、存于安全区外的粮食和燃料等运进安全区。但这项工作遇到了很大困难。因国际委员会的运输工具有限,"很难找到运输工具去拉我们的大米和面粉。其中一部分存放在离安全区很远的地方,无人看管"。② 为此,国际委员会通过新闻媒体请求广大市民提供运输工具,以便尽可能多运送一些物资进入安全区。

12月2日,当国际委员会收到由饶家驹转达的日本方面的正式答复后,决定立即加紧工作,将标有国际委员会标志的旗帜插在安全区的边界上,以便市民能辨识安全区的范围。12月7日,位于安全区东北边界的山西路交叉路口处已经插上了界旗,同时国际委员会还向中国报界披露了安全区的行为守则,其要点为:

1. 在住宿方面,"(1) 建议居民尽可能在安全区内达成私人的住房协议。需交付的房租尽可能的低,绝不应超过和平时期通行

---

① 《米尔士致妻子函》(1938年1月24日),章开沅编译:《美国传教士的日记与书信》,张宪文主编:《南京大屠杀史料集》第4册,第220页。

② [德]约翰·拉贝:《拉贝日记》,第126页。

的价格。（2）安全区内的公共建筑以及学校是给没有能力签订私人住房协议的最贫穷的人预留的。学校只有在迫不得已的情况下才予以开放。（3）对于居留在公共建筑物和学校的家庭，其成员可以共同安置在一起，但是寝室的安置将根据性别区分。该住宿的安置是免费的，为了能安置大规模的难民，向每人提供的寝室面积不超过 16 平方英尺。（4）在安全区启用后，若以上设施不足以安置全部难民，委员会将要求安全区内所有空房或仅得到部分使用的房屋的主人免费接纳剩余的无家可归者”。

2. 在膳食方面，“（1）指定分发给委员会并由委员会储备的大米、面粉由经过委员会特许的私商出售。（2）穷人的膳食（稀饭）由红卍字会和红十字会负责管理的粥厂以低价提供。粥厂分别位于五台山、金陵大学附近，以及山西路交叉路口”。

3. 关于安全区启用的时间，“（1）一旦中国军方撤出全部军事设施，委员会将向双方（中方和日方）正式宣布启用安全区。（2）公共建筑物和学校设施将尽快开放，安置最贫穷的人，开放事宜将另行公布。（3）安全区的最终开放还将通过报纸的专版予以公布”。①

12 月 8 日，安全区国际委员会公布了《告南京市民书》，全文如下：

告南京市民书

在不久以前，上海战争的时候，国际委员会曾经向中日双方当局建议，在南市一部分地区设立一个平民安全区。这个区域为双方所赞同。中国当局允诺中国军队不进入指定的区域。这个区域既然没有驻兵，日方也就赞同不再攻打那个地方了。这个协定为双方所遵守的。在那个区域以外的南市各地方，虽然有恐怖和毁灭的事，然而这个难民区域却是被救

---

① ［德］约翰·拉贝：《拉贝日记》，第 146—147 页。

了，而且又救了整千整万人的生命。

　　现在在南京的国际委员会也为本城提出了同样的建议，这个区域的界址开在下面："东面以中山路北段从新街口到山西路广场为界；北面以山西路广场沿西到西康路（即新住宅区的西南界路）为界；西面以由西康路向南到汉口路交界（即新住宅区的西南角），又向东南成直线到上海路与汉中路交界处为界；南面以汉中路与上海路交界处到原起点的新街口为界。"这个区域的边界都用了旗帜作记号。在旗帜上面有一个红十字，红十字以外再有一个红圆圈，并在旗上写了"难民区"三字。

　　为着要使上述的区域为平民提供一个安全地点，卫戌司令长官曾允诺在本区域以内所有的兵士和军事设备一概从速搬出，并且允诺以后军人一律不进本区。日本一方面说："对于规定之区域颇难担负不轰炸之责。"在另一方面又说："凡无军事设备，无工事建筑，不驻兵，及不为军事利用之地点，日本军队决无意轰炸，此乃自然之理。"

　　看到以上中日两方面的允诺，我们希望在所指定的区域内为平民谋真正的安全。然而在战争的时候，对于任何人的安全自然不能担保的。无论何人也不应当认为进了这个区域，就可以完全保险平安。我们相信，倘然中日双方都能遵守他们的允诺，这个区域以内的人民，当然比他处的人民平安得多啦，因此，市民可以请进来吧！

南京难民区国际委员会
民国二十六年十二月八日①

---

①《告南京市民书》（1937年12月8日），中国第二历史档案馆、南京市档案馆、侵华日军南京大屠杀遇难同胞纪念馆编著：《侵华日军南京大屠杀图集》，第149页。

随着《告南京市民书》的公布,在日军飞机的轰炸和日军逼近南京的情况下,大批市民和难民开始涌入安全区。拉贝在日记中描述了这些难民的悲惨情景:"成千上万的难民从四面八方涌进我们这个所谓的'安全区',街道上比和平时期活跃了许多。看着那些一贫如洗的人们在街上漫无目标地流浪,真是催人泪下。那些还没有找到落脚处的人们,在寒冷的黑夜来临时,一家老小就躺在房子的角落里睡觉,还有一些人甚至就躺在露天大马路上。"①

市民和难民虽已开始进入安全区,但由于日方对安全区的态度模棱两可,国际委员会认为安全区不可能是十分安全的,于是12月9日晚通过新闻界公布了"安全区安全措施",对在安全区避难的市民和难民如何有效地保护自己作了一系列规定。②

到南京沦陷时,虽然安全区国际委员会始终没有向中日双方正式宣布安全区的启用,但随着《告南京市民书》的公布和大量难民涌入安全区避难,安全区实际上已经启用,开始发挥其功能和作用。

---

① [德]约翰·拉贝:《拉贝日记》,第150页。
② [德]约翰·拉贝:《拉贝日记》,第157—158页。

第二章　南京安全区的组织机构与成员

第一节　安全区的组织机构

一、安全区的领导机构:国际委员会

南京安全区国际委员会是安全区的领导机构。国际委员会成立后,积极推动安全区的正式成立,在南京市政府撤离和日军占领初期,负责安全区市政和公用事业的管理。日军占领南京实施暴行期间,国际委员会承担了安全区内难民的救济和保护工作。国际委员会成立初衷是扮演救济团体的角色,但在实际运行中却行使了一定的行政职能,国际委员会主席拉贝在日记中自嘲说"我真有点像一名'执行市长'了"。①

南京安全区国际委员会实行委员制,最初成立时委员共计15人,他们均是安全区的发起人,成员中有美国、德国、英国、丹麦四国人员,具有一定的国际性。其名单如下:

---

① [德]约翰·拉贝:《拉贝日记》,第150页。

表 2-1　南京难民区国际委员会名单

姓名	国籍	服务机构
1. 拉贝(John H. D. Rabe)	德国	西门子洋行
2. 斯迈思博士(Lewis S. C. Smythe)	美国	金陵大学
3. 福勒(P. H. Munro-Faure)	英国	亚细亚火油公司
4. 马吉牧师(John Magee)	美国	美国圣公会
5. 希尔兹(P. R. Shields)	英国	和记洋行
6. 汉森(J. M. Hanson)	丹麦	德士古火油公司
7. 潘廷(G. Schultze-Pantin)	德国	兴明贸易公司
8. 麦凯(Ivor Mackay)	英国	太古洋行
9. 皮克林(J. V. Pickering)	美国	美孚煤油公司
10. 施佩林(Eduard Sperling)	德国	上海保险公司
11. 贝德士博士(M. S. Bates)	美国	金陵大学
12. 米尔斯牧师(W. P. Mills)	美国	长老会
13. 里恩(J. Lean)	英国	亚细亚火油公司
14. 特里默(C. S. Trimmer)	美国	鼓楼医院
15. 里格斯(Charles Riggs)	美国	金陵大学

资料来源:根据《第一号文件》附件(1937 年 12 月 14 日国际委员会致日军当局公函)重新制作,参见"南京大屠杀"史料编辑委员会、南京图书馆编:《侵华日军南京大屠杀史料》,江苏古籍出版社 1985 年版,第 227—228 页。为保持一致,译名采用当今常用译法。

　　在南京安全区国际委员会的 15 名成员中,有 7 人奉所在公司之命撤离南京,他们是丹麦人汉森、德国人潘廷、美国人皮克林以及四名英国人福勒、希尔兹、麦凯和里恩。其中希尔兹和里恩于 1938 年初重新回到南京,并继续担任南京国际救济委员会的委员。① 这样，在大屠杀期间一直留在南京的国际委员会成员仅剩8人，其中拉贝、施佩林是德国人，其他如斯迈思、马吉、贝德士、米尔斯、特里默和里格斯为美国人。

图 2 - 1　南京安全区国际委员会和国际红十字会南京分会部分成员合影。左起：福斯特、米尔斯、拉贝、斯迈思、施佩林、菲奇。

（耶鲁大学神学院图书馆）

国际委员会成立之初，为了更有效地做好安全区的各项准备工作，下设了理事会和各专门委员会，对安全区各项工作进行了具

① 章开沅：《南京大屠杀的历史见证》，第 269—270 页。1938 年 6 月国际委员会的名单中有希尔兹和里恩。据美国驻东京使馆武官考维尔的笔记称，希尔兹是 1937 年 12 月 23 日离开南京，1938 年 3 月未经日本人许可返回南京的。参见《卡波特·科维尔的南京旅行记》，张生等编：《英美文书·安全区文书·自治委员会文书》，张宪文主编：《南京大屠杀史料集》第 12 册，江苏人民出版社 2006 年版，第 82 页。

体分工，下表是委员会的机构设置及其负责人名单：

安全区管理委员会

（1937 年 12 月 3 日的情况）

一、理事会：

1. 国际委员会主席：约翰・H. D. 拉贝

2. 秘书：刘易斯 S. C. 斯迈思博士

3. 总干事：乔治・菲奇

4. 副总干事：杭立武博士

5. 财务主管：克里斯蒂安・克勒格尔

6. 中方秘书处主任：汤（忠谟）系主任

二、委员会：

1. 总稽查：爱德华・施佩林

2. 粮食委员会：韩湘琳　主任

休伯特・L. 索恩　副主任

孙耀三

朱静

蔡朝松（音译）

晁老五（音译）

萧

C. C. 孟

周保新（音译）（红卍字会）

3. 住房委员会：王廷　主任

查尔斯・里格斯　副主任

查尔斯・吉

朱舒畅（音译）

欧文 C. C. 朱

许豪禄（音译）

王明德（音译）

Y. S. 张

王有成

4. 卫生委员会：沈玉书　主任

C. S. 特里默大夫　副主任

5. 运输委员会：E. L. 希尔施贝格　主任

R. R. 哈茨　副主任（非委员会成员）①

上述名单形成于 1937 年 12 月 3 日，其后随着形势的变化，各委员会名单也出现了较大变化。在理事会中，国际委员会主席拉贝负总责，协调各方事务，特别是委员会的对外交涉；秘书斯迈思的职责是协助主席工作并起草和签发安全区文件；总干事菲奇全面负责安全区的管理工作，副总干事杭立武后来奉政府命负责运送故宫文物于南京沦陷前离开了南京；财务主管克勒格尔则负责国际委员会的款项支付等；中方秘书处主任汤忠谟担任办公室的秘书和翻译工作。理事会成员各司其职、相互配合，肩负起整个安全区的领导工作。

各专门委员会则是因应当时局势而设立的。总稽查施佩林负责维持区内秩序，运输委员会担负向安全区运输粮食和燃料的任务，粮食、住房、卫生三委员会则直接为中国难民解决吃、住和卫生等基本生活问题，故主任均为中国人担任。下面对委员会的基本状况作一介绍。

---

① ［德］约翰·拉贝：《拉贝日记》，第 132—133 页。文中许多中国人名有一些无法确认，只能音译，名单中有些人至今没有查到任何相关信息。

　　总稽查　12月初,难民开始涌入安全区,国际委员会为防止混乱、维护区内正常秩序,专门设立总稽查(警察委员)一职。中国政府分配给安全区400名警察①,他们在总稽查施佩林的带领下,佩戴有安全区标记的臂章,在区内行使警察权。随着难民不断增多,原有警察不敷分配,国际委员会又从难民中组织了志愿警察,他们无制服和枪械,仅佩戴臂章协助警察工作。② 总的来说,在日军进城前,安全区内难民表现良好,仅有6人被捕。③ 日军进城后,根据国际委员会同日本特务队长达成的协议,区内警察继续留置,但除警棍外,不准携带任何武器。④ 但在12月16日,日军捕杀了国际委员会派驻司法部的50名警察,随后又逮捕志愿警察46人,在这种恐怖气氛下,警察不敢在街上露面,安全区警务工作陷于停顿。国际委员会遂提出由日方接收安全区的450名警察,加以组织,使之维持区内和平与秩序。⑤ 1938年1月11日,国际委员会正式向

①〔德〕约翰·拉贝:《拉贝日记》,第154页;《南京国际救济委员会史料一组》,《民国档案》1997年第4期。一说为450名,见《国际委员会第六号文件(1937年12月17日国际委员会致日使馆公函,解释难民区的特殊地位)》,"南京大屠杀"史料编辑委员会、南京图书馆编辑:《侵华日军南京大屠杀史料》,第233页;尹集钧:《1937,南京大救援——西方人士和国际安全区》,第54页;一说为650名,见〔德〕约翰·拉贝:《拉贝日记》,第479页。

②《国际委员会第六号文件(1937年12月17日国际委员会致日使馆公函,解释难民区的特殊地位)》,"南京大屠杀"史料编辑委员会、南京图书馆编辑:《侵华日军南京大屠杀史料》,第232页。

③《南京国际救济委员会史料一组》,《民国档案》1997年第4期。

④《国际委员会第四号文件(1937年12月15日中午,日本特务队队长与国际委员会负责人谈话纪录)》,"南京大屠杀"史料编辑委员会、南京图书馆编辑:《侵华日军南京大屠杀史料》,第230页。

⑤《国际委员会第六号文件(1937年12月17日国际委员会致日使馆公函,解释难民区的特殊地位)》,"南京大屠杀"史料编辑委员会、南京图书馆编辑:《侵华日军南京大屠杀史料》,第233页。

伪自治委员会移交了警察权。① 从上可以看出,国际委员会真正有效行使警察权的日子仅有日军进城前的 10 余天。

粮食委员会　粮食委员会的主要职能是粮食的运输和分配。运粮由运输委员会协助进行,至南京城陷,共有 1 万担(9 076 袋)大米和 1 000 袋面粉运进安全区。② 如何分配好这批有限的粮食,关系到整个救济工作的成败。粮食委员会经慎重研究后对难民的膳食问题作出如下安排:第一,指定分发给委员会并由委员会储备的大米、面粉由经过委员会特许的私商出售;第二,穷人的膳食(稀饭)由红卍字会和红十字会负责的粥厂以低价提供。③ 第一条措施主要针对进入安全区的有一定购买能力的难民,他们在所带粮食用尽后必须得到补充,委员会便以合适的价格将粮食出售给他们,到 2 月中旬,委员会卖米收入计 1.3 万元④,既解决了这部分难民的粮食供应问题,又为下一步救济积累了资金。第二条措施主要针对贫穷的难民,他们大多住在难民收容所,委员会向各收容所和粥厂免费发放大米,粥厂向能支付的难民收取微量现金。12 月 17 日至 31 日,委员会共发放大米 2 035 袋,1 月份发放 2 721 袋,2 月份发放 1 935 袋。⑤ 在粮食委员会卓有成效的运作下,难民们最低限度的食物供给得到保障。后来由于南京市自治委员会成立后,在日本特务机关的要求下,难民区的粮食供应逐渐由自治委员会取代。

住房委员会　住房委员会的职能是为难民安排住宿。在难民

① [德]约翰·拉贝:《拉贝日记》,第 396 页。

② [德]约翰·拉贝:《拉贝日记》,第 291 页。

③ [德]约翰·拉贝:《拉贝日记》,第 146—147 页。

④ [德]约翰·拉贝:《拉贝日记》,第 655 页。

⑤ 《南京国际救济委员会史料一组》,《民国档案》1997 年第 4 期。

图 2－2　金陵大学礼堂成为存放粮食的库房

（耶鲁大学神学院图书馆）

大规模进入安全区前,住房委员会未雨绸缪,将安全区分为几个小区,每区设一办事处,详尽调查了可用空间,以使可居之屋得到有效公正的利用。① 经研究后委员会对难民住宿问题作出决定:建议居民尽可能在安全区内达成私人住房协议;安全区内的公共建筑和学校是给没有能力签订私人住房协议的最贫穷的人预留的,该住宿的安置是免费的,向每人提供的寝室面积不超过 16 平方英尺;若上述建筑不足以安置全部难民,则将要求区内所有空房或仅得到部分使用的房屋主人免费安置剩余的无家可归者。② 据住房委员会估计,若区内私房主能将房子以和平时期半价出租,将有足够空间安置市内剩余居民;留给最贫穷的人使用的公共建筑和学

①《南京国际救济委员会史料一组》,《民国档案》1997 年第 4 期。

②［德］约翰·拉贝:《拉贝日记》,第 146 页。

校,如果每人需 16 平方英尺,这些建筑物可容纳 3.5 万难民。^① 但住房委员会的估计过于乐观,12 月 8 日安全区开放后,难民纷纷涌入,挤满了区内的大街小巷。委员会开放了所有能开放的建筑,到 12 月 17 日,安全区各处形成了 20 多个难民收容所,收容难民 5 万人左右。^② 到 12 月 21 日,各收容所内难民增加到近 7 万人,是原计划收容 3.5 万人的一倍。^③ 尽管出现了一些意想不到的情况,住房委员会还是克服困难,基本完成了难民的安置工作。

卫生委员会　卫生委员会负责安全区的公共卫生和难民的医疗问题。在开始的几周,卫生委员会召集 400 名工人打扫街道,清理厕所,以及扫除难民收容所及其他聚居地的垃圾。日军攻占南京初期,有 5 名街道清洁工被杀,难民收容所外以及偏远地区房屋的卫生工作,即处于停顿状态。^④ 由于日军进城后,自来水供应停止,且许多水源被尸体污染,卫生委员会采取封井、储水等措施,尽力改善安全区水质,解决难民的用水问题。^⑤ 安全区难民的医疗工作,则由国际红十字会南京分会和鼓楼医院直接负责,国际委员会在人员、资金和供给方面予以援助。鉴于安全区医药设备和医护人员缺乏,一方面,委员会通过上海全国基督教总会订购了 1 000 磅大包装鱼肝油、200 磅绷带纱布和 20 万单位白喉抗毒血清^⑥,这些物品很快通过英国炮艇运抵鼓楼医院,缓解了医药供应的紧张状况;另一方面,委员会多次向日方提出允许其增派医护

---

① ［德］约翰·拉贝:《拉贝日记》,第 153 页。

② ［德］约翰·拉贝:《拉贝日记》,第 207—208 页。

③ ［德］约翰·拉贝:《拉贝日记》,第 244 页。

④ 《南京国际救济委员会史料一组》,《民国档案》1997 年第 4 期。

⑤ 尹集钧:《1937,南京大救援——西方人士和国际安全区》,第 118 页。

⑥ ［德］约翰·拉贝:《拉贝日记》,第 491 页。

人员的要求,日方终于在 2 月上旬为 2 名美国医生和 2 名美国护士发放了入城许可证。① 另外,对于移送鼓楼医院治疗的贫苦难民,国际委员会代为病人支付医药费,从资金上支持医院工作。在卫生委员会的努力下,安全区没有发生严重的流行疾病,因病死亡的难民较少。

　　运输委员会　主任是德国人 E. L. 希尔施贝格。希尔施贝格是医生,不久他奉命护理张群离开南京去了汉口,后来因日军占领南京而没能回来,因此,奥地利人哈茨实际承担运输委员会主任的职责。② 运输委员会是为了将储存在城外的大米、面粉、燃煤等捐助物品及时运进安全区而专门设立的。在南京城沦陷前,国际委员会必须以最快速度将救济物资运入城内,运输委员会承担了这项艰巨的任务。当时局势紧张,车辆不断被中国军队征用,筹集十分困难,委员会呼吁:"委员会急需卡车和板车向区内运送储备物资,为此请求有偿或无偿地将运输工具提供给委员会使用。"③委员会最多一次筹集到 12 辆卡车,而卡车的保护、修理及调度工作也十分繁杂,更主要的是每个从事运输的人都会遭遇恐怖,在 12 月 9 日战斗紧张时,一辆运粮车被炸,一个搬运工失去了一只眼睛。④在如此危险的情况下,运输委员会还是出色地完成了任务,使区内难民有了最基本的粮食供给。据《拉贝日记》记载,到 12 月 8 日,从安全区外运进存储的 6 300 袋米(相当于 7 875 担),并运进了能够供粥厂用的煤和 500 袋盐。⑤ 其后随着日军逼近,南京城门基本关

---

① [德]约翰·拉贝:《拉贝日记》,第 611 页。
② [德]约翰·拉贝:《拉贝日记》,第 123 页。
③ [德]约翰·拉贝:《拉贝日记》,第 132 页。
④ [德]约翰·拉贝:《拉贝日记》,第 154 页。
⑤ [德]约翰·拉贝:《拉贝日记》,第 153 页。

闭,运输工作基本停止。因此,12 月 8 日,南京安全区国际委员会总干事菲奇宣布对原有下辖机构进行调整,取消了运输委员会,哈茨所在的运输委员会合并到粮食委员会。① 日军进城后,封存和没收了国际委员会在城外的粮食储备,运输工作仅限于安全区内。但由于日军不断施暴,中国人不敢单独运送,这一重任完全落到了西方人身上,在他们努力下,安全区内粥厂、难民收容所、医院所需的粮食和燃煤都能得到及时供应,区内正常的生活秩序得以保证。

二、安全区的基层组织:难民收容所

在南京大屠杀期间,国际委员会在安全区的公共建筑和学校,收留了大批难民,在两个多月时间里,安全区设立了若干个难民收容所,其中直接由安全区国际委员会管理的有 25 个难民收容所,难民人数最多时达 7 万余人。② 收容所集中了安全区内最贫穷的难民,他们大多依靠国际委员会提供的粮食生活。国际委员会也通过多种措施,对难民收容所进行有效的管理。

在西方人士留下的相关日记、书信和报告中,提及安全区内的难民收容所共有 25 处,由于日军进城后的屠杀,加剧了区内难民的流动,有些原本安排的收容所被空置,而有些地方又形成了新的收容所,因此,在两个月中长期保持稳定的难民收容所约有 20 个。下表是 12 月 17 日安全区难民收容所状况:

---

① 张连红:《南京英雄:南京大屠杀期间奥地利机械师鲁佩特·哈茨》,《日本侵华南京大屠杀研究》2018 年第 1 期。

② 《南京国际救济委员会史料一组》,《民国档案》1997 年第 4 期。

表 2-2　南京安全区难民收容所(1937 年 12 月 17 日现状)

建筑物名称	难民数量	类别
1. 原交通部	1 万或 1 万以上	家庭
2. 五台山小学	1 640	家庭
3. 汉口路小学	1 000	家庭
4. 陆军学校	3 500	家庭
5. 小桃园南京语言学校	200	男
6. 军事化学品仓库(华侨招待所后面)	4 000	家庭
7. 金陵大学附中	6 000—8 000	家庭
8. 圣经师资培训学校(金陵女子神学院)	3 000	家庭
9. 华侨招待所	2 500	家庭
10. 金陵神学院	2 500	家庭
11. 司法部	空置	
12. 最高法院	空置	
13. 金陵大学蚕厂	4 000	家庭
14. 金陵大学图书馆	2 500	家庭
15. 德国俱乐部(DOS 协会)	500	家庭
16. 金陵女子文理学院	4 000	妇女、儿童
17. 法学院	500	家庭
18. 农科作物系	1 500	家庭
19. 山西路小学	1 000	家庭
20. 金陵大学(宿舍)	1 000	妇女、儿童
总数约　4.934 万人—5.134 万人		

资料来源:《南京安全区难民收容所》(1937 年 12 月 17 日现状),[德]约翰·拉贝:《拉贝日记》,第 207—208 页。

　　上述 20 处收容所,有 10 处位于教会大学所在地,3 处在小学,4 处在政府大楼,其余 3 处为团体和仓库建筑。相对而言,在外国旗帜保护下的教会和学校比较安全,中国政府建筑中的难民受日军侵扰甚多,处境较危险。在南京沦陷初期,司法部和最高法院两处难民收容所收容了不少难民,如司法部难民所位于安全区内广州路北侧、中山路西侧,1937 年 12 月 14 日时有难民 1 000 人,但当天被日军将其中四五百人捆走枪杀,其余难民也在 17 日被赶出,被迫空置。最高法院难民所位于安全区内山西路广场南端,中山北路西侧,大部分难民被日军认定为"便衣兵"而被捕杀,剩余的人也被驱赶出来,两处收容所即告关闭。

　　1937 年 12 月 17 日之后,日军在南京的暴行并没有收敛,安全区管理的难民所也在不断变化。为了彻底了解各难民所的真实情况,从 1937 年 12 月 31 日到 1938 年 1 月 5 日,国际委员会安排专人对各难民所进行检查。这次共有 21 个难民所先后接受了检查,它们是:陆军学校、兵库署(军械库)、德国俱乐部、贵格会传教团、汉口路小学、华侨俱乐部(招待所)、金陵大学附中、大方巷军用化工厂(军事化学品仓库)、山西路小学、高家酒馆、西门子洋行、司法学校、金陵大学蚕厂、农业学校、金陵女子神学院①、金陵神学院、五台山小学、双塘、金陵大学(宿舍)、金陵大学图书馆和金女大。同 1937 年 12 月 17 日的名单相比,1938 年 1 月初的难民所中,少了小桃园南京语言学校、司法部、最高法院 3 个难民所,原交通部难民所实际上即兵库署(军械库)难民所,是同一个难民所;多了贵格会传教团、高家酒馆、西门子洋行、双塘 4 个难民所。贵格会传教团

① 金陵女子神学院(Bible Teachers' Training School for Women),前身是"金陵女子圣经学校",为数家美国基督教会在南京联合创办的女子圣经学校。在实际运用中,Bible Teachers' Training School for Women 中的"for Women"常被省略,相关资料及研究中,误将其翻译成"圣经师资培训学校"。本书特别加以订正,但引文仍然沿用"圣经师资培训学校",特此说明。

难民所位于慈悲社 8 号①,高家酒馆 55 号难民所位于安全区内中山路西侧,面积不大,难民人数不到 1 000 人。西门子洋行难民所位于安全区国际委员会主席拉贝所住小桃园宅院内,难民人数 600余人,附近难民认为此地最安全,在战争紧张时纷纷涌入,拉贝收留了他们,难民在院子里搭起草席棚,组成了"西门子洋行院内难民收容所",拉贝助手韩湘琳出任所长。双塘难民所,又称美国长老会布道团难民所,位于安全区外的城西南南隅,由美国长老会传教团的一所学校、一座教堂和一些附属建筑组成,由于是教会所在地,得到国际委员会的管理和帮助,该收容所难民人数一度达到2 000 人。② 上述 25 个难民所便是安全区国际委员会所直接管辖的难民所。

　　到了 1938 年 1 月 8 日,《拉贝日记》中记载的两份材料又涉及到难民所名单,一份是国际委员会代表在对各难民所检查后提出各难民所分配大米的标准,其中列出了 19 个难民所名单;另一份材料是难民收容所所长名单,其中共列出 20 个难民所所长的名单。③ 这两份材料所列难民所都在上述 25 个名单之中。

　　国际委员会对安全区各难民收容所进行了有效的管理,通过任命管理人员、检查工作、召开会议等方式,使收容所各项工作有条不紊地进行,难民基本生活得到保障。

　　首先,国际委员会确立了各难民收容所的负责人。对于设在教会、学校等私人机构的收容所,如金陵大学、金女大、金陵神学院等,委员会指派该机构员工担任难民收容所负责人,负管理之责。

① 贵格会源于 1887 年传教士义白礼自美国俄亥俄州来华,传入南京,1891 年创办培珍女校,1895 年在慈悲社开办贵格医院。1908 年在慈悲社 8 号建成贵格会灵恩堂。
② 孙宅巍:《南京大屠杀期间的难民收容所研究》,《江苏社会科学》2017 年第 5 期。
③ [德]约翰・拉贝:《拉贝日记》,第 377—378 页。

对于公共建筑内的收容所,其负责人的产生较为复杂:有时委员会挑选仍留在市内的熟人任职,有时挑选难民中有一定财产的人担任,还有一种情况是,被同居难民认为才能出众的人亦可担当此职。这些收容所的负责人,有的固定,有的不固定;有的管理出色,有的效率低下,①但他们都服从国际委员会的领导,按委员会的决议从事收容所内部的管理工作。

其次,国际委员会对难民收容所不定期进行检查。为深入了解收容所内部情况,对下一步工作作出安排,从 12 月 31 日到 1938 年 1 月 5 日,由罗威、王廷、米尔斯和福斯特四人组成的检查委员会对当时安全区 20 多个难民收容所进行全面检查,检查内容包括:收容所的组织、难民概况、住房与卫生、大米分发等。检查委员会写出了详尽的报告,对各收容所现状进行了客观评价,并提出建议:委员会应督促各收容所严格执行卫生规定,并采取措施护理所内病人;警惕骗拉妇女的行为,清除收容所内的坏分子;制定并实施大米分发的标准及规定;所有出售大米的收容所帐目应该检查,等等。②

再次,国际委员会召开难民收容所所长会议,布置工作。1938 年 1 月 11 日,第一次所长会议在宁海路举行,有 20 多人出席,主席拉贝和总干事菲奇到会讲话,会议讨论了下一步工作、卫生设施的改善、自治委员会的接管和许多其他问题。③ 以后这类会议又召开多次,直到收容所工作结束。所长会议的召开,有助于贯彻国际委员会救济难民的各项措施、加强对收容所的管理。

---

① 《南京国际救济委员会史料一组》,《民国档案》1997 年第 4 期。
② [德]约翰·拉贝:《拉贝日记》,第 368—376 页。
③ [德]约翰·拉贝:《拉贝日记》,第 394 页。

在国际委员会的有力领导下和有关管理人员的密切配合下，难民收容所的各项工作，包括维持秩序、供应伙食、保护病弱、打扫卫生等，都做得很出色，尽管条件很差，各收容所还是较好地完成了收容难民的任务。

除了上述国际委员会管理的 25 个难民所外，据孙宅巍研究，南京大屠杀期间，在文献资料中还有 10 多个规模大小不等的难民所。如位于安全区内鼓楼广场西侧的维庆里难民所①、陶谷新村难民所、下关江边的和记洋行难民所（难民 7 000 人）、下关煤炭港宝塔桥难民所（难民 7 000 人）、下关三汊河的慈幼院难民所（难民 6 000 人）、六合葛塘镇的葛塘难民所、城东的栖霞寺难民所（难民 1 万人）和江南水泥厂难民所（难民 1 万余人）。②

上述难民所不为国际委员会直接管辖，但其中绝大多数难民所同国际委员会都有联系。如下关英商和记洋行难民所，即是在国际委员会委员希尔兹的直接支持下成立的；江南水泥厂难民所由德国人京特和丹麦人辛德贝格负责管理，其中主要由辛德贝格同国际委员会进行联系。③ 栖霞寺难民所距离市区较远，国际委员会在 1938 年 1 月中旬曾对其进行过紧急救济。④ 由于缺少档案文献的记载，上述难民所除江南水泥厂难民所、和记行洋难民所等少数难民所外，其他难民所的具体运作情况至今仍不清楚。

---

① 关于维庆里难民所，由于翻译的问题，一些史料误译为"卫青里"。
② 孙宅巍：《南京大屠杀期间的难民收容所研究》，《江苏社会科学》2017 年第 5 期。
③ 参见戴袁支《1937—1938：人道与暴行的见证——经历南京腥风血雨的丹麦人》，江苏人民出版社 2010 年版。
④ 尹集钧：《1937，南京大救援——西方人士和国际安全区》，第 259 页。

三、国际委员会的合作机构与团体

除国际委员会外，南京安全区还存在许多其他机构和团体，在两个多月的非常时期里，他们不同程度地配合了国际委员会的工作，使安全区得以顺利运行。这些机构和团体主要有：国际红十字会南京分会、世界红卍字会南京分会、中国红十字会南京分会、崇善堂、同善堂、金陵大学、鼓楼医院、金陵女子大学等。其中金陵大学及鼓楼医院、金女大属西方教会机构，国际委员会多名委员出自这些机构和团体，而且这些机构里收容的难民人数也最多，如金陵大学和金女大两所大学就设有 6 个难民收容所，最多时收容难民达 4 万多人，占安全区收容所难民的一半以上，鼓楼医院是当时安全区中唯一的正规医院，救治了大量难民。国际红十字会南京分会是以西方人为主体的机构，主要负责安全区的医疗卫生工作。世界红卍字会南京分会、中国红十字会南京分会、崇善堂、同善堂四团体是南京原有的慈善组织，在南京大屠杀发生后，它们不畏艰难，派出人员掩埋遇难同胞尸体，四团体还在安全区内外发放赈米，开办粥厂、诊所，有力地支持了国际委员会的救济工作。

（一）国际红十字会南京分会

国际红十字会南京分会的成立是基于人道主义收治从前线撤退下来的伤兵。11 月中旬上海失守后，即有大量伤兵撤往南京，圣

图 2-3　约翰·马吉

（耶鲁大学神学院图书馆）

公会牧师约翰·马吉在下关设立了服务处，开始接待、照顾、转移从前方撤退的中国伤员。南京保卫战打响后，伤兵骤然增加，而此时大部分中国医生和护士已撤离南京，为更好地安置和救护伤兵，在南京安全区国际委员会的直接支持下，以马吉牧师为首的西方人士在12月13日组织成立了国际红十字会南京分会。

国际红十字会南京分会会员的具体名单如下：

1. 约翰·马吉牧师，主席
2. 李春南（音）先生，副主席（中国红十字会）
3. W. 罗威先生，副主席
4. 欧内斯特·H. 福斯特，秘书
5. 克里斯蒂安·克勒格尔
6. 戴籁三夫人
7. 明妮·魏特琳女士
8. 罗伯特·O. 威尔逊医生
9. P. H. 芒罗-福勒先生
10. C. S. 特里默医生
11. 詹姆斯·麦卡伦牧师
12. M. S. 贝德士博士
13. 约翰·H. D. 拉贝先生
14. 刘易斯·S. D. 史迈士博士
15. W. P. 米尔斯牧师
16. 科拉·波德希沃洛夫①

---

① 科拉·波德希沃洛夫（Cola Podshivaloff），又译为克拉，中文名高良，白俄。

17. 沈玉书牧师①

在国际红十字南京分会的 17 名会员中,除了两位副主席李春南(音)和罗威先生(W. Lowe)②以及成员沈玉书外,其他均为外国人,而且其中 7 人同时也是国际委员会委员。虽然名称不同,但两会关系十分密切,在某种程度上说,虽然有二块牌子但其核心成员基本相同。拉贝在日记中说:"我们在十分钟内建立了一个国际红十字会,我成为该组织的理事会成员。约翰·马吉担任红十字会主席,数周以来他一直计划成立一个红十字会。"③

国际红十字会成立后的第一件事是接管设在外交部、铁道部和军政部的几所伤兵医院。马吉在致妻子的信中说:"星期天(12日)下午中国士兵开始撤退时我去了外交部,在那儿我发现许多伤兵但没有医生和护士,后来福斯特和我到三牌楼的军政部,在那儿发现有更多的伤兵,大约有 10—20 名军队医护人员,但没有一个人在为伤员做事而是准备撤退。我对他们说,如果他们愿意为那儿的伤员服务的话,国际红十字会将把他们接收过来。"④

国际红十字会南京分会成立后,12 月 15 日曾专门致函日本使馆参赞福田,报告国际红十字会南京分会成立的缘由:"由于有大量的士兵和平民受伤,我们成立了国际红十字地方分会以应对这

---

① 《国际红十字会(南京分会)名单》,张生等编:《英美文书·安全区文书·自治委员会文书》,张宪文主编:《南京大屠杀史料集》第 12 册,第 272 页。

② 罗威先生(W. Lowe),时任首都饭店经理,即刘怀德。一说为英国人,后改为中国籍。参见[澳]戴维·艾斯克:《南京安全区国际委员会研究——南京大屠杀期间留宁西方人士考证》,《南京大屠杀史研究》2011 年第 2 期。

③ [德]约翰·拉贝:《拉贝日记》,第 171 页。

④ 《马吉致妻子函》(1937 年 12 月 12 日—1938 年 2 月 5 日),章开沅编译:《美国传教士的日记与书信》,张宪文主编:《南京大屠杀史料集》第 4 册,第 147 页。

一局面。"信中恳请福田"帮助我们得到日本军事当局的批准,以便我们开展人道主义的工作"。在信中,国际红十字会还报告,"已呼吁上海国际红十字会及中国红十字会给予承认"。① 但第二天,伤兵的救治工作即遇到了麻烦。日本人宣布伤员必须由日本军方负责照料,西方人不得进入伤兵医院,医院被日军封锁。尽管如此,国际红十字会南京分会本着人道原则,坚持向医院提供大米等食品。②

12月27日,日本军方在上海创办的《新申报》发布了有关伤兵医院的消息,谈及每个伤员都得到了日本军医的精心护理,某中国士兵甚至愿为日本而战云云。③ 为了调查伤兵医院的真实情况,国际红十字会南京分会主席马吉曾多次向日本军方和使馆提出申请,要求进入医院查看,但均被日方拒绝。1938年1月25日,马吉通过外交部医院的两位中国护理人员了解到了内部情况:医院条件很差,外交部医院的医生听任日本人惩罚病员,许多病员在此期间死去,还有些人翻墙逃跑,军政部的伤员躺在地上,除一名中国医生外无人照顾他们。④ 马吉据此驳斥了日方的虚假宣传,对外重申上述医院的情况不能令人满意。⑤

尽管伤兵医院情况很糟糕,但与医院外中国军人被大肆屠杀相比,医院内的伤兵毕竟得到了一定程度的保护。究其原因,一方面是日军出于宣传需要做给世人看,更主要的是这些医院曾被国

---

① 《致福田先生的信》(1937年12月15日),张生等编:《英美文书·安全区文书·自治委员会文书》,张宪文主编:《南京大屠杀史料集》第12册,第273—274页。

② [德]约翰·拉贝:《拉贝日记》,第415页。

③ [德]约翰·拉贝:《拉贝日记》,第328页。

④ [德]约翰·拉贝:《拉贝日记》,第500—501页。

⑤ [德]约翰·拉贝:《拉贝日记》,第516页。

际红十字会接管,而且西方人士一再声明医院是他们赞助运行的,这不能不使日方有所顾忌。马吉认为:"很有可能,我们的努力拯救了那里数百名伤员及医护人员的生命。那里的妇女没有被骚扰,这一点确实不同寻常……我们有一个由不同国籍的 10 人组成的委员会管理国际红十字会,我是该委员会的主席。除了使用我们手中的钱,我们实际上没有做多少事。但我认为在对伤员提供保护方面,我们的组织一直很有用。"①在安置和保护伤兵方面,国际红十字会确实起到了一定作用。

国际红十字会南京分会在救助伤兵之余,还为难民开展医疗服务。国际红十字会南京分会利用掌握的经费,在鼓楼医院后面开设了急救医院,为难民治疗,扩大病人就诊范围,同时帮助部分病人支付医疗费用。②除了开设诊所治疗无力支付费用的贫民外,其还通过国际红十字会特别是美国红十字会募捐,购买大量粮食救济南京难民。1938 年春,在国际红十字会南京分会资助下,难民收容所中展开了防疫运动,16 265 人接种了牛痘疫苗,1.2 万人接种了伤寒和霍乱疫苗。③

（二）世界红卍字会南京分会

世界红卍字会南京分会简称红卍字会。世界红卍字会总会 1922 年设于北京,最早的领导人是前清道台杜秉寅,后为徐世光、熊希龄、王正廷等人。它是一个由士绅阶层领导的慈善救济组织,

---

① 《马吉致妻子函》(1937 年 12 月 12 日—1938 年 2 月 5 日),章开沅编译:《美国传教士的日记与书信》,张宪文主编:《南京大屠杀史料集》第 4 册,第 166—167 页。

② 《马吉致妻子函》(1937 年 12 月 12 日—1938 年 2 月 5 日),章开沅编译:《美国传教士的日记与书信》,张宪文主编:《南京大屠杀史料集》第 4 册,第 155 页。

③ 《南京国际救济委员会报告》(1937 年 11 月至 1939 年 4 月 30 日),章开沅编译:《天理难容——美国传教士眼中的南京大屠杀(1937—1938)》,第 483 页。

全国各省市共设分会 300 余个。南京分会成立于 1923 年,会址设在火瓦巷 24 号。红卍字会南京分会由陶宝晋担任会长,下设总务、储记、防灾、救济、慈业、交际六股。红卍字会以红卍字为标志,取赤心之意,主张儒、道、释、耶、回五教合一,信奉"至圣先天老祖",平时扶乩、念经,办理的主要慈务有:施米、施粥、施衣、施材、设诊疗所、办卍慈小学等。①

七七事变后,红卍字会南京分会即开展救济收容工作,扩充救济队,派救济人员分赴车站、码头接纳收容各地流亡难民,特别是八一三事变后,各地难民涌入南京,在两个多月的时间里共收容从沪、锡、常逃来的难民 155 690 名。② 在南京安全区设立后,红卍字会积极协助国际委员会救济难民,该会副会长许传音出任国际委员会住房委员。红卍字会设有粥厂两处,自 1937 年 12 月 10 日至次年 5 月 31 日,来粥厂就食者达 1 743 056 人次,平均每天 1 万余人;施诊所两处,1938 年 1 至 6 月(其中第一所至 3 月末),共治疗 46 960 人。另外,红卍字会从 1937 年 12 月 22 日开始收埋尸体,在半年不到的时间里共埋尸 4.3 万余具,并留下了详细的掩埋记录。③

(三) 中国红十字会南京分会

中国红十字会南京分会简称南京红十字会。中国红十字会初创于 1904 年,1907 年与国际红十字会缔结同盟。南京的红十字会最早

---

① 《近代南京部分慈善团体情况一览表》(1994 年 6 月),孙宅巍编:《遇难者的尸体掩埋》,张宪文主编:《南京大屠杀史料集》第 5 册,第 19 页;周济宾:《南京民政志》,海天出版社 1994 年版,第 466 页。

② 高鹏程、池子华:《南京大屠杀时期红卍字会活动的两面性》,张连红、孙宅巍主编:《南京大屠杀研究:历史与言说》(上册),第 358 页。

③ 《世界红卍字会南京分会救济队掩埋组掩埋尸体具数统计表》,孙宅巍编:《遇难者的尸体掩埋》,张宪文主编:《南京大屠杀史料集》第 5 册,第 76—81 页。

于 1912 年创设于下关静海寺,1927 年在城内贫儿院成立南京红十字会分会。因一个城市不能有两个分会,因此下关分会于 1937 年秋改称"中国红十字会南京办事处"。南京红十字分会在南京沦陷前迁往重庆,南京大屠杀期间下关分会以"中国红十字会南京分会"名义从事救济工作。分会会长李春南兼任国际红十字会南京分会副主席,其主要工作人员有理事郭子章(兼任施医送药所所长),干事陆伯衡(兼任义务小学校长),交际员马锡侯,事务员张少泉、郭孝魁,医生朱少泉、毕正清,掩埋班伕役长方传台等 80 余人。① 会址设于下关绥远路乐善堂内,另于城内安全区宁海路 25 号设立办事处。

大屠杀期间,南京红十字分会主要从事施粥、掩埋、施材、施医送药等慈善活动。南京红十字会的粥厂设在金陵女子大学校园内,每天施粥两次,每天领粥人数最多时达到 8 000 余人。在南京沦陷 6 个月中领粥人数共计 864 020 人,米煤用费约 2 万余元。从 12 月 24 日起,红十字会开始收尸掩埋,"在下关沿江及和平门外附近一带从事掩埋工作,综计在此六月内,共掩埋军民尸体二万二千三百七十一具"。②

(四)崇善堂

崇善堂是南京最早成立的善堂,至全面抗战爆发时,已有 140 年历史。最初由江宁府学教授金襄偕邑绅于清嘉庆二年(1797 年)劝募,设立恤嫠局,专司救济贫苦无依的寡妇,是为该堂之初创阶段。太平天国时恤嫠局被毁,同治四年(1865 年)由甘炳等人捐资续办,改名崇善堂,宗旨不变。1929 年 5 月,该堂向南京市政府社会局办理了注册手续,领取了执照,其地址在城南金沙井 32 号。

① 《中国红十字会南京分会职工一览表》(1938 年 7 月 14 日),南京市档案馆藏,1002/2/1024。

② 《中国红十字会南京分会关于难民救济工作概况》(1938 年 7 月 14 日),南京市档案馆藏,1002/2/1024。

据其申报，该堂"系地方私人共同设立，办理一切社会慈善事业"。1935 年时，主持人是陆晋轩。①

南京沦陷前夕，崇善堂迁入难民区。自 12 月 11 日起，开始救济难民食米。1938 年 1 月 6 日，其施诊所也移入难民区，为难民治病。后由于大批同胞惨遭日军杀戮，尸横遍野，便组织了"崇字掩埋队"，堂长周一渔兼任掩埋队队长。下设四支掩埋队，分别由孟蓝田、阮月秋、郭全涛、程哲人等担任主任。② 该掩埋队持有特别通行证，且每人着特制背心，前后均印有白底黑字"崇"字。从 1937 年 12 月 26 日至 1938 年 4 月下旬，崇善堂共收埋尸体 113 266 具。③

（五）同善堂

同善堂成立于光绪二年（1876 年），由缎业巨商于绍章创办，董事皆系缎商。堂址设于中华门外雨花路，以埋葬、施药、施材为主要慈善内容。南京沦陷前，该堂专收死殇婴孩，为之厘殓埋葬；有房屋 50 余间，专为停棺之用。在 1936 年南京社会局重新登记的 27 个慈善团体概况表中，同善堂经办的事业为"施医药、施材、掩埋"三项。南京沦陷前后的负责人为黄月轩。④

南京沦陷后，同善堂专门组织了掩埋组，组长刘德才、副组长戈长根；掩埋组成员均佩戴统一制作的臂章，臂章标记为红十字符号，并加盖该堂印章。同善堂共掩埋尸体 7 000 余具。⑤

---

① 孙宅巍主编：《南京大屠杀》，第 402 页。

②《南京崇善堂难民区内工作人员一览表》，南京市档案馆藏，1024/35/34512。

③《南京崇善堂掩埋队工作一览表之二》，孙宅巍编：《遇难者的尸体掩埋》，张宪文主编：《南京大屠杀史料集》第 5 册，第 154—155 页。

④ 孙宅巍主编：《南京大屠杀》，第 421 页。

⑤《国防部审判战犯军事法庭关于掩埋尸体的调查笔录》（1947 年 1 月 25 日），中国第二历史档案馆、南京市档案馆编：《侵华日军南京大屠杀档案》，第 483 页。

（六）金陵大学

金陵大学是南京最大的教会学校，由美国基督教美以美会、基督会和长老会在南京创办。其前身是美以美会于 1888 年建立的汇文书院，1910 年与基督会、长老会合办的宏育书院合并，定名为金陵大学，首任校长为美国传教士包文（Bowen），金陵大学设有文、理、农三学院。

图 2-4　金陵大学

（耶鲁大学神学院图书馆）

全面抗战爆发后，金陵大学被迫西迁，校长陈裕光委任历史系主任美籍教授贝德士以紧急委员会主席兼副校长名义留守南京，担任保护校产重任。除主席贝德士外，紧急委员会由社会学教授斯迈思、里格斯、特里默、陈嵘、齐兆昌和顾俊人 6 人组成，另有 28 名员工和一些志愿者参加。① 11 月中旬，在南京局势危急时，贝德士、斯迈思、里格斯、特里默和金大校董会董事长杭立武、长老会牧师米尔斯等人共同发起成立安全区，并当选为国际委员会会员。

金陵大学在南京安全区中处于举足轻重的地位。一方面，金陵大学是国际委员会的中枢，委员会中的 8 位关键人物贝德士、斯

---

① 王勇忠：《南京大屠杀时期的金陵大学难民收容所》，《抗日战争研究》2008 年第 4 期。

迈思、里格斯、米尔斯、菲奇、索恩、威尔逊、麦卡伦都住在金大美籍教授卜凯(Buck)家中,国际委员会许多重要决策都在金大酝酿形成,国际委员会主席拉贝称"平仓巷3号是我们组织智囊所在地"。① 另一方面,金陵大学是南京安全区中收容难民最多的单位,金陵大学设有蚕桑学校、法学院、农村师资学校、金大附中、图书馆、金大宿舍等难民收容所,收容难民超过3万人。为了抗议日军在金陵大学内的暴行,贝德士以金陵大学紧急委员会的名义多次向日本使领馆提出抗议,与其交涉。

(七) 鼓楼医院

鼓楼医院即金陵大学医院,1892年由传教士马林(W. E. Macklin)创办,时称基督医院。1911年,美国基督教会办的金陵大

图 2-5　金陵大学医院(鼓楼医院)

(耶鲁大学神学院图书馆)

① [德]约翰·拉贝:《拉贝日记》,第680页。

学增设医科,将其划为医科的实习医院,1914 年正式并入金陵大学,易名为金陵大学医院(University Hospital of Nanking)。① 南京沦陷前,医院拥有 42 名经考试合格的女护士、50 名见习护士、4 名美国医生、19 名中国医生。但随着局势的恶化,一些医生护士跟随金陵大学撤往四川。仅留下 14 名中国女护士、1 名美国女护士、3 名学历较低的中国医生和 2 名美国医生。② 两名美国医生是特里默和威尔逊,一名美国女护士是海因兹(Hynds),此外,还有药剂师鲍尔,在人手不够的情况下,鼓楼教堂的麦卡伦也加入到医院工作。

南京沦陷前夕,南京大多数医院都已撤往后方,"南京人民所可以为幸者,即鼓楼医院之排除万难,继续工作"。③ 在南京安全区国际委员会和国际红十字会南京分会的支持下,鼓楼医院克服重重困难超负荷工作,救治了许多被日军残害的南京难民,包括后来到东京法庭作证的梁廷芳和伍长德等人。同时,其还在鼓楼医院内外扩大医疗救助,利用留在南京的中国医护人员,合作开办了鼓楼医院内的难民医院、华侨路难民医院和城郊江南水泥厂内的急诊室。④ 国际委员会主席拉贝认为,南京大屠杀期间,鼓楼医院出色的工作,是他"一生中见到的最好的成绩"。⑤

（八）金女大

金女大由美国浸礼会、监理会、美以美会、长老会、基督会、圣

---

① 南京市鼓楼医院院志编辑室编:《南京市鼓楼医院院志(1892—1990)》,1991 年,第 4 页。

② [德]约翰·拉贝:《拉贝日记》,第 501 页。

③《南京国际救济委员会史料一组》,《民国档案》1997 年第 4 期。

④ 顾碧:《南京大屠杀前后的鼓楼医院》,张连红、孙宅巍主编:《南京大屠杀研究:历史与言说》(上),第 166—169 页。

⑤ [德]约翰·拉贝:《拉贝日记》,第 681 页。

图 2－6 金女大,摄于 1937 年 5 月

（耶鲁大学神学院图书馆）

公会、伦敦会、复初会等于 1913 年在南京筹办,初名金陵女子大学,分文理两科,校长为德本康（Thurston）,1928 年由吴贻芳接任,1930 年改称金陵女子文理学院,但人们习惯还称金女大。

南京安全区成立后,金女大校园被国际委员会指派为专门收容妇孺的难民收容所。当时执掌校务的明妮·魏特琳和舍监程瑞芳、总务主任陈斐然组成了一个三人紧急委员会,承担起收容和保护南京妇女难民的重任。他们将校园内所有可能引起日本人误会的文书及物品焚烧掉,腾出 8 栋校舍,并让学生组成服务团为难民服务。在南京大屠杀期间,最多时校园里收容的妇孺难民在 1.3 万名以上。直到 1938 年 5 月底,南京安全区最后 6 个难民收容所关闭后,金女大仍收容 800 多名无依无靠的妇女。魏特琳亦被南京难民称为"活菩萨"。

第二节　安全区中的西方人士

在南京大屠杀期间,留在南京的西方人士冒着生命危险,救助了 20 余万南京难民,在十分紧张忙碌和恐怖的压力下,他们还以日记、信件、自传等形式记录了日军暴行,为后人留下了铁证。在南京大屠杀期间究竟有多少西方人士留在了南京? 他们为何要留下来? 他们又经历了什么?

一、留在南京的西方人士人数的变化

南京成为首都后,越来越多的外国人来到这里,据 1934 年统计,居住在南京的外国人在 1 400 名以上。[①] 八一三事变后,日军向上海发动进攻,两天后开始轰炸南京,留在南京的西方侨民陆续撤离南京。11 月 12 日上海失守后,国民政府相关机构开始迁往内地。12 月 9 日,日军加紧围攻南京,最后一批西方侨民登上舰船,前往南京上游。[②] 除了 5 位记者在日军入城后三天相继离开南京外,留在南京的 20 余位西方人士,其后亲身经历了日军入城后的暴行。这 5 位记者是美联社的麦克丹尼尔(Mcdaniel)、路透社的史密斯(Smith)、《纽约时报》的德丁(Durdin)、《芝加哥每日新闻》的斯蒂尔(Steele)、美国《派拉蒙电影新闻》(Paramount Movie News)的孟肯(Arthur Menken)。除史密斯为英国人外,其余均是美国人,他们在一线采访了安全区的成立、南京保卫战战场和日军进城

---

① 南京市地方志编撰委员会编:《南京人口志》,学术出版社 2001 年版,第 283 页。

② 1937 年 12 月 12 日,美国炮舰"帕奈"号和 3 艘美国商船在南京上游 27 英里的江面上遭到日本海军航空队的空袭,在空袭中,2 名美国水兵以及 1 名意大利记者死亡,"美安"号船长也被炸死,休斯舰长等 3 人重伤,10 多人负伤。

后发生的大屠杀暴行等,为及时向外界报道,斯蒂尔等4人于15日乘美舰"瓦胡"号离开南京,"我们的最后一位报人"麦克丹尼尔于16日下午搭乘一艘驱逐舰离开南京。[①]

前文提及在南京沦陷前,留在南京的西方人士相继成立了南京安全区国际委员会和国际红十字会南京分会,其中的一些人在沦陷前夕离开了南京。根据现有资料可以确定的是,国际委员会最初成立时的15名成员中,在大屠杀期间留在南京的仅剩下德国人拉贝和施佩林,美国人斯迈思、马吉、贝德士、米尔斯、特里默、里格斯8人。在国际红十字会南京分会17名成员中,除了与安全区国际委员会成员重复的西方人士外,留在南京的有美国人福斯特、威尔逊、麦卡伦、魏特琳,德国人克勒格尔、白俄科拉6人。从南京安全区国际委员会和国际红十字会南京分会的名单中可看出,留在南京的两会成员(除去重复)共14人。

图2-7   乔治·菲奇
(耶鲁大学神学院图书馆)

除上述14人外,南京基督教青年会的菲奇于11月底回到南京,被推选为南京安全区国际委员会的总干事,代替杭立武主持委员会日常工作。金陵神学院美籍牧师索恩(Sone)、鼓楼医院药剂师鲍尔(Bauer)和女护士海因兹,奥地利机械师哈茨(Hatz),白俄机械师齐

①《费吴生日记》(1937年12月10日—1938年1月下旬),章开沅编译:《美国传教士的日记与书信》,张宪文主编:《南京大屠杀史料集》第4册,第73页。

阿尔(Ziall)都留在南京,他们协助国际委员会工作。德国商人黑姆佩尔(Hempel)和曹迪希(Zautig)也留在南京,但目前没有发现他们二位参加国际委员会救助难民的相关信息。国际委员会主席拉贝和留在南京的西方人士于1937年12月21日下午2时曾集中从鼓楼医院门口出发去日本大使馆,向田中递交一封南京外国侨民的签名信,要求日方从人道主义出发,立即采取措施维护最基本的生活条件。拉贝在当天日记中还附了一份南京外国侨民的名单,除了签名信签名顺序和外国侨民名单顺序不一致外,22人姓名完全一致。以下是拉贝记载的南京外国侨民名单:

表2-3 南京外国侨民名单(1937年12月21日)

姓名	国籍	机构
1. 约翰·H. D. 拉贝	德国	西门子洋行(中国)
2. 爱德华·施佩林	德国	上海保险公司
3. 克里斯蒂安·克勒格尔	德国	礼和洋行
4. R. 黑姆佩尔	德国	北方饭店
5. A. 曹迪希	德国	基斯林—巴德尔糕饼店
6. R. R. 哈茨	奥地利	安全区机械师
7. 克拉·波德希沃洛夫	白俄罗斯①	桑格伦电器商行
8. 齐阿尔	白俄罗斯	安全区机械师
9. C. S. 特里默大夫	美国	大学医院
10. R. O. 威尔逊大夫	美国	大学医院

---

① 应为"白俄"。"白俄"是一历史名词,出现于俄国十月革命后,相对于红色的布尔什维克,白色则与沙皇俄国相关。十月革命后,部分俄国贵族纷纷移民世界各地,这些人称为"白俄",移居中国的这些"白俄",在登记其国籍时,因为其没有国籍,统一为"白俄"。参见张杰《对南京大屠杀期间滞留南京的两位外籍人士国籍的考证》,《抗日战争研究》2011年第4期。

续表

姓名	国籍	机构
11. 詹姆斯·麦卡伦牧师	美国	大学医院
12. 格雷斯·鲍尔	美国	大学医院
13. 伊娃·海因兹小姐	美国	大学医院
14. M. S. 贝茨博士	美国	金陵大学
15. 查尔斯·H. 里格斯	美国	金陵大学
16. 刘易斯·S. C. 斯迈思博士	美国	金陵大学
17. 沃特林小姐	美国	金陵女子文理学院
18. W. P. 米尔斯牧师	美国	北方长老会
19. H. L. 索恩牧师	美国	金陵神学院
20. 乔治·菲奇	美国	基督教青年会
21. 约翰·马吉牧师	美国	美国圣公会
22. E. H. 福斯特牧师	美国	美国圣公会

资料来源:［德］约翰·拉贝:《拉贝日记》,第242—243页。

拉贝日记中22位西方人士的名单中没有戴籁三夫人,说明戴籁三夫人当时已经正式加入中国籍,而且在南京的外国人都清楚。另外,白俄科拉1928年7月来中国,1937年9月曾申请加入中国籍,但因战事未获批。[1] 1938年4月,美国驻日本大使馆武官卡波特·科维尔(Cabot Coville)曾前往南京旅行考察,他见到南京国际委员会成员希尔兹,交流中,希尔兹告诉他,他是1937年12月23日离开南京的,1938年3月又秘密回到南京。[2] 但我们没有发现其他材料显示希尔兹在日军占领南京初期待在南京。

---

[1] 戴袁支:《南京大屠杀见证人科拉功罪的历史评说》,《日本侵华史研究》2016年第4卷。

[2]《卡波特·科维尔的南京旅行记》,张生等编:《英美文书·安全区文书·自治委员会文书》,张宪文主编:《南京大屠杀史料集》第12册,第82页。

除了上述 22 人外，1938 年 1 月初，英美德三国的外交人员也开始陆续回到南京。因为在 1937 年 12 月 9 日日军进攻南京前，英美德等国使领馆人员都相继登舰离开南京。日军占领南京后不久，留下来的美国人一直想方设法报告在南京的美国人和财产受到侵犯，请求美国外交人员重返南京。1937 年 12 月 26 日，美国国务院决定美国驻华大使馆三等秘书阿利森等返回美国驻南京大使馆，对美国公民和他们的利益提供保护和帮助，并处理其他官方事务，但日方一直以军事形势危险为借口来阻挠。后经多次力争，1938 年 1 月 6 日，美国大使馆三位官员——阿利森、埃斯皮、麦法迪恩乘坐美舰"瓦胡"号率先返回南京。[①] 1 月 9 日，德国大使馆的罗森、许尔特尔和沙尔芬贝格以及英国大使馆的布龙、弗雷泽和沃尔泽 6 位官员乘坐英国炮艇"蟋蟀"号进入南京。[②] 不久，还有一些国家的外交官也曾短暂来南京访问。这些外交官对本国侨民的损失进行了调查，对南京局势和日军的暴行作了评估，并协助国际委员会向日本当局交涉。

在南京城外的栖霞还有两位西方人士，他们是在江南水泥厂工作的德国人京特博士和丹麦人辛德贝格[③]，由于两人住在南京城外，故未列入留在安全区的西方人士名单中。

在外交官相继回到南京后，经过多次申请，金陵大学鼓楼医院的外科医生布雷迪（Richard F. Brady）在 1938 年 2 月 21 日返回南京，有效地缓解了鼓楼医院的压力。1938 年 1 月份开始，在南京的一些外国人经过多次申请，获得日方同意离开南京。最早离开南

---

① 杨夏鸣：《欲盖弥彰：南京陷落后日军对西方人士返回南京的阻挠》，《日本侵华南京大屠杀研究》2018 年第 1 期。

② ［德］约翰·拉贝：《拉贝日记》，第 368 页。

③ ［德］约翰·拉贝：《拉贝日记》，第 228 页。

京的外国人是德国人克勒格尔,他是1月23日离开南京去上海的。1月29日,菲奇也短暂离开南京去上海,2月20日,他再次申请离开南京。2月23日,国际委员会主席拉贝也离开南京前往上海,然后从上海回德国。奥地利人哈茨和曹迪希是2月28日离开南京的。

大屠杀期间,在南京的西方人士有38人,他们中间包括5位新闻记者、22位安全区内的西方人士,2位江南水泥厂难民所负责人和9位美、英、德三国的外交官。他们从不同角度、不同程度地见证了惨绝人寰的南京大屠杀,为救助南京难民和揭露日军暴行,在人类文明史上留下了光辉的一页。

二、西方人士留在南京的原因

在南京面临战火的情况下,西方人士都收到各国大使馆通知,要求尽快离开,但是一直到日军占领,一些西方人士都坚持留在南京。"这20余位公正勇敢的人士,实在值得称道,所有南京的居民以及各国侨民均已纷纷设法逃避,他们却不顾本国使馆的劝告,仍愿居留危城。"①那么,究竟是什么原因促使他们留在南京?

一直坚守南京的20余位西方人士,对南京怀有深厚的感情,他们对困境中的南京人民充满同情,把战争期间不离开中国朋友视为自己的责任。翻开这些西方人士的履历,可看出他们的生活、他们的事业已经同中国和中国人民紧紧相连,中国和南京是他们的第二故乡。拉贝在1908年26岁时来到中国,1911年开始为西门子公司服务,1931年担任西门子公司驻南京办事处经理。拉贝

---

① 田伯烈:《外人目睹中之日军暴行》,"南京大屠杀"史料编辑委员会、南京图书馆编辑:《侵华日军南京大屠杀史料》,第166页。

在中国结婚,子女和外孙女均出生在中国,到 1937 年,他已在中国生活了整整 30 年。① 菲奇 1883 年生于中国苏州(故中文名为费吴生),其父 1870 年即开始在中国传教,菲奇在美国完成大学学业后重返中国工作。1937 年菲奇已是基督教青年会中国区的负责人之一。② 魏特琳 1886 年生,毕业于美国伊利诺伊大学教育研究院,1912 年受教会派遣来中国,1919 年出任金女大教育系主任,来华 25 年。③ 贝德士生于 1897 年,1920 年毕业于英国牛津大学,随后受教会派遣来到南京,参与创建金陵大学历史系,来华 17 年。④ 威尔逊,1904 年生于南京一个基督教家庭,毕业于美国哈佛大学医学院,1935 年偕新婚妻子回到中国,在鼓楼医院行医。⑤ 马吉出生于1884 年,1906 年入马萨诸塞州神学院学习,1912 年来南京传教,来华 25 年。⑥ 麦卡伦出生于 1894 年,1921 年毕业于美国耶鲁大学神学院,被教会派往南京传教,来华 16 年。⑦

　　这些西方人士,大多在中国生活了十余年,甚至二三十年,有的就出生在中国,他们对中国和中国人民有着深厚的感情。在南京,有他们为之奉献青春年华的学校、教会、医院、公司,他们大多自称是"南京人"。因为是南京为他们提供了稳定而优裕的职业,为他们提供了成家立业生儿育女的环境;而这个城市绵长的历史和旖旎的景色,又深深地吸引着他们。更使他们留恋的是南京淳

---

① [德]约翰·拉贝:《拉贝日记》,第 1、705—706 页。
② 尹集钧:《1937,南京大救援——西方人士和国际安全区》,第 247—248、98 页。
③ 章开沅编译:《天理难容——美国传教士眼中的南京大屠杀(1937—1938)》,第 363 页。
④ 章开沅:《南京大屠杀的历史见证》,第 1—4 页。
⑤ [美]张纯如:《南京浩劫——被遗忘的大屠杀》,杨夏鸣译,东方出版社 2008 年版,第 156—157 页。
⑥ 章开沅编译:《天理难容——美国传教士眼中的南京大屠杀(1937—1938)》,第 184 页。
⑦ 章开沅编译:《天理难容——美国传教士眼中的南京大屠杀(1937—1938)》,第 252 页。

朴勤劳的百姓，以及与他们朝夕相处的同事与学生。许多西方人士不仅学习中文，而且认真学习南京方言，他们以自己能成为南京市民而自豪。①

当南京成为日军进攻的目标后，这些西方人士都坚持留在南京。菲奇的话较有代表性，他说："当然，日方也曾发布警告，要我们撤离，而大多数外籍人士也都先后撤走了。我们18个美国人和几个其他国家的外国人，尽管十分清楚前景难测，还是毅然留下来。因为我们的工作在这里，就在这些中国人中间，我们曾和他们在和平时期一起工作过。"②拉贝也认为："由于我们委员会的绝大多数委员以前一直在这儿从事传教工作，他们一开始就把战争期间不离开自己的中国朋友视为自己基督教徒的责任。我作为一个商人，加入了他们的行列，因为我30年来一直是在这个国家。在我如此长时间地享受到这个国家及其居民的热情好客之后，我也是从开始起就认为，在他们遇到不幸时不抛弃他们是合适的。"③在日军进攻南京之前，拉贝曾给他的员工一笔经费，让他们离开，但他的助手韩湘琳坦率地说："您在哪里，我就在哪里。如果您离开，我就跟您走！"④拉贝为中国朋友寄予的信任深深感动。在南京遭遇日机空袭时，无助的中国人来回奔走于防空洞，拉贝的怜悯之心油然而生，"在这种情况下，我可以而且应该逃走吗？我认为不能这么做！谁要是两只手各抓住一个身子颤抖着的中国孩子，空袭

---

① 章开沅编译：《天理难容——美国传教士眼中的南京大屠杀(1937—1938)》，第9—10页。

②《南京的浩劫》，朱成山主编：《侵华日军南京大屠杀外籍人士证言集》，江苏人民出版社1998年版，第336页。

③〔德〕约翰·拉贝：《拉贝日记》，第417页。

④〔德〕约翰·拉贝：《拉贝日记》，第12页。

时在防空洞里蹲上几小时,他就会与我抱有同感"。① 正是对中国和南京的热爱,对中国人民的深切同情,使这些传教士和商人走到一起,毅然留下来帮助困境中的南京人民。

拉贝自国际委员会成立后即决定留下主持工作。西门子公司于 11 月 25 日电告拉贝:"为了避免人身危险,建议迁往汉口。"拉贝回电表示:"我已决定留在南京主持国际委员会工作,以建立中立区保护 20 多万平民。"②德国大使馆对拉贝的工作表示支持。12 月 1 日,在南京的德国人集中讨论,经商议,克勒格尔、施佩林、希尔施贝格(后离开)和哈茨(奥地利工程师)留下来帮助拉贝工作。③

基督教青年会负责人菲奇原计划和"励志社"总干事黄仁霖一同去汉口,当国际委员会希望他留下从事安全区工作时,他明知危险仍接任了总干事职务。④ 鼓楼教堂的麦卡伦牧师,得知鼓楼医院人手不足,迫切需要一位总务主任时,欣然留下从事救援工作。⑤ 鼓楼医院的威尔逊医生,不仅自己主动留下,还动员同事不要离开,最后他和特里默医生,以及五个护士和几个服务人员留了下来。⑥ 他们为安全区的医疗工作做出了巨大贡献。

当然,这些西方人士留下的另一重要原因是他们还要保护教会、学校和公司的财产。《南京国际救济委员会报告书》指出,"本会会员及其他外人之协助救济工作者,均为由个人或经其所属机

① [德]约翰·拉贝:《拉贝日记》,第 12 页。

② [德]约翰·拉贝:《拉贝日记》,第 109 页。

③ [德]约翰·拉贝:《拉贝日记》,第 123 页。

④ [美]乔治·菲奇:《南京的毁灭》,朱成山主编:《侵华日军南京大屠杀外籍人士证言集》,第 18 页。

⑤ 《麦卡勒姆日记》,朱成山主编:《侵华日军南京大屠杀外籍人士证言集》,第 193 页。

⑥ 《威尔逊证词》(节录),朱成山主编:《侵华日军南京大屠杀外籍人士证言集》,第 395 页。

关之同意,而捐助服务者。全体会员,除一人外,均负有其他任务,且有任务繁迫者"。①

拉贝是西门子公司南京办事处经理,1937 年 9 月初,当他得知南京局势紧张时,即结束度假迅速返回南京。在其他人纷纷逃离南京时,拉贝从比较安全的北戴河赶回来,他认为不是出于对冒险的兴趣,而"首先是为了保护我的财产,为了代表西门子洋行的利益"。② "我们的中国佣人和职员连同他们的家属约有 30 人,他们都在看着'主人'。如果他留下来,他们就忠实地站在他们的岗位上直到最后一刻(这情况我以前在中国北方的战争中见到过);如果他跑了,那么洋行和私人的房子不仅会无人居住,而且有可能被人抢劫一空。"③ 在中国 30 年的生活经验告诉拉贝,只有他留在南京,才能有效地保护公司财产。

其他几位德国商人也有类似任务,上海保险公司代表施佩林在南京危急时受委托代管中德合办的福昌饭店④,北方饭店经理黑姆佩尔和基斯林-巴德尔糕饼店的曹迪希也是为了守护自己的产业而留在南京。只是德商礼和洋行的克勒格尔有点例外,他在 11 月底没买到船票,决定留在南京。14 位美国人均是传教士,他们分别供职于教会、学校、医院,这些机构同意他们留下主要出于保护财产的考虑。贝德士在全面抗战爆发后尚在日本度假,金陵大学校方决定由他负责留守校产后,他即衔命回到南京,承担护校职责。其他人情况也比较相似,魏特琳、马吉、索恩、特里默、麦卡伦、马吉等人均负有保护本机构财产的责任。

①《南京国际救济委员会史料一组》,《民国档案》1997 年第 4 期。
②③[德]约翰·拉贝:《拉贝日记》,第 12 页。
④[德]约翰·拉贝:《拉贝日记》,第 105、127 页。

留在南京的西方人士虽经历各异，但他们留在南京的原因基本一致，对南京和南京人民的感情、工作需要和保护财产使他们走到了一起。大屠杀期间，他们团结协作，救助了 20 余万中国难民，在大屠杀恐怖中书写了人类救援史上最为光辉的篇章。

三、西方人士在大屠杀期间的心态

在南京沦陷之际，20 余位西方人士不顾个人安危毅然留下。日军进城后，进行了持续 6 个星期的大屠杀。面对残暴的日本军队，他们在自身安全得不到保障的情况下，挺身而出，救助和保护了 20 余万中国难民。西方人士殚精竭虑、勉为其难地支撑安全区的危局。在工作中，他们有过欢乐，但更多的是痛苦、疲惫、自责，承受了太大的压力，但依然不放弃对人道和正义的追求。

（一）对日军言而无信、滥杀无辜的愤怒和痛苦

留在南京的西方人士，除施佩林在第一次世界大战期间曾被日军俘虏、菲奇 1932 年在上海目击过日军杀害平民外，大多数人对"皇军"比较陌生，但对日军的军纪充满期待，他们对日军在江南进攻中屠杀平民的报道持怀疑态度，也有人认为这是战斗过程中难免的"殃及无辜"，更有人认为松井石根既然曾为上海南市难民区捐赠 2 万元，也会对南京安全区给予某种程度的关注。[1] 当日军攻入南京时，他们大多松了一口气，认为日军将给南京带来和平和秩序。贝德士描述了当时西方人士的心情："许多本地居民在日军进城后曾由衷地表示宽慰，因为显然结束了战争状况的紧张与随时发生空袭的恐怖。至少是可以免于对溃散士兵的畏惧，他们确

---

[1] 尹集钧：《1937，南京大救援——西方人士和国际安全区》，第 65 页。

**图2-8　金陵大学紧急委
员会主席贝德士**
（耶鲁大学神学院图书馆）

实是未对城市绝大部分造成严重破坏就跑掉了。"①拉贝在12月12日入睡前的最后一个念头是："谢天谢地，最困难的时刻过去了！"②

正是对日军抱有不切实际的幻想，国际委员会在12月13日对进入安全区的中国士兵进行了劝说，并将他们缴械，等待日军"优待"。西方人士天真地认为，这样既可以保证安全区的安全，又挽救了士兵的生命。但日军进城后对中国士兵的处置，让每个西方人士感到震惊和痛心，他们做梦都想不到自己安置的中国兵会有如此的结局。

日军进城后，不仅对所有战俘进行集体"处置"，而且闯入安全区，将西方人士安置在区内的原中国士兵拖出去枪毙。拉贝描述了当时的一幕："我们遇见了一队约200名中国工人，日本士兵将他们从难民区中挑选出来，捆绑着将他们赶走。我们的各种抗议都没有结果。我们安置了大约1 000多中国士兵在司法部大楼里，约有400—500人被捆绑着从那里强行拖走。我们估计他们是被枪毙了，因为我们听见了各种不同的机关枪扫射声。我们被这种做法惊呆了。"③随即，国际委员会与日本大使馆进行交涉，希望日军"能够根据有关战俘的战争法律规定，并本着人道主义的原则，

---

① 《南京一瞥》（1937年12月15日），章开沅编译：《天理难容——美国传教士眼中的南京大屠杀（1937—1938）》，第5页。

② ［德］约翰·拉贝：《拉贝日记》，第170页。

③ ［德］约翰·拉贝：《拉贝日记》，第176页。

给予这些过去的士兵以宽大处理。"①日军指挥官表示:"如何处理已经解除武装的中国士兵,您交给日军办理,您可以相信日军是有人道主义的。"②拉贝等人又燃起了希望,但刚回到安全区,大约100名荷枪实弹的日本士兵将1 300多名难民捆绑起来,准备拖出去枪毙。拉贝以德国人的身份保释他们,但是白费口舌,解救的努力宣告失败。③拉贝等人终于明白,日军的"人道主义"是假,而有组织的蓄意屠杀是真。

西方人士曾向中国士兵说,如果放下武器就可以保证生命安全,而现在这句话成了空头支票。他们全被日军拖出去屠杀。菲奇回忆当时的情景说:"人们是排着队,被捆绑在一起,约100人一组,由手持刺刀枪的日本兵押送着。他们中凡戴有帽子的都被扯下丢弃在地上。我们藉着汽车灯光看见他们正排着队走向死亡。这些人默默地走着,绝无呜咽。"西方人士的愤怒、痛苦和自责难以名状,"我们的心沉得像铅一样。四个从南方长途跋涉而来的广东青年在其中吗?昨天,他们在我面前不情愿地放下武器。还有那个从北方来的高大强壮的军士,在作出缴械这致命的决定时,那疑惑的眼神一直在追寻着我。我是多么愚蠢呀,曾告诉他们日本人会赦免他们的生命"④,"早知如此,他们都会宁愿战斗而死。"⑤

---

① [德]约翰·拉贝:《拉贝日记》,第180页。

② [德]约翰·拉贝:《拉贝日记》,第181页。

③ [德]约翰·拉贝:《拉贝日记》,第182页。

④ [美]乔治·菲奇:《南京的毁灭》,朱成山主编:《侵华日军南京大屠杀外籍人士证言集》,第30—31页。

⑤ [美]乔治·菲奇:《南京的毁灭》,朱成山主编:《侵华日军南京大屠杀外籍人士证言集》,第28页。

为进一步搜捕所谓"残败兵",日军当局要求难民到指定地点登记领取"良民证",又一场灾难降临了。难民在登记时被逐一检查询问,其方法是看额上有无戴军帽的痕迹、手上肩上有无老茧等,只要认为可疑,即被带走杀害。最令西方人士愤怒的是发生在金陵大学的登记事件,日本人用欺骗的方法把难民抓走屠杀。

金陵大学登记开始后,日军当局将约 3 000 多名难民集中在网球场,向他们喊话:"凡当过兵或参加过强制性劳役的都站到后面去。如果你们这样自动站出来,可以保全你们性命,并且给予工作。否则一经检查发现,就要枪毙你们。"①许多中国人尽管未当过兵,但为保全性命,主动站了出来。结果站出来的 200—300 人被日军带走杀害。西方人士对日军背信弃义的行为极为愤怒,负责金陵大学难民事务的贝德士心情更为痛苦。他说:"每天有几千难民前来登记,为了他们的安全,我们对在这幕悲剧中占各种重要地位的日本军官和士兵,必须笑脸相迎,谦恭有礼,接连许多天,这简直是一种酷刑。我们觉得,我们已成为杀死那 200 多人的从犯,应该向他们可怜的家人负责,如果那些家人也在附近苦海中的话。"②

西方人士在愤怒与痛苦之余,对日军的凶狠狡诈、残忍暴虐有了清醒的认识。马吉认为日本人比他所见到的最坏的土匪还要坏③,菲奇认识到日军不仅威胁着东方,也可能在某一天威胁西方。④ 在贝德士看来,日本所谓"唯一的宗旨是为了中国人民的利

---

① 章开沅:《南京大屠杀的历史见证》,第 79 页。

② 章开沅:《南京大屠杀的历史见证》,第 82 页。

③《马吉致妻子函》(1937 年 12 月 12 日—1938 年 2 月 5 日),章开沅编译:《美国传教士的日记与书信》,张宪文主编:《南京大屠杀史料集》第 4 册,第 152 页。

④ [美]乔治·菲奇:《南京的毁灭》,朱成山主编:《侵华日军南京大屠杀外籍人士证言集》,第 42 页。

益而向暴虐的中国政府宣战"的虚伪之宣传,"令人作呕"。[1]

（二）在巨大压力下与日方斗争、周旋的疲惫与厌倦

日军在南京的烧杀淫掠,使广大难民深受其害。为保护和救助难民,西方人士既要同日本士兵进行面对面的斗争,又要同日本官方巧妙周旋,以求把损失减少到最低限度。在紧张的工作中,西方人士面对日方强大的压力,自身也有沉重的心理负担,故备感疲惫与厌倦。

日本兵在安全区大肆强奸妇女,并不时搜捕难民,劫掠财物,整个安全区笼罩在惊恐和悲惨的气氛中。西方人士为保护难民和解救妇女,处处小心,时时提防。在金大、金女大等日兵重点骚扰地区,西方人士 24 小时轮流站岗值班,寝食难安,住在金大卜凯教授住宅里的菲奇、贝德士、米尔斯等 8 人,平时很少能坐到一起吃饭,因为几乎每隔 5 分钟就有人进来要求帮助,连圣诞节也不例外,以致于他们错过了圣诞晚餐。[2] 马吉、福斯特等人,为保护难民,四处奔波,居无定所,他们先后住在潘丁、汉森、斯坦恩等人的房子里,因为这里有大量难民需要保护,为给难民腾出空间,他们或睡靠椅,或睡地板,为节约大米,他们有时喝稀饭,和难民同甘共苦。[3] 拉贝位于小桃园的住宅有 600 余难民,几乎每天都有日本兵光顾,无论清晨还是深夜,拉贝总会用他的卐字袖章和大嗓门将日本兵赶走,即使面对手枪和刺刀。金女大的魏特琳,为保护上万妇

———————

①《南京一瞥》(1937 年 12 月 15 日),章开沅编译:《天理难容——美国传教士眼中的南京大屠杀(1937—1938)》,第 6 页。

②《麦卡伦致家人函》(1937 年 12 月 19 日—1938 年 1 月 15 日),章开沅编译:《美国传教士的日记与书信》,张宪文主编:《南京大屠杀史料集》第 4 册,第 204—205 页。

③《马吉致妻子函》(1937 年 12 月 12 日—1938 年 2 月 5 日),张宪文主编:《南京大屠杀史料集》第 4 册,章开沅编译:《美国传教士的日记与书信》,第 158 页。

女儿童,呕心沥血,不断同日兵周旋,为此还遭殴打。① 当日本兵企图将难民从各收容所强行赶走时,所有西方人士统一行动,在本国国旗下站岗保护难民,结果日本人有所顾忌而未敢动手。②

如果说与日本兵的斗争是面对面的交锋,需要的是勇气和胆魄,那么同日本当局的交涉,更需要策略。日本军方不要"旁观者,而要支持者"③,他们对不得不在中立的观察员(指西方人士)的注视下完成占领感到愤怒,声称世界历史上从未出现过这种情况。④ 因此,日本当局视西方人士为阻碍其统治的绊脚石,对西方人士救助难民的举动竭力阻挠、破坏。虽然日本使馆几位官员相对友善,但他们也必须执行日本当局的命令。

鉴于日军进城后的严重事态,14 名美国人曾致电美国驻上海总领事馆,要求迅速在南京派驻外交代表,但日本大使馆拒绝代为发送电文⑤,他们要让南京处于与世隔绝状态,不让西方人士同外界联络。为救济难民,西方人士多次就米、面等粮食的供应问题同日方交涉,日本当局则处处作梗,对国际委员会的救济行动进行阻挠,以消除其在难民中的影响力。更严重的是,日本当局为给安全区工作抹黑,诋毁西方人士,他们恐吓中国人,要他们驳斥西方人士说过的话,证明抢劫、强奸、焚烧等事是中国人干的而不是日本人干的。麦卡伦感叹:"我有时感到我们一直在和疯子、白痴打交

---

① [美]明妮·魏特琳:《魏特琳日记》,第 198—199 页。

② [德]约翰·拉贝:《拉贝日记》,第 563 页。

③ [美]乔治·菲奇:《南京的毁灭》,朱成山主编:《侵华日军南京大屠杀外籍人士证言集》,第 23 页。

④ 章开沅:《南京大屠杀的历史见证》,第 52 页。

⑤ [美]乔治·菲奇:《南京的毁灭》,朱成山主编:《侵华日军南京大屠杀外籍人士证言集》,第 34 页。

道,我真惊异我们全体外国人都经受过这样痛苦的考验而活了下来。"①在南京对外联络基本恢复正常后,日本当局还对西方人士进行直接威胁,要求他们对外只能说日本的好话,否则就是与整个日本军队为敌。② 尽管压力很大,但西方人士仍然不屈不挠,同日本当局谈判,提出抗议,并向外界揭露日军暴行,这些行动都取得了一些成果,使日军最终不能为所欲为,有效地保护了 20 多万难民。

在巨大压力下同日方周旋、斗争,西方人士精神处于高度紧张状态,极为疲惫,以至于心力交瘁。国际委员会主席拉贝,身患糖尿病,许多重大问题必须由他亲自与日本当局交涉,有时经常是"逢场作戏、笑脸前往"③;另一方面还要与闯入住所的日本兵进行旷日持久的斗争。他每天只能睡 2 小时,极为疲惫,健康状况恶化,神经也吃不消,以致"真想出去休假旅行"。④ 鼓楼医院外科医生威尔逊,不知疲倦地为难民做手术,晚上又要驱赶企图强奸的日本兵,最后他身体崩溃了,回到美国后也没有从紧张疲惫的状态中解脱出来,依然忍受着病痛和梦魇的纠缠。⑤ 魏特琳,这位杰出的西方女性保护了金女大上万名妇女儿童,但同日本人的斗争使她精神受到巨大打击,她在日记中写道,"我突然感到没有力气了,这些天的紧张与悲伤使我精力耗尽"。⑥ 长期紧张的工作使身心疲惫的魏特琳精神崩溃,最后她在美国自杀,付出了生命的代价。

---

① 《麦卡勒姆日记》,朱成山主编:《侵华日军南京大屠杀外籍人士证言集》,第 188 页。

② [德]约翰·拉贝:《拉贝日记》,第 694—695 页。

③ [德]约翰·拉贝:《拉贝日记》,第 598 页。

④ [德]约翰·拉贝:《拉贝日记》,第 649 页。

⑤ [美]张纯如:《南京浩劫——被遗忘的大屠杀》,第 247—248 页。

⑥ [美]明妮·魏特琳:《魏特琳日记》,第 206 页。

（三）为同事间的成功合作和难民寄予的信任感到快乐和欣慰

西方人士为拯救难民劳心劳力，还不时受到日方阻挠，其压抑和悲愤可想而知，但他们也有快乐和欣慰的地方，那就是同事间的亲密合作和难民寄予的高度信任。正如菲奇所言，"这个故事也有光明的一面，那就是我们中国和外国的朋友们都同样表现出高尚的献身精神和在为共同目标奋斗时我们享受着亲密的友谊。当难民们无数次地感激我们的所作所为时，我们的心里感到非常温暖"。①

留在南京从事救济工作的西方人士以德国人和美国人为主，德国人多为商人，美国人则是传教士，他们在职业和意识形态上存在巨大差异，但为了拯救难民，他们走到了一起。如贝德士所说："这个为救济难民而奋斗的罗曼史，实在值得付出生命、鲜血、入狱和眼泪；这个德国纳粹、英国生意人和我们美国传教士合作的故事，已经超越我们国家的本份。"②在提供食宿、进行谈判、提出抗议、采取保护措施等方面，西方人士相互配合、密切合作，使安全区的工作取得了相当成效。由于德国是日本的盟国，拉贝等人与日方打交道时较能得到尊重，许多重要工作都是在美国人配合下由拉贝直接完成的。美国人对他高度评价，菲奇认为："我们安全区委员会中三位德国朋友，都赢得了大家的赞赏和爱戴，他们可以说是中流砥柱，没有他们，我无法想象如何去完成那些事情。"③贝德士说："三个德国人干得很出色。为了同他们保持伙伴关系，我几

---

① [美]乔治·菲奇：《南京的毁灭》，朱成山主编：《侵华日军南京大屠杀外籍人士证言集》，第43页。

② 章开沅：《南京大屠杀的历史见证》，第114页。

③ [美]乔治·菲奇：《南京的毁灭》，朱成山主编：《侵华日军南京大屠杀外籍人士证言集》，第43页。

乎愿意佩戴纳粹徽章。"①美国人则承担了安全区的主要日常工作。拉贝称赞说："由于他们(美国人)不知疲倦地工作,委员会得以在我们大家都十分危险的情况下能够顺利完成他的任务。"②美国人和德国人的关系,如德国使馆秘书罗森所说:"(美国人)是和留下来的德国人紧密合作的,只要一方做事,就必有另一方的配合,另一方就必然会无保留地同意。"③

西方人士在工作上密切合作,生活上也相互关心。尽管条件艰苦,许多西方人士睡地板,但同事间的相互关怀给他们增强了无穷力量。在圣诞和元旦两大节日,忙里偷闲组织了两次聚会,时间虽短,但其乐融融。在拉贝即将离开南京时,美国朋友自己没有什么可吃的东西,但轮番邀请他,与他话别。两个月的并肩战斗,铸就了西方人士间的深厚友谊。福斯特认为沟通商人与传教士之间的桥梁是"上帝的爱",是"困难时刻对各阶层困苦居民的无私献身精神"。④ 正是对广大难民的爱,使不同背景的西方人士走到一起紧密合作,共同为难民利益而奋斗。

安全区的广大难民将 20 多位西方人看成"救世主",他们痛恨无恶不作的日本兵和为虎作伥的汉奸,只信任西方人士和他们领导的安全区国际委员会,他们相信在当时南京这个人间地狱,只有这些金发碧眼的"洋鬼子"能帮助他们摆脱困境,带来光明。在大屠杀期间,约 1 500 名难民作为志愿服务者参加国际委员会,在国际委员会的领导下从事难民收容所管理、卫生、警察等工作。当难

---

① 章开沅:《南京大屠杀的历史见证》,第 52 页。
② [德]约翰·拉贝:《拉贝日记》,第 680—681 页。
③《德国档案中有关侵华日军南京大屠杀的档案资料》,《抗日战争研究》1991 年第
　　2 期。
④ [德]约翰·拉贝:《拉贝日记》,第 691 页。

民遇到危险时一般都向西方人求援,西方人也会尽全力将难民从日本兵的魔爪中救出。在国际委员会主席拉贝即将离开南京时,金女大的3 000多名女难民全都跪下,要求拉贝不要甩下她们不管。① 可见中国难民对西方人的高度信任。

善良的中国难民以各种方式表达了对西方人士的感激之情,拉贝对此深有感触:"他们像供奉神祇一样尊敬我们这些欧洲人"。② 1938年元旦,当拉贝乘车回到住所时,难民们用"欢迎国王的礼炮"夹道迎接拉贝,并点燃了为庆祝所谓的"自治委员会"成立而从日本人那儿得到的鞭炮,向拉贝表示敬意,然后,难民们向拉贝献上新年贺信,并三鞠躬。③ 拉贝离开南京时,需要木箱装行李,但木料已在市场上消失,这时难民中有一位木匠通过关系为拉贝弄到了20只木板箱,几个难民冒着大雨从汉西门外抬来稻草,并负责为拉贝包装行李,这使拉贝深深感到和穷人的友谊是"十分有价值"的。④

西方人士不仅保护了难民,在日常生活中对难民也处处关照。魏特琳经常和金女大的难民一起做礼拜,给小孩送一些小礼物。⑤ 拉贝经常接济他院子里的难民,圣诞节时他扮演圣诞老人,给每位儿童送2角钱⑥,有新生儿出生时,拉贝送给每对夫妇10元钱,以示庆贺,在中国新年到来之际,拉贝和助手韩湘琳还为最穷的100人举行了一次私人聚会,并给予补助,让难民非常感动。⑦

---

① [德]约翰·拉贝:《拉贝日记》,第663页。
② [德]约翰·拉贝:《拉贝日记》,第197页。
③ [德]约翰·拉贝:《拉贝日记》,第316页。
④ [德]约翰·拉贝:《拉贝日记》,第645页。
⑤ [美]明妮·魏特琳:《魏特琳日记》,第209页。
⑥ [德]约翰·拉贝:《拉贝日记》,第286页。
⑦ [德]约翰·拉贝:《拉贝日记》,第534页。

同甘苦、共患难，使这些西方人士和难民的感情更加深厚。菲奇认为，"中国人有很多优良品德，尤以能吃苦耐劳，具有不屈不挠精神而著称。正义最终必定会胜利。无论如何，把我的命运同他们联系在一起，我将永远是高兴的"。①

（四）在恐怖中对家人的思念和对正义的追求

日本军方对西方人士在南京的活动极为恼火，认为在西方人的庇护下，"（学校和医院的难民）俨然享受着法外治权"。② 他们还认为西方人煽动中国人起来抵抗日本人，破坏日中关系在南京的和睦发展。③ 因此，日方对西方人士的活动多加限制，他们封锁消息，并切断了对外联络的渠道。在近一个月的时间里，西方人士被禁止进出南京，无法与外界正常联系，几乎成了被日军软禁在南京的囚徒。德国人施佩林说："我们外侨的东西给他们抢光，行动也受到限制，亦等于俘虏。"④

在这种与世隔绝的环境中从事艰辛的工作，西方人士对家乡和亲人的思念与日俱增。在圣诞和元旦两大节日，他们不能和家人团聚，只能在遥远的南京默默祈祷。家书抵万金，但信件无法寄出或收到，他们和家人互相不知道对方的情况，这无疑是精神折磨。菲奇和贝德士等人的妻子在得知"帕奈"号被炸后，以为他们已经遇难，后来得知尚有数名美国人留在南京照顾难民，才稍有安

① ［美］乔治·菲奇：《南京的毁灭》，朱成山主编：《侵华日军南京大屠杀外籍人士证言集》，第45页。

② ［日］佐佐木到一：《一个军人的自传》，朱成山主编：《侵华日军南京大屠杀外籍人士证言集》，第256页。

③《德国档案中有关侵华日军南京大屠杀的档案资料》，朱成山主编：《侵华日军南京大屠杀外籍人士证言集》，第275页。

④ 蒋公毅：《陷京三月记》，"南京大屠杀"史料编辑委员会、南京图书馆编辑：《侵华日军南京大屠杀史料》，第83页。

慰,直到纽约一家报纸刊登了他们的照片,才确信他们还活着。①
在南京的西方人士一直牵挂着家人,他们不断书写无法发出的信
件,寄托对亲人的思念。如麦卡伦牧师1月1日的信件这样说:"我
们为你们担心。我们听到从收音机里播送的东京简讯,说是所有
美国人都从牯岭撤离了,我有时真但愿你们都平安地呆在美国。"②
1月4日的信他这么说,"我不知道该怎样把信寄给你。你上封信
的日期是11月25日,我头脑中浮现的情景是,你们一群人在学校
里和孩子们在雪中玩耍嬉戏。希望你们一切都很好"。③ 1月6日
和9日,美、德、英使馆人员先后进入南京,与外界中断联系近一个
月的西方人士非常高兴,因为他们可以带来家人的信件,也可把信
件带出。当拉贝收到妻子、儿子和外孙女寄来的信件和食品时,激
动不已,"所有这些东西都放在我的身边如此可观,我觉得我就像
一个得到馈赠的士兵一样,我想我同我们的奥托(拉贝的儿子——
引者注)一样兴高采烈"。④

　　日本当局的封锁使西方人饱受相思之苦,而日本兵直接针对
西方人的暴行更使他们感到恐怖。在保护难民的过程中,每个西
方人都会遇到日军手枪和刺刀的威胁,甚至直接施暴。里格斯曾
被日本兵多次殴打,魏特琳挨了日本兵的耳光,身为纳粹党员的克
勒格尔被日本兵绑起来殴打⑤,贝德士则被醉酒的日本兵半夜从床

---

① [美]乔治·菲奇:《南京的毁灭》,朱成山主编:《侵华日军南京大屠杀外籍人士证言
　　集》,第20页。

② 《麦卡伦致家人函》(1937年12月19日—1938年1月15日),章开沅编译:《美国传
　　教士的日记与书信》,张宪文主编:《南京大屠杀史料集》第4册,第208页。

③ 《麦卡伦致家人函》(1937年12月19日—1938年1月15日),章开沅编译:《美国传
　　教士的日记与书信》,张宪文主编:《南京大屠杀史料集》第4册,第210—211页。

④ [德]约翰·拉贝:《拉贝日记》,第390页。

⑤ [德]约翰·拉贝:《拉贝日记》,第252页。

上拖起①,牧师麦卡伦甚至被日本兵用刺刀刺伤脖子②,连外交官也不能幸免,美国大使馆秘书阿利森被日本兵打了耳光。③ 在这种恐怖气氛下,西方人在天黑以后不敢冒险单独外出,只能三两结伴而行。菲奇甚至推测日本人会悬赏要取他的脑袋,马吉认为"日本人恨我们甚于恨敌人,因为我们向全世界揭露他们"。"我们都很奇怪,我们当中至今还没有人被杀害,不过我们能否安全离开南京还是一个问题。"④研究南京大屠杀期间美国传教士心态的彭剑考察后认为:"虽然在整个大屠杀期间没有一个传教士被日军杀害,但是,传教士们所受的伤害也已经十分惨重。家人离散、与世隔绝、财物遭抢劫、生命遭威胁,他们也是大屠杀的受害者。"⑤

在日军的恐怖统治下,西方人士并没有苟且偷生,没有放弃对正义和光明的追求,他们冒着生命危险揭露事实真相,并将其看成是自己的义务。拉贝在目睹日军暴行后认为,"对这种残酷的暴行是不能沉默的",要在将来"作为目击证人把这些说出来"。⑥ 菲奇则说,"这些事实我必须公开出来","否则我不能心安"。⑦ 马吉认为"应该把它们(暴行)记下来,这样这些不可消除的事实能有一天公诸于世"。⑧ 贝德士在给友人的信中说,"我们感到以积极的方式

---

① 章开沅:《南京大屠杀的历史见证》,第72页。

② [德]约翰·拉贝:《拉贝日记》,第514页。

③ [美]乔治·菲奇:《南京的毁灭》,朱成山主编:《侵华日军南京大屠杀外籍人士证言集》,第43页。

④ [美]张纯如:《南京浩劫——被遗忘的大屠杀》,第205页。

⑤ 彭剑:《南京大屠杀期间留宁美国传教士心态研究》,华中师范大学硕士学位论文,2002年,第40页。

⑥ [德]约翰·拉贝:《拉贝日记》,第272页。

⑦ 菲奇:《南京的毁灭》,朱成山主编:《侵华日军南京大屠杀外籍人士证言集》,第23页。

⑧ 《马吉致妻子函》(1937年12月12日—1938年2月5日),章开沅编译:《美国传教士的日记与书信》,张宪文主编:《南京大屠杀史料集》第4册,第163页。

揭露暴行真相乃是一种道德义务","我不相信怯弱会有所改善我们在世界上所面对的一切。让我们去履行我们自己认定的责任,以善良的心去做并且同样地承担后果"。① 这充分展示了西方人士同邪恶作斗争的坚定信念。

第三节　安全区中的中方成员

1938年2月21日,在安全区国际委员会总部举行的盛大招待会上,即将离任回国的国际委员会主席约翰·拉贝发表了热情洋溢的告别演说,高度评价与西方人士并肩战斗的中国人:

> 如果说我们外国人现在取得了一定成绩的话,那我们有很大部分要归功于——这点我们永远不会忘记——忠实友好地帮助我们的中国朋友们。我们委员会各部门的实际工作都是中国人做的,我们必须坦率地承认,他们是在比我们冒更大危险的情况下进行工作的……
>
> 我谨向你们,各位先生们,以及你们的全体人员表示我最衷心的感谢。我希望,良好的合作精神和至今把我们连结在一起的友谊对你们大家都是永久长存的。请你们一如既往地为南京国际救济委员会效力,使它的工作达到一个良好的、富有成果的结局。你们的工作将会载入南京的史册,对此我深信不疑。②

与20多位留在南京的西方人士相比,国际委员会的中方人员阵容庞大,《南京国际救济委员会报告书》称,1 500人直接参与了

---

① 章开沅:《南京大屠杀的历史见证》,第52页。
② [德]约翰·拉贝:《拉贝日记》,第681—682页。

该委员会的各项工作。① 正因为如此,拉贝在演说中只提及了少数几个负责人:

> 我们的中国朋友,你们的人太多了,这里我无法一一说出你们大家的名字,请你们原谅我在此只提到各个部门的领导人,即:
>
> 系主任汤忠谟先生,中方秘书处负责人;
>
> 韩湘琳先生,粮食委员;
>
> 许传音博士先生,住房委员;
>
> 沈玉书牧师先生,卫生委员。②

如前所述,南京沦陷前,有身份有地位的中国人大多撤离。但仍有极少数受过良好教育的中国人由于种种原因没有离开南京,他们协助 20 多位西方人士管理安全区、救助难民。另外,许多难民自告奋勇,站出来从事管理、卫生、警务等工作,成为安全区的志愿服务人员。总体来看,南京安全区的中方人员可分为以下三种类型:

一是与西方人关系密切的知识阶层。这些人有许传音、陈嵘、韩湘琳、齐兆昌、汤忠谟、沈玉书等,他们大多受过高等教育,通晓外语,具备一定的学识和地位。大屠杀期间,他们直接辅助国际委员会的西方人士处理各项事务,对内安排救济,协调各方利益,起到了沟通难民和西方人之间桥梁的作用;对外充任翻译,协助西方人士同日本当局交涉。他们为安全区做出了特殊贡献,他们的工作是他人难以替代的。

---

① 《南京国际救济委员会报告书》(1937 年 11 月至 1939 年 4 月 30 日),张生等编:《英美文书·安全区文书·自治委员会文书》,张宪文主编:《南京大屠杀史料集》第 12 册,第 391 页。

② [德]约翰·拉贝:《拉贝日记》,第 682 页。

　　二是安全区的中层管理人员。主要包括安全区各专门委员会的大部分委员、大部分难民收容所所长及其助手,这些人是安全区的中坚力量。正是他们忠于职守,兢兢业业地工作,保证了整个安全区的顺利运作。

　　安全区成立之初,专门成立了粮食、住房、卫生、运输委员会,负责难民的食、宿、卫生等事宜。这些委员会的成员大多为中方人士,西方人士一般挑选他们熟悉的人担任。12月1日,拉贝的助手韩湘琳被任命为粮食委员,一同被任命的还有韩的朋友孙先生,拉贝在日记中不无揶揄地写道:"韩先生和他那位怡和通砖瓦厂的朋友孙先生被我任命为粮食委员。韩先生喜笑颜开,他有生以来还没有担任过这么高的职务呢。我当然也是首次任命这么高的职务。"①

　　在各专门委员会中,住房委员会规模最大。为安置难民,住房委员会对安全区内的住房状况进行了调查,分区管理,"每一小区设一办事处以司其事","务使可居之屋,均得正当之利用"。② 后来在实际操作的过程中,原有的8个小区增加为9个小区。

　　为便于管理各难民收容所,住房委员会一般指定主管人员。"收容所之设于私人机关房屋中者",由住房委员会"指派管理员(有时且指派副管理员)以司其事。数处房屋,有由一人管理者"。③

---

① [德]约翰·拉贝:《拉贝日记》,第124页。译文中的"怡和通砖瓦厂"系"义和东砖瓦厂",位于南京太平门外。

② [德]约翰·拉贝:《拉贝日记》,第153页。《南京国际救济委员会报告书》(1937年11月至1939年4月30日),张生等编:《英美文书·安全区文书·自治委员会文书》,张宪文主编:《南京大屠杀史料集》第12册,第393页。

③ 《南京国际救济委员会报告书》(1937年11月至1939年4月30日),张生等编:《英美文书·安全区文书·自治委员会文书》,张宪文主编:《南京大屠杀史料集》第12册,第394页。

金陵大学、金女大及金陵神学院都成立了专门的紧急委员会管理校产。金陵大学成立了由齐兆昌、陈嵘、顾俊人等中方人士参加的紧急委员会,据魏特琳1937年11月22日的日记记载,金陵大学有30多人留守,其后,虽然有少数人离开,但留下来的人仍有不少。这些人中还不包括数目更多的校工和校役。金女大在1937年11月22日成立了5人组成的紧急委员会,不久又缩减为程瑞芳、陈斐然和魏特琳组成的3人小组,李鸿年、詹擎栋、邬静怡等教职工也留了下来。在金陵神学院,虽然该院紧急委员会主席和代理财务主管由美籍教授索恩担任,但很多具体事务则由该校资深国文教员陶仲良操持。对于上述机构,住房委员会则请求各学校的相关人员,开放房屋,收容难民,并指派相关人员为管理员协助工作。①

难民收容所管理者的选择方法多种多样,"有时留居南京城中之人,为房舍组中人所熟识者,即由房舍组派为管理员,亦有由房舍组就收容难民中觅一相当之人派为管理员者,更有就难民中之杰出人物,其能力为同居难民所注意,或具有某种野心者,即由房舍组认为管理员"。管理人员的设置,"有固定者,有不固定者,其结果有办理极善者,有办理不力者,也有略事敲诈者",但大多数人均能忠实工作,"其自身之成就固多,由其表率与指导而得之成就,亦甚大也"。②

三是安全区的基层服务人员,其中包括警察、卫生清洁队员、仆役等等。《南京国际救济委员会报告书》指出,工作人员多数为

---

①②《南京国际救济委员会报告书》(1937年11月至1939年4月30日),张生等编:《英美文书·安全区文书·自治委员会文书》,张宪文主编:《南京大屠杀史料集》第12册,第394页。

"往时之书记、教员或小商店店主"。① 在难民收容所时期,卫生队及警察,共约 1 500 人,均列为职员。

在安全区开放初期,警察发挥了重要作用,"私人房屋,就各层之地位计之,如已达人满之境地时,即在房舍组监督之下,将较大之房屋开放,一屋住满,始开放其他一屋,以防难民中有结为伙伴,谋占较广之地位。此时本会工作,实赖若干队未离城之警察及巡逻员四百人之友谊的有效合作"。②

卫生委员会在数星期内召集了 400 名工役,"从事街道之清除,人口密集各处厕所之建筑与管理,及收容所内垃圾之扫除"。③

基层工作人员忍辱负重,兢兢业业,为安全区做出了巨大贡献:

> 多数下层工作人员,对烹煮、洗涤、汲水等工作勤勉不辍者,及多数半书记半监督性质之人员,对数十万难民,分别负责管理,排难解纷,保护病弱之人,并在极拥挤困难情形之下,为防御火患等工作者,其功亦殊不小。④

安全区的中方工作人员,多为志愿服务者,"职员于需要时,可

---

① 《南京国际救济委员会报告书》(1937 年 11 月至 1939 年 4 月 30 日),张生等编:《英美文书·安全区文书·自治委员会文书》,张宪文主编:《南京大屠杀史料集》第 12 册,第 411 页。

② 《南京国际救济委员会报告书》(1937 年 11 月至 1939 年 4 月 30 日),张生等编:《英美文书·安全区文书·自治委员会文书》,张宪文主编:《南京大屠杀史料集》第 12 册,第 393 页。

③ 《南京国际救济委员会报告书》(1937 年 11 月至 1939 年 4 月 30 日),张生等编:《英美文书·安全区文书·自治委员会文书》,张宪文主编:《南京大屠杀史料集》第 12 册,第 406 页。

④ 《南京国际救济委员会报告书》(1937 年 11 月至 1939 年 4 月 30 日),张生等编:《英美文书·安全区文书·自治委员会文书》,张宪文主编:《南京大屠杀史料集》第 12 册,第 394 页。

领食米,与其他难民同,盖彼辈除少数人外,实皆难民也"。[①] 他们的处境极其艰难,既要努力工作,又要提防日军对己施暴,因为他们不像西方人士有一层护身符,稍有不慎即可能被日军杀害,故心理压力极大。令人遗憾的是,这些中方工作人员的姓名大多湮没无闻。《南京安全区档案》以及西方人士的日记、书信等资料中,也曾记录了一些中方人员的名字,多为英文记录文本,能够考证出中文姓名者不多。

一、国际委员会的协作机构、安全区总部及各委员会工作人员

在安全区国际委员会中,西方人士是委员会的主要领导成员,但是,西方人士对南京情况并不完全了解,而且受到语言、环境等方面因素的影响,国际委员会需要大量的中国人来协助工作。国际委员会还与世界红卍字会南京分会、国际红十字会南京分会等密切合作。

（一）国际红十字会南京分会、中国红十字会南京分会

南京沦陷前夕,为救护中国伤兵,约翰·马吉计划成立地方性的红十字机构,因为一直得不到红十字会总部的答复而进展缓慢。12 月 13 日,在日军进城当天,马吉等人在国际委员会总部成立了国际红十字会南京分会,马吉出任主席。委员会的成员几乎由斯迈思一手指定。[②] 除了 10 多位西方人士担任委员之外,还吸收了 3 名中方人士,中国红十字会南京分会的李春南(Li Chuin-nan)、首

---

① 《南京国际救济委员会报告书》(1937 年 11 月至 1939 年 4 月 30 日),张生等编:《英美文书·安全区文书·自治委员会文书》,张宪文主编:《南京大屠杀史料集》第 12 册,第 411 页。

② 《史迈士致家人函》(1937 年 12 月 20 日—1938 年 1 月 9 日),章开沅编译:《天理难容——美国传教士眼中的南京大屠杀(1937—1938)》,第 280—282 页。

都饭店经理刘怀德(W. Lowe)[①]任副主席,沈玉书牧师为委员。在拉贝等人的日记和书信中,刘怀德被记述为"洛先生"或"洛",多次参与难民收容所的督察工作。1938年1月底,国际委员会组建复兴委员会,刘怀德为委员会主任。1938年3月,他与同事开展了一系列卓有成效的工作,为难民开通邮政、银行、交通等多项服务,为难民发放实物与现金救济,开办以工代赈等。[②]

中国红十字会南京分会80余名员工精诚团结,参与难民救济工作,如粥厂、施诊、掩埋等等。粥厂设立于金陵女子大学内,每日施粥两次,"上午自八时起至十时止,下午自三时起至五时止。此厂之设系专供给居住该校内之妇孺、难民吃食,每日领粥人数最多时曾至八千余人"。[③]

[①] 据陆束屏考证,W. Lowe 即 Walter Lowe,是刘怀德的英文名。当时刘怀德是中国旅行社创办的南京首都饭店(Metropolitan Hotel)的经理,留守南京,积极参加南京安全区国际委员会的难民救助工作。1938年12月,他曾被日军逮捕下狱数月,经美国传教士营救出狱后即离开南京,此后曾先后担任中国旅行社河内招待所经理与印度加尔各答中国旅行社开办的中国招待所经理。参见[美]陆束屏编译:《忍辱负重的使命:美国外交官记载的南京大屠杀与劫后的社会状况》,江苏人民出版社2018年版,第122页。章开沅编译:《天理难容——美国传教士眼中的南京大屠杀(1937—1938)》,第152页。

[②] *Reports of the Rehabilitation Commission of the International Relief Committee, Nanking, Months of February & March 1938*. RG10, Box 102, Fold 867. Yale Divinity School Library Special Collections.

[③]《中国红十字会南京分会关于难民救济工作概况节录》(1938年7月14日),中国第二历史档案馆、南京市档案馆编:《侵华日军南京大屠杀档案》,第474页。

表 2-4 中国红十字会南京分会职工一览表(1938 年 7 月 11 日)

职别	姓名	性别	年龄	籍贯	备注
理事	郭子章	男	48	南京	
干事	陆伯衡	男	43	南京	
交际员	马锡侯	男	63	南京	
事务员	张少泉	男	31	江苏	
	郭孝魁	男	22	南京	
施诊送药所所长	郭子章				兼任
内科医生	朱少泉	男	51	湖北	
外科医生	毕正清	男	48	湖北	
防疫医生	赖 觉	男	41	南京	
护士	许汉章	男	22	江苏	
挂号	萧先甫	男	52	江苏	
发药兼事务员	陆开运	男	41	南京	
义务小学校长	陆伯衡				兼任
级任教员	陆云程	男	28	南京	
助理教员	李起凤	男	40	南京	
事务员	许汉章				兼任
掩埋班伕役长	方传台	男	46	江苏	
伕役	臧竹荣	男	46	安徽	
伕役	方立功	男	50	江苏	
	王德森	男	24	南京	
义渡职员	刘 炘	男	62	南京	
	李锦章	男	52	南京	

资料来源:孙宅巍编:《遇难者的尸体掩埋》,张宪文主编:《南京大屠杀史料集》第 5 册,第 159—160 页。

（二）世界红卍字会南京分会

安全区成立后，世界红卍字会南京分会也应邀加入，在区内设立办事处，设立两处粥厂、两所诊所，救助难民。同时，其组织掩埋队，掩埋遇难同胞尸体。"吾会同人，洞鉴此乃大劫，根据向抱慈善为怀之本意，相继设立两大粥厂（一在五台山）（一在鼓楼金大），而两厂每日就食者不下万人之巨，外有各收容所散放面馒，普施棉被、棉衣、鞋袜等类；一面又恐大兵之后瘟疫流行，在所不免，而难民区之居民有二十余万，对于卫生又未便研究，故又组织两诊所，广施诊断，每日平均约在四百之多，外设救济调查人员，散放米粮，掩埋队逐日挨次殓收露尸，掩埋尸骸"。[1] 毫无疑问，红卍字会的这些善举需要耗费大量人力，仅掩埋队一项，日常就有 200 多人，后来增加到 600 多人。

表 2 - 5　南京红卍字会难民区办事处员佚名册(1938 年 5 月 18 日)

职别	姓名	别号	年龄	籍贯
会长	陈冠麟	瑞庭	55	山东
	许定一	澄之	55	安徽
	杜肖岚		69	江苏
总务组组长	夏以敬	克庄	42	安徽
会计	夏以敬	克庄	42	安徽
文牍	吴冠吉		50	南京
	顾　震			

---

[1]《世界红卍字会东南主会南京难民区办事处年度简明报告》(1938 年 9 月 30 日)，孙宅巍编：《遇难者的尸体掩埋》，张宪文主编：《南京大屠杀史料集》第 5 册，第 62 页。

续表

职别	姓名	别号	年龄	籍贯
事务员	吴道临		60	南京
	孙耀璋		52	天津
	林慧一		31	山东
	陈万禄		21	淮安
	高学孟		32	安徽
交际员	刘涵辉		38	南京
	林景初			
	吴振南			
庶务	马　良		20	南京
	温　玉		32	南京
书记	汪冠义		60	南京
司机	周永和			广东
	徐金德			徐州
司机助手	吴龙汉		20	山东
传达	冯元庆		35	江苏
	顾海山		35	南京
勤务	程恩培		53	南京
	陶青选		18	南京
	谢立德		17	南京
	姚长根		17	句容
	刘永廷		19	河北
车伕	朱云祥		45	淮城
厨目	王　元		39	湖北

续表

职别	姓名	别号	年龄	籍贯
厨役	李云洪		29	江宁
	李长生		29	江宁
	姚长林		19	江宁
	姚洪顺		48	湖北
	朱涛清		45	江宁
	张云生		31	南京

资料来源:孙宅巍编:《遇难者的尸体掩埋》,张宪文主编:《南京大屠杀史料集》第5册,第48—50页。

表 2-6　世界红卍字会东南主会救济第三队第一中队队长员伕名册 (1938 年 5 月 18 日)

职别	姓名	年龄	籍贯
队长	欧阳都麟	45	河南
主任队员	崔济轩	46	南京
队员	戴世国	39	南京
	杨冠频	38	南京
	靳冠冈	38	南京
	徐冠瑞	50	南京
	王道君	45	南京
	李 植		
	吉荣生	19	常州
	朱驻品	22	常州
	谷驻群	22	常州
伕目	曾继宝	39	铜山
副伕目	董培君	40	徐州

续表

职别	姓名	年龄	籍贯
	吴效廷	49	邳县
	丁国威	40	河南
	管开福	25	江苏
	张学先	35	邳县
	张树元	30	邳县
	曹世民	36	邳县
	常鸿才	34	宿迁
伕役	吴德山	44	山东
	池彭年	34	南京
	窦光富	34	泰县
	韩德龙	32	南京
	严登有	25	淮安
	高瑞玉	39	山东
	梁家普	28	南京
	郭铁柱	17	河南

资料来源:孙宅巍编:《遇难者的尸体掩埋》,张宪文主编:《南京大屠杀史料集》第 5 册,第 50—51 页。

红卍字会的不少员工是临时加入的。在日军到处肆虐的状态下,参加国际委员会的工作,可以戴上带有标志的袖章,甚至穿上带有标志的背心、衣服,有助于保障自身的安全,此外,还能领取一点微薄的报酬。在和平时期,对于掩埋尸体这样的工作,一般人避之唯恐不及,但在大屠杀期间,这样的工作还是具有一定的吸引力的。红卍字会掩埋队员李锦祥回忆说:"我们穿着蓝底红字的卍字会背心,前后都有卍字,穿了那身衣服,日本兵就不找麻烦了。日本兵进城不到一个月,我就参加埋尸,过了阴历年就不干了。那时每天早上 8 点在永庆寺集合,下午 5 点左右收工回家,中午供应一顿午饭,发米作报酬。"①

（三）国际委员会中方秘书处

秘书处是国际委员会的中枢,负责收集各方信息、起草相关报告、与各方进行联络等等。

图 2-9　汤忠谟
（耶鲁大学神学院图书馆）

中方秘书处主任汤忠谟是浙江鄞县人,1907 年毕业于上海圣约翰大学,1917—1919 年在美国费城神学院留学。1929 年 12 月,在圣约翰大学 50 周年校庆仪式上,被授予神学博士学位,后出任中央神学院院长。后来,他前往上海,先后担任圣约翰大学神学院院长、上海中央神学院院长。

秘书处的工作人员一般都具有扎实的文字功底和较高的外语水平。陈文书即是其中的一员。他是农家子弟,1908 年出生于安徽太湖县,从小就读于太湖县美国美以美会创办的高等小学,经过洗礼,成为虔诚的基督徒;1923 年考入江西豫章中学,毕业后留校任教;1928 年,由甘慰农介绍加入国民党;1932 年考入湖北武汉的华中大学(华中师范大学前身),1934 年曾因成绩优异而被选派到英国留学,后因病休学,在庐山疗养期间结交了美国传教士约翰·马吉,病愈后,经马吉介绍,先后任南京《励志》周刊(励志社主办)副总编辑、下关英商和记洋行翻译。

---

① 《李锦祥证言》,朱成山主编:《侵华日军南京大屠杀幸存者证言》,第 447 页。

南京大屠杀期间,他在安全区总部秘书处工作,曾出任安全区商业办公室主任。其间,他结识了后来的妻子——时为金陵中学难民所护士的徐淑德。在救助难民的过程中,陈文书和徐淑德渐生情愫,两人于1940年4月27日结婚。陈文书一直留在南京救助难民,坚持到1940年8月南京国际救济委员会解散。①

图 2 - 10　陈文书

(冯克力主编:《老照片》第 92 辑,山东画报出版社 2013 版)

秘书处的工作人员有时也是临时的。1937年12月19日,贝德士、威尔逊、斯迈思等人前往日本大使馆,就日军暴行及安全区的工作与使馆官员交涉。其后,一行人又去金陵大学附中了解情况。在出来的路上,他们遇见吴珍珠小姐(Miss Bromley Wu)进门,身后有日本士兵跟随。为安全起见,他们把她带回安全区国际委员会总部,让她帮忙抄写日军暴行案例,直到下午2时。斯迈思感叹,"让一个从美国回来的高材生干这个,真太委屈她了"。②

与日本使馆及军方交涉是秘书处的重要工作之一。国际委员会的工作人员中通晓英语、德语等语言的人较多,而通晓日语的则较少。12月13日晚上,魏特琳到国际委员会总部报告说,日本兵

①　王新蕾、陈巨慧:《陈文书:草根英雄的坎坷路》,《大众日报》2013年11月8日第10版。

②　《史迈士致家人函》(1937年12月20日—1938年1月9日),章开沅编译:《天理难容——美国传教士眼中的南京大屠杀(1937—1938)》,第291页。

抢劫了粥厂的米，使得粥厂第二天无法开放。斯迈思等人去拉贝住所，让他手下的人起草了一封日文信函，准备第二天交给守卫的日本兵。①

在与日方交涉的过程中，金陵大学教授陈嵘发挥了重要作用，他常常充当国际委员会的日语翻译。

（四）住房委员会

安全区成立之初，对区内的房屋特别关注，因为直接关系到难民的安置。在国际委员会下设的几个委员会中，住房委员会人员最多。

1937年12月4日，国际委员会提供给新闻界和警方的专稿中，住房委员会组成情况如下：

> 王廷（Wang Ting）　主任
>
> 查尔斯·里格斯　副主任
>
> 查尔斯·吉（Charles Gee）
>
> 朱舒畅（Ch'u Shu-chang）
>
> 欧文 C. C. 朱（Irving C. C. Chu）
>
> 许豪禄（Hsu Hao-lu）
>
> 王明德
>
> Y. S. 张
>
> 王有成②

---

① 《史迈士致家人函》（1937年12月20日—1938年1月9日），章开沅编译：《天理难容——美国传教士眼中的南京大屠杀（1937—1938）》，第285页。

② ［德］约翰·拉贝：《拉贝日记》，第123页。同时对照《拉贝日记》影印版原文。Y. S. 张应为张永生；王廷似为王鼎。据王毅诚《回忆基督教青年会的体育活动》介绍，王鼎是南京基督教青年会的干事，参见中华全国体育总会文史资料编审委员会编：《体育史料》第10辑，人民体育出版社1984年版，第70页。另外，《拉贝日记》的影印版中有两处王鼎的中文签名。

　　上述人员中,除了查尔斯·里格斯外都是中国人。

　　12 月 8 日,国际委员会提供给报界的专稿中,住房委员会主任却变成了许传音。在此之前,住房委员会的名单中并没有许传音。这一变化,说明住房委员会的规模进一步扩大。

　　许传音,字澄之,1884 出生于安徽贵池。其父许郁斋是当地一位教会管理人员、传教士。许传音 13 岁时,离开贵池到南京上学。1905 年,他毕业于金陵大学的前身汇文书院,并获得农学士学位。毕业后许传音留校任教长达 10 年,于 1915 年获硕士学位。同年,许传音获庚子赔款留学基金资助,赴美国伊利诺伊大学攻读博士学位。1917 年 6 月,他在该校获经济学(铁路管理方向)博士学位。1919 年学成回国,他先在津浦铁路后在北京政府铁道部工作。在铁路部门工作期间,许传音还曾到清华大学兼职做编辑。北京政府垮台后,许传音于 1928 年来到南京,仍然从事铁路方面的工作,曾担任湘桂黔专员、铁道部营业司司长等职。到南京之初,许传音先在安仁街一带租借同事的房子,后在峨眉路 7 号至 9 号自建洋房二层,从此全家定居南京。南京大屠杀前夕,许传音将妻儿老小送回安徽老家躲避战祸,自己利用与在南京的美国人的关系而留在南京,以便保护家产。1937 年 12 月,许传音应邀参加安全区国际委员会,主持安全区难民的住房工作。由于他的英语很好,而当时世界红卍字会南京分会没有人通晓英语,为了与安全区西方人士及时沟通,许传音还应邀担任世界红卍字会南京分会副会长,协助红卍字会工作。1938 年 2 月 18 日,安全区国际委员会被迫解散后,在南京的西方人士成立国际救济委员会继续原来的工作,许传音应邀担任委员会成员,他是这个委员会中唯一一位中国人。1938 年 1 月 1 日,伪南京市自治委员会成立,安全区国际委员会为了协调同伪南京市自治委员会的关系,许传音曾一度担任伪南京

图 2-11 许传音
（南京市档案馆）

市自治委员会顾问一职。1938年3月18日，自治委员会被伪督办南京市政公署取代，许传音的顾问一职也随之取消。后来许传音担任鼓楼医院的副院长，一直到1950年代初。①

王廷是基督教青年会干事，许传音与他相比，无论是资历还是影响等，无疑更胜一筹。对于王廷，安全区总干事乔治·菲奇在日记中这样记述，"王廷出色地履行房屋助理总管的职责"。② 这就是说，王廷是住房委员会副主任。

前文已经提到，各难民收容所所长与助理多由住房委员会任命。但是，在难民收容所之外，还有相当大的区域，为便于管理起见，住房委员会还对安全区进行分区，后来增加为9个区，每个区设区长及相关负责人。

安全区各区区长一览表

第一区区长　王明德

第二区区长　姜正云

第三区区长　齐兆昌

第四区区长　王有成

---

① 参见张连红、胡华玲《南京大屠杀的重要见证人许传音》，《钟山风雨》2005年第4期。

② 《费吴生日记》（1937年12月10日—1938年1月下旬），章开沅编译：《天理难容——美国传教士眼中的南京大屠杀（1937—1938）》，第113页。

第五区区长　陈斐然①

第六区区长　吴国京

第七区区长　张永生

第八区区长　金汉璋

第九区区长　杨冠频

　　资料来源:《会集第一至第八区区长集议人民登记事宜》,南京市档案馆藏,
10020190002 -(00)0005 - 19380102。

(五)粮食委员会

12 月 3 日,粮食委员会的组成人员大致如下:

韩湘琳　主任

休伯特·L. 索恩　副主任

孙耀三

朱静

蔡朝松(Tsang chao-sung)

晁老五(Chao Lao-wu)

萧(Hsao)

C. C. 孟(C. C. Meng)

周保新(T'ao Pao-tsin)(红卍字会)②

　　上述人员中,只有索恩是西方人。其中,韩湘琳是约翰·拉贝的得力助手,还是小桃园西门子难民收容所的所长。韩湘琳是山东人,1906 年出生于临淄县魏家庄,曾就读于齐鲁大学经济系,大学二年级后,由于经济困难等原因辍学。22 岁时他与毕业于山东某大学家政系的邹翠珍结婚。他擅长外文,通晓英文、德文、法文,

---

① 程瑞芳日记记述陈斐然是第四区区长,疑有误。
② [德]约翰·拉贝:《拉贝日记》,第 133 页。同时对照《拉贝日记》影印版原文。

图 2 - 12　韩湘琳

（〔德〕托马斯·拉贝编：《约翰·拉贝画传》，郑寿康译，江苏人民出版社 2009 年版）

1930 年初，被约翰·拉贝聘任为秘书。据拉贝记载，韩湘琳白天常常在国际委员会总部工作。

孙耀三也是山东人，是韩湘琳的朋友，义和东砖瓦厂经理。1937 年 11 月 23 日，通过韩湘琳的牵线，赠送给拉贝两辆卡车，上面装有 100 罐汽油和 200 袋面粉，被拉贝称为"我的施主"，这是国际委员会收到的最早一批捐助。11 月底，他搬到小桃园避难，并参与难民救助工作，被拉贝任命为粮食委员。

兵马未动，粮草先行。日军进城初期，为将储存于城外的粮食、煤炭运进安全区，西方人士紧急行动起来，运输工具与运输工人都成了他们保护的对象，斯迈思在给家人的信中写道："米尔士周五、周六也帮助搬运米和煤，林查理则忙于遣散胡作非为的士兵。他们不但要驾驶卡车，还要去鼓楼红卍字会苦力们住的屋子，把他们护送到大学，装载时得看着他们和卡车，然后再驾车往返发送以免日军抢东西；再把苦力送回家！不让日兵抢走苦力和卡车几乎就是一场战斗。"①

---

① 《史迈士致家人函》（1937 年 12 月 20 日—1938 年 1 月 9 日），章开沅编译：《天理难容——美国传教士眼中的南京大屠杀(1937—1938)》，第 296 页。

（六）卫生委员会

卫生委员会由 3 人组成,沈玉书牧师任主任,鼓楼医院的特里默医生任副主任,鲍忠(Pao Chung)牧师为委员。沈玉书同时还是国际红十字会南京分会成员。12 月 8 日国际委员会提供给中国报界的专稿中提到,"沈牧师先生正着手在区内建立负责卫生设施的组织。由于缺乏工人,因此在这方面也有不少困难"。[①] 委员会克服困难,召集了数百名工役从事卫生清扫工作。安全区各区都有主管卫生的负责人。

图 2 - 13　沈玉书

（南京市档案馆）

二、难民收容所管理人员

安全区国际委员会下设 25 个难民收容所,除金女大难民收容所之外,收容所所长及助手均为中国人。1937 年 12 月底及 1938 年 1 月初,国际委员会对部分收容所进行检查,留下了一些记录。下表所列举的 21 个难民收容所所长名单主要来源于这些记录：

---

① ［德］约翰·拉贝:《拉贝日记》,第 153 页。

表 2-7　部分难民收容所所长名单一览

收容所名称	所长姓名	备注
陆军大学(第三难民收容所)	赵永奎(Ts'ao Yung-kwei)	
兵库署(军械库)	陆成美	带领约40名助手
德中俱乐部(DOS协会)	赵堂荣	
贵格会传教团	张公生(Chang Keng-sheng)	
汉口路小学	郑大成	
五台山小学	张易里(Chang I-li)	带领助手
山西路小学	王有成(Wang Yoh-tien)	带领助手
高家酒馆	凌恩忠	带领几个助手
军用化工厂(大方巷)	孔平良(Kung Ping-liang) 汪成斋(Wang chen-dsai)	带领很多助手
华侨俱乐部	毛青亭(Mao Ching-ting)	带领19名助手
中山路司法学校	佟燮臣	带领8名助手
西门子洋行	韩湘琳	
金陵女子神学院	郭俊德(牧师)	带领助手
金陵神学院	陶仲良	带领20名助手
金陵大学宿舍	齐兆昌	带领多名助手
金陵大学图书馆	梁开纯(Liang Kai-chuen)	带领多名助手
金陵大学农业专修科(农科作物系)	沈家禹	收容所有一个救护队和一个小组长委员会
金陵大学蚕厂(金大蚕桑系)	金哲桥(Jen Tse-chiang) 徐凯基(Chu Kwang-jih)	
金陵大学附中	姜正云	带领约80名助手
维庆里	李瑞亭	
金陵女子文理学院	魏特琳	带领多名助手

资料来源:[德]约翰·拉贝:《拉贝日记》,第332—379页。

收容所的管理殊非易事，一般而言，每位所长均有不少助手。有的收容所还设立了专门的管理机构，如陆军大学难民收容所，不仅将难民分成 27 个小组，每组设一个组长，还设立多个部门，分工协作，管理有序：公共事务部主任：周先生（Mr. Chu），秘书：伊先生（Mr. Yi），人事秘书：朴先生（Mr. P'e），社会事务部：谢先生（Mr. Hsieh），综合事务部：马先生（Mr. Ma）。①

有的收容所所长与助手几经变化，如位于金银街的金陵大学蚕厂难民收容所，原所长是任则青（Ren Tze-chie），他的能力有限，便聘请王新龙（Wang Hsing-lung）担任他的助手。王原来是警察局的督察。由于收容所内部的相互倾轧，王被怀疑是中国军人而遭日军逮捕。② 其后，金哲桥（Jen Tse-chiang）、徐凯基（Chu Kwang-jih）先后担任所长。

相对而言，金陵大学难民收容所、金女大难民收容所等中方管理人员的资料较为完整。与金陵大学相关的难民收容所有 5 所，分别是金大蚕厂、金大图书馆、农科作物系、金大宿舍和金大附中，由贝德士、陈嵘和金大宿舍收容所所长齐兆昌共同负责，收容所内每幢房子均有金大留守职员和选出的难民具体管理。

图 2 - 14　齐兆昌

（朱成山主编：《侵华日军南京大屠杀遇难同胞纪念馆故事》，南京出版社 2012 年版。）

齐兆昌（1880—1955），浙江杭州人，早年留学美国，先后担任湖南沅

---

① ［德］约翰·拉贝：《拉贝日记》，第 332 页。

② ［德］约翰·拉贝：《拉贝日记》，第 394—395 页。

江种福院测量队队长、江西牯岭工程局工程师等职,其后,任职于金陵大学工程处,同时兼校产管理处主任。除金陵大学的基建工程外,金女大、中华女中、金陵神学院以及教会的许多建筑都是由他主持建筑和管理的。他是金陵大学紧急委员会中方成员之一,同时还担任金陵大学(宿舍)难民收容所所长。

陈嵘(1888—1971),浙江安吉人,1913 年毕业于日本北海道帝国大学,1923 年赴美留学,后又到德国进修,1926 年学成归国,受聘担任金陵大学森林系教授,后兼系主任。1937 年底,金陵大学内迁成都,陈嵘是金大紧急委员会成员之一,由于他精通日语、英语和德语,在日本大使馆和宪兵司令部中都有一些认识的同学,大屠杀期间,他曾陪同美籍教授和国际委员会委员多次前往日本使馆和日军司令部交涉,并致电北海道帝国大学的老师,请求对其在华学生施加影响。安全区解散后,贝德士等人创办鼓楼中学,陈嵘也是创办者之一。

图 2-15　陈嵘　　　　　　图 2-16　顾俊人
(耶鲁大学神学院图书馆)　　　(耶鲁大学神学院图书馆)

顾俊人,浙江上虞人,嘉兴秀州中学毕业,时任金陵大学事务处事务员,金陵大学紧急委员会中方成员之一,收容所主要负责人之一。

吴浩玉(1912—2007),江苏江阴人,1933年毕业于嘉兴秀州中学,其后到金陵大学工程处工作,任助理员,师从齐兆昌从事画图、设计等工作,担任齐的助手。大屠杀期间,他帮助金陵大学(宿舍)难民收容所所长齐兆昌,收集日军在金陵大学的暴行案例等并反映给国际委员会,保护和救助了一批难民。

姜本信,1923年毕业于金陵大学,时任南京汇文女中教务主任,当时他的父母、妻子、子女全部留在南京,住在汇文女中内。他本人有一次在小桃园附近差点被日本兵刺死。

陶鸣白,江苏江宁人,毕业于上海民国大学法学系,曾任汉口特别区秘书等职,时任事务处事务员。

毛德林,江苏江宁人,时任工程处助理员。

孙树藩,江苏江宁人,金陵大学文学学士,时任理学院院长室秘书。

杨世铭,江苏江宁人,金陵大学医学预科毕业,时任化学系助理员。

徐振之,江苏江宁人,南京青年会中学毕业,时任图书馆流通部助理员。

何汉三,江苏江宁人,江苏陆军中学毕业,曾任军署书记,时任图书馆中文编目助理员。

韩煦元,江苏无锡人,南京师范附中毕业,时任阅览部典藏组中文编目助理员。

章树东,江苏江宁人,江苏一中肄业,曾任南京中学书记,时任中国文学系助理员。

任侠,江苏江阴人,金陵大学农业专修科毕业,时任农艺系助理员。

居晴初,金陵大学职员,大屠杀期间,参加难民救济工作,抗战胜利后参加了南京大屠杀敌人罪证调查委员会的工作。

林逸人、杨柏舟、陈嵘的浙江老乡，投奔陈嵘，共同在收容所工作。①

金陵大学附中难民收容所所长姜正云带领的助手最多，大约有 80 人。根据杨雅丽的研究，金大附中的管理人员来源大致分为三方面——金大附中留守教职工、难民中有才能者以及教会推荐任职者。姜正云（1894—1962），别号雨辰（臣），湖南岳阳人，从小家境较为贫困，7 岁母亲去世。姜正云白天在岳阳湖滨大学堂读书，晚上帮教会做事，凭借教会支付的微薄薪水养活自己。1916年，他于岳州湖滨高中毕业，1917 年，任湖南辰州府朝阳中学英算教员兼辰州府青年会学生部干事，后前往金陵大学进修，于 1924年取得金陵大学文学学士学位。1925 年，姜正云任岳州美立长老会牧师，进行传教活动，1930 年，任汉口光华中学教务主任。1935年，他来到南京，任金大附中舍监、训育副主任兼英文教师。姜正云与南京基督教会关系密切，是一个虔诚的基督教徒。南京大屠杀前夕，金大附中决定西迁，由于西迁校舍未定，校长张坊遣散校内 62 名教职员，部分职员前往四川。姜正云由于家庭负担重，要抚养姜临英等 6 个子女，无力西迁，决定留守南京。为保护难民，姜正云兢兢业业，曾经遭到日军的殴打。

除姜正云外，当时留守南京的金大附中职员还有薛万锦、王宗福、严步青、刘廷、王定义、刘宝兴、刘文玲等人。薛万锦于全面抗战前便进入金大附中工作，学校西迁、大多数教职工撤离之际，他被安排留下护校，后受聘在难民区工作，一家人居住在图书馆二楼。王宗

---

① 有关金陵大学难民收容所（金陵大学附中除外）的中方人员资料，参见王勇忠《南京大屠杀时期的金陵大学难民收容所》，《抗日战争研究》2008 年第 4 期。

福为管理体育馆的工友,亦是守门人,积极参与难民收容工作。

由于难民人数众多,金大附中难民收容所管理人员有效调动难民充当义工,发挥难民的专长,共同保护、服务其他难民。徐淑德、徐淑珍姐妹便是后来加入难民医疗工作的义工,负责金大附中难民收容所医务室相关的医疗工作。1937年12月12日,南京沦陷前一天,在母亲许静贞的带领下,一家人避入金大附中难民收容所。

图2-17　姜正云
(南京市档案馆)

由于父亲是中医,姐妹俩具有一定的医学常识,且姐姐徐淑德曾在天济医院担任过护士。在进入难民收容所第二天,她们主动提出当义工,为避难的难民提供医疗护理服务。

另外,难民收容所中还有部分义工是由教会人士推荐来协助难民收容所管理的。难民窦祥昌因父亲窦晴芳教书时认识美国人而成为管理员。难民石学海原本在日本宪兵队做劳工,负责"每日扫地烧水等工作",后无故被宪兵刺伤,经鼓楼医院救助痊愈。国际委员会同情他的遭遇,便派他到金大附中当助理办事员。

有的管理人员遭到日军杀害。刘文彬(Liu Wen-pin)是金大附中难民收容所日语翻译,协助管理难民收容所的工作,报告日军暴行,1938年1月,被日军抓捕,后被枪杀于山西路。①

---

① 金陵大学附中难民收容所相关人员的资料均来自杨雅丽:《金陵大学附属中学难民收容所研究》,南京师范大学硕士学位论文,2021年。

　　金女大难民收容所所长是魏特琳,她的助手除了戴籁三夫人外,全是中国人。1937 年 11 月 22 日,金女大成立了由魏特琳、陈斐然、程瑞芳、陈尔昌和闵先生组成的 5 人紧急委员会。11 月 30 日,金陵神学院的学生王瑞芝也搬到金女大帮忙。12 月 1 日,委员会召开会议,决定总务助理李鸿年负责组建一个治安小组,组织并训练 6 名工人,为他们做臂章。会议还任命邻里学校的教师薛玉玲小姐负责把她的学生和校园里大一点的孩子组成一个难民服务队,训练他们,并为他们准备胸章。12 月 2 日,5 人紧急委员会又缩减为 3 人:魏特琳、程瑞芳、陈斐然。中文老师王耀廷也是魏特琳的得力助手。金女大留守的教师、职员、工人都参与了收容所的工作,邻里学校的学生,王耀廷的三个孩子王兰影、王瑞颐、王瑞豫和程瑞芳的孙子程国祥等都参与了收容所的服务工作。

图 2 - 18　左起:程瑞芳与小孙子及德本康
(耶鲁大学神学院图书馆)

程瑞芳(1875—1965)，湖北武昌人，早年毕业于武昌护士学校，1924 年来到金女大任舍监。大屠杀期间，她是金女大三人紧急委员会成员之一，协助进行收容、保护妇女儿童的工作，成为魏特琳最主要的助手，被她称为"优秀的将军"。程瑞芳根据自己的亲历见闻，写成《首都沦陷金校留守日记》，与已经公布的《魏特琳日记》《拉贝日记》等西方人士的记录相互印证，是日军暴行的又一铁证。1946 年，她曾向远东国际军事法庭提供南京大屠杀的书证。

王耀廷(1885—1959)，南京人，早年毕业于南洋公学，南京语言学校资深教师，被魏特琳等西方人士誉为"中国最好的老师"，他们常常称他为"大王"(Big Wang)。大屠杀期间，为驱赶前来骚扰的日本兵，魏特琳在校园里四处奔走，多次前往日本大使馆提出抗议，通常情况下，"大王"都会陪伴在侧，成为她名副其实的私人秘书。在魏特琳看

图 2-19　王耀廷

(家属提供)

来，"大王"的年纪和尊严，"在很多场合都帮了大忙"。"大王"还与一个姓孙的同事，对失去丈夫和儿子的妇女进行询问调查，填写信息表格。有时，"大王"的儿子也来帮忙，最后由魏特琳将表格提交给日本大使馆，至 1938 年 1 月底，他们共整理了 592 份这样的表格。

陈斐然，1905 年出生于广东揭阳，1981 年 5 月 7 日在天津病逝。1933 年毕业于东吴大学政治专业，1934 年应吴贻芳邀请担任

图 2 - 20　陈斐然
（耶鲁大学神学院图书馆）

金女大总务主任。在南京大屠杀期间，他和魏特琳、程瑞芳三人担任金女大紧急委员会成员，协助魏特琳清理校园、收容难民、管理食堂、救济妇女、开设职业女校等。1937 年 12 月 17 日晚，为了阻止日军抓捕工友，他惨遭日军殴打并被带出校园，险被枪杀。陈斐然晚年曾回忆："为配合抗日工作，于 1937 年冬至 1939 年春，在日寇占领南京前后的在职期间，我曾和当时留在南京的国际人士组织难民安全区，负责附近一区的区长，兼本校妇孺收容所所长，日寇疯狂地进行奸杀焚掠阶段，为维护难民安全，曾被寇执，遭枪毙凌胁，赖有牺牲决心，镇静应对，得以幸生，而免妇女遭受污辱。"①据《现代快报》采访，陈斐然曾对小女儿陈朝一说，侵华日军闯入难民区，发现一名工人手上有老茧，怀疑他是中国军人，准备把他带走，他站出来帮助说话，遭日军掌掴、殴打、带走。② 为了协助魏特琳救济妇女难民，陈斐然其后一直在金女大工作，1939 年才离开南京。

薛玉玲是社区学校教师，大屠杀期间，协助魏特琳管理难民收容所，开展教会活动，为难民开设各种类型的课程。

邬静怡（1899—1985），英文名 Blanche Wu，浙江宁波人，1923

①陈斐然：《为求合理使用得尽所长籍安其所请为调职上海教育工作由》（1957 年 5 月 25 日），原件藏天津其女儿陈朝一家中。

②张然：《寻后人，他叫陈斐然，揭阳人，84 年前他曾在南京安全区守护难民，从日军枪下死里逃生》，《现代快报》2021 年 12 月 9 日，A4 版。

年毕业于金女大,获生物学学士学位;1930年,毕业于燕京大学,获生物学硕士学位,其后在金女大教授生物,1932年赴美国深造,1936年回到金女大任教,并从事家禽养殖的研究工作。日军占领南京后,她一直留在南京,参加救助难民的工作。

李鸿年是金女大事务主任助理,参与了难民救助工作。

罗贤珍在金女大附近的街坊从事福音传教工作,是魏特琳的好友,大屠杀期间,她搬到金女大校园,帮助管理难民收容所。

詹擎栋1933年毕业于东吴大学,1934年起任金女大助理学籍注册员。大屠杀期间,他留守校园,从事难民救助工作。

这些管理人员在大屠杀期间都经历了什么? 相关的记录大多付之阙如。如金陵神学院收容所所长陶仲良出生于1883年,江苏江宁人,曾是前清附生,略通医术,是金陵神学院资深国文教师,曾担任司徒雷登的中文老师。但他在难民收容所扶危济困的经历,他的家人几乎不知情。他的

图2－21　陶仲良

（家属提供）

孙子、孙女在童年时期经常与他生活在一起,但从未听他讲过收容所的往事。在他们的眼中,爷爷陶仲良"正直善良,乐于助人","一生省吃俭用,但却热心接济生活困难的人"。[1] 李夫人是陶仲良的

———————

[1] http://blog.sina.com.cn/s/blog_646cc08c0100htse.html.;2017年张连红、刘燕军对陶学仪、陶学濂姐弟的采访记录。

助手之一,是金陵神学院的舍监,大屠杀期间一直参与难民救助工作,但她的全名至今无人知晓。

三、医院、粥厂、教会工作人员及其他

南京沦陷后,外交部红十字医院、军政部红十字医院等相继被日军接管。1937 年 12 月 27 日,日本方面控制的《新申报》报道:"南京市内的中国军野战病院有三处,即外交部、军政部和国立中央大学。不知何时彼等于华军败走之际,将病者置之不顾,军医和给药处皆无,重伤者坐以待毙。""今日军卫生队不忍坐视其死亡,乃由小山大佐、冈田中佐两医学博士一行军医十名,看护兵二十名,于 20 日同在外交、军政两部半日,为华军患者个个很仔细而一切的代为诊疗,外交部约三百名,军政部约二百名……"①

实际情况却并非如此。据 1938 年 1 月 25 日的南京安全区国际委员会《关于南京外交部红十字医院事件的机密档案》以及《关于外交部红十字医院状况的机密档案》记载,日军在那里残杀工役、强奸护士、虐待伤兵,许多病员死亡。那里的中国工作人员有:女护士 21 名、男护理员 40 名、勤杂工 70—80 名、医生约 20 名。

《关于外交部红十字医院状况的机密档案》中也提到军政部红十字医院:"一星期前还约有 200 名病员住在军政部医院。过去每天有 3 名外交部医院的女护士在日军士兵的带领下来到该医院,最近一次是在一星期前。该院的状况据说很糟糕。伤员就躺在地上,除了一名中国医生之外再无其他人照顾他们。女护士只在换

---

① 《日军医治华伤兵　各医兵大感激　均谓今后愿为日方效劳》,《新申报》1937 年 12 月 27 日,第 3 版。

绷带时才来一下。"①

上述两家医院尤其是外交部红十字医院都有不少中方职员，但是具体姓名已难以考证。《拉贝日记》只记载了外交部红十字医院院长是屠大夫。

前文也已提到，中国红十字会南京分会、世界红卍字会南京分会均设有诊所，但其运行及人员构成情况，目前尚不清晰。

鼓楼医院因为属于外国教会产业，大屠杀期间，尽管频繁遭到日军骚扰，但运行相对正常。根据顾碧的研究，1937 年 12 月底，鼓楼医院全部在岗职工约 100 人。沦陷初期，鼓楼医院的工作人员大致可分为四部分：第一，原医院职员，即南京迁都后留守人员；第二，1937 年 12 月初开始，因人手不足而新招募的人员；第三，未能安全撤离南京的国民党军医；第四，编外人员。但是，有姓名记录的人员只有 10 多人。王志诚牧师担任医院行政助理，卢希贤牧师管理总务，药房由杨姓药剂师分管。护士有黄又宁、沈文俊、高安华、王焕鹏、张红英、殷翔。年轻的张医生 1937 年 12 月初来自江阴医院，给威尔逊医生做助手。到鼓楼医院工作的原国民党军医主要有：中央陆军军官学校教导总队卫生队的周纪穆医生，原南京野战医院祁明镜院长、徐先青和祁刚医生，杨姓药剂师，孙姓护士长。原教导总队医生李甫则在华侨路难民医院从事医疗救助工作。②

世界红卍字会南京分会与中国红十字会南京分会在安全区都设有粥厂。高峰时，每个粥厂所供应的周边难民多达数万人。金陵大学粥厂主管周庆兴（Chou Chien-hsuen）手下有 50 名助手和

① ［德］约翰·拉贝：《拉贝日记》，第 498—501 页。

② 顾碧：《南京大屠杀前后的鼓楼医院》，张连红、孙宅巍主编《南京大屠杀研究：历史与言说》（上），江苏人民出版社 2014 年版。

150 名勤杂工。在国际委员会看来,这个粥厂雇佣的工人数与金女大相比,数目太多。① 但粥厂规模大、工作人员多也是不争的事实。粥厂虽然是慈善团体开设的,其工作人员来自各个方面,因为在这里工作带有避难性质。国际委员会秘书斯迈思在 1937 年 12 月 26 日给家人的信中记述,"我们留下的四个纺织工人(三个老工人和一个新学徒)来看我并祝圣诞快乐,又要求做特殊工作。林查理安排他们在大学的红卍字会粥厂,他们对此很满意"。② 幸存者周正城当年 19 岁,他回忆说,有一次他去五台山小学,被日本兵抓住,那时他穿着西装、戴着帽子,经检查后被释放。经此惊吓,他的父亲因为认识红卍字会的负责人,便将他送到金女大粥厂卖筹子。③

在给友人的信中斯迈思称,与国际委员会一起进行工作的"有美国传教士、中国基督教徒、德国纳粹商人、中国红卍字会、中国红十字会和黑社会的三教九流"。④ 前文提到的安全区管理人员中有不少是牧师或教会工作人员:中方秘书处主任汤忠谟、卫生委员会主任沈玉书、卫生委员会委员鲍忠、住房委员会副主任王廷、安全区第一区区长王明德、金陵大学附中难民收容所所长姜正云、金陵女子神学院难民收容所所长郭俊德等等。类似的还可列举一些:

朱寿义,基督教徒,经菲奇介绍,在国际委员会工作,为难民发放救济。⑤

---

① [德]约翰·拉贝:《拉贝日记》,第 365 页。

② 《史迈士致家人函(1937 年 12 月 20 日—1938 年 1 月 9 日)》,章开沅编译:《天理难容——美国传教士眼中的南京大屠杀(1937—1938)》,第 305 页。

③ 《周正城证言》,朱成山主编:《侵华日军南京大屠杀幸存者证言》,第 222 页。

④ 《史迈士致朋友函》(1938 年 3 月 8 日),章开沅编译:《天理难容——美国传教士眼中的南京大屠杀(1937—1938)》,第 342 页。

⑤ 徐志耕:《幸存者说》,南京出版社 2014 年版,第 20—23 页。

陈汝霖，下关道胜堂牧师，约翰·马吉的助手。[1]

陈新裕（Chen Shin-yu），基督教青年会行政秘书处。[2]

卢小庭，在汤山和东流工作的传教士，大屠杀期间投水自尽，以死抗争。[3]

斯迈思所提及的"黑社会的三教九流"，指的是后来参加伪政权的王承典之流。王承典曾经担任过国际委员会商业办公室的主管。[4] 他与下流社会过从甚密，后来投身伪职。

战乱之际，社会失范，泥沙俱下，出现王承典这样的投机分子不足为奇。大多数安全区的中方工作人员均能忠于职守、守望相助，在西方人士看来，这实在是一项"伟业"！

1938 年 2 月 15 日，25 个难民收容所所长及难民区 9 个区的区长召开第六次联席会议，决议对约翰·拉贝为南京难民救济工作表示深刻谢忱，同时将上述决议向西门子洋行（中国）和德国大使馆通报，让他们了解南京居民对拉贝在这段艰难时期所做工作的感激之情；会议还请求西门子洋行让拉贝继续担任国际委员会主席职务。与会的中外人士还在决议下方签名，其中中方签名者计 56 人，他们中除了难民收容所所长及各区区长、部分管理人员以及

---

① 《陈玛丽证言》，朱成山主编：《侵华日军南京大屠杀幸存者证言》，第 161 页。

② ［德］约翰·拉贝：《拉贝日记》，第 232 页。

③ 《马吉致妻子函》（1937 年 12 月 12 日—1938 年 2 月 5 日），章开沅编译：《天理难容——美国传教士眼中的南京大屠杀(1937—1938)》，第 204 页。

④ *Report of the Nanking International Relief Committee*，*November 1937 to April 30*，*1939*，p. 2，RG10，Box102，Fold 868．Yale Divinity School Library Special Collections.《南京国际救济委员会报告书》中文文本与英文文本略有差异。英文文本对于住房、粮食、卫生的主任许传音、韩湘琳、沈玉书以及其后建立的复兴委员会主任刘怀德均有记述，还提及王承典出任商业办公室主管，后由陈文书接替。中文文本对上述人名均未提及。

西门子洋行难民收容所的少数难民之外，还有不少难以分辨，其中有：

> 李先荣、申荣生、侯峻德、吴蔼愚、王乃东、王玉典、朱镇东、任庆华、邹晋羊、胡重威、金汉璋、陈思信、曹耕泉、马迺斌。①

他们是什么身份？在大屠杀期间做过什么？有待深入考证。

---

① ［德］约翰·拉贝：《拉贝日记》，第686—687页。

第三章 南京安全区的功能

第一节 难民的收容与安置

一、安置收容的第一阶段

收容安置难民是安全区成立后首先发挥的功能。从时间上看，这一阶段大致从安全区开始接受难民到 1937 年 12 月 13 日日军占领南京。

1937 年 8 月 13 日淞沪抗战爆发不久，日军就制定了占领南京的计划。[①] 8 月 15 日，日军飞机就开始了对南京的轰炸。11 月 12 日日军占领上海后，即兵分数路迅速向南京进犯。随着沿途重要城镇的陷落，大批难民涌入南京。根据《南京市社会局历次遣送难民人数表》，从 1938 年 5 月底到 12 月底共分十次遣送难民，总计达

---

① 日军参谋次长多田在国际远东军事法庭作证时所作的陈述。参见 Transcripts of the Proceedings of IMTFE，p. 3377，Record Group 331，Entry 319，IPS，National Archives.

3 380 人,这还不包括零星遣送的难民。① 日本也有 1938 年将滞留在南京的难民送回上海的记录。② 考虑到在此之前发生的南京大屠杀及其他原因离开南京的难民,这批难民的实际人数应比这要多得多;另一方面,随着战火的临近,南京城内大批居民也纷纷外逃。兵荒马乱,苦不堪言。马吉在日记中曾描述过居民逃离南京时的情景:"码头上有数以千计的人,有些人在那儿等过江已经几天,许多人已经有几天没有吃东西了。前一天菲奇和我向代理警察局长建议让他们想点办法遣送这些人过江。我很高兴地看到渡船在运送伤兵之后,开始送他们过江,但昨天我听说仍有 1 500 人等着过江。"③实际上,留在南京西方人士的日记和书信中大都有类似的记录。

尽管如此,同那些更加贫穷、无力逃离南京的居民相比,他们还算是幸运的。他们毕竟还有能力逃离这座充满了危险和不确定因素的城市,而那些赤贫的居民只能眼睁睁地目睹别人逃离,听到各种各样的传闻和坏消息,这种心理压力非亲身经历者很难描述。因此,他们非常需要一个相对安全之地,至少,一个公众所认同的安全地方,在兵荒马乱的南京聊以安身。换言之,南京安全区建立的必要性是显而易见的。

南京安全区的成立和对市民的开放正满足了这一需求。几经努力和交涉后,安全区国际委员会于 12 月 8 日发布了《告南京市民书》,在公告里,安全区国际委员会向南京市民介绍了上海南市难民区的情况,明确了南京安全区的范围,同时也说明了中日双方对

---

① (伪)《南京市政公署概况》,第13—14 页,南京市档案馆藏,1002 - 2 - 869。

② 参见耶鲁大学神学院图书馆收藏的马吉影像资料全集。

③ Letter from John Magee to his wife, Dec. 12, 1937, RG 8: Box 263 Folder 2, Yale Divinity School Library.

南京安全区的态度：中方积极支持，而日本的态度是"对于规定之区域颇难担负不轰炸之责"，但同时又说"凡无军事设备，无工事建筑，不驻兵，及不为军事利用之地点，日军决无意轰炸，此乃自然之理"。《告南京市民书》最后写道："看到以上中日方面的允诺，我们希望在所指定的区域内为平民谋真正的安全。然而在战争的时候，对于任何人的安全自然是不能担保的。无论何人也不应当认为进了这个区域，就可以完全保险平安。我们相信，倘若中日双方都能遵守他们的允诺，这个区域以内的人民，当然比他处的人民平安得多啦，因此，市民们可以请进来吧！"①

　　显然，国际委员会早已意识到安全区存在着种种不安全的因素，并如实地向难民讲述了日本方面对安全区模棱两可的态度。尽管存在着各种不确定因素，但在大多数无能力逃离南京的难民眼里，安全区仍然是他们避难的最佳选择，因为不久就有大批难民涌进安全区。

　　在安置收容的第一阶段，安全区安置难民的形式主要有二种：

　　一是投靠亲友或是租赁安全区内的私人房屋。一开始国际委员会的住房委员会估计，"如果区内的私房主以及私房的租户能像我们期待的那样慷慨和爱国，与朋友合住，或者将房子以和平时期的半价出租，那么我们估计，安全区内有足够的房子安置市内剩余的居民。昨天的报纸已经公布，公共建筑和学校将留给最贫穷的人使用。调查表明，如果每人需要16平方英尺的面积的话，这些建筑物可容纳3.5万名贫穷的难民"②。后来的事实证明，就难民人数而言，安全区国际委员会的估计显然过于乐观了，但在安置的

---

① ［德］约翰·拉贝：《拉贝日记》，第149页。
② ［德］约翰·拉贝：《拉贝日记》，第153页。

第一阶段,即日军攻占南京之前,安全区难民的安置主要还是按这一设想进行的。

二是无上述条件者,由安全区国际委员会下属的住房委员会统一安置在安全区内的公共建筑里,如学校、机关、外国人的办事处及房主已撤离的私人住宅。为了充分利用这些公共设施,安全区国际委员会最终将安全区分为9个小区,"每个小区中设一办事处以司其事,并详测各可用之地,以便设法尽量利用"。为了最充分地利用有限的资源,在安置的过程中,住房委员会的成员将私自"挤塞于私人房屋中之人群,或好言相劝,或以权威压制,务使可居之屋均得正当之利用……私人房屋,就各层之地位计之,如已达到人满之境地时,即在住房委员会监督下,将较大之房屋开放,一屋住满,始开放其他一屋,以防难民中有结为伙伴,谋占较广之地。此时本会工作实赖若干队未离城之警察及巡逻员四百人之友谊的有效合作"。① 在中国警察的协助下,"公房"的安置得以顺利进行。另外,妇女和儿童则被安置在金女大和金陵大学鼓楼附近的建筑里。

经过国际委员会的多方努力,第一阶段的安置工作取得了较为理想的结果。这一阶段的安置特点是有组织、按计划、有条不紊的,但同时,用魏特琳的话来概括,也有点理想主义。②

二、安置收容的第二阶段

这一阶段大致从1937年12月13日日军占领南京到1937年

---

① *Report of the Nanking International Relief Committee*, *November 1937 to April 30*, *1939*, pp. 5 - 6, RG 10: Box 102 Folder 868, Yale Divinity School Library.

② Minnie Vautrin's Diary, Dec. 18, 1937, Special Collections, Film Ms62, Yale Divinity School Library.

底。日军占领南京后不仅没有恢复秩序，反而开始了大规模的恐怖行动——屠杀、强奸、抢劫和纵火。这使得一些原本不打算到安全区避难的难民，特别是妇女大批涌入安全区。另外还有相当数量的中国士兵，在撤退无路的情况下，放下武器，脱掉军装躲进安全区。

这些难民中的大多数在经历了日军的洗劫后，除了身上穿的，已是身无分文，一无所有，根本谈不上在安全区里租赁房屋栖身，更何况此时不仅无房可租，而且由住房委员会统一安排的公共设施也是人满为患。这些难民只能栖身于楼梯、防空壕及在露天临时搭建的棚屋里。如在安全区内的金陵大学图书馆难民收容所，约有3 000名难民，许多难民生活在遍布整个辖区的草席棚和帐篷里。他们属于手工业阶层，勤劳，试图以某种方式维持生计。①

如果说在安置收容的第一阶段还是以安置为主，而且进入安全区内的某个收容所还需要有一定条件的话，那么在收容安置的第二阶段则是以收容为主，难民进入安全区的必要条件也大大放宽。以金女大难民收容所为例，12月13日，家住学校附近的许多中国人认为校园里更安全，也想进入校园，魏特琳等劝说他们不要进来，理由是"如果他们在安全区里他们就和我们一样的安全，安全区任何地方都是一样的安全的"。② 但随着日军的暴行愈演愈烈，难民们，特别是妇女大批地向校园涌来，12月15日达到第一次高潮。"从那时起我们就让妇女儿童自由地进入我们的校园；但我们尽可能地劝说年龄大一些的妇女待在家里，为的是给青年妇女腾出

---

① ［德］约翰·拉贝：《拉贝日记》，第366页。

② Minnie Vautrin's Diary, Dec. 13, 1937, Special Collections, Film Ms62 Yale Divinity School Library.

地方。许多人恳求只要草坪上有一个坐的位置就行了。"①

随着南京安全状况的进一步恶化,金女大收容所对进入校园难民的限制也进一步放宽。"现在每天都几乎一样——整天都听到各种各样我以前从未听到过的悲剧的发生。一大早面部表情惊恐的妇女、年轻的姑娘和孩子就潮水般地涌了进来。我们只能让她们进来,但没有地方安置她们。我们告诉她们只能睡在露天的草地上,不幸的是,天气现在冷多了,她们又多了一项痛苦来忍受。"②

图 3-1　难民携带铺盖涌进金女大
(耶鲁大学神学院图书馆)

---

① Minnie Vautrin's Diary, Dec. 15, 1937, Yale Divinity School Library, Special Collections, Film Ms62.

② Minnie Vautrin's Diary, Dec. 18, 1937, Special Collections, Film Ms62, Yale Divinity School Library.

　　由于难民人数过于庞大,远远超过了国际委员会的预料和各收容所的安置能力,这时国际委员会能做的就是先让难民进入安全区,至于如何安置,在很大程度上靠难民们自行解决。魏特琳在12月18日的日记中写道:"当我坐在我的办公室写这篇日记时……能听到门外的喧闹与嘈杂声。我猜想仅这一座楼里就有600多人,我想今晚校园里一定有5 000人。由于缺少地方,今晚她们只能睡在水泥路上。所有大厅和走廊都住满了人。我们不再试着分配房间。开始在我们的理想主义的驱使下,我们曾试着这么做过。但现在她们能挤在哪里,我们就让她们挤在哪里。"①

　　可以想象,在最高峰时,当1万多名妇女和儿童涌进金女大时,校园里的拥挤状况以及该收容所所发挥的紧急避难的收容作用。

　　拉贝及其所在的西门子公司难民收容所也有类似的经历。我们从拉贝12月12日的日记里可以了解到这一情况。"晚8时,全剧的最后一幕开始了——猛烈的炮击!火光映红了整个南面的天空。院子内的难民一直挤到防空洞的边上。有人在用力地拍打着两扇院门,妇女和儿童哀求我们放他们进来。一些大胆的男人从德国学校后面翻过院墙,想进入我的院内寻求保护。这种苦苦哀求我实在听不下去,于是我把两扇大门全打开,把想进来的人全放了进来。防空洞里已没有地方,我便将人们安置在房子之间以及房屋的旮旯里。大部分人带来了自己的被褥,在露天席地而卧。一些机灵鬼把他们的床安置在水平悬挂的德国国旗下面,德国国旗是为防日本轰炸而备的,这个地方被看作是'防弹地带'……我带上了钢盔,给我的

---

① Minnie Vautrin's Diary, Dec. 18, 1937, Special Collections, Film Ms62, Yale Divinity School Library.

中国助手、好心的韩先生也带上了一顶,因为我们两人是不进防空洞的,再说里面已经没有地方了。我像只猎犬一样在院子里跑来跑去,在人群之间穿梭,在这儿训斥两句,在那儿安抚一下,最后大伙都乖乖地听我的话了。"①尽管拉贝的描述不乏幽默,但当时避难的难民恐怕谁也笑不出来——难民们是为活命而来。

图 3-2　位于小桃园的约翰·拉贝住宅

([德]托马斯·拉贝编著:《约翰·拉贝画传》,郑寿康译,江苏人民出版社 2009 年版)

在这一段时间里,安置收容的特点是收容优先、自我安置。难民的处境及所经历的苦难我们从上述日记的描述中可略见一斑。日军持续的暴行使安全区里难民最多时"25 万可能是一个保守估计,可能多达 30 万"。② 直到 1938 年 3 月下旬,安全区内仍有

① [德]约翰·拉贝:《拉贝日记》,第 168—169 页。
② Lewis S. C. Smythe to C. L. Boynton, January 22, 1938, RG 10, Box 102 Folder 865, Yale Divinity School Library.

95 500 难民。① 这也从一个侧面反映出难民们在日军的淫威下，寻求安全的心理需求和南京安全区收容安置难民以满足这种需求的功能。

第二节　难民的救济与供给

一、提供粮食

提供粮食是安全区国际委员会最主要的救济工作之一。安全区成立后，中国有关方面委托安全区国际委员会负责照顾安全区内的中国平民②，特别是要负责他们的吃饭问题。为此南京有关方面移交给国际委员会 3 万担大米、1 万袋面粉及 10 万元现金，国际委员会实际收到 8 万元。在南京陷落前由于运输能力所限，国际委员会实际仅将 1 万担大米和 1 000 袋面粉运进安全区，用于难民的救济。③ 南京市政府授权国际委员会酌情处理这些粮食和现金，这些粮食可以通过粥厂免费发给最贫穷的难民，也可以用于销售给能够负担得起的难民，销售所得可作为难民服务的救济机构的

---

① Lewis S. C. Smythe, *War Damage in the Nanking Area December*, *1937 to March*, *1938*: *Urban and Rural Surveys*, p. 6. RG 10, Box 102 Folder 869, Yale Divinity School Library.

② 马超俊市长有一封请求安全区国际委员会接管安全区行政管理的信函，见《拉贝日记》第 154 页。另据德国驻华使馆外交官罗森的报告，"原来委员会是要让交战双方同意建立安全区的想法，然后让中国当局去实际执行这个计划。但是，由于做这方面工作的中国人缺少勇气，他们宁愿逃往汉口而不留在首都，所以委员会不得不自己管理安全区"。见《德国驻华大使馆留守南京办事处政务秘书罗森给德国外交部的报告》(1937 年 12 月 24 日)，《抗日战争研究》1991 年第 2 期。

③ [德]约翰·拉贝：《拉贝日记》，第 642、121 页。

费用,或用于购买粥厂的燃料和其他必要的储备。这些规定实际上成为安全区国际委员会后来的救济原则。

从1937年12月至1938年2月(此时安全区国际委员会更名为国际救济委员会)这段时间里,国际委员会将粮食分发给安全区里的25处收容所和安全区内的5所粥厂,其中粥厂是对安全区内所有难民开放的。这些粮食除少部分是有偿供应外,绝大部分是无偿救济的。

图3-3　魏特琳(左一)、戴籁三夫人(右一)等与金女大红十字会粥厂的工作人员
(耶鲁大学神学院图书馆)

国际委员会在1938年1月对21个难民收容所进行了检查并起草了检查报告,通过这些报告,我们对安全区内各个收容所当时的人员情况以及粮食的分发情况可以有一个较为详细的了解。以下为各个收容所的基本情况和救济粮食的分配原则:①

1. 第三难民收容所(陆军学校)。难民约3 200人,平均每天

————————

① [德]约翰·拉贝:《拉贝日记》,第332—338、348—358、364—367页。

分发 10 袋大米。约三分之一的难民自行解决伙食，其余三分之二由国际委员会提供膳食。没有公共厨房。每个家庭自己做饭。每天每个成人得到 1 杯米，每个儿童半杯。配给是免费的。收容所负责人估计 1 袋米最多有 230 杯。为日本人干活的男子及商贩不发给大米。

2. 兵库署难民收容所。该难民收容所约有难民 8 000 人。用于领取米粥的红色配给证发给了 492 户人家，共约 3 000 人。约有 1 500 人不领取无偿的米粥，约有 2 400 人膳食自理。尚有一些有钱的难民有偿领取米粥，每杯 3 个铜板。每天收入 12 元，据此估计有钱的难民为 600 人。这笔收入被用于采购收容所中的蜡烛、席子和其他日用品。此外，一部分钱用来采购香烟分发给日本士兵，以免他们来骚扰收容所的难民。

3. 德中俱乐部难民收容所。难民为 444 人，收容所平均每天得到 2 袋大米。因为难民人数是变化的，有时有少量大米的节余，就分发给难民。分发是免费的。每人一次发 1 升米，供 2 天食用。分发时不分成人和儿童，每人数量相同。

4. 贵格会传教团难民收容所。难民约 800 人，收容所平均每天得到 2 袋大米。没有公共厨房，每个家庭自己做饭。每人每天获得十分之七升大米，有时只有十分之四升大米。收容所收到四袋大米时，每个难民每天可分发到 1 升大米。米是免费分发的。分发时成人和儿童没有区别。

5. 汉口路小学难民收容所。难民约 1 400 人，每天有 4 袋大米分配。没有公共厨房，每个家庭自己做饭。几乎所有的难民都吃干饭。分发时成人和儿童没有区别。约有 150 人自带大米或有钱为自己购得大米。

6. 华侨俱乐部难民收容所。难民 1 100 人，这个收容所每天没有固定的大米分配量。一天有时得到 3—4 袋,有时得到 5 袋。每个成人一天获得 1 杯米,8 岁以下儿童每天半杯。每个家庭自己做饭。

7. 西门子洋行院内难民收容所。难民 602 人,收容所每天收到 3 袋大米供分配。成人每天 2 杯米,儿童每天 1 杯米。人们估计 1 袋米有 300 杯。分发是无偿的。每个家庭自己做饭。

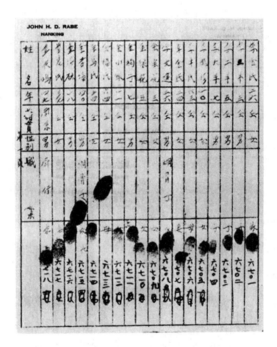

拉贝住所西门子公司难民所签名表

(原件藏德国西门子公司)

8. 中山路司法学校难民收容所。难民 528 人,收容所每两天收到 3 袋米供分发。成人每天得到 1 杯米,儿童每天得到半杯米。米绝大多数是免费分发的。只有很少几个人有钱买米。人们只吃干饭。

9. 金陵大学蚕厂难民收容所。难民 3 304 人。这个收容所每天收到大米数量在 4—8 袋之间。已有两天没有分发米了，每 2 人每天得到 1 升米。这些米的大部分是供难民购买的。卖米每天的收入约 40 元。

10. 农业学校难民收容所。难民 1 658 人。有 28 人每天要为自己的食物支付 2 角钱。收容所每天收到 2—3 袋大米供分发。每个成人一天得到 1 听米，儿童得到半听。收容所领导对大米的分发实行三重控制，以免发出双份。有钱的或者自己有米的，做买卖的或吸烟的，均不能配给大米。每个家庭自己做饭。

11. 金陵女子神学院难民收容所。难民 3 400 人。收容所每 2 天收到 5 袋大米。目前收容所的大多数难民还能支付米钱，但现在积蓄即将用尽。收容所的收入每天约有 5 元。

12. 金陵神学院难民收容所。难民 3 116 人，收容所每天收到 2 袋大米供分配，分配权掌握在门卫老李的手里。只有老年妇女和寡妇才能免费得到大米。所有其他难民必须买配给证。这个所约四分之三的难民是贫穷的。

13. 五台山小学难民收容所。难民 1 640 人。收容所目前不从国际委员会领取大米。难民可从红卍字会得到配给的粥，但可能很快要依靠国际委员会供给膳食。

14. 金陵大学附中难民收容所。难民 1.1 万人。收容所每天收到 12 袋大米供分配。其中 2 袋出售给有钱的难民。销售收入每天约 21 元。这些钱用于收容所各种必要的开支。每天向穷人和一无所有的人免费发放 10 袋大米。有一个中心厨房，收拾得干净整齐。

15. 大方巷军用化工厂难民收容所。难民 2 800 人。收容所每天得到 6 袋大米供分发，分发是凭证进行的。每人每天得到 12

盎司大米,如果供给不足,就少一点;如果有多余就增加一点。约100个难民有能力自己买米。

16. 山西路小学难民收容所。难民1 100人。收容所每天得到3袋大米供分发。每人每天获得满满一香烟听大米。但据一些难民向检查委员会的陈述,他们只是每两天获得上述份额。每个家庭自己做饭。这个收容所约100个难民有能力自己买米。但收容所内不出售大米;大米免费分发给收容所全体难民。

17. 高家酒馆55号难民收容所。难民770人。没有公共厨房,每个家庭自己做饭。只有约60人有能力自己买米。收容所不出售大米。每天向大约500人免费分发大米。分发时成人和儿童没有区别。

18. 金陵大学难民收容所。难民7 000人,其中大多数为妇女和儿童。男子白天来收容所为其家属送粮食。收容所每天得到25—30袋米及3吨燃煤供应粥厂。每天两次分发稀饭,每杯3个铜板。每天收入有50元。

19. 金陵大学图书馆难民收容所。难民3 000人。收容所不从国际委员会领取大米。难民以前由金陵大学粥厂供给膳食,但过去四天中大学粥厂拒绝向他们供应。

20. 金女大难民收容所。难民5 000—6 000人(以前为1万人)。收容所平均每天得到12袋米供分发。饭在学院大门对面的公共厨房里做。厨房由中国红十字会领导。有1 000人靠自己的亲戚送到收容所来的食品生活。收容所向350人凭别在衣服上的红色配给证免费得到米饭。其余的难民在厨房以一杯3个铜板的价格买饭。以前他们在领取食物时支付现金,现在必须买配给证,配给证的销售由一个属于学院会计室的中国人负责。

21. 教堂和长老会传教团学校难民收容所。难民 1 000 人，以前 2 000 人。许多人只是晚上来收容所住宿。收容所中约三分之二自行解决膳食，其余的难民身无分文，十分困难。米尔斯先生于 1 月 5 日向这个收容所提供了 3 袋大米，并力求每两天向收容所提供相应数量的大米。

这 21 个收容所在 1938 年 1 月中旬共有难民 62 334 名，每天收到安全区国际委员会提供的大米约 110 袋。尽管各个收容所的情况及救济的方法不尽相同，各个收容所得到的粮食也有差别，但除了 5 个收容所外，其他各个收容所的粮食分配原则基本相同——收容所的绝大部分难民靠免费分发的粮食度日。这也从一个方面反映出安全区粮食救济工作的繁重性及其重要性，如果没有这些粮食的救济，难民的生活必然难以维持。

根据贝德士起草的《南京国际救济委员会报告书》的统计，自 1937 年 12 月 17 日至 1938 年 5 月 31 日，"共发放米 9 916 包，值 109 700.96 元，麦 2 028 包，值 7 098 元。其中领一部分粮食之人，实数几何，无从估计，其数约为 5 万 5 千人，其中 2 万人，在两个或两个月以上之时期中，受惠颇大，其他 1 万人在 4 个或 4 个月上之时期中，亦深受其惠"。1938 年 6 月至 9 月"总计发米 2 535 包，麦 2 511 包"。1938 年 12 月至 1939 年 4 月"发米 10 847 包，值 116 609.00 元；豆 592 袋，值 5 624.00 元；食盐 21.5 袋，值 426.56 元"。[1] 可见粮食救济不仅是安全区国际委员会的重要工作，也是后来的国际救济委员会的一项重要工作，该工作一直持续到 1939 年。

---

[1] *Report of the Nanking International Relief Committee*, *November 1937 to April 30*, *1939*, pp. 13 - 14, RG 10, Box 102 Folder 868, Yale Divinity School Library.

二、实物、现金及工赈救济

除了粮食救济外,安全区国际委员会还进行了若干实物救济,如被褥和衣服等。南京陷落时,一批由慈善机构和群众团体为伤兵赶制而未来得及完成或使用的被服被留在安全区内,后来安全区国际委员会出钱,由女难民将其完成或改制,然后发给最贫穷的难民,共发被褥 1 100 条,衣服 1 600 件,毛巾 540 条。

1938 年后,国际委员会(救济委员会)缝制了棉衣 6 141 件、被褥 939 条,另外还收到捐赠的新棉袄 4 003 件、旧夏衣 3 639 件及上等被褥 154 条,均由教会机构和国际委员会发放给贫困户。① 另外,在 1938 年收容所的春季防疫运动中,委员会共为 16 265 人接种了牛痘疫苗;为 1.2 万多人注射了伤寒、霍乱防疫针。国际委员会还设法获得了大量捐赠的鱼肝油,并将鱼肝油分发给难民收容所里的儿童。1938 年 3 月,国际委员会还购买了一批奶粉,供医院中难民的婴儿使用,也分发给收容所里十几名婴儿。

从 1938 年 3 月开始,委员会对难民中的贫困者进行了现金救济。约 5.6 万贫困户提出申请,经委员会调查后对其中 17 609 户予以救济,目的是使收容所内的最贫穷者得到救助,并"使之返家,在难民区外自营生活,并欲奖励私人自乡间贩米谷至南京,以供当时之急需。本期所发救济金共为 54 588.20 元,平均每户 3.10 元"。②

魏特琳在日记中也提到现金救济的对象及作用,她说:"我们

----

① *Report of the Nanking International Relief Committee*, *November 1937 to April 30*, *1939*, p. 21, RG 10, Box 102 Folder 868, Yale Divinity School Library.

② *Report of the Nanking International Relief Committee*, *November 1937 to April 30*, *1939*, p. 18, RG 10, Box 102 Folder 868, Yale Divinity School Library.

难民营还得到了一笔资金用于现金救济,那些很贫穷的妇女,有的房屋已被烧毁,丈夫被抓走,这样的人在准备回家的时候可以得到一笔现金。这样做可以帮助她们重新开始生活,并得到了所有接受资助的难民的赞赏。"①

现金救济的另一种形式——小额贷款。目的是在当时特定的情况下,使一部分难民离开安全区后能够重操旧业,自谋生计。当时南京金融业早已不复存在,既无商业银行,又无钱庄和典当,对于那些原有生产资料遭日军毁坏,现在又身无分文的难民来说,没有启动资金很难重新开始他们的小本生意,小额贷款正是为解决这一燃眉之急而设立的。小额贷款一般以 50 元为限,借贷期限为6 个月或 10 个月,利息为每月 1 厘。贷款主要资助那些过去从事过衣服与鞋类制作、纺织业和食品制作,现在准备重操旧业的难民。同时也向从事家具与器皿、印刷、金工、理发及竹草业的难民提供了少量贷款。第一笔用于个人贷款资金为 6 174 元,委员会在这一期"所放出个人借款共 147 宗,每宗平均 42 元;绸缎织工 16 户之团体借款一宗,共 660 元;纺工 13 户之团体借款一宗,共 850 元。团体借款中,每户为 302 人,其中若干人系受雇者。所发借款全额为 7 675 元。本期中本利归还,共 2 356.71 元"。②

以工代赈也是现金救济的一种重要的形式。国际委员会雇用了 1 500 名中国人参与了安全区的管理工作,另外还根据工作需要,雇用了相当数量的临时工,每个工 0.40 元,从事公益性工作,

① As a Refugee Camp, the period from January 14-March 31, 1938: Informal Report, Confidential not for publication or broadcasting, Papers of Minnie Vautrin, Record Groups 8 & 11 and Film Ms62, Yale Divinity School Library.

② *Report of the Nanking International Relief Committee*, *November 1937 to April 30*, *1939*, p. 25, RG 10, Box 102 Folder 868, Yale Divinity School Library.

如筑堤、修路、搬运粮食、弹制棉花、裁剪衣服、缝制衣被等。另外，委员会拨款 2 540 元，以完成红卍字会所承办的尸体掩埋工作，该组织共掩埋尸体 4 万具以上。从 1937 年 12 月到 1938 年 5 月所付现金工资在 1.8 万元以上，约为 720 人一月之工作。1938 年夏季到 1939 年春季，共付 1.55 万元工资，相当于 600 人一月余工作。①

　　现金救济的最后一种形式为"特别捐赠"。所谓"特别捐赠"就是委员会对某机关或组织所提供的现金援助。委员会提供过的两笔最大的"特别援助"，一是"捐赠金女大之 1 600 元，以将 600 左右女性难民，继续收容至夏季止。就保护、救贫及初步教育而论，此举以补收容所之不足也"；二是"有盲女五人，孤立无助，遗留于收容所中，因决定付款五百余元，作为一部资助，以送她们入某优良之盲人学校"。②

　　我们可以从胡华玲女士所写的《永生金陵——魏特琳女士传》一段文字中对"特别捐赠"的作用有更加具体的了解。她写道："国际救济委员会决定在五月三十一日（一九三八年）关闭尚存六个难民收容所。可是当时南京的治安并不好，日本兵仍会强奸年轻妇女，抢掠百姓的钱财，无故殴杀市民，比方说在五月二日有个年轻女子在距金大校园不远的地方被日本兵抓走。五月十四日，两个日本兵侵入金女大的围墙，进入校园想行凶，因此明妮（魏特琳）决定在其他难民收容所都关闭以后，金女大继续收容保护八百名孤苦无依及日军经常骚扰地带的年轻妇女。国际救济委员会同意资助年轻女难民的生活费用，不过若是明妮要为她们开课，她必得自

---

① *Report of the Nanking International Relief Committee*, *November 1937 to April 30*, *1939*, pp. 19 - 20, RG 10, Box 102 Folder 868, Yale Divinity School Library.

② *Report of the Nanking International Relief Committee*, *November 1937 to April 30*, *1939*, p. 31, RG 10, Box 102 Folder 868, Yale Divinity School Library.

已设法筹募经费。明妮很快就从南京基督教战时救济委员会募得为女难民们开课的经费,她和几个热心的金女大职员商量,决定为校园里的 800 个年轻妇女,在夏天开为期十周的课程。所开的课程计有中文、英文、历史、宗教、音乐、算术、体育和卫生。"①

在那段特定的历史时期中,安全区救济功能的发挥极大地缓解了最贫穷难民的苦难,使他们能够生存下去,并帮助其中一些人在这一灾难后得以恢复谋生的手段。

三、排除万难　保障供给

与粮食救济相联系的一个重要功能就是供给。有食物供应这是安全区内生活的 25 万难民得以生存的一个最基本条件。安全区国际委员会在这方面做出了巨大的努力。实际上这一工作是随着安全区的设立而同时展开的。

虽然原先估计救济工作只需一或两个星期,但数万人所需的食物及其他相关物资的供应绝非易事。1937 年 12 月 1 日,南京市长马超俊答应提供 3 万担大米、1 万袋面粉及位于上新河与中央门的一批燃煤。当时南京的形势已相当紧张,当务之急是将这些粮食及燃料运进安全区。但由于运输车辆紧缺,加上安全区有限的车辆也常被中国军队征用,运输工作遇到了极大的困难。安全区国际委员会一面与中国有关方面交涉,力争归还被征用的车辆;一面向社会呼吁,希望人们提供有偿或无偿的帮助以解决粮食运入安全区的难题。②

---

① 胡华玲:《金琳永生——沃特琳女士传》,(台北)九歌出版社 1997 年版,第 159—160 页。

② [德]约翰·拉贝:《拉贝日记》,第 132 页。

　　运输粮食遇到的另一个问题是遭到日军轰炸和炮火的危险。12月9日日军开始向南京发起进攻,炸弹和炮弹随时威胁着运粮车辆的安全,安全区委员会的一辆汽车被炸,一名工人失去了一只眼睛。在这种极端困难的情况下,安全区国际委员会还是设法将1万担大米和1 000袋面粉运入了安全区。①

　　日军占领南京后,犯下了一系列暴行,使得中国人不敢单独外出,甚至不敢到粥场去取食物,即使在安全区内也是如此。② 而安全区内的粥厂,各个收容所每天需要大量的粮食和燃煤,运送或护送粮食和燃煤的任务主要落到安全区国际委员会委员里格斯、索恩和米尔斯的身上,特别是里格斯承担了大部分的运送粮食和燃煤的任务。斯迈思在12月21日的日记③里简要地描述了他们的工作:"昨天他(里格斯)去运送大米和燃煤,感觉好多了,因为到了夜间他看到了自己的劳动成果。要及时供应难民营的大米和燃煤,运送任务不轻。没有一个中国人敢开着卡车上街。米尔斯周五、周六也帮助搬运米和煤,里格斯则忙着赶走胡作非为的士兵。他们不但要驾驶卡车,还要去鼓楼红卍字会苦力住的房子,把他们护送到(金陵)大学,装载时得看着他们和卡车,再驾车往返发送以免日军抢东西;然后把苦力送回家! 不让日本兵抢走苦力和卡车几乎就是一场战斗。"④经过他们的努力,粮食和燃煤的供给基本能满足需求。

---

① [德]约翰·拉贝:《拉贝日记》,第291页。
② 参见 Hus Shuhsi, *Documents of the Nanking Safety Zone*, Shanghai-Hong Singapore: Kelly & Walsh, Limited, 1939, p. 7。
③ 实际上是写给家人的信件,但是以日记的形式,即一封长信里有若干天的内容。
④ Letter from Smythe to His Family, December 21, 1937, RG 10, Box 102 Folder 868, Yale Divinity School Library.

由于日军的烧、杀、抢、强奸的暴行持续不断,南京的局势没有任何改观,到 12 月底,安全区出现了粮食和燃料储备消耗殆尽的危险。安全区国际委员会估计燃料和粮食的储备仅够维持一星期。更严重的是,这时安全区内难民个人储备的粮食也即将用完,情况十分危急。

拉贝、斯迈思或多次致函日本使馆官员或亲自前往日本使馆进行交涉,要求日军归还南京陷落前未来得及运进安全区的大米、面粉和燃料。然而,这些粮食已被日军没收,占为己有,加上日本军事当局已把安全区和国际委员会视为对其占领和统治的一种威胁和障碍,企图尽快解散安全区。他们的应对措施之一就是使安全区丧失救济功能。因此,拒绝把这些粮食和燃煤归还给安全区国际委员会。

拉贝又致函美国大使馆官员阿利森、英国大使馆的普里多-布龙和德国大使馆的罗森,向他们说明情况,指出:"12 月 2 日我们收到一张 1.5 万袋米的发货单,12 月 5 日又收到一张 5 009 袋米的发货单。而实际上我们只运回了其中的 8 476 袋,加上在下关发放给难民的 600 袋,也就是说我们总共收到了 9 076 袋米,折合 1.1345 万担。由于供货单上一共只列出了 2.0009 万袋米,因此,自日军 12 月 13 日占领该城之后,我们还有权得到不超过 1.0933 万袋的大米。发货单上的 1 万袋面粉我们一袋也没拿到。我们运进来的 1 000 袋面粉还是大同面粉厂在此期间应亚细亚石油公司的要求赠送的。"①拉贝写此信的目的是希望得到各国驻南京外交官员的帮助,以便取回这些粮食,但这些外交官在回复拉贝的信函中都认为要想从日本人手中要回这些粮食的可能性不大。

---

① [德]约翰·拉贝:《拉贝日记》,第 507—508 页。

考虑到取回这些粮食的可能性微乎其微以及难民缺粮的实际情况,国际委员会决定动用救济资金向日军以较高的价格(每袋13元)购买总价值为5万元的大米、面粉以及1.2万元的燃煤。[1]1938年1月7日,国际委员会财务主任克勒格尔与日军军需处石田少佐谈妥了价格,但三天后日军又变卦,表示不能向国际委员会出售粮食和燃煤,"因为全部赈济事物必须由自治委员会办理"。[2]

为了确保粮食储备和供应,国际委员会在继续与日军当局交涉要求将粮食归还的同时,还向外界募集粮食。安全区国际委员会总干事菲奇向在上海的全国基督教总会求援,上海有关方面迅速准备了600吨食品。如果日本军事当局允许的话,即可由船运抵南京。但日本军事当局担心这600吨食品的到来会加强安全区国际委员会的在救济事务中的地位,因而加以拒绝。这也从一个侧面看出,在南京的日军占领者对中国民众生命的漠视以及日军南京大屠杀绝不是一个孤立的偶发事件。

在关注粮食的同时,安全区国际委员会也关注着难民的健康。由于难民生活十分艰苦,大多数难民只能得到仅够维持生命的最基本的食物,营养状况不断恶化,出现了脚气病等。为了预防疾病蔓延和瘟疫的暴发,安全区国际委员会向上海订购了100吨蚕豆、1 000磅大包装鱼肝油、20万单位白喉抗病毒血清、200磅绷带纱布等。然而在运送蚕豆时,日本当局又设置了新的障碍。在美国使馆的帮助下,国际委员会在上海与日方直接进行谈判,几经交涉,上海的日本海军官员签发了运送蚕豆的许可证,准许用轮船运100吨蚕豆到南京。

---

① [德]约翰·拉贝:《拉贝日记》,第361—362页。
② [德]约翰·拉贝:《拉贝日记》,第406页。

1938年2月11日，"万通"号轮船满载100吨蚕豆驶往南京，但南京的日军当局却以核准许可证为由，拒绝"万通"号靠岸，实际原因是日本当局要求国际委员会无条件地将蚕豆交给自治委员会，而且只在安全区以外的地区分发，否则不许运入。国际委员会认为蚕豆是用国际委员会的钱购买的，因此要对这批物资的最终去向负责，拒绝无条件交出。结果"万通"号被迫驶往芜湖。为了使这批蚕豆尽快送到南京难民的手中，后来在美国大使馆的协调下，安全区国际委员会同意将蚕豆交由伪自治委员会分发，但对安全区内和安全区外不加任何限制。从"蚕豆事件"中，我们可以清楚地看到安全区国际委员会以难民的利益为自己的行动准则，以及崇高的人道主义精神。这与日本当局对中国民众生命的漠视形成了强烈的对比。

尽管安全区国际委员会在粮食供给方面遇到了许多困难、遭到了一系列挫折，如日本当局拒绝把属于国际委员会的粮食交还给国际委员会、拒绝国际委员会将订购的粮食从上海运来南京，但国际委员会的一再交涉也迫使日本当局不得不在一定程度上"担负起养活中国居民的责任"①。1938年1月30日，日军当局为了搪塞安全区国际委员会，交给伪自治委员会1 000袋大米用于出售给难民。此后日本当局又陆续地提供给伪自治委员会一定数量的大米和面粉用于同一目的。

自1937年12月13日到1938年2月10日，日军当局总共交付了5 200袋大米和1万袋面粉。这些粮食供伪自治委员会出售，按计划其中应有2 000袋大米无偿分配给已返回原住所的难民，但

---

① ［德］约翰·拉贝：《拉贝日记》，第489页。

在具体落实时，却大大地打了折扣。① 虽然上述粮食的数量与难民的实际需要有着很大的差距，但也在一定时间内、一定程度上改善了南京的粮食供应状况，当然这与安全区的存在有着很大的关系。

四、救济功能得以发挥的原因

应该说救济功能是南京安全区发挥时间最长、最重要和最成功的功能之一。20 多万难民拥挤到空间有限的安全区内，而且安全区存在的时间也远远超过了安全区国际委员会原先的估计，长达半年之久。在此期间没有发生饥荒，没有发生疫情，这些都是安全区救济功能得以发挥的真实写照。

这一功能的充分发挥，除了国际委员会的西方人士和近 1 500 名中国人的努力外，一个重要的原因是救济功能与安全区国际委员会的性质相吻合。拉贝在 1938 年 1 月 7 日写给日本使馆福田的信中重申了安全区的性质，他说："我们委员会首先是（我想说仅仅是）一个救济组织，它成立的目的主要是为饱受战争痛苦的平民服务。这些人遭受的命运是无情的和悲惨的，引起了同时代人的同情和怜悯。在这场战争中，中国成立了遵循目标相似的各种委员会，它们中比如有上海委员会，松井将军个人给该委员会汇款 1 000 元，这证明了这样一类委员会得到了日本军方高层的赞同。"②

尽管日本军事当局从未正式承认南京安全区，松井石根本人也从未向安全区捐过什么钱物，但实际上，在相当一段时间里安全区救济功能的发挥与日本占领军的战略目标没有冲突，甚至是一致的，特别是当占领军设法以某种形式巩固其对占领区统治的时

---

① ［德］约翰·拉贝：《拉贝日记》，第 610 页。
② ［德］约翰·拉贝：《拉贝日记》，第 370 页。

候尤其如此。

1938 年 1 月 1 日，日军当局扶持的"自治委员会"在南京正式成立，日军当局的政策目标也发生了变化：尽快解散安全区，迫使难民返回家园，于是便有了对安全区国际委员会的救济工作设置种种障碍的做法，如故意不归还被日军没收的国际委员会的粮食；不卖给国际委员会粮食；不许国际委员会出售大米；不批准国际委员会从上海运来 600 吨蚕豆等。其背后的主要目的是剥夺国际委员会对难民和安全区行使的行政管理权，在这种情况下，国际委员会不得不改名为"国际救济委员会"，其救济功能基本得到了正常发挥。

伪维新政府成立后，为了赢得民心，在其《维新政府二十八年度施政大纲》中强调："促进社会事业，强化社会团体之指导，刷新救济慈善事业以安民心。"①可见，国际救济委员会存在的合理性，不仅对中国难民是显而易见的，而且对日本当局也是不言而喻的。

第三节　安全区的安全保护功能

一、安全区确有安全功能

正如"安全区内的日军暴行"章节所描述的那样，安全区内发生了种种暴行。安全区原先设定的安全保护功能显然未能得到充分的发挥，至少预想与现实出现了偏差。这涉及两个方面的因素：日本军队和安全区本身。从表面上看日本军队的因素比较好理

①《伪维新政府二十八年度施政大纲》，秦孝仪主编：《中华民国重要史料初编——对日战争时期》第六编 傀儡组织（三），（台北）中央文物供应社 1981 年版，第 144 页。

解——即日军的凶残暴戾,但实际上也涉及多方面的因素:日军的军事战略、日军士兵的心态及日本的民族文化传统等。这里将讨论安全区究竟有没有安全功能? 如果答案是肯定的,那么在多大程度上、以何种形式发挥这一功能?

首先我们看以下一些事实。在安全区正式接纳难民后,甚至在开放之前就有大批难民涌入安全区。根据《南京国际救济委员会报告书》估计,最多时达 25 万人,占了当时南京人口相当大的比例。如此多的南京市民涌入安全区,本身就说明安全区应该具有相对的安全保护功能,至少在这些市民的心目中是这样的。

当然有人可能会说,在南京被日军占领前,难民并不知道安全区内不安全,很多人进入安全区的原因是他们的从众心理在起作用。但是日军占领南京后,尤其在安全区内也发生种种暴行后,仍有大批难民进入安全区。魏特琳在 1937 年 12 月 19 日的日记里写道:"今天又有大批惊恐万状的妇女和年轻的姑娘涌入。昨晚又是一夜恐怖。许多人跪下请求让她们进来。我们让她们进来了,但不知道今夜她们将在何处睡觉。"①这一事实表明安全区具有相对保护作用是无可辩驳的。特别是在日军命令、诱骗、强迫难民离开安全区后,在安全区外不少人遭到日军的骚扰,许多难民又重返安全区,或是白天回家夜晚再返回安全区。美国驻华大使馆副领事埃斯皮在其所写的有关日军占领南京后南京现状的报告中,对此有详细的记录:"据报道,新年伊始,日本当局通过自治政府(委员会)让中国平民离开安全区,回到自己家中。据说,起初一些难民回到了他们在城里的家,但回去的人立刻又回来了。当他们到家

① Minnie Vautrin's Diary, Dec. 19, 1937, Special Collections, Film Ms62, Yale Divinity School Library.

时,除了被烧焦的废墟外,已不见他们房子的踪影。更重要的是他们不受保护,据他们说,日本兵对他们进行抢劫,女人被强奸,一些人还被杀死。"①

即便是到了1938年1月20日,在局势有所缓和的时候,一个即将离开南京的日军年轻军官特地到金女大魏特琳处,要求她收留两位与之有特殊关系的中国女子。因为这个日本军官也认为她们留在自己家里不安全,并对他走后她们的安全感到担心。② 这也反映出即便在日军的心目中,安全区也是相对安全的。另外,返回南京的美国大使馆官员也高度赞扬了留在南京的西方人士的人道主义精神和安全区所发挥的作用:"安全区总体而言比南京其他地区要好得多。尽管它无法阻止企图抢劫的日本士兵的进入以及他们的破坏,但与南京其他地区遭受的破坏规模和发生的恐惧事件相比,安全区所遭受的要小得多和少得多。在安全区内发生了许多的强奸和杀人案例,整个安全区都被日军闯入,并遭到不同程度的抢劫。但是留在南京的大部分平民将其作为城内最安全的地方而逃到里面避难,这一事实本身就表明安全区比其他地方有更好的环境。这些平民不像在城里其他地区那样受到如此大的骚扰,他们没有被从其住房里和难民营里赶走。这些住房的大多数没有像城内其他地方的那样经常被日军闯入。最重要的是,安全区内没有发生纵火。"③美国外交官罗列的这些事实清楚地表明安全区

① 杨夏鸣译:《美国驻华外交官有关"南京大屠杀"的证言》,《民国档案》1997年第3期。

② Minnie Vautrin's Diary, Jan. 20, 1938, Special Collections, Film Ms62, Yale Divinity School Library.

③ Telegrams and dispatches form "Correspondence American Embassy, Nanking, 1938, Volume 9", The conditions at Nanking, p. 14, "Sutton Collection", Muse Law Library of the University of Richmond.

具有保护功能。安全区国际委员会财务主管克里斯蒂安·克勒格尔在他的报告《南京受难的日日夜夜》里也肯定了这一点,并给出了部分理由,他说:"这个安全区虽然从来没能宣布'成立'过,也就是说它从来没有被看作是一个没有任何军事人员,仅用于难民的区域,但它仍然起到了极大的保护作用……如果没有这几个欧洲人留在这里,日本占领南京后的所作所为肯定会更加穷凶极恶。"①无论是第三方还是当事人,对安全区保护功能的评论都是肯定的。

二、保护功能发挥的形式

(一)保护平民

日军以搜捕中国士兵为名,肆无忌惮地进入安全区杀人、强奸、抢劫,这使难民的生命财产受到了极大的威胁,特别是妇女受到多种威胁。出于正义感和人道主义精神,许多西方人士自发地投入到保护中国难民的行动中,他们中不少人在最黑暗的日子里都有着相同的经历——从早到晚阻止小股日军进入难民收容所,驱赶正在施暴的日军,保护惊恐万状的中国难民。他们的行动是安全区的保护功能得以发挥的重要原因。拉贝、魏特琳、贝德士、马吉、施佩林……都有同样的经历、相同的感受,留下了类似的文字记载。

拉贝住宅的院子里住着 600 多名中国难民,日本兵几乎每天都来骚扰,当日本兵爬过围墙,企图来施暴的时候,拉贝往往会及时出现,双方对峙的时候日本兵有时拔出刺刀或手枪,拉贝则指着带有纳粹标记的袖章。由于拉贝的地位特殊及当时日德的特殊关系,这时日本兵会夺门而逃。拉贝常常喝住他们,让他们从哪里进

---

① [德]约翰·拉贝:《拉贝日记》,第 461 页。

来再从哪里出去,这些企图施暴的日本兵做贼心虚,只得灰溜溜地
爬墙而去。

　　另一位德国人——安全区总稽查施佩林把解救难民、驱赶日
本兵作为他的专门工作,他常常在安全区里四处巡逻,以个人的力
量阻止了日本兵的许多暴行。他在给德国使馆官员罗森博士的报
告中说:"我同其他先生们冒着生命危险留在这里,并在国际委员
会成立时被任命为南京安全区总稽查(警察委员)。我作为总稽查
驾车巡视时,有机会亲眼看到一些好事,但更多的是坏事,我的外
勤任务并不轻松……自从日本部队于 1937 年 12 月 13 日进驻以
来,安全区(其实根本算不上是安全区,因为它无法提供绝对的安
全)的骚乱才正在开始……在 80 多起案件中我被中国平民找去,
把闯进安全区房子里强奸妇女和女孩子的日本兵赶出去。办这种
事我没有任何困难。"①拉贝为施佩林的英勇行为做了不无幽默的
诠释:"他过去曾被日本人俘虏过,命运给了他进行报复的机会。
他是怎样利用这个机会的呢? 我们这些外国人大概谁都比不过他
搭救了那么多的中国人,谁都比不上他从中国人的房子里赶走了
那么多的日本兵。他能做到这一点,我必须承认,要部分地归功于
他的日语知识,其实他对日语最熟悉的只有两个词:'滚,快滚'!"②

　　与拉贝的幽默相比,国际红十字会南京分会主席马吉在他的
日记里记述自己一天的工作时就多了几分沉重,他写道:"早上,来
自四所村的张文明(音)跑来告诉我,一日本兵正在追他的妻妹,我
飞快赶到那所房子,指着门叫那个日本兵离开。刚吃过中饭,跑来
一人告诉我,一日本兵打了三排楼的唐先生……当我到那儿时,地

---

① [德]约翰·拉贝:《拉贝日记》,第 479—481 页。
② [德]约翰·拉贝:《拉贝日记》,第 681 页。

上还有许多血,他的脸上也是血,头上缠着止血的毛巾,我把他带到医院急救,这个医院是用我手头的基金在金大医院后面开设的。下午,来了几个妇女,要我救救她们……后来我领着一批人到金陵大学,因为现在那里有军警把守。当我们站在那儿谈话的时,隔壁出来了一些人请求我去看看,因为一名 12 岁的小女孩被强奸(按我们的算法,她只有 10 岁或者 11 岁)。我到那儿正碰上三个日本兵,我阻止他们进去……有人从巷子南面的房子里跑过来说,日本兵在那儿找妇女,我跑了过去,用毋庸置疑的口气把他们镇住,并指着楼梯叫他们下去。那个中国人指着另一个房间,我猛地撞门,门开了,这只野兽正在强奸妇女。我大声地骂他'畜生',他似乎听懂了。我进去,他立刻出来,并很快离开房间,我跟在后面一直到他走出小巷口。"①他还说:"和以前一样,我和其他外国人为各种事情忙碌着,大多数情况是忙于保护妇女免遭日本兵的侮辱……"②实际上,这也是安全区安全区功能发挥的最重要的形式——以个人的力量赶走正在犯罪的日本兵。

(二)保护放下武器的中国军人

从严格意义上讲这里的军人实际上是特殊的难民,他们已放下武器,脱掉军装,已不可能对日军构成威胁,他们中的大多数以后也不大可能重新找到各自的部队,再拿起武器。③ 但日军为了在南京尽可能多地消灭中国军队,从而达到削弱中国人民抵抗日本侵略的意志,开始了系统的搜捕、屠杀中国士兵。在这种情况下,

---

①② John Magee's Diary, Sep. 20, 1937, RG 8, Box 263 Folder 2, Yale Divinity School Library.

③ 东中野修道等右翼人士在文章和著作里试图用国际法来论证这些人没有战俘的资格,以此证明日军屠杀这些放下武器军人的合法性。显然他们忽视和违背了更高的人道主义的法则。

作为"性质为个人救济组织"的安全区国际委员会,即便是主席或是国际红十字会南京分会的主席在场也无济于事。

拉贝等在日军占领南京后的第二天,"拦住了一个日本巡逻队,向他们指出这里是美国人的地盘,请他们让抢劫的人离开这个地方。他们只是笑笑,不理睬我们。我们遇见了一队约200名中国工人,日本士兵将他们从难民区中挑出来,捆绑着将他们赶走。我们的各种抗议都没有结果。我们安置了大约1000名中国士兵在司法部大楼里,约有400人—500人被捆绑着从那里强行拖走。我们估计他们是被枪毙了,因为我们听见了各种不同的机关枪的扫射声。我们被这种做法惊呆了"①。

让拉贝更吃惊的事还在后面。12月15日拉贝等与日军参谋长在交通银行举行了会谈,日本方面表示,"如何处理已经解除武装的中国士兵,您交给日军办理,您可以相信日军是有人道主义的"②。然而,第二天,"一队日本士兵要带走一部分已经放下武器逃到我们安全区的原中国士兵。我以德国人的身份向他们担保,这些难民已经不会再战斗,应将他们释放。我刚回到委员会总部还没进办公室,杂工就告诉我们一个不好的消息,日本人又回来将所有1300名难民捆绑起来。我、斯迈思和米尔斯3人试图再将这批人解救下来,但是白费口舌。大约100名荷枪实弹的日本士兵将这批人围起来,捆绑着拖走,准备拉出去枪毙。我和斯迈思又一次开车去找福田,替这批人求情。福田答应尽自己最大努力去办,但希望渺茫"③。

---

① ［德］约翰·拉贝:《拉贝日记》,第176页。

② ［德］约翰·拉贝:《拉贝日记》,第181页。

③ ［德］约翰·拉贝:《拉贝日记》,第182页。

　　国际红十字会南京分会主席马吉也有类似的经历,他在1937 年 12 月 19 日的日记中说:"我的汽车司机的两个弟弟与陈昌等一批人一道被抓走。由于这批人被集中在离我们住地很近的地方,我同司机的妻子一起出去,她自己不敢去(确有理由)。她最终看到了她的两个小叔子。我朝一个领队的军官走去,他可能是个中士,我伸出两个手指,用英语说:'两个普通人,不是士兵。'当我走近他时,这名军士用极其仇恨的目光看着我,嘴里恶狠狠地说了些什么,我猜是'滚'。我转向那个女人说:'毫无指望了。'于是我们就回来了。"①

　　对日军搜捕放下武器的中国军人以及以此为借口搜捕和屠杀中国平民的行为,国际委员会的成员除了抗议之外别无其他有效办法,但他们还是有意无意地保护了一些中国军人,特别是一些在战前就与西方人士认识的高级军官。中国空军上校王光汉在安全区的经历就是其中一例。

　　王光汉和他战友是最后一批驾机飞离南京去执行战斗任务的中国空军飞行员,他们起飞后日军便攻入南京。他们返航时迫降在下关江边的空地上,这时天已破晓。他们正要过一条河道前往下关时,恰遇一队日军,他们即潜入水中躲藏。王的水性好,得以逃生,而他的同伴却被日军击中。后来王翻越城墙来到安全区,并找到了安全区国际委员会的总干事菲奇,菲奇将他的军服烤干后藏了起来。在安全区国际委员会会议上,委员们决定将他作为委员会的特别助手和主席拉贝的翻译。② 后来王光汉改名换姓,住在

① Letter form Magee to his wife, Sep. 19, RG 8, Box 263 Folder 2, 1937 Yale Divinity School Library.

② George A. Fitch, *My Eighty Years in China*, Taipei: Mei Ya Publications, Inc. 1967, pp. 102 - 103.

拉贝家中,成功地逃脱了日军的搜捕。1938 年 2 月 23 日,拉贝在离开南京前往上海时,将他以佣人的身份带到上海,后又去香港,使他最终得以脱离虎口。①

此外,还有一些参加南京保卫战的中国将领,如孙元良、廖新棚、金涌盘、邱清泉、廖耀湘等都曾在安全区内躲藏,一些人还得到过国际委员会西方人士的特别关照,最后都得以脱逃。

(三) 抗议日军的暴行

如果说赶走许多正在施暴的日本士兵、收藏几位中国军官是安全区安全功能发挥的直接表现形式,那么向日本使馆的官员抗议日军所犯的一件件暴行,则是安全区保护功能发挥的间接形式,而且,从某种意义上说作用更加重大。因为留在南京的西方人士毕竟只有 20 多人,与数万名日军相比只是沧海一滴。他们纵然有三头六臂也无法对安全区内 25 万难民实施全面的保护,况且他们手无寸铁,在与日军直接对峙时,他们自己的人身安全也常常受到威胁。

更重要的是,国际委员会成员在具体的场合实际发挥的是一种道德的威慑力量、一种正义的力量。美国大使馆的官员在其报告中也隐约感觉到了这种力量并描述道:"很有可能,南京的这些外国人存在的本身至少对日本人的行为产生了制约性的影响,但是毫无疑问国际委员会的努力和单个外国人在避免平民遭受更大的伤害及财产遭到更大的破坏方面做了很多。"②

魏特琳能够赶走正在强奸中国妇女的日本兵,并非因为她的

---

① [德]约翰·拉贝:《拉贝日记》,第 684 页。

② Telegrams and dispatches form "Correspondence American Embassy, Nanking, 1938, Volume 9", The conditions at Nanking, p. 18, "Sutton Collection", Muse Law Library of the University of Richmond.

武器或是力量强于日本士兵，而是因为她代表了正义、代表了人道。斯迈思在其日记里对此也有进一步的阐述："在我的生命中从未如此展示道德、勇气的价值，能做的事就是站在正确的一方，支持正派与正确的东西，不用任何武力。只有这样我们才能赶走全副武装的日本士兵。一旦诉诸武力或武器，我们就会完蛋，我们的事业也就无法继续。"[①]

正因为如此，向全世界揭露日军在南京的种种暴行，向日本官员揭露日军的暴行，借助外界更强大的正义力量，进而迫使日本政府和军事当局结束南京暴行是安全区发挥安全保护功能的另一个重要途径。

1937 年 12 月 13 日日军攻占南京后，日本大使馆的三位官员——参赞福田、副领事田中和二等秘书福井随先头部队抵达南京，代表日本政府处理善后事宜。与日本军人相比，这些官员多了一些礼貌、理性并具有一定的同情心，对日军的残暴行为感到羞愧。因此，他们成了国际委员会就日军的暴行及保护中国难民问题与日方交涉的主要对象。从 1937 年 12 月 14 起，拉贝、贝德士、斯迈思等几乎每天都收集日军暴行的罪证，"由贝茨整理细节，拟出抗议信，以及日军所犯罪行的记录，前面还附上一封简短的指责信"[②]，然后，以安全区国际委员会的名义，由拉贝和斯迈思轮流签名，再由拉贝或斯迈思亲自送交日本大使馆。

另外，魏特琳、威尔逊、菲奇、斯迈思、贝德士等也先后多次以个人的名义前往日本大使馆，就他们各自所在地发生的日本士兵

---

① Letter from Smythe to His Family, January 9, 1938, RG 10, Box 102 Folder 864, Yale Divinity School Library.

② Letter Smythe to His Family, Dec. 22, 1938, RG 10, Box 102 Folder 864, Yale Divinity School Library.

的暴行向日本官员进行抗议,要求日本官员采取具体措施制止暴行。魏特琳12月18日前往日本使馆,"报告了我们困难的经历以及星期五晚上所发生的事(指12月17日日军到金女大,以搜捕中国士兵的名义,抓走中国妇女,殴打包括魏特琳在内的学院员工的事件),然后我要了一封可以带在身上的信,以便用它将进入校园的日本兵赶走,还要求在校门口贴上告示。这两个要求我都得到了。回来时我高兴得难以形容。日本使馆的田中副领事还说将去找两个宪兵在夜间站岗"。①

12月21日,在南京14名西方人士又一起前往日本大使馆,将一份由在南京的所有22名西方人士签名的《请愿书》交给日本使馆,《请愿书》要求日本当局结束在南京的破坏行动。

1938年1月6日,美国驻华大使馆的外交官阿利森、埃斯皮和麦法迪恩返回南京。随后德国、英国的外交官也相继返回南京。南京的西方人士即开始向这些外交官反映日军的暴行,以及对他们财产的侵犯情况。贝德士、斯迈思、菲奇、麦卡伦多次向阿利森报告日本士兵的暴行案例。这些案例常常很快就以电报的形式发给美国国务院,或以美国使馆官员的名义转交给日本使馆官员。如贝德士在1938年1月14向阿利森递交了有关4名日本宪兵进入金陵大学带走一名中国女孩的信,当日,阿利森以个人的名义将这封信的副本转交给日本使馆官员福井,同时,将另一副本转寄给美国国务院和在汉口的美国大使。②

贝德士还提出了建议,要求"(美使馆)与日方协商后应有一个

---

① Minnie Vautrin's Diary, Dec. 18, 1937, Special Collections, Film Ms62, Yale Divinity School Library.

② Transcripts of the Proceedings of IMTFE, p. 4581, Record Group 331, Entry 319, IPS, National Archives.

清晰和统一的协议,适用于所有美国房产。日方有责任通知他们所有的军官、警察在这件事上严加管教,或者由他们或你向每幢美国建筑物提供用日语书写的告示,这样可以提醒并教育那些准备闯入的士兵"。①

这些抗议和交涉产生了以下结果:第一,迫使日本使馆官员在一些外国建筑门口贴上用日语书写的禁止日本士兵入内的告示,而这些建筑往往是中国难民聚集的地方。第二,阿利森有关日军的不法行为的报告转给美国国务院后,美国国务院以这些文件为基础向日本当局提出抗议,加大了对日本方面施加的压力。第三,迫使日本使馆官员出具禁止日本士兵进入一些场所的手令。第四,这些抗议信由日本使馆官员通过日驻上海总领事馆转给了东京的日本外务省,使日本最高当局对日军在南京的行为有所了解,在世界舆论和外交的压力下日本当局最终不得不采取一些行动。

由于日军在南京采取的是"基本上不实行俘虏政策,决定采取全部消灭的方针"②。其军事战略是尽可能多地消灭中国军队,使中国军队和中国人民丧失抗日意志,从而向日本屈服。这样日本就可能在把中国变为其战略大后方的前提下,尽快结束在中国的军事行动,进而为其实行"南进"或"北上"的下一步战略目标创造条件。

在这一战略思想的指导下,日军在南京有组织、有计划、全力搜捕已放下武器的中国士兵,并加以屠杀。在大多数场合下,日本使馆官员在一些建筑门前张贴的告示对日本士兵完全不具有任何

---

① Letters from Bates to Mr. Allison, Jan. 25, 1938, RG 10, Box 4 Folder 59, Yale Divinity School Library.

②《中岛今朝吾〈阵中日记〉》,中央档案馆、中国第二历史档案馆、吉林省社会科学院合编:《日本帝国主义侵华档案资料选编·南京大屠杀》,中华书局1995年版,第947页。

约束力,日本士兵照样随意闯入,或是抓人,或是抢劫财物。虽然日本使馆官员在大多数南京外国人的住所门外张贴了用日语书写的禁止日本士兵入内的告示,但据拉贝对 61 处德国人住所的统计,完好无损的有 14 所,轻度遭劫或一些物品被盗有 24 所,遭严重抢劫 15 所,房屋被烧毁的 4 所,当时无法确定的有 3 所。[①] 德国人的住所尚且如此,其他外国人的住房以及在这些房屋内避难的中国难民的命运就可想而知了。当然,在另一些场合,正如魏特琳在一份报告中所言,“这些布告帮了大忙,但并不能完全阻止日本士兵进入贴有布告的建筑内”[②]。

　　日本使馆在安全区内所设立的岗哨开始作用也不大,拉贝曾观察这些岗哨,确认没有一个士兵被他们盘问或过阻拦过。有些士兵带着抢劫来的物品走出安全区,也没有受到宪兵的任何阻拦。[③] 而且更为严重的是,一些宪兵自己也参与了强奸。斯迈思在给朋友的信中不无讽刺地把日军仅准备为外国人派岗哨,并打算把所有的外国人集中在一起派岗哨“保护”的计划,称为“我们经历了一段‘岗哨期’”,不过斯迈思也写道:“12 月 27 日之后,日本人总算履行了我们早在 12 月 14 日提出的要求——在安全区门口设岗哨,不许士兵进入。这使情况有所改善,但由于措施不力,未能完全杜绝。”[④]至于日本使馆官员出具的禁止日本士兵进入的手令,魏

---

① ［德］约翰·拉贝:《拉贝日记》,第 440 页。

② An Informal Report to the Board of Founders, Board of Directors, President Wu, Mrs. Thurston and Members of the Staff of Ginling College, p. 7, RG 8, Box 103 Folder 6, Yale Divinity School Library.

③ ［德］约翰·拉贝:《拉贝日记》,第 302 页。

④ Smythe's Letter to friends March 8, 1938, RG 8: Box103, Yale Divinity School Library.

特琳认为"对送走建筑物和校园里的士兵发挥了不可估量的作用。如果我离开校园就把这信留给特威纳姆(Mary Twinem),如果她离开,我就拿着"①。

随着时间的推移,经国际委员会的多次抗议及其他的努力,日军在南京的暴行逐渐为世人所知,特别是在南京的美国外交官将西方人士的抗议信转发给美国国务院,美国国务院自己或是授权美国驻东京大使格鲁(Grew),在1938年1月多次向日本外相广田就日军在南京的行为提出抗议。1月19日,格鲁被告之广田将格鲁的抗议信提交给日本内阁会议,广田表示"正在考虑采取严厉措施以确保东京的指示被前线的部队执行,明天他可能能够通知我们(日方)将采取的措施"②。

在世界舆论及外交的压力下,日本最高当局被迫采取了一些措施以结束在舆论和外交方面的被动局面。如美国驻南京的大使馆在发给华盛顿的电报里,报告了几天前在南京的一所美国学校的钢琴被盗,1月23日,日军南京当局接到东京的指令,要求必须将钢琴完璧归赵。③

但南京的整个局势直到2月份以后才逐步好转。我们完全有理由假设,如果没有这些西方人士的抗议和向外界传递相关的信息,南京的局势很有可能要糟糕得多,日军暴行的时间可能要持续更久。

---

① An Informal Report to the Board of Founders, Board of Directors, President Wu, Mrs. Thurston and Members of the Staff of Ginling College, p. 6 RG 8, Box 103 Folder 6, Yale Divinity School Library.

② Transcripts of the Proceedings of IMTFE, p. 40156, Record Group 331, Entry 319, IPS, National Archives.

③ [德]约翰·拉贝:《拉贝日记》,第492—493页。

（四）揭露日军的暴行

正如前面所言,安全区安全功能发挥的另一个重要的间接形式,就是向外界传播和揭露日军在南京的种种暴行。安全区国际委员会的西方人士向日本使馆的抗议在相当长的时间里不起作用,因此揭露日军的暴行就成了西方人士制止日军暴行的一项重要选择和一种责任。尽管这样会引起日本当局的憎恨,甚至威胁到传教士在南京的存在,但贝茨在供朋友传阅的一封信中强调,"我们感到以积极的方式揭露暴行真相乃是一种道德义务"[1]。

1937 年 12 月 13 日南京沦陷时尚有 5 名西方记者留在南京,但日军为了掩盖其在南京的暴行,在南京实行新闻封锁,这些记者无法将有关南京消息发回各自的报社,也无法开展正常的采访调查工作,"所以我(德丁)决定试一试,自己开车去上海。……一个军官看到我令我停车,问我在做什么,我回答说去上海。他说不行不行,回去"[2]。在这种情况下,他们不得不分别于在 12 月 15 日和 16 日离开南京。但是他们还是设法"根据本人以及在围城时期其他留在南京城里外国人所见"[3],发表了有关南京现状的报告,如斯蒂尔在 12 月 15 日的《芝加哥每日新闻》发表了"日军杀人过万"、德丁在 12 月 18 日的《纽约时报》发表了有关日军南京大屠杀的报道,内容包括他目击到的"正在(我)登船去上海之前,我亲眼看到码头上有两百人被杀,只用了十分钟"[4]。

这些报道使日军南京大屠杀的消息很快在美国乃至世界传

---

[1] Letter from Bates to friends，April 4，1938，RG 10，Box 4 Folder 52，Yale Divinity School Library.

[2]《德丁在纽约记者会的发言》,《日本侵华研究》1992 年 8 月第 11 期。

[3] Chicago Daily News，Dec. 15，1937.

[4] New York Times，Dec. 18，1937.

开,但记者们的过早离去,使得这以后揭露日军暴行的任务全部落
在了安全区国际委员会西方人士的肩上。在这一时期,日本军方
严格封锁消息,禁止所有人员出入南京,发往外界的电报也由日军
严密控制。但在南京的西方人士利用一切可能的机会向外界传递
日军南京暴行的实情。贝德士利用外国记者离开南京的机会,将
一封有关日军占领南京后所犯暴行的备忘录交记者斯蒂尔带到上
海,后者将该备忘录交给了美国驻上海领事馆的一位官员,1937 年
12 月 25 日约翰逊大使将美国驻上海总领事给他的电报转发给了
国务卿,该电报报告了日军在南京犯下的暴行:

> 从日本军队进入南京后离开该城的外国记者和从贝茨博
> 士那里得到的消息表明,除了那些有外国人住的地方,日本军
> 队实际上进入了南京每座建筑,并有计划、有组织地抢劫了住
> 所和商店。对留在城里的中国人包括那些在难民区的人进行
> 了大规模的抢劫和许多不分青红皂白的枪击和屠杀。

> 在敌对行动中美国财产仅受到些轻微的损失。但自日军
> 进入城市后,据可靠的报道,日本军队侵入了金陵学院的教师
> 住房,拿走了食物和值钱的东西,也进入了金陵大学医院,抢
> 劫了中国员工。[1]

这也是美国外交电报中第一次出现有关日军占领南京后日军
行为的内容。[2]

---

[1] The Ambassador in China(Johnson) to the Secretary of State(Dec. 25, 1937), United States Department of State, *Foreign relations of the United States diplomatic papers*, *1937*, *The Far East*, Vol. 4, Washington: United States Government Print Office, 1954, pp. 414-415.

[2] Transcripts of the Proceedings of IMTFE, p. 4553, Record Group 331, Entry 319, IPS, National Archives.

1938 年 1 月 10 日，当贝德士得知日军占领南京后第一艘外国船——一艘打捞"帕奈"号的美国海军拖船将到来时，"仓促写下的一份"揭露日军暴行的"简短笔记"，并设法使"上海的朋友们将从领事馆那里得到这些笔记……将它们从一艘不受检查的外国船只上送走"。① 威尔逊也在日记里高兴地说，"终于我们有机会避开日本人的控制送出去一些邮件……船上的传教士沃林（Walline）先生将负责把这些信件转移到另一艘美国船上并安全地带到美国去，真是太好了！我希望这些邮件能够保存好，作为指控日本暴行的罪状，供人们参考……"②这些揭露日军暴行资料的公布产生了很大的影响。

随着时间的推移，日本当局不得不同意其他国家的外交人员返回南京和留在南京的外国人离开南京。离开南京的外国人都把向外界揭露日本在南京的所作所为作为自己的责任。

1938 年 1 月 23 日，国际委员会财务主任克勒格尔得到日本方面的批准离开南京前往上海（不再返回南京），他是首位离开南京的国际委员会成员，委员会安排他在上海给国际友人介绍南京的情况，以帮助人们"更好地了解日本人"③。克勒格尔报告的题目为《南京受难的日日夜夜》。该报告是他于 1 月 13 日写的，以详尽的事实，历数了日军在南京所犯的种种暴行，并分析了产生这些暴行的深层次原因。他认为："日本军队只是一支通过绝对服从组织起来的军队，一旦这种服从不存在了，或者说被人为取消了，这支亚

---

① Letter form Bates to friends Jan. 10, 1038, RG 10, Box 4 Folder 52, Yale Divinity School Library.

② Letter from Dr. Wilson to his family Jan. 9, 1938, RG 11, Box 229 Folder 3876, Yale Divinity School Library.

③ ［德］约翰·拉贝：《拉贝日记》，第 486 页。

洲野兽就会抛弃所有人所具有的克制和约束,赤裸裸地登场亮相。"①

　　克勒格尔不仅向有关人员做了南京形势的报告,而且同意公开发表。这个报告发表后产生了很大的反响,日本使馆的官员福井认为"克勒格尔的报告非常差劲……思想很坏"②。

　　2月下旬,菲奇也获准离开南京,他将马吉在南京拍摄的日军暴行的8卷16毫米的电影胶片,避开了日军的检查带到上海。到上海后菲奇将胶片送到柯达公司冲洗和加印,制成了4部拷贝。在上海他应"美国普济堂"等机构的要求放映了这部片子,后来这部影片还通过其他渠道在东京的一些基督教小团体里放映。③

　　拉贝返回德国后,在一个月内连续作了五场有关南京的报告,并把报告直接寄给了希特勒。几天后拉贝被拘捕,日记和影片被没收。尽管在德国,日军在南京的暴行的消息被封锁,但在美国却得到了媒体的广泛关注和报道。如《纽约时报》《芝加哥每日新闻》《时代》《读者文摘》以及现已停刊的 Ken 杂志等都刊登了有关日军在南京所作所为的较为详细和全面的报道,在美国读者中激起了普遍的义愤。④

　　在贝德士的帮助下,田伯烈根据留在南京西方人士的信件和安全区文件编写了《外人目睹中之日军暴行》。出版后该书被译成多种文字,影响广泛。贝德士在谈到他同这本书的关系时说:"尽

---

① [德]约翰·拉贝:《拉贝日记》,第473页。

② [德]约翰·拉贝:《拉贝日记》,第600页。

③ George A. Fitch, *My Eighty Years in China*, Taipei: Mei Ya Publications, Inc. 1967, pp. 105 - 106.

④ Iris Chang, *The Rape of Nanking: The Forgotten Holocaust of World War Ⅱ*, New York: Penguin Books, 1998, p. 155.

管不能对这项工作承担法律责任,但从一开始我便与它联成一体,曾经参与商讨计划及其进展,也曾校阅全书文稿。此外,此书还利用了我在 1937 年 12 月 15 日起草的一份报告,那是为当时留在南京的许多新闻记者准备的。附件包括 1937 年 12 月间我给日本使馆的许多信件。其中也有我在 1 月 10 日陈述过去数周南京陷于普遍恐怖状况的书信。""虽给日本使馆官员的信没有署名,但南京和上海的日本官员心里都很清楚这些文件是出自我的手笔。斯迈思博士由于曾在国际委员会秘书处发出的各种文件上签名,多少也受到牵累。……因此,日本当局将有可能特别憎恨南京这个小小的外国传教士群体,尤其是我。菲奇由于其日记被引用,马吉先生(拍摄)的几张照片被刊载,都将严重地受牵累。"①实际上,"日本使馆的官员正式指认我(贝德士)为'反日',并急不可待地问别人我(贝德士)是否有'精神病'——他们真可笑"②。可见,这些西方人士是冒着相当的风险揭露日军的暴行的。

三、保护功能的局限性

从安全角度看,安全区安全功能的正常发挥必须具备下列一些基本的条件:① 安全区应该是一个封闭的区域,出入口由安全区国际委员会委派的人员守卫。② 日军当局正式承认并尊重它的独立性和不可侵犯性。③ 如果有个别日军士兵企图违反日军当局的承诺,安全区的守卫人员完全有能力加以制止。在上述条件下,安全区的安全功能才能正常发挥。

---

① Letter form Bates to friends April 12, RG 10: Box 4 Folder 52, Yale Divinity School Library.

② Letter form Bates to H. J. Timperley, March 3, 1938, RG 10, Box 4 Folder 65, Yale Divinity School Library.

　　但实际情况是,日军拒绝承认安全区的存在;安全区没有天然或是人为的屏障;日军对安全区的侵犯不仅有个人行为,还有大量的集体、有组织的行为;安全区国际委员会,特别是外籍委员对日军的一些个人性质的犯罪,如抢劫、强奸、盗窃尚能加以阻止,但对屠杀放下武器的中国士兵和以此为借口屠杀中国平民这类集体的、有组织的侵犯行为,显得无能为力。这就决定了安全区安全功能发挥的局限性和不平衡性。

　　安全区安全功能的局限性集中表现在日军可以随意进入安全区,搜捕放下武器的中国士兵、以此为借口屠杀平民、强奸大批妇女和抢劫公私财物,而且安全功能发挥的形式往往也是局部的、带有个人色彩的。斯迈思对此也有所认识,他曾不无抱怨地说:"拉贝大部分时间呆在家里守护他的家产和 600 个难民;克勒格尔守护他的家产;马吉、福斯特也是如此,守护着满屋子的难民。魏特琳和戴籁三夫人不敢离开金女大,还有一些外国人整日在大学医院值勤。金大也是如此,只要贝德士有事离开,他们就四处寻他。所以他整日忙于东奔西跑地赶走日本兵。"[1]因此,谈不上有什么成就,因为"我们其他人都觉得,在这一片苦海中营造一两个小岛仍无济于事。所以我们力图从整体上改善局面"。重点是放在向日本方面提抗议,迫使日本当局采取行动,从而改善整个局面。"一个月来我们每天向日本使馆呈递两份抗议信,两周后总算将日本兵从安全区中清除出去。但这也仅仅是部分有效。我们有 8 个人住在这幢房子里,但白天我们却没有一个人能留下来保护它,很幸运没有日军光顾。日本士兵只是在有人在家或是晚上偶尔前来。

---

[1] Letter from Smythe to his family, Dec. 27, 1937, RG 8, Box103, Yale Divinity School Library.

我们中有好几人轮流睡在两个收容所和大学(鼓楼)医院里保护那里的妇女,一直到2月份。"①

在"整体改善"和"局部改善"的两者之间,国际委员会的一些西方人士致力于实现前者,但在相当一段时间里只是做到了后者。这就出现了安全区内安全功能发挥的不平衡性。其表现形式为,同在安全区内,有的收容所就比另一些要安全些。如教堂和长老会传教团难民收容所"常被日本士兵抢掠,妇女常遭强奸"②。金陵女子神学院难民收容所,"常常遭到日本士兵的抢劫和骚扰。人们估计,这个收容所百分之七十的妇女被强奸过"③。而另一些收容所则安全得多,如大方巷军用化工厂难民收容所、西门子洋行院内难民收容所、金女大难民收容所等。这也从一个侧面表明,安全区安全功能的发挥形式——个体在安全区安全功能发挥上起到了举足轻重的作用。大方巷军用化工厂难民收容所所以安全,据米尔斯和福斯特等人的看法,是因为该收容所每天有100名男子外出为附近高等法院大楼里的日军司令部干活,这些人每天晚上返回收容所,所以收容所受到日军的特别保护。他们认为该收容所是安全区内最为安全的妇女逗留地。④

西门子洋行院内难民收容所之所以相对安全,显然是因为拉贝的特殊身份和地位——安全区国际委员会主席和德国纳粹党南京负责人。而金女大难民收容所安全的原因,在很大程度上是因为有魏特琳。如果谁对此有怀疑,看一看1937年12月19日魏特琳一天所

---

① Letter from Smythe to friends, March 8, 1938, RG 8, Box103, Yale Divinity School Library.

② [德]约翰·拉贝:《拉贝日记》,第367页。

③ [德]约翰·拉贝:《拉贝日记》,第352—353页。

④ [德]约翰·拉贝:《拉贝日记》,第355—356页。

做的工作,任何怀疑都会烟消云散。

8 点,一个日本人同日本使馆的一位官员一起来了,由于我已知道难民的米不够了,我要求他把我带到安全区总部,他同意了。一辆德国车送我去见索恩先生,他负责大米的分配。他许诺到 9 点,给我们把大米送到。随后,我得坐这辆车到宁海路,现在唯一能保护汽车的方法就是有一名外国人在场。当我走回学院时,一路上许多母亲、父亲和兄弟们一再请求,要我把他们的女儿、姐妹带回到金陵文理学院。有一位母亲,她的女儿是中华中学学生,她说昨天她的家被反复抢劫,她已无法保护自己的女儿了。后来的整个上午我都从校园的这头跑到另一头,把一批批的日本人赶走。我去了南山三次,然后又到校园的后面,接着又被急呼到教工楼,据说那里有两名日本兵上了楼。在楼上 538 房间,我看到一个家伙站在门口,另一个正在强奸一名姑娘。我的出现和我手上那封日本使馆的信使他们匆忙逃走。在我内心深处,我真希望我有力量把他们揍扁。如果日本妇女知道这些恐怖的事,她们将会感到多么的羞耻呵!

然后我又被叫到西北宿舍,发现两个日本兵正在偷吃饼干,看见我时他们匆忙地离去。下午的晚些时候,分别来了两批军官,我有机会向他们讲述星期五晚上的经历和今天上午发生的事。①

然而,魏特琳只有一个,正如金女大的程瑞芳给远东军事法庭证词所说的那样,"在其他没有象魏特琳那样的外国人的安全区

① Minnie Vautrin's Diary, Dec. 19, 1937, Special Collections, Film Ms62, Yale Divinity School Library.

（难民收容所）里，情况要糟糕得多"①。当时南京所有西方人士加在一起也只有 22 人②，在没有西方人士的收容所里，在安全区外，上述魏特琳阻止的暴行必然畅行无阻地进行，而且，更重要的是这些细节可能后人永远无从知晓，这些犯罪分子也永远地逍遥法外，甚至逃脱了历史和道德的审判。这可能就是安全区和非安全区之间最大的区别。显然这也是安全区安全功能发挥的最重要的形式之一。

第四节　记录日军暴行的功能

一、安全区文件

安全区记录日军暴行的这个功能是安全区成立初期所没有预料到的，但历史却证明它是非常重要的。自 1937 年 12 月 14 日到 1938 年 2 月 7 日这段不到两个月的时间里，安全区国际委员会向南京的日本使馆提交抗议信函 69 件，其附录中记载了日军各种暴行 444 件。③

这些抗议信函后来成为确认日军暴行的重要证据，其中一些作为证据在远东国际军事法庭上宣读。这里仅以 1937 年 12 月 16 日由斯迈思签名的抗议信和附录为例。该信首先描述了南京的总

---

① Transcripts of the Proceedings of IMTFE, p. 4466, Record Group 331, Entry 319, IPS, National Archives

② 这个数字是指 5 名外国记者离开南京后和外交官返回南京前，即 1937 年 12 月 16 日至 1938 年 1 月 6 日前。

③ 参见 Hus Shuhsi, *Documents of the Nanking Safety Zone*, Shanghai-Hong Kong-Singapore: Kelly & Walsh, Limited, 1939。

图3－4　国际委员会秘书斯迈思(左二)与家人
(耶鲁大学神学院图书馆)

的形势,指出:"日本士兵昨天在安全区的暴行加剧了难民的恐慌情绪,住在金大建筑里的难民甚至不敢离开到附近的粥厂领取稀饭,结果我们不得不把粥直接送到这些建筑里去,这大大增加了我们工作的难度。我们甚至找不到足够的苦力来装卸运到粥厂的米和煤。结果今天早上有数千名难民没有得到食物。为了让中国平民能得到食物,国际委员会中的几个外籍委员今天早上想尽一切办法使卡车通过了日军的巡逻队。昨天,日本士兵还多次试图抢国际委员会外籍成员的私人汽车。"抗议信接着提出了改善南京现状的具体要求和建议。抗议信最后把矛头直指日军最高当局,指出:"日军最高指挥官昨天抵达南京,我们原以为市内的秩序和安宁会由此得到恢复,因此我们没有提出任何抗议,但昨天夜里的情况比前天还要糟糕,因此我们决定向日本皇军指出,这种状况不能再持续下去。"①

在附录的首行，还特别加注说明"下列仅是我们有时间仔细核对的典型案例，还有更多的向我们报告的案例（未列入）。"

第一个案例："12 月 15 日，安全区卫生委员会第二区的 6 名街道清扫工在他们位于鼓楼住所里被闯进的日本士兵杀害，另一名工人被刺刀严重刺伤，日本士兵没有明显的理由！这些人是我们的雇员。"

第二例："12 月 15 日下午 4 时，在金女大门口附近，一辆载有大米的卡车被日本士兵抢走。"

第三例："12 月 14 日晚，安全区第二区的全体居住人员被赶出房屋，然后被洗劫一空。第二区的区长本人被日本人抢劫过两次。"

第四例："12 月 15 日晚，7 个日本士兵闯入金陵大学图书馆大楼，拖走 7 名中国妇女，其中 3 名被当场强奸。"

第五例："12 月 14 日晚，许多人向我们诉说，日本士兵闯入中国居民家中，强奸或是强行拖走妇女。安全区内由此产生恐慌。昨天数百名妇女搬进了金陵女子文理学院，我们委员会的 3 名美国先生昨晚整夜守候在学院，保护那里的 3 000 多名妇女和儿童。"

第六例："12 月 14 日 30 名显然没有军官带队的日本士兵搜查了大学医院和女护士的寝室，医院的工作人员遭到了有组织的抢劫。被偷抢的物品有 6 支自来水笔、180 元现金、4 块表、2 卷绷带、2 只电筒、2 双手套和 1 件毛线衣。"

第七例："昨天，即 12 月 15 日，不论是收容所、公共住房，还是大学建筑内，从各个方面都传来了报告，日本士兵在各个地方强行

---

① Transcripts of the Proceedings of IMTFE, p. 4509 - 4511, Record Group 331, Entry 319, IPS, National Archives.

闯入,多次抢劫中国难民。"

第八例:"12 月 15 日,美国大使馆遭破门盗窃,若干小物件丢失。"

第九例:"12 月 15 日,日本士兵翻越金陵女子文理学院的后墙,砸开一扇门,闯入教工住家,由于房屋内可移动的东西都被搬走,所以没有失窃。"

第十例:"12 月 14 日中午,日本士兵闯入铜银巷的一所房屋,强行拖走 4 名姑娘,强奸了她们,2 个小时后将她们放回。"

第十一例:"我们在宁海路的米铺在 12 月 15 日下午遭到了日本士兵的搜查,他们买走了 3 袋米(3.75 担),只付了 5 元钱。米市的行情是每担 9 元。这样日本士兵共欠国际委员会 28.75 元。"

第十二例:"12 月 14 日夜,11 名日本士兵闯入铜银巷的另一所房屋,强奸了 4 名中国妇女。"

第十三例:"12 月 14 日,日本士兵闯入美国女传教士格雷斯·鲍尔小姐的住所,抢走了 1 双皮手套,喝掉了桌上的所有牛奶,然后用手把糖全部掏空。"

第十四例:"12 月 15 日,日本士兵闯入美国医生布雷迪的车库,打破福特汽车的一块玻璃,然后又带来了 1 名机械师,试图发动汽车。"

第十五例:"12 月 15 日,日本士兵闯进汉口路一个中国居民的家里,强奸了 1 名年轻的中国妇女,强行拖走了 3 名中国妇女。其中 2 名妇女的丈夫跟在这些日本士兵的后面,结果这两名男子被日本士兵枪杀。"①

---

① Transcripts of the Proceedings of IMTFE, p. 4512–4515, Record Group 331, Entry 319, IPS, National Archives.

这些材料的重要性不仅在于记录了日军暴行的数量,更重要的是它所具有的权威性和客观性,这一点不仅当时的日本使馆官员无法否定,就连把南京大屠杀称为"虚构"的田中正明,也不得不称其为所谓的"一级资料"。①

这是因为尽管日军当局没有承认安全区国际委员会的法律地位,但是它的存在却是一个客观事实,而这些记录是以一个由中立国人士组成的机构的名义向日本当局提出的。当时一些中外人士对日军的暴行也有记录,如郭岐的《陷都血泪录》,蒋公毅的《陷京三月记》,李克痕的《沦京五月记》等,这些文章以作者各自在日军占领南京后的亲身经历,从不同的角度记录了他们听见或看见的日军暴行和南京的实况,但这些主要是个人的感受,同444件案例相比,在权威性、中立性方面有不小的差距,因而没有作为远东国际军事法庭审判日本战犯的证据。

另一个原因是国际委员会的成员对提交给日本官员的每一次暴行都进行了核对,除了后期的案例为了保护当事人免遭日军的报复而匿名外,一般都有名有姓,有日军犯罪的时间、地点和人数。斯迈思在提交给远东国际军事法庭的书面证词中特地强调了这些记录的可靠性。他说:

当安全区国际委员会在1937年11月成立的时候,我参加筹备工作,并被选为该委员会秘书。当委员会于1937年12月1日正式在宁海路5号办公时,主席约翰·拉贝和我在同一办公室办公。很明显在日军入城后,我们不得不就日军虐待中

---

① [日]田中正明:《南京"大屠杀"之虚构》,军事科学院外国军事研究部译,世界知识出版社1985年版,第15页。

国平民和解除武装的中国士兵的行为进行抗议。通常的做法是由我起草抗议信。拉贝建议由于我们来自不同的国家,我们轮流在上面签字。在最初 6 个星期里我们每天差不多要写两份抗议信。通常其中一份由拉贝和我亲自送到日本使馆,另一份由信使送去。在抗议信起草和送给日本使馆之前我尽一切努力核实案例的精确性,可能的话,我都要和调查该案子的国际委员会的代表面谈,我只是将那些我认为报道精确的案子记录下来,送给日本使馆。我现在手头没有这些报告,这些文件的副本后来保存在美国驻南京的大使馆。国际委员会送给日本使馆的这些信件、报告和其他的信件后来由徐淑希编为《南京安全区档案》出版。在拉贝和我几乎每天同日本使馆官员的会面中,他们从未否认这些报告的精确性,他们不断地保证他们对此将采取措施,但只到 1938 年 2 月,日本方面才采取有效的措施,纠正局势。①

这些抗议信的重要性不仅在于产生了《南京安全区档案》这本在国内外产生重要影响的书,还在于这些"官方"的文件由日本使馆官员送到上海,再被转寄到了东京,迫使日本最高当局采取行动。更重要的是这些文件作为日军在南京所犯暴行的证据在远东国际军事法庭上宣读并被接受,证明了日本最高当局是了解日军在南京犯下的一系列罪行的。《南京安全区档案》这一名称本身就说明了安全区发挥了记录日军暴行的功能。

---

① Transcripts of the Proceedings of IMTFE, pp. 4457 – 4458, Record Group 331, Entry 319, IPS, National Archives.

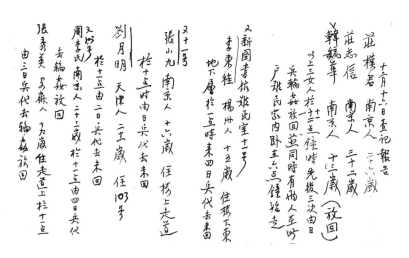

图 3-5 贝德士保存的"查记报告"
（耶鲁大学神学院图书馆）

二、个人日记、信件和报告

留在南京的安全区国际委员会和国际红十字委员会的成员不仅具有大无畏英雄气概和崇高的人道主义精神，而且还具有强烈的历史责任感和良好的文化素质。当意识到他们可能是一个重要历史事件的见证人时，他们从各自不同的角度和地点，较全面而又真实地记录了日军在安全区内所犯的暴行及其他与日军南京暴行有关的重要信息。

拉贝、魏特琳、贝德士、马吉、福斯特、斯迈思、威尔逊、菲奇、麦卡伦、米尔斯、鲍恩典等都以不同形式留下了各自相关的文字资料、照片，马吉还留下了有关南京暴行的唯一的影像资料。

这些资料不仅在当时对揭露日军的暴行起到了积极的作用，而且现在对南京大屠杀的研究也是不可缺少的，具有珍贵的史料价值。正如胡绳所说："是亲历亲见亲闻，非常具体、细致和真实，无人能否认其可信度。"①

从这些资料中可以看出,所有的西方人士在一开始对日军并无成见,实际上一些西方人士对溃退的中国军队的担心甚至过对日军的担心。但在日军进入南京后他们不约而同地记录了日军的种种暴行,而且他们"可以向世界起誓,这些焚烧不是中国军队干的,而是日军所为"②!同时,他们惊叹他们做梦也没有想到日军会是如此的野蛮、残暴。

拉贝在 12 月 14 日写道:

> 在我开车穿过城市的路上,我们才真正了解到破坏的程度。汽车每开 100 米—200 米的距离,我们就会碰到好几具尸体。死亡的都是平民,我检查了尸体,发现背部有被子弹击中的痕迹。看来是在逃跑的途中被人从后面击中而死的。日本人每 10 人—20 人组成小分队,他们在城中穿行,把商店洗劫一空。如果不是亲眼目睹,我是无法相信的。他们砸开店铺的门窗,想拿什么就那什么,估计可能是因为他们缺乏食物。我亲眼目睹了德国基斯林糕饼店被他们洗劫一空。黑姆佩尔饭店也被砸开了,中山路和太平路上的几乎每一家店铺都是如此。一些日本士兵成箱成箱地拖走掠夺来的物品,还有一些士兵征用了人力车用来将掠夺的物品运到安全的地方。我们和福斯特先生去看了他们圣公会在太平路上的英国教堂(原文如此——引者注)。教堂旁边有几所房子,其中有一所被两枚炸弹击中,这些房子都被砸开并被洗劫一空。几个日

---

① 胡绳:《序》,[德]约翰·拉贝:《拉贝日记》,第 2 页。

② Letter from Smythe to his family, Dec. 19, 1937, March 8, 1938, RG8: Box103, Yale Divinity School Library.

本士兵正打算拿走福斯特的自行车，见到福斯特和我们，他们愣住了，随后便迅速的溜走了。①

不久，日本士兵便开始拜访拉贝的住所，"两个日本士兵爬过院墙，正打算闯进我的住房，看见我出现后为自己的闯入找借口，说是看见有中国士兵爬过院墙。我把我的党徽指给他们看，于是他们就从原路又退了回去"②。

在其他地方，日本士兵就没有这么"斯文"了，"在我院墙后面小巷子里的一所房子里，一名妇女遭到了强奸，接着又被刺刀刺中了颈部。我好不容易弄到了一辆救护车，把她送进了鼓楼医院……有一个美国人这样说道：'安全区变成了日本人的妓院'这话几乎可以说是符合事实的。昨天夜里约有 1 000 名姑娘和妇女遭强奸，仅在金陵文理学院一处就有 100 名姑娘被强奸。此时听到的消息全是强奸。"③

更使拉贝吃惊的是："我们遇见了一队约 200 名中国工人，日本士兵将他们从难民区中挑出来，捆绑着将他们赶走。我们的各种抗议都没有结果。我们安全区安置了大约 1 000 名中国士兵在司法部大楼里，约有 400—500 人被捆绑着从那里强行拖走。我们估计他们是被枪毙了，因为我们听见了各种不同的机关枪的扫射声。我们被这种做法惊呆了。"④历史证明，拉贝的估计完全正确，如果拉贝了解整个南京及周遍地区实情的话，他一定会更加吃惊。

接着，拉贝有了新的担忧。"我们房子的南北两面都发生了巨大的火灾。由于水厂遭到了破坏，消防队员又被日本士兵抓走了，

①④ ［德］约翰·拉贝：《拉贝日记》，第 176 页。
②③ ［德］约翰·拉贝：《拉贝日记》，第 197 页。

所以我们爱莫能助。国府路整个街区好像都烧了起来,天空被火光映照得如同白昼。"一天后,城市有六处大火,"其中一处较大的火灾发生在珠江路(是沿我院墙南面的广州路的延续)……夜里2时30分,我被院墙和屋顶的倒塌声惊醒,大火已经蔓延到了主要街道中山路,这个时候危险是很大的,因为大火会蔓延到我的住所和中山路之间的最后一排房子……四处飞舞飘散的火星会对我院子里难民的茅草棚屋顶构成威胁,当然还有存放在院子里的汽油"①。在短短的数天里,日军在南京的烧、杀、枪、奸的罪行在拉贝的日记里都有所反映,这对后人了解日军的暴行和当时南京实际状况很有帮助。

正如魏特琳在1937年9月22日解释她为什么写日记时所说的那样:"本日记开始于1937年8月12日,记日记时特别想到金陵(文理学院)的教职员工——那些熟悉校园生活的人。由于这些日记是抽空所写——有时是在空袭的间隙所写,有时是在漫长和繁忙一天工作后的夜晚所写,有许多打字错误,但未进行修改。由于没有时间重看一遍,也有许多重复的地方。既然有这么多的理由,日记就这样写了,希望日记能向许多金陵(金女大)的朋友展示在这些特殊的日子里,金陵(金女大)校园里生活是怎样度过的。"②

魏特琳的日记主要是反映日军南京大屠杀期间金女大的情况。在日记中她多次提到,大批惊恐的妇女是如何来到金女大避难;她是怎样赶走闯进校园的日本士兵;校园的工作人员及她自己

---

① [德]约翰·拉贝:《拉贝日记》,第213、235页。
② Vautrin's Diary, p.29, Special Collections, Film Ms62, Yale Divinity School Library.

每天的感受。特别是她在 12 月 17 日的经历使她永远难忘,她写道:

　　吃完晚饭时,中楼的那个男孩跑过来说,校园里有许多日本兵,正向宿舍走去。我看到两个日本兵在中楼前推着门,坚持要把门打开。我说没有钥匙,一个日本兵说:'这里有中国士兵,日本的敌人。'我说:'没有士兵。'我和一起的李先生也说了同样的话,他们打了我一记耳光,并狠狠地打了李先生,坚持要开门……当我们出来时,看到另外两个日本兵绑着我们的三个工人出来。他们说,'中国兵。'我说:'不是兵,是花匠。'日本兵把他们带到前面,我也跟着去了。当我们到前门时我看到一大批中国人被迫跪在那儿,包括陈先生、夏先生以及我们的一些工人……这时一辆车开了过来,上面坐着菲奇、史迈斯和米尔斯……日本兵强迫他们站成一排,脱下他们的帽子,并搜身检查有没有手枪。幸好菲奇和那个中士能说一点法语,那位中士和他手下的人讨论了几次。他们先是坚持要求所有的外国人及程夫人和马丽离开,当我说这是我的家不能走的时候,他们最终改变了主意。随后他们叫男性外国人坐车离开……后来我们发现了他们的诡计——把负责人困在前门由三四个日本兵假装要搜捕中国士兵,而其他的人则在大楼里挑选妇女……我将永远记着这一幅场景——人们跪在路旁,马丽、程夫人和我站着,枯叶瑟瑟地响着,风在低低地呜咽,被带走的妇女凄惨地叫着。①

---

① Vautrin's Diary, Dec. 17, 1937. Special Collections, Film Ms62, Yale Divinity School Library.

图 3-6　威尔逊医生
（耶鲁大学神学院图书馆）

这种使人身临其境地感受日军暴行的描述，如果没有魏特琳的日记，我们可能永远无法感受到。

威尔逊则从鼓楼医院这一特殊的地方——众多的日军暴行的幸存者（往往身负重伤）和性暴力犯罪的受害者前往医治的场所，以当时南京唯一为平民服务的外科医生的身份，在更大的范围内记录了日军的暴行。

在日军入城的两天后，即 12 月 15 日，威尔逊写道："今天约有 30 人入院而没有人出院。"在"150 例病例中只有 10 例属于内科和产科，其余都是外科"。因此，他很忙，"昨天……我已做了 11 例手术，今天我做了 10 例并查了病房"。接着威尔逊具体描述了由日军造成的 4 起伤害案例。之后他写道："有两个被刺伤的病人是七位街道清洁工中的幸存者，日本兵来到时，他们正坐在总站里，没有警告也没有理由就杀死了 5 人，2 人受伤来到医院，我不知道此类情况何时才能终止，这样我们能得以喘息。"①

他的悲观是完全有理由的，受伤者仍不断来到医院，威尔逊手术不断。"上午，我花了一个半小时为一个 8 岁男孩做了缝补手术，他被刺了 5 刀，其中 1 刀刺穿了他的肚子，一部分腹膜流了出

---

① Letter from Wilson to family, Dec. 15, 1937, RG 11, Box 229 Folder 3875, Yale Divinity School Library.

来。我想他还能存活。"后来医院又收治了"一位有 3 处子弹孔的男人,他是 80 人中唯一的幸存者,80 人中包括 11 岁的男孩。他们被从所谓的'安全区'的二幢房屋带到西藏路西边的山坡上,在那里被屠杀"。另一个病人是"一个女孩子,我认为是因为出生而致伤的弱智人,她除了用手去夺她仅有的被子外,没有任何理智,但得到的是被军刀砍掉了颈部一边一半的肌肉"。还有一位 17 岁的姑娘,"颈部有一个又深又长的伤口,她是家中唯一的幸存者,其他人都被杀死了"。①

　　第二天威尔逊还是一样的繁忙。"我去了一趟日本使馆,所以很晚才开始查这两个病房。下午我做了近期的第三例眼球摘除手术,还做了其他五个小手术,为我的博物馆增加了两枚弹片。"威尔逊还记录了妇女遭强奸的病例。"一名妇女被强奸然后被刺刀刺进下身。……这位妇女看样子还活着,已被送进医院,特里默今晚看护她,我明天再为她治疗。"②

　　在 21 日的信里威尔逊继续写道:"一位 17 岁的女孩带着她的婴儿来到医院。她在前天晚上 7 点 30 分被两个日本兵强奸,9 点开始剧烈的腹痛,12 点她的头胎婴儿降生了。""前天在小山坡上,一位已经怀孕 6 个月的 19 岁姑娘企图反抗两个日本兵的强奸。她面部被砍了 18 刀,腿上也有几处伤,腹部有很深的一个刀口。今晨在医院里我听不到胎音,她很有可能会流产。"③在威尔逊的日记

---

① Letter from Wilson to family, Dec. 18, 1937, RG 11, Box 229 Folder 3875, Yale Divinity School Library.

② Letter from Wilson to family, Dec. 19, 1937, RG 11, Box 229 Folder 3875, Yale Divinity School Library.

③ Letter from Wilson to family, Dec. 21, 1937, RG 11, Box 229 Folder 3875, Yale Divinity School Library.

里类似的记载不胜枚举,而当时有幸能到医院治疗的毕竟还是少数,这也从一个方面反映日军暴行的规模。威尔逊后来到远东国际军事法庭作证,由于他的身份,他的证词是确认日军暴行的重要证据。

图 3 - 7　遭日本兵刺伤的妇女被送往金陵大学医院

(耶鲁大学神学院图书馆)

由于马吉和福斯特同为国际红十字会南京分会成员(马吉为主席,福斯特为秘书),他们又住在一起,共同担负着保护珞珈路 25 号和四条巷 10 号的任务,他们的日记互为补充。马吉在日记中记录了建立伤兵医院的情况,并描述了日本兵如何野蛮地对待中国伤兵的实例,这是日军违反《日内瓦公约》的重要证据。马吉还记录了目睹日本兵屠杀一个中国平民的案例。马吉在 12 月 19 日写道:"过去一星期的恐怖是我从未经历过的。我做梦也没有想到过日本兵是如此的野蛮。这是屠杀、强奸的一周。我想人类历史上已有很长时间没有发生过如此残暴的事了,只有当年土耳其人对亚美尼亚人的大屠杀可以与之比拟。日本兵不仅屠杀他们能找到的所有俘虏，而且大量杀害不同年龄的平民百姓。就像在野外猎杀兔子一样，许多百姓在街上被日本兵随意杀掉。从城南到下关，整个城市到处都是尸体。就在前天我们看到一个可怜的人被日军杀死在我们住所附近。许多中国人胆小，一遇到日本兵掉头就跑，这个人就是这么被打死的。由于现场在我们能看到的竹篱笆的一个拐角，他具体是怎么被杀死的我们看不见，后来克拉到那儿去看，说他们在他头上开了两枪。这两个日本兵一直抽着烟，谈笑风生，杀一个人就像杀死一只老鼠一样，无所谓。"①日本士兵对中国人生命的漠视在这里一览无遗。

另一件值得特别一提的事是，田中正明在他的《"南京大屠杀"之虚构》一书中，用当时日本记者在南京拍摄的照片来证明他的观点。他写道，第四张照片是"在充满早春阳光的草地上，50 名孩子在风琴的伴奏下，正在唱赞美歌。其中还有那位马吉牧师"②，企图以此证明在日军的占领下，南京是歌舞升平的一派和平景象。

马吉在 12 月 20 日的日记中的确提到了这件事："昨天是基督降临节，我和欧内斯特（福斯特）都没有参加礼拜，因为我们得防范那些可恶的贼来偷我们教徒的东西和奸淫妇女。四所村和三排楼来的信徒到舒尔彻·潘亭的花园③里参加礼拜并布道，因为天气很好，J. L.陈主持了早晨礼拜并布道，还在草坪上演奏了小风琴。他布道时我用摄像机录了像。正当我们结束礼拜时，有人敲门，来了两名日本报社记者……我们邀请他们进来，并说如果他们愿意的话可以拍照。他们照了陈汝林身穿教士服、演奏风琴、其他人坐在

---

① Letter form Magee to his wife, Dec. 19, 1937, RG 8, Box 263, Yale Divinity School Library.

② ［日］田中正明:《"南京大屠杀"之虚构》，第 207 页。

③ 位于鼓楼四条巷。

草地上的照片。接着我同《朝日新闻》的记者谈话,他会英语。我告诉他发生在南京的可怕的事——抓走了我们 14 个人,而不是我开始认为的 12 个人,刚才布道的牧师的儿子可能已经被杀害……然后我告诉他关于伤兵、(日本兵)屠杀无辜平民以及我个人在中国生活的一些事。"①

可见,当时既不是"早春",照片上的人也不是"孩子",实际上他们中已有 14 人被日本士兵抓走屠杀,就连演奏风琴的牧师的儿子也被抓走生死不明。花园里暂时和平与宁静是因为马吉等外国人"防范"的结果。这幅照片背后的血泪史如果没有马吉的日记可能永远无人知晓。正是有了这些日记,田中正明的"论据"不仅证明不了南京大屠杀是"虚构",反而证明了大屠杀的真实。

第五节　安全区功能的错位

一、安全区预设的功能

随着拉贝、贝德士、马吉、魏特琳、菲奇、斯迈思等人日记和信件的发现与发表,他们崇高的人道主义精神和大无畏的英雄气概便广泛地在更深层次上为人们所了解。人们对安全区的评价也从"安全区不安全"转变到"(安全区)发挥了明显的作用和影响,在一定程度上减缓了日军的暴行"②。然而,人们也注意到一个矛盾的现象,即一方面安全区国际委员会的成员个个奋不顾身、全力以赴

---

① Letter from John Magee to his wife, Dec. 20, 1937, RG 8, Box 263 Folder 2, Yale Divinity School Library.

② 孙宅巍主编:《南京大屠杀》,第 498 页。

地工作;另一方面安全区内又发生了种种暴行。我们认为之所以出现这一现象,除了日军的因素外,主要是因为安全区原先设定的功能发生了错位。

所谓"功能",指的是事物或机构所发挥的有利作用或所开展的活动;所谓"错位",即离开原来的或应有的位置。这里的另一层意思为,某些未定或是次要功能得到充分的发挥而超过主要的功能。换句话说,安全区原定的主要作用没有得到充分的发挥,而一些原先未曾预设的功能却得到了发挥。那么,南京安全区建立时预设的功能是什么呢?

如前章所述,南京安全区是受上海南市难民区的启示而创建的。上海南市难民区最大的成功是发挥了安全保护作用。上海南市难民区的发起人饶家驹设法使中国政府和日本军事当局承认了南市难民区的合法地位,因而在以后的战斗中及上海沦陷后,在南市难民区里避难的数十万难民生命得以避免战火的涂炭和日军的屠杀。在此前提下,难民区的组织者还为救济难民做了大量工作。

显然,上海南市难民区的成功——安全保护功能和救济功能在日军进攻上海的战斗中,以及战事结束后相当一段时期里的正常发挥,给南京安全区的发起者们留下了深刻的印象。南市难民区创建的模式、方法及其发挥的功能,成为南京安全区的榜样。那么,南京安全区建立的目的或者说原先为它设定的功能是什么?拉贝在1937年11月19日的日记里首次提到了这个问题:"成立了一个国际委员会(主要由鼓楼医院的美国医生和在金大任教授的传教士组成)。委员会试图建立一个难民区,即位于城内或城外的一个中立区。一旦遭到炮击,非战斗人员可以躲避到那里去。"[1]当

---

[1] [德]约翰·拉贝:《拉贝日记》,第92页。

时拉贝还未担任国际委员会主席,他也不是"安全区"的发起人,所以说的不够全面。

时任南京安全区国际委员会副总干事的菲奇在 1937 年 12 月 24 日的一封信中也提到这个问题:"你们当中读过我上一封信的人会记得,我们南京安全区国际委员会一直在同日中双方谈判以便承认南京城中的一个区域,在这个区域里士兵和所有的军事设施不得入内,这个区域也不得被轰炸和炮击。当情况变得非常紧急的时候,留在南京的 20 万人能够在此避难,因为很明显中国人在上海进行的了不起的、持续如此长时间的抵抗,现在已经瓦解,在很大程度上,他们的士气也已丧失。日本的大炮、坦克和空中优势使他们遭到重大损失,这种损失不可能永远持续下去,日军在杭州湾的成功登陆从侧翼及后部进攻是他们失败的决定事件。南京很快陷落似乎是不可避免的了。"①

我们再看看安全区重要发起人之一的贝德士博士在远东国际军事法庭作证时的证词。他说安全区是"以饶家驹神甫建立国际委员会为榜样,这个委员会对那里大量的平民提供了相当的帮助,我们试图在相当不同的情况下在南京做相同的事。委员会成立之初是一个丹麦人为主席,有德国、英国、美国成员。但因为外国政府从这个城市撤走了几乎所有的本国公民,在日本进攻南京的时候只有德国人和美国人留了下来。主席是一个杰出的德国商人——约翰·拉贝。通过美国、德国和英国使馆的传递信息和斡旋,委员会同中国和日本指挥官接触。目的是提供一个小的非战

---

① December 24, 1937 circular letter of George Fitch in "*American Missionary Eyewitness to the Nanking Massacre 1937 – 1938*" edited by Martha Lund Smalley, Yale Divinity School Library Occasional Publication No. 9, p. 4.

斗区域,在这里平民可以避免战斗和遭到进攻的危险……委员会估计它的主要责任是在该城被包围,中国行政当局可能已消失,但日本军事当局尚未建立时,提供住房,如果必要的话在几天或者一两星期内提供食物。"①

可见,建立安全区的目的是很明确的,在短暂的时期内,一是为平民提供一个躲避轰炸、炮击及免遭日军进攻的场所(即安全功能);二是如果躲避的时间较长,还要为这些平民提供住所和食物(即安置和救济功能)。很显然,前者是主要的,后者为衍生的。显然这也是安全区名称的由来。

二、安全和救济功能的错位

在非常时期,事物往往按照自身的逻辑发展,而非以人们的意志为转移。南京的迅速陷落使战斗对平民所构成的意外伤害的危险很快消失,而占领军的故意施暴却使平民长时间地处在新的危险中,因而南京安全区实际功能的发挥同预先的设定无论是在时间和规模上,还是在轻重次序上都有很大的不同,同时历史也赋予安全区一些新的功能。

安全区国际委员会虽冠以"国际"的头衔,但实质仅为几国公民的个人行为,并非国际政治学意义上的"国际组织",因而对主权国家不具约束力。即便违反安全区基本原则的做法属个人行为,安全区国际委员会也没有任何有效的手段来阻止。因此,安全区被赋予的功能是否能正常发挥完全取决于中、日两国政府,特别是日本军事当局的意愿。只要日本军方不合作,安全区注定不安全。

---

① Transcripts of the Proceedings of IMTFE, pp. 2625 - 2626, Record Group 331, Entry 319, IPS, National Archives.

　　实际上，安全区国际委员会成员对此是非常清楚的，在发给日本驻华大使有关建立安全区建议的电报中，委员会特别强调："国际委员会有责任取得中国政府的特别保证：撤除拟建在安全区内所有军事设施和包括军事交通指挥机构在内的军事机构；安全区内不准驻扎武装人员，携带手枪的平民（民事）警察除外。禁止所有士兵与军事团体进入安全区，无论这些军事团体具有什么性质，无论其军官军衔为何种级别。……委员会建议从收到双方政府表示完全同意的通知之日起，视安全区为正式建立。"①当迟迟得不到日本方面答复时，在12月1日的会议上，委员会只好决定："暂时把中立区称作'难民区'，而不是'安全区'。"②

　　后来事态的发展显示，从严格意义上说，安全区从未正式成立，因而其预设功能的错位也就在所难免。米尔斯在1月24日的信中说："我们从未能向双方正式宣布安全区已开始运行，因为当中国军队从该地区撤走，我们能够问心无愧地发表这样的声明时，所有外国军舰已驶离南京，我们已无法发出这个声明，因为其他的通讯方式早已停止运行。"③

　　具有讽刺意味的是，12月5日，在正式答复有关安全区的电报中，日本当局再次拒绝承认安全区，其理由或借口是："委员会不具备完全切断安全区与外界联系的自然条件与人工设施，有必要给安全区领导层提供足够的物资材料或其他特别权利，以便安全区附近发生战斗时能够阻挡中国武装部队进入安全区寻求保护或将

---

① ［德］约翰·拉贝：《拉贝日记》，第98页。

② ［德］约翰·拉贝：《拉贝日记》，第123页。

③ Martha Lund Smally（edit.），*American Missionary Eyewitness To The Nanking Massacre*，*1937－1938*，p. 44，Yale Divinity School Library Occasional Publication No. 9.

安全区用于军事目的。"①安全区国际委员会自己没有足够、可信的力量来实现安全区非军事化的目标，这不仅成为日军拒绝承认安全区的"前因"，也是日军占领南京后安全区无法发挥安全功能的"后果"。

日军不仅口头拒绝承认安全区，实际行动也是如此。主要表现形式有：第一，轰炸和炮击安全区。安全区数次遭到日军炮火的袭击并有人员伤亡。菲奇在 1937 年圣诞夜所写的一封长信中提到，12 月 11 日有数枚炮弹落在安全区南部，在金陵女子神学院附近炸死 40 多人；马吉在 12 月 12 日的日记中也记录了一发炮弹击中了安全区的一所房屋，有 20 人被炸死，其中 7—8 人被气浪抛到街上②；拉贝在日记里也有类似记录。尽管同城南相比，落在安全区的炮弹要少一些，但这并非安全区功能发挥的缘故，而是因为安全区内没有多少军事设施。斯迈思在 1938 年 3 月 8 日写的一封信也是很好的佐证。他说："在战斗期间我们就睡在平时的床上，愚蠢地相信日本人会指示他们的大炮尊重安全区。12 月 13 日下午，当我们在城中和他们的先头部队接触时发现他们根本没有在他们的地图上标出安全区，我的头发都惊得几乎竖起来。"③

第二，搜捕安全区内的警察、平民及放下武器的中国士兵。按照原先设想，安全区应该是有明确的界限标志和有警察守卫的。拉贝在其 11 月 30 日的日记里记录了安全区国际委员会必须解决

---

① ［德］约翰·拉贝：《拉贝日记》，第 135 页。

② Letter from John Magee to his wife, Dec. 12, 1937, RG 8, Box 263 Folder 2, Yale Divinity School Library.

③ Martha Lund Smally (edit.), *American Missionary Eyewitness To The Nanking Massacre, 1937–1938*, March 8, circular letter from Lewis S. C. Smythe, Yale Divinity School Library Occasional Publication No. 9.

的一系列问题中,第二条就是有关安全区入区的检查、安全区边界的守卫及警察人员的数目与安置。后来中国政府分配给安全区400名警察来维护安全区内的治安。日军入城后不仅在安全区内搜捕放下武器的中国士兵和平民,而且也将这些警察和一些志愿警察拉去屠杀,当安全区国际委员会委员里格斯去解释和阻止时,还遭到了日军的殴打。安全区在日军心目中的地位和影响从中可略见一斑。

第三,大肆强奸妇女。日军南京暴行之一就是性暴力犯罪,其规模之大,持续时间之长在人类历史上都是罕见的,这其中很大一部分就发生在安全区内。贝德士在远东国际军事法庭作证时说:"稍早些时候(指在不到一个月时间内),我仅根据安全区的报告,更为谨慎地估计是8 000例(强奸案)。"①应该指出,在很多情况下,日本兵在强奸时,见到西方人士会落荒而逃,但这并非是他们意识到安全区的缘故,而是因为他们既有对自己的行为内心做贼心虚的感觉,对西方人士尚也有所顾虑。实际上,西方人士从未能阻止日军进入安全区,他们所能做的只是将日军从他们的住宅或是属于他们房产的地盘内赶走,或是阻止强奸这类属于个人性质的犯罪。

正是由于日军上述的种种暴行,反使得安全区的衍生功能,即安置、救济功能得到充分的发挥——无论在时间、规模、还是在社会效果和历史意义方面都是如此。

从时间上看,国际委员会成员原先估计安全区的存在只须几天时间,最多数星期。"安全区初设之时,国际委员会希望一旦南

---

① Transcripts of the Proceedings of IMTFE, p. 2634,Record Group 331,Entry 319,IPS,National Archives.

京城周围战事结束之后，难民就会迅速返故居，而本会责任亦不久即可结束，然而这一希望注定令人失望。"①实际情况是"安全区"一直存在到 1938 年 2 月。在此之后，一方面是迫于日本当局的压力，更名为"国际救济委员会"；另一方面，该名称也更能反映出安全区所发挥的实际作用，即发挥救济功能。事实上，直到 1939 年与 1940 年之交，国际救济委员会的工作才基本结束。

从规模上看，安全区国际委员会原先估计："如果区内的私房主及私房的租户能向我们期待的那样慷慨和爱国，与朋友合住，或者将房子以和平时期的半价出租，那么我们估计，安全区内有足够的房子安置市内剩余的居民。昨天的报纸已公布，公共建筑和学校留给最贫穷的人使用。调查表明，如果每人需要 16 平方英尺的话，这些建筑可容纳 3.5 万名贫穷的难民。"②但实际情况是，难民人数远远超过了原先的估计。如金女大原先估计会有 2 000 妇女来避难，但后来最高峰时达到 1 万多人。整个安全区最高峰时有 25 万难民，在 25 个收容所里避难的难民也达到了 7 万人之多。③

从效果上看，安全区的救济功能得到了应有的发挥。在极端困难的情况下，安全区国际委员会保障了维持生命所必须的粮食及燃料的供应。据斯迈思 1938 年 3 月的调查，在 25 个难民收容所里，平均 82％的人从粥厂里取得粮食，安全区里有 17％的人依靠粥厂。④

---

① *Report of the Nanking International Relief Committee*，*November 1937 to April 30*，*1939*，p. 3，RG 10，Box 102 Folder 868，Yale Divinity School Library.

②［德］约翰·拉贝：《拉贝日记》，第 153 页。

③ *Report of the Nanking International Relief Committee*，*November 1937 to April 30*，*1939*，p. 7，RG 10：Box 102 Folder 868，Yale Divinity School Library.

④ Lewis S. C. Smythe，*War Damage in the Nanking Area December*，*1937 to March*，*1938*：*Urban and Rural Surveys*，pp. 10－11，RG 10，Box 102 Folder 869，Yale Divinity School Library，p. 10.

有如此众多的人依靠救济度日,还有日军的严重干扰,在这种情况下,安全区内却没有发生大规模饥荒,这不能不说是一个了不起的成绩。另外,在卫生防疫方面安全区国际委员会也做了大量的工作。如当难民中流行脚气病时,委员会根据医嘱,"遂设法供给蚕豆,俾将必须的食物成分,增入米粥中,盖米粥为最贫苦之人之唯一粮食也。本会煞费苦心,经数星期之交涉,卒由上海方面运到蚕豆87吨,分成1 077袋、每袋重161.55磅以之分发各难民。"①1938年开展了春季防疫运动,为16 265难民接种牛痘疫苗,为1.2万多人打了伤寒霍乱预防针。② 在如此恶劣的卫生条件下,没有发生疫情,即使现在来看也是非常了不起的成就。

特别需要指出的是,安全区救济功能的发挥与其安全功能的发挥有着很大的区别。前者一般是作为一个机构、一个组织和一个整体发挥作用的;而后者往往取决于有没有西方人士。如在安置方面,有条件的难民或是投亲靠友,或是租赁区内的房屋;赤贫者由安全区国际委员会统一安置到区内的公共设施里,而青年女性则被安置到金女大。在救济方面,不同收容所里的难民每天得到的救济粮基本相同。国际委员会还对各个收容所进行检查、做出评估、提出整改措施。在卫生方面,国际委员会下属的卫生委员会组织了400名人员专门负责街道清扫,在人多的地方修建和管理厕所。更重要的是,有1 500多名中国人参与了安置和救济工作。国际委员会认为,"设无此一千五百人之直接相助,则本会任

---

① *Report of the Nanking International Relief Committee*, *November 1937 to April 30*, *1939*, p. 14, RG 10, Box 102 Folder 868, Yale Divinity School Library.
② *Report of the Nanking International Relief Committee*, *November 1937 to April 30*, *1939*, p. 30, RG 10, Box 102 Folder 868, Yale Divinity School Library.

务不能有所成就"①。这些都是整体功能得到发挥的体现。

　　同在安全区内,很难想象这1 500名中国人能在安全保卫方面发挥作用。此外,在安全区内,一些收容所比另一些要安全一些。拉贝住所(小桃园)收容的600多难民在安全方面受到的骚扰就小得多,没有任何平民伤亡,即便是藏身于此的两位国民党高级军官和一名机长也都安然无恙,后来在拉贝离开南京时,那位机长冒充拉贝的佣人得以逃生。② 这显然是由拉贝的特殊身份和地位所决定的。同样,或是由于西方人士比较多,或是由于个人特别努力,金女大收容所和金陵大学收容所与安全区其他地方相比也要安全一些。菲奇也把相对的安全归功于个人而非"安全区",他写道:"在一段时间里没有地方是安全的,不过我们设法使金女大有一定的安全,金大次之。魏特琳小姐、特威纳姆(Twinem)和程夫人在照顾和保护妇女们时非常勇敢。"③美国使馆的副领事埃斯皮(Espy)在一份报告中,不仅把相对的安全归功于西方人士,而且把"安全区"本身视为他们个人努力的一部分。他写道:"显然这些外国人在南京的存在这一事实,对日军的行为至少产生了一些制约的影响,使其有所收敛。毫无疑问,安全区国际委员会和外国公民的个人努力在很大程度上使百姓免遭更大的不幸,使他们的财产免遭更大的毁坏,前面提到的安全区就是他们努力的证明。"④可

---

① *Report of the Nanking International Relief Committee*, *November 1937 to April 30*, *1939*, p. 39, RG 10, Box 102 Folder 868, Yale Divinity School Library.

② [德]约翰·拉贝:《拉贝日记》,第170、283、684页。

③ Martha Lund Smally(edit.), American Missionary Eyewitness To The Nanking Massacre, 1937-1938, December 20, circular letter of George Fitch, p. 11, Yale Divinity School Library Occasional Publication No. 9.

④ 杨夏鸣译:《美国驻华外交官有关南京"大屠杀"的证言》,《民国档案》1997年第3期。

见,在一定的条件下,安全区还是相对安全的。然而,把相对的安全归功于安全区本身也无法解释安全区里所发生的暴行的不平衡性。

三、安全区功能错位的原因

在分析安全区功能错位的原因时,可能有人会说这是由于日军的野蛮和残暴造成的。毫无疑问这是正确的,但过于笼统。为什么同样野蛮、凶残的日军,在经过长时间、激烈的战斗并遭受重大伤亡后没有对在上海南市"难民区"及租界里避难的数十万难民进行大屠杀和大规模的性犯罪呢? 单用野蛮、凶残难以解释。有人可能会说南京是当时中国的首都,屠杀和其他暴行可以造成人们心理上的恐惧、瓦解中国人民抗战的斗志。这种分析符合逻辑,但无法解释日军不是大张旗鼓地宣扬南京大屠杀而是千方百计地加以掩盖或混淆是非。显然,上海南市难民区与南京安全区还是有着本质的区别。

从国际法的角度来看,难民区或安全区实际上是国际法里的"中立区"。现代国际法的奠基人之一奥本海(Lassa Francis Lawrence Oppenenheim)认为,"中立乃一国不参与战争而取得的法律地位,必须对交战国保持不偏袒的态度,并获得其承认"。[①] 根据这一理念,中立区应是仅用于人道事业,并被交战双方所承认的区域。

1864 年、1907 年缔结,1906 年、1929 年修订的《日内瓦公约》以及在此基础上产生的《关于保护战争受难者的日内瓦公约》规定:"对敌方领土或敌占领区内的和平居民,冲突各方应设立医院、

---

① 《法学词典》,上海辞书出版社 1984 年版,第 98 页。

安全地带和中立化地带，使其免受战争影响。""对于占领区的和平居民，在一切情况下应尊重其人身、荣誉、家庭权利、宗教信仰和仪式、风俗习惯。妇女应得到特别保护，以免其荣誉受辱。"由此可见，一个规范的中立区必须具备两个条件：一是仅用于人道目的；一是得到交战双方的承认。同时，无论是否是中立区，占领者都必须尊重和平居民的基本人权，特别是对妇女的保护。对这些权利尊重并非是一方对另一方的恩惠而是一种道义或法律义务（条约签署国）。

上海南市难民区同南京安全区的根本区别是日本军事当局承认了前者而拒绝了后者，尽管两者建立的目的——用于人道事业，是完全相同的。

时任日本驻华大使馆参赞，后为日本驻上海总领事的日高在远东国际军事法庭上曾谈到这个问题："当上海附近的战斗在持续着，估计中国军队将要撤退时，成立一个由英国人、美国人、法国人等组成的国际委员会，雅坎让（Jaquinot 中文名饶家驹）为该委员会的主席。该委员会建议在南市（上海南面的中国城）创建一个'安全区'，这一计划得到了中国人和日本人的赞同，其目的是如果战火蔓延到那个地区的话，在那里收容中国人。一开始，雅坎让在《曼彻斯特卫报》记者田伯烈（Timparly）的陪同下到我这里来，告诉我他们的设想，我采取了一些步骤，在上海总领事冈本（Okamoto）以及冈崎（Okqzaki）的协助下将这一计划付诸实施，从一开始，上海派遣军总司令松井石根和海军司令长谷川（Hasegawa）对此就持积极的态度，这两位司令同意这个计划，中国人也同意这一计划。这以后，松井石根向委员会捐款 1 万日元以赞助这一计划，海军司令长谷川也捐了款。另外，12 月 8 日本外相广田也给饶神甫发了一份电报，代表日本人民对这一人道工作表示赞扬和尊敬,并对他的成功表示良好的祝愿。"他还说明了日本当局承认上海难民区的原由:"第一,这一地区纯为一个中国城,雅坎让和其他的委员会成员都是公平和无私利的。第二,当有战斗时,委员会将收容和保护中国的非战斗人员,在战斗结束后,救济和保护将持续一段时间,但是委员会同意不干涉这一地区的管理和监督工作,这一工作完全是由日本军队控制的。第三,由于法国租界同这一地区相连,租界当局愿意合作,委员会被认为有足够的力量来保持'中立'。考虑这一地区的位置,即使附近发生战斗,这一地区被认为能保持'安全'。上海战斗进入最后阶段时,战斗曾蔓延到这一区域的边缘,然而没有炮弹落入该地区。撤到这个区域里的中国士兵被委员会解除了武装。日本军队没有进入这一地区。一切都很顺利,这样数以千计的房屋和 25 万中国人的生命得到挽救。"①

从表面看,南市难民区发起和建立是法国人饶家驹(R. P. Jacjuinot)的个人行为,但实际上南市难民区的建立在很大程度有着外国政府的背景。八一三淞沪抗战爆发后,难民们以为租界安全,纷纷涌入上海的公共租界和法租界,高峰时达 70 万人左右。②法租界当局陷入进退维谷的境地。8 月 15 日法租界公部董事局正式宣布戒严,关闭租界入口,大批难民滞留在民国路上。但到 11月,大多数难民还是进入了租界。有关方面迫切需要找到安置难民的新途径。英、法等国驻沪领事直接或是间接地参与了难民区的建立和管理。"还在筹建阶段,就已确定难民事宜由英、法各国

---

① Transcripts of the Proceedings of IMTFE, pp. 21459 - 21463, Record Group 331, Entry 319, IPS, National Archives.

②《立报》1937 年 8 月 31 日,转引自罗义俊《南市区难民区略述》,政协上海市委员会文史资料工作委员会编:《抗日风云录》,第 172 页。

驻沪领事及教会方面共同推定人员，组织委员会处理。正式成立时，委员会名称为南市难民区监察委员会，全由西方人士组成，其中有公共租界工部局董事普兰特（W. H. Plant）、法租界公部董事局的雅斯帕尔（A. S. Jaspar），饶家驹任主席。"①而且，后来难民区的治安一度由外籍警察维持。南市陷落后日军也有进入难民区和向中国警察开枪的记录，但属偶发性质。显然，日军对上海难民区及它后面的外国政府还是有所顾忌的。

上海是西方列强在中国利益最集中的地方。早在 1931 年，外国在华投资总额的 34.3％ 集中在上海，约占直接企业投资的 1/2。② 到 1937 年，仅英国在上海的直接投资已达 1.8 亿英镑，占其在华直接投资的 72％。③ 因此，西方列强对日本在上海所采取的威胁到其自身利益的行动往往持强硬立场。如 1932 年一·二八事件发生后，美国、英国、法国等都做出了派遣舰队和增加在上海兵力的强烈反应。

八一三事变后，日本决定出兵上海，8 月 17 日日本天皇召见了上海派遣军司令官松井石根，并说"朕委卿以统率上海派遣军。宜细察宇内大势，以速戡定敌军，扬皇军威武于内外，以应朕之倚重"。④ 这里所谓的"宜细察宇内大势"显然是要松井注意西方列强的反应，在同中国军队作战时避免于列强发生冲突。松井对此

---

① 罗义俊：《南市区难民区略述》，政协上海市委员会文史资料工作委员会编：《抗日风云录》，第 179 页。

② 雷蒙（C. F. Remer）：《外国人在华投资》，蒋学楷、赵康节译，商务印书馆 1959 年版，第 53、82 页。

③ Nicholas R. Cliffford, *Retreat from China*, *British Policy in the Far East 1937－1941*, Seattle: University of Washington Press, 1967, p. 16.

④ ［日］田中正明：《"南京大屠杀"之虚构》，第 102 页。

心领神会,他在其后来的日记中写道:"最令人遗憾之事,乃列国军队对本次作战的态度。毋庸赘言,对中国享有权益之列国甚为关心本次作战,然彼等不思遵守 1932 年列国之停战协定,遵循该协定精神,阻止事件之发展,反同情中国政府及军队,直接间接立于中国军队一方,为中国军队作战提供便利,采取行动援助之。尤其英、法军队之行动,与我军作战以诸多不便,多有妨碍我作战之举。而我军则委曲求全,尽力谋求列国官宪极其军队的谅解,为了不使我作战损害列国官民而忍受一切不便,努力避免招致国际纠纷。"①

在这种情况下,特别是当日军于 11 月 5 日在杭州湾成功登陆,日军在军事上已取得了绝对的优势,上海的陷落已指日可待,以及为了避免在当时正在召开的布鲁塞尔会议上遭到谴责,日军当局顺水推舟同意南市难民区成立。在此之前(11 月 4 日)上海市政府批准设立南市难民区的建议,于是南市难民区便于 11 月 5 日正式成立。

相比之下,南京完全不具备与上海类似的条件。尽管美、德等国的驻华使馆对筹建安全区表示赞同,并协助传递信息,但南京安全区的建立纯属个人行为。加上日军的一些将领,对未能在上海围歼中国军队的有生力量而耿耿于怀,并将南京视为实现这一目标的场所。这就决定了南京安全区不可能得到日军的承认。这是安全区功能错位的一个重要原因。安全区从建立到解散,期间遇到了各种各样难以克服的困难,原因就在于此。

正如安全区发起人之一米尔斯(Mills)在谈到建立安全区的经过时说:"我们的南京安全区完全靠勇敢,或者,如果你喜欢,靠信

---

① 《中国事变日志摘录》,转引自[日]田中正明《"南京大屠杀"之虚构》,第 109—110 页。

念,或者靠某种不考虑后果的大胆,才得以实施。"①从这句话中,我们可以看出创建安全区的艰难及委员会成员对那些非个人所能克服因素的无奈。作为个人,这些西方人士除了靠勇气和信念外,的确也难再有其他的作为。这也可能是拉贝在万般无奈中给希特勒发电报,请求他说服日本同意建立安全区的原因。

我们不知道安全区的美籍人士是否也有类似的举动,但我们确实知道留在南京的 14 位美国人于 12 月 20 日联名给美国驻沪总领馆发了这样一封电报:"问题严重,急需在南京派驻美国外交代表。局势日益严峻。请通知大使和国务院。"②我们还知道 1935—1937 年美国国会通过三个中立法案,规定"凡由美国或美国其他属地之任何地点,将武器、弹药及作战工具输往任何中立港口,或输往任何中立国港口以便运至交战国港口,或输往任何中立港口,以便转运至交战国或为交战国所用均属非法"。1937 年 9 月 14 日美国总统罗斯福发表对中日战争运用中立法的声明。显而易见,在这种情况下,美国政府也不大可能对在南京建立安全区的努力提供帮助,更何况这还是一个涉及中国主权的问题。

因此,国际委员会只能把安全区建立在诸如"只要与日方必要的军事措施不相冲突,日本政府将努力尊重此区"③这种模棱两可的许诺的基础上。事实证明这种许诺是靠不住的,日军很快就找到了不尊重安全区的借口——一些中国士兵在来不及撤离南京的情况下,放下武器,脱掉军装,躲进了安全区(根据国际法,放下武

① Martha Lund Smally(edit.), American Missionary Eyewitness To The Nanking Massacre, 1937 - 1938, Documentation of the Nanking Massacre, p. 45, Yale Divinity School Library Occasional Publication No. 9.

② [德]约翰·拉贝:《拉贝日记》,第 235 页。

③ [德]约翰·拉贝:《拉贝日记》,第 124 页。

器的士兵应被视为战俘，屠杀他们就是犯了"普通战争罪"，因此，这决不是开脱日军罪责的理由）。这是安全区功能错位的另一个重要原因。

由于中国守军撤退中出现了严重的混乱，大批军人无法有序地撤走而滞留在城内，其中有一部分进入了安全区。日军的既定方针是搜捕并屠杀——即所谓的"扫荡残兵"并"纪律肃正"这些放下武器的士兵，因而在安全区开始了大规模、长时间的搜捕行动。除了个别情况，安全区国际委员会的西方人士对此也无能为力，因为从一开始安全区就规定不应该有任何中国军人进入，何况日军已怀疑西方人士是有意让他们到安全区来躲藏；更重要的是，这种情况不像强奸、抢劫这类属于个人性质的犯罪，在一定的场合下，西方人士尚能加以阻止，面对有组织、有预谋的抓捕和屠杀战俘的犯罪，个人是很难制止的。他们所能做的只是请求日军善待这些俘虏。日军不仅不按照国际法对待这些中国俘虏，而且在搜捕过程中，以此为借口犯下了对平民的暴行，许多屠杀和强奸案例都是在搜捕过程中发生的。

贝德士在远东国际军事法庭作证时有过详细的描述：

> 日本军官指望在城里发现大批中国士兵，这给安全区造成了严重的问题。当他们没有发现这些士兵时，他们坚持认为这些士兵躲在安全区内，我们应该对隐藏这些士兵负责。在这种理论的指导下，日本官兵及非执行任务的日军在3个星期里日复一日地到"安全区"的难民中搜捕前士兵。通常的做法是将安全区某个区域里或在某个收容所里所有青壮年男子排好队逐个检查，如果手上有老茧，前额有帽痕的话，就被带走。好几次我在现场，看到了整个过程。毫无疑问，难民中有一些人是士兵——即脱掉军装，放下武器，穿着平民服装的

图 3 - 8　贝德士在远东国际军事法庭作证

（美国国家档案馆）

士兵，但这样被抓走的人大多数是普通的挑夫和劳动者，他们手上有老茧是常事。通常他们被带到城外并立刻被枪毙。①

另外，很多强奸、抢劫等罪行也是在这一借口下进行的。日军第十六师团步兵第三十八联队第二大队步兵炮小队的上等兵东口义一的供词也证实了这点。他说："1937 年 12 月 14 日，步兵三十八联队第二大队步兵炮小队在南京城内时，根据小队长市川中尉

---

① Transcripts of the Proceedings of IMTFE，pp. 2631－2632，Record Group 331，Entry 319，IPS，National Archives.

的命令,我作为第二分队上等兵炮手在分队长吉村军曹指挥下,以打扫战场和搜索隐匿武器为名,进入军官学校内的民房,结果发现看家的一名 35 岁左右的妇女,我用手枪威胁把她强奸。"①因此,如果中国军队都能顺利地撤出南京的话,安全区可能会更好地发挥其安全功能,至少,日军少了一些施暴的借口。

综上所述,由于南京安全区的建立系个人行为,加上日军拒绝正式承认安全区,以及部分放下武器的中国军人躲进了安全区等原因,作为整体,安全区原先设定的安全功能未能得到应有的发挥,而安置和救济功能却因日军长时间持续的暴行上升到了主体位置。本章的目的并非贬低安全区国际委员会及他们所创建的安全区的作用,恰恰相反,是为了弘扬国际委员会成员们的"知其不可为而为之"的顽强作风、崇高的人道主义精神以及作为个人为保护难民所发挥的重要作用。同时,也希望能解释为什么会出现"安全区"和"大屠杀"这一始终伴随日军南京大屠杀研究的一对自相矛盾的术语。

---

① 《东口义一笔供》,朱成山主编:《侵华日军南京大屠杀外籍人士证言集》,第 363 页。

第四章　安全区的难民组成和难民心理

第一节　安全区的难民组成

一、安全区人口及其组成

1937 年 7 月 7 日的卢沟桥事变引发了中日间的全面战争。这一重大事件,起初对当时南京的普通百姓影响并不大。南京的"新生活运动"仍在如火如荼地开展,一些市政工程仍然按部就班地规划与建设。七月流火,夜间前往玄武湖纳凉避暑的市民日渐增多,市政当局不得不延长关门时间。[①] 秦淮河畔,笙歌不断,"一般下级歌女及私娼,在河中极为活跃,丝竹欢声,彻夜不绝,附近居民不堪其扰",市政当局不得不出动警察,加以取缔。[②]

日本自发动九一八事变侵占中国东北后,对华北采取蚕食策

---

① 《天气渐热,夜间游园者日增,玄武门延长关门时间,各机关昨商整顿秩序》,《中央日报》1937 年 7 月 8 日,第 3 版。

② 《夏夜街头私娼活跃,秦淮歌声彻夜不绝》,《中央日报》1937 年 7 月 19 日,第 3 版。

略。中日之间的局部冲突时有发生，且往往以中国方面的妥协退让结束，有亲历者称其为"温战"。① 对于普通的南京市民来说，北方的战事似乎很遥远，普遍以为事态将很快平息。

实际上，北方的战事持续向纵深发展。7 月 19 日，蒋介石在庐山发表谈话，表达了抗战到底的决心。国民政府虽然认为对日一战不可避免，但对事态的发展缺乏预判，甚至还心存侥幸，寄希望于西方国家出面调停。对战局进展的新闻，相关部门严加控制，报喜多于报忧。7 月 28 日，媒体播发中国军队夺回丰台、廊坊的消息后，南京到处充满喜庆气氛，市民甚至燃放鞭炮庆祝。但战局的发展远不如新闻报道的那样乐观。7 月 30 日、31 日，北平、天津相继沦陷，举国震动。南京近邻上海的局势也日渐紧张，加重了人们的忧虑。

旧时，人们把躲避兵灾和匪患称为"跑反"。南京第一次大规模的"跑反"就始于 1937 年 8 月初。

7 月 29 日，军政部长何应钦认为，南京有百余万人口，"战时甚感不便，亦可先将妇孺迁移他处。此事虽不免使人民稍有恐慌，但终究必归实现，故可着手办理，尤其机关职员之眷属，尤宜先秘密移动"。但又以此关系重大，"须由军委会召集各院部会开秘密会商议妥拟方案，请委座核示后，再逐渐办理"。②

8 月 1 日，国民政府军事委员会发布了公务人员 3 日内转移妇孺家属的通知。由于这个通知极其仓促和突然，引起了人们极度的紧张与恐慌，一时颇有"山雨欲来风满楼"之气象。当天，南京还

---

① 钮先铭：《佛门避难记》，张生编注，南京师范大学出版社 2005 年版，第 1 页。
②《卢沟桥事件第 19 次会报》，《民国档案》1987 年第 3 期。

发生了两次小地震。① 3 日、4 日，南京又迭遭台风暴雨的袭击，其强度历史罕见。虽然地震轻微得只有少数人能够觉察，台风暴雨亦纯属自然现象，但战争阴霾笼罩，这些无疑都是不祥之兆。时任行政院参事陈克文的日记对此有形象的记述，他 8 月 3 日记云："上午十时后，狂风至夜，风势之大与沿海飓风相仿佛，为南京近年来所仅见，昨日公务员家属可以自由撤离之消息传布后，已成满城风雨之势。今又助以狂风，时加阵雨，真不啻大战之即将来临也。"8月 4 日，他又写道："狂风未息，时有阵雨，路上树木纵横，落叶满地，凄惨之象恍如战后。逃难者络绎于途，神色仓皇，一若大难即在目前者。交通工具有限，火车轮船，拥挤不堪，欲行不得者，更不知几许。"②由于国民政府对人员的疏散毫无计划，加之台风暴雨对客流的阻滞，使得车站、码头人流量激增，秩序极其混乱，以致出现少妇在下关码头坠江而死的惨剧。③

　　8 月 13 日，上海战事爆发。8 月 15 日，日军出动飞机对南京进行了大规模的轰炸。更多的人加入逃难的行列，魏特琳在 8 月 13日的日记中记述："城里的人似乎也被吓坏了，许多人溯江而上到一些小地方，甚至去了农村……据说为逃离南京，一些人坐在火车顶上去芜湖。"④

　　11 月 12 日，上海沦陷。上海是南京的门户。南京城内外，难民溃兵阻塞交通，医院里挤满了伤员，失败的情绪笼罩在人们心

---

① 《昨两次地震，均历十余秒钟》，《中央日报》1937 年 8 月 2 日，第 3 版。

② 陈方正编辑、校订：《陈克文日记（1937—1952）》上册，社会科学文献出版社 2014 年版，第 88 页。

③ 《下关因时局演惨剧，少妇坠江死，上水各轮客挤均停止售票，新运会维持车站码头秩序》，《新民报》1937 年 8 月 7 日，第 5 版。

④ 〔美〕明妮·魏特琳：《魏特琳日记》，第 11 页。

头。11 月 15 日，坊间开始流传政府迁都的消息，交通部征用船只开始搬迁。陈克文在日记中写道："满城风雨，人心惶惶。不图宋室南渡，与明末播迁之景氛，竟令吾人身受之也。"[1]11 月 20 日，国民政府正式发布迁都宣言，南京又开始了第二次大规模的人口迁移，政府官员也加入其中，《纽约时报》1937 年 11 月 18 日报道称：

> 这场撤离昨天演变成全民大出逃。大街上挤满了人，城门阻塞，各式车辆上都坐着逃亡的人们。无论是宽阔的现代化的交通要道，还是狭窄的泥巴路，到处都有上面摆满了包裹、被褥、罐子、盆和哭泣婴儿的人力车、马车，中间还混杂着徒步逃难者，他们与现代化的汽车、卡车赛跑。[2]

对此，魏特琳也记述：

> 数周以来，人们一直在撤离南京。先是富有的人家开始撤离，所有的卡车、小汽车都派上了用场，成千上万的人沿江驶向汉口或更远的西部。接着是中产阶级开始撤离，最后是穷苦人。多少天以来，你可以看见人力车满载着箱子、铺盖卷和乘客经过。所有能这么做的人都逃出了南京，穷苦人往往是带着儿女躲到乡下，把老年人留下看家。[3]

能走的人都走了，留下来的大多是贫困穷苦的人，他们无力外逃，牵挂自己的亲人和微薄的财产。幸存者张家勤当时 13 岁，他的父亲是失业的布店职员，母亲当时已怀孕 7 个月，还有姐姐、妹

---

① 陈方正编辑、校订：《陈克文日记(1937—1952)》上册，第 128 页。
②《中国的进攻阻挡敌人推进》，杨夏鸣、张生编：《国际检察局文书·美国报刊报道》，张宪文主编：《南京大屠杀史料集》第 29 册，江苏人民出版社 2007 年版，第 377—378 页。
③ 华群：《第一个月的评述(1937 年 12 月 13 日—1938 年 1 月 13 日)》，章开沅编译：《美国传教士的日记与书信》，张宪文主编：《南京大屠杀史料集》第 4 册，第 311 页。

妹、弟弟,一家 7 口住在城南的牵牛巷,他回忆说,日军占领南京前夕,"有钱的人去了长江中上游,来宁谋生的人返回原籍,小康人家去了农村,没有走的是无力去外地生活的城市贫民"。他家后门原来是一个黄包车行,"兵荒马乱后,拉车的人都回江北去了。在寂静中听着远处的炮声,使人感到失群后的惊恐"。①

安全区的设立,无疑给这些贫苦的人们提供了一个栖身之所。安全区国际委员会在成立之初,曾试图了解留在南京的人口数量。11 月 29 日,首都警察厅厅长王固磐宣称还有 20 万人留在南京。②在战时混乱的情况下,王的这一说法显然只是一种估计。拉贝希望王固磐提供更为准确的资料,但王因拒绝留在南京很快被解职,拉贝在日记中写道:

> 我正在努力收集更详细的资料,想知道留下来的市民有多少。这时传来了谣言,说那个本想给我提供"相当准确"资料的人,即前警察厅厅长王固磐先生被捕了。他辞去自己的职务,是因为他不是军人,感到不能胜任这一工作。这条消息尚未被证实。③

在这样的情况下,国际委员会只好退而求其次,尽可能在中国人中间调查摸底。在 12 月 1 日的日记中,拉贝又记述:"我们先要向这里每个代销报纸的中国人打听:有没有人,都是些什么人留在这里。就是说,我们要查看一下中国人情绪的晴雨表。"④魏特琳也曾让在教会工作的罗小姐以家访的形式做过小范围的调查,即金

---

① 张家勤:《我在难民区的所见所闻》,《南京史志》1987 年特刊(总第 25 期)。

② [德]约翰·拉贝:《拉贝日记》,第 114—115 页。

③ [德]约翰·拉贝:《拉贝日记》,第 118—119 页。

④ [德]约翰·拉贝:《拉贝日记》,第 123 页。

女大附近有多少名妇孺届时会进入校园避难，调查结果只有200人。①

　　为安置难民，国际委员会对安全区内可供使用的住房进行了调查摸底，一开始的调查结果是令人乐观的，他们认为，"如果区内的私房主以及私房的租户能像我们期待的那样慷慨和爱国，与朋友合住，或者将房子以和平时期的半价出租，那么我们估计，安全区内有足够的房子安置市内剩余的居民"。②

　　囿于战时纷乱的局势，西方人士对南京沦陷前夕的人口数量并不十分清楚，他们的日记和书信中相关的表述，都存在模糊甚至错误的情况。早在10月上旬，拉贝在给《远东新闻报》编辑胡尔德曼的信就说，南京约100万—120万的居民中，至少已有80万人离开了，街道和广场空荡荡的，到处是防空洞。③威尔逊在12月14日给友人的信中写道："南京剩下的人口，大约15万—20万人都涌进了我前面所说的难民区。"④克勒格尔在报告中也说："到12月12日这一天，当时滞留在城内的居民可以说全部逃进了安全区，总数约有20万—25万。"⑤如此等等，不一而足。

　　长期以来，日本右翼人士、南京大屠杀否定论者一直在南京沦陷前的人口数量上大做文章，把安全区的人口与南京市的人口混为一谈。早在1980年代，日本北海道拓植大学讲师田中正明在其

---

① ［美］明妮·魏特琳：《魏特琳日记》，第168、174页。

② 《供中国报界专稿》(1937年12月8日晚)，［德］约翰·拉贝：《拉贝日记》，第153页。

③ 《一声长"呜"，三声短"呜"，南京来鸿》，［德］约翰·拉贝：《拉贝日记》，第50页。

④ 《威尔逊致朋友们》(1937年12月14日)，张生编：《耶鲁文献》(上)，张宪文主编：《南京大屠杀史料集》第69册，江苏人民出版社2010年版，第67页。

⑤ 克里斯蒂安·克勒格尔：《南京受难的日日夜夜》，［德］约翰·拉贝：《拉贝日记》，第461页。

《向中国抗议：九问"南京大屠杀纪念馆"》一文中，就曾提出："市民
20 万，防卫队 5 万，合起来当时南京人口就是 25 万。即使一个没
剩全部被杀，也只不过是 25 万，可是为何说杀害了 30 多万呢？这
实在令人百思不得其解。"[1]1990 年代以来，田中正明的观点仍一
直为右翼学者广泛沿用。如 1996 年藤冈信胜出版的《近现代史教
育的改革》、1998 年小林出版的《战争论》、同年东中野修道出版的
《南京大屠杀的彻底检证》、2001 年北村稔出版的《南京事件的探
究》和 2002 年东中野修道编的《日本"南京"学会年报》等，都仍在
继续阐述"战前南京人口 20 万说"，其中，东中野修道和北村稔对
田中正明的观点都加以发挥。东中野修道以西方人士对人口数量
的估算为根据，在《南京大屠杀的彻底检证》一书中，大谈中国的户
籍管理不严密，对人口缺乏准确的记录，而 1938 年 8 月日伪当局统
计的南京人口总数为 308 546，由此认定，"国际委员会推定南京陷
落时总人口为 20 万或 25 万的记录，与当时的实际情况是基本相符
的"。[2]　因此，这里很有必要将人口问题梳理清楚。

　　在日本发动全面侵华战争前，南京作为当时中国的首都，其户
籍人口资料一直比较完备。南京市常住人口，自 1935 年 11 月开始
突破 100 万，到 1937 年 6 月，南京人口为 101 万。八一三事变爆发
后，随着日军的空袭及步步推进，相当一部分人撤往后方，南京人
口锐减。在这一期间，要对户籍人口进行严密准确的统计是不可
能的。为了掌握南京人口迁移情形，1937 年 10 月 16 日，国民政府内
政部曾专函南京市政府，要求将全市人口迁移情形，"迅予确查见

---

[1]『正論』1985 年 12 月号。

[2] ［日］东中野修道：《南京大屠杀的彻底检证》，严欣群译，新华出版社 2000 年版，
　　第 200 页。

复",并敦促南京市政府此后需"按旬咨部俾资查考"。10 月 18 日,南京市政府乃命令各区"迅速查报,以凭汇复"。但处在战乱之际,加上各区事务繁忙,特别是"因京郊建筑防御工程征调民夫甚多,本市乡区保甲长多赴要塞督工,致户口报告不免稽延"。[①] 直到 11 月初,南京市 12 个乡区中,只有 7 个区上报了统计数字,在档案中我们一直未能发现另外 5 个区的报告。从上报的 7 个区来看,在 11 月初,南京市常住人口数为 37.3 万余人。当时南京市各区居民面临相同的战争威胁,市民向外迁移的程度相差不会太多,因此,我们可以推算出当时留在南京的人口概数。

　　1936 年 7 月,南京市曾对常住人口进行过一次较为精确的普查。[②] 如果以此为参照基数,对照 1937 年 10 月底和 11 月初所上报的 7 个区人口数,可以计算出南京市城乡各区人口数减少的概率。考虑到城区和乡区人口迁移情况的不同,计算其概率时将城区和乡区分开。《1936 年 7 月与 1937 年 11 月南京市各区人口统计表》显示:1937 年 11 月初,5 个城区人口迁移率是 48.9%,也就是说城区人口中有近一半的市民离开了南京。1936 年时 7 个城区人口数为741 667 人,根据城区人口减少的概率,迁移后的城区人口数应在37.9 万人左右。1937 年 11 月初,2 个乡区人口迁移很少,其迁移率为 17.6%。1936 年时 4 个乡区的人口数为 203 877 人,迁移后的乡区人口应在 16.8 万人左右。这样我们可以得出,1937 年 11 月初,南

----

① 《南京市政府关于本市户口异动情形致内政部咨文》(1937 年 11 月 10 日),经盛鸿等
　　编:《战前的南京与日机的空袭》,张宪文主编:《南京大屠杀史料集》第 1 册,第
　　3—4 页。
② 这次南京人口普查,其调查的对象主要是南京常住人口,因此,其调查南京人口数为
　　945 544 人,没有达到 100 万人,但资料显示南京市总人口 1935 年就已突破了百万,
　　1937 年 6 月南京市人口为 1 015 450 人。

京市常住人口中尚有 54.7 万余人留在南京。[1]

表 4‑1　1936 年 7 月与 1937 年 11 月南京市各区人口统计表

区别	1936 年 7 月		1937 年 10—11 月		
	户数	人口数	户数	人口数	报告时间
总计	181 476	945 544	86 800	373 092	
城区共计	142 677	741 667			
第一区	24 724	134 456	缺	缺	
第二区	17 165	88 679	9 440	37 324	10 月 27 日
第三区	15 629	84 430	10 119	38 889	10 月 28 日
第四区	27 092	138 263	18 076	70 688	10 月 30 日
第五区	27 655	140 269	22 785	108 247	11 月 3 日
第六区	14 633	79 163	11 288	50 877	11 月 1 日
第七区	15 777	76 407	缺	缺	
乡区共计	38 799	203 877	15 092	67 067	
第八区	7 325	30 916	7 625	29 456	10 月 30 日
孝陵区	7 558	50 518	7 467	37 611	10 月 30 日
燕子矶区	13 205	63 472	缺	缺	
上新河区	9 707	51 805	缺	缺	
陵园区	1 004	7 166	缺	缺	

资料来源：1936 年 7 月南京各区人口统计见南京市户口统计专门委员会办事处编：《民国二十五年度南京市户口统计报告》；1937 年 11 月初南京市各区人口统计资料藏于南京市档案馆，转引自钟庆安《关于一九三七年南京沦陷前夕人口的考证——用档案材料驳〈南京大屠杀之虚构〉一书》，《文献和研究》1985 年第 5 期。

　　1937 年 11 月初，南京市民中尚有 54.7 万余人未能迁移这一事实，也得到了其他资料的证实。11 月中旬，军事委员会后方勤务

---

[1] 参见张连红《南京大屠杀前夕南京人口的变化》，《民国档案》2004 年第 3 期。

部曾召集各相关机关开会讨论遣送难民问题,并要求南京市政府将"遣送路线人数及区域即日呈函后方勤务部",以便照办。11 月23 日,南京市政府回函称:"查本市现有人口约五十余万。除一部能自动离京,一部事实上决不能离京者外,估计需要遣送难民约二十万人左右。"①10 月下旬,日本情报人员也报告称南京尚有 53 万余人。②

　　11 月 12 日上海沦陷和南京国民政府宣布迁都之后,南京又开始了第二次人口迁移。③"通往下关的路上,行进着成百上千辆装满了行李的人力车,以及跟车的中国人,他们都想乘坐那几条即将驶往上游的轮船到安全的地方去。"④在南京第二次迁移中,迁移人员主要以公务人员为主,另外尚有大量政府档案文件和相关物资,为保证国民政府各部门的安全迁移,"所有南京市区内的民船全部征集编成号码,听候调遣,开往上游"。⑤ 大小轮船受到交通部的统制,因此一般民众要乘船或乘车离开南京是相当困难的。各轮运公司客轮争趋长江上游,不再回转,又恐日机轰炸,过京不停,过江小轮船及津浦铁路轮渡,白天也不敢在城外停泊,江面上仅有少量民船航行。船只供不应求,长江天堑阻隔了人们逃难的退路。王正元时任首都电话局"军话专线台"话务领班,他回忆说:

---

① 《南京市政府关于难民遣送致军事委员会后方勤务部公函节录》(1937 年 11 月 23日),中国第二历史档案馆、南京市档案馆编:《侵华日军南京大屠杀档案》,第 915 页。

② 《驻沪冈本总领事致广田外务大臣函》(1937 年 10 月 27 日),中央档案馆、中国第二历史档案馆、吉林省社会科学院合编:《日本帝国主义侵华档案资料选编·南京大屠杀》,第 14 页。

③ [美]明妮·魏特琳:《魏特琳日记》,第 152 页。

④ [德]约翰·拉贝:《拉贝日记》,第 89 页。

⑤ 《市区内船只登记就绪》,《中央日报》1937 年 11 月 21 日,第 2 版。

　　11 月底以前,南京的轮船票就很难买了。自南京宣布进
入战时状态后逃难者蜂拥逃离南京,一张船票比原值高出四
五倍。辗转过手的黑市票,甚至高出十数倍。由于轮船都是
停泊在江心,不敢靠岸,即使买到票的,也必须雇小木船登轮,
而小木船也是漫天要价;小船挤满了人和行李,江面上,落水
呼救时见,舍身夺船迭闻。①

　　因此,船少人多,通过水路逃难困难很大,使部分市民欲往江
北或溯江而上成为不可能。从 11 月下旬到 12 月 13 日南京沦陷的
半个多月时间里,固然有一部分市民逃离南京,但南京的总人口没
有太大的变化。

　　不少贫困的百姓直到局势相当危急才试图过江逃难,那时已
经不可能了。徐永昌在 12 月 7 日的日记中记述,"中山码头一带候
过江者仍是人山人海,有在码头候至三日不得渡者"。②

　　在这样的情况下,很多人转而回城进入安全区。幸存者黄文
奎回忆说:

　　　　当时有钱人纷纷逃往内地重庆,我们是世居南京的升斗
　　小民,只好留在南京。为了逃命,我父亲带着全家十余人打算
　　去江北逃难,扶老携幼,到了上新河棉花堤渡口,看到渡口只
　　有一条船,大家争先恐后抢着上。由于船小人多,人又不断向
　　上爬,超过了船的负载,当时船沉在江中,惨状目不忍睹,我父
　　亲只好带着全家老幼返回城南老家。听说有国际委员会难民

①　王正元:《南京保卫战中的军话专线台》,中国人民政治协商会议全国委员会文史资料
　　研究委员会《南京保卫战》编审组编:《南京保卫战:原国民党将领抗日战争亲历记》,
　　第 47 页。
②　《徐永昌日记》第 4 册,(台北)"中央研究院"近代史研究所,1990 年,第 198 页。

收容所……因为我家去迟了未能进入，后向邻居租了鼓楼五条巷怡华里 6 号居住，认为可保险了。①

幸存者吕景堂也回忆：

> 1937 年 12 月上旬，日军快到南京时，我准备逃难回湖北家乡，当时，日本飞机日夜轰炸，长江轮船不敢开航，随即我进了难民区，住在汉口路平仓巷 2 号。②

除常住人口外，南京沦陷前的人口还包括为数众多、滞留南京的流动人口。当很多人慌不择路、扶老携幼逃离南京的时候，又有不少难民涌进南京城内。自八一三淞沪抗战以来，"各地难民纷纷来京，每日千数百人不等"③，他们中有的来自北方战区，如北平、天津，有的来自江南如上海、苏州、无锡、镇江等地。很多人以南京为落脚点，在这里稍作停留继续西进，其中也有不少人因川资不敷，不得不滞留南京；更有人认为南京是首都，安全有保障。幸存者张玉英的父亲张慰曾在北平电话局工作，他认定南京是首都，"应该比较安全"，举家从北平到了南京。④

到 11 月中旬，虽然南京已经处于临战状态，但蜂拥而至的难民潮依然不减。11 月 12 日，美国圣公会牧师福斯特携夫人克拉丽莎从扬州来到南京，克拉丽莎记述，"伴随着要求所有政府官员撤至上游的命令，南京陷入一片恐慌。难民们逃进城里，其他的人涌

---

① 《黄文奎证言》，朱成山主编：《侵华日军南京大屠杀幸存者证言集》，南京大学出版社 1994 年，第 274 页。

② 《吕景堂证言》，朱成山主编：《侵华日军南京大屠杀幸存者证言集》，第 403 页。

③ 《世界红卍字会南京分会〈民国二十六年至三十四年慈善工作报告书〉节录》，中国第二历史档案馆、南京市档案馆编：《侵华日军南京大屠杀档案》，第 922 页。

④ 《张玉英证言》，朱成山主编：《侵华日军南京大屠杀幸存者证言》，社会科学文献出版社 2005 年版，第 369 页。

向城外。任何一个方向都没有运输工具，家什物品、办公设备都被堆放在街道和人行道上"。① 由于交通阻塞，战局恶化，很多外地难民滞留在南京，他们人地生疏、举目无亲，不得不艰难地在南京寻找栖身之地。

到南京沦陷前夕，外地难民仍然不断涌向南京。徐永昌在12月7日的日记中记述了蒋介石遇见苏州难民时的情形：

> 钱慕尹云：蒋先生前日在陵园路上见一偕妻担子女之难民凄惶路旁，询之乃悉敌攻苏州时逃出，现中山门拒难民入城，被无路可走，因令携之入城。后询其将何止，则茫然大恸，虽予以资斧而不能止其怨苦。归来频语，这是谁的罪。②

除大量难民涌入南京外，作战负伤的士兵，也源源不断地从前线运抵南京。

此外，南京沦陷前的人口还应包括中国守城官兵，据学者研究与统计，参加南京保卫战的中国守军有15万人左右。③

如果对常住人口、流动人口以及参加南京保卫战的中国守军进行综合的考察，那么可得出这样的结论：南京沦陷前的人口总数应在60万以上。

那么，又有多少人进入了安全区呢？据国际委员会估计，安全区内的原有居民为1万人。南京沦陷前后，由于大量难民持续不断地涌入，面积狭小的安全区人满为患。西方人士的日记、书信所记述的安全区人口数量都是估计。国际委员会在1937年12月17

---

① 《福斯特致妻子函》(1937年11月23日—1938年2月13日)，章开沅编译：《美国传教士的日记与书信》，张宪文主编：《南京大屠杀史料集》第4册，第92页。

② 《徐永昌日记》第4册，第198页。

③ 孙宅巍：《南京大屠杀遇难同胞中究竟有多少军人》，《抗日战争研究》1997年第4期。

图 4－1　京（南京）沪路上的难民

（国民政府军事委员会政治部编:《日寇暴行实录》,1938 年。）

日及 1938 年 1 月对部分难民收容所进行过不完全的统计,分别为 4.934—5.134 万人①与 5.98—6.09 万人②,此外未对整个安全区进行过全面系统的人口统计。

　　难民收容所共有 25 个,两次调查所列举的均为 20 个,但名称不完全一致,而且人数也只是约数,难民收容所的实际人数远高于上述数字。

　　对于难民收容所的人数,《南京国际救济委员会报告书》中所记述的数字更为精确:

　　　　收容所内难民平均人数,十二月后半月为 70 705 人;一月份 62 500 人;二月份为 36 800 人;三月份为 26 700 人;四月

---

① ［德］约翰·拉贝:《拉贝日记》,第 207—208 页。
② ［德］约翰·拉贝:《拉贝日记》,第 332—366 页。

份为 21 750 人；五月份为 12 150 人。①

从 1937 年 12 月 14 日到 1938 年 1 月 4 日的国际委员会文件，都认为安全区的人口为 20 万。随着时间的推移，国际委员会开始意识到以前过于低估了安全区内的人口。斯迈思 1938 年 1 月 22 日给上海全国基督教总会 C. L. 博因顿的信中，把安全区的人口数量从 20 万提高到 25 万，他写道："您大概已经发现，我们对区内居民的估计数字已从 20 万升至 25 万。我们从未做过精确的统计。日本人登记的数字为 16 万人，这其中不包括 10 岁以下的儿童（通常占人数的四分之一），由于日本人对登记已经厌倦，所以对其中一部分 17 岁以下的女孩以及 30 岁以上的妇女也根本未加登记。因此 25 万与其说高估了，不如说低估了，总数可能会有 30 万人。"②此后，国际委员会的文件一直延续 25 万人这一说法。

迫于人口过于拥挤的压力，国际委员会曾经鼓励难民在可能的情况下回到城市其他地方去居住。的确也有不少人出于各种考虑，离开了安全区，但是，一旦离开了西方人士的保护，他们往往就面临被杀戮的命运。与外界相比，安全区有很强的吸引力，斯迈思指出，"人们有个想法，即情愿花钱买个'安全感'。事实已经证明了这一点：调查报告里讲到，即使在南京沦陷 14 个星期以后，还有 43％的人住在房屋只占总数的 4％、面积只有城区总面积 1/8 的安全区里。虽然安全区不是日军当局组织的，但事实上安全区里没有火灾发生却是极大的好处，而且与外面的破坏和暴力比较起来，

①《南京国际救济委员会报告书》(1937 年 11 月至 1939 年 4 月 30 日)，张生等编：《英美文书·安全区文书·自治委员会文书》，张宪文主编：《南京大屠杀史料集》第 12 册，第 395 页。

②《南京安全区国际委员会致 C. L. 博因顿函》1938 年 1 月 22 日，[德]约翰·拉贝：《拉贝日记》，第 492 页。

安全区里的待遇要优厚得多了"。[1]

　　直到 1938 年初，一些在乡间避难的难民回到城里，仍然选择到安全区继续避难。

　　国际委员会的记录中曾经提到"所有非战斗人员基本都集中到安全区"，东中野修道即以此为根据，根本不进行认真的分析和研究，他的逻辑是，既然市民都进入了安全区，那么安全区外都是中国兵，杀死他们是理所当然的。事实上，安全区外仍然有大量难民存在。由于穷困、恋家等诸多原因，有很多人没有进入安全区。幸存者高秀琴当时 17 岁，她与父亲在汉中门以编织芦席为生，因为贫穷，未去安全区，"与许多穷人一样，还留在家里"。[2] 有的难民由于时间紧迫，来不及进入安全区，刘修荣与父亲、哥哥、弟弟四人住在江东门附近，当时他们只知道形势紧张，没料到日军会来得这样快；同时也舍弃不下家中的几头猪，就没去安全区。12 月 10 日，他们得知雨花台战事吃紧，便跑到江边，又无法过江，就在下关的水关桥住了下来。[3] 当时避居江浦的陆咏黄，就曾经耳闻目睹了难民进入安全区的情况。他说，尽管警察"挨户劝迁"，甚至强迫驱赶，"然仍有年老之男妇，甘与财产存亡，而不愿离开故居者，此后寇军入城，遭惨杀者即此辈也"。[4] 对于安全区外的难民，《朝日新闻》随军记者今井正刚也有证言："中国和日本不同，由于长期的内

① 《南京地区战争灾祸》，姜良芹、郭必强编：《前期人口伤亡和财产损失调查》，张宪文主编：《南京大屠杀史料集》第 15 册，江苏人民出版社、凤凰出版社 2006 年版，第 8—9 页。

② 《高秀琴口述》，张连红、张生编：《幸存者调查口述》（上），张宪文主编：《南京大屠杀史料集》第 25 册，第 38 页。

③ 《刘修荣口述》，张连红、张生编：《幸存者调查口述》（上），张宪文主编：《南京大屠杀史料集》第 25 册，第 19 页。

④ 陆咏黄：《丁丑劫后里门闻见录》，张连红编：《幸存者的日记与回忆》，张宪文主编：《南京大屠杀史料集》第 3 册，第 517 页。

乱,对战争习以为常。因此,日军进城后,不少人仍然照常生活,在日本兵面前转来转去显得毫不在乎。"①

　　另一方面,安全区也不是人们避难的唯一选择。求生,是人的本能,在战争状态下尤其如此。随着中国军队节节撤退,日军越来越逼近,南京城内人心惶惶。当人们纷纷溯江而上西迁内地的时候,留下来的穷人也寻求合适的地方逃难。不少人躲避到郊区的农村,魏特琳在10月2日拜访邻居时发现,"即使是菜农家,所有的年轻妇女和儿童都被送到农村去了,只有老母亲以及可能是长子的孩子还在家里"。② 由于缺乏政府的统一组织,这种迁徙和流动是盲目和无序的,"城北的百姓往城南搬,城南的百姓往玄武湖搬,玄武湖的百姓往乡下搬,乡下的百姓往城里搬。搬来搬去,好像他们离开原来地方就可以得到无上保障似的"。③ 对于所谓的"安全性",人们有各自的标准和判断。幸存者李桂发在日军飞机刚刚轰炸南京时就逃到秣陵关的亲戚家里,但当他获悉八府塘被炸,"人都被炸飞了,落在树上",又吓得跑回城里。④ 当时,南京周边地区如沙洲圩、栖霞寺、江南水泥厂、下关的和记洋行等地都曾聚集了不少难民。

　　事实上,安全区已经不堪重负,菲奇在1937年12月29日的日记中记述:

　　　　中国红十字会代表从下关带来信息,江边大约有20 000

---

① 《大屠杀的目击者——〈朝日新闻〉从军记者今井正刚的证言》,[日]森山康平:《南京大屠杀与三光作战——记取历史教训》,天津市政协编译委员会译,四川教育出版社1984年版,第3页。

② [美]明妮·魏特琳:《魏特琳日记》,第84页。

③ 《我们钢铁般的国都》,《时事半月刊》第1卷第3期。

④ 《李桂发证言》,朱成山主编:《侵华日军南京大屠杀幸存者证言》,第258页。

难民。他们要求进入难民区,但我们这里已经太拥挤。无论如何,日本人不许这样做,也不许我们到城外提供援助。他们暂时只有依靠自己了。[①]

考察人口问题,必须注意到人口的减灭和人口的流动。日军进城后,大肆搜捕青壮年,而安全区内人口的过于集中大大便利了日军的搜捕行动,很多人惨遭屠杀,12 月 15 日,2 000 余名军警被押往汉中门屠杀;12 月 16 日,5 000 余名难民被押往中山码头枪杀;12 月 16 日,4 000 余名难民被押往下关集体屠杀。至于零散屠杀的例子更多,安全区内人口的非正常死亡率相当高。

另一方面,虽然日军隔断了与外界的联系,使南京成为一座陆上孤岛,但是安全区内与区外的人口流动一直很频繁。由于安全区内过于拥挤以及粮食供应困难等诸多原因,一部分难民向区外流动,很多人在流动过程中遭到日军杀害;而日军连续不断的暴行,又迫使很多难民从区外向区内流动。

二、进入安全区的难民

从 11 月中旬安全区正式筹设到 12 月 13 日南京沦陷,只有短短 20 天的时间,其间南京的形势急转直下。老百姓忧心忡忡,开始筹划自己的藏身之处。11 月 28 日,心情沉重的魏特琳从上海路步行去明德中学,途中,不断碰到前来寻找安全区的妇女和儿童,魏特琳在日记中写道:"她们依稀听说了安全区的事情,想确定一下它的位置。我不得不停下来和她们交谈。我告诉她们,安全区还没有最后确定下来,但是,一旦定下来后,市政府会通知她们的。

---

① 《费吴生日记》(1937 年 12 月 10 日—1938 年 1 月下旬),章开沅编译:《美国传教士的日记与书信》,张宪文主编:《南京大屠杀史料集》第 4 册,第 80 页。

她们多么像没有牧羊人的羊群。"①

12月8日,安全区才正式对外开放,但这主要指区内学校、机关等公共建筑的开放。在此之前,一些难民通过租赁、协商等途径很早就进入了这一区域的住宅。

1937年8月,当南京遭受日机空袭时,这一地区由于外国使馆、教会学校较多,安全较有保障,很多人就在此租房居住。②

早在7月27日,军政部长何应钦决定在南京的中央各机关"办公地点疏开","在城内或外,准备民房秘密办公"。③ 相比较而言,外国使馆、教会资产相对集中的上海路、广州路一带,在空袭中几乎未受影响,从而博得了相对安全的名声,一些政府机关纷纷前往租房、办公。在南京遭受空袭不久,中央气象台即派人到金女大协商,借用学校的诵经厅,"他们不仅想把他们的办公室搬来,而且希望在这里吃、住"。④

随着空袭的加剧,越来越多的机关进入了这一区域,魏特琳在日记中有过多次记述。她的9月24日日记云:

　　　我很遗憾地说,由于我们所在的这个区域获得了相对安全的名声,这就意味着官员们将在此租房、办公,这使我们感到不很开心,我们可以保护他们,但他们肯定给我们增加了不安全的因素。⑤

9月27日,她在日记中又记述:

---

① 〔美〕明妮·魏特琳:《魏特琳日记》,第169页。

② 〔美〕明妮·魏特琳:《魏特琳日记》,第77页。

③《卢沟桥事件第17次会报》,《民国档案》1987年第3期。

④ 〔美〕明妮·魏特琳:《魏特琳日记》,第19页。

⑤ 〔美〕明妮·魏特琳:《魏特琳日记》,第71页。

　　吴博士让我带他们到附近的一些空房子去看看——在我们学校的南面。我们去了,但发现所有的房屋都被人租用了。后来我们又去了另外两处以前是空置的房屋,但也住满了。正如我以前说过的那样,这一地区享有安全的美誉,这意味着越来越多的人要求到金陵大学和金陵女子文理学院来,或是在附近租赁房屋,或是就住在学校。这成了这两所学校一个头疼的问题。①

　　正因为这一区域相对安全,11月初,中外人士讨论设立安全区(难民区)时,关于范围的划定,并未花费太多周折,一切似乎都是顺理成章。

　　官员的行为必然成为平民百姓的风向标。有一定条件的老百姓也搬进了这一区域。幸存者伍正禧回忆说:

　　　　1937年10月份时,日本飞机轰炸南京。我当时14岁,那时白天还可以跑跑,但是已经有人为了安全开始搬家了。爷爷为了安全起见,搬家到宁海路对门的街道。当时两边都是草地,对面女子大学里都是女人,只有少数男人烧饭、挑水。当时学校里有一个美国华小姐,她是我们中国妇女最崇拜、最尊敬的人。我们家就在路边搭了两个棚子,卖一些面点过日子。②

　　在12月4日晚8时举行的新闻发布会上,国际委员会建议各个家庭可以和亲朋好友私下协商解决自己的住宿问题,同时规定"只允许携带铺盖、衣物和食品"进入,因为安全区内可供使用的空

---

① [美]明妮·魏特琳:《魏特琳日记》,第77页。
② 《伍正禧口述》,张连红、戴袁支编:《幸存者调查口述》(中),张宪文主编:《南京大屠杀史料集》第26册,江苏人民出版社、凤凰出版社2006年版,第489—490页。

间有限,家具等财产不得携入。①

外地难民较早地进入了安全区。因他们对南京人地生疏,缺少稳定的落脚场所,安全区就成为他们的首选。12 月 8 日,金女大迎来了第一批难民———他们是从无锡、上海和战场前线的一些地方逃来的,这些难民大多被收容在学校体育馆内。

12 月 9 日,外地难民持续涌入,金女大舍监程瑞芳在当天的日记中写道:

> 九号　今日一天大炮声未停,由牛首山放的警报没有了,大郊〔校〕场被占。今日进来的人不少,外面的敌机、大炮声,里面的大人哭小孩,这些人有的住在战线,有的住城外,都是被我军赶进城来的,大概敌人不远了。下关有四千多难民,多般〔半〕由无锡那边来的,有的由句容来的,日军已到句容。这些难民本预备他们进安全区,今日解散,他们过江由铁路再往上走。有的未走脱,逃进难民区了,连被都没有,幸而我们有些被。五百号、一百号都住满了。②

司法院难民收容所也有不少外地难民。1938 年 1 初,米尔斯、福斯特检查该所时发现,在 528 名难民中,来自南京以外地区的难民占三分之一,其中大多数来自上海。③

由于交通阻隔以及日军办理有关的通行手续非常繁琐,外地难民在安全区内居住的时间较长。直到 1938 年 3 月,上海等地的难民才逐渐被遣返。有的难民因为生活穷困,长期滞留于南京。

---

① 《在安全区安置居民及分发食物的暂行措施》,[德]约翰·拉贝:《拉贝日记》,第 131 页。
② 《程瑞芳日记》,张连红编:《幸存者的日记与回忆》,张宪文主编:《南京大屠杀史料集》第 3 册,第 10 页。
③ 《检查报告》,[德]约翰·拉贝:《拉贝日记》,第 350 页。

难民施赓云原来家境殷实,1937 年 9 月,全家从上海老西门逃至南京。南京失陷后,其父、其弟被日军从难民区抓走杀害,其在上海及南京两地的书店均被焚毁,直到 1946 年 2 月,一家 7 口仍然居住在南京太平路,以卖旧书为生。①

　　外地难民的人数一直没有确切的统计。需要指出的是,在凶残的大屠杀时期,这些外地人因人地生疏,往往成为日军杀戮的首选对象。虽然如此,仍有不少外地难民幸存下来,他们的生活状况一直为国际委员会所关注,1938 年 2 月 13 日,委员会将他们的返家救济费用列在财务预算中,"救济返回南京以外家乡的难民5 000 人,每人 1 元,计 5 000 元"。②

　　外地难民同样引起了日军当局的注意,不过他们的工作重心在于强化"治安",将难民遣送回原籍。满铁株式会社南京特务班在1938 年 2 月的第二次报告中称:"原来在南京没有住处是因战争而退避到南京者,和随皇军入城部队而来到南京者,人数也相当多。因而自 2 月 9 日起以 10 天时间,令想回归南京周边地区的难民全部回归。另外,2 月 27 日、2 月 28 日两天送还想回归上海的难民约 1 000名。""希望回到昆山、苏州、无锡、丹阳、镇江方面者约 1 000 名,对这批人,也准备在适当机会送回。"到 3 月份,外地难民仍未遣返完毕,该特务班第三次报告称,往上海遣返难民第一次大约为 1 000 名,第二次约 850 名(已安排完毕),第三次部分未安排完,估计 1 000 名左右。火车开始营运后,第三次以后的人数将会减少。③ 南京特务班

① 《施赓云代电》(1946 年 2 月 14 日),张建宁、姜良芹等编:《南京大屠杀案市民呈文》,张宪文主编:《南京大屠杀史料集》第 23 册,第 106 页。

② 《南京安全区国际委员会关于形势的内部报告》(1938 年 2 月 14 日),[德]约翰·拉贝:《拉贝日记》,第 658 页。

③ 《南京特务机关的宣抚工作概况》(1938 年 1 月 21 日—3 月),姜良芹、郭必强编:《前期人口伤亡和财产损失调查》,张宪文主编:《南京大屠杀史料集》第 15 册,第 315、330 页。

的估计并不准确,后来的情况表明,仍有相当多的外地难民滞留在南京,据伪政权《南京市社会局历次遣送难民人数表》统计,从 1938年 5 月—12 月底,又分十次遣送难民,计 3 380 人,其后零星遣送,地点为上海、无锡、常州等地。① 上述遣送的难民中,还不包括那些自行设法回乡的难民。

在空袭中失去家园,或处于城市边缘面对日军锋镝逐渐逼近的人们,也较早地进入了安全区。当日机的轰炸越来越猛烈,很多无辜市民丧命时,人们纷纷寻找安全的场所,一些人进入了安全区。幸存者徐吉顺当时 29 岁,刚结婚不久,他与兄弟原在杨公井三十四标住处开鞋子作坊。日机轰炸南京时,他们全家转移到门西集庆路的岳母家,但那里同样不安全,又躲到中山北路靠大方巷的难民区。② 居住于大纱帽巷的市民於敏恭在 1945 年 11 月 1 日致南京市政府的呈文中说:"缘民国 26 年秋,日军轰炸南京,大纱帽巷曾投一弹,适在民住所间壁,险遭不测,于是投入难民区阴阳营地方避难。"③ 市民马明龙在 1945 年 11 月 2 日致南京市政府呈文中称:"窃民父恒福在王府园口(45 号)开设马正兴牛肉饭菜馆多年,年已八旬。民母马氏同大寡嫂查氏、民妻穆氏、民弟明财、弟妇武氏、寡妹马氏以及侄男女等二十多口,因日军轰炸南京暴虐,全家移入难民区。"④

---

① (伪)督办南京市政公署秘书处编:《南京市政概况》,南京立泰阁印书馆 1939 年 3 月刊行,第 13—14 页。

②《徐吉顺证言》,朱成山主编:《侵华日军南京大屠杀幸存者证言集》,第 116 页。

③《於敏恭为其侄於德明等被日军枪杀致南京市政府呈文》(1945 年 11 月 1 日),中国第二历史档案馆、南京市档案馆编:《侵华日军南京大屠杀档案》,第 153 页。

④《马明龙为其表弟武士铭被日军枪杀致南京市政府呈文》(1945 年 11 月 2 日),中国第二历史档案馆、南京市档案馆编:《侵华日军南京大屠杀档案》,第 199 页。

从 12 月初开始,南京外围战事逐渐吃紧。拉贝在 12 月 7 日的日记中记述:"现在可以看见贫穷的百姓带着生活用品和铺盖从四面八方进入我们的安全区。"在拉贝看来,"这些人还不是最贫穷的,他们只是先头部队。他们还有点钱财,可以花钱借住在安全区内的亲戚朋友处。真正一无所有的人还没有进来。安置他们必须开放中小学和大学,以集体住宿的方式安置,由粥厂向他们提供膳食。"①

其实,事实并不完全像拉贝所说的那样,由于军事方面的原因,中国军队在城郊清理路障、烧毁房屋,迫使一部分人离开家园,进入安全区。

从 11 月初开始,考虑到战事临近,南京的棚户区密集,一遇火患,易于燃烧,首都警察厅会同南京市工务局,开始拆除邻近"重要机关与军需储藏处"的棚户,拆除的办法是不收回棚户证,并给予一定的补偿。随着国民政府的西迁,火烧南京的传言益发甚嚣尘上。11 月 25 日,蒋介石在接受外国记者采访时对此进行了澄清,"外传南京如有陷于敌手之危险将付诸一炬之说,仅属谣传"。② 谣言并未因蒋介石的辟谣而停止。12 月 2 日晚,南京市长马超俊在新闻发布会上,再次明确否定了火烧南京的说法。③ 在部署南京周边阵地时,中国军队出于军事目的,的确烧毁了城郊接合部交战区域的部分村庄和民房,一度引起了人们的极度恐慌。

12 月 8 日晚,《芝加哥每日新闻》驻华特派记者斯蒂尔访问了城西,他看到人们匆忙打点仅有的那么一点财物,军事当局命令他

---

① [德]约翰·拉贝:《拉贝日记》,第 144 页。
② 《保卫南京》,《东方杂志》1937 年第 34 卷第 20、21 号。
③ 《南京近况》,张连红、陈谦平编:《英国使领馆文书》,张宪文主编:《南京大屠杀史料集》第 31 册,江苏人民出版社 2007 年版,第 552 页。

们半夜之前必须迁出，村庄将被烧毁。这些郊区的农民多以种菜为生，进入安全区实在是迫不得已。难民陈湘在 1945 年 11 月 6 日致南京市政府的呈文中也说："窃湘原住陈家牌坊 2 号，遂于民国 26 年夏历冬月初六日，奉军警逐令让房，免受危险等示，湘遵即带同妻、子、媳、孙女等至难民区，避地华侨路 47 号。"①陈家牌坊位于城南，处于中国守军的阵地边缘。

　　这些在极其无奈的状况下进入安全区的人们，舍弃不下微薄的家当，尽可能多带一些东西。福斯特 12 月 9 日给家人的信中写道："我真希望你能来看看这么些人从城市的各个方向涌进这一地区的情景。所有的道路上都挤满了一群群的人，他们拖的拖，拉的拉，尽可能多带些家当——不倦的人力车，有的甚至是学生在推，手推车、卡车、小马车，有轮子的不管什么车，当然人们手上也绝不空闲，尽可能地拎着包。"②

　　由于难民持续涌入，安全区的安置工作一时难以跟上，很多难民找不到住处而流落街头。拉贝 12 月 7 日的日记记述："有人谣传城内靠近城门的房子也要烧掉。这在那些住在南门附近的穷苦百姓中造成了恐慌，几百户家庭的一家老小涌向我们安全区，在黑夜中找不到住宿的地方。妇女儿童瑟缩哭喊着坐在铺盖卷上，等待着去找住处的丈夫和父亲。"③在 12 月 8 日的日记中，他又记述："成千上万的难民从四面八方涌进我们这个所谓的'安全区'，街道上比和平时期活跃了许多。看着那些一贫如洗的人们在街上漫无

---

① 《陈湘为其子陈明善被日军枪杀致南京市政府呈文》(1945 年 11 月 6 日)，中国第二历史档案馆、南京市档案馆编：《侵华日军南京大屠杀档案》，第 203 页。

② 《福斯特致妻子函》(1937 年 11 月 23 日—1938 年 2 月 13 日)，章开沅编译：《美国传教士的日记与书信》，张宪文主编：《南京大屠杀史料集》第 4 册，第 98 页。

③ ［德］约翰·拉贝：《拉贝日记》，第 145 页。

目标地流浪，真是催人泪下。那些还没有找到落脚处的人们，在寒冷的黑夜来临时，一家老小就躺在房子的角落里睡觉，还有些人甚至就躺在露天大马路上。"①

　　对城外的百姓来说，能够进入安全区，也许是一种幸运，因为随着城门的关闭及日后日军占领南京城，进入安全区非常困难。为防止奸细混进城内，12 月 8 日前后，中国守军只许市民出城，不允许进城。

　　城门的关闭，使得城内城外完全隔绝。12 月 9 日晚，在金女大栖身的妇孺有 300 人左右，其中有一位妇女大声痛哭不止，原来她只身入城办事，她 12 岁的女儿单独留在光华门外，那里的战斗异常激烈，她也无从出城，整天都守在金女大校门外，希望在来往的人群中能看到小女儿的身影。② 拉贝 12 月 8 日的日记中也记述道："我们的勤杂工很难过，他的家人在城外 20 公里的地方，他没法把他们接过来。他没有时间，因为我们的厨师病了，他要承担厨师的一部分工作。关于此事，他一个字也没有向我说过，我以为他的家人早就在这里了，但现在为时已晚。即使他出得了城门，他也许就再也进不了城了。"③

　　中日军队的激烈交战也迫使部分难民进入安全区。南京保卫战虽然为时极其短暂，但是非常激烈。12 月 8 日晚，南京卫戍司令长官唐生智下令第一线守军退守复廓、城垣阵地，决心决死一战。从 9 日起，日军以第十六师团主力攻打紫金山各要点，以第十三师团之山田支队攻打栖霞山、乌龙山一线，以第九师团攻打光华门，

---

① ［德］约翰·拉贝：《拉贝日记》，第 150 页。
② ［美］明妮·魏特琳：《魏特琳日记》，第 184—186 页。
③ ［德］约翰·拉贝：《拉贝日记》，第 149 页。

以第三师团步兵第六十八联队攻打通济门、武定门,以第六、第一一四师团各一部攻打雨花台、中华门、水西门一线。日军飞机、大炮狂轰滥炸,中国守军顽强抵抗,予敌以重创,连日本防卫厅战史室所编《中国事变陆军作战史》也称"敌人抵抗顽强""战斗没有进展"。住在城垣附近的百姓首当其冲,被毁房屋极多,纷纷避入安全区。宋希濂时任八十七军军长兼三十六师师长,他在回忆录中记述:

> 中华门至花牌楼一带,原为居民聚居的地区,尤以世世代代生长在南京的人及无力他徙的贫民,多半是住在这个地区里。十二日敌军猛攻中华门,这一地区落的炮弹颇多,许多房屋被毁,遂使这一带的居民发生恐慌,纷纷趋往安全区。当其奔走逃难之时,更高呼亲友,告以日军已冲入城内。而溃退的八十八师及一些高射炮队等亦加入退却。至是,自中山东路起通往下关江边之公路上,拥挤不堪,纷纷争先,梗塞于途。亦有急于奔逃,而将各物抛弃途中者。逃难中的居民及一部分散兵,亦有迁入难民区者。总之,十二日下午形成了极端混乱的状态。①

在激烈的交战过程中,中国军事当局也劝说老百姓进入安全区。安全区成立后,首都警察厅抽调部分警察,组成安全区警卫组,唐生智委派第六警察局长任建鹏任警卫长,劝令市民进入安全区:

> 由警厅抽调各局一部分员警,组织难民区警卫组,并由唐

---

① 宋希濂:《南京守城战役亲历记》,马振犊等编:《南京保卫战》,张宪文主编:《南京大屠杀史料集》第2册,第272页。

司令长官令派第六警察局长任建鹏兼警卫长,劝令留京之市民迁入难民区,四周均派遣警卫,并选派消防队警担任救护,以策安全。①

大屠杀幸存者陈桥当时 15 岁,家住门东边营 21 号,他回忆说,1937 年 12 月 10 日,国民党士兵沿街通知往北跑,他随母亲逃往难民区,住在高家酒馆安乐里一座楼房里。② 幸存者霍友才原来住在火瓦巷,他回忆说,"冬月十一日日军进城前,保长赶我们往北京路(今北京西路)难民区居住。当时去难民区的人很多,大家挤在一起,睡在地下"。③

人们在逃难途中相互影响、相互提醒。幸存者陶春秀当年住在竺桥 42 号,全家 8 口人靠父亲陶润生在竺桥街上开一个小杂货店度日。12 月,老百姓纷纷逃难,陶春秀一家因是外地人,其父又舍不得小店,所以一直没走,直到日军进城的前三天,一个姓杨的邻居经过她家门口,看到她一家人还在,就劝她父亲赶快逃往难民区。④ 张家勤清楚地记得他们一家进入安全区时的情景:

> (12 月)10 日中午,母亲从外面回来说:"满街的人都朝难民区跑,说是日本鬼子已打进城来了。"我们赶忙收拾东西上路,大街上果然全是扶老携幼、肩扛手提的人流向北运动。逃难的人除了知道有个外国人办的难民区外,谁也说不清更具体一点的情况。好在人多胆壮,全都随大流。⑤

---

① 《南京首都警察抗战实况》,马振犊等编:《南京保卫战》,张宪文主编:《南京大屠杀史料集》第 2 册,第 236 页。

② 《陈桥证言》,朱成山主编:《侵华日军南京大屠杀幸存者证言集》,第 115 页。

③ 《霍友才证言》,朱成山主编:《侵华日军南京大屠杀幸存者证言集》,第 35 页。

④ 《陶春秀证言》,朱成山主编:《侵华日军南京大屠杀幸存者证言集》,第 198 页。

⑤ 张家勤:《我在难民区的所见所闻》,《南京史志》1987 年特刊(总第 25 期)。

12 月 11 日,炮火夜以继日地轰鸣,难民纷纷涌入。在激烈的枪炮声中,被恐惧所包围的难民们张皇失措,很多人在这紧急关头才踉踉跄跄地奔向安全区。幸存者沈遐鸿回忆:

> 当时邻居和亲友纷纷逃难,十室九空,我家老少十余口往哪里躲? 听亲友说,南京新街口西北面成立了"国际安全区"即难民区。我的爷爷已七十多岁自愿留下来守家看门,于是父亲和伯伯用躺椅抬着姑奶奶,带着一大帮老小,向新街口逃去。还没走到新街口,凄厉的警报声便呜呜地响了起来,一会儿头顶上听到了隆隆的日机声,来不及跑了,只好躲在马路边商店的屋檐下,炸弹落在离我们不远的前面,一时硝烟弥漫、泥土飞溅,一排排楼房便熊熊地燃烧起来,马路上倒着炸断的电线杆和人们的残缺尸体,血肉模糊,惨不忍睹! 轰炸过后,我们一家又随着蜂拥的人流继续向难民区奔去。①

从心理预期来说,人们对安全区的安全系数估计是比较高的,无论是安全区成立时的宣传还是人们相互间的传说都是如此,因为它是外国人组织设立的。进入安全区的人群主要有两种类型:一是合家同去。中国传统型家庭的特点之一就是数代同堂、家庭成员众多,在灾难来临的时候,他们往往聚于一处,互相依赖、互相照顾。据调查,幸存者李世珍一家去拉贝住宅避难的达 50 余人。②幸存者王瑞屏回忆说,"当时,我丈夫伍必鑫用自行车推着年近八旬、下肢瘫痪的祖母,我怀抱未满周岁的婴儿,逃到伯父母租的琅

---

① 《沈遐鸿证言》,朱成山主编:《侵华日军南京大屠杀幸存者证言集》,第 314—315 页。

② 参见黄慧英《南京大屠杀期间拉贝思想行为的变化》,陈安吉主编:《侵华日军南京大屠杀国际学术研讨会论文集》,安徽大学出版社 1998 年版,第 287 页。

珣路 5 号"。① 另外一种类型是家中青年男子或年轻妇女去安全区,老年人留在家里看家。日军进城后,这些老年人常常首先成为杀戮的目标。

日军的暴行也迫使人们进入安全区。南京沦陷前,很多人进入了安全区,也有为数不少的难民心存侥幸,依然在等待观望,他们以为战争状态一结束,一切都会恢复如常。12 月 12 日,福斯特与科拉去圣保罗教堂巡视,他们看到白下路的中国饭店已被炸得面目全非,便劝说人们去安全区,有一位妇女微笑着表示同意,当他们一转身,她又从饭店的废墟上捡起碎木片回家烧晚饭去了。②

12 月 13 日,南京沦陷,日军大肆劫掠,很多人被迫进入安全区。幸存者朱凤英回忆说:

> 1937 年冬天,我才十五六岁。日军进城的前三天,我随父母逃到沙洲圩,后来日军也到了那里,那个地方也呆不住了,又返回南京。这时我顺便回家(升州路糯米巷对面)看看,看到家里搞得乱七八糟,还看到一些血衣,未见死人。后来,我们又逃到金陵女子大学去了。③

幸存者诸鸿宝当年 15 岁,家住仓巷 99 号。他家是个大家族,30 多口人住在一起,成员包括婆婆、奶奶、父母、叔叔、伯伯及其子孙多人,他回忆说:

> 十二月十三日,日军穿街走巷进行大扫荡,我们关上大门,只听到门外嘈杂的日军喊叫声、皮鞋声。突然,我家门被

---

① 《王瑞屏证言》,朱成山主编:《侵华日军南京大屠杀幸存者证言集》,第 393 页。

② 《福斯特致妻子函》(1937 年 11 月 23 日—1938 年 2 月 13 日),章开沅编译:《美国传教士的日记与书信》,张宪文主编:《南京大屠杀史料集》第 4 册,第 99 页。

③ 《朱凤英证言》,朱成山主编:《侵华日军南京大屠杀幸存者证言集》,第 255 页。

踢开,闯进几个日军,凶恶地向我走来,我当时抱着三岁的小弟弟在屋里坐着,其中一个日本兵不由分说,挥起战刀,向我头部乱砍,共有七八刀,我戴的棉帽被砍坏了,顿时我头上血流如注,只觉得钻心般疼痛,眼前一黑栽倒在地,一下子昏厥过去,不省人事。小弟弟被摔在一边,以后我什么也不知道了。日军走后,母亲从床底下钻出来,看见我倒在血泊之中,差点急昏过去。婆婆找来一香炉香灰,全倒在我头上并为我包扎起来。父亲因遭此劫难,第二天就得了精神病死去了。不久全家搬进上海路难民区。①

幸存者傅永成回忆说:

1937 年冬,我当时已满十岁。我亲眼看见日军由中华门进城。那时,有钱的人家大多逃走了,只剩下穷人和做生意的小贩。我在街上,看见日军用枪将一位在街上卖元宵的人打死,我父亲听到枪声,就把我喊回家,将大门关好顶上。日军将我家门劈开,把我父亲傅永琪拖到街上枪杀了。日军还将我们院子里一个姓查的男子拖出去,用刀将头颅砍开,查的母亲见儿子被日军杀死,就和日军拼命,也被日军用脚活活踢死。日军把我也拉出来,将我的裤子脱下来,见是男孩,才免遭残害。我们长乐街共被日军杀害了二十余人,日军将这些尸体集中起来,放火烧掉,以毁尸灭迹。后来,我们到了上海路难民区。②

幸存者方秀英回忆说:

①《诸鸿宝证言》,朱成山主编:《侵华日军南京大屠杀幸存者证言集》,第 126 页。
②《傅永成证言》,朱成山主编:《侵华日军南京大屠杀幸存者证言集》,第 170 页。

　　1937 年 12 月日军侵占南京时,我家住在渡船口 23 号。隔壁邻居有一个精神病人叫姚二子,还有一家是回族,做竹货生意,住玉带巷。他们当时躲在自家的防空洞里,日军挨户敲门,竟将那家老头子和他的四个儿子用刺刀戳死,患病的姚二子当时给日军倒茶水,也被日本兵戳死在门口。后来日军又到姓袁的车匠家,老夫妻带着一个小儿子,日军把老头子戳了十一刀,他自己用单方药敷在伤口上。过了几年也死了。日军看到我家门口有死尸,便没有敲我家的门。这时有个过路的和尚,叫我们赶快到宁海路难民区,我们全家就连夜逃到难民区。①

　　拉贝在 12 月 16 日的日记中记述:"已经没有人敢出家门了!为了让汽车出入,有的时候要打开院门,这个时候外面的妇女、儿童就会涌进来,跪在地上磕头,请求我们允许他们在我的院子里露宿(我已经接纳了 100 多名极为困苦的难民)。眼前的悲惨局面是常人很难想象的。"②贝德士 12 月 18 日给日本大使馆的抗议信中也指出:"1.7 万多人,其中很多是妇女和儿童,逃到我们的建筑物里来寻求保护。目前越来越多的人正在涌进安全区,因为外面的情况比我们这里还要糟糕。"③

　　金女大在 12 月 11 日只收容了 850 名难民,魏特琳还以为原先收容 2 750 人的计划数字过多了,但形势的发展完全超出了预料,蜂拥而入的难民使她和她的同事们难以招架。12 月 15 日,魏特琳除了中午吃饭之外,从早上 8 时 30 分到晚上 6 时,一直站在校门

①《方秀英证言》,朱成山主编:《侵华日军南京大屠杀幸存者证言集》,第 306 页。
②[德]约翰·拉贝:《拉贝日记》,第 189 页。
③[德]约翰·拉贝:《拉贝日记》,第 209 页。

口,看着难民源源不断地涌入,她在日记中记述:

> 许多妇女神情恐怖。昨夜是恐怖之夜,许多年轻妇女被
> 日本兵从家里抓走。索恩先生今晨过来告诉我们水西门那边
> 的情况。此后,我们就让妇女儿童自由地进入我们校园。同
> 时尽可能地请求年龄大一些的妇女呆在家中,以便给年轻妇
> 女腾出地方。许多人恳求只要草坪上有一个坐的位置就行
> 了。我想,今夜一定进来了三千多人。①

12 月 17 日,从早上 6 时 30 分开始,又有许多疲惫不堪、眼神
惊恐的妇女来到金女大,她们说她们过了恐怖的一夜。魏特琳一
下午都待在校门口,管理交通,挡住难民的父亲和兄弟进入,或是
其他携带了食物和日用品的人进入校园。但是,人群依然不断涌
入,魏特琳在日记中记述道:"我们简直无法应付。即使有房间,我
们也没有足够的力量来管理。下午 4 时—6 时,我接受了两大批妇
女和儿童。这真是一幅令人心碎的景象,惊恐的年轻姑娘、疲惫的
妇女拖儿带女,背着铺盖和衣物,拖着沉重的步履走来。"②为了减
轻压力,魏特琳不得不向金陵大学转移了 1 000 人。12 月 18 日一
大早,表情惊恐的妇女、年轻的姑娘和孩子就潮水般地涌进金女
大,但已经没有地方安置,他们只能露天睡在草地上,不幸的是,天
气很冷,他们又多了一项痛苦来忍受。魏特琳和她的同事尽更大
的努力来劝说年龄大一些的妇女,甚至已婚带着孩子的妇女回家,
以便腾出更多的地方让年轻未婚的女子。③ 12 月 19 日,又有大批
惊恐万状的妇女和年轻姑娘涌入。又是一夜恐怖,许多人跪下来

---

① [美]明妮·魏特琳:《魏特琳日记》,第 194 页。

② [美]明妮·魏特琳:《魏特琳日记》,第 198 页。

③ [美]明妮·魏特琳:《魏特琳日记》,第 200—201 页。

请求让她们进来。当天，魏特琳从宁海路回学校时，许多母亲、父亲和兄弟们一再请求，要她把他们的女儿、姐妹带回金女大。有一位母亲，她的女儿是中华中学的学生，18 日晚上她家被反复抢劫，她告诉魏特琳她已无法保护自己的女儿了。[1] 金女大在最高峰时，收容难民达 1 万余人。

日军大肆杀戮、强奸，人们的生命安全受到极大的威胁；日军大规模地纵火和破坏，很多人的家园被毁，恐怖笼罩全城。绝望中，人们不得不逃往安全区。12 月 20 日早晨，麦卡伦值完夜班从鼓楼医院回家的路上，碰到了许多正在逃往金陵大学的妇女儿童。来自不同城区的三个家庭向他报告说，昨天夜里他们从家里被赶了出来，日本士兵放火烧了他们的房子。[2] 国际委员会秘书斯迈思认为，直到 12 月 21 日，涌入安全区的人流才基本停止。[3]

难民在逃亡途中充满艰险和苦难，幸存者赵庞氏当时 20 岁，她脸上抹着锅底灰，身穿她妈妈的一件大棉袄，弯腰装扮成老太婆，好不容易才到了安全区。[4]

马吉拍摄的纪录片中讲述了朱女士一家三口逃往安全区的悲惨经历：

> 朱女士大约 47 岁，她母亲 77 岁，她小女儿 10 岁。多少年来，他们一直住在南京南门不远的一条很偏僻的街上。她当寡妇已经 9 年了，她的丈夫曾在国家造币厂工作，他死时给她

---

① ［美］明妮·魏特琳：《魏特琳日记》，第 202 页。

② 《日本士兵在南京安全区的暴行》（1937 年 12 月 20 日），［德］约翰·拉贝：《拉贝日记》，第 231 页。

③ 《史迈士致妻子函》（1937 年 12 月 20 日—1938 年 1 月 9 日），章开沅编译：《美国传教士的日记与书信》，张宪文主编：《南京大屠杀史料集》第 4 册，第 239 页。

④ 《赵庞氏证言》，朱成山主编：《侵华日军南京大屠杀幸存者证言集》，第 258 页。

留下一大笔钱。这笔遗产已投资到煤矿。

12月13日下午，日本兵闯入她家，这一天，他们光顾她家大约有20次，抢走她所有的钱。14日和15日，日本兵每天又去10—20次，抢走13件金饰品和12只箱子、提包中的大部分物品。这三天里朱女士被强奸了12—13次，大多以很粗暴的方式。15日下午，城南开始燃起大火，她领着老母亲和小女儿带着铺盖卷向北城区逃跑。在离她们家不远的地方，这位老母亲走散了，朱女士和女儿悲痛万分，一起跳进了路边的一口井里，幸运的是井很浅。她们在井里从5时一直呆到8时，这时一位过路的商贩发现了她们，并坚持要救她们。一开始她坚决拒绝，但后来同意了。她和她女儿在这位也很可怜的救命恩人的家里住了一晚上。16日下午她们到达金陵女子文理学院难民营。同时，老母亲也很艰难地朝北走去，最后在一家小店的前面的长凳上歇脚。一个日本兵从里面走出来，喊她"老姑娘"，让她进去。她想这个日本兵可能觉得她很可怜，让她进去休息；但哪想到根本不是对她友善，而是把她强奸了。他喝醉了酒，吐得老妇人满身都是。第二天晚上，又有一个士兵强奸她。在她离家后的第三天，她终于到了金陵女子文理学院难民营，并与女儿、孙女团聚。这位老妇人自32岁起就开始守寡，她丈夫曾是一名官员。这两晚上她都是在路边睡的，到难民营后她路都走不动了。[①]

幸存者张毛氏当时住在凤游寺，她回忆说："我当时带着两个幼小的孩子，差点被日军抓走，还是多亏门里人为我求情，但也有

---

① 马吉：《关于影片〈南京暴行纪实〉的引言和解说词》，章开沅编译：《美国传教士的日记与书信》，张宪文主编：《南京大屠杀史料集》第4册，第190—191页。

人怕连累他们，而撺我们娘仨人走。在日军追我们时，走投无路，就带着孩子跳进了水塘里，日军还不放过，向我们开枪，我的一个儿子被打死，后来别人把我救起来，让我藏在一间房子里的床下，然后把门锁起来，三天连一口水都没下肚。还是陈大妈等人护着我们，让我们随着逃难的人群，到了止马营，冷天就睡在路边上。后来又逃到难民区金陵女子大学……"①

长老会的福音传播人员吴爱德（音）的逃难经历更为传奇：日本兵在寻找花姑娘时，她在草堆、猪圈、船上和荒废的房子里躲藏了 40 天，后来，她听说了金女大，便决定前往。她把自己乔装成老太婆，借了一个 6 岁的小男孩背在背上，借了一根棍子蹒跚而来，排除了种种困难，终于来到安全区。②

三、安全区内的"便衣兵"

日军进城后，拒绝承认安全区，其主要理由就是认为安全区内混有"便衣兵"。南京大屠杀否定论者把"便衣兵"与游击队相提并论，认为将他们枪杀完全理所应当。

上海沦陷之后，南京的防卫就提上了议事日程，为此，蒋介石召开了多次军事会议。当时，稍有一点军事常识的人都能看出南京根本守不住，很多军事将领并不赞同守卫南京，但是，蒋介石认为南京是中国的首都，是孙中山陵墓所在地，为"国际观瞻"所系，不能拱手让给日军。此外，他也寄希望于西方各国的调停。

在西方新闻记者笔下，南京保卫战不过是一场为顾全自己面子的"荣誉之战"。留在南京的西方人士也都持有这种观点。最先

①《张毛氏证言》，朱成山主编：《侵华日军南京大屠杀幸存者证言集》，第 224 页。
②［美］明妮·魏特琳：《魏特琳日记》，第 255 页。

提出安全区设想的米尔斯在 11 月底就曾建议国际委员会尽快做一次尝试,"即提请中国最高领导人(即蒋介石和唐生智)注意,从军事角度看,固守南京是荒唐的,能否考虑和平让出这座城市"。①但此项建议遭到杭立武的反对。其后,国际委员会又进行了两次尝试,试图使中国军队和平撤出南京,但他们的希望都毫无例外地落空了。②

　　从 12 月初开始,日军完成了对南京的合围。中国守军虽顽强抵抗,但在日军强大的军事优势面前,节节后撤。部队中出现了逃兵,有的就直接进入了安全区,拉贝在 12 月 9 日的日记中记述:

> 　　原来的交通部(武器装备部)已经对难民开放,仅仅一会儿的时间,里面就挤满了人。我们关闭了两个房间,因为在里面发现有武器弹药。难民中也有逃兵,他们扔掉了自己的军服和武器。③

　　12 月 12 日下午 5 时,唐生智根据蒋介石的指示,向守城各部队下达了突围和撤退的命令。这时南京城内已呈混乱状态。由于

---

① ［德］约翰·拉贝:《拉贝日记》,第 114 页。

② 12 月 9 日,拉贝试图说服唐生智放弃对南京的守卫,唐意外地表示赞同,但条件是必须征得蒋介石的同意。米尔斯和贝德士在中国军方人士的陪同下来到美国炮舰"帕奈"号上,发了两份电文,一份通过汉口美国大使馆传递给蒋介石,一份传给东京和上海的日本当局,建议在南京附近停火三天,让中国军队撤离。这一建议没有得到蒋的认可。参见《米尔士致妻子函》(1938 年 1 月 24 日),章开沅编译:《美国传教士的日记与书信》,张宪文主编:《南京大屠杀史料集》第 4 册,第 219—222 页。12 月 12 日,唐生智请国际委员会再进行一次努力,斡旋停火三天,让守城部队撤退。委员会草拟了和谈电文,施佩林毛遂自荐充当和谈代表。此时,中国军队大势已去,和谈流产。参见《米尔士致妻子》(1938 年 1 月 31 日),张生编:《耶鲁文献》(下),张宪文主编:《南京大屠杀史料集》第 70 册,第 764—766 页。

③ ［德］约翰·拉贝:《拉贝日记》,第 157 页。

图 4－2　来不及渡江而被困在城内的中国军人,正在向西方人士求助,有些人已经脱去了军装,将其扔在地上。

（沈弘编译:《抗战现场:〈伦敦新闻画报〉1937—1938 年抗日战争图片报道选》,中国社会科学出版社 2000 年版。）

事先没有准备,加之通讯中断,联络困难,有的部队根本未接到撤退命令,只有少数部队突围,参加南京保卫战的 15 万中国守军,约有 9 万人被困城中。①

对于撤退时的混乱状况,一位下级军官这样叙述:

> 从中央路、中山东路、丁家桥……涌来的人群汇集成一条泛滥的洪流,随着暮色的渐深,这洪流是逐渐逐渐的在汹涌起来。督战队的枪声阻止着这条洪流的推进,硫磺味的火花,在凝固的骚乱的夜色中闪着光彩。庞大的军用卡车,流线型的私人汽车……涌集着,减少了道路的宽度,公文箱、军毯、自行

① 参见孙宅巍《南京大屠杀遇难同胞中究竟有多少军人》,《抗日战争研究》1997 年第 4 期。

车、枪支……在人们的脚下阻碍着每一步的移动。

　　空际交织着一切人类所制造的器物所发出的繁响；震动着人们刺耳的忘形的叫喊、叱喝、叹息和谩骂……①

在撤退途中，很多人在扔掉武器的同时，脱去军装，穿上了老百姓的衣服，《纽约时报》记者德丁12月12日晚驱车巡视市内时看到这样的情景：

　　星期天晚上，我驱车在城里穿行时亲眼目睹过整支脱去军装的部队，相当滑稽。许多人是在前往下关的行军途中脱去军服的。其他人则跑到小街小巷，混进平民中。有些士兵将所有军服完全脱掉，然后去抢平民的衣服穿。②

但是，中国军人并未进行大规模有计划的抢劫，在日军已经入城、腹背受敌的情况下，他们唯一的想法就是逃命。有的士兵用钱购买衣服，路透社记者史密斯看到，数百名中国士兵挤在服装店前，"各种成衣被'迅速'销售一空。士兵们用他们最后一点钱买了这些衣服，在大街上换装，把他们换下来的军装扔了，最后作为老百姓消失在人群中"。③ 这些换上便衣的士兵有不少进入了安全区。

12月13日，大批撤退的中国士兵从金女大门前经过，有些人还哀求给他们一些老百姓的服装，校园里也发现了不少军装。④

---

① 倪受乾：《我怎样退出南京的》，张连红编：《幸存者的日记与书信》，张宪文主编：《南京大屠杀史料集》第3册，第435页。

②《所有俘虏均遭屠杀》，杨夏鸣、张生编：《国际监察局文书·美国报刊报道》，张宪文主编：《南京大屠杀史料集》第29册，第479页。

③《德国档案馆中有关侵华日军南京大屠杀的档案资料》，《抗日战争研究》1991年第2期。

④［美］明妮·魏特琳：《魏特琳日记》，第190页。

　　挹江门是通往城外下关江边的唯一通道,由于人群蜂拥而至,
加上守卫该城门的第三十六师官兵未接到撤退命令而封锁交通,
阻止人们出城,使得城门堵塞,秩序极为紊乱,有的人甚至将绑腿、
衣服等结成绳索爬墙出城。这种拥塞状况,使很多人望而却步,转
而进入安全区。江阴要塞司令部政训处处长廖新栅,在无法逃出
挹江门的情况下,折回城内,准备进入难民区。他途中捡得老百姓
的服装,随即换上,适逢一位老人,廖恳请紧随其后。不久,日军进
城,心惊胆战的他,紧挨着老人身后。在老人的帮助下,得以躲过
日军的检查。廖急行至难民区,但身上衣服及贴身绒衣均不似难
民,他迅速将绒衣、绒裤脱去并将外面衣服撕破几处,天寒衣单,难
以忍受。这时迎面来了一个叫花子,因情势危急,廖出 50 元钱买
得叫花子的破棉衣。[1] 教导总队的营长郭岐在出城无望的情况下,
让部下化整为零换上便衣进入安全区。据周振强回忆,教导总队
参谋长邱清泉、第五团团长睢友兰、第二旅旅部中校参谋廖耀湘等
人也化妆潜入民间,后化妆成难民逃出南京。[2] 邱清泉究竟在何处
避难未见确切的记载。廖耀湘流落到栖霞山一带,依靠和姓农民
的帮助,逃往江北。第五团团长睢友兰进入安全区,住在北平路 34
号,与郭岐等人联系密切。

　　有的将领临阵脱逃,使部下群龙无首,陷入更大的混乱。宋希
濂的回忆中,披露了孙元良的临阵脱逃行为。12 日下午孙在唐生
智的司令长官司令部开会结束后,就没有回部队,而是脱去军装,

---

[1]《南京失陷时情景:访江阴要塞司令部政训处长廖新栅君》,马振犊等编:《民国出版物
　　中记载的日军暴行》,张宪文主编:《南京大屠杀史料集》第 64 册,江苏人民出版社
　　2010 年版,第 396 页。

[2] 周振强:《蒋介石的铁卫队——教导总队》,中国人民政治协商会议全国委员会文史资
　　料研究委员会编:《文史资料选辑》第 12 辑,中华书局 1961 年版,第 52—53 页。

换上便衣,跑到一家妓院拜鸨母为干妈,迁到难民区躲了一个月,后来日军遣散难民,才混出城外。[1]

情况十分紧急,在进入安全区避难这一问题上,官兵们意见也不统一。第七十一军八十七师的陈颐鼎、刘启雄二旅一直坚守在阵地上,根本没有接到撤退的命令,13日凌晨才从阵地向下关煤炭港退却,但江边没有渡船,他们看到一些流散的武装人员,"有的在绑扎各式各样的排筏,有的已漂在水中,随波逐流,顺江而下,也有人在水中被浪冲翻渡江工具号哭求救",渡江几乎是不可能的。刘启雄主张到难民区暂时躲避一下,后来他成了日军的俘虏。而陈颐鼎则认为"进城如入虎口",便带着一部分人员从燕子矶经八卦洲渡江逃生。[2]

第六十六军和第八十三军等广东部队奉命从太平门突围,向安徽宁国集结,但是太平门也异常拥挤堵塞。12月12日晚,第一五六师师部副官处处长梁岱接到命令后,立刻率该师后方人员跑步到达太平门,但整个太平门都堵塞着沙包等城防工事障碍物,仅能容一个人单身进出,而且城外也挤满了人,他不得不用绑腿从城墙上吊下出城。而该师政训处处长凌仲冕在突围途中与军长邓龙光失去联络,他忍受不了那些夺路奔逃的散兵的喝骂,感到没有力气冲出城门,便带着卫士躲入难民区。[3]

很多人惊慌失措从下关出城到江边,但是江边渡船奇缺,不甘引颈受戮的士兵找来了各种各样的泅渡工具,滔滔长江成为生与

---

[1] 宋希濂:《南京守城战役亲历记》,中国人民政治协商会议全国委员会文史资料研究委员会编:《文史资料选辑》第12辑,中华书局1961年版,第29页。

[2] 陈颐鼎:《南京守城战斗的一鳞半爪》,马振犊等编:《南京保卫战》,张宪文主编:《南京大屠杀史料集》第2册,第315—317页。

[3] 李益三:《南京突围及广东部队收容经过》,马振犊等编:《南京保卫战》,张宪文主编:《南京大屠杀史料集》第2册,第411—412页。

死的分界线。许多人不得已又辗转入城,进入安全区。德丁在一篇报道中这样写道:"记者认识一名上尉,他于(12 日)午夜时分得知司令官已经逃离,自己也试图逃生。但却发现日军已经沿城市西城墙横扫过来,正在攻打下关地区。这位上尉借由先前逃出城外士兵留下的用军服拧成的绳子重新爬回城内,希望到时候投降保命。"①

中国军队的败退,是组建安全区的西方人士早就料到的,只是他们没有想到会以这种极端混乱的溃逃方式撤退。自安全区设立以后,他们一直以安全区的非军事化为目标,多次与中国军事当局交涉,要求撤出军事设施,期望能够以此得到日军的尊重。他们很欢迎中国军队撤退,中日军队在安全区周围发生交战的局面是他们不愿看到的,斯迈思在给家人的信中写道,"我很高兴中国军队撤退得正是时候,因为我们知道把他们留在围城里作战就像把他们关进老鼠夹子一样"。②

由于日军的迅速逼近,中日军队随时有可能在安全区的边界交火,从而危及安全区。出于人道主义的考虑,西方人士也不肯坐视中国士兵丧生于日军的屠刀之下。12 月 13 日,拉贝与国际委员会的委员在安全区周围巡视时,主动收容了一部分中国军人。不少士兵不愿放下手中的武器,但当他们看到越来越逼近的日军时,最终还是放下了武器。拉贝在当天的日记中写道:

> 回到总部后,我发现大门口非常拥挤,这里也涌来了一大

---

① 《中国指挥官逃走,日军暴行标志着南京的陷落》,杨夏鸣、张生编;《国际检察局文书·美国报刊报道》,张宪文主编:《南京大屠杀史料集》第 29 册,第 511 页。

② 《史迈士致妻子函》(1937 年 12 月 20 日—1938 年 1 月 9 日),章开沅编译:《美国传教士的日记与书信》,张宪文主编:《南京大屠杀史料集》第 4 册,第 227 页。

批无法渡江撤退的中国士兵。他们都接受了我们缴械的要求，然后被安置到了安全区的各个地方。施佩林站在大门口，脸色非常严峻，他手里拿着毛瑟手枪，当然子弹没有上膛。他监督武器是否排放整齐，并清点数目，因为我们打算过后将武器移交给日本人。①

除了接收败退的中国士兵外，马吉为主席的国际红十字会南京分会还接管了外交部等处的伤兵医院。

为了救助放下武器的中国军人，国际委员会与日军当局联系，日军军官答复说，只要不藏匿武装士兵，医院将受到尊重，放下武器的士兵也不会受到伤害。马吉牧师在 12 月 15 日给妻子的信中写道：

> 这以后我们许多人都忙碌起来，在城市的各个地方把消息传递给中国士兵。我们把他们的武器拿来扔掉。军政部门前的街道是最混乱的地方——轻重火炮、骡、马、炮弹、手榴弹以及各种战争物资拥挤在一起。我们停下来放走了一只骡子。走过手榴弹和炮弹堆放的地方，使人感到非常不自在。一次，一颗子弹就在我脚边炸响。当我们回到军政部时，那些我要求等我的医护人员已无踪影。可怜的伤兵留在那儿无人照管。
>
> 晚上，一百多名急救员开始工作后，救治伤员的医院才稍有秩序。②

要解除众多进入安全区的中国士兵的武装，国际委员会显然

---

① ［德］约翰·拉贝：《拉贝日记》，第 173 页。
② 《马吉致妻子函》（1937 年 12 月 12 日—1938 年 2 月 5 日），章开沅编译：《美国传教士的日记与书信》，张宪文主编：《南京大屠杀史料集》第 4 册，第 148 页。

力不从心,留在南京的外国记者也纷纷伸出援手,德丁记述:

> 当部分顽强的部队星期一仍在继续阻挡日军前进时,大部分守军还在撤离。数百人听命于外国人的安排。惊恐的士兵把几十只枪支交给我,他们只想知道,如何做才能从日益逼近的日军那里逃命。
>
> 许多散兵聚在安全区总部周围,交出枪支,为了尽快甩掉武器,有的士兵甚至把枪扔在校园门口。安全区的外国委员接受他们自行解除武装,并将其留在安全区大楼中。①

美联社记者麦克丹尼尔在 12 月 13 的日记中记述:"协助外国人解除中国军人的武装,四处转悠把机枪、手榴弹、手枪、步枪装进汽车。催促中国士兵脱掉军装,以免被日军处死。"②

据路透社记者史密斯估计,在安全区约有 7 000 名已被解除武装的中国士兵。③

第二节　难民社会心理

一、恐惧与战栗

12 月 10 日,日军对南京发动总攻。震耳欲聋的枪炮声、飞机炸弹的爆炸声响彻全城。人们坚信安全区是躲避炸弹的天堂,拉

---

① 《所有俘虏均遭屠杀》,杨夏鸣、张生编:《国际检察局文书·美国报刊报道》,张宪文主编:《南京大屠杀史料集》第 29 册,第 479—480 页。

② 《战地记者的日记描绘恐怖的南京》,张生编:《外国媒体报道与德国使馆报告》,张宪文主编:《南京大屠杀史料集》第 6 册,第 116 页。

③ 《德国档案馆中有关侵华日军南京大屠杀的档案资料》,《抗日战争研究》1991 年第 2 期。

贝在 12 月 11 日的日记中记述:"安全区的街道上已经挤满了人,他们对炮击的轰鸣声已经不介意了,他们比我更加相信'安全区'。"①魏特琳日记中也有相似的记述,"难民们似乎对安全区有一个天真的想法,认为空袭时站在马路中间也没事"。②

危难将至,有的人依然抑制不住好奇心。12 月 11 日,马吉与同伴开着汽车救护伤员。在金陵大学附中附近,马吉看到"有发炮弹击中了一所房子,约有 20 人被炸死,其中 7—8 人被气浪抛到街上。一对可怜的老夫妇哭得死去活来,他们 33 岁的儿子脸上被炸了一个大洞,躺在那儿死去。他们悲痛得难以自制"。但是,"出于好奇,很多人站在那儿围观"。马吉让他们立即离开,"并需躲在某些物体的后面。中国人显然对这种事不很了解,因为随时都有另一发炮弹飞来的危险"。③ 人们普遍认为,只要踏上安全区的土地,有西方"洋人"的保护,就非常保险。另一方面,从 8 月 15 日以来,日军飞机连续不断的空袭,已逐渐为人们所习惯,人们感到恐慌和焦虑的已不再是经常光临的日军飞机,因为日本"鬼子"就要来了。

南京沦陷是意料之中的事,只是它来得太突然。在此之前不久,南京卫戍司令长官唐生智还在高唱"守卫南京三个月""与南京共存亡"的高调。12 月 12 日,猛烈的炮火声震撼了南京城,紫金山上火焰冲天。"紫金山焚则金陵灭",这是一句古老的民间谚语,预示着南京的陷落。路透社记者史密斯等人站在意大利大使馆楼顶上,等待这一时刻的来临,在他的笔下,惨烈的攻防战场面"让人敬畏而又徒劳无益"。12 日下午 4 时 30 分,形势大变,史密斯看到,

---

① [德]约翰·拉贝:《拉贝日记》,第 165 页。

② [美]明妮·魏特琳:《魏特琳日记》,第 186 页。

③ 《马吉致妻子函》(1937 年 12 月 12 日—1938 年 2 月 5 日),章开沅编译:《美国传教士的日记与书信》,张宪文主编:《南京大屠杀史料集》第 4 册,第 146—147 页。

老百姓惊恐异常,纷纷跑进防空洞,高喊"日军进城了"。①

　　城陷之际,中国人的心情与西方人士的心情很不一样。西方人士尽管冒着相当大的危险,但他们毕竟是旁观者,他们的生命财产受其本国政府的保护。但对于中国百姓来说,城市的命运与自己的命运休戚与共,城市一旦陷落,意味着任人宰割的日子就到来了。当4中国军队崩溃之时,《芝加哥每日新闻》的斯蒂尔与美联社记者麦克丹尼尔正在上海路的美国大使馆内,他们听到大使馆院子里一片喧闹,便意识到出事了,斯蒂尔看到,"中国老百姓男女老少蜂涌进入使馆大院,都带着铺盖、包袱,像众多受惊的田鼠急忙钻入使馆的防空掩体内"。他去询问使馆的房屋管理员,房屋管理员由于惊恐两眼睁得老大,浑身发抖,回答说:"他们是使馆雇员的亲戚,有 300 多人。""他们告诉我日本人进城了,他们到这里来是因为这儿是他们所知道的最安全的去处。"斯蒂尔与麦克丹尼尔并不相信,他们笑了起来,让房屋管理员请人们出去回家,认为这些人又上了谣言的当。但是这些受惊吓的逃难者并不相信他们的话,不肯动弹。②

　　中国军队大规模溃退的混乱场面,使难民们普遍感到惊慌失措。幸存者陈桥当时随家人从门东边营搬到高家酒馆安乐里居住,他回忆说:"住进以后,炮声、机枪声不绝于耳,大家住在安乐里,但一点安乐气氛也没有。11 日、12 日只见大量国民党士兵沿中山路、中山北路往下关方向逃跑,个个神色紧张,如潮水一般,真

---

① 《目击者叙说的南京陷落》,张生编:《外国媒体报道与德国使馆报告》,张宪文主编:《南京大屠杀史料集》第 6 册,第 81 页。

② 《揭示恐怖残暴的场面》,张生编:《外国媒体报道与德国使馆报告》,张宪文主编:《南京大屠杀史料集》第 6 册,第 159—160 页。

是兵败如山倒。"①

　　伴随着中国军队撤退,日军的炮击越来越猛烈,越来越多的人逃进安全区。拉贝在日记中记述:"晚8时,全剧的最后一幕开始了——猛烈的炮击!火光映红了整个南面的天空。院子内的难民一直挤到了防空洞的边上。有人用力地拍打着两扇院门,妇女和儿童哀求我们放他们进来。一些大胆的男人从德国学校后面翻过院墙,想进入我的院子内寻求保护。"经不住难民的苦苦哀求,拉贝打开了大门。由于院内防空洞里已经没有地方了,他便将这些人安置在房子之间的空地以及房屋的旮旯里。大部分难民带了被褥,就在露天席地而卧,有的难民甚至把床安置在德国国旗下面,拉贝戏称那个地方是"防弹地带"。拉贝继续写道:"炮弹和炸弹在不停地呼啸着,越来越密集,越来越接近。南面的整个地平线变成了火的海洋,到处是山崩地裂的声响……我像只猎犬一样在院子里跑来跑去,在人群之间穿梭,在这儿训斥两句,在那儿安抚一下,最后大家都乖乖地听我的话了。"②

　　刘世尧当年是难民收容所负责人,他回忆说:"冬月初九,难民区内难民很多,拖儿带女、扶老携幼泣不成声。到了第二天晚间,中央军士兵扔掉枪支弹药纷纷逃命。住在三十五难民收容所的难民有两千多人,拥挤不堪,难以存身。冬月11日早晨,我们看见日本大使馆挂起了日本国旗,难民们更加惶恐不安。"③张家勤也回忆说:"入夜后,枪声此起彼落,我站在阳台上望,紫金山上有几处火头,城内也有火光,发红的弹道不时掠空而过,马路上嘈杂不已。

---

①《陈桥证言》,朱成山主编:《侵华日军南京大屠杀幸存者证言集》,第115页。

②［德］约翰·拉贝:《拉贝日记》,第168—169页。

③《刘世尧证言》,朱成山主编:《侵华日军南京大屠杀幸存者证言集》,第65页。

老奶奶喃喃念着'救苦救难的观世音菩萨',大人们则坐靠墙壁,不敢睡觉。"①

当难民蜂拥进入安全区的时候,安全区内的原有居民也躁动不安起来。金女大周围的居民也想进入难民收容所。魏特琳在 12 月 13 日的日记中记述:"我们的邻居也想进来,但我们试图说服他们,如果他们在安全区内就和我们一样安全,安全区任何地方应该都是一样安全。"②但是,随着形势的进一步恶化,安全区内相当一部分原有居民特别是妇女和儿童进入了难民收容所。

山雨欲来。当中国士兵纷纷扔掉武器和军装的时候,人们也开始清理和销毁一些与中国政府及中国军队有关的、会引起日本军队注意的文件和物品。

留在南京的美国派拉蒙电影公司摄影师孟肯与美联社记者麦克丹尼尔看到,许多警察也脱去了外衣。为了确保美国大使馆门卫不会因携带武器而遭杀害,麦克丹尼尔卸去了他的手枪,并让他呆在使馆里面。③

金女大的焚烧炉非常忙碌:

> 程夫人花费了两天的时间把可能引起误解的文件清理出来,还花了几个小时焚烧吴博士做司库时的一些收据,以免引起误解。南京新生活运动组织在今年秋天租借我们隔壁的房子已有几个月,给我们留下了一大堆待做的工作,因为他们撤

---

① 张家勤:《我在难民区的所见所闻》,《南京史志》1987 年特刊(总第 25 期)。

② [美]明妮・魏特琳:《魏特琳日记》,第 190 页。

③ 《目击者描述中国军队溃退时南京的恐怖景象》,张生编:《外国媒体报道与德国使馆报告》,张宪文主编:《南京大屠杀史料集》第 6 册,第 103 页。

离得十分匆忙,所有留下的教学材料都需要销毁。①

金女大东门对面姓管的裁缝原先也出租了部分房屋给"新生活运动委员会",裁缝傻乎乎地让委员会的工作人员在逃离南京前把一些东西存在他家的一间屋子里。随着日军的临近,他越来越担心这些东西会给他带来灾难性的后果。12 月 12 日,魏特琳打电话叫来了菲奇,让裁缝把所有的文字材料都销毁,并承担销毁的责任。整个下午,裁缝、裁缝的妻子以及他所有的亲戚,把一堆堆材料搬到学院的焚化炉里烧掉。他们一趟趟地搬着,累得满头大汗,及时销毁了所有的材料。②

12 日夜间,由于一些中国士兵逃进了金女大,校园里遗弃了不少军服和武器。学校的工作人员将军服全部烧毁,将手榴弹扔进池塘,将枪支藏了起来。③

当然,有些东西是人们极不愿意销毁的。金女大地理系办公室存放着几百件棉衣——这是全国妇女救济联合会组织南京妇女为中国伤兵缝制的。魏特琳和她的同事深知,许多穷人在寒冷的冬天需要棉衣。12 月 16 日,100 多名日军到学校,魏特琳将其称为"官方视察——彻底地搜查中国士兵",其中,"一人备有一把斧头,以便强行劈门",魏特琳心中一沉,所幸的是,一大群妇女、孩子分散了他们的注意力,使这间"致命"的办公室侥幸地逃过了检查。天黑以后,学校的工作人员不得不忍痛将这批衣物烧毁。④

幸存者张孝山也回忆说:

---

① 华群:《第一个月的评述》(1937 年 12 月 13 日—1938 年 1 月 13 日),章开沅编译:《美国传教士的日记与书信》,张宪文主编:《南京大屠杀史料集》第 4 册,第 310—311 页。
② [美]明妮·魏特琳:《魏特琳日记》,第 188—189 页。
③ [美]明妮·魏特琳:《魏特琳日记》,第 193 页。
④ [美]明妮·魏特琳:《魏特琳日记》,第 195 页。

日军打进南京城时，我全家三口人搬到难民区，在五台山落脚。记得冬月二十一日那天，因我原有一件以前买的国民党军旧军装（当时生活困难，所以花二角钱买了件旧军衣），心里觉得不安全，便手里抱着女儿，把旧军装拿出去扔掉。刚扔掉，便听到枪声大作，子弹乱飞，吓得我抱着孩子躲进了路边的一座防空洞里，洞里已有二三十人。不一会儿，只听得日军的皮鞋声。日军出现在洞口，抬手叫我们出来。我便首先出洞，向日军鞠了一躬，日军见我穿着长衫，还抱着一个小孩子，就没有对我下手。谁知后出来的两个人倒了霉……①

许多人事先制作了日本国旗，在自家门前悬挂起来，以期获得日军的善待。②

留在南京的西方人士将南京沦陷称作"艰难的时刻"。在 12 月 10 日的报道中，斯蒂尔写道："南京最艰难的时刻来临了，我们这些被围困在城墙内的人只希望能尽快而没有痛苦地度过这一时刻。"③

当激烈的枪炮声逐渐稀疏下来的时候，南京城内陷入了短暂的平静。在西方人士看来，日本人进城将带来和平与秩序，战争的紧张和空袭麻烦即将终结。但是，人们都不得不面对另一种不确定性，即日本军队会采取什么样的行动。魏特琳在 12 月 13 日的日记中写道：

---

① 《张孝山证言》，朱成山主编：《侵华日军南京大屠杀幸存者证言集》，第 128 页。证言中的"冬月二十一日"有误，疑是冬月十一，即 12 月 13 日。

② ［美］明妮·魏特琳：《魏特琳日记》，第 193 页。

③ 《狂轰滥炸南京，造成累累死伤》，陆束屏编译：《南京大屠杀——英美人士的目击报道》，第 32 页。

在经历了猛烈的炮击与轰炸后,城市异常平静。三种危险已经过去——士兵的抢劫、飞机的轰炸和大炮的轰击,但我们还面临着第四种危险——我们的命运掌握在取得胜利的军队手中。今晚人们都十分焦虑,因为不知道未来会怎样。①

魏特琳的记述,道出了大部分难民的心声。难民们焦虑异常,各自揣度着日军即将采取的行动。张家勤回忆说:

13日天亮后,街上的气氛异常紧张,9点多钟,有人说看到了鬼子的坦克,有人说看到了鬼子兵。大家的心情都很沉重,相互告诫不要再出去。有的说:"我们这里是外国人办的难民区,鬼子是不许进来的。"有的说:"大兵进城,三天以后才出安民告示,明后天的日子不一定好过呢。"大家都把心提着过日子。②

当日本兵在安全区出现时,很多难民惊慌失措、心惊胆战。金女大的黄姓管区警察,12月13日下午从学校的南山看到数百米开外的广州路上有日军出没,脸色吓得煞白。他一路狂奔,一边跑一边忙着脱掉身上的警服。由于内心极度惊慌和恐惧,他几次跌倒在路边。③

12月13日中午,菲奇与国际委员会的另两位同事去会见日军,在安全区南面遇见了日军的一个小分队,开始日军未显露敌

---

① [美]明妮·魏特琳:《魏特琳日记》,第190页。南京沦陷前,中国士兵有过一些抢劫行为,但规模很小,拉贝等人的日记中均有记述。

② 张家勤:《我在难民区的所见所闻》,《南京史志》1987年特刊(总第25期)。

③ 《程瑞芳日记》,张连红编:《幸存者的日记与回忆》,张宪文主编:《南京大屠杀史料集》第3册,第12页。

意,但稍后就枪杀了 20 个由于害怕他们而慌忙逃走的难民。① 日军已形成了一条通例,凡逃跑者必被击毙或刺杀。

但是,日军的屠杀并未引起人们足够的重视。12 月 14 日,斯迈思给家人的信中写道:"头一晚听到不少枪击声,我们认为那不过是日军进城第一晚的'躁动不安',现在既然日军已经在这儿了,他们会建立一个有秩序的政权,形势是令人乐观的。"②

12 月 14 日,少数难民就离开安全区回家,然而,等待他们的是刺刀和子弹。幸存者黄广林当时 18 岁,与家人一起避居于五台山附近,他回忆说,在南京沦陷第二天,他就约了几个同住的难民结伴回中华门家中看看。在杨公井,他们遇见一队牵着马和羊的日军,黄广林以为会被拉去牵马、牵羊,但日军却让他们排队,一个日本兵举枪打死了排在他前面的 3 个难民,他见状拔腿就跑,被追上来的日本兵戳了 5 刀,昏死过去。后来,他忍着伤痛逃回了安全区。③

"艰难时刻"没有结束,大屠杀的序幕才刚刚拉开。日军进城后的所作所为,带来了恐怖、破坏与死亡,连续不断的屠杀、奸淫、抢劫、纵火,西方人士震惊不已。马吉给 J. C. 麦金的信中写道:"如果我不是亲眼看到这些事情,我也不能相信这样的事会发生在现代社会。这使人想起古代的亚述暴行(Assyrian Rape)。我们未曾

① 《费吴生日记》(1937 年 12 月 10 日—1938 年 1 月下旬),章开沅编译:《美国传教士的日记与书信》,张宪文主编:《南京大屠杀史料集》第 4 册,第 69 页。
② 《史迈士致妻子函》(1937 年 12 月 20 日—1938 年 1 月 9 日),章开沅编译:《美国传教士的日记与书信》,张宪文主编:《南京大屠杀史料集》第 4 册,第 231 页。
③ 《黄广林口述》,张连红、张生编:《幸存者调查口述》上,张宪文主编:《南京大屠杀史料集》第 25 册,第 21 页。

料到如此恐怖,当这些事情开始时,我们感到这是可怕的震撼。"①
德丁在《纽约时报》的一篇报道中这样写道:"日军占领南京后开始
屠杀、奸淫和掳掠。这一切看起来就像那个野蛮的、业已消逝的时
代……对于日军而言,占领南京有着伟大的军事和政治意义。不
过,他们的胜利却因其野蛮残忍和大规模地处决战俘、掳掠城池、
强奸、杀戮平民和肆意破坏而黯然失色。所有这些都将在日本军
队和日本国家的名声上留下污点。"②

　　近代南京历史上,战乱频仍,如太平天国、军阀混战等等,兵患
匪祸不断。穷苦民众生活在社会的最底层,是最大的受害者,但他
们无处逃难,唯有忍受煎熬。"三天安民"是老百姓在战乱中的一
种习惯说法,郭岐写道,"有人说兽兵刚进来头三天总是放枪奸淫
烧杀的。他们是以中国从前军阀们的行为来判断的"。③　与西方人
士一样,人们寄希望于日军的"仁慈",天真地以为,经过短暂的战
乱之后,一切很快就会恢复平静。

　　人们绝没有想到会遭日本兵如此残酷的对待。无数妇女遭强
奸,鲜血横流,尸体塞满街巷。死亡,不再是意外事件,已经成为人
们日常生活的一个组成部分,人们在生死的边缘苦苦挣扎。麦卡
伦写道:"一般市民的遭遇更为悲惨。他们陷于恐怖几乎习以为
常。许多人一无所有,只剩下一件单衣。他们无依无靠,手无寸
铁,任凭日本兵摆布,后者已被允许到他们乐意去的任何地方游

---

① 《马吉致麦金函》(1938年4月2日),章开沅编译:《美国传教士的日记与书信》,张宪
　　文主编:《南京大屠杀史料集》第4册,第176页。
② 《中国指挥官逃走,日军暴行标志着南京的陷落》,杨夏鸣、张生编:《国际检察局文
　　书·美国报刊报道》,张宪文主编:《南京大屠杀史料集》第29册,第509—510页。
③ 郭岐:《陷都血泪录》,"南京大屠杀"史料编辑委员会、南京图书馆编辑:《侵华日军南
　　京大屠杀史料》,第11页。

荡。纪律荡然无存，许多日本兵醉醺醺的。"①

黑暗和恐怖笼罩了一切，人们无处逃遁，无法预料下一步的遭遇，无法决定未来的去向和命运。一位难民写道："失去了自由，生命有随时被毁灭的可能的人们，是怎样的可怜啊！尤其是在暴戾、凶狠、残忍的敌人铁蹄下的人们，命运已经抓在他们的手里，每一分钟每一秒钟都有结束的可能。我们只有……听最后的宰割了。"②

哪儿出现日本人，哪儿就不得安宁。面对日军连续不断的暴行，难民们甚至不敢到附近的粥厂领粥，国际委员会招募的工人不敢外出干活，里格斯和索恩不得不自己开车将米和燃料送往各收容所。慑于日军的淫威，成年人终日躲在家里，孩子有时就承担起领粥的任务，幸存者高陈氏回忆说："在难民收容所，大人都不敢出去，让小孩到卍字会（粥厂）去要救济粥，我因年纪小，个子矮，所以经常去要稀饭。"③

有不少难民由于紧张和恐惧，陷入歇斯底里的状态。贝德士于 12 月 17 日致信日本驻南京大使馆抗议道："许多中国人已经 3 天睡不着觉了，他们的身心受到严重的损害，变得有些歇斯底里。如果有朝一日这种恐惧和绝望导致了对贵军士兵强奸妇女行径的抵抗，那将会发生毁灭性的大屠杀，对此贵当局要承担责任。"④

为救助中国难民，西方人士奔走呼号，不断抗议交涉，他们自

①《麦卡伦致家人函》(1937 年 12 月 19 日—1938 年 1 月 15 日)，章开沅编译：《美国传教士的日记与书信》，张宪文主编：《南京大屠杀史料集》第 4 册第 205 页。

②汝尚：《当南京被虐杀的时候》，张连红编：《幸存者的日记与回忆》，张宪文主编：《南京大屠杀史料集》第 3 册，第 537 页。

③《高陈氏证言》，朱成山主编：《侵华日军南京大屠杀幸存者证言集》，第 134 页。

④［德］约翰·拉贝：《拉贝日记》，第 210 页。

己也面临生命危险,心力交瘁。12 月 20 日,14 名留在南京的美国人通过日本驻南京大使馆给美国驻上海总领事馆发电报,电文称:"问题严重,急需在南京派驻美国外交代表。局势日益严峻。"在拉贝看来,这份电报反映了美国人绝望沮丧的心情。①

外国人心情尚且如此,普通的中国难民的心情可想而知。面对荷枪实弹的日本兵,人们无法不胆战心惊。很多人紧闭大门,躲在屋内。有的人不敢呆在室内,整天躲在外面的竹林里,虽然天气很冷②;有的人终日躲在房间的天花板上,连吃饭都不敢下来。③

人为刀俎,我为鱼肉。面对死亡的厄运,人们陷入呼天天不应叫地地不灵的悲惨境地,每条街道都有血泪与悲伤的故事。

幸存者邓明霞一家当时躲在华侨招待所,她回忆说:

> (1937 年)12 月 27 日上午九点左右,日本兵闯进难民区,三挺机关枪对准所有难民,把中青年男子都抓起来,一个连着一个用绳子捆绑着,押到大方巷塘边,用机枪扫射。这一次就打死了好几百人,塘水都给染红了。整个难民区一片哭声,老人哭儿子,妇女哭丈夫,孩子哭爸爸。日本兵来了还不敢哭,谁哭就打死谁。我的丈夫邓荣贵就是这次屠杀中被枪杀的,死时仅 35 岁。④

幸存者王鹏清一家躲在牯岭路 18 号,他回忆说:

> 我当时已是 25 岁的人了,上半年刚结婚。我们成天躲在

---

① [德]约翰·拉贝:《拉贝日记》,第 235 页。

② 《赵长荣证言》,朱成山主编:《侵华日军南京大屠杀幸存者证言集》,第 144 页。

③ 《马静雯证言》,朱成山主编:《侵华日军南京大屠杀幸存者证言集》,第 304 页。

④ 《邓明霞口述》,张连红、张生编:《幸存者调查口述》上,张宪文主编:《南京大屠杀史料集》第 25 册,第 14 页。

家里，我妹妹和妻子都躲在外面，不敢回家。日军进城后大约半个月左右，有一天上午，我记得是个晴天，日本兵在我家附近一带挨户搜查，已经将许多人集中在宁海路上，查看他们手上有没有老茧，头上有没有帽箍，主要看是不是当兵的。我自料逃不出去，只好躲在家里。吃过中饭以后，大概一两点钟的样子，四五个日本兵到我家搜查，他们发现我手上有打铁留下的硬茧，就硬要把我带走。我母亲哭着说："他不是当兵的，是做铁匠的。"并拿出铁匠工具给他们看，他们根本不理睬，还恶狠狠地用枪托把我父母打倒在地，吆喝着把我强行带走。当时我听到母亲哭得死去活来，想到自己性命难保，今后父母、妻子、妹妹的生活怎么办的时候，顿时一阵心酸，眼泪汪汪，哭喊他们。①

南京沦为"活地狱"，正如西方人士所描述的那样，"日本兵犹如一群野蛮人肆无忌惮地肆虐这座城市。全城有数不清的男人、女人和儿童被杀害。老百姓平白无故地遭到枪杀或刺杀的事件层出不穷"②。在豺狼般的日本兵眼中，中国人是受罪的羔羊，可以对他们为所欲为，日军第十六师团步兵第二十联队士兵东史郎在日记中详细记述了扫荡难民区的情况：

> 我满脸胡须，像个耀武扬威的将军一样，搜起他们的身来。在一家二楼的一个房间内有六个男子，其中一个面相不太善，我便开始搜他的身。这时，他掏出了二十元的纸币，向

---

① 《王鹏清口述》，张连红、张生编：《幸存者调查口述》上，张宪文主编：《南京大屠杀史料集》第 25 册，第 15 页。

② 《阿利森致美国国务院有关南京状况的报告》，张宪文、张建军主编：《南京大屠杀实证》2，人民出版社 2016 年版，第 12 页。

我递过来。他到底是要我的钱呢,还是想用钱来收买我? 他以为我们日本军人都是见钱眼开的,和支那的士兵一样。"他妈的!"我的心里骂了一声,把钱扔到地上,随手'啪'地给他一记耳光……走出了房间,那神态像对他说:日本军人可是正派的,一副伟大的形象。在一个大的西式建筑里,混杂住着一些男女,我们的刺刀冷冷地攫住他们的心。我们就像突然闯入羊群的狼,狼拥有绝对的权力,可在羊群中昂首阔步。他们像怕触着火药一样躲着我们。我如果盯着谁的脸,谁就会不知所措地转移开视线,像一只被打败了的狗。[①]

日本兵的皮靴声、吆喝声,让难民们心惊胆寒。幸存者沈遐鸿一家当时住在豆菜桥,有一天,日军又来了,他回忆说:

当时我哥哥十九岁,正是日军追猎的对象。母亲便把他藏在拐角的被窝里,叫我和小妹坐在被头上遮掩住。我们已经三天三夜没有吃了,可怜的小妹妹和我肚子饿得咕咕直叫,饥饿真难受啊! 我和小妹妹正想昏昏欲睡,日本兵带钉的皮鞋在水泥地咔咔作响,在隔壁的陈奶奶家停下来,紧接着听到踢门声、用板斧劈门声。屋里慌作一团,接着就是女人喊叫声,我从门缝中偷眼望去,简直吓死人了! 日军用刀架着陈闺女的颈脖在进行强奸,闺女的哭叫声刺人心肺,奶奶跪地求饶,陈大叔忍受不了自己的女儿在兽兵面前受辱,一把抓住日本兵的枪进行反抗。只听见"叭"的一声,陈大叔应声倒下,肚子开了花,鲜血从肚子下面喷了出来。忽然,我们的房门也被踢得嘣嘣作响,长隆嫂赶紧抓了一把锅堂灰往脸上抹成了大

[①] [日]东史郎:《东史郎日记》,本书翻译组译,江苏教育出版社1998年版,第209页。

花脸,哈婆婆把尿屎盆堵在门口,长隆哥无处躲藏,一头栽进方桌下面,屁股和腿还露在外面……日本兵在"安全区"横冲直撞抓人杀人、强奸妇女猖狂至极。四邻前后的妇女声嘶力竭地惨叫声、哭泣声此起彼伏,不忍入耳,闻者心惊肉跳。①

日军还到处纵火,巨火浓烟笼罩全城。难民们心中的恐怖难以用语言描述;另一方面,他们失去了赖以生存的家园,失去了生活的希望。张家勤回忆说:

> 那时,使我们更为惊恐的却是日本人在城南一带纵火。夜晚在阳台上看,城南方向弥漫着一片火光。虽然不知道着火的确切地点,但方向却是无疑的。在这不是人过的日子里,人们最大的愿望便是有朝一日能够回到自己的家中去,不再担惊受怕。如果没有了家,难以想象今后如何生活。人们不断往返于阳台与住房之间,喃喃惊呼:"这怎么得了,这怎么得了!"②

12月20日,南京22名西方人士联名致函日本大使馆,要求制止日军有计划的纵火。但是,火势仍在蔓延,拉贝一直很担心大火危及他的住宅,他在12月23日的日记中写道:

> 这是一段无休无止的恐怖岁月,无论人们怎么想象都丝毫不会过分。在雨中,我的难民们相互依偎着挤在院子里,无言地望着美丽得可怕的熊熊火焰。如果大火蔓延到我们这里,这些最可怜的人们就没有出路了,我是他们最后的希望。③

---

① 《沈遐鸿证言》,朱成山主编:《侵华日军南京大屠杀幸存者证言集》,第315—316页。
② 张家勤:《我在难民区的所见所闻》,《南京史志》1987年特刊(总第25期)。
③ [德]约翰·拉贝:《拉贝日记》,第267页。

二、度日如年

在日军的恐怖统治下，难民们承受着家破人亡的巨大哀痛，过着战战兢兢朝不保夕的非人生活，保全生命成为人们的第一需要和选择。拉贝在1938年1月25日的日记中记述了这样一个故事：

> 一名中国工人给日本人干了整整一天的活，没有领米而是领了钱回到家中。他疲惫地和全家人坐在桌旁，家庭主妇端上了几碗稀粥。一个6口之家只有这么可怜的一顿饭。饭刚端上来，一个路过的日本兵寻开心地向这几只半满的碗里撒了一泡尿，随后笑着扬长而去，未受到任何惩罚。①

对此，拉贝颇有感慨，他记述道："听到这件事，我想起了《别把我们当奴隶》这首诗……中国人遭受了太多的凌辱，长时间以来已经习惯逆来顺受了。这件事未受到重视。如果每起强奸案都能遭到致命的报复，那么相当一部分占领军早就被消灭了。"②

对于受苦受难的中国百姓，拉贝哀其不幸怒其不争。我们无法回避这样一个事实——人们害怕日本兵的报复。斯迈思指出，当未携带武器的日本兵强奸妇女时，的确出现过少部分受害者的丈夫反抗的事例。但在很短的时间里，日本兵带着两三个同伙、拿着枪返回原地，枪杀了那个丈夫。反抗就意味着死亡。"很多人会说：'为什么不反抗'，我们的回答是：'这就是结果'。"③事实正是如此，1938年1月2日上午，一个日本兵闯入陈家巷5号刘培坤的住处，企图强奸他的妻子，刘培坤走过去骂了这个日本兵几句，并向

---

① ② ［德］约翰·拉贝：《拉贝日记》，第504页。

③ *China Missionary Oral History Project：Lewis S. C. Smythe*，Claremont Graduate School，1971，p.72.

他脸上打了几拳,迫使日本兵离开。下午,这名日本兵又带着枪来到该处,邻居们都为刘培坤求情,有的人还下跪请日本兵开恩,但刘培坤还是被枪杀了。①

面对恐惧和威胁,难民们必然产生逃避的心理反应。在危难和恐怖之中,人们本能地、有意识或无意识地拒绝和逃避死亡。

在这疯狂的时期,任何一个中国人的生命都处于被决定的地位。幸存者们能够幸运地活下来,除了他们没有放弃生活的希望和信念之外,还取决于机缘,有时日本兵的一个疏忽或者心情的改变,就能改变他们的命运。幸存者孙传远当年 34 岁,随家人避难于金陵大学。难民登记时,日军看到他头上有帽箍印,硬说他是中国兵,顺手用铁棍在他头上打了两下,他见势不妙,就装瘸子,躲过一劫。② 幸存者朱有才回忆说:"日本兵就来了,把我一人抓去,在上海路排队上卡车,当时已有三四十个青年人排着队。我听说日军把我们的人拉到水西门全部杀死。我想,宁愿在这里给他们打死,也不能给他们给拉去,使家里人无法收尸。"朱有才趁日军不注意,从卡车边溜走,侥幸逃生。③ 幸存者孙玉泉原名孙景波,在日军进城后三天,他被日军从阴阳营抓走,一同被抓的有很多人,他一边走一边盘算着如何脱身,当走到玉泉路时,他急中生智,趁日军不备,冒险溜出队伍,从附近的小路逃跑,得以逃生。事后,为了纪念他的逃生地点,他便改名为孙玉泉。④

---

① 《1938 年 1 月 2 日刘培坤被杀案》,[德]约翰·拉贝:《拉贝日记》,第 325—326 页。
② 《孙传远证言》,朱成山主编:《侵华日军南京大屠杀幸存者证言集》,第 7 页。
③ 《朱有才口述》,张连红、张生编:《幸存者调查口述》上,张宪文主编:《南京大屠杀史料集》第 25 册,第 31 页。
④ 《孙玉泉口述》,张连红、张生编:《幸存者调查口述》上,张宪文主编:《南京大屠杀史料集》第 25 册,第 32—33 页。

为寻找相对安全的所在,难民们在安全区辗转漂泊,备尝艰险和困苦。很多难民从民宅转移到难民收容所。幸存者江凤生回忆说:

> 我家原住在邓府巷,民国 26 年冬天,日军侵占南京前夕,迁居到干河沿。我们一家和同院的大约有十二三人住在一起。有一天,只听到炮声隆隆,大门紧闭着,谁也不敢出去,后来听说广州路都挂了太阳旗,才知道日本兵进了城。有一天,日本兵冲进了我们的住处,同院的男人们招呼妇女赶快躲起来,日本兵对每个人都进行搜身,我的自来水笔和同住的上海人身上的钱都被他们抢走了,日本兵还说:"支那钱大大的好!"我们住在干河沿人身安全没有保障,于是同院人一起商议,到金陵中学难民区去避难,我们都住在金陵中学的图书馆里。①

原首都电话局"留守工程团"工程师侯楷等 10 人,12 月 12 日住进电报局长吴保丰、电话局局长朱一成的房子,因经常遭到日军的骚扰,不得已,侯楷、张光暄、汪子卿三人在同事沈毛弟的带领下,于 12 月 15 日迁至小桃园拉贝住处,因为沈毛弟的叔叔是西门子洋行的老师傅。②

侯楷等人的迁居,目的地明确,事先有计划有安排,显得从容不迫。而相当多的难民由于缺乏应有的心理准备,在逃难途中仓皇失措、心惊胆战。幸存者丁荣声回忆说,在日军进城前,她与家人跑到乡下,住在中山陵附近的亲戚家里。当日军抵达汤山附近时,又往城里跑,同行的人中有 12 位年轻的妇女。她们先躲在新

① 《江凤生证言》,朱成山主编:《侵华日军南京大屠杀幸存者证言集》,第 400—401 页。

② 侯楷:《难民区历劫记》,张连红编:《幸存者的日记与回忆》,张宪文主编:《南京大屠杀史料集》第 3 册,第 581 页。

街口附近的慈悲社,日军进城后,邻居的儿媳被日本兵轮奸。一行人又前往金女大,里面人满为患,经过苦苦哀求,12 位年轻妇女方得进入。①

国际委员会也注意到难民的这种流动状况,其在 12 月 17 日致日本大使馆的信中指出,由于日军无休止的骚扰,难民不堪折磨,纷纷搬离原来的住所,"一些家庭向我们诉苦,他们的房子被砸开、遭抢劫,他们的女人一个晚上被强奸多达 5 次。于是他们第二天早晨逃离住所,找一个希望能得到安全的地方住下来"。②

西方人士的住所比难民收容所更安全,因此这些地方的难民人数不断增加。以拉贝的住所为例,自日军入城后,逃进他住所的人原先有 200 多人,后来不断增加,到圣诞节进行统计时,拉贝大吃一惊:"我原来一直以为,在我这儿安置的难民有 350—400 人。韩先生准确统计的结果显示,在我办公室和院子里投宿的人一共有 602 名(302 名男子,300 名妇女,其中有 126 名 10 岁以下的儿童,有一个婴儿仅两个月)。这个统计数字还不包括公司的 14 名职员、杂工和他们的家人,这样算起来总数约有 650 人。"③拉贝的住所只有 500 平方米,难民们生活在遍布院内的草席棚里。1938年 1 月 4 日,米尔斯和福斯特等人到这里检查时,"鉴于空间狭小和由此造成的居住困难",建议把一部分难民迁往中山路上的司法学校。④ 但是,这个建议并未得到响应,拉贝在次日的日记中写道:

---

① 《丁荣声口述》,张连红、戴袁支编:《幸存者调查口述》中,张宪文主编:《南京大屠杀史料集》第 26 册,第 478—479 页。

② [德]约翰·拉贝:《拉贝日记》,第 196 页。

③ [德]约翰·拉贝:《拉贝日记》,第 272 页。

④ 《检查报告》,[德]约翰·拉贝:《拉贝日记》,第 349 页。

"人们觉得只有我这儿才安全，都不愿意离开。"①

马吉在珞珈路的临时住所也有很多难民。他在 12 月 19 日给妻子的信中记述："我们存放物品的房子里住满了妇女，有的甚至睡到我们的饭厅里。他们终日惶惶不安，惊恐万状……房子里真是拥挤不堪，像沙丁鱼罐头似的，楼上楼下的房屋里都住满了人，一会儿功夫，我们的卫生间里也住进了一对母女。""男孩子只能睡在卧室的地板上，楼下地板上挤满了人，楼上也没有空房间，有些女孩甚至睡在我们的饭厅里。"②他在 12 月 23 日给妻子的信中继续写道："为了使你了解我们是多么拥挤，我举个例子，楼下一个大房间，包括相连的一个封闭凉台，共有 50 多人，包括孩子睡在里面。房间一端由一张长靠椅隔开，给 J. L. 陈牧师家年轻的女佣住。白天铺盖全部卷起，沿墙摆好。这个房间还是圣保罗及道胜等教堂的信徒们礼拜的地方。"③

覆巢之下，焉有完卵？日军到处肆虐，没有地方能确保安全。野战救护队的黄子良、徐先青等人在城陷之后潜入难民区，一开始住在铜银巷耀华里，因为日军经常去那里骚扰，12 月 16 日，他们在外侨里格斯的护送下准备避居司法院难民收容所，"适该处敌兵正在搜捕我无抵抗的兄弟，情形更加危险"，他们只得分散逃命，黄子良等进入金陵大学，当夜露宿在图书馆旁边，第二天才搭建了一个棚子安身，黄本人做了难民管理员。徐先青又回到耀华里，但原先住的房子已被其他难民占据，他们只好住在走廊里。后来，他带了

---

① ［德］约翰·拉贝：《拉贝日记》，第 359 页。

② 《马吉致妻子函》(1937 年 12 月 12 日—1938 年 2 月 5 日)，章开沅编译：《美国传教士的日记与书信》，张宪文主编：《南京大屠杀史料集》第 4 册，第 151—154 页。

③ 《马吉致妻子函》(1937 年 12 月 12 日—1938 年 2 月 5 日)，章开沅编译：《美国传教士的日记与书信》，张宪文主编：《南京大屠杀史料集》第 4 册，第 157—158 页。

几个人去了鼓楼医院。[①]

　　幸存者刘金祥当时 16 岁，原来住在踹布坊，日军进城后，一家6 口人逃到难民区，住在上海路东瓜市的一座洋房里。住了两天之后，他的母亲、嫂子带着不满 1 岁的侄女，转移到金女大。一天，刘金祥和他哥哥被抓到古林寺傍一个山坡上的竹林中，一同被抓的三四十个人被分成两部分，20 多人站在上坡，十五六人站在下坡。站在下坡的人全部被手榴弹炸死。刘金祥兄弟俩侥幸死里逃生，但他们吓坏了，再也不敢住东瓜市的洋房了，便在难民区附近一处防空洞的边上搭了一个棚子。不料，几天之后，住在防空洞里的一家人被日军杀死在洞里，他们又不敢住在那里，逃进了难民区。[②]

　　难民们战战兢兢，精神一直处于高度紧张的状态。1938 年 1月 30 日，贝德士在给孩子的信中讲述了两件"趣闻"：有一天，里格斯的仆人情绪十分激动地跑到平仓巷 3 号，向西方人士报告说一个日本士兵在里格斯家中留下了一支枪，住在那里的难民们吓坏了，害怕因此遭到指控和责难。在米尔斯的要求下，一名日本宪兵陪同他们一起前往查看，结果发现竟然是一把玩具枪，原主人正是贝德士的儿子。原来，日本兵把它从贝德士家中带到里格斯家中，并丢在了那里。难民们看见了，却吓得不敢靠近这支小小的玩具枪。贝德士在信中不无诙谐地调侃道："你们和你们的枪卷入了发生在中国的这场战争，尽管我认为你们是友好而爱好和平的孩子。"另外一件事与此相仿。有一天，一些住在金陵大学宿舍的妇女和儿童慌慌张张地冲进贝德士的住所，说她们房间里有一枚炮

① 蒋公毅：《陷京三月记》，"南京大屠杀"史料编辑委员会、南京图书馆编辑：《侵华日军南京大屠杀史料》，第 78 页。

② 《刘金祥证言》，朱成山主编：《侵华日军南京大屠杀幸存者证言集》，第 69 页。

弹。贝德士前往查看，却怎么也找不到。难民们告诉他，一个小女孩是唯一看见过这枚炮弹的人，其余的人因为害怕不敢去看。贝德士轻手轻脚地在那里摸索，结果发现原来是战前学生军训时使用的 5 个仿真弹药筒。贝德士在信中写道："为了防止它将来被某个粗心的人弄爆炸，我们把它扔进池塘，这些是大学里仅有的炸弹。"①对这两则"笑话"，作为"局外人"的西方人士忍不住想笑，可我们从中看到的更多的是苦涩与辛酸。固然，难民们见识有限，他们杯弓蛇影、草木皆兵的恐惧心理，却是导致这一"笑话"的根本原因。

难民们如临深渊，如履薄冰。即使在局势稍微安定后，为躲开日本兵，人们宁可绕小路、穿小巷。幸存者王英回忆说：

> 在当时，虽然市面还没有恢复，但日本兵在各条大街路口，都设有哨岗，凡是中国人行经日军哨岗地点，都得向日本兵行 90 度鞠躬礼，如果行不好，日本兵会叫你立即跪下。如果你不立即跪下，就打你的耳光，至于跪到什么时候，这得看日本兵高兴了。日本兵不说"哦希"两个字音，就得一直跪下去，所以那时人民百姓极不愿意出门，就是到非出门不可时，也就得提心吊胆，还得提高警觉。走到甚（什）么地方，得先前后左右看看清楚，老远的就得注意，哪条街口有日本站岗哨兵，心里早作准备。宁可多走些路，多拐几个弯，也不要走到日本兵站岗的地方。②

---

① Letter from Bates to his sons（1938 年 1 月 30 日），RG 10，Box 1，Folder 8，Yale University Divinity School Library Special Collections.

②《王英护士：难民营生活》，章开沅编译：《南京：1937 年 11 月至 1938 年 5 月》，三联书店（香港）有限公司 1995 年版，第 152 页。

　　难民们的这种恐惧心理一直伴随着日军占领南京的漫长岁月。1938 年 11 月，贝德士在给友人的信中写道："你能想象如此没有自卫能力的民众在长期恐怖和危险中的生活状况吗？当一个日本兵出现于街头，或是门上有一声敲击，或是可耻的警察局雇佣者的一个假报告，立即意味着大祸临头和可怜的财物丧失殆尽。"①

　　人们的命运掌握在"胜利"的日本兵手中。漫漫长夜，不知何日才是尽头。在艰难困苦中，人们度日如年。拉贝在日记中写道："人们觉得自己像个重病人，以恐惧的目光注视着时针走动，觉得它走得太慢了，一天好像有 100 个小时而不是 24 小时，没有谁知道自己何时会康复。这一夜很平静，明天白天也会这样吗？我们一天又一天地盼望着。"②

　　一切都笼罩在黑暗之中，没有未来，没有希望。菲奇在日记中写道："我们经常问自己：'这将持续多久？'我们日复一日被日本当局告知，一切将迅速好转，'我们将作最大努力'，但是每天却比前一天更糟。"③魏特琳在日记中记述："现在日子似乎很漫长，每天早上都在想这一天如何度过。"④12 月 21 日，她去学校前门视察，守门人告诉她，"现在度日如年，生活已经没有意义"，魏特琳深有同感，她在日记中感慨万分，"悲哀的是，我们看不到未来。这个曾经充满活力和希望的首都，现在几乎是一个空壳，可怜与

---

① 《贝德士致朋友的传阅函》(1938 年 11 月 29 日)，章开沅编译：《美国传教士的日记与书信》，张宪文主编：《南京大屠杀史料集》第 4 册，第 47 页。

② ［德］约翰·拉贝：《拉贝日记》，第 296 页。

③ 《费吴生日记》(1937 年 12 月 10 日—1938 年 1 月下旬)，章开沅编译：《美国传教士的日记与书信》，张宪文主编：《南京大屠杀史料集》第 4 册，第 65 页。

④ ［美］明妮·魏特琳：《魏特琳日记》，第 204 页。

令人心碎"。①

三、屈辱与羞愧

大屠杀期间,妇女是最大的受害者,她们面临着更为悲惨的命运——被强奸。罗森在给德国外交部的报告中说:"每晚都有日本兵冲进设在金陵大学院内的难民营,他们不是把妇女拖走奸污,就是当着其他人的面,包括当着家属的面满足他们的罪恶性欲。同谋犯把受害者丈夫或父亲拘留,并迫使这些人充当他们败坏自己家庭名誉见证人的情况屡见不鲜。"②

妇女们为了免受凌辱,用尽一切办法伪装自己——用锅灰、泥巴抹在脸上,整天把自己弄得蓬头垢面;许多人剪掉头发,甚至剃成光头;很多人穿上老太婆的衣服,装扮成老太婆的模样。麦卡伦不无揶揄地写道:"中国妇女的安全取决于其扮丑的能力,她们显然做到了这一点。最漂亮的女孩穿男孩的服装,剪了男孩子的头,这绝非是个别现象。"③

直到1938年春,这种状况才有所改变。魏特琳在3月13日的日记中记述:"较年轻的难民现在看来好些了,因为她们洗了头和衣服。在这最初的日子里,没有人想洗脸梳头,衣服也越旧越好。"④

传统中国妇女最重要的美德就是守贞。遭受强奸的屈辱,无

① [美]明妮・魏特琳:《魏特琳日记》,第206页。

② 《罗森给德国外交部的报告》(1938年1月15日),张生编:《外国媒体报道与德国使馆报告》,张宪文主编:《南京大屠杀史料集》第6册,第327页。

③ 《麦卡伦日记与书信》(1938年),《日本侵华南京大屠杀研究》2020年第1期。

④ [美]明妮・魏特琳:《魏特琳日记》,第308页。

论对妇女自身还是对亲属都是难以忍受的,但人们又不敢反抗,反抗就意味着死亡,在极端的恐怖中,人性受到了无情的扭曲。躲在意大利大使馆里的郭岐,曾目睹了数起强奸案例。日军第一次进入大使馆时,妇女们未来得及躲藏,被日军抓住,"几十个兽兵把女子们关了起来,三个奸一个,两个奸一个。所剩下的孩子们、男人们,靠着墙,抱着头,一声不敢响,孩子哭了,用手拍一拍孩子的头说,'不要怕!''不要哭!''妈妈就会来的'。老年人在那里叹气,勇敢一点的丈夫,还背着手在院子中间踱来踱去,面红耳赤,抓耳挠腮,那种焦急气愤之状难以形容"。12 月 30 日,汉奸带着几个日本兵又来抓了三个女子,"女子的父母对女儿哭,女儿对父母哭,旁边看的人也流眼泪,而兽兵毫无感动地拉着要走。有一位中年父亲,为护着女儿,颈上被刺了一刀,鲜血淋漓,向地下直流! 于是有一位母亲不忍女儿受苦,自己挺身而出说,我去代替女儿好不好? 那个汉奸见徐娘半老,颇可代替。其他几位都哭泣,他们的父母都挨了打,众人看见,恐引起另外的危险……于是都相劝让孩子去吧,不然众人都要受累的"。三个女子被抓走后,"有的怪不该开门,有的怪女子们说话声高,被听见了,有的说刚才来的是曾经来过的宪兵,早已经物色好了。于是更不准点灯和高声说话"。①

　　幸存者李秀清回忆说:

　　　　一天,我在做饭,不想日本兵来了几十名,这时他们突然发现我的邻居是一对年轻夫妻,就象没命一样追了上来。这位妇女为了不受侮辱,竭尽全力与日军搏斗,她的丈夫在旁苦

---

① 郭岐:《陷都血泪录》,"南京大屠杀"史料编辑委员会、南京图书馆编辑:《侵华日军南京大屠杀史料》,第 10—12 页。

苦哀求,但是在这群杀人不眨眼的刽子手面前哀求又有什么用呢？丈夫绝望地向屋里的妻子喊道："算了,随他们吧,保住自己的命要紧。"①

贞洁重于生命的观念使得许多妇女宁愿自杀,也不肯苟活人间。沈锡恩当年住在豆菜桥 28 号,他的邻居李扩飞是个 28 岁的姑娘,在 12 月 14 日那天,被日本兵奸污。后来,李扩飞与母亲躲到金陵大学,仍然不断遭到日本兵的纠缠,母女俩感到走投无路,跳进院子里的池塘寻死,幸好被人救起。② 幸存者史慧芝回忆说："我们妇女那时都披头散发,脸上抹的黑黑的油锅灰,穿着老太太的衣服,以避免日军的注意。那时,我有个姨娘乔刘氏,当时四十岁,也在难民区住,被日军抓去奸污了。过了一夜回来后,整整哭了一天,晚上便上吊而死。"③

我们无法知道有多少妇女遭强奸后,在羞辱和悲愤中自杀身亡。蒋公穀写道："吾民族认为最耻辱最痛心疾首者,厥为奸淫。而敌竟不顾一切,除烧杀掠夺外,复大肆奸淫。稍具姿首〔色〕者无一幸免。甚至赤身裸体,公然白昼宣淫,迭经外邦人士目睹,当面斥为禽兽,悄然遁去,恬不知耻。因是一般难女,避入金大金女大收容所,以求保护。此后,日间虽安,但一至天黑,钻穴逾墙,仍所不免。或奸后驾去,或一去不返,或虽返而已病不能兴,故悬梁跳井者,日有所闻。"④

---

① 《李秀清证言》,朱成山主编:《侵华日军南京大屠杀幸存者证言集》,第 369 页。

② 《沈锡恩证言》,朱成山主编:《侵华日军南京大屠杀幸存者证言集》,第 428 页。

③ 《史慧芝证言》,朱成山主编:《侵华日军南京大屠杀幸存者证言集》,第 281 页。

④ 蒋公穀:《陷京三月记》,"南京大屠杀"史料编辑委员会、南京图书馆编辑:《侵华日军南京大屠杀史料》,第 91—92 页。

也有不少妇女忍辱含垢苟活了下来,但她们的屈辱和悲愤是难以用语言表达的,陷入生不如死的境地。毛德林当年是金陵大学难民收容所的管理人员,他回忆说:

> 有一次,日军突然来到图书馆,要花姑娘。我们没有办法,跑东跑西寻找美国人来说话。但已有妇女被日寇拖走。数天以后,有个后来才听说是个新婚女子放回来了,但脸色惨白,骨瘦如柴,行动不得了。她终日流泪,不肯进食,只求速死。据说她是被日军拉到鼓楼东面傅厚岗日军驻地遭轮奸的。为了给她一点安慰,我们将她移到三楼存放报纸的一个小间内,让她休息,门外加了锁,由她的丈夫随时照顾,直到难民区解散,他俩才离开。这样的事是经常可以看到的,我们也无能为力……当时,父母亲带着女儿痛哭流涕,要我们将女孩子收藏在学校宿舍内。但宿舍都已挤满,只好由他们去协商解决。①

国际委员会秘书斯迈思是金陵大学社会学教授,社会调查是他的本业,他估计有 8 000—10 000 名妇女遭到强奸。他发现收集这类信息时有一个特别有意思的现象:在日军最为肆虐猖獗的时候,当访问者到某处询问时,住在那里的人会毫不迟疑地叙说家里有几个人被强奸,甚至会向访问者指出来。但是,稍晚些时候,“当我们去问‘你家里有人被强奸吗?’他们会回答‘没有,没有’”。②

---

① 《毛德林口述》,张连红、张生编:《幸存者调查口述》上,张宪文主编:《南京大屠杀史料集》第 25 册,第 268 页。

② *China Missionary Oral History Project: Lewis S. C. Smythe*, Claremont Graduate School,1971,p. 71.

《南京安全区档案》中有不少妇女遭强奸的案例,那只是众多强奸案中的极少一部分,相当多的妇女被强奸后羞于向他人叙说自己的遭遇。魏特琳认为,"妇女并不愿意对我讲述这些遭遇,因为,她们认为这很不光彩,难以启齿"。① 有的妇女被强奸后,随即搬离了原来的住所,她们将屈辱和痛苦深深埋藏在心中。1938年1月16日,一些妇女从金女大回家,被日本士兵强奸,后来她们搬到金陵大学去住,因为他们羞于回到金女大朋友那里。②

有的人因此而怀孕,这对于她们以及她们的家人来说,其屈辱更加不言而喻,于是便想法除掉日本兵的"孽种"。在西方人士看来,这是意料之中的事。贝德士1938年2月13日给妻子的信中写道:"今天一名妇女带着她的女儿来到金大,要求为由于日本人强奸而怀孕的女儿做流产手术。"③但是,基督教是禁止堕胎的,西方人士对此感到极为棘手,在1938年2月17日《南京安全区国际委员会关于形势的内部补充报告》中,国际委员会指出,妇女被日本兵强奸后染上性病,问题严重,需加强治疗,此外,"还有一个棘手的问题是,那些母亲们到我们这里来,要求解决她们的未婚女儿被日本士兵强奸后造成的恶果。在此以前,大学医院坚决拒绝这种堕胎,导致这些家庭自己采取办法,这给那些年轻女子的健康和生命带来严重危险"。④ 威尔逊医生在1938年5月3日给家人的信

---

① [美]明妮·魏特琳:《魏特琳日记》,第266页。

②《事态报告》,[德]约翰·拉贝:《拉贝日记》,第443页。

③《贝德士致妻子函》(1938年2月13日),章开沅编译:《美国传教士的日记与书信》,张宪文主编:《南京大屠杀史料集》第4册,第30页。

④《南京安全区国际委员会关于形势的内部补充报告》(1938年2月17日),[德]约翰·拉贝:《拉贝日记》,第677页。

中也称:"处理遭强奸后怀孕的病人是我们遇到的最棘手的难题之一。"①

　　经过再三的权衡和考虑,虽然,仍然有不同的意见,西方人士还是做出了堕胎的决定。1938 年 9 月金陵大学教授史德蔚回到南京后,不断听到妇女堕胎的情况,他在 1938 年 12 月 12 日的日记中记述:"最近几个月,有许多不幸的妇女前来大学医院求助……大夫为她们卸掉了不受欢迎的'包袱',尽管对这种做法是否正确,医生们持有不同意见。我明白在遭强暴而怀孕的情况下堕胎为合法行为……大夫(指威尔逊)称自己为南京的第一号消灭日本人的人。"②

　　到医院去堕胎,需要一定的经济条件,在很多穷人家庭,这种胎儿出生后不是被弄死,就是被抛弃。1939 年 10 月 12 日,魏特琳去城南,看到那里的天主教修女收养了 29 名弃婴,其中 6 名有梅

---

① 《我们当时在南京》,陆束屏编译:《南京大屠杀——英美人士的目击报道》,第 167 页。1938 年 7 月号的美国《读者文摘》转载了原先刊登于《视野》杂志的一篇文章《南京的浩劫》,这是根据南京安全区总干事菲奇的南京日记压缩改编的。文章转载后,遭到一些读者的质疑,一位《读者文摘》的读者写道:"难以置信,人们能够信任这种如此明显的下流的宣传,令人想起上一次大战时向公众灌输的东西。"其他读者也发表了类似的评论。为此《读者文摘》编辑收集了更多来自南京的信函,以《我们当时在南京》为题在 1938 年 10 月号的杂志上加以刊载,"编者按"中写道:"我们见到的这些材料,可以连篇累牍地装满本期杂志,所有的材料均可确证以下所刊载的极其典型的节录。"10 月号《读者文摘》所刊登的这组信函中,金陵大学医院医生威尔逊的书信所占的篇幅超过了一半。但杂志以"第一组信的作者是教会医院的外科医生"为小标题加以刊载。南京大屠杀期间,唯一运转的教会医院就是金陵大学医院,而威尔逊还是外科医生。《读者文摘》杂志刊载这样的文字,无疑暴露了威尔逊。看到校样后,威尔逊的妻子特别想删掉这一行,但为时已晚。参见《威尔逊夫人致加西德》(1938 年 9 月 23 日),张生编:《耶鲁文献》(上),张宪文主编:《南京大屠杀史料集》第 69 册,第 95 页。

② 《史德蔚日记》(1938 年 12 月 10 日—1940 年 3 月 23 日),章开沅编译:《美国传教士的日记与书信》,张宪文主编:《南京大屠杀史料集》第 4 册,第 299—300 页。

毒,有几个婴儿的父亲"很可能是日本兵,他们正是因此而被抛弃的"。[1]据国际委员会委员、金陵大学社会学教授斯迈思估计,无数具有一半日本血统的小孩在一出生就被窒息或溺死。[2]

我们可以想象,当中国妇女面对抚养一个她们根本不能接受的孩子而选择杀死或抛弃时,她们所经历的负罪感、耻辱和自责。直到今天,也没有一个妇女敢于站出来承认她的孩子是被日本兵强奸的结果。

正如西方人士所说的那样,日军是一架正在开动的野兽机器。妇女特别是年轻妇女人人自危,恐慌不已,人们纷纷把女儿嫁出去,郭岐记述:

> 经此大奸淫之后,于是女同胞们大起恐慌。未嫁人的姑娘,情愿送给青年男子,不管军人百姓,甚至情愿养活女婿,再不问门当户对了,也不管籍贯年龄了,只要敢要就嫁你,因为如此,第一不会被日本人掳到日本去;第二,有了男人,奸淫也就是那么一回事了。于是,我的部下留在南京的,差不多都有了太太,当军人的也可以藉此掩护,女方也情愿如此。[3]

四、依赖"西洋鬼子"

1938年1月28日下午,圣公会的牧师福斯特刚准备走进金陵大学校门,一个年轻人看见他,用明显的扬州腔调说:"洋鬼子,哦,

---

[1] [美]明妮·魏特琳:《魏特琳日记》,第684—685页。

[2] *China Missionary Oral History Project：Lewis S. C. Smythe*,Claremont Graduate School,1971,p.72.

[3] 郭岐:《陷都血泪录》,"南京大屠杀"史料编辑委员会、南京图书馆编辑:《侵华日军南京大屠杀史料》,第14页。

我是说,外国人先生!"福斯特认为这段经历颇为滑稽。①

　　无独有偶,魏特琳也有类似的经历。她在 1938 年 3 月 30 日的日记中写道:"人们对于我们这些呆在南京城里的人的态度实在是大不一样。"②

　　近代以来,由于深受帝国主义列强的欺凌压迫,民众习惯称外国人为"洋鬼子"。但是在南京大屠杀那段悲惨的岁月里,人们对这些"洋鬼子"的态度发生了根本性的变化。

　　在凶残的大屠杀中,西方人士成为驱除魔鬼、逢凶化吉的保护神。这些西方人士虽然只有 20 多人,但他们利用其中立国国民的特殊身份,救助了许多处于绝望之中的难民。他们有时将一些即将被日军枪决的难民从死亡线上解救出来,有时将抢劫难民财物的日本兵赶走,有时大声呵斥正在强奸的日本兵使妇女免遭蹂躏,使处于恐怖之中的南京难民看到了生的希望。

　　在难民眼中,西方人士成了他们唯一可以依靠的救星,难民们常常向他们下跪磕头,企求保护,拉贝在日记中记述:"他们像供奉神祇一样尊敬我们这些欧洲人。只要我们从他们身边经过,他们就跪下来,我们难受得不知如何是好。"③"他们大家的希望是,我这个'洋鬼子'能够驱赶走凶神恶煞。"④麦卡伦也记述:"不管什么时候,只要见到我们外国人,他们就跪下磕头,恳求援助。"⑤

---

① 《福斯特致妻子函》(1937 年 11 月 23 日—1938 年 2 月 13 日),章开沅编译:《美国传教士的日记与书信》,张宪文主编:《南京大屠杀史料集》第 4 册,第 122 页。

② [美]明妮·魏特琳:《魏特琳日记》,第 331 页。

③ [德]约翰·拉贝:《拉贝日记》,第 197 页。

④ [德]约翰·拉贝:《拉贝日记》,第 191 页。

⑤ 《麦卡伦致家人函》(1937 年 12 月 19 日—1938 年 1 月 15 日),章开沅编译:《美国传教士的日记与书信》,张宪文主编:《南京大屠杀史料集》第 4 册,第 204 页。

无助的难民对西方人士顶礼膜拜。魏特琳的中文名字叫华群，"华小姐"声名远扬，在安全区几乎无人不晓，多数难民根本没有见过她，但她与日军周旋斗争的行为被描绘得有声有色，"她身上也有手枪，日本兽兵如果来了，要进去的话，她即不顾一切抵抗，不准进去。说理不成，有时动武，同兽兵搏斗"。①

在大屠杀中，很多人是被日军从家中或者是从难民区的临时住处拉走杀害的，他们的亲属并未目睹他们的死亡，这种现象很常见。另一方面，偶尔也有少数幸存者侥幸脱险，其虎口余生的故事流传开来，给人们留下了很多想象的空间。很多难民冒着生命危险，到江边、河塘边等日军屠杀的现场寻找亲人的尸体。幸存者黄文奎的父亲为了寻找被抓走的大哥黄文玺，历尽艰险。他回忆说：

> 为了寻找大哥，我父亲吃了千辛万苦。听说放回一批拖去的人，我父亲与其他三位老人（都是找儿女的）去下关寻找。但是到了上海路即被日军抓去令其推独轮车，由于不会推将车推翻掉，因此遭日军拳打脚踢，到了上新河将他们放掉。我父亲连夜往家奔，精疲力倦，到了水西门外又遇到日本兵，怕被抓走即躲入厕所中，厕所内有几个尸体，父亲也睡在当中，待日军走后奔向城内，又饥饿，又恐慌，到家后即大病不起，两月余。②

在尸横遍地的情况下，能够找到的很少。有的难民把希望寄托在西方人士身上。不少失去生活依靠的妇女纷纷向西方人士签名请愿，希望能够找回她们的丈夫和儿子。尤朱氏、朱唐氏等 24 名难民于 1938 年 1 月 28 日、2 月 1 日、2 月 17 日三次写信给拉贝，

---

① 郭岐：《陷都血泪录》，"南京大屠杀"史料编辑委员会、南京图书馆编辑：《侵华日军南京大屠杀史料》，第 16 页。

② 《黄文奎证言》，朱成山主编：《侵华日军南京大屠杀幸存者证言集》，第 274 页。

请他帮助寻找她们失去的儿子,信中写道:

> 我们不知道我们的儿子们在哪里,也不知道他们如今怎
> 么样,家属们日日夜夜都是在泪水中度过的,其中有些年老的
> 和身体虚弱的因悲伤而病倒了……请求您告诉我们,您能为
> 我们做些什么? 那些年轻人是否还活着? 他们此刻在哪里?
> (活着还是死了?)他们是否还能回到我们这里? 什么时候能
> 够回来?①

在魏特琳等人看来,由于日军的大肆屠杀,找到的希望非常渺
茫,但是,"可怜的中国妇女真是不惜一切,抓住任何一线可以救回
她们的丈夫、儿子和兄弟的希望"。1938 年春,一些妇女在模范监
狱看到了自己的亲人,这纯粹是一种偶然的巧合,但这个消息就像
火把,点燃了人们寻找亲人的希望之灯。消息像野火传遍全城,甚
至一些农村妇女也赶往签名。②

在日本兵面前,难民们忍辱含垢,但一旦有西方人士撑腰,他
们顿时就有了底气,积郁已久的情绪就会爆发出来。拉贝在 1938
年 1 月 30 日的日记中写道:

> 下午 4 时,在去平仓巷的路上,我的汽车在汉口路被约 50
> 名中国人拦住,他们请求我去解救一名妇女,她刚被一名日本
> 兵带走,后者欲强奸该女。我被领至薛家巷 4 号,该日本兵就
> 是把这名妇女带进了这所房子……我在隔壁的一间堆着稻草
> 和杂物的房间的地上发现该日本兵正欲强奸那名妇女。我硬
> 把他从房间里拖到走廊上。当他看见这群中国人以及我的汽

---

① [德]约翰·拉贝:《拉贝日记》,第 666—667 页。
② [美]明妮·魏特琳:《魏特琳日记》,第 314—315 页。

车停在外边时，便夺路而逃，消失在邻居住宅的废墟里。这群中国人情绪激动地低声议论着，还站在门口不肯走。在我的请求下，他们才很快散去。①

难民们发自肺腑地感激这些扶危济困的西方人士。1938 年 1 月 31 日，中国农历新年，拉贝住处的难民们排着整齐的队伍，向拉贝三鞠躬，隆重地向他拜年，他们还献上一块长 3 米、宽 2 米的红绸布，上面写着："艾拉培先生：济难扶危，佛心侠骨，共祝天麻，俾尔戬穀。"一位古文专家告诉拉贝，上述文字的意思是"你是几十万人的活菩萨"。② 魏特琳也被难民称为"活菩萨"。③ 金陵神学院的索恩也被附近的难民称为"宋菩萨"。④ 将"菩萨"一词用在这些外国商人和传教士身上，看似有些不伦不类，但对于这些传统的中国百姓来说，这确实是最合适的称呼了。

日军当局对西方人士管理的安全区极度反感，采取种种手段试图予以解散。"敌人进城之时，因难民区由国际委员会管理，未能为所欲为，便定出种种威胁利诱之法令，强迫难民回家，伪自治委员会于二月十日左右，张贴布告，规定：（一）禁止难民久住难民区，违者严厉处罚；（二）在战前家住南京之居民，可各回己宅居住；（三）在战前寄住南京者，可各自回籍；（四）须向'皇军'脱帽致敬等。一方面又令各区公所，凡人民回各该本区居住者，每人每天发米半升，每五日到区公所领取一次。条例虽如此规定，但回家居住之难民仍甚少；因所住之屋，多数经敌人焚毁，即幸而存者，亦仅

---

① ［德］约翰·拉贝：《拉贝日记》，第 535 页。

② ［德］约翰·拉贝：《拉贝日记》，第 535—536 页。

③ 张连红：《南京不会忘记：明妮·魏特琳》，南京出版社 2016 年版，第 53 页。

④ 张文博：《想起了宋菩萨》，《金陵神学志》1994 年第 1 期。

余屋架,所有板壁地板均经拆去,物件亦早被抢劫,回家后亦无以为生。况且回家不久,妇女即有被敌强奸,男子被敌拉夫或做苦工或运物品之危险,因此均躲在难民区内,不愿回家。"①

没有西方人士的保护,将意味着随意的强奸,甚至是更多的屠杀。安全区解散的消息传出后,许多地方上演了向西方人士下跪哭诉的悲剧。拉贝院子里的 70 个姑娘和妇女双膝下跪,频叩响头,嚎啕大哭,令人可怜。她们不断诉苦说:"你就像我们的父母,你保护我们到现在,可不能把我们甩下不管啊! 如果我们受到污辱不得不死,那我们宁愿死在这里!"②米尔斯在金女大也遇到了不同寻常的情况:

> 数百女性难民在其前面跪下,从校园中央一直到通向校外的门口。她们哀嚎、哭泣,一波又一波。他无法开车,只得步行,妇女们人数太多。她们请求允许她们留在金陵学院,在这里她们知道可以得到外国人的保护。③

金陵神学院监管宿舍的李夫人被神学院难民营中的年轻妇女委派到金女大,那些妇女出于安全区解散后可以预见到的恐怖状况,希望能够到金女大来,她们听到一个异想天开的传说,即金女大将用船把所有年轻的姑娘送往上海。④

1938 年 2 月 17 日,魏特琳为即将启程回国的约翰·拉贝举办一场告别茶会。告别茶会十分愉快,参加者除了贝德士、菲奇之外,还邀请了邮政专员李奇以及美国、德国大使馆的官员,吃的东

---

① 寿田:《沦陷后之南京》(下),《警察向导》第 1 卷第 3 期,1938 年 9 月 7 日,第 43—44 页。
② [德]约翰·拉贝:《拉贝日记》,第 562—563 页。
③《麦卡伦日记与书信》(1938 年),《日本侵华南京大屠杀研究》2020 年第 1 期。
④ [美]明妮·魏特琳:《魏特琳日记》,第 269 页。

西也很丰盛和美味。但拉贝不得不承认,告别让他十分难受。金女大难民收容所里还有 3 000 名姑娘和妇女,她们围住了大门,要求拉贝答应不丢下她们不管,"她们全都跪在地上,又哭又叫",当拉贝要走时,她们干脆拉着他的衣服后摆不放。最后,拉贝不得不留下汽车,艰难地挤出一条路走出大门步行回家。拉贝在日记中写道:"这一切听上去十分伤心和夸张,但谁要是也见到过这里的悲惨情景,他就会理解我们给予这些穷人的保护意味着什么。其实这一切都是理所当然的事,从我们方面而言,它与某种英雄品质并无任何关系。"①

五、消沉逃避与敲诈告密

在痛苦的煎熬中,人们竭力逃避痛苦。宗教是寻求解脱的途径之一。留在南京的西方人士大多是传教士,以传播福音为己任。无论是马吉、福斯特在珞珈路 17 号和 25 号的临时住处,还是金陵大学、金女大,都经常进行宗教活动。贝德士和米尔斯在《关于南京基督教工作的初步报告》中指出:

> 很多人表达了对基督教援助的感激之情,面对有限的宗教活动,我们的应对措施是卓有成效的……
>
> 在包括位于安全区两座教堂在内的 5 个地点,人们不间断地进行祷告,即便在恐怖达到高潮的两周里,祷告也未停止……
>
> 在 1 月份和 2 月份,每天参加礼拜和读经班的几乎有 1 000人,而周日聚会则达到 1 400 人。如果一些难民营有更大的礼堂,这些数字还会快速上升。事实上,在不只一个难民营

①[德]约翰·拉贝:《拉贝日记》,第 663 页。

里,人们利用凭票或者轮流等方式来扩大参与机会。虽然我们没有特别询问新入会的人数,但是根据我们获知的情况,大约有 200 多名新信徒。①

难民在牧师的布道声中,祈祷上天的怜悯,暂时忘却了自身的痛苦、烦恼和忧愁。正如魏特琳在给校董会的报告中指出的那样:"在这些恐怖与破坏的日子里,宗教已成为许多人的现实需要。当你走向前面对一群穷凶极恶之徒,他们闪亮的刺刀沾满了鲜血,这时耶稣就成了伴你左右的朋友。"②人们为基督教的信念所打动,甚至连尼姑也参加礼拜活动。斯迈思给友人的信中也提及:"留在城内为数不多的几个中国牧师,发现人们被基督教信念所打动,如一位睿智的牧师所说'现在他们都有了信仰'!"③

面对苦难和邪恶,无助的人们往往显得极其脆弱。尸横遍地,血流成河。有的人承受不了过度的惊吓,受惊而死。幸存者蒋翠英回忆说:"我婆母的妹夫,当时三十岁左右,姓马,被日军抓到乌龙山(江苏省人民医院对面)枪杀,他听到枪响便佯装死去倒在地上,等日军走后,他慢慢爬到山脚下跑回难民区家中,他回来时吓得浑身上下抖抖索索,被吓成病,在难民区里喊了整整三个月,才死去。"④幸存者芮葵琴的父亲和哥哥在日军进城后不久从难民区返回集庆路的家中查看情况,刚到家,就闯进两个日本兵,她父亲

① 《关于南京基督教工作的初步报告》,张生编:《耶鲁文献》下,张宪文主编:《南京大屠杀史料集》第 70 册,江苏人民出版社 2010 年版,第 521 页。
② 华群:《第一个月的评述(1937 年 12 月 13 日—1938 年 1 月 13 日)》,章开沅编译:《美国传教士的日记与书信》,张宪文主编:《南京大屠杀史料集》第 4 册,第 319 页。
③ 《史迈士致朋友函》(1938 年 3 月 8 日),章开沅编译:《美国传教士的日记与书信》,张宪文主编:《南京大屠杀史料集》第 4 册,第 284 页。
④ 《蒋翠英证言》,朱成山主编:《侵华日军南京大屠杀幸存者证言集》,第 145 页。

差点被日军打死,几十个邻居被打死在地洞里,在逃回难民区的路上,看到的也都是死尸。她父亲回难民区后,吓得一病不起,没几天就死了。①

有的人因此失去了活下去的勇气。虽然,基督教义鼓励人们信奉上帝,因为无所不在的上帝会给人类传播福音,但邪恶的日本兵仍然继续横行霸道。基督教徒卢小庭以他的生命抗议日军的黑暗统治。卢小庭曾在汤山和东流当过传道牧师,大屠杀期间,他一直与福斯特住在一起,在恶劣的条件下,显示了良好的精神品质,助人为乐,无私奉献。同时,他又深受中国历史上那些以死来抗争黑暗社会的人的影响。在南京沦陷前他对局势就相当悲观,大屠杀期间耳闻目睹难民所受的深重苦难,他变得抑郁、孤僻,对所发生的一切感到痛苦和绝望。福斯特得知他有轻生倾向后,鼓励他为了中国活下去,告诉他面对黑暗基督教的观点是活着而不是死。12 月 31 日,是他去"难民登记"的日子。他已 40 多岁了,又有马吉等人的保护,登记完全不成问题。然而,就在这一天,他以独特的方式告别了人世。一大早他就离开房间出去,几天后,邻居在附近的池塘里发现了他的尸体。他留给福斯特一张便条、一首小诗以及他的钱包,他在便条中写道,上帝不会把他的这一行为视为罪过的。②

苦难是一种催化剂,一方面,它能够激发难民们团结一致,相互帮助,共渡难关;另一方面,它也能瓦解人们的意志。在安全区中,有的人醉生梦死,郭岐记述道,"很规矩的人,乘此机会,好打牌的大打牌,好推牌九的大推牌九,好抽大烟的大抽大烟,好嫖的人

①《芮葵琴证言》,朱成山主编:《侵华日军南京大屠杀幸存者证言集》,第 331 页。
②《马吉致妻子函》(1937 年 12 月 12 日—1938 年 2 月 5 日)、《福斯特致妻子函》(1937 年 11 月 23 日—1938 年 2 月 13 日),章开沅编译:《美国传教士的日记与书信》,张宪文主编:《南京大屠杀史料集》第 4 册,第 160—161、107 页。

也是(个)机会。不过,因此是非就多,打架的事,日必数起"。① 商女不知亡国恨,隔江犹唱后庭花。尽管,像这样生活的难民数量很有限,但是,这种腐化生活与当时的状况很不协调,在难民中产生了消极影响。国际委员会注意到这一现象,在对难民收容所检查后特别指出,"各个收容所中的吸鸦片者和其他粗野家伙的存在应该引起特别的注意,应该找到办法和途径把这些坏分子清除出去,或者为收容所所长提供特别相应的保护使之免受伤害"。②

小规模的敲诈勒索现象也时有发生,其对象主要是原中国官兵。郭岐就曾连续两次收到来历不明的信函,"恭维中带着一种隐隐的威胁,目的在要钱",后来,经盘问得知,那人姓吴,曾做过县长,到南京逃难,生活无着落,才出此下策。③

《南京国际救济委员会报告书》指出,难民收容所的管理者大多勤勉负责,有的管理出色,但也有不称职之人,有的效率低下,还有少数敲诈勒索现象。④

最为可悲的是,当西方人士为阻止日军暴行而奔走呼号的时候,有的难民却成为日本兵的帮凶。斯迈思12月22日给家人的信中记述:

事情进展不好的一面是中国人中出现了日军的同伙。昨

---

① 郭岐:《陷都血泪录》,"南京大屠杀"史料编辑委员会、南京图书馆编辑:《侵华日军南京大屠杀史料》,第37—38页。

② 《检查报告》,[德]约翰·拉贝:《拉贝日记》,第368页。

③ 郭岐:《陷都血泪录》,"南京大屠杀"史料编辑委员会、南京图书馆编辑:《侵华日军南京大屠杀史料》,第36页。

④ 《南京国际救济委员会报告书》(1937年11月至1939年4月30日),张生等编:《英美文书·安全区文书·自治委员会文书》,张宪文主编:《南京大屠杀史料集》第12册,江苏人民出版社、凤凰出版社2006年版,第394页。

晚一个中国人再次来到大学为一队日兵要姑娘。"拉皮条的",贝德士如此说这种事。警卫要勒死他,贝德士阻止了,只把他扣住。今天下午我们看见一个人领着一些士兵去总部对面找姑娘。中国人恨不得把他撕碎,费吴生则让他藏身于地下室过夜,又能怎样呢? 在大学里警察不敢放他走,担心他会把士兵带回来抓姑娘。这些无赖只会带来无尽的麻烦!①

对于这种状况的持续出现,国际委员会无能为力,因为它没有相应的行政和法律的制裁手段。1938 年 1 月初,委员会在对主要的难民收容所检查完毕后,只是提请人们重视这样一个事实,"即有些中国人专门从各个难民收容所中拉妇女供日本军人用于不道德的目的"。②

有人甚至向日军告密说安全区内仍然藏有中国兵。斯迈思 12 月 24 日给家人的信中记述,有一个原中国军官向日本大使馆告密,说安全区内还有一些中国士兵,他们中许多人仍备有手枪。对此,斯迈思很气愤,在他看来,"这完全是这个中国军官为了苟全性命而干的混账事,以这么多老百姓的生死安危为代价……一直到昨天,我们还在希望他们不再滥杀缴械士兵"。③ 金女大由于收容的主要是妇女和儿童,未出现这种现象,魏特琳在日记中记述:"可怜的贝茨(贝德士)在金陵大学农学系和金大附中所遇到的许多麻烦,我们这里还未遇到——难民之中的负责人相互争吵,然后到日本人那儿去告发对方;难民将赃物带到难民所,然后为分赃而争

---

① 《史迈士致妻子函》(1937 年 12 月 20 日—1938 年 1 月 9 日),章开沅编译:《美国传教士的日记与书信》,张宪文主编:《南京大屠杀史料集》第 4 册,第 242 页。

② [德]约翰·拉贝:《拉贝日记》,第 368 页。

③ 《史迈士致妻子函》(1937 年 12 月 20 日—1938 年 1 月 9 日),章开沅编译:《美国传教士的日记与书信》,张宪文主编:《南京大屠杀史料集》第 4 册,第 247 页。

吵;难民内部有告密者。"①

不可否认,这些败类中的大多数是迫于日军的淫威,麦卡伦在给家人的信中写道:"日本人现在试图破坏我们在安全区的努力。他们恐吓胁迫可怜的中国人否认我们说过的事情。有些中国人甚至准备证明抢劫、强奸和焚烧乃是中国人而非日本人所为。"②恐吓和威胁并不是道德良知沦丧的理由,我们可以从很多幸存者的叙述中看到,很多人不愿为日本兵找妇女,或者虚与委蛇、拖延时间,最后被日本兵杀害。

贝德士在 1938 年 1 月 10 日给朋友的信中也说:"志愿帮忙的人很多,由国际委员会把他们迅即召集在一起,他们前来的动机相当不纯。现在我必须谈到告密以及日本人恫吓和收买特务的问题。我本人此刻就遇到三起以上此类麻烦,我开始怀疑他们是否想使我或金大陷入绝境。例如,过去三天中发生的两件事使我对金大附中遭受损失的报告自相矛盾,这样看起来我在撒谎和欺骗日本人,并使我与这个大难民营中的负责人形成强烈反差。"③

六、流言的传播

南京沦陷前夕,日军在江南一带的暴行早已在人们中间流传。魏特琳在 11 月 23 日的日记中记述道:"恐惧已渗透到穷人们的心里——当稍微富裕一些的阶层已逃离南京的时候,这也就不足为奇了。工人们担心日本人进城后会强迫他们当兵,或者是砍他们

---

① [美]明妮·魏特琳:《魏特琳日记》,第 231 页。

② 《麦卡伦致家人函》(1937 年 12 月 19 日—1938 年 1 月 15 日),章开沅编译:《美国传教士的日记与书信》,张宪文主编:《南京大屠杀史料集》第 4 册,第 213 页。

③ 《贝德士致朋友汉(1938 年 1 月 10 日)》,章开沅编译:《美国传教士的日记与书信》,张宪文主编:《南京大屠杀史料集》第 4 册,第 18—19 页。

的头。谣言四起。"①当时,一个奇特的现象就是结婚人数呈上升趋势。当时的报纸上刊登了很多结婚启事,很多穷人甚至连结婚仪式也免了,直接把他们已经订婚的女儿送往夫家。

对于许多无力外逃的穷苦百姓来说,除了消极的等待之外,没有丝毫办法。再说有的人还心存幻想,希望能够得到日本人的"友好"对待。西方人士对小道消息很不以为然,他们普遍以为日本军队的进入会带来和平和秩序,斯蒂尔在一篇报道中这样写道:"在中国,报纸刊载确凿事实很久之前,既传递谣言又传播事实的这一神秘的小道消息网就在传播真真假假的新闻。"②然而,很不幸的是,随着日军的进城,"谣言"成了事实。

艰难困苦中,人们一方面为未来担忧,另一方面仍抱有一丝希望,希望很快渡过难关。1938 年 1 月 16 日,金陵神学院的索恩给普莱士的信中写道:"但是我们仍然满怀希望地活着——希望情况会很快改善,但现在我们还看不出这何时会到来。"③难民在恐惧和悲痛的同时,渴望复仇,渴望摆脱日军的野蛮统治,他们利用种种方法来探听战局的变化。但是,在日军的封锁下,南京已经沦为"陆上孤岛",难民们很难得到外界的准确消息。在这种情况下,"流言"自然而然地产生了,以致发生了非常有趣的事情。

1938 年 1 月 2 日,在南京沦陷三个星期之后,中国轰炸机首次回到南京上空,这给生活在黑暗中的人们带来了希望,人们对此期待已久。对于终日东躲西藏的人们来说,飞机炸弹的爆炸声和远

---

① ［美］明妮·魏特琳:《魏特琳日记》,第 162 页。

② 《揭示恐怖残暴的场面》,张生编:《外国媒体报道与德国使馆报告》,张宪文主编:《南京大屠杀史料集》第 6 册,第 160 页。

③ 宋煦伯:《给上海普莱士博士的信》,章开沅编译:《美国传教士的日记与书信》,张宪文主编:《南京大屠杀史料集》第 4 册,第 354 页。

处隆隆的枪炮声,引发了他们的无限遐想,给予了极大的慰藉。蒋公榖记述:"近日来我游击队逼近城垣,攻击甚烈,晚间必能听到炮声。我们在百无聊赖之际,常往后院侧听炮声的大小,以估计游击大队的远近,取为谈资,以作慰藉。"①

对于1月2日空袭的结果,拉贝在1月4日的日记中记述道:"据说前天的空袭很成功,有人说击毁了20架日本飞机,炸死了200个人。这可能太夸张了,但多少有些根据。"②拉贝的消息无疑来源于他周围的难民。而时任南京地区西部(包括城内)警备司令官的佐佐木到一1月2日日记的记载,与此却大相径庭,"五架敌机空袭大校场机场,我方无损失"。③

难民们天真地以为中国军队不久将收复南京。1月6日,为解决难民的生活问题,国际委员会决定向日军购买大米、面粉和燃煤,而粮食委员韩湘琳完全不同意,因为他从一个大米商贩那儿听说,中国军队准备收复南京,"有人称已经听到城西南(芜湖方向)炮声隆隆,而一旦南京收复,韩认为,我们就可以无偿得到大米和面粉"。韩湘琳是拉贝的助手,有相当的文化知识,他对收复南京的谣言居然深信不疑,可见人们的希望是多么迫切,拉贝在日记中对此评述道:"可怜的韩先生! 遗憾的是,我不得不打消他的每一个希望,收复南京目前看来是根本不可能的事。"④

流言的发生和传播需要具备几个条件。其一,客观情况含糊不

---

① 蒋公榖:《陷京三月记》,"南京大屠杀"史料编辑委员会、南京图书馆编辑:《侵华日军南京大屠杀史料》,第83页。

② [德]约翰·拉贝:《拉贝日记》,第339页。

③ 《佐佐木到一日记》,王卫星编:《日军官兵日记》,张宪文主编:《南京大屠杀史料集》第8册,第322页。

④ [德]约翰·拉贝:《拉贝日记》,第362页。

清,缺乏可靠信息;其二,人们心理上的不安和忧虑,特别是恐怖和紧张状态下,流言易于产生。由于日军的封锁,南京与外界的联系基本处于隔绝的状态,要得到外界的消息非常困难。郭岐记述,"在南京难民区的难民,一个个就如井底蛙一样,除了吃睡而外,什么也不知道,与外界的一切消息都隔绝了"。① 西方人士的行动也受到限制,他们自嘲是"在城里自由行动的囚犯",在相当长的一段时间内,他们把所收听到的广播消息记录下来,打印成文后,再相互传阅。

日军在南京的血腥统治,使难民对日军的愤恨达到极点,许多难民甚至有袭击日本大使馆的念头。② 日本当局也注意到谣言在难民间引发的骚动,1938 年的日本总领馆警察事务报告中称:"仍然有不法之徒经常潜藏城内图谋不轨,并传播各种谣言惑众,所以人心尚乏安稳。"③日本军方也采取了相应措施,在下关升起观察气球④,对难民进行震慑。但是,谣言仍然继续流传。

谣言的产生、传播与动机有着直接的关系,它表达了人们的愿望,伴随着强烈的情绪,呈现出一种幻想形态,扩散异常迅速。

1938 年 1 月初中国飞机空袭南京以后,城内的谣言四起。魏特琳 1 月 8 日的日记记述,"谣言传播起来像野火一样迅速。据说,中国军队已临近南京城,并说,日本军队想借老百姓的衣服化装逃跑等等"。⑤ 身陷难民区的原国民党军官郭岐居然也对此类流言将

① 郭岐:《陷都血泪录》,"南京大屠杀"史料编辑委员会、南京图书馆编辑:《侵华日军南京大屠杀史料》,第 46 页。
② [德]约翰·拉贝:《拉贝日记》,第 376 页。
③《1938 年驻南京总领馆警察事务情况》,张生等编:《日本军国主义教育·百人斩与驻宁领馆史料》,张宪文主编:《南京大屠杀史料集》第 34 册,江苏人民出版社 2007 年版,第 439 页。
④ [德]约翰·拉贝:《拉贝日记》,第 376 页。
⑤ [美]明妮·魏特琳:《魏特琳日记》,第 230 页。

信将疑:

> 日本兽兵虽然占领南京城,然而四郊的谣言,使其日夜不安,如坐针毡,有一次中央便衣队进城约五、六名,伏于中华路附近之地下室内,恰有五名兽兵带着三、四个伕子,由北向南行至我便衣队附近,当即开枪将日本兽兵全数杀死,并对四名伕子说:"中央军已经进城了!"叫他们不要惊慌! 这四名伕子便神经失了常态,大喜欲狂,他们沿途狼奔豕突,不管日本人中国人,逢人便大叫"中央军来了!""中央军进城了!"由中华路一直喊至难民区内,于是满城风雨,草木皆兵了! 胆怯的兽兵很多把枪丢掉了,躲在地下室换便衣,黄呢制服各马路皆有,丑态百出。有的士兵被长官因此打死的! 此消息一直传到每个难民的耳中。我正要起来,忽有人报来说:"我军真的进城! 街上日本兵都跑了!"难民区的日本旗日本臂章一齐掉在马路上,有人已经在放炮欢迎了! 当时不由人惊喜狂欢! 遂跑至睢(友兰)先生那里想内应的办法。孰料派人去各城门打听时,并无此事……①

记者范式之的《敌蹂躏下的南京》,是以逃离南京的萧姓、王姓难民的采访记录为蓝本,其中也有类似的记载:

> 本来,城内的居民,自城失陷后,每人都要戴太阳臂章,否则则遭斩杀,每家都得悬太阳旗,不然房屋可立被焚毁。后来不知怎的,在去年十二月二十五日上午的十点钟,上海路以东至中山门,汉口路以南至中华门,所有的人们突如潮水一般直向宁海路一带流去,太阳旗及太阳臂章全已撕毁一空,就是城

---

① 郭岐:《陷都血泪录》,"南京大屠杀"史料编辑委员会、南京图书馆编辑:《侵华日军南京大屠杀史料》,第 48 页。

内的敌军,亦都换上中国服装,逃入难民区,并向国际救济委员会的外人说,保障他们的生命,否则就用枪先打死区内的中国难民……那时,城内的居民,真如发了疯一般,没有一个不兴高采烈,欢呼欲狂,大家都以为国军就要攻入城来了。①

对于"游击队进城"谣言所引起的难民骚动的时间,当时避难于金陵大学附中难民收容所的教导总队工兵团第三营营长孙宝贤记述的时间是 1938 年 2 月 8 日:

> 二月八日下午三时许,吾正在豆菜桥市场闲逛,忽然见到老百姓乱跑,不知发生了什么事情,吾亦就跟着大家跑,跑了百余步后,听见有人大喊说,我们游击队进城了,你们还不赶快把日本旗取掉,于是悬挂日本旗的,马上把旗取下,臂上缠日本臂章的一面跑一面撕臂章,霎时日本标帜全没有了……

孙宝贤还记述:

> 次日日军在三牌楼的观察气球亦升起来了,直升了十多天,未见发生任何情况,才放下来。②

1938 年 1 月以后,南京的恐怖局面稍有缓和,一些避居于城外的难民返回城内,带回了一些外界的信息。1 月、2 月间,中国空军多次对南京进行空袭,难民们在欣喜愉悦之余,相互间传播着他们凭空想象的好消息。魏特琳在 1938 年 1 月 27 日的日记中记述:"今天,飞机活动频繁,许多飞机飞往西北方向,有些是重型轰炸

---

① 范式之:《敌蹂躏下的南京》,"南京大屠杀"史料编辑委员会、南京图书馆编辑:《侵华日军南京大屠杀史料》,第 123 页。

② 孙宝贤:《南京沦陷前后及被难脱险经过详情实记》,张连红编:《幸存者的日记与回忆》,张宪文主编:《南京大屠杀史料集》第 3 册,第 109 页。

机。城内充斥着各种谣言,有人觉得中国军队就在附近。"①程瑞芳在2月7日的日记中也记述道:"大概中央军不远,街上谣言甚多,有时听说我军进城,街上的人快要(将)手上的日本袖章脱下去,又未看见什么,心里望我军进来心切。"②

在南京城外,除游击队外,红枪会等帮会武装仍在活动。这些帮会武装原是民众为防御土匪及军阀的骚扰自行组织起来的。面对来犯的日军,有些武装奋起抵抗。一般说来,这些武装规模都不大,而且带有浓厚的封建迷信色彩,信神、念咒、画符,练习所谓的"刀枪不入"之术,其真实情况并不为南京城内的难民所知晓。一些被日军抓走后又逃回南京的难民,在沿途耳闻目睹了有关帮会武装的一些情况。他们了解的情况,既不全面,也缺乏客观准确的判断,由于他们自己曾经九死一生,他们叙述的故事从一开始便蒙上了很强烈的传奇色彩。在消息闭塞的南京城内,这些故事常常成为人们关注的热门话题,并且在传播过程中不断被放大。

1938年1月23日,一位难民在离开南京30多天后回到安全区,他向魏特琳述说了他的见闻。他说湖州、广德、宜兴、溧阳、溧水等地破坏严重,还说,"在一个地区,村庄都由'大刀会'保护,以免遭土匪、中国军队和日军的骚扰。这些人身背大刀,眼睛里流露出奇特的目光。村民们很尊敬他们,为他们烧香磕头"。③

1月24日,福斯特去金女大,在与魏特琳等人闲聊时,又谈到那个难民,其中有关大刀会的消息引起了他的注意,他在给妻子的信中写道:"大刀会在安徽很活跃,他们保卫乡土,抵抗日本和中国

---

① [美]明妮·魏特琳:《魏特琳日记》,第259页。

② 《程瑞芳日记》,张连红编:《幸存者的日记与回忆》,张宪文主编:《南京大屠杀史料集》第3册,第40页。

③ [美]明妮·魏特琳:《魏特琳日记》,第254页。

的军队,也抵抗土匪,所以当地农民生活富裕,粮食充足而且便宜。这非常有趣。"①在 1 月 30 日的信中,福斯特又将他听说的这方面的"新闻"写信告诉妻子:"新闻的情况对日本不妙,对吧？ 他们发现中国游击队正处于作战状态,黄矛会(Yellow Spears)、大刀会很活跃,他们不但杀死日军,很多人在交战中受伤以至杀死,而且大大打击了(日)军的士气,我听说他们的掌权者对这些亡命之徒怕得要命,对他们感到带迷信色彩的敬畏,他们自称刀枪不入,并处于一种狂热状态,对上帝、人或鬼都无所畏惧。"②

　　魏特琳、福斯特的记述较为客观,而中国难民更倾向于认同所谓"刀枪不入"的传言。郭岐所记述的红枪会、花篮会,简直就是当年义和团的翻版,夸张之处比比皆是:"(在太平湖附近)一般老百姓不能忍受兽兵的烧杀奸淫,乃群起组织红枪会,每村延请老师,凡二十岁左右的青年大半加入。一来为保家,二来为卫国,一月之间有数万之众。夜间操练,不贪色,不吃酒,以企有成功夫。一到老师用手枪试射一会,果然衣破皮肉无恙,即认为成功！""一般兽兵对我红枪会畏惧极了！ 他们说:'中国有装甲人——铁皮人——大大的我们不能回国了！'中国兵他们不怕,他们怕的是铁皮人。此外就是花篮会,听说是乡下女人左臂上挎一只,右手拿一把扇子,如有子弹飞来,她一扇即将子弹扇入篮中。这使日本人头痛,人人都如此说……"③

---

① 《福斯特致妻子函》(1937 年 11 月 23 日—1938 年 2 月 13 日),章开沅编译:《美国传教士的日记与书信》,张宪文主编:《南京大屠杀史料集》第 4 册,第 116 页。

② 《福斯特致妻子函》(1937 年 11 月 23 日—1938 年 2 月 13 日),章开沅编译:《美国传教士的日记与书信》,张宪文主编:《南京大屠杀史料集》第 4 册,第 124 页。

③ 郭岐:《陷都血泪录》,"南京大屠杀"史料编辑委员会、南京图书馆编辑:《侵华日军南京大屠杀史料》,第 49、48 页。

　　由于传言中国军队将收复南京,难民们不约而同地扔掉了日本旗和臂章。拉贝在 1938 年 1 月 8 日的日记中记述道:"中国人中间又有谣传,说中国士兵已准备收复这座城市,甚至有人称在城里已经看到中国士兵了。其结果首先是,用来装饰我们安全内茅舍和房屋的日本小旗不见了,似乎所有中国人别的日本臂章都不见了。"①军医蒋公穀的《陷京三月记》中也有类似的记述:"外间谣言甚炽。游击队确已逼近城垣,敌军恐慌万状,有向伪自治委员会勒索一千套便衣之说。自得悉上项消息起,所有各户出于敌军强迫而悬挂的日本国旗,的确完全没有了。红膏药的袖章,也是百不一见,显然的,这是民心一致、同仇敌忾的事实的表露"。②

　　作为旁观者,西方人士能够冷静客观地看待传播甚炽的流言蜚语,不仅如此,他们对此还充满忧虑,担心由流言引起的风吹草动会危及安全区,拉贝指出,"中国人哪怕有微小的骚动都会被日本人处死。我们很高兴,我们的安全区至今仍保持完全的平静,我们很希望我们不会有类似的悲惨经历"。③

　　流言的传播具有双向性,情绪性欲求、态度和价值取向是流言扩散的催化剂,接受者一般根据自己的经验、态度、需要、情绪等主观因素加以归纳整理,并进一步加工,添枝加叶,再加以传播。1938 年 1 月 8 日,由于盛传中国军队准备收复南京,有人甚至传闻中国军队已在城内,很多人信以为真。金陵大学里的一些难民看到,一些在日本大使馆洗衣的妇女抱着大堆东西回家了。于是,消息像野火一样传开,说日本人已经离开使馆,这些妇女抢了他们的

---

① [德]约翰·拉贝:《拉贝日记》,第 375—376 页。

② 蒋公穀:《陷京三月记》,"南京大屠杀"史料编辑委员会、南京图书馆编辑:《侵华日军南京大屠杀史料》,第 83 页。

③ [德]约翰·拉贝:《拉贝日记》,第 376 页。

东西回来了。很快,一群妇女爬过使馆四周带刺的铁丝网,试图从"战利品"中分一杯羹。她们还未来得及行动,就被使馆建筑后面的中国雇员阻止了。[①] 实际情况却是,住在日本大使馆的中国女佣拿着日本人的衣服出去洗。而相信中国军队即将进城的难民,便以为这些妇女预先得到消息而把东西拿回家,他们也想去获取利益。贫困的难民们不仅希望中国军队收复南京,而且希望从中获取物质利益。

上述事件给西方人士留下了极其深刻的印象。1938 年 9 月,金陵大学教授史德蔚返回南京,他在 1939 年 3 月 18 日的日记中追记了这则非常典型的故事,故事是他从米尔斯那儿听到的。时过境迁,史德蔚从中感受到更多的是故事的"趣味性",他写道:"我很想知道假如那些妇女真的涌进日本领(大)使馆掠夺物品,那将是怎样一番情景?"[②]

仅凭中国飞机的几颗炸弹和远方的炮声,就断定中国军队即将"班师回朝",多少显得有些滑稽和可笑,这只能是难民们的一厢情愿。

随着战局的变化,南京城内流言的内容也不断发生变化,但有一个主题不会变化,那就是中国军队重新夺回南京。台儿庄战役后,人们从广播和报纸上获得了日军受到重创的消息,都暗自感到欢欣和兴奋。当时,金女大组织部分滞留的女性难民制作衣服,生产自救,而人们却对此浮想联翩,魏特琳在日记中写道:"城里流传着许多传闻,有传闻说,在程夫人的指导下由难民重新制作的那些

① 《威尔逊书信(日记)》(1937 年 12 月 5 日—1938 年 1 月 9 日),章开沅编译:《美国传教士的日记与书信》,张宪文主编:《南京大屠杀史料集》第 4 册,第 350 页。

② 《史德蔚日记(1938 年 12 月 10 日—1940 年 3 月 23 日)》,章开沅编译:《美国传教士的日记与书信》,张宪文主编:《南京大屠杀史料集》第 4 册,第 303—304 页。

衣服,在中央军队重新夺回南京时,将分发给日本难民。"①

在中国军队大规模败退之后,中日之间进入了旷日持久的战略相持阶段。希望中国军队很快就收复失地、还都南京,只是人们心中遥不可及的一个梦。

第三节　难民生活

一、贫困的难民

中国有句古话:"大兵过后,必是灾年。"由于日军疯狂的劫掠和纵火破坏,南京经济被彻底摧毁。难民财物损失严重,无数房屋被烧毁,安全区的很多难民无家可归。据统计,住在拉贝住宅的135 户难民,就有 21 户无家可归。②

日军对难民的洗劫常常是毁灭性的。1937 年 12 月 19 日,菲奇的司机李文元一家 8 口人,住在珞珈路 16 号,遭到了日本兵的洗劫,全部财产被掠夺一空,他所拥有的东西全部被抢走,有 7 箱衣物、两篓家庭用具、6 床羽绒被、3 顶蚊帐、吃饭用的碗碟和 50 元现钞。这个家庭一贫如洗,连一床睡觉的被子都没有。③

对于难民而言,他们首先必须面对的是生活、生产资料的严重匮乏。1938 年 1 月 10 日,贝德士给友人的信中说:"难民大都被抢走钱财,连微薄的衣物、被褥和食品,也至少部分遭到抢劫。这种行为极其残酷,结果在第一周或开头十天,人人脸上都露出绝望的

①［美］明妮·魏特琳:《魏特琳日记》,第 363 页。

②［德］约翰·拉贝:《拉贝日记》,第 548 页。

③《日本士兵在南京安全区的暴行》(1937 年 12 月 19 日),［德］约翰·拉贝:《拉贝日记》,第 226 页。

神情。这个城市的工作和生活前景是可想而知的:商店和机器完蛋了,至今还没有银行和通讯系统,几个重要街区被焚毁,其余的一切都遭到劫掠,剩下的是面临饥寒交迫的人们。"①

数以万计的成年男子被日军抓走或杀害,难民的家庭结构发生了很大变化,许多家庭失去了主要的经济支柱,生活更加贫困。调查显示,1938 年 3 月,男女性别比例为 103.4∶100,而在战前人口中男性比例很高,一度曾达到 150∶100,1932 年的比例是 114.5∶100。这样的人口状况清楚地表明了战争时期的人口特征。最严重的是,15—49 岁的人中,男性的比例骤然下降,从 1932 年的 124∶100,下降到 111∶100。在 1932 年,15—49 岁的男性占男性总数的 57%,而 1938 年只占 49%,下降率为 14%。相应的,全部男性中 50 岁以上的人从 1932 年的 13% 上升到 1938 年的 18%,上升率达到 30%。成年男性比例的下降,老年男性比例的上升,意味着社会生产力的巨大损失和破坏。②

斯迈思将一般由夫妻两人或夫妻两人带着孩子生活在一起的称为"正常型",夫妻两人只剩下一个和孩子一起生活的为"不完全型",只单独剩下一个男子或一个女子的称为"无家型"。调查显示,与 1932 年相比,"正常户"减少了 1/7,"不完全户"增加了 1 倍。需要特别指出的是,在安全区,"不完全户"很多,"难民营的住户中,还有 14% 是女人带着孩子和亲戚(后者一般是依靠前者生活的),合起来算,难民营中有 27.2% 的住户没有男人,是妇女带着孩

---

① 《贝德士致朋友函》(1938 年 1 月 10 日),章开沅编译:《美国传教士的日记与书信》,张宪文主编:《南京大屠杀史料集》第 4 册,第 17 页。

② 《南京地区战争灾祸》,姜良芹、郭必强编:《前期人口伤亡和财产损失调查》,张宪文主编:《南京大屠杀史料集》第 15 册,第 9—10 页。

子,有相当部分还带着依靠她们生活的亲戚。①

　　金女大难民收容所将避难妇女所报告的失踪男子进行了统计,到 1938 年 2 月 7 日,共登记 723 人,其中商人 390 人,园丁、农民和苦力 123,工匠、裁缝、木匠、瓦匠、厨师、织工等 193 人,警察 7人,消防队员 1 人,年轻男子(14—20 岁)9 人。这其中的大多数人在 12 月 16 日被日军抓走后再也没有回来。②

　　1938 年 3 月 18—22 日,在魏特琳的组织安排下,1 245 名妇女签名请求日军当局释放她们被抓走的丈夫或儿子。魏特琳写道:

> 　　我从没见过这样一群可怜的人。她们大多很穷——农民、菜农、苦力、小商人;大部分人都失去了唯一的生活来源。一位妇女失去了四个儿子,另一位家中被抓走了五口人;还有一位失去了三个儿子。有相当多的妇女带着三四个小孩,她们没办法喂饱这些孩子。③

　　没有生产,只有消费,难民们依靠储备过着最低限度的生活。国际委员会在给英国大使馆官员的信中写道:"在许多家庭里,养家糊口的人不是被日军带走就是遇害,于是家里剩下的人便陷入了极度的困境。这样的事不说有千万件,也有千百件……居民的经济生活被完全摧毁。有许多居民,他们带着少量的食品和钱进入安全区,他们仅有的这一点储备都快用光了,现在他们变得一无所有。"④

---

①《南京地区战争灾祸》,姜良芹、郭必强编:《前期人口伤亡和财产损失调查》,张宪文主编:《南京大屠杀史料集》第 15 册,第 11—12 页。

②〔美〕明妮·魏特琳:《魏特琳日记》,第 273 页。

③ 华群:《作为难民营的金陵女子文理学院》(1938 年 1 月 14 日—3 月 31 日),章开沅编译:《美国传教士的日记与书信》,张宪文主编:《南京大屠杀史料集》第 4 册,第 332 页。

④〔德〕约翰·拉贝:《拉贝日记》,第 521 页。

图 4 - 3 魏特琳的中文老师王耀廷为失去丈夫和儿子的妇女登记
（耶鲁大学神学院图书馆）

由于日军的征用制度，人们基本没有工作机会，穷人越来越多。在安全区，最贫困的难民吃饭是免费的，这部分难民数量日渐增加，魏特琳在 1938 年 1 月 12 日的日记中记述："要求获得红票免费吃饭的人数在不断增加，其部分原因是人们把钱用完了，还有部分原因是又有贫穷的人们进来了。此外，还有许多人要被褥。"①鉴于这一状况，1 月 18 日，国际委员会专门召开了难民收容所负责人会议，讨论为失去生活来源的穷人制定一份调查表，他们感到困难很大，魏特琳在日记中写道："很难做到公平，因为，有许多人并不是真正需要，但也希望得到救济，同时，那些真正需要帮助的人也将会很多。"②

正常的社会秩序是恢复经济的首要条件，在日军的野蛮统治

---

① ［美］明妮·魏特琳：《魏特琳日记》，第 235 页。
② ［美］明妮·魏特琳：《魏特琳日记》，第 248 页。

下,难民们不敢回到原来的居住地重操旧业,基本没有工作机会,唯一的工作机会就是给日军当劳工、做苦力,而做苦工又要冒很大的危险。在这种情况下,国际委员会能够做的就是给予现金和实物救济,但这毕竟非常有限,而且很容易养成难民的依赖性。没有生产只有消费的社会是没有希望的,因为资源会很快消耗殆尽,南京的经济恢复步履维艰。1938 年 3 月 19 日,上海的《密勒氏评论报》报道:"南京没有出现经济上可以迅速恢复的迹象。目前,它在经济上与外界之间的联系也无指望,生产已全部陷于停顿,甚至连城墙内外近郊区的菜地都难以开始春耕。尤其甚者,大量的财产如生产设备、厂房和原材料供应等,都已遭到破坏。最后,当地劳动力,无论是受雇于日军的雇工,或其他方面的雇佣工人,人数均很少……南京的城市经济,在今后数月内,难以有显著的恢复。这种经济迟迟不能恢复的严重性还在于南京基本上仍是一个消费的城市,这意味着供应和资源将继续减少。"①

南京就业形势十分严峻。调查显示,1938 年 3 月的就业人数只有过去的 35%,收入只是过去的 32%。就业人数比战前大为减少,且收入大幅度下降。"难民营和城东区的就业人数比例最低……引人注目的是,从事商业的人多数集中在安全区和最先开放的城西、门西两区。这三个区里从事商业的人分别大致占商人总数的 40%、20%和 20%。安全区里的就业人数占总就业人数的 33%,其他区各占 15%,城外几个区合起来只占不到 5%,城东区不到 4%。"②

①《南京市的救济工作局势仍严峻——农田种植面积恢复不到三分之一;难民救济委员会预计近期内将面临缺粮》,朱成山主编:《侵华日军南京大屠杀外籍人士证言集》,第 331 页。
②《南京地区战争灾祸》,姜良芹、郭必强:《前期人口伤亡和财产损失调查》,张宪文主编:《南京大屠杀史料集》第 15 册,江苏人民出版社、凤凰出版社 2006 年版,第 15 页。

就业结构也发生了变化，由原先的商业、制造业和机械工业以及家庭和私人服务业转变为商业、农业、矿业以及家庭和私人服务业。1938 年 3 月，从事商业的人数是过去的 2/3，但收入只有过去的 26％；从事农业的人数将近过去的一半，但收入只有过去的 27％；从事家庭和私人服务业的人数不足过去的 1/6，但收入只有过去的 47％；从事制造业和机械工业的人数不足过去的 1/10，收入只有过去的 35％；从事一般劳务的人数是过去的 1/8，收入只有过去的 73％。①

斯迈思在 1938 年 5 月底给贝克的信中指出，"最近的一项调查表示，目前只有 9.2％的人有工作，而在正常情况下，同等的被调查家庭中 26.2％的人有工作。目前，每个家庭日均收入 0.14 美元，而战前为 1.23 美元。除了脚夫和小贩外，其他的行当的人大部分都挣不到什么钱；并且，现在看不到交通恢复自由的迹象，也看不到商业和制造业大规模复苏的迹象。"②

南京正在沦为一座贫困的城市。难民们除了随身携带的东西外一无所有！他们的家、做生意的地方、他们的财产都没有了，也没有工作机会。克勒格尔预见到，"原本由普通工人、小商贩、职员和农民组成的居民结构肯定会发生变化，因为很多人在掠夺抢劫下完全失去了自己的生存基础，社会各阶层将会出现新的调整，南京在今后的几个月内仍将是一座难民的城市，居民必须继续依靠救济和救援才能生存下去，直至社会阶层调整完毕"。③

---

① 《南京地区战争灾祸》，姜良芹、郭必强编：《前期人口伤亡和财产损失调查》，张宪文主编：《南京大屠杀史料集》第 15 册，第 16 页。

② 《史迈士呈送南京国际救济委员会工作报告致贝克函一组》(1937 年 12 月—1938 年 5 月)，《民国档案》1998 年第 2 期。

③ 克里斯蒂安·克勒格尔：《南京受难的日日夜夜》(1938 年 1 月 13 日)，[德]约翰·拉贝：《拉贝日记》，第 473 页。

　　事实正是如此,大屠杀后,以挑高笋、收旧货为业者多了起来,时人对此记述:

　　　　挑高笋,收买旧货者,极端发达,借见事变后人民生活之艰难,沿街叫卖之小贩,增加不少,多老妇小孩为之,其唤卖之声,漫长无力,清晨听之,极为凄楚,岂所谓亡国之音哀以思者是耶。①

　　面对这种状况,西方人士感到非常痛苦,因为他们已经预见到等待这些老百姓的是怎样的命运。斯迈思指出,与乡下的农民相比,城里难民的境况更加不妙,"把这场战争对农村和城市造成的影响作一个比较,可以看出没有一个计划性的援助,城里的手工业工人、店主、小贩将比农民更不易渡过难关。然而就在城里,也应该对那些从 12 月到 3 月这段战争高潮时期熬过来的人表示敬意,他们中的 35% 直到现在还在通过施粥棚或领取现金来接受救济,弄到一些粮食"。②

　　中国人有极旺盛的生命力,在极度困苦的条件下仍能顽强生存。1938 年 11 月,贝德士致朋友的信中说:"农民、小商人和某些日常用品的生产者已经努力重谋生计。但我们至今仍然很难说明半数民众何以为生,对此,我们正在进行职业和收入等方面的专门调查以期有所判明。"③

---

① 陆咏黄:《丁丑劫后里门闻见录》,张连红编:《幸存者的日记与回忆》,张宪文主编:《南京大屠杀史料集》第 3 册,第 524 页。

②《南京地区战争灾祸》,姜良芹、郭必强编:《前期人口伤亡和财产损失调查》,张宪文主编:《南京大屠杀史料集》第 15 册,第 36—37 页。

③ 贝德士:《致朋友的传阅函》(1938 年 11 月 29 日),章开沅编译:《美国传教士的日记与书信》,张宪文主编:《南京大屠杀史料集》第 4 册,第 49 页。

二、稀缺的食物

战争往往伴随着饥荒。南京沦陷后,虽然没有出现完全意义上的饥荒,但粮食供给出现危机却是不争的事实,这是日本军事当局蓄意造成的。在安全区,由于人口密集,食物短缺问题更为严重。

在进入安全区之初,不少难民能自带少量粮食,但也有相当多的人,由于过于匆忙,来不及携带,从一开始就面临着吃饭问题的困扰。幸存者张德发回忆说,当年他与母亲跑到孔祥熙公馆避难,第二天,就回到止马营家中取米。仅2公里路程,足足走了5个小时,因为日军在马路上随意杀人,一边走一边还要躲避日军,路上尸横遍地,在尸堆里走来走去,真是寸步难行。①

受了一路惊吓,能回来还算幸运,但很多人因为外出找粮食而付出了生命的代价。幸存者沙官朝回忆说,当时他们全家从东关闸搬到安全区的沈举人巷13号居住。几天后,带去的粮食吃完了,沙官朝便与6名邻居一起回家找粮食。途中遇见四五个日本兵,同行的6人全被刺刀刺死。沙官朝也被刺伤,好在他当过人力车夫,跑得快,又熟悉大街小巷,侥幸得以逃脱。②

事实上,正如西方人士所言,"南京有足够的大米可以使难民度过冬天,前提是民众可以购买到这些大米"。③ 南京沦陷前,国际委员会冒着纷飞的战火,运进了不少粮食,并与红卍字会、红十字会等慈善组织大力合作,设立了几个粥厂,对贫困的难民无偿供

①《张德发证言》,朱成山主编:《侵华日军南京大屠杀幸存者证言集》,第285页。
②《沙官朝口述》,张连红、张生编:《幸存者口述调查》上,张宪文主编:《南京大屠杀史料集》第25册,第18—19页。
③《麦卡伦日记与书信》(1938年),《日本侵华南京大屠杀研究》2020年第1期。

应,对稍有经济能力的难民,以低廉的价格出售。但无力解决温饱的难民数量太多,设立粥厂的燃料也很成问题,委员会不得不将大米分发到各难民收容所,或在收容所设公共厨房,或直接将大米分发给难民。在最高峰时,20多个收容所的7万余难民,有5万多人依靠委员会的救济生活。

日军占领南京后,封锁了国际委员会的粮库,不准运输粮食,国际委员会虽多次与之交涉,仍没有进展,粮食供应越来越紧张。国际委员会总干事菲奇在日记中写道:"我们只有可供20万难民维持三周的米面以及十天的煤炭。你能想象出一个人从睡梦中被惊醒而再也无法入睡的情景吗? 即使我们有足够三个月的粮食,那在此以后他们又将如何填饱肚子? 而且,他们的房子都被烧坏了,他们到哪里住呢? 他们不能再在这样十分拥挤的条件下生存;否则,疾病和瘟疫将随之而来。"①

很多难民惧怕日军施暴,不敢离开安全区,有些年轻妇女因为害怕遭到日本兵强奸,连房间也不敢出。幸存者陈桂英当时躲在金女大,她回忆说:"这里一天管两顿粥,大家各自拿着碗去操场领粥,领了粥马上躲进屋子。"②幸存者张素珍回忆说:"我在一个月里一步也没有走出去过,吃饭在房间里,大小便拉在桶里。吃的是浇点酱油的饭。母亲有时回家去拿米,差不多所有的东西都被抢了,幸好藏起来的米还在。"③

---

① 《费吴生日记》(1937年12月10日—1938年1月下旬),章开沅编译:《美国传教士的日记与书信》,张宪文主编:《南京大屠杀史料集》第4册,第65页。

② 〔日〕松冈环编著:《南京战·被割裂的受害者之魂:南京大屠杀受害者120人的证言》,沈维藩译,上海辞书出版社2005年版,第119页。

③ 〔日〕松冈环编著:《南京战·被割裂的受害者之魂:南京大屠杀受害者120人的证言》,第136页。

由于食物短缺，留在南京的西方人士的生活质量严重下降。在相当长的一段时间内，肉类食品极少，所吃的食物非常单调，威尔逊戏称每天膳食就是"米饭、大白菜和桃子"，然后是"桃子、大白菜和米饭"。这里所谓的"桃子"是一种听装水果罐头。为救助难民，这些西方人士每天都需要长时间外出，工作异常辛苦，只有足够的食物才能使他们保持充沛的体力。[①]

1938年1月初，美、英、德等使馆的外交人员重返南京，他们看到的是断垣残壁、瓦砾遍地的荒凉景象。德国大使馆的沙尔芬贝格在报告中称，"一切皆无"，"食品严重短缺，安全区已开始吃马肉和狗肉"。[②] 美国大使馆的阿利森决定囤积煤、大米和其他食品。使馆内的中国雇员担心局势更加恶化，甚至决定自己养鸡。[③]

但是，相对于下层百姓而言，这些西方人士的生活不亚于天堂。安全区的粥厂每日分发两次稀饭。一般难民也是一日两餐，大多以稀饭为主，以节约大米。外交部红十字伤兵医院的中方工作人员待遇稍好一点，每日两餐，分别在10时和16时，吃的是米饭和极少量的大白菜。伤员也是一日两餐，用餐时间相同，只有3碗很稀的粥。[④]

1938年1月30日是中国农历除夕，马吉在当天给妻子的信中写道："下午4点30分，福斯特和我及我们的人在汉森家聚餐，庆祝中国农历新年，他们邀请我们同他们一同吃饭。他们平时一天两

---

① 《米尔士致妻子》（1938年3月2日），张生编：《耶鲁文献》（下），张宪文主编：《南京大屠杀史料集》第70册，第793页。

② 《德国档案馆中有关侵华日军南京大屠杀的档案资料》，《抗日战争研究》1991年第2期。

③ 《卡波特·科维尔的南京旅行记》，张生等编：《英美文书·安全区文书·自治委员会文书》，张宪文主编：《南京大屠杀史料集》第12册，第80页。

④ ［德］约翰·拉贝：《拉贝日记》，第500页。

餐,早上9点,下午4点各一餐。今天除了干饭外,还有六碗菜,对他们来说,这已是非常丰盛的了,因为平时他们吃得很差。"[1]

幸存者沈遐鸿一家的除夕团圆饭更加简单,他回忆说:

> 回想起三十日一大早,施粥厂的工作人员熬了一大锅麦片粥,卖给排着长龙似的老小难民们,那天我拎着一个小饭桶排在长龙队的后面。在饥寒交迫的冬天,能闻到这样香喷喷的味儿,真是令人口馋垂涎啊!难民的愁苦脸上浮现出一丝笑容。轮到我了,我递上三个铜板,大叔挖了一大勺热气腾腾的麦粥。我拎回家交给母亲分给大家吃,大家很高兴。下午母亲又托邻居买了一二斤瓢儿菜,晚上煮了一锅无油少盐的菜饭,吃起来有滋有味,真可算是一顿丰盛的新年团圆饭,这个时候能吃上这一碗也实在不容易,至今仍使我记忆犹新。[2]

对于众多的难民来说,"食物"就是"侥幸"的同义语。留在南京的西方人士无一例外地注意到这一状况。米尔斯在给妻子的信中写道:"尽管在最艰难的时候我们没能如愿保持食物的多样性,但我们仍然有足够的食物,相对于我们周围数以千计的人而言,我们的日子好过得多,这也使我们为这样的生活倍感不安。"[3]

由于存储粮食的不断消耗,到了1938年1月下旬,问题变得更加严重。国际委员会在南京城内既不可以运送米,也不可以运送

---

①《马吉致妻子函》(1937年12月12日—1938年2月5日),章开沅编译:《美国传教士的日记与书信》,张宪文主编:《南京大屠杀史料集》第4册,第167页。

②《沈遐鸿证言》,朱成山主编:《侵华日军南京大屠杀幸存者证言集》,第318—319页。

③《米尔士致妻子》(1938年3月2日),张生编:《耶鲁文献》下,张宪文主编:《南京大屠杀史料集》第70册,第793—794页。

其他粮食;既不可以从城里的仓库运粮,也不可以从上海运进。日本人似乎是想把难民们饿死。为此,国际委员会向上海的基督教总会发了如下电报:

> 吃饭问题更严重了,因为平民得不到正常的粮食供应。自 12 月 13 日起,只从现有大批存粮中拿出 2 200 袋米和 1 000 袋面粉售给 25 万难民。平民至今靠带来的私人存粮度日。这存粮现在即将耗尽!5 万难民现在每天从我们这里得到免费的定量大米。我们申请运进在当地购买的米和小麦,请求准许从上海船运 600 吨粮食到这里,均遭拒绝。请争取在上海进行必要的谈判。如在上海能购到蚕豆,请尽快船运 100 吨来这里。并请继续进行募捐。我们十分需要救济款。①

美国大使馆的阿利森甚至担心,"如果不能供给足够的粮食燃料给这些中国难民,很可能会发生暴乱,最终会危及西方人士的生命、财产安全"。②

阿利森担心的局面并未出现。斯迈思认为,安全区能够渡过难关,两大法宝发挥了重要作用:中国老百姓的创造力和好天气的延续,"中国人比我们更习惯于灾难,他们每个家庭在我们开始运进大米之前都把自家贮存的所有大米拿出来了——那时所有的米店都已关门,个人的先见之明解救了这些百姓"。③

---

① [德]约翰·拉贝:《拉贝日记》,第 450 页。
② 陆束屏编译:《美国外交官的记载——日军大屠杀与浩劫后的南京城》,南京出版社 2012 年版,第 49 页。
③ 《史迈士致朋友函》(1938 年 3 月 8 日),章开沅编译:《美国传教士的日记与书信》,张宪文主编:《南京大屠杀史料集》第 4 册,第 277 页。

早在日机轰炸南京、难民四处逃难的时候,南京的商店陆续关闭,物价很快上涨,人们尽可能地储存物品,尤其是粮食。为应对即将到来的战事,人们常常把粮食甚至钱财埋藏于地下。

麦卡伦被称为"粮食运送大使"①。南京沦陷后,他经常开车外出为金陵大学医院寻找粮食和物资,他记述:"我们能够得到如此多物品多少令人吃惊。中国人神通广大。我一直对中国人不断拿出来物资感到吃惊,这些物资是他们埋在地下,或以其他方法收藏的……"②

老百姓自己储存的粮食与物资大多不在安全区内,必须冒险走出安全区才能得到。有学者精辟地指出,日军占领南京的最初三个月时间里,中国难民始终承受着食物奇缺与遭受屠杀的双重威胁,其凄惨的生活状况非语言笔墨所能形容。当面对食物与死亡的两难抉择时,人们普遍表现出难以言表的复杂心理。有的难民会抱着与其坐以待毙,不如冒险一试的心理,走出避难所寻粮,有的成功,有的为此付出生命的代价。更有甚者,有人在食物与道德之间权衡徘徊,有时抵不住求生的欲望而为敌"服务"。③

三、恶劣的卫生环境

安全区面积只有约 3.86 平方公里,聚集了 25 万以上的难民,远远超出了它的承载能力。国际委员会一开始设想,在公共建筑中给难民分配住房时,人均使用面积能够达到 16 平方英尺。事实证明,这只是理想化的设计。以金女大为例,按照人均 16 平

①《麦卡伦牧师:保镖和粮食运送大使》,章开沅编译:《南京:1937 年 11 月至 1938 年 5 月》,三联书店(香港)有限公司 1995 年版,第 92 页。
②《麦卡伦日记与书信》(1938 年),《日本侵华南京大屠杀研究》2020 年第 1 期。
③ 屈胜飞、张生:《南京大屠杀时期难民生活状况研究》,《阅江学刊》2010 年第 1 期。

方英尺的标准，原先只计划安置 2 750 人，后来实际安置的难民超过了 1 万人。①

　　从难民进入安全区开始，就有不少人因找不到住处而露宿在室外，有的难民就用破芦席、门板和稻草搭建简易狭小的草棚，拉贝在日记中记述："在小巷和街道间的空地上，是一个个用稻草搭起来的难民棚，就同我院子里的情景完全一样。在我的院子里，再也长不出一根草，美丽的矮树篱很快被全部踩坏了。在那么多人的人堆里这简直是不可避免的。现在没有人再会注重美，人们要的是活下去！"②在难民高峰期，金女大有 1 000 多人露宿在楼房之间的廊道上。直到 1938 年 1 月上旬，金陵大学蚕厂仍然有 500 多人生活在露天用布或草席搭建的棚子里，金陵大学图书馆约 3 000 名难民中的相当一部分生活在草席棚和帐篷里。

　　虽然大部分难民家中都很穷，但那毕竟是他们遮风避雨、安身立命的所在，躲在安全区里，毕竟不是长久之计，人们总是惦念着自己的家产和亲人，况且，安全区内条件又很差，部分难民迫不得已向外面转移。斯迈思在分析难民收容所人数减少的原因时曾认为，收容所里"条件太差、太拥挤"，"虽然外面比较危险，比较困难，但有些人还宁可住在外面，有些人还有些财产，想照顾一下房屋和家里的东西，国际委员会也鼓励难民在可能的情况下回到城市其他地方去住"。③

　　不少人走出安全区后即横尸街头。难民陶春秀一家逃往安全区后，就住在一个阁楼里，房屋狭小，根本住不下，她的父亲、祖母

①［美］明妮·魏特琳：《魏特琳日记》，第 181 页。

②［德］约翰·拉贝：《拉贝日记》，第 318—320 页。

③《南京地区战争灾祸》，姜良芹、郭必强编：《前期人口伤亡和财产损失调查》，张宪文主编：《南京大屠杀史料集》第 15 册，第 8 页。

图 4‑4　难民在安全区搭建的简易棚子。

（南京戦史編集委員会編『南京戦史資料集Ⅰ』、偕行社、1993 年）

和姑母第二天又回到竺桥家中。陶春秀的父亲回家后，即惨遭日军的毒手，死于非命。[①]　难民武采云的婆母住在难民区里，因与邻居不睦，时常吵闹，一气之下，回到东武学园家中，躲在地洞里，结果被日军拖出来刀砍而死。[②]　魏鲁氏回忆说："1937 年底日军占领南京，那时我二十岁，我随全家躲进了难民区，只有父亲一人留在家中看门。我丈夫魏炳昆不放心，想把父亲也接到难民区，故只身一人回到家里，谁知一进家门就走不掉了，日军到我家里敲门，我

①《陶春秀证言》，朱成山主编：《侵华日军南京大屠杀幸存者证言集》，第 198 页。
②《武采云证言》，朱成山主编：《侵华日军南京大屠杀幸存者证言集》，第 242 页。

丈夫当即去开门，日本兵见他是年轻男子，就当场开枪把他打死了，父亲幸免于难。他把我丈夫魏炳昆的尸体用门板放好，就躲进了难民区。"①

一些难民不顾国际委员会的规定，将家具也搬进安全区。国际委员会在1938年1月22日的《局势报告》中指出："大部分难民（至少百分之九十）仍然生活在安全区内，因为他们害怕在安全区外的家中被满街乱窜的日军士兵纠缠，甚至遭受火烧之灾。一些已经回家的人也因日本人的强暴而重返安全区。居民们似乎正在做准备，安家落户，在此过冬，毫无迁出的打算。尽管地方狭小，又有规定，不得携带家具进入安全区（因为当时预料难民可能在一两周后即回家），现在还是有许多人把家具弄了进来，以免被毁。"②

吃水也很困难。南京沦陷后，自来水供应即告停止，虽然有井水，但人多井少，根本不敷使用，而外出挑水，危险又很大。幸存者张文泉就是因为外出挑水而被日军抓走，他回忆说："由于难民较多，（金陵）中学内只有一口井，水不够吃，我外出挑水，1937年12月14日清早，我刚走到外面，就碰到一队日军，将我挑水的担子夺下来，摔在地上，用脚踩掉桶底，并把他们身上背的东西卸下来，强迫我代替他们背，押着我跟着他们队伍走。"③避难于美国大使馆的军医蒋公穀在他的《陷京三月记》中说："自12月11日起就没有自来水供给了，都由塘内挑取，谁也没有这么大胆，敢出去挑水，大家也只好将就着用。我们多人每晨合洗脸水一盆，以免浪费。当时

---

① 《魏鲁氏证言》，朱成山主编：《侵华日军南京大屠杀幸存者证言集》，第216页。

② 《局势报告》（1938年1月22日），［德］约翰·拉贝：《拉贝日记》，第482页。

③ 《张文泉口述》，张连红、张生编：《幸存者口述调查》上，张宪文主编：《南京大屠杀史料集》第25册，第24页。

的口号是'喝黄泥水，睡硬松板，泄千人坑'，确是实在的情况。"①美联社记者麦克丹尼尔在大屠杀初期曾居住在美国大使馆，他花费1个小时到街上的井里打了几桶水，运回大使馆供人们饮用，但他留在南京的主要任务是采访，而且12月16日他就离开南京赴上海了。② 1938年1月6日，美国大使馆的官员回到南京，大使馆仍然没有电，也没有自来水，阿利森回忆道，"附近有座像样的井，那些留下来的仆役能够给我们挑足够饮用和修胡子所需的水。此后，我们轮流到炮舰上过一夜，以便能常常洗个澡"。③

图4-5　金陵女子大学难民收容所的难民排队打开水

（耶鲁大学神学院图书馆）

---

①蒋公穀：《陷京三月记》，"南京大屠杀"史料编辑委员会、南京图书馆编辑：《侵华日军南京大屠杀史料》，第76页。

②《战地记者的日记描绘恐怖的南京》，张生编：《外国媒体报道与德国使馆报告》，张宪文主编：《南京大屠杀史料集》第6册，第117页。

③《约翰·摩尔·爱利生回忆录——泓泪水与狂欢的茶会》，陆束屏编译：《南京大屠杀——英美人士的目击报道》，第412—413页。

南京城内池塘很多,不少居民赖此生活,就是面积不大的安全区内,池塘也有不少,水源本来不成为一个问题。但日军占领南京后,池塘成为日军杀人的屠场,受到很大的污染。南京安全区国际委员会经常与日本大使馆的官员就城市的水源问题进行探讨,他们指出,池塘受尸体的污染大大减少了或者说破坏了安全区内的水源,使本来就非常恶劣的卫生状况更加恶劣。

国际委员会在成立之初曾对卫生工作有过一些打算,如设立专用厕所、对垃圾和粪便及时清理,这样的设想后来根本无法实施。魏特琳领导下的金女大,当开始只有 400 名难民时,每天派人打扫房间与大厅,随时捡拾废纸。当难民蜂拥而入的时候,他们终于放弃了努力,魏特琳在 12 月 27 日的日记中记述:

> 起先我们只有 400 名难民时,我们设想过每天打扫房间与大厅,随时捡起废纸,而现在可不是这样了,有 1 万名或更多的难民在这儿,除了劝说难民们不要把校园当做厕所外,我们什么也做不了。哈丽雅特所谓"草坪上可以行人"的理想在这里得到了如此充分的体现,以至于现在不再有任何草坪了。许多地方,尤其是打饭的地方则是泥土和卵石。树木和灌木丛也严重毁坏,有些灌木被踩得无影无踪。一到晴天,树上、灌木上、篱笆上、围栏上,到处都挂着各种颜色的尿布、裤子等东西,当外国人来时,他们都笑了起来,并说从未见过金陵女子文理学院是如此绚丽多彩。①

25 万难民聚居于狭小的安全区内,厕所严重不足。郭岐记述:

> 最大的问题是大便与吃水。因为平时皆有自来水及洗马桶

---

① ［美］明妮·魏特琳:《魏特琳日记》,第 213 页。

图 4‑6　金陵女子大学难民收容所里洗衣服的女难民
（耶鲁大学神学院图书馆）

之池塘,而今一旦自来水被破坏了,大家吃的水当不敷分配,哪里还有刷马桶的水呢? 而且各池塘堆满了死尸,谁敢去倒马桶呢? 于是大便乱撒,弄得五台山遍地粪便,而大便手纸,遍地飞扬,臭气四溢,过者掩鼻,这也是难民区特有的现象啊![①]

王英回忆说:

　　三天三夜不吃不喝,还可以忍受一下;但大小便实在无法忍受呀,真难受极了,没办法总得设法挤到小窗口,再爬出去。唶哟,天寒地冻,挤进挤出,小门又不好开,就靠两个小窗口向外开着,倘若向里开,那就和门一样开不得了。就是挤到外院,也无法找到厕所,咋办呢,只好又走进了小树林里去解决,

---

① 郭岐:《陷都血泪录》,“南京大屠杀”史料编辑委员会、南京图书馆编辑:《侵华日军南京大屠杀史料》,第 19 页。

这上百十号人,从这小窗口挤出来又钻进去,几天待下去,小树林便成了屎堆尿沟渠了。①

由于难民普遍营养不良,居住环境拥挤肮脏,卫生状况极其恶劣,而很多难民的衣物被日军抢走,难以抵御风寒,因此,西方人士很担心暴发传染病。斯迈思1938年1月1日给妻子的信中写道:

> 昨晚我还不知道在金大和原交通部,许多人都有腹泻症状。但今天特里默没有发现明显病例,所以,我们不知到底是不是痢疾。我们估计不会是。但这是长期吃稀饭的负面效果。许多人实在太穷了,只有以稀饭为食。没有城市供水,他们就用井水。有的人又太懒,不愿抽水②,就在附近一个肮脏的池塘取水,那是用于洗马桶的。是寒冷的天气使我们免于更多的疾病。他们没处洗澡,都挤在一起,可以躺在任何一个房间里睡觉,可能是缺少流动,使我们免于斑疹伤寒。只有两个医生,一旦发生传染病我们就全完了! 我们希望城市供水,逐渐解散难民营,缓和这种局面。③

如果留意西方人士在这期间的日记和书信,就会发现他们无一例外地特别关注天气情况。南京沦陷前,他们特别希望下雨,因

---

① 《王英护士:难民营的生活》,章开沅编译:《南京:1937年11月至1938年5月》,第147页。
② 斯迈思的了解可能不够全面,人多井少的情况的确存在,而且,在电力供应已经停止的情况下,人工取水实在难以满足需要。在金陵大学负责难民工作的毛德林回忆:"当时,南京的水电已经全部停止,为了供应难民的吃水,我们多方设法,将以前所有的自流井都用来取水,而人力取水水量又有限。"参见《毛德林口述》,张连红、张生编:《幸存者调查口述》上,张宪文主编:《南京大屠杀史料集》第25册,第270页。
③ 《史迈士致妻子函》(1937年12月20日—1938年1月9日),章开沅编译:《美国传教士的日记与书信》,张宪文主编:《南京大屠杀史料集》第4册,第262页。

为一般下雨天,日军飞机不会光顾南京。而南京沦陷之后,他们则希望天气晴好如春。魏特琳在 1937 年 12 月 23 日的日记中写道:"今天下雨了,所有睡在走廊上的人,无论如何必须挤进屋里。过去几个星期的好天气是天公最大的恩赐。"①拉贝在 1938 年 1 月 20 日的日记中记述:"暴风雪!难民们的状况实在令人同情,即使一个铁石心肠的人也会动容。我这个院子里的难民收容所已变成了一个很大的泥潭,每个帐篷和草棚的四周都挖了水沟,以便排除雪水。现在,当我再看见低矮的草棚屋顶下生起明火时,常常睁一只眼闭一只眼。外面飘着大雪,火要烧起来也不会持久。要想暖和一下,也只好冒险了……我们最近从附近一栋刚建筑一半的新房那儿偷来几千块砖头,在帐篷和草棚之间铺了条狭小的步行道,以免陷到泥泞中。我们还在茅厕坑周围筑起砖墙,使这宿营地变得'雅观'一点。这些改善带来的好处当然并不多,整个院子依然是个无法想象的沼泽地,每个人都在咳嗽和吐痰也就不足为奇了。我最大的担心是怕发生传染病。一旦发生这种情况,我们就完全无能为力了!"②

在 1937 年 12 月到 1938 年 1 月的大部分时间里,天气晴朗,气温较高。但是,天气好、气温高,同时也带来负面影响。由于垃圾堆积得很多,马路上的尸体也没有及时清运,"区内的肮脏程度简直让人无法想象,新住宅区房屋之间的空旷场地上,堆积的垃圾有 1 米多高",空气中弥漫着尸体的腐臭味,疾病时刻威胁着安全区里的难民。施佩林与布雷迪医生合作,组织了一支垃圾运输队,负责

---

① [美]明妮·魏特琳:《魏特琳日记》,第 208 页。
② [德]约翰·拉贝:《拉贝日记》,第 458 页。

所有收容所的清扫工作。[①]　与此同时，各慈善团体也积极开展工作，清理散布于各处的尸体。

1938年3月，美国医生布雷迪来到南京，负责检查卫生，并组织人力为难民注射疫苗，至1938年5月，为16 265名市民注射天花疫苗，还给1.2万多名市民接种伤寒、霍乱疫苗。[②]

由于难民长期缺乏营养，每天只有两顿稀饭，又生活在非常拥挤肮脏的恶劣环境中，生病的人越来越多。金陵大学医院在人员严重流失、缺乏经费的情况下，扩大工作范围，在收容所等其他地方设立了三个诊所。1937年12月，国际红十字会拨给金陵大学医院9 000元，1938年1月，又划拨了5 000元用于免费治疗病人。由于病人的支付能力越来越差，医院经费短缺的问题十分突出。1938年5月底，斯迈思在给上海国际红十字会负责人贝克的信中指出，"眼下只有3％的病人有能力支付一、二类医疗费用。只有30％的病人有能力支付第三类医疗费用，对另外无支付能力的70％的病人必须实行免费就医。几家诊所也同样亏损严重"。[③]

西方人士在评估难民收容所的恶劣生存环境时，给中国民众以高度评价：

> 在收容所存在期内，所中无电力、无自来水、无宣泄积水之沟渠，无电话，亦无友好适当足以求助之警察。大城中多数之人均已迁移，而难民则为大城中之最贫苦者、残废者及最无能力之人。在此种情形之下，集体生活，实为一种伟业，此种

①《德国档案馆中有关侵华日军南京大屠杀的档案资料》，《抗日战争研究》1991年第2期。
②《史迈士呈送南京国际救济委员会工作报告致贝克函一组》（1937年12月—1938年5月），《民国档案》1998年第2期。
③《史迈士呈送南京国际救济委员会工作报告致贝克函一组》（1937年12月—1938年5月），《民国档案》1998年第2期。

伟业常博得外人评论,谓"此惟中国人所能忍受。惟中国人能和衷共济,彼此间无甚严重之纠纷"。①

四、不安的"安居"

1937 年 12 月 22 日,日军发布了"良民登记"的告示:

> 自 12 月 24 起,宪兵司令将签发平民护照,以利居留工作。凡各平民均须向日军办理处亲自报到,领取护照,不得代为领取,倘有老弱病人,须家属伴往报到。无护照者一律不得居留城内,切切此令。②

虽然,日军此举的动机是以"登记"为名继续甄别、搜捕所谓"便衣兵",但是,对处于恐惧之中的难民来说,能够太太平平地"安居",正是他们求之不得的。人们将信将疑,内心忐忑不安,同时又显得急不可耐。翟经纶回忆说,"告示贴出后,告示前聚集了几千人,都认为这下可好了,可以省去不少麻烦"。③

由于限定的时间较短,办理登记的日本兵少,"于是人人着急,想领到救命证,以免随时有杀害的危险"。④ 斯迈思在 12 月 23 日给家人的信中写道:"难民们都对明天即将开始的所谓人口登记十

---

① 《南京国际救济委员会报告书》(1937 年 11 月至 1939 年 4 月 30 日),张生等编:《英美文书·安全区文书·自治委员会文书》,张宪文主编:《南京大屠杀史料集》第 12 册,第 394 页。

② 《第 12 号文件(1937 年 12 月 22 日日本宪兵司令通令全体人民领取护照)》,"南京大屠杀"史料编辑委员会、南京图书馆编辑:《侵华日军南京大屠杀史料》,第 241 页。

③ 《翟经纶口述》,张连红、张生编:《幸存者调查口述》上,张宪文主编:《南京大屠杀史料集》第 25 册,第 61 页。

④ 郭岐:《陷都血泪录》,"南京大屠杀"史料编辑委员会、南京图书馆编辑:《侵华日军南京大屠杀史料》,第 6 页。

分忧虑。要给所有的人发登记卡,如果你把自己的卡弄丢了,你就得滚蛋。"①人们很天真地想登记,以为有了那张纸条就有了"护身符",虽然日本兵撕毁"良民证"的事件时有发生。② 有的难民从很远的地方赶往登记地点,魏特琳在1938年1月7日的日记中写道:"中午,我遇见一小群匆忙进入校园的妇女,她们说,是从南京西面17里的地方来的,她们认为登记过了就会安全。"③

很多人害怕时限过期,急于登记。为了登记,有的人凌晨2时就开始排队,队伍排得很长。有关的传言也很多,令难民无所适从。12月28日,有人散布消息说,28日是登记的最后一天,因此数万人涌向登记点,安全区的街道上拥挤不堪,拉贝在当天的日记中记述:"安全区的街道上如此拥挤,以致步行也无法通过。我靠着汽车上的德国国旗费劲地从人海中开辟出一条路来。安全区的每一个人都认得出我挂有卐字旗的汽车。人们相互挤挨着,为了留出一个空隙,好让汽车通过。就这样我缓慢地驶向目的地,我后面的空隙立即又闭合了。假如汽车发生故障,我肯定不容易从人群中挤出来。"④

站岗的日本兵像驱赶牲口一样戏弄难民,在他们脸上涂上令人难堪的标记,从中取乐。⑤ 为了便于难民登记,金女大把原定每天早上8时开饭的时间,调整为早上7时30分。魏特琳在1938年1月5日的日记中记述:"8时30分,当我站在那儿和一名中国警察

---

① 《史迈士致妻子函》(1937年12月20日—1938年1月9日),章开沅编译:《美国传教士的日记与书信》,张宪文主编:《南京大屠杀史料集》第4册,第345页。

② [美]明妮·魏特琳:《魏特琳日记》,第221—222页。

③ [美]明妮·魏特琳:《魏特琳日记》,第228页。

④ [德]约翰·拉贝:《拉贝日记》,第296页。

⑤ [美]明妮·魏特琳:《魏特琳日记》,第224页。

说话的时候，有三四千人从我身旁经过。真是一个可怜的场面。
妇女大多都是 4 人一排地进来，因为她们离开时也要这样列队走。
虽然宣布说只有 30 岁以下的妇女需要登记，但有许多年老的妇女
在这儿。通常 4 人中有一个有力气的人，拖着另外 3 个人，并催促
她们，似乎这是生死攸关的大事。一个看上去有病的妇女由丈夫
背来，另一个年老的妇女被儿子扶来，还有一位显然有心脏病的妇
女倒在我身旁，她说，这是第六次来登记了。"①

人们在登记过程中表现出惊人的忍受力，拉贝在 1938 年 1 月
5 日的日记中记述："人们看到，为了登记，数万名妇女怀抱着婴儿，
排成 5 个无尽头的长队在露天中等待长达 6 个小时。人们怎能吃
得消在寒冷的天气中这样的等待，对我是个谜。"②

对于"难民登记"，难民常说有五道难关：一是光头关，二是手
上老茧关，三是肩膀上老茧关，四是头上帽痕关，五是套头的卫生
衣关。③ 其实，远远不止这五关，如没有亲戚朋友认领的、操外地口
音的等等。在此过程中，妇女们心情特别迫切，她们心系自己的丈
夫、儿子的命运，魏特琳这样记述道，"我永远都不会忘记，这些妇
女在注视登记过程中心情是那么急迫，他们在为丈夫和儿子求情
时又是那么勇敢"。④

有的人认领了素不相识的人。幸存者郁正清当年避难于金陵大
学附中难民收容所，他回忆说，12 月 16 日下午，汉奸詹荣光带着日本

---

① ［美］明妮·魏特琳：《魏特琳日记》，第 225 页。
② ［德］约翰·拉贝：《拉贝日记》，第 359 页。
③ 《杨品贤口述》，张连红、张生主编：《幸存者调查口述》上，张宪文主编：《南京大屠杀史料
　集》第 25 册，第 60 页。
④ 华群：《第一个月的评述(1937 年 12 月 13 日—1938 年 1 月 13 日)》，章开沅编译：《美
　国传教士的日记与书信》，张宪文主编：《南京大屠杀史料集》第 4 册，第 317 页。

兵前来诱捕中国兵，"最后又查到一个衣服长短不齐的人，说他是中国兵，当时有一个妇女，怀里抱着一个男孩子二三岁，走过来说是我表兄，小孩又叫叔叔，日寇把他放了。过后我们才知，他是山东人，姓康名孛元，是八十八师五二七团的排长，这位妇女与她素不相识，救了他"。① 幸存者郭秀珍回忆，她先后认了三个人：一个认作哥哥，一个认作丈夫，一个 40 多岁的男人认作父亲，当时兵荒马乱，后来就走散了，也没问姓名、住址。② 据幸存者王英回忆，有些在难民区中被认作丈夫的伤员，有的真的成了夫妻，也有的真的做了老人们的儿子。③

　　"安居证"，被人们称为"救命证"。有的人心存幻想，在登记后迫不及待地想回家。虽然西方人士认为安全区外的情况仍然不乐观，但还是鼓励他们不妨一试，希望他们能够在没有烧毁的地方谋生。一些难民收容所的人数开始减少，斯迈思 12 月 27 日给家人的信中说："金陵女子文理学院中女孩子的人数近三天急剧下降，从 1 万人降至 8 000 人，安全区又重现了一点秩序。她们回到各自的家里，住在安全区的其他地方……金陵女子文理学院的跑道已被清理干净，几天前那儿到处都是妇女的床铺。"④但是，日军的焚烧和破坏仍在继续，妇女经常在路上被抓走，这都令人们沮丧不已，很多人不得不又返回安全区。据《南京安全区档案》记载："（1938 年）1 月 14 日，一家难民从大学附中回到自己住处。途中他们办理了登记证件，将它们贴在自己大门上，据说可免受日本士兵的骚扰。

---

① 《郁正清证言》，朱成山主编：《侵华日军南京大屠杀幸存者证言集》，第 325—326 页。
② 《郭秀珍证言》，朱成山主编：《侵华日军南京大屠杀幸存者证言集》，第 328 页。
③ 《王英护士：难民营生活》，章开沅编译：《南京：1937 年 11 月至 1938 年 5 月》，第 152 页。
④ 《史迈士致妻子函》（1937 年 12 月 20 日—1938 年 1 月 9 日），章开沅编译：《美国传教士的日记与书信》，张宪文主编：《南京大屠杀史料集》第 4 册，第 254 页。

然而他们到家才 1 个小时,5 个日本士兵就闯入他们的住房,逐出所有男子,对数名妇女进行了强奸。1 月 15 日这家人又回到中学居住。"①

苦难,是对生命的考验,也是对人性的考验。在人群聚集的难民收容所里,在简陋的棚户区里,依然闪耀着人性的光辉。为恐怖所包围的人们聚集在一起,共同的命运、相同的遭遇,使他们同病相怜,相互扶持、相互帮助。

为了加强安全保卫,拉贝在他的院子里布下了岗哨,难民们轮流值班守夜,拉贝在 1938 年 12 月 25 日的日记中记述道:"我的小小的院内收容所充满了祥和与安宁,只有 12 个岗哨悄无声息地沿着院墙来回走动。换岗时,几个手势,断断续续的话语,谁都不想打搅患难兄弟姐妹的睡眠。"②郭岐与几个同仁一起住在意大利大使馆,"我们几个人在一起,互相慰藉,互相讨论,异常的和爱,如同骨肉一样……我们几个人是一条命,一条心,有钱的把钱拿出来给大家维持,勇敢的外出找柴火买东西。一个出门,大家担心。互相轮流望着大门,如一回来,赶快开门迎进,而庆(幸)这一次又未遇险,又未拉夫。十分团结,俨如家人一样"。③ 有一次,同住的黄先生被日本兵抓走,于是全体出动要求国际委员会设法营救,"女人们在门上等着半夜不回来,大家一齐不睡觉,等黄先生(回)来了,大家就像开庆祝会一样,欢欣鼓舞"!④

---

① 《事态报告》,[德]约翰·拉贝:《拉贝日记》,第 443 页。

② [德]约翰·拉贝:《拉贝日记》,第 279 页。

③ 郭岐:《陷都血泪录》,"南京大屠杀"史料编辑委员会、南京图书馆编辑:《侵华日军南京大屠杀史料》,第 33 页。

④ 郭岐:《陷都血泪录》,"南京大屠杀"史料编辑委员会、南京图书馆编辑:《侵华日军南京大屠杀史料》,第 36 页。

为了尽可能地避免日本兵的骚扰,难民们在共同的生活中形成了一些约定俗成的规则。郭岐记述:"此时的生活连老鼠的生活都不如,因为老鼠的生活是昼伏夜出呀!我们的生活是昼伏夜睡了!谁也不准在楼上了望,谁也不准高声谈笑,谁也不准晚上点灯,谁也不准无故开大门。"①

在恐怖和不安中,活命成为人们的唯一选择,人们的日常生活都是以此为中心展开的。西方人士是难民的保护神,但他们人数太少,力量有限。对于众多的难民来说,要生存下去,只有依靠自己。

有的收容所还配置了警笛,以应对"来访"的日军。1937年12月25日至26日深夜,日本士兵翻过金大附中难民收容所东南角的围墙,试图接近宿舍大楼,在此之前,他们多次得手,然而,这一次迎接他们的是"警笛","警笛突然一响,士兵们对整个宿舍响起(抓捕犯人时)的叫声感到吃惊,因此被吓退了"。在给美国大使馆的信中,贝德士称之为管理者们组织的"防御措施"。②为应对日本兵的骚扰,有的难民收容所专门组织人员对付日本兵,筹集经费给日本兵购买烟酒。③

有的难民自己动手挖地洞躲避日本兵。许自强一家5口随祖父母搬入难民区,住在颐和路,日本兵经常来抓人、强奸妇女,他回

---

① 郭岐:《陷都血泪录》,"南京大屠杀"史料编辑委员会、南京图书馆编辑:《侵华日军南京大屠杀史料》,第33页。

② 《给美国驻南京大使馆的书信》(1938年1月26日),张生等编《英美文书·安全区文书·自治委员会文书》,张宪文主编:《南京大屠杀史料集》第12册,第117页。参见杨雅丽《南京大屠杀期间金陵大学附属中学难民收容所研究》,《日本侵华南京大屠杀研究》2020年第1期。

③ 《检查报告》,[德]约翰·拉贝:《拉贝日记》,第335、288、353页。

忆说：

> 日军的暴行越来越猖狂，每天都有好多次来到我们住所，记得 12 月 20 日这一天来过八次之多，每次最少二三人，最多七八人，他们抢掠财物，强奸妇女（就连 60 多岁的老妇人和年幼的女孩都遭到污辱），抓人杀人。这日子怎么过呢？门内五六户人家，大家计议，连夜动手，挖了一个地洞，早上除了年老的人留两三个看门外，其他人进洞藏身，傍晚出洞，这样过了半个多月时间。①

患难见真情，人们在灾难和痛苦面前，表现出极强的牺牲精神。难民们患难与共，同舟共济，许多人想到的不仅仅是自己。幸存者马俊仪回忆说：

> 1937 年我家原住慧园街 12 号，在日本侵占南京前夕，我们搬进了难民区，住在五台山左所巷杨家花园里。因姑祖父为人心地善良，带来了老朋友的儿媳和缝纫机分销店的几名职工家属同住。日军侵占南京没几天，就几次闯进了我们的住处。当时姑祖父朋友的儿媳，正在厨房的暗房里坐月子，两个日本兵闯进来，一个贪财的家伙在房里翻箱倒柜，一个到处乱窜，我姑祖父跟着他。谁知，这个日本兵闯到了暗房前，指手划脚，咿哩哇啦不知说些什么。可能姑祖父看出他们的意思，就用笔写给他们看，并摇摇手，意思告诉他这里没有房间没有人。日军就用刺刀把隔板划一个大裂口，产妇正迎门靠在床上。这下可气恼了日本兵，他对姑祖父大吼一声，"啪！"

---

① 《许自强口述》，张连红、张生编：《幸存者调查口述》上，张宪文主编：《南京大屠杀史料集》第 25 册，第 35 页。

一记耳光打在老人脸上。老人挨了打,还要设法救人,他急忙回到房里,塞了一块贵重的金表给正在翻箱倒柜的日本兵,意思请他去说情,这块表果真起了作用,那个日军拿着表把另一个日军拖走了,这才使产妇免遭蹂躏。

后来,我们又在房子后面搭一个棚子,只要听到有动静,妇女和孩子们就随着姑祖母躲在里面,日本兵也从未发觉过。不料,有一次闯进来几个日本兵,和上次一样,有爱财的,有找花姑娘的。一个日本兵乱窜,窜到房后棚子里。日军把其他人全部撵出去,只剩下一个姓陈的家属,她长得雪白漂亮。那个日本兵叫她自己解旗袍扣子,从领子已经解到腿边。此时,急坏了我的姑祖父,他赶快将一床心爱的俄罗斯毛毯塞给翻东西的日本兵,让他去说情,日本兵们拿着毯子走了,使得这个年轻妇女免遭奸污,她吓呆了很久很久才恢复过来。①

幸存者杨在田曾经被日本兵抓到云南路,幸被释放,他回忆说:"云南路有个塘,塘水都染红了。我被放回到家中两天不想吃东西,昏昏沉沉只想睡觉,魂都吓跑了。隔了几天,忽然有个年轻的姑娘惊慌失措的样子,跑到我们住的地方,跪在地上求救,说后面有日本兵追她。我们不能见死不救,连忙用几床棉被盖在她身上。"②

难民汤清英是一位家庭妇女,丈夫以种菜为生,当时避难于金陵大学。一天,汉奸带着日军到金陵大学抓人,汤的身边是一位安徽来的年轻人陈家伦,眼看就要被抓走了,汤清英虽然与他素不相识,但是心中很着急,急中生智,一把抓住陈家伦,说是自己的儿

① 《马俊仪证言》,朱成山主编:《侵华日军南京大屠杀幸存者证言集》,第398—399页。
② 《杨在田证言》,朱成山主编:《侵华日军南京大屠杀幸存者证言集》,第405页。

子,汉奸翻译盘问了一会,未发现破绽,悻悻走了。从此,陈家伦成为汤清英的"儿子",并在汤家住了下来。新中国成立后,陈家伦才回安徽,曾多次到南京看望"妈妈"。①

在日军占领南京后几个星期的恐怖中,难民们遭受了太多的凌辱和灾难,表现出异常的忍耐力。但不可否认的是,痛苦与屈辱,并没有扭曲人们心中是非曲直的价值评判,人们对邪恶和暴行有着本能的抗拒,他们的抗争方式都是很直接、很朴素的。

难民们经常向西方人士报告日军的暴行。《南京安全区档案》中400余案例中的相当一部分是中国人提供的,通常的程序是,难民报告后,经调查核实再记录下来,然后提交给日本大使馆。但是,这些报告人也遭到日军的迫害,以至于国际委员会不得不采取相应的对策,在文件中隐去他们的姓名。在1938年2月1日提交给日本大使馆的《事态报告》附言中,国际委员会秘书斯迈思就此严正声明:"我们有意不提中国报告人的名字,因为有一个报告人已经被害,另一个正受到严重威胁。这段时间,所有报告人员都属于我们正规的工作班子,他们都不用真实姓名。根据编号可以对每个事件随时进行审核。"②

有的难民拒绝与日军合作,不愿出卖同胞。马吉拍摄了一位因拒绝纵火而遭到日军毒打的男子,影片解说词写道:"(1938年)1月24日,日本兵企图命令这个男子纵火焚烧坐落在大学医院(鼓楼医院)附近双龙巷的中和(音译)饭店。由于他拒绝纵火,他们就用刺刀打击他的头部,他的头部裂了三个口子,但没有(生

---

① 《汤清英认"子"救难民》,中共南京市鼓楼区委宣传部、中共南京市鼓楼区委党史工作办公室编:《虎踞群英》,1997年,第9—10页。
② 《事态报告》(1938年2月1日),[德]约翰·拉贝:《拉贝日记》,第561页。

命)危险。"①金陵大学附中有个年轻的难民,他的父亲曾在日本经商,他会说一点日语,多次制止日军骚扰妇女。他拒绝做日本领事馆警察的随从,被日军抓走杀害。②

《南京安全区档案》第161个案例也记载:一个为德国人服务的中国人被日本士兵用刺刀刺死在靠近江南公司的一所房子里。这名中国人不愿让日本人强奸这所房子里的多名老年妇女,为此不得不付出生命的代价。

1938年1月9日,斯迈思给家人的信中记述:"在我们的难民营,有一个图书馆的工人在图书馆新大楼被刀刺伤颈部,因为他不肯帮日本人找女人。"③

难民曹振源的哥哥就是因为不肯为日军找姑娘而遇害,曹振源回忆说:"1937年,我家住在高家酒馆6号。日军侵入南京后,即占据了当时的中央日报社(现新华日报社),作为他的军事机关……我家和报社是近邻,当时没有围墙。有一天中午,数名日军威逼我哥哥替他们找花姑娘,我哥哥不愿出卖自己的骨肉同胞,不愿看见自己的同胞姐妹被日军蹂躏,拒绝日军的要求。日军狗急跳墙,把我哥哥捆起来,并押在长庚里(管家桥38号内),使用酷刑恐吓他,他始终没有为他们找花姑娘。当天晚上,就在我家门口的左侧,现报社招待所的空地上被日军无辜枪杀。"④

---

① [德]约翰·拉贝:《拉贝日记》,《约翰·马克牧师关于他的影片〈南京暴行纪实〉的引言和解说词》,第627页。

② 《史迈士致朋友函》(1938年3月8日),章开沅编译:《美国传教士的日记与书信》,张宪文主编:《南京大屠杀史料集》第4册,第283页。

③ 《史迈士致妻子函》(1937年12月20日—1938年1月9日),章开沅编译:《美国传教士的日记与书信》,张宪文主编:《南京大屠杀史料集》第4册,第273页。

④ 《曹振源证言》,朱成山主编:《侵华日军南京大屠杀幸存者证言集》,第266页。

　　当难民们的妻子女儿即将遭受凌辱,当她们的丈夫和儿子即将遭受杀戮,他们用种种方式与日本兵进行周旋,甚至不惜付出生命代价。幸存者周桂英回忆说:"我亲眼看到难民区一个 11 岁的小姑娘,被日本兵发现了,马上就拖。小姑娘的母亲跪地求饶,说她年纪太小,不能那样,你们要人妈妈去,一面求饶,一面用身体护着自己的女儿,小姑娘吓得一个劲地哭,日本兵竟毫无人性地用刀捅了她的母亲,将小姑娘拖走了。"①幸存者汤必俊回忆说:"12 月 14 日,日军进难民区抓人。我嫂子和妹妹都在家,见日本兵来了,就躲在一堆芦柴后面。我大哥汤必达为了保护他们,在楼梯口挡住日本兵,结果被抓走杀害。"②

　　中国有句古话:"宁为太平犬,不为乱离人。"在经历数周的恐怖之后,1938 年的春节来到了。这是一个充满忧郁的暗淡的春节。人们在庆幸自己依然还活着的同时,期望扫除往日的晦气,在新的一年中能够平安,一些人壮着胆子燃放了鞭炮。1 月 31 日,是中国农历新年正月初一,魏特琳记述:"天还没有亮,人们就开始放爆竹,不是零星的,而是响成一片,约持续了一个上午。这是一个阴郁、满是泥泞的日子。我感到非常遗憾,因为,中国的新年应该是一个阳光明媚的日子。"③

　　在尸横遍地,到处充满死亡气息的岁月里,人们失去了太多的快乐。1938 年的新年再也听不到往年那些令人愉快的问候语了,在动荡和不安的日子,人们渴求安定的生活,而语言是生活的直接反映,魏特琳记述:"当人们觉得不该再用惯用的'新年如意'

---

①《周桂英证言》,朱成山主编:《侵华日军南京大屠杀幸存者证言集》,第 252—253 页。

②《汤必俊证言》,朱成山主编:《侵华日军南京大屠杀幸存者证言集》,第 35 页。

③〔美〕明妮·魏特琳:《魏特琳日记》,第 264 页。

'恭喜发财'这类词语时，我意味深长地说'新年平安'。"①然而，何日能够平安？

五、"繁荣"的上海路

日军统治下的南京，满目疮痍，市面荒芜。德国驻华大使馆留守南京办事处的沙尔芬贝格，在1938年1月13日给德国驻华大使馆的报告中指出："安全区之外的街道不见任何人的踪影。四处的瓦砾呈现一片荒凉景象，各个方面处于停顿状态：没有饭店，没有影院，没有药店，没有商店，没有市场，等等……一切皆无。"②

一切陷于停滞和倒退。在安全区内，没有生产，只有消费。国际委员会在安全区成立之初曾经发布通告，要求所有店主将商店迁入安全区，并尽可能多地将储存的商品带进安全区。③部分难民收容所也尽可能给商贩们创造条件。1937年12月11日，虽然局势很危急，金女大仍然组织人员搭建芦席棚，让人在里面卖食品。④南京沦陷后，由于日军的大肆抢劫，大多数的店铺不得不关门。斯迈思指出，日军进城后，由于"一切都是征用性的"，"结果，没有商人现在会对囤积感兴趣，每个人都在努力销毁自己的东西"。他预测很快会发生饥荒。⑤

在难民收容所中，商贩仍在进行小规模的经营活动。在第三

---

① ［美］明妮·魏特琳：《魏特琳日记》，第264页。

② 《德国档案馆中有关侵华日军南京大屠杀的档案资料》，《抗日战争研究》1991年第2期。

③ ［德］约翰·拉贝：《拉贝日记》，第146页。

④ ［美］明妮·魏特琳：《魏特琳日记》，第186页。

⑤ 《史迈士致妻子函》（1937年12月20日—1938年1月9日），章开沅编译：《美国传教士的日记与书信》，张宪文主编：《南京大屠杀史料集》第4册，第247页。

难民收容所即陆军学校，商贩"同难民进行小买卖"，由于购买力低下，生意并不好做。在收容所内，贫困难民的大米供应是免费的，该难民所规定，"对在难民收容所内出售大米、粥、水、糕点或其他商品如牛肉、骡肉和酒的商贩"，"如果每天他们的销售收入超过 3 元的话，则暂时不供给米"。① 在农业学校，"做买卖的或吸烟的，均不配给大米"。② 不仅如此，一些难民收容所还对商业经营进行了一定程度的限制，如金陵大学附中，"消费联合会经营一个售货点为难民提供方便，所有货物的销售价格由一个特别委员会规定"。③

对于普通的难民来说，由于储备很快告罄，而国际委员会的救济也非常有限，很多人陷于食不果腹的境地。穷则思变，再说难民也十分惦记安全区外的家，一些胆子大一点的难民逐渐走出安全区，寻找活路。安全区外有的房子没被烧光，在一些杂货店、酱菜店里，有时会有所收获。在烧毁的废墟瓦砾下，有时也能找到一点食物。

人多胆大，一些人把东西背回难民区摆摊贩卖，逐渐在上海路形成了市场。

上海路市场形成的时间，大约在 12 月下旬到 1 月初。最早提到此事的是蒋公穀，他在《陷京三月记》中记述道："（12 月 22 日）近日街上渐见有行人，大概都是一般（帮）亡命之徒。也许有的为了生计所逼，出来做这种抢劫生涯，弄到东西就在我们窗下上海路一带兜售，都是旧衣居多。"④西方人士一开始只提及店铺开张，并没

<hr>

① 《检查报告》，[德]约翰·拉贝：《拉贝日记》，第 333 页。

② 《检查报告》，[德]约翰·拉贝：《拉贝日记》，第 352 页。

③ 《检查报告》，[德]约翰·拉贝：《拉贝日记》，第 354—355 页。

④ 蒋公穀：《陷京三月记》，"南京大屠杀"史料编辑委员会、南京图书馆编辑：《侵华日军南京大屠杀史料》，第 76 页。

图 4 - 7　1938 年 2 月 15 日, 上海路。难民区内的临时集市。

（［德］约翰·拉贝：《拉贝日记》, 江苏人民出版社、江苏教育出版社 1997 年版）

有提到上海路。斯迈思 12 月 23 日给家人的信中写道:"昨天到今晨, 又可以看见街道两边有小店开张了。情况有了好转。"①国际委员会总干事菲奇 12 月 25 日的日记也提到"售货的小摊","圣诞节。美好的一天, 天气同样晴好。街上行人颇多, 还有一些售货的小摊"。② 可见, 这些店铺的规模很有限。

　　店铺的开张, 最直接的原因是日军主力离开了南京。12 月 17 日, 日军举行"入城式"后, 主力相继撤出南京, 只留下第十六师团担任警备任务。日军主力的撤离, 从一定程度上缩小了日军暴行

————————

① 《史迈士致妻子函》(1937 年 12 月 20 日—1938 年 1 月 9 日), 章开沅编译:《美国传教士的日记与书信》, 张宪文主编:《南京大屠杀史料集》第 4 册, 第 245 页。

② 《费吴生日记》(1937 年 12 月 10 日—1938 年 1 月下旬), 章开沅编译:《美国传教士的日记与书信》, 张宪文主编:《南京大屠杀史料集》第 4 册, 第 78 页。

的规模。西方人士也注意到这一点,福斯特在 1937 年 12 月 28 日给妻子的信中写道:"情况大体好转,大批日军似已出城,市民在街上行走略有自由。"①

市场形成一定的规模,是在 12 月底到 1 月初。积极宣传"资本主义"的金陵大学教授斯迈思,严厉抨击日军的征用制度,在他看来,"任何经营都有益处"。② 他在 12 月 31 日给家人的信中第一次提到上海路的市场:

> 那些街边的小商贩生意倒做得不错,危险不大,收获颇丰,所以他们照常经营,物品还挺丰富,我们简直怀疑是否有些东西是从安全区外被焚烧的地方打劫来的,但现在只要能到手的东西都是宝贝。正如米尔士说的:"我看中山路不再是主干道,上海路和宁海路才是主干道!"现在那儿由于秩序的恢复而挤满了人,路两边都排列着小商小贩,汉口路是个蔬菜市场,每天早上十分拥挤,就像过去的北门桥。③

12 月下旬,日军开始进行"难民登记",在上海路、宁海路一带,排队等待登记的难民很多。川流不息的人流,客观上为"市场"的形成提供了一定的条件。

市场的"自由"程度与日本兵出现的频率紧密相连。魏特琳 12 月 30 日的日记记述:"如果安全区之外的地方冷落为'无人区'的话,那么安全区内的街道看上去像是热闹的'大市场'——拥挤的

---

① 《福斯特致妻子函》(1937 年 11 月 23 日—1938 年 2 月 13 日),章开沅编译:《美国传教士的日记与书信》,张宪文主编:《南京大屠杀史料集》第 4 册,第 105 页。

② 《史迈士致妻子函》(1937 年 12 月 20 日—1938 年 1 月 9 日),章开沅编译:《美国传教士的日记与书信》,张宪文主编:《南京大屠杀史料集》第 4 册,第 249 页。

③ 《史迈士致妻子函》(1937 年 12 月 20 日—1938 年 1 月 9 日),章开沅编译:《美国传教士的日记与书信》,张宪文主编:《南京大屠杀史料集》第 4 册,第 257—258 页。

人群,各种各样的买卖。据说,上海路形成一个正规的自由市场了,当不大看到日本兵时,老百姓就很多。"①拉贝 1938 年 1 月 2 日的日记也有记载:"安全区的街道总是挤得水泄不通,数万人闲站着,为买卖讨价还价。街道两旁被流动小贩占据了,他们兜售的大多是食品、香烟和旧衣物,所有的人都戴着日本臂章或拿着日本小旗子。在小巷和街道间的空地上,是一个个用稻草搭起的难民棚,就同我院子里的情景完全一样。"②

上海路的店铺虽有不少,但规模都不大,是用木板、稻草搭成的简陋铺子。国际委员会注意到,安全区内的小店里有不少寻常的食品,由于人们害怕日本兵抢劫,店主总是希望将货物尽快出售。③

上海路似乎成了万能的世界,需要什么就有什么,无美不备,各物俱全。有古代字画瓷器,也有马桶痰盂,甚至筷子、碗碟、电灯泡,郭岐戏称:"你如果成立一个家庭那很容易,不到半日工夫,保你一齐都买到,而且价格随便喊。"④

物品的价值也进行了重新排序,拉贝记述:"安全区是南京唯一有生气的地方。一些铺面逐渐在市中心的马路上出现了。一大清早,天刚蒙蒙亮,就有中国人带着他们自认为值钱的、劫后余存的物品进入安全区,寻找有兴趣的买主。主顾们大都是些除了购买食品之外还有些节余的人。这里,熙攘的人流穿梭在店铺之间,在贫困中形成了临时的年前集市。在极度的困境之中,一切物品

---

① [美]明妮·魏特琳:《魏特琳日记》,第 217 页。
② [德]约翰·拉贝:《拉贝日记》,第 318 页。
③ 《事态报告》(1938 年 1 月 28 日),[德]约翰·拉贝:《拉贝日记》,第 526 页。
④ 郭岐:《陷都血泪录》,"南京大屠杀"史料编辑委员会、南京图书馆编辑:《侵华日军南京大屠杀史料》,第 55 页。

的价值都得按照最急需的食品和享受品的价格重新估算,比如大米、面粉、肉、盐、蔬菜以及烟!!"①麦卡伦在 2 月 9 日的日记中写道:"价格差距巨大。人们可以以不到 5 元的价格卖到一块北京地毯,电风扇和熨斗不到 1 元。但是今天一只鸡蛋要 1 角钱。一盒火柴要 8 个铜币。所有的食物价格都很高。"②

除食品外,一些生活用品价格低廉得令人吃惊,"一套崭新的西装,恐怕二元就可买了,一套顶新的沙发,也不过三元大洋,狐皮袍只要十几元,还有穿了狐皮袍给兽兵当伕子抬东西的呢"。③

一些文物字画也在市场上出售,郭岐记述:"比方仇英的山水画,赵子昂的马,董仲舒的字,陆润祥的字,岳飞的亲笔字,钱南园的画,八大山人的字画呵! 古版的《西厢》呵! 又如古官宦的瓷器及历代的各种瓷瓶古物,都是平常人不容易看到的东西,认为传世之宝,子子孙孙,移交下来,不准让外人知,而今悉数都出来了,摆在马路旁边,兽兵很多是懂得的。比方我亲自看到一幅仇英的山水画,兽兵出了四百元,马上拿走,看了真令人发指。"④

低廉的价格对人们的诱惑实在很大,西方人士有不少这方面的记述,拉贝在 1938 年 1 月 24 日的日记中写道:

> 我们在这里变得堕落、没有骨气,丧失了正直的人格……我的男佣张今天花了 1 元 2 角钱就买了一台台式电风扇(价值约 38 元),非让我也跟着高兴不可。一些明代花瓶真品只卖 1 元钱

① [德]约翰·拉贝:《拉贝日记》,第 506 页。
② 《麦卡伦日记与书信》(1938 年),《日本侵华南京大屠杀研究》2020 年第 1 期。
③ 郭岐:《陷都血泪录》,"南京大屠杀"史料编辑委员会、南京图书馆编辑:《侵华日军南京大屠杀史料》,江苏古籍出版社 1985 年版,第 55 页。
④ 郭岐:《陷都血泪录》,"南京大屠杀"史料编辑委员会、南京图书馆编辑:《侵华日军南京大屠杀史料》,第 39 页。

一个。它们被放在壁炉台上,仿佛在用责备的眼光看着我。只要我高兴,我可以把整所房子用各种各样稀奇古怪的玩意儿塞满,这些东西都是偷来的,价格之低如同破烂。现在贵的东西只有食品,一只母鸡要 2 元钱,也就是说抵得上两只明代花瓶。①

当然,市场上的不少物品是偷来的。郭岐在分析货物来源时说,"货物来自何处? 这简单得很,只一夜之间货物俱大全,既省选择的麻烦,又省运输的时间,而且都是适用的东西。一般生计困难、胆量较大的难民,他们变成老鼠的动作,昼伏夜出了。一到夜晚兽兵不论难民区内或难民区外,皆不敢活动了,只是住兵的地方安几个卫兵而已,此时活动的机会就到了"。② 对于难民的抢劫,陆咏黄《丁丑劫后里门闻见录》也有记述:"莠民之胆大者,不时出走区外,搬运无主货物,来区内售卖,此行彼效,趋之如鹜,有在搬运货物时,被日军枪毙者,然搬运者,并不因此稍戢,更有一种趁风打劫之奸商,廉价收买此项贼物。"③

我们也必须看到,有些难民为生计所迫,不得不变卖自己的家产,"一般难民为生计所迫,有的把自己家里的珍藏拿出来变卖,有的由别家偷来,皆不知东西的价值,随便给几文钱就卖了"。④ 有的人胆子小,又没钱,只好将自己的衣物拿出来变钱。⑤

---

① [德]约翰·拉贝:《拉贝日记》,第 496—497 页。
② 郭岐:《陷都血泪录》,"南京大屠杀"史料编辑委员会、南京图书馆编辑:《侵华日军南京大屠杀史料》,第 54—55 页。
③ 陆咏黄:《丁丑劫后里门闻见录》,张连红编:《幸存者的日记与回忆》,张宪文主编:《南京大屠杀史料集》第 3 册,第 523 页。
④ 郭岐:《陷都血泪录》,"南京大屠杀"史料编辑委员会、南京图书馆编辑:《侵华日军南京大屠杀史料》,第 38 页。
⑤《王英护士:难民营的生活》,章开沅编译:《南京:1937 年 11 月至 1938 年 5 月》,第 149 页。

在物资极度匮乏的情况下,难民的一些行为实在是迫不得已。为了能够吃得好一点,西方人士也不得不"打劫"朋友的住宅,魏特琳1938年1月9日的日记记述:"善良的程夫人今天'打劫'了伊娃的屋子,顺便说一下,这屋子还没有人进去过。她在屋里找到了一些油,并让老厨师陈本立(音译)做了蛋糕。"①魏特琳还组织工作人员在池塘里捕鱼,以改善生活。

难民走出安全区,开始重建自己的家园。有的人拆无人居住的房子,王英回忆说:"穷则变变则通,有些房子火烧了一半(因大雪将火扑灭),穷人就去拆下旧木料,再把旧黑木料修刨成合用的长度,自己先搭个棚子再说。"在百业衰落、民不聊生的状况下,人们首先面临的问题是生存。"那时也很混乱,但谁也不管谁,只要日本兵不出来阻拦,只要自己有气力拆烧过房子的旧料子、旧砖头,你能为自己盖房子住下,没人会说你不对。"②不可否认,在难民重建家园的过程中,有人对无人居住的房子进行过打劫。

对难民的"抢劫",魏特琳很苦恼,竭力主张禁止这种现象。她在给校董会的报告中陈述,"现在最令人苦恼的是老百姓的持续抢劫。因为现在南京还没有恢复法律和秩序,穷苦人和非法歹徒很自由地窜至任何人的家中,拿走他们想要的任何东西"。她称此为"自由抢劫"。③ 金女大的大门上张贴了告示:凡买到抢来的东西请勿携入!

当然,难民的"抢劫"与日本兵的抢劫是不能同日而语的。从时间上来说,难民的这种行为出现在1938年1月以后,而在此之

---

① 〔美〕明妮·魏特琳:《魏特琳日记》,第232页。

② 《王英护士:难民营生活》,章开沅编译:《南京:1937年11月至1938年5月》,第152页。

③ 华群:《作为难民营的金陵女子文理学院(1938年1月14日—3月31日)》,章开沅编译:《美国传教士的日记与书信》,张宪文主编:《南京大屠杀史料集》第4册,第325页。

前,日军已经在南京大抢特抢了。虽然,在魏特琳看来,沿宁海路、上海路一带已有数百家小商店开业,这意味着穷人"抢劫"逐日增多,但是,"如果不是日本士兵带头抢劫的话,他们原本是不敢这样干的"。① 从规模上来说,当时留在安全区的陶秀夫也注意到这种"抢劫"现象,"凡人民不居之宅,罔不受掳掠之惨,上海路人行道上,悉成黑市,全城莫非贼物矣"。但与日本兵相比,不过是小巫见大巫,"虽然,此尤其小焉者也。日寇之掳掠,率军一队,卡车数辆,予取予夺,不汝瑕疵,民间之精华悉尽"。② 斯迈思也认为:"日本人的抢劫,完全不能和老百姓的行为同日而语,老百姓只是小偷小摸,而他们则是把所有的东西都翻出来。"③而且,难民们在实施这一行为的时候,要冒极大的风险,如果遇见了日本兵,就只有死路一条。因此,一般的难民是不敢这么做的。

难民的这种"偷盗""抢劫"现象,在其他沦陷的城市也同样存在。日军占领镇江后,"当敌兵穷搜大劫之后,其时距敌军入境,约三星期左右,贫民开始动手了,凡敌兵所弃下不要的东西,如硬器家伙,零杂衣物,贫民就到处搜罗,满载而归。至此,家家户户所剩一点零碎东西,如果有人看门,还可保存,否则就不免搬光,房子变得空空如也,此为全城如此的普遍情形"。《镇江沦陷记》的作者张怿伯注意到,老百姓的这种"偷盗""抢劫"行为产生了不良的影响,他提请人们注意辨别:"惟贫民所抢之物,系日寇抢下的剩脚,至于

① [美]明妮·魏特琳:《魏特琳日记》,第 257 页。
② 陶秀夫:《日寇祸京始末记》,张连红编:《幸存者的日记与回忆》,张宪文主编:《南京大屠杀史料集》第 3 册,第 529 页。
③《史迈士致妻子函》(1937 年 12 月 20 日—1938 年 1 月 9 日),章开沅编译:《美国传教士的日记与书信》,张宪文主编:《南京大屠杀史料集》第 4 册,江苏人民出版社、凤凰出版社 2005 年版,第 272 页。

全数精华，均毁在日寇之手，并非贫民所为。笔者到江北来，每听人说，还是中国人抢得厉害，无形之中，又为日寇做了掩护。实系谣传误会，不可不加辨明。"①

上海路的市场，是一个畸形的市场。战乱期间，生活资料的需求处于首位。国际委员会曾经开设米店，以较低的价格向有购买能力的难民出售，但是，日军对此百般阻挠。中国商人开设的商店有时也被日军无偿征用，钱物也被日本兵抢走，直到 1938 年春，虽然局势已经有所好转，但这种状况依然时常出现，魏特琳在 3 月 5 日的日记中写道："可悲的是有的中国人常常带领日本兵到有点钱的商人家里去，在日本兵的枪或刺刀的威胁下，他们不得不将钱交出来。"②从商品来源看，由于日军封锁了南京与外界的联系，国际委员会在上海募集的救灾物品进入南京困难很大，更不用说外地货物流进南京了，因此难民们只有自谋生路。

商业不能脱离生产。当时之所以出现这种"全民皆商"的局面，是因为没有其他谋生的手段。1938 年 3 月，南京国际救济委员会进行调查时发现，就业人员中从事商业的占 67%，这一比例大大高于沦陷前，这些人大部分是小贩和在路边叫卖自己和别人残余物品的人，商贩的收入只有沦陷前的 26%。③ 人们除了做些小买卖外，没有其他可以谋生的办法。魏特琳记述，"有人说 10 个人中有 8 个人在做生意，因为没有其他事好做"。另一方面，人们聚集在一起，胆子也大了一些，魏特琳在日记中写道："我猜想，人们聚集在街上的一个原因

---

① 镇江市关心下一代工作委员会、镇江市档案馆合编：《镇江沦陷记》，南京出版社 1992 年版，第 59 页。

② ［美］明妮·魏特琳：《魏特琳日记》，第 311 页。

③ 《南京地区战争灾祸》，姜良芹、郭必强编：《前期人口伤亡和财产损失调查》，张宪文主编：《南京大屠杀史料集》第 15 册，第 15—16 页。

就是他们觉得那样会更安全。"①魏特琳非常反对在安全区销售赃物,但她不得不承认这是大多数难民谋生的唯一手段。②

由于日军的威逼,1938年2月中旬,上海路的店铺被迫关闭,但是市场很快在莫愁路重新建立起来。莫愁路辟建于1935年5月,并非繁华路段。1938年2月下旬,这里成了闹市区,"若在平时,绝少行人;今因接近所划难民区故,已成闹市,亦劫后沧桑之一也。全城商店,既已被掠被焚,凡日用所需之品,及贫户掠人之衣物杂件,均在莫愁路席摊摊出卖。全路自南至北,两旁摊贩林立,延长达半里许,绝类北京之天桥集市;其中自食物用品,以达古董书画,无一不备,不啻洋洋大观!莫愁路上,行人摩肩接踵,杂以茶馆、饭店、烧饼铺之类,其热闹程度,出乎想象之外!倘得细心明眼之辈,于其中出贱价购回本人失物者,比比皆是焉。是则莫愁路诚人路两无愁矣!"③毫无疑问,"掠夺品"仍在买卖,因为没有任何生产。④

对于难民收容所的偷盗现象,著名捷克作家、纳粹集中营幸存者克里玛有过精辟的论述,"当一种犯罪的制度破坏了法律规范,当犯罪是得到认可和赞许的,当某些人可以高踞于法律之上,企图剥夺他人的自由和他们的基本权利,人们的道德水准也深受影响"。⑤我们必须看到,日军占领南京后,并未建立西方人士所期待的法律和秩序,而代之以恐怖、屠杀、淫虐、抢劫和纵火,日军操纵一切,到处为

---

① ［美］明妮·魏特琳:《魏特琳日记》,第311页。

② ［美］明妮·魏特琳:《魏特琳日记》,第398页。

③ 白莲花庵主:《藕孔日记》,《新命月刊》1939年第1卷第8期,第68—69页。白莲花庵主系落水文人顾蕺园的笔名。

④ 华群:《作为难民营的金陵女子文理学院》(1938年1月14日—3月31日),章开沅编译:《美国传教士的日记与书信》,张宪文主编:《南京大屠杀史料集》第4册,第327页。

⑤《一个如此不同寻常的童年》,［捷］克里玛:《布拉格精神》,崔卫平译,作家出版社1998年版,第21页。

所欲为，这必然对难民的心理和行为产生影响。人们并不以偷盗为羞耻，为了活下去，"偷卖的人无罪，买赃的人也无罪"。① 贝德士认为，舒舒服服的道德难以抵御生活本身的基本需要。② 在经济极度萧条、生活极端困苦的情况下，难民们被抛出了正常的生活轨道，他们中的一些人这样做实在是迫不得已。在米尔斯看来，"看起来繁忙的街道实际上是南京城的正常生活被打乱的某种程度的表现"。③

① 郭岐：《陷都血泪录》，"南京大屠杀"史料编辑委员会、南京图书馆编辑：《侵华日军南京大屠杀史料》，第 55 页。
② 贝德士：《致朋友的传阅函》(1938 年 11 月 29 日)，章开沅编译：《美国传教士的日记与书信》，张宪文主编：《南京大屠杀史料集》第 4 册，第 51 页。
③ 《米尔士致哈里特·米尔士》(1938 年 3 月 13 日)，张生编：《耶鲁文献》下，张宪文主编：《南京大屠杀史料集》第 70 册，第 811 页。

第五章　安全区内的日军暴行

第一节　惨绝人寰的屠杀

一、安全区内的"扫荡"与集体屠杀

　　1937 年 7 月 7 日,卢沟桥事变爆发,日本发动了全面侵华战争。战争伊始,日军即以消灭中国军队的有生力量作为作战的主要目标之一,企图以武力迫使中国政府屈服。时任日军上海派遣军司令官的松井石根大将在 8 月 15 日的日记中记述:"两年来,我努力从陆军内部这个是非之地摆脱出来,期望通过贯彻大东亚主义政策,对国内外重大局势做出贡献……同时,为促使支那朝野的反省和我国国民的觉醒尽了微力。至今,我一天都不能忘却东亚运动。可那以后,日支关系却每况愈下,日趋恶化。最近的形势如前所述,使我痛心地感到几乎成了不得不举起铁锤逼迫支那当局反省的局面。"[①]在 8 月 16 日的日记中他又记述:"现在的局势是,

---

① 「松井石根大將戦陣日記」、南京戦史編集委員会編『南京戦史資料集Ⅱ』、4 頁。

放弃了不扩大战局的方针，进入了全面解决支那问题的阶段。也就是说，需要考虑对整个支那的政策以及我军的作战。要全力以赴将南京政府作为目标，采用武力和经济手段进行逼迫，使今秋迅速向全面解决的阶段迈进。"①9月5日，日本外相广田弘毅在议会也发表演说称："日本帝国所能采取的唯一办法，就是使中国军队完全丧失战斗意志。"显然，日本企图以武力解决所谓的"支那事变"，迫使中国政府屈服。

为了迅速解决"支那事变"，11月12日，日军在占领上海的同时，其主力立即向南京追击撤退的中国军队，并兵分多路，以包围之势向南京进犯，企图攻占中国首都南京，围歼中国军队于南京城下，发扬日本的"武威"，迫使中国政府投降。

12月7日，松井石根亲自草拟了《南京城攻略要领》，规定：

一、两军进至"中方作命第27号"所示一线。准备其后之攻城战。

二、南京守城司令官或市政当局尚残留在城内之情况下，当劝告对方开城以谋求我军和平入城。

此时，各师团当首先让抽选出来之步兵一个大队，作为基干部队入城。在城内分地区进行扫荡作战。

三、若敌之残兵仍负隅顽抗，则以抵达一线之全部炮兵布阵炮击，夺取城墙。各师团以一个联队为基干部队扫荡城内。②

当日军攻占了南京卫戍军的外围防御阵地，兵临南京城下之时，12月9日，日军飞机在南京空投了"劝降书"，一方面"规劝"守

---

① 「松井石根大将戦陣日記」、南京戦史編集委員会編『南京戦史資料集Ⅱ』、6頁。
② 「南京城攻略要領」(12月7日)、南京戦史編集委員会編『南京戦史資料集Ⅰ』、433頁。

城的中国军队投降，另一方面又以武力相威胁：

> 百万日军已席卷江南。南京城将陷入重围之中。观之战局
> 大势，今后交战唯有百害而无一利。盖江宁之地乃中国故都，亦
> 为民国之都城，明孝陵、中山陵等名胜古迹猥集。有宛若东亚文
> 化精髓之感。日军将严厉处置抵抗者，不予宽恕，然对无辜民众
> 及不怀敌意之中国军队，则宽以待之。乃至东亚文化亦有保护
> 保全之热忱。然若贵军继续交战，南京势必难免战祸，千载文化
> 归于灰烬，十年之经营化为泡影。故本司令官代表日本军劝告
> 贵军，立即和平开放南京城，然后按下文所记处置。
>
> 　　　　　　　　　大日本陆军司令官　松井石根[1]

“劝降书”中所谓“日军将严厉处置抵抗者，不予宽恕”，实际上
就是将对守卫南京、奋起抵抗的中国军民实施屠杀，以达到围歼中
国军队、消灭中国抗战的有生力量的目的。

面对日军的“劝降”和威胁，驻守南京的中国军队置之不理，拒
绝投降。松井石根遂于 12 月 10 日下午 1 时下达了南京城总攻击
命令。命令称，“上海派遣军与第十军，当继续南京攻城战，并扫荡
城内之残敌”。[2]

在日军的猛烈攻击下，蒋介石出于坚持抗战的大局考虑，于 12
月 11 日通过第三战区副司令长官顾祝同向南京卫戍军下达了撤
退命令。当天中午，顾祝同电话通知唐生智：“委员长已下令要南
京守军撤退，你赶快到浦口来。”唐生智表示：“有许多事情应该与

各部队长交代清楚,才能撤退……至迟也要到明晚才能撤退。我不能只顾一人的死活,不顾军队。"①

　　不久,蒋介石连续向唐生智发出撤退令,唐生智遂于 12 日凌晨召集副司令长官罗卓英、刘兴,参谋长周斓,参谋处长廖肯,参谋处一科科长谭道平等商讨撤退事宜。12 日下午 5 时,唐生智召开师以上军官会议,宣读了蒋介石发来的撤退令,并下达了具体的书面撤退命令。②

　　会议结束前,唐生智又就书面撤退命令中的某些规定口授命令:"87D、88D、74A、教导总队诸部队,如不能全部突围,有轮渡时可过江,向滁州集结。"③唐生智的这一口头命令,将渡江撤退的部队增加到五个师以上,使原定"大部突围,一部渡江"的原则,变成了"大部渡江,一部突围"。由于唐生智的口头命令,许多原定陆路突围的部队,均涌向长江边,而当时南京长江南岸根本没有那么多船只可供大部队渡江使用,以致大批无组织的部队滞留江边或被困在城内。

　　另一方面,由于撤退令下达仓促,加上通讯不畅,一些部队根本未接到撤退的命令,继续坚守阵地,即使接到撤退命令的部队,也因战斗激烈,战场形势危急多变,无法按命令有序撤出战斗或有组织突围。许多无法撤退的军人无序地涌向江边,争抢渡船或利用门板、木盆等涉水泅渡。负责掩护撤退的第七十八军军长宋希濂回忆说:"因载重过多,船至江中沉没者有之;因争夺船只,互相

---

① 唐生智:《卫戍南京之经过》,中国人民政治协商会议全国委员会文史资料研究委员会《南京保卫战》编审组编:《原国民党将领抗日战争亲历记·南京保卫战》,第4—5页。
② 《南京卫戍军战斗详报》,中国第二历史档案馆编:《抗日战争正面战场》上,第413—414页。
③ 《南京卫戍军战斗详报》,中国第二历史档案馆编:《抗日战争正面战场》上,第484页。

开枪毙伤者有之,将船击毁沉没者有之。许多官兵拆取店户门板,制造木筏,行至江中,因水势汹涌,不善驾御,惨遭灭顶者数以千百计。哀号呼救之声,南北两岸闻之者,莫不叹伤感泣,真可谓极人世之至惨。"①许多无法渡江的中国官兵,不得不返回城内,有些人脱下军装,换上便衣,进入安全区躲避。

1937年12月10日日军对南京城发起总攻击后,中国守军虽然进行了殊死抵抗,但终不敌日军的猛烈攻击。13日,日军先后占领了南京东面的中山门、太平门,东南面的光华门、通济门,南面的中华门、雨花门,西面的水西门等城门。

在中山门方面,12日,在此坚守的教导总队主力撤退,只留一部进行掩护。13日凌晨,日军步兵第二十联队派出侦察队,乘着夜色进抵中山门侦察。此时中国守军已经撤退,步兵第二十联队遂占领了中山门,并在城门上书写了一行白色大字:"昭和12年12月13日凌晨3时10分,大野部队占领。"②

中山门北侧的太平门是南京另一座重要城门。13日晨,日军步兵第三十三联队在攻占紫金山顶峰后继续推进,"7时30分左右,第二、第三大队相继占领了天文台高地。同日上午9时10分,第二大队的部分部队(第六中队、一个机枪小队和一个工兵小队)占领了太平门并让日章旗③高高飘扬在城门上"。此后,步兵第三十三联队留下部分兵力守卫太平门,主力向下关方向进击。④

① 宋希濂:《鹰犬将军——宋希濂自述》,中国文史出版社1986年版,第133页。
②《糸井日记》,王卫星编:《日本军方文件与官兵日记》,张宪文主编:《南京大屠杀史料集》第32册,第408页。"大野部队"即日军第十六师团步兵第二十联队,因联队长为大野宣明大佐,故名。
③ 日本国旗。
④「步兵第三十三聯隊南京附近戰鬪詳報」(自昭和12年12月10日至昭和12年12月14日)、南京戰史編集委員會編『南京戰史資料集Ⅰ』、495頁。

在光华门方面,12 月 12 日夜,坚守光华门的中国军队开始陆续撤退。据《宪兵司令部战斗详报》记载:12 月 12 日,"十六时,奉命将水西门之阵地交于友军五十一师,移交尚未清楚之际,我在南门守备之友军纷纷向后撤退,城中秩序遂形紊乱。我宪兵部队正拟严阵以待,与敌作殊死战。正部署中,即转奉卫戍长官命令,向花旗营集结待命。本部各团营遂按各部队渡河次序规定表之规定,于六时向下关江边集结,遵时渡江","斯时,友军纷踏而至,拥挤不堪,枪声四起,血肉横飞,于是队伍为之散乱,行装为之全失……本部所属团营益形紊乱,致能至下关江边者为数甚少"。① 13 日凌晨,日军步兵第三十六联队发现光华门附近"枪声完全停止,也没有投掷来的手榴弹。第一大队及第二大队遂数次派侦察员上城墙观察,确认敌人大部已经退却"。② 日军占领光华门后,第九师团遂派出步兵第七联队进入城内进行"扫荡"。

13 日晨,位于光华门与中山门之间的武定门及光华门西侧的通济门被日军第三师团步兵第六十八联队占领。据日方资料记载:"12 月 13 日,作为先遣队的步兵第六十八联队位于第九师团左翼向南京城发起了攻击,在工兵第三联队的协助下,第二大队攻入并占领了武定门,接着第三大队攻入并占领了通济门。在此之后,联队接到参加扫荡南京城内残敌的命令,并参加了城内的扫荡。"③

①《宪兵司令部战斗详报》(1937 年 12 月),中国第二历史档案馆编:《抗日战争正面战场》上,第 502 页。

②《步兵第三十六联队战斗详报》,王卫星编:《日本军方文件与官兵日记》,张宪文主编:《南京大屠杀史料集》第 32 册,第 167 页。

③《第三师团通讯队志》,王卫星编:《日军文献》上,张宪文主编:《南京大屠杀史料集》第 56 册,江苏人民出版社 2010 年版,第 83 页。

　　在中华门方面,经过反复激战,12 日夜,坚守中华门之守军第八十八师因"敌一部逼近江东门与中华门,长官部为保持战力计,乃召集各军师长商决突围撤退大计,但为时已晚。会毕,城内秩序已趋紊乱,军队无法掌握,议决事项多已不能有计划地遵照实施,遂任各部队自采适宜处置,以行撤退。当因集结不易,且有因与敌胶着不易抽调者,致全师零星撤退渡江之官兵总计不过四五百人耳"。① 13 日凌晨 5 时左右,日军占领了中华门,并派出部队进城"扫荡"。

　　在南京城墙西南角及水西门,因雨花台阵地被日军占领,中国守军第五十一师等部腹背受敌,"奉命换守赛公桥经沈家圩讫关帝庙以东之线,并以一部担任水西门以南八百公尺处起迄西南城角之城垣守备,左与88D右与58D切取连络。当以一五一旅之程团全部及三〇五团之残余,扼守赛公桥至关帝庙以东之线,一五三旅邱团全部及三〇一团之残余,据守水西门以南八百公尺处起至西南城角之城垣构筑工事,掩护附廓阵地之战斗。"②12 月 12 日,日军"依靠炮兵主力的协助,在城墙西南角也彻底炸开了两处大豁口,但仍因城外小河及附近敌军的抵抗而很难突进。在炮兵集中火力进行数次支援后,下午 4 时 45 分,步兵第二十三联队第一大队终于攻占了城墙,夜间还在城墙上逐步扩大战果"。③ 13 日早上 8 时 30 分左右,日军第六师团步兵第二十三联队第三大队亦占领了

---

① 《陆军第八十八师京沪抗战纪要》,马振犊等编:《南京保卫战》,张宪文主编:《南京大屠杀史料集》第 2 册,第 177 页。

② 《第五十一师战斗详报》(1938 年 1 月),中国第二历史档案馆编:《抗日战争正面战场》上,第 498 页。

③ 「第六師団戦時旬報第十三、十四号」(自昭和 12 年 12 月 1 日至昭和 12 年 12 月 20 日)、南京戦史編集委員会編『南京戦史資料集Ⅰ』、584 頁。

水西门。至此,南京城墙西南角及水西门终告失陷。

12月13日,当日军攻占南京东、南、西各城门的同时,为了截断中国军队渡江北撤的退路,迅即派出部队,从南京城东、西两面向下关包抄,以截断中国军队渡江北撤的退路,实现围歼中国军队于南京城下的战略目标。

在南京城东面,13日凌晨,在紫金山北麓攻击前进的日军第十六师团向以步兵第三十八联队为基干的佐佐木支队下达了向下关进击的命令:“支队今天(13日)继续将重点保持在左翼并要突破敌军中央进入下关方向。”①

13日上午,由于撤退的中国军队涌向下关准备渡江,日军步兵第三十八联队及配属的战车第八中队、步兵第三十三联队第一大队(欠一个中队),以战车部队为先头,从紫金山北麓向下关攻击前进。13日下午2时,步兵第三十八联队长助川静二大佐命令第一大队(欠第一、第三中队)、战车队向下关方向追击撤退的中国军队,同时又命令配属的步兵第三十三联队第一大队确保当前地点;步兵第三十八联队第一大队第一中队占领和平门及中央门,第三中队(欠一个小队)确保玄武湖北方高地。② 接到命令的步兵第三十八联队向下关急速突进,于下午3时左右抵达下关江边,截断了中国军队的退路。

在南京城西面,日军第六师团为了迂回包抄下关,早在12月10日就下达了进击下关的命令:“左翼队应逐步将兵力调至西北方,进攻水西门及汉中门。配属的骑兵第六联队,应让迂回部队逐

① 「佐佐木支隊命令・右側支隊命令」(12月13日午後5時35分 於南京和平門外)、南京戦史編集委員会編『南京戦史資料集Ⅰ』、438頁。
② 「步兵第三十八聯隊戦闘詳報第十一号」(自昭和12年12月12日至昭和12年12月13日)、南京戦史編集委員会編『南京戦史資料集Ⅰ』、479頁。

步进入下关一带,阻止敌军渡江。"①11 日,担任第六师团左翼主力的步兵第四十五联队原定攻击目标为水西门,但水西门外河网密布,无法顺利展开攻击,遂转而向下关方向突进,据日军文件记载:"11 日以来,担任左翼左路前线的步兵第四十五联队和利用众多河川顽强抵抗的敌军展开了持续苦战,12 日下半夜终于占领了江东门,接着为切断来自南京城里溃败敌军的退路,向下关方向前进。"②

除了步兵第四十五联队之外,13 日,日军第六师团骑兵第六联队也向下关进击,并在棉花堤附近与从下关向南突围的数千中国守军发生了遭遇战。中国守军不敌日军,向江心洲撤退,此后日军骑兵第六联队继续向下关前进。③

13 日傍晚,第六师团步兵第四十五联队、骑兵第六联队抵达下关,与先行抵达的第十六师团所属部队会合。此外,12 月 11 日从安徽太平以北慈湖镇渡过长江的日军第十军所属之国琦支队,沿长江北岸向浦口进击,于 13 日下午攻占了下关对岸的浦口,彻底截断了中国军队渡江北撤的退路。

当日军抵达下关时,大批撤退的中国军队及平民因无船可乘而被困在江边或设法泅水渡江,但由于"渡河准备不充分,致十余万大军云集江边,均无船可渡,不得已而扎筏,当时溺毙于江中者甚多"。④

---

① 「六師作命甲第八十一号・第六師団命令」(12 月 10 日 11 時 30 分)、南京戦史編集委員会編『南京戦史資料集Ⅰ』、452 頁。

② 「第六師団戦時旬報第十三、十四号」(自昭和 12 年 12 月 1 日至昭和 12 年 12 月 20 日)、南京戦史編集委員会編『南京戦史資料集Ⅰ』、585 頁。

③ 《熊本兵団战史——支那事变》,王卫星编:《日军文献》上,张宪文主编:《南京大屠杀史料集》第 56 册,第 433—434 页。

④ 《宪兵司令部战斗详报》,马振犊等编:《南京保卫战》,张宪文主编:《南京大屠杀史料集》第 2 册,第 215 页。

抵达江边的日军立刻在江岸展开，集中装甲车、重火器及步枪密集射击，正在撤退的中国军队及平民伤亡惨重。据日军第十六师团步兵第三十三联队战斗详报记载："上午 9 时 30 分，联队接到'十六师作命甲第 171 号'命令，奉命派部分部队守卫太平门，主力向下关方向前进以切断敌军退路。上午 10 时 30 分出发，以第二大队（欠第二中队）为前卫，经太平门—和平门—下关道路前往下关。在行进道路两边的村庄里，有无数的敌军残兵败卒，于是就边扫荡边继续前进"，"下午 2 时 30 分，前卫尖兵到达下关搜索前面敌情。结果发现扬子江江面满是船、木筏及所有能漂浮的东西，无数残兵败卒正用之不断地顺流而下。联队马上将前卫部队及速射炮展开在江岸上，猛烈射击江面上的敌军。据判断，两个小时消灭的敌军不下 2 000 人"。①

　　除了上述日军陆军部队外，突破了江阴、镇江等地数道封锁线的日本海军第三舰队第十一战队，在旗舰"安宅"号的率领下，也于 13 日下午 2 时许进抵下关江面，并以舰炮和机枪封锁江面，向正在渡江的中国军队及平民猛烈射击。② 时任教导总队辎重营营长的郭岐回忆说："十二月十三日南京城陷的那一天，言心易和我的部队失去了联系。他仗着自己有天不怕、地不怕的胆量，一股坚强的求生意念，杂在下关江边人潮汹涌、万头攒动的友军官兵之中，东奔西跑，挤来挤去，一心想着只要能够挤到江边，随便找到一件漂浮物，凭他的泳术和体力，也能泅到对岸去。""麇集在一起渡不过江去的我军官兵，至少有好几万人，直把广袤十数里的江岸挤得毫

① 「步兵第三十三聯隊南京附近戦闘詳報」（自昭和 12 年 12 月 10 日至昭和 12 年 12 月 14 日）、南京戦史編集委員会編『南京戦史資料集Ⅰ』、495 頁。

② 《支那事变帝国海军的行动》，王卫星、雷国山编：《日本军方文件》，张宪文主编：《南京大屠杀史料集》第 11 册，江苏人民出版社、凤凰出版社 2006 年版，第 336 页。

无空隙,好几万人正陷于一片大乱。突然,远处响起了轧轧的战车声响,和零零落落的枪声,这时候,言心易业已听见到处都有人在高喊着:'鬼子来了,鬼子来了!'","言心易踮起脚来极目张望,他还没有看得见日本兵的影子,突然之间,战车炮轰然齐发,机关枪哒哒的猛扫,下关江滨数以万计丧失了战斗力的我军官兵,立刻成为了大队日军的活靶,枪炮猛击,弹如雨下,成千上万的徒手官兵一排排的倒下"。①

由于日军封锁了下关等江边地带,再加上几乎没有渡船可用,许多中国军人不得不返回城内躲藏,其中许多人脱下军装,换上便衣进入安全区避难。

日军华中方面军在进攻南京的过程中,即下达了城内外"扫荡"的命令,企图在占领南京城门后,派部队突入城内进行"扫荡",以肃清"败残兵"。随着日军攻城战的进展,日军上海派遣军与第十军各师团、旅团及联队也逐级下达了"扫荡战"命令,并划分了各部队在城内的"扫荡"区域。

接到上级命令后,日军第九师团步兵第七联队随即下达了"步七作命第105号"命令:"1. 右翼队为师团扫荡队,要在负责区域内扫荡。2. 联队[配备坦克一个中队及工兵一个中队(各欠一个小队)]为北部扫荡部队,从现在起实施扫荡。3. 各大队(各配备一个工兵分队)要实施(附件规定)区域内的扫荡。"②根据联队的命令,步兵第七联队的三个步兵大队随即在南京城西部地区展开"扫荡"。其"扫荡"区域大致为:东至中山路、鼓楼一线;北至山西路、

---

① 郭岐:《陷都血泪录》(节录),张连红编:《幸存者的日记与回忆》,张宪文主编:《南京大屠杀史料集》第3册,第152—153页。

② 「步兵第七聯隊戰鬪詳報」(自昭和12年12月7日至昭和12年12月24日)、南京戰史編集委員会編「南京戰史資料集Ⅰ」、514頁。

模范马路一线;西至西康路、清凉山一线;南至汉中路一线,南京安全区亦在其"扫荡"区域之内。

　　日军第十六师团步兵第三十三联队在接到"扫荡"的命令后,于12月14日开始"扫荡"。14日上午,步兵第三十三联队第二大队开始"扫荡"南京城内西北角一带,第一、第三大队"扫荡"下关地区。接着,第三大队于上午10时在下关集结,中午12时进入挹江门进行"扫荡",并根据命令,"要一个不漏地扫荡每一家。如有敌人潜入外国人家中也可现场搜查"。①

　　第十六师团步兵第二十联队于12月13日正午亦下达"大作命169号"命令:"一、左翼队为现在的扫荡队,彻底扫荡南京城内外之敌,以期确立治安。协助新到达的工兵联队的主力。战车大队及工兵联队主力将协助第一线步兵在城内扫荡。二、联队(配属工兵一个小队)之第三大队(欠第十中队)从现在开始扫荡南京城内的敌人。三、第一大队、第二大队扫荡区域另行命令,扫荡时间预定为下午2时,到时另行命令……联队炮中队协助第一大队的扫荡,速射炮中队协助第二大队的扫荡。"②13日下午,步兵第二十联队主力由中山门入城,并沿中山路"扫荡",直至挹江门外。

　　12月13日上午8时30分,日军第十军也下达了"丁集作命甲号外"命令:"一、敌军继续在南京城内顽强抵抗。二、集团要歼灭南京城内之敌……四、各兵团对城里的炮击自不必说,应尽一切手段歼灭敌军。为此,如有需要,烧毁城区,尤其是不要受到败兵残

---

①《步兵第三十三联队第十二中队从军日志》(昭和12年9月4日—昭和13年5月21日),王卫星编:《日本军方文件与官兵日记》,张宪文主编:《南京大屠杀史料集》第32册,第195页。

②《步兵第二十联队速射炮中队作战命令》,王卫星编:《日本军方文件与官兵日记》,张宪文主编:《南京大屠杀史料集》第32册,第178—179页。

卒欺骗行为的蒙蔽。五、规定集团负责的扫荡区界为共和门—公园路—中正门—中正路—汉中路一线（含）以南，以北区域由上海派遣军负责。"①

日军在攻占南京前下达"扫荡"命令，主要是估计中国军队在南京城垣失守后，还将利用城内的街巷及建筑进行巷战，因此，命令各部队进城后进行"扫荡作战"，消灭"败残兵"。正是出于这一目的，12 月 13 日，日军攻占南京各城门及下关后，各师团几乎均根据命令派出了部分部队在城内外进行扫荡，以达成华中方面军攻占南京并将中国军队围歼于南京城下的战略目标。然而日军攻占南京后，除了 13 日凌晨在南京西郊的上河镇与试图突围的中国军队发生遭遇战之外，并没有遭到中国军队有组织、具规模的抵抗，也就是说在南京城内并没有发生巷战。在此情况下，日军的所谓"扫荡作战"，实际上已变为日军搜捕藏匿于城内外的中国军人的单方面行动。

在日军"扫荡"的过程中，大批原中国军人被日军俘获。对于这些俘虏，日军并没有按照相关国际公约人道地对待，而是以屠杀的手段加以消灭。日军第十六师团长中岛今朝吾在 12 月 13 日的日记中记述："到处都是俘虏，数量之大难以处理……因为基本上不实行俘虏政策，所以决定采取全部彻底消灭的方针。"②日军步兵第一〇三旅团长山田栴二在 12 月 14 日的日记中也记述："俘虏难以处置。恰好在上元门外发现了一所学校，就将他们收容在学校里。有 14 777 名俘虏。俘虏这么多，不管是杀掉还是让其活着都

---

① 「丁集作命甲号外·丁集团命令」(12 月 6 日正午　於湖州)、南京戦史編集委員会編『南京戦史資料集Ⅰ』、448 頁。

② 「中島今朝吾日記」、南京戦史編集委員会編『南京戦史資料集Ⅰ』、220 頁。

很困难。"15 日,山田栴二为了请示如何处置俘虏,"派本间骑兵少尉去南京,联系处理俘虏的事宜和其他事宜。命令说全部杀掉"。①显然,日军"扫荡作战"和俘虏"处置",并不是个别部队、个别士兵的偶然行为,而是根据日军中高层(至少是军一级)的命令实施的。

12 月 13 日,由于日军攻占了南京各城门,大批中国军人与平民撤往下关,但下关几乎没有船只,无法渡江。13 日下午,日军迂回攻占了下关,许多中国军人不得不返回城内。一些刚从阵地上撤下来的中国官兵,在前往下关的途中听说下关已被日军占领,也放弃了渡江的念头。他们扔掉武器,脱下军装,换上便衣,进入安全区或在安全区外的民宅及其他建筑中避难。时任教导总队第三团第十六连连长孙宝贤在回忆 13 日的情形时说:

> 我们做了饭吃后,就出门到下关去。但一出门就见到了从前十六连的老部下曹振元……他走后,吾亦继续向下关行进,走到三牌楼时,又遇见十六连的一个老部下,他由下关回来,看到吾说,连长要到哪里去,吾说,到下关过江,他说,江里一支〔只〕船也没有怎么过,吾说,我们的人呢,他说,下关一带到处都是人,吾说,他们怎么办呢,他说,没有办法。有的在睡觉,有的到处乱走,有的谈天。因此吾想长江比不得小河流,那么多人都没有办法,吾去了亦不会有办法。于是我们又回到珠江路十三号,再想办法。到后我们先换上便衣,并将大门反锁后,再用大木棍顶住,回室休息,静候情况变化。②

---

① 「山田栴二日記」(昭和 12 年 9 月 9 日—12 月 31 日)、南京戦史編集委員会編『南京戦史資料集Ⅱ』、331 頁。

② 孙宝贤:《南京沦陷前后及被难脱险经过详情实记》,张连红编:《幸存者的日记与回忆》,张宪文主编:《南京大屠杀史料集》第 3 册,第 101—102 页。

教导总队辎重营营长郭岐于 12 月 13 日率领官兵退守南京城内的五台山，他在回忆当时的情形时说："我和我那一营兄弟，却不甘向敌军缴械，举手称降，因此，几经研拟，方始决定，将我那一营兄弟化整为零，换上便衣，各自逃生，并且相互约定，一等到南京城内秩序恢复，我们幸获逃出城外，立即投奔国军队伍，俾与敌军奋战到底。作了这个决定以后，我又遵照罗剑雄等诸先生的意思，通知我的弟兄们说，我将住进意大利驻京总领事馆，以便他们万一有事的时候，随时都可以找得到我。"①

留在南京的西方人士也目睹了中国军队撤退时的情形。驻汉口的德国大使馆在 1938 年 1 月 6 日的报告中附有金陵大学教授斯迈思关于 1937 年 12 月 9 日—15 日南京战事报告，报告称："12 月 12 日晚上，交通部大楼火光冲天。中国军队放的火也波及到了堆在院子里的弹药储备，弹药爆炸堵住了中山路上撤退部队的道路。次日上午，我看见沿路有逃跑的中国军队丢弃的大量武器弹药。逃跑的路上满是铺盖卷、餐具和弹药箱，等等。"13 日，"在城南中国的服装店门前发生的场景是典型的，数百名士兵拥挤在这些服装店门前，各种平民的成衣销售得很'抢手'。士兵们用自己最后的一点钱好容易买到了这样的衣服，就在街上换衣服，丢掉了他们的制服，变成了平民，几百名这样的平民后来聚集在军校和国际俱乐部里"。②

由于中国军人丢弃武器，换上平民服装进入安全区避难，因此，在安全区周边的道路上散落着大量军装和武器，即使在安全区

---

① 郭岐:《陷都血泪录》(节录)，张连红编:《幸存者的日记与回忆》，张宪文主编:《南京大屠杀史料集》第 3 册，第 144 页。

②《汉口德国大使馆 1938 年 1 月 6 日报告(编号 11)附件》，陈谦平、张连红、戴袁支编:《德国使领馆文书》，张宪文主编:《南京大屠杀史料集》第 30 册，第 71 页。

内,也时常可见被丢弃的军装。德国西门子公司南京办事处负责人、南京安全区国际委员会主席约翰·拉贝在 12 月 13 日的日记中记述:"外交部的进出口道路上横七竖八地躺着伤亡人员。院内和整个中山路一样满地抛撒着丢弃的武器装备。"①12 月 13 日,斯迈思在安全区内的五台山、上海路、广州路,以及金女大所在的宁海路等地巡视时,看见"撤退的部队随手乱扔一些装备",还在"路上看见丢弃的几套军装,让警察和群众把它们从安全区清理出去"。②

　　丢弃武器,换上平民服装的原中国官兵,有些人进入安全区避难,有些人则找到安全区国际委员会的西方人士,希望得到保护。安全区国际委员会总干事、美国传教士菲奇在 12 月 13 日的日记中记述:"我们赶忙在总部帮助中国士兵解除武装,他们已无法逃走,只有到难民区寻求庇护。我们向他们保证,只要放弃武器,日军将予以宽恕。但这是一个无法兑现的诺言。"③拉贝在 12 月 13 日的日记中写道:"回到总部后,我发现大门口非常拥挤,这里也涌来了一大批无法渡江撤退的中国士兵。他们都接受了我们缴械的要求,然后被安置到了安全区的各个地方。"④拉贝在 12 月 15 日的日记中又说:"因为一队日本士兵要带走一部分已经放下武器逃到我们安全区的原中国士兵。我以德国人的身份向他们担保,这些难民已经不会再战斗,应将他们释放。我刚回到委员会总部还没进办公室,杂工就告诉了我们一个不好的消息,日本人又回来将所有

---

① [德]约翰·拉贝:《拉贝日记》,第 171 页。

② 《史迈士致家人函》(1937 年 12 月 20 日—1938 年 1 月 9 日),章开沅编译:《美国传教士的日记与书信》,张宪文主编:《南京大屠杀史料集》第 4 册,第 228 页。

③ 《费吴生日记》(1937 年 12 月 10 日—1938 年 1 月下旬),章开沅编译:《美国传教士的日记与书信》,张宪文主编:《南京大屠杀史料集》第 4 册,第 69 页。

④ [德]约翰·拉贝:《拉贝日记》,第 173 页。

1 300名难民捆绑起来。我、史迈士和米尔斯3人试图再次将这批人解救下来,但是白费口舌。大约100名荷枪实弹的日本士兵将这批人围起来,捆绑着拖走,准备拉出去枪毙。我和史迈士又一次开车去找福田,替这批人求情。福田答应尽自己最大的努力去办,但是希望渺茫。"①

金陵大学美籍教授斯迈思在给家人的信中也记述:13日,"两个人来到我的办公室请求保护,是两个中国下级军官。他们给了其中一个人平民服装,另一人离开了"。②尽管有西方人士设立的安全区,也有西方人士的尽力帮助,但是,这些放下武器的中国官兵仍然没有逃脱被捕杀的命运。正如菲奇在12月13日的日记中所说:"以后的事实表明,他们即令是战死,也胜过被抓去枪毙、刀砍或供刺杀练习。"③

日军"扫荡"部队进入南京城后,发现在安全区周边道路上遗弃着大量武器和军装,于是认定中国"败残兵"躲进了安全区,因此,日军将安全区作为"扫荡"的重点区域,派部队进入安全区反复进行"扫荡"和搜捕。

安全区国际委员会原以为日军在攻占南京的过程中会尊重安全区,然而日军占领南京后完全漠视安全区的存在。12月13日,在日军进城的同时,安全区国际委员会部分成员沿上海路向南行进,以便与由南向北"扫荡"的日军联系。当他们见到日军时,发现日军的地图根本未标明安全区。金陵大学美籍教授斯迈思在致家

---

① [德]约翰·拉贝:《拉贝日记》,第182页。

②《史迈士致家人函》(1937年12月20日—1938年1月9日),章开沅编译:《美国传教士的日记与书信》,张宪文主编:《南京大屠杀史料集》第4册,第229页。

③《费吴生日记》(1937年12月10日—1938年1月下旬),章开沅编译:《美国传教士的日记与书信》,张宪文主编:《南京大屠杀史料集》第4册,第69页。

人的信中说:"我们找到了一个约 100 人的分遣队……我们试图向军官解释安全区的概念,并在地图上指给他看,发现他的地图上并未标明安全区。"①斯迈思在记述这一情况时还说:"在战斗期间我们就睡在平时的床上,愚蠢地相信日本人会指示他们的大炮尊重安全区。12 月 13 日下午,当我们在城中和他们的先头部队接触时发现,他们根本没有在地图上标出安全区,我的头发都惊得几乎竖了起来。"②

时任金陵大学校董会董事长的杭立武回忆说:"因为日本军方的人和饶神父常有来往,饶神父就把地图给日本司令。后来饶神父回信给我,只讲日本司令说'我们知道这件事了',并且接受了地图。后来在进入南京城的日本兵身上发现这种地图,是有难民区的。"③杭立武于 12 月 2 日夜即离开南京,显然,以后发生的事并不是他的亲身经历,其回忆不一定准确。至今人们仍未发现能够证明日军地图上标有安全区的资料。

在日军各级下达的"扫荡"命令中并没有避开安全区,在日军上海派遣军所属之第九师团和第十军所属之第六师团下达的扫荡命令中,将安全区以及附近的清凉山等地划入"扫荡"区域之内,甚至将安全区作为重点"扫荡"目标。

在攻占南京之初,日军在安全区内进行"扫荡"的部队主要是

---

① 《史迈士致家人函》(1937 年 12 月 20 日—1938 年 1 月 9 日),章开沅编译:《美国传教士的日记与书信》,张宪文主编:《南京大屠杀史料集》第 4 册,第 230 页。

② Martha Lund Smally (edit.), *American Missionary Eyewitness to The Nanking Massacre, 1937 - 1938*, March 8, circular letter from Lewis S. C. Smythe, Yale Divinity School Library Occasional Publication, No. 9.

③ 杭立武:《筹组南京沦陷后难民区的经过》,(台北)《传记文学》第 41 卷第 3 期,1982 年 8 月,第 26 页。

第九师团步兵第七联队、第十六师团步兵第二十联队等。日本偕行社所编《南京战史资料集》收录的《步兵第七联队战斗详报》，并未收录 1937 年 12 月 14 日及之后该联队在南京城内的"扫荡"区域图，而战后编写的《步兵第七联队史·上海—南京战》一书中收录有多幅 12 月 14 日—24 日该联队的"扫荡"区域图。"扫荡"区域图显示，从 12 月 14 日起，步兵第七联队三个大队及配属的战车中队的"扫荡"区域几乎与南京安全区重叠，也就是说，该联队以"扫荡"安全区为主要任务。① 从 12 月 16 日起，步兵第七联队的"扫荡"范围进一步扩大，具体为：北起挹江门；西从挹江门沿城墙至汉中门；东从挹江门沿中山路经山西路、鼓楼至新街口；南从新街口沿汉中路至汉中门。这一"扫荡"区域的东部和南部边界与安全区的边界完全一致。从"扫荡"兵力的部署看，挹江门到山西路之间由步兵第七联队第三大队负责；山西路至汉口路之间由第一大队负责；汉口路至汉中路之间由第二大队负责。②

日军步兵第七联队长伊佐一男大佐于 12 月 15 日晚 8 时 30 分下达的"步七作命甲第 111 号"命令，其中就有"扫荡"安全区的记载：

　　一、依据对至今（15 日）抓获俘虏所作的调查情况，几乎都是些下级军官及士兵，可以认定没有军官。估计是换成便衣隐藏在难民区里。

　　二、联队明天（16 日）要全力而彻底地搜捕并歼灭难民区里的残敌。宪兵队应协助联队。

① 伊佐一男『步兵第七聯隊史·上海—南京戦』，付图第四十、步七战友会、1967 年。
② 「掃蕩区域及衛兵配置要図」、伊佐一男『步兵第七聯隊史·上海—南京戦』，付图第四十一。

三、各大队自明天(16 日)凌晨起应扫荡其负责的扫荡区域,尤其要继续扫荡难民区……

我 16 日下午以后在最高法院西方约 1 公里处的赤壁路联队本部。①

从上述命令中可以看出,日军第九师团步兵第七联队不仅将安全区作为"扫荡"的重点地区,甚至将联队本部也设置在安全区内。不仅如此,步兵第七联队两个大队的宿营地也设在安全区内,其中第一大队的宿营地设在山西路和大方巷之间,第二大队的宿营地设在高家酒馆、华侨路附近。② 显然,日军占领南京后完全漠视安全区的存在,更谈不上尊重安全区了。

日军进入南京后,发现安全区周边的道路上遗弃了大量武器和脱下的军装,认定中国军人换上便衣躲进了安全区,便在安全区反复"扫荡"和搜捕。从军事作战的角度说,这些放下武器的中国军人已经不具备抵抗能力,不应将其视为战斗人员,而应视同平民。日军进入南京时,并未遭到有组织的大规模抵抗,因此,所谓"扫荡作战",实际上并未发生双方兵刃相见的战斗,而是日军大规模搜捕和屠杀放下武器的中国军人以及疑似军人的普通平民的单方面行动,"扫荡"就成了日军捕杀放下武器的中国军人和平民的代名词。

目前发现的日方史料大量记录了日军进入安全区进行"扫荡"和搜捕的情形。日军第十六师团步兵第二十联队第一大队上等兵增田六助在其手记中记述:"第二天(14 日),要去国际委员会设立

---

① 「步兵第七聯隊戦闘詳報」(自昭和 12 年 12 月 7 日至昭和 12 年 12 月 24 日)、南京戦史編集委員会編『南京戦史資料集Ⅰ』、516 頁。
② 「7i 宿営要図」、伊佐一男『步兵第七聯隊史・上海—南京戦』、付図第四十二。

的难民区扫荡。数万残兵一直誓死抵抗到昨天,但被四面八方包围后,他们一个也没跑掉,结果全部逃进了这个难民区。今天我们即使拨开草丛,也非要把他们搜出来不可,为阵亡战友报仇。我们分成小队,各自挨家挨户搜索。每家的男人都受到我们的盘问。"①

日军步兵第二十联队第一大队伍长林正明在日记中也记述:"14日去市区扫荡,杀败残兵,又去抓捕逃进避难区的支那兵。街道上都是支那兵脱下扔掉的服装,明摆着是逃进了难民区。除了难民区,其他的地区都扫荡了,抓到支那兵就杀。"②

另一名参加过南京大屠杀的日军士兵小林四郎在1937年12月14日的日记中写道:

那一天,我们连到难民区内的一座大楼去清查难民身份,凡形迹可疑者当即予以扣押,而且要扒光衣服进行检查。检查结果,有几百人被视为"可疑分子"。在这些人中,真正的中国军人不超过十分之一,绝大多数都是来自上海、常州等地的难民,还有一些当地的南京人。

连部就如何处置这些人的问题请示营部,营部命令予以"适当处理"。于是,这些人被带到外边,排成五六行。最外侧的两行人被用电线捆在一起,连成一串,他们在日军的押解下走向玄武门。

这一天格外阴冷。这些"可疑分子"走了一个多小时才到玄武门,因为在玄武门内右侧的墙角下有一个为取土装沙袋而挖出的大片洼地,便于掩埋尸体。负责行刑的是机枪连派来的一些人,他们带来了两挺重机枪和六挺轻机枪。

①「増田六助手記」、南京戦史編集委員会編『南京戦史資料集Ⅰ』、416頁。
②「林(旧姓・吉田)正明日記」、南京戦史編集委員会編『南京戦史資料集Ⅰ』、418頁。

　　这些中国人被带到洼地时机关枪就设好了。由于并没有给这些人蒙上眼睛,因此他们知道死期已到,有几个人试图逃跑,都被当场刺死。

　　在所有的人均被集中到刑场之后,立刻接到了"射击"的命令。于是八挺机枪一齐开火,刑场内顿时血肉横飞,连距刑场50米开外的日本兵身上都溅上了死者的鲜血。尽管枪声淹没了呼救声,但当机枪一停止射击时,就能听到令人颤栗的惨叫声,机枪射击一分钟后停止两三分钟,然后再行射击。这样反复射击三次后,惨叫声便逐渐消失了。①

　　日军进入安全区后,随即进行难民甄别和搜捕,凡是头上有帽痕、手上有老茧、肩上有磨痕、姿态端正的青壮年男子,均被日军认定为中国军人而遭到捕杀,许多平民青壮年男子,如人力车夫、挑担小贩等,因手上有老茧、肩上有磨痕,也被日军认定为中国军人而遭到抓捕,并押往下关长江边、三汊河、汉中门外、古林寺、玄武湖等地实施集体屠杀,有时日军直接在安全区内进行集体屠杀。菲奇在致友人的信中说:"日军从我们设在农业专修科学校的难民营里抓走并处决了70人。没有任何章法——士兵可以抓走任何他们认为可疑的人。手掌上的老茧足以证明一个人是士兵,这就是枪毙的正当理由。黄包车夫、木匠和其他劳工经常被捕。中午有一个人被送到总部,头烧得焦黑,眼睛和耳朵没有了,鼻子残缺不全,形象可怖。我开车送他去医院,几小时以后就死了。他是被捆在一起的几百人中的一个,汽油泼在他们身上而后点火。他可能是靠人群外边,汽油只淋到头上。不久又送来一个与他类似而

---

① 《小林四郎日记》(节录),朱成山主编:《侵华日军南京大屠杀外籍人士证言集》,第251页。

烧伤更甚的受难者,很快也死了。"①麦卡伦在致家人的信中也写
道:"一些男人在金陵女子文理学院、马吉的住处还有别的地方,被
强迫带走,他们被指控当过兵。这些人在难民群中有朋友可以证
明他们是平民,而且他们自己也极力声辩,但因手上有茧,未经进
一步审查即被确认为士兵。许多人力车夫、船工和其他劳动者被
枪杀,仅仅因为他们手上有诚实辛劳的标记。"②

图 5 - 1　日军在上海路搜捕

([德]约翰·拉贝:《拉贝日记》,江苏人民出版社、江苏教育出版社 1997 年版)

---

①《费吴生日记》(1937 年 12 月 10 日—1938 年 1 月下旬),章开沅编译:《美国传教士的
　日记与书信》,张宪文主编:《南京大屠杀史料集》第 4 册,第 77 页。
②《麦卡伦致家人函》(1937 年 12 月 19 日—1938 年 1 月 15 日),章开沅编译:《美国传
　教士的日记与书信》,张宪文主编:《南京大屠杀史料集》第 4 册,第 206 页。

图 5－2　日军在难民区搜捕"中国兵"。拍摄此照片的记者用了"混杂在逃难的难民当中的五六千名中国士兵"来注释这张照片。

（黒羽清隆、梶村秀樹解説『写真記録日本の侵略：中国朝鮮』、ほるぷ出版、1983 年）

　　日本方面的史料也证实了日军通过外貌、体态等特征甄别、搜捕中国军人的情形。日军第九师团步兵第七联队一等兵水谷莊在12 月 14 日的日记中记述说："今天继续在市区扫荡残留的敌人，被赶出来的很多人几乎都是年轻男子。经过仔细审查，留下的人有的是脚被鞋子磨破了的、有的是脸上长茧皮的、有的是姿态极端正的、有的是目光敏锐的等等，和昨天的 21 人一起被枪毙了。"①

----

① 「水谷莊日記」「戦塵」、南京戦史編集委員会編『南京戦史資料集Ⅰ』、395 頁。

　　由于难民多集中于安全区内的各难民收容所,因此安全区内的难民收容所成为日军"扫荡"和搜捕的重点。

　　金陵大学位于安全区内,校园内设有多个难民收容所,日军进入金陵大学后,大肆搜捕,随意抓人。时任首都警察厅保安科代理科长的杨权,南京沦陷后在大方巷华安新村避难,他于 1938 年根据自己的亲身经历,撰写了《南京难民区九十四日记》的长文,其中记载:"那些巷战不敌后化装易服逃入难民区的员警,就好比一群没了娘的孩子,无人管理;只好天天挤到金陵大学去吃施粥,都过着那种不生不死的日子,衣服呢,褴褛得就同乞丐一样,还要时时受敌兵的搜查和侮辱,和担心着那不可预防的猝然的被敌人捕去枪毙。"①

　　曾在金陵大学农业专修科避难的刘世尧在接受采访时回忆说:

　　　　1937 年农历冬月初六……南京城内居民纷纷跑反找生路……我父母亲和我前妻跑到云南路口金陵大学农业专修楼下住了下来。冬月初八,收容所总部来人联系,说已成立国际救济委员会第三十五难民收容所,要我和太平路美最时皮鞋店负责人担任小组长。当时住在三十五收容所的难民有 2 000 余人,拖儿带女,扶老携幼,都认为住在难民区能保证生命的安全。冬月十几的一天上午九点左右,突然来了几个日本军人,一进收容所就开枪打伤一人,随即抓走数十人。②

　　南京大屠杀幸存者常志强在接受采访时也回忆说:

———————————

① 杨权:《南京难民区九十四日记》(一),《警察向导》创刊号,1938 年 7 月 7 日,第 57 页。

② 《刘世尧口述》,张连红、张生编:《幸存者调查口述》上,张宪文主编:《南京大屠杀史料集》第 25 册,第 61—62 页。

　　我扶着我姐姐往难民区走。后来好不容易我们到了难民区——金陵大学。当时难民所爆满,在金陵大学,日本兵在门口拖人,很多的青壮年和妇女都被拖走了。我们拼命往里面挤,后来与胖妈妈走散了,我和姐姐不知道该怎么办才好。后来好心人蒋氏夫妇见我们可怜,把我们带到楼上,让我们洗手,给我们打粥吃。

　　但是,安全区也不安全。过了几天,日本兵到大学里抓俘虏,日本兵叫人们到操场上集合,让男的站一边,女的站一边。然后开始认人。男的叫出来,必须有人认领,才会放人。但是,有很多的家人都站在人群的后面,看不到被叫出来的人是不是自己的家人。所以有很多男人都被日本人带走了,都被屠杀了。①

金陵大学附属中学位于金陵大学南面的干河沿,这里也是安全区内主要的难民收容所,最多时共收容难民上万人。日军占领南京后,经常进入金大附中搜捕放下武器换上便衣的原中国军人。时任教导总队第三团第十六连连长孙宝贤,因未及撤离南京被困在城内,不得不进入金大附中避难。他回忆说:

　　金陵中学是美国教会学校。我们在二十二日下午听说日兵二十三号上午九时搜索金陵中学,所有难民只要有保人,保证他不是中国兵,就可以没事,于是我们四个人就商量好谁保证,相互保证,约定后就听候明天检查了。

　　二十三日上午九时,日军就在学校周围布设岗哨后,再派兵进入学校,首令各教室之难民集中在一个大操场上,女人和

---

① 《常志强口述》,张连红、戴袁支编:《幸存者调查口述》中,张宪文主编:《南京大屠杀史料集》第 26 册,第 486 页。

小孩集中在一起，不检查。男人集中在操场中央。国际委员会原在各教室难民中，选派一人为管理员，今天把管理员集合在一起，并成二批对立，中间留一空道约三公尺。一切布妥后，先由一个中国汉奸[翻语]，站在桌子上说话，他说听说你们中间有中国兵、中国伙夫在里面，如有的话，你们可以自动站出来，我们绝对保障你的性命，每天只叫你们扫扫地，修修路，每天工作还给你们二毛钱，如果不站出来，一经查出，马上枪毙。他讲了话后，在吾旁边的有吾从前十六连一个医兵，对吾说，我们站出去好了，吾就对他说，不要听他的鬼话，我们宁可叫他查出来枪毙，也不要自动的去送死。但他不听吾的话就自动站出去了，以后吾就没有看见他，是死是活不知道。经他一篇鬼话后，吾看自动站出去的有三十多人。嗣即开始检查，每一人要由管理员中间通过，每过一个人管理员就问，你有没有保人，你的保人是谁，如果他说的保人亦承认保他，就算通过了，到一边有保人的地方去，如果没有保人，即到另一边去，没有保人的人，每到五六十人，即由日兵枪队押着上汽车，开到雨花台枪毙。①

　　大方巷位于安全区内，这里有华侨招待所等多个难民收容所，大批难民在这里避难。南京沦陷后，日军反复在大方巷地区进行搜捕，许多原中国军人及普通平民被日军抓走，遭到集体屠杀。市民甄国鑫于抗战胜利后的 1945 年 9 月 20 日向政府有关部门呈文称："首都失陷时，民进难民区逃命，住大方巷广东新村，日本强盗军队进城第三日，在难民区内按户检查，将民之长子名叫秉奎，现

---

① 孙宝贤：《南京沦陷前后及被难脱险经过详情实记》，张连红编：《幸存者的日记与回忆》，张宪文主编：《南京大屠杀史料集》第 3 册，第 104—105 页。

年三十四岁,强迫拉着外走,至今毫无信音,又未悉存亡。最痛心者见之青年不分皂白拉去,令人伤心,一家骨肉分离。"①

　　时年 24 岁的刘永兴是南京的一位普通裁缝,他是日军大方巷搜捕和下关中山码头屠杀的幸存者,他于 1984 年接受采访时回忆说:

> 日本军队是冬月十一日进城的。当时我家住张家衙 19号,职业是裁缝。家中有 62 岁的父亲、61 岁的母亲、21 岁的弟弟和我的 19 岁的妻子,共五口人。我当时 24 岁,那年八月份结的婚。冬月初十上午,我们全家到了大方巷 14 号后面的难民区。
>
> 冬月十四日是一个大晴天,我们全家躲在屋里,不敢出来。下午三时左右,一个日本兵闯进门来,向我和弟弟挥了挥手,要我们跟他走……出门后,一个汉奸翻译官对我们说,要我们到下关中山码头去搬运东京运来的货物。我们发现,同时出来的还有我家附近的 30 多个人。我们先被带到一个广场,天将黑时,场上坐满了人。日军叫我们六至八个人排成一排,向中山码头走去……
>
> 到了下关中山码头江边,发现日军共抓了好几千人。日军叫我们坐在江边,周围架起了机枪……日军在后边绑人以后,就用机枪开始扫射。这时,天已黑了,月亮也出来了,许多人纷纷往江里跳,我和弟弟也跳到了江里。日军急了,除继续用机枪扫射外,又往江里投手榴弹。跳江的人,有的被炸死了,有的被炸得遍体鳞伤,惨叫声、呼号声,响成一片……机枪扫射以后,

---

① 《甄国鑫呈》(1945 年 9 月 20 日),张建宁、郭必强、姜良芹等编:《南京大屠杀案市民呈文》,张宪文主编:《南京大屠杀史料集》第 23 册,第 128 页。

日军又向尸体上浇上汽油,纵火焚烧,企图毁尸灭迹。①

　　另一位在大方巷避难的大屠杀幸存者何守江也回忆说:"我家原来住在傅佐路 20 号。1937 年 12 月,日本兵进城的第二天,日军把我抓住,送到大方巷难民营,当时被抓的有一两千人。晚上 5 点左右,全部押送到下关江边,用六挺机枪扫射。我混在人群里跳下江,躲在漂浮的死人堆里。"②

　　日军在安全区搜捕过程中,连安全区国际委员会用以维持秩序的警察和"志愿警察"也不放过。位于金陵大学附近的国民政府司法部等难民收容所驻有安全区国际委员会的部分警察和"志愿警察",这些警察并不携带武器,只是维持安全区的正常秩序。然而,12 月 16 日,日军将司法部内的 50 名警察和 45 名"志愿警察",以及数百名平民抓走并予以屠杀。伍长德是一名警察,南京沦陷后他为安全区国际委员会服务。1937 年 12 月 16 日,他在安全区内司法院难民所被日军抓走,认为他是一名中国士兵。伍长德回忆说:

　　　　上午八时左右,忽然来了十几个日本兵,用刺刀把青壮年男子全部赶到外面,并集中到马路上,共约 2 000 人以上。十一点左右,我们全体排着队被押着出发,走到首都电影院(现胜利电影院)门前时,从队伍后面开来了几辆卡车,运来了日本士兵和机枪,并由这几辆卡车在我们队伍前面开路,从首都电影院继续出发。下午一点到达汉中门,要我们这 2 000 多人

────────────────

① 《刘永兴口述》,张连红、张生编:《幸存者调查口述》上,张宪文主编:《南京大屠杀史料集》第 25 册,第 10 页。

② 《何守江口述》,张连红、张生编:《幸存者调查口述》上,张宪文主编:《南京大屠杀史料集》第 25 册,第 12 页。

都在城门里停下来,并命令坐下。接着,两个日本兵拿着一根长绳子,一人手持一头,从人群中圈出100多人,周围由大批日本兵押着,带往汉中门外,用机枪扫死……到了下午五点多钟,我本人也被圈进去了,日本兵把我们带到护城河边上,赶到河堤斜坡下面。我见到河堤两侧,架着两挺机枪;再定神一看,眼前横七竖八全是倒卧着的尸体。我急了,就情不自禁地向前跑了几步,纵身一扑,扑倒在乱尸堆上。恰恰就在我扑倒的同时,机枪响了,人们接二连三地倒了下去,我就被埋在别人的尸体下面了。机枪射击声停止后,接着又响起了步枪声。等到步枪声停止后,我感到尸体堆上像是有人在走动。因为我是冲着河岸方向脸朝下抱着头趴着的,通过背上的尸体,传来有人走动的压力。这时冷不防,我的背上却挨了一刀,火辣辣地疼。原来是日本兵在尸体堆上刺杀尚未断气的活人,刀尖穿透我背上那个人的尸体,扎到我身上来了。在这以后,我又连续听到两阵机枪声响,大约还屠杀了两批人。接着,日军就放火烧尸,我被浓烟烈火逼得受不了,就趁着天黑,冒着危险,忍痛跳进了秦淮河……①

当年曾目睹日军在汉中门外集体屠杀的高秀琴回忆说:"1937年,我17岁,随父在汉中门外织芦席,卖芦柴,以此维生。日本兵进城前,已有人去难民区。因我家没钱,与别的许多穷人一样,还留在家里……有一天,我到城里去,看到日本兵把手上有茧的人抓了八九辆卡车,拉到汉中门码头用机枪扫射死了。从上午九十点钟左右到下午二时许,一直听到汉中门码头传来密集的枪声。枪声停止以后,

---

① 《伍长德口述》,张连红、张生编:《幸存者调查口述》上,张宪文主编:《南京大屠杀史料集》第25册,第1—2页。

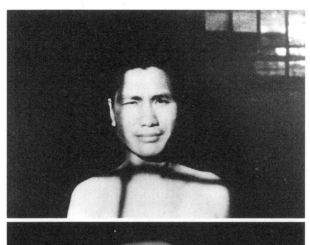

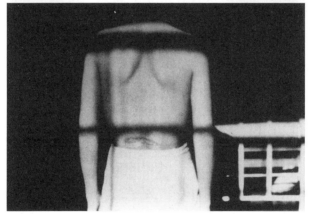

图 5－3、5－4　伍长德

（［德］约翰·拉贝：《拉贝日记》，江苏人民出版社、江苏教育出版社 1997 年版）

我们合伙跑到那里，亲眼看到死尸堆满码头，惨不忍睹。"①

　　日方史料中也有日军在汉中门外屠杀安全区警察等 2 000 余人的记录。北山与隶属于日军第十六师团步兵第二十联队第三机

------

① 《高秀琴口述》，张连红、张生编：《幸存者调查口述》上，张宪文主编：《南京大屠杀史料集》第 25 册，第 38 页。

关枪中队,他在 12 月 27 日的日记中记述:"出了汉中门,去征缴蔬菜、水牛。我们到的地方死人堆积如山,总数有 500 多,被堆在一起杀害了,其中主要是军人,也有穿着如一般百姓的死尸。大多是被集体枪杀的俘虏。道路两边堆满了支那军人的尸体。"①牧原信夫是日军第十六师团步兵第二十联队的上等兵,他在 12 月 27 日的日记中也记述:"早上 6 时起床。立即准备早饭,吃完早饭以后,上午 8 时出去征发蔬菜。四方伍长领头。通过汉中门,向扬子江方向去。出汉中门时,看见五六百具被烧焦了的尸体挨得紧紧地倒在那里。烧烂了的皮肤呈黄色,看上去很难看。也许是战斗已经远离我们了,所以看了以后很恶心。到处都散乱着这样凄惨的尸体。"②

国民政府最高法院位于安全区内,这里也收容了大批难民。当时住在最高法院内的南京安全区的警察刘守春,于 1945 年 12 月 23 日呈文国民政府称:"日军入城时每见中国青壮年者,掳掠至江边,或塘边,用机枪击毙之,日夜耳闻机枪哒哒之声不绝,俱击毙吾同胞也。我们留守难民区,分一队人驻在最高法院,被日军绳缚下关江边而枪杀之。又有我国军队缴械与国际委员会,有的送到金陵大学校内居住,有一部分军人送在宁海路苏州同乡会之院内,俱被绳缚下关而枪杀之。此被害者虽系军人,但解除武装具系国际委员会指定之地址,竟然俱被绳缚枪杀,足证日军残暴无理也。"③

针对日军屠杀安全区国际委员会的警察一事,拉贝于 12 月 18

---

① 「北山日記」,井口和起、木坂順一郎、下里正樹編集『南京事件京都師団関係資料集』、青木書店、1989 年、74 頁。

② 「牧原信夫日記」、南京戦史編集委員会編『南京戦史資料集Ⅰ』、408—409 頁。

③ 《警察刘守春致国民政府呈文》(1937 年 12 月 23 日),中央档案馆、中国第二历史档案馆、吉林省社会科学院合编:《日本帝国主义侵华档案资料选编·南京大屠杀》,第 554 页。

日致函日本大使馆二等秘书福井淳表示抗议："我们昨天向贵方指出，贵军从司法部抓走了50名着装的警察和45名'志愿警察'。在此我们还要指出，我方又有40名派驻在最高法院建筑物内的着装警察被抓走。一名日军军官对他们提出的指控是，说他们在搜查之后又将中国士兵放进了司法部建筑物，因此必须枪毙他们。"[①]安全区国际委员会秘书斯迈思专门拟具了"司法部事件备忘录"，作为致福井函的附件。该"备忘录"称："1937年12月16日早晨，一名日军军官带领一队日本士兵来到司法部，命令带走大部分中国人，对他们执行枪决。根据这名军官走前的说法，他来此的目的就是抓人枪毙。在殴打了一名上尉警察后，他命令抓走全部警察。估计有50名警察被抓走，因为当时派驻在司法部的共有50名警察。"[②]然而无论安全区国际委员会如何抗议，日军在安全区的搜捕和屠杀仍然在持续。

经过反复"扫荡"和搜捕，安全区内许多原中国军人和被日军怀疑是军人的青壮年男子被日军抓走实施集体屠杀。为了进一步搜捕"败残兵"，日军又于12月下旬进行难民登记，颁发所谓"良民证"，凡是没有亲属相认者，大多被抓捕屠杀。在登记时，日军还谎称原中国军人只要自己承认，日军保证其安全，并给予工作。一些原中国军人站了出来，承认自己的军人身份，但结果却不像日军所说的那样，他们均被日军抓捕并押走屠杀。

《武汉日报》记者范式之于1938年采访了两位从南京逃出的难民，他根据难民的口述，撰写了《敌蹂躏下的南京》一文，其中记述了日军在金陵大学进行难民登记的情形：

---

① ［德］约翰·拉贝：《拉贝日记》，第204页。
② ［德］约翰·拉贝：《拉贝日记》，第206页。

　　至十二月廿二日，敌宪兵入城，表面秩序，较前稍见改善，实际则尤有过之，且于同日，由敌所谓"查问委员会"贴出布告，限城内市民，一律于三日内前来登记，领取良民证，否则认作中国便衣队，格杀不论。布告出来后，城内居民，以期限短促，皆不得不争先恐后，奔赴山西路广场登记，这样过了二天，不过登记了全部难民的十之一二，且以场地狭小，乃又改在金陵大学操场继续登记。在登记前例由某汉奸先登台说明，"凡是过去隶属军人，被征士兵或拉夫得来的兵士，可站立两边，由其负责担保生命决无危险，送你们各自回籍，否则，设若此时不自首，将来查觉，或找不到五家连环保，那时就只有一概斩决了。"由于汉奸的威胁引诱，凡是在京没有住宅，没有眷属的人，大都站到两边去了，这样敌人就毫不费力地又是一卡车一卡车把他们送入军政部等处营房。①

金陵大学教授贝德士专门撰写了《金陵大学难民登记的情况备忘录》，其中记述道：

　　（1937 年 12 月 26 日）登记在主要是由妇女居住的主楼进行的。由于那里男性相对较少，日本军事当局把新图书馆的 2 000 多名男性也弄了过来。在斯威泽堂（Swaze Hall）前的网球场上聚集的 3 000 多男性，有 200—300 人在听了半个多小时的长篇大论后站了出来。训话的大意是："所有当过兵的，或干过强迫劳工（在军队）的站到后面去，如果你们主动站出来，可以保全你们的性命，还有工作。如果不站出来，一经检查发现后，你们将被枪毙。"在日本军官的指示下，几名中国人

---

① 范式之：《敌蹂躏下的南京》，张连红编：《幸存者的日记与回忆》，张宪文主编：《南京大屠杀史料集》第 3 册，第 575 页。

不断地重复着上面这些话。他们是中国人，他们希望尽可能多地拯救他们的同胞，使之免遭前士兵和那些被错误地指控为是士兵的人的厄运……一些中国人认为站出来的那些人是由于恐惧或是误解了强迫劳工一词的意思。完全可以肯定的是，其中相当多的人从未当过兵。

我们后来发现，实际进行登记的军官相对来说还是比较通情达理的，当然这不是在赞扬他们，或免除他们应该对他们的人在光天化日之下所犯罪恶的责任，这些罪行是在登记过程中，在军官在场的情况下发生的。

那天一早，那位军官就要在美国财产内进行登记……尽管日本士兵从剩余的人中挑出了几乎 1 000 人进行检查，但当这些人排着队一个个地被检查时，许多中国人为他们进行随意的"担保"，除一人之外，这位军官允许这 1 000 人去进行登记……中午前，军官们要我们给那些"自愿者"（两三百人）提供两顿饭，大米由日本军队的商店提供……快到下午 5 时时，这两三百人分成两组，由宪兵带走。其中一人后来回顾说，一些卫兵的不同寻常的友好举动使他感到担心。

第二天早上，一名身中五刀的人来到大学医院。在两次不同的场合，这个人非常清楚地说，他是图书馆的一名难民，但不在网球场，他是在街上被抓的，那天晚上他与来自网球场的那一批人被带到西面的某个地方，大约 130 名日本士兵用刺刀刺死了大约 500 名类似的被俘者。[1]

除了金陵大学外，日军还在金女大、金陵大学附属中学等难民收容所及山西路附近的中苏文化协会等地进行难民登记。金女大

---

[1] 贝德士：《金陵大学难民登记的情况备忘录》(1937 年 12 月 26 日)，章开沅编译：《美国传教士的日记与书信》，张宪文主编：《南京大屠杀史料集》第 4 册，第 11—12 页。

的舍监程瑞芳在 12 月 28 日的日记中记述："十二月廿八号　今早见鬼,一上午来此登记。校内男女不多,大概都是工人。登下工人以后,就当登记难民,他不登,把外面多逼的男人弄到此地来登记。① 我们是第五区,把这些人都弄到这个院子内登记,先一排一排的训话,叫[难]民登记后回去安居乐业,都是鬼话。也是叫人自认,当兵的都出来,有一百多人出来自认,这些人不是当前阵就是死。"②

曾在金女大进行难民登记的日军第十六师团步兵第三十三联队第二大队的士兵德田一太郎在接受采访时回忆说:

在金陵女子大学警备时,发行过良民证。从早上 9 时到傍晚天黑,因为冬天黄昏来得早,大概是下午 4 时左右吧,天就暗了下来。我们从门里拿来书桌,露天下准备了大量盖印的布。来拿良民证的人是里面的难民,拿了这个就可以回家。良民证是纸的还是布的不清楚,比名片稍微大一点,白色,上面用墨写着"良民证",是竖写的,盖有部队名称的章。大批难民过来说:"给我良民证。"拿着良民证,就可以通过日本人警备的地方,也可以回家。发良民证时,男女分别排队。男子要从十来个排着队的日本兵中间通过,检查是否是士兵。如果认为是士兵,就拉出去脱去便衣检查。对的话,必须拉出去杀死。

干一天大约抓 80 到 100 个人,黄昏时各分队把他们拉到别的地方杀死。一个人押六七个人。我也押了四五个人去杀

① 似为"把外面的男人逼到此地来登记"。
②《程瑞芳日记》,张连红编:《幸存者的日记与回忆》,张宪文主编:《南京大屠杀史料集》
　第 3 册,第 24 页。

了。经过大酱工场时,因为有大桶,就把他们塞进大桶里,从上面"砰砰"地射击。那时是以早些收拾完早些洗澡的心情杀人的。①

南京沦陷后逃离南京的难民说:"敌人更假借搜查败兵之名,举办良民登记证,初由倭寇中岛部队办理,十二月二十五日在山西路中苏文化协会第一次举行。民众皆列队登记,倭兵虎视鹰瞬,注意身体各部,是否有当兵特征及抗日神气,如有兵士或抗日嫌疑者,即有枪杀之虞。"②

曾经历过"良民"登记的杨品贤在接受采访时说:

日军进城将近两个月时,就把豆菜桥难民区里的幸存者约数百人都赶到华侨路兵工署大院内,说是要发良民证,让我们回家安居。当时,大院中间摆着方桌,日军军官站在上面,台下是汉奸翻译詹荣光,桌子四周是难民,外圈是日军包围着。汉奸翻译说,"皇军"传话给你们,只要领了良民证,各人就可以回家安居乐业了,是良民的站一边,是军人的站到另一边。当时,人群中无一人站出来。无奈,日军又以举手的办法,要中央军举手,结果仍无动静;又要良民举手,此时呼啦一下子大家都举起了手。日军官见此大怒,下令把青年全部拖出去,有一个男青年被日军拖出去又跑回来,连拖三次,被日军用刺刀刺死。后来,被拖的青年不敢再跑回人群了。青年难民被全部拖出后,日军就把剃光头和手上有老茧的青年当作中央军押上三大卡车拉走了。我当时留着长发,手上也无

---

① 「中国人に頭から油をかけて焼き、銃剣で止めをさした」、松岡環編著『南京戦・閉ざされた記憶を尋ねて—元兵士102人の証言』、社会評論社、2002年、133頁。
② 寿田:《沦陷后之南京》(下),《警察向导》第1卷第3期,1938年9月7日,第44页。

老茧,得以虎口余生。第二天,同院有一个被抓走的青年逃了回来,他说日军把他们拉到汉西门外河边,用机枪进行集体屠杀,他因事先倒下,未被击中,夜间从死人堆里爬出逃回。[①]

由上可见,日军进行难民登记、颁发所谓的"良民证",实际上是进一步搜捕放下武器的原中国军人和平民青壮年男子,并伺机物色抓走年轻妇女的卑鄙手段而已。

大多数情况下,日军在安全区实施"扫荡"时,将抓捕原中国军人和疑似军人的难民押往安全区外的下关江边、三汊河边、汉中门外等地进行集体屠杀,但有时也在安全区内或安全区附近实施集体屠杀。

大方巷位于安全区内,日军不仅在此大肆搜捕放下武器的原中国军人和疑似军人的普通平民,而且在大方巷的空旷地带和水塘边实施集体屠杀。当时在南京文化机关任职的李克痕,未及撤离南京,被困在城内,目睹了日军在大方巷附近的屠杀,他在《沦京五月记》中记述:伪自治委员会"曾出布告安置散兵,劝告藏于难民区之散兵可自己承认,官方设法安置,愿返里者可资以路费;无知散兵竟有三百余人出首承认,被日军拘捕,在大方巷口尽被枪毙,后为红十字会埋于鼓楼二条巷口,利用该地两防空壕掩埋,作成两座大肉丘坟"。[②]

1937 年 12 月 22 日,日军将搜捕到的数百人押到大方巷附近的一处水塘边,然后全部屠杀。这次集体屠杀的幸存者程金海证实:"那时,我住在琅玡路 11 号。1937 年阴历冬月的一天,我和邻

---

①《杨品贤口述》,张连红、张生编:《幸存者调查口述》(上),张宪文主编:《南京大屠杀史料集》第 25 册,第 60 页。

②李克痕:《沦京五月记》,张连红编:《幸存者的日记与回忆》,张宪文主编:《南京大屠杀史料集》第 3 册,第 510 页。

居三人上街看看,恰巧被日军发现,将我们三人检查了一番。他们见我长得像当兵模样,就把我双手倒背用绳子绑起来,带到大方巷口难民区,将其他两个人放了回去。从早上九点起,凡被抓的人,都送到这里集中,到下午四点以后,被抓的人就有好几百……日军用机枪向我们进行疯狂的扫射。我因在后面,又被前面的死者压在底下,所以没有中弹。"①

关于日军在大方巷的屠杀,菲奇在12月22日的日记中也记述:"今天早晨5时,一小群人在我们附近纵火。大约有100次枪声。金陵大学晚间被闯进两次,门卫被刺刀拦截,门被捅开。最近受命在这一带值勤的日本宪兵睡大觉。新的日本宪兵队负责人打电话来,答应在元旦恢复秩序。他们又要求借轿车和卡车。(我)与施佩林去离总部东南四分之一英里处,一个泥潭中有50具尸体。全部是老百姓,双手绑在背后,有一个人的头被完全砍掉。"②费吴生所说的"总部"即位于宁海路5号的安全区国际委员会总部,而"离总部东南四分之一英里处"正是大方巷。

拉贝在12月28日的日记中写道:"离我们总部不远的池塘里还躺着被杀害的约50名中国士兵的尸体。我们已经多次请求允许埋葬这些尸体(既向日本大使馆又向军事当局请求过),但总是遭到拒绝。这件事结局会怎样,我们大家都捉摸不透,尤其现在下了雨和雪,腐烂会加速。"③拉贝所说"离我们总部不远的池塘",就是位于大方巷附近的水塘。

---

①《程金海口述》,张连红、张生编:《幸存者调查口述》上,张宪文主编:《南京大屠杀史料集》第25册,第13—14页。

②《费吴生日记》(1937年12月10日—1938年1月下旬),章开沅编译:《美国传教士的日记与书信》,张宪文主编:《南京大屠杀史料集》第4册,第76页。

③[德]约翰·拉贝:《拉贝日记》,第298页。

日本方面的史料也记录了日军在大方巷的集体屠杀。今井正刚是日本朝日新闻社的随军记者,南京沦陷时他跟随日军进入南京,并去了位于大方巷附近的日本朝日通信社南京支局,在那里,他目睹了日军的屠杀:

我边说边往前走,当走到战前的朝日通信局所在地大方巷一带时,我们被眼前的情景惊呆了。

在主干道上没见到一个人影,而这里都是中国人。虽然只是些老人和孩子,无论是哪一家的窗口上都透出一双双充满恐惧和不安的眼睛。这一带大概是难民的集中区吧。

……

据说就在边上的空地上,日本兵集中了大量的中国人准备杀掉。其中还有附近西服店的姓杨老板和他儿子。因为两人都不是当兵的,女仆让我快点去救他们。如果不抓紧的话他们就要被杀了。

……

那是在支局附近的小山坡上,时值黄昏,空地上黑压压地蹲着四五百个中国男子。空地的一边是倒塌后残留的黑砖瓦墙。对着这面墙并排地站着中国人,六人为一组。在距离他们身后二三十步远的地方,日本兵用步枪一起对着他们射击,他们直直地往前倒,在身子快要倒地之际,背后又被刺上一刀。"噢"的一声,断魂鬼一般痛苦的呻吟在夕阳照射的小山坡上回荡。接下去又是六个人。

……

四周围着的众多女人和孩子们茫然地看着这一切。如果仔细注视他们一张张脸,那一定是面对自己的父亲、丈夫、兄弟以及孩子的被杀而充满了恐惧和憎恶。他们一定发出了悲鸣和哭泣。可是我的耳朵什么都听不见。我只觉得"砰、砰"的枪声和"啊"的叫声充满了我的耳际，眼前只见西下的斜阳将黑色的砖瓦墙染得通红通红。①

虎踞关在国际安全区西部边界附近，位于金女大西侧。日军占领南京后，在虎踞关也进行了集体屠杀。日军虎踞关大屠杀的幸存者王鹏清回忆说：

> 有一天上午，我记得是个晴天，日本兵在我家附近一带挨户搜查，已经将许多人集中在宁海路上，查看他们手上有没有老茧，头上有没有帽箍，主要是看是不是当兵的。我自料逃不出去，只好躲在家里。吃过中饭以后，大概一两点钟的样子，四五个日本兵到我家搜查，他们发现我手上有打铁留下的硬茧，就硬要把我带走……日本兵把我带到宁海路，那里已经有200多个被抓来的人，他们都是平民百姓。日本兵用绳捆住每个人的手腕，四个人一排捆在一起，日本兵在两旁押着，把我们赶到虎踞关。到了虎踞关，我们被赶到一个凹地上，旁边有一个水塘，日本兵在四周居高临下架起机枪，几十个日本兵将我们围在中间。这时已经是下午三四点钟了，日军军官一声令下，机枪步枪一起向我们射击，一颗子弹从我头上擦过，鲜血直流，我只觉得头上像挨了一闷棍，顿时倒了下去。停止射击后，我隐约听到用脚踢尸体的声音。当踢到我时，我没有动，后来就昏过去了。当我醒来时，已是深夜，日本兵早已走了。我从死尸堆里慢慢爬出来，满身是血污。②

---

① 今井正刚「南京城内の大量殺人」，『文芸春秋・特集』1956 年 12 月号。

② 《王鹏清口述》，张连红、张生编：《幸存者调查口述》（上），张宪文主编：《南京大屠杀史料集》第 25 册，第 15 页。

　　魏特琳也证实了日军在虎踞关附近的集体屠杀,她在 1938 年 1 月 26 日的日记中记述:"我们壮起胆子,决定到金陵女子文理学院西边的一条叫做"虎踞关"的路上去散步。路边的房屋都关了门,上了门板,街上几乎荒无人烟……我遇到一位熟悉的妇女,她问我是否听说在杨家附近山谷池塘里有大量尸体。我告诉她已经听说了一些情况,并想去看一看,她愿意带我去。不久,我们遇到了她的丈夫,他说要跟我和工人一道去。我们找到了那个池塘。池塘边有许多具焦黑的尸体,尸体中间还有两个煤油或汽油罐。这些人的手被铁丝绑在身后。有多少具尸体? 他们是不是先被机枪扫射,再遭焚烧? 我不得而知。在西边小一些的池塘里还有 20—40 具烧焦的尸体。我看到这些人穿的是平民的鞋,而不是军人的鞋子。山丘上到处都是尚未掩埋的尸体。"①

　　马吉在他拍摄的 3 号影片的说明中说:"下关电话局职员于西棠(音译)是住在金陵大学难民收容所里的 4 000 个难民之一……他是在路上被抓走的。据他说,他和其他几百人被带到金陵女子文理学院附近的山丘上,在那里日本人用刺刀刺杀他们。他被刺了六刀,其中两刀刺入胸部,两刀刺入小腹,两刀刺在腿上,他失去了知觉。当他重又醒过来时,朋友们把他送进了教会医院,这个画面是威尔逊大夫给他动手术时拍摄的。威尔逊大夫在这些日子里一直为他的生命担忧,但他却在此期间恢复了健康。"②马吉在影片说明中所说的"金陵女子文理学院附近的山丘",即虎踞关、清凉山一带。

───────────────

① [美]明妮·魏特琳:《魏特琳日记》,第 258—259 页。
② 约翰·马吉:《关于影片〈南京暴行纪实〉的引言和解说词》,章开沅编译:《美国传教士的日记与书信》,张宪文主编:《南京大屠杀史料集》第 4 册,第 183 页。

古林寺位于南京安全区的西部边界西康路附近的小山丘上。日军在这里也进行了集体屠杀。时为古林寺和尚的融通法师回忆说："日本人进南京时,我 16 岁,在古林寺上初级佛教学校。我的师父叫果言。冬月十四那一天,日本兵冲进寺里,把近百个和尚和躲在寺里的百把个散兵都赶到山门外的菜园里集合。枪响的时候,寺后面一个四五岁的小孩跑着喊着来找他妈妈,鬼子的大皮鞋一脚踢过去,又狠命一踩,小孩的头都被踩扁了! 白的脑浆,红的鲜血,一塌糊涂,孩子的手指头还在一下一下地抽搐。罪过啊!"①

图 5-5　古林寺附近被日军杀害的平民尸体

(耶鲁大学神学院图书馆)

关于日军在古林寺的集体屠杀,留在南京的西方人士的日记与书信中亦有大量记载。魏特琳在 12 月 23 日的日记中记述:"住在我们东院的邻居孙说,昨晚有 60—100 人,大多数是年轻人,被

---

① 《融通法师口述》,张连红、张生编:《幸存者调查口述》上,张宪文主编:《南京大屠杀史料集》第 25 册,第 236—237 页。

日本人用卡车运到金陵寺①南面的小山谷里,用机枪打死,然后把尸体拖入一间房子里,连同草房一起烧掉。我一直在怀疑,我们晚上看到的那些火是用来掩盖抢劫与杀人的。我现在越来越担心,替我们送信的男孩以及生物系工人的儿子都被日本人杀掉了。"②魏特琳在1938年1月21日的日记中还记述:"近几天来,神情悲哀、心神不安的妇女们,报告了自去年12月13日以来失踪的568名丈夫或儿子的事件,她们仍希望他们是被抓去为日军干活的,但我们中许多人担心,他们的尸体和那些许许多多被烧焦的尸体,浸泡在离古林寺不远的池塘中,或是汉中门外那一大堆被烧得半焦而未掩埋的尸堆中。"③直到约一年后,魏特琳再一次听到日军在古林寺屠杀的情形。她在1938年12月6日的日记中述说:"下午,凯瑟琳骑马,我和哈丽雅特骑自行车,一起去古林寺。在那里,我们遇上了一位年轻的僧侣,他说,现在寺里共住着7位僧侣。去年12月,许多僧侣和中国警察在古林寺的院子里被杀害了。"④

　　马吉在12月30日的日记中也记述了日军在古林寺的屠杀:"几天前,日本兵去了金陵大学,那儿大约有4 000名男性难民。日本人向他们宣布,如果中国士兵主动站出来,不仅不会杀害他们,而且还要给他们工作。日本人给他们20分钟的考虑时间,然后叫中国士兵向前一步走,约有200多人走了出来,接着他们被带走了。在路上日本人又抓了一些不是士兵,但日本人认为是的人。他们被带到位于金陵女子文理学院和下关之间的古林寺附近,在

① 原文有误,应为古林寺。
② [美]明妮·魏特琳:《魏特琳日记》,第208页。
③ [美]明妮·魏特琳:《魏特琳日记》,第251—252页。
④ [美]明妮·魏特琳:《魏特琳日记》,第523页。

那儿他们全被刺死。"①

　　金陵大学教授斯迈思博士在致家人的书信中也有同样的记述:12月27日,"日军占领南京已经两周……昨天金陵大学登记的过程中,有二百多人志愿承认他们过去当过兵或当过部队的夫役(这两个名称对于被征用的平民劳力来说区别并不明显),因为日军许诺,如果他们承认,他们就会获准工作;而若不承认就会被枪毙。今天早上有个人身上带着五处刀伤来到大学,他说他们一群人被驱至古林寺,在那儿被130名日本士兵用作刺刀靶子。他当时被刺昏了过去,醒来时日本人已离开,于是他挣扎着回来。威尔逊说他有一处伤口太严重,不可能保全性命。我们听了这些,午饭就吃不下去了。我们中有些人因为这些事连早餐也没咽下去"。②

　　在日军官兵的日记中,也有关于在古林寺集体屠杀的记载。日军第九师团步兵第七联队第二中队上等兵井家又一在12月22日的日记中记述:

　　　　下午5时天快黑时去大队本部集合,听说是去杀死败兵。过去一看,只见161名中国人老老实实地待在本部院子里,他们望着我们的行动,全然不知死神的降临。一路连打带骂地拉着160余人出了外国人居住的街区,来到古林寺附近筑有地堡的要塞地带。

　　　　夕阳西下,仅能分辨出晃动的人影。这里只有不多的几所民宅。将他们关进池塘边一间单独的房子里,然后5人一

---

① 《马吉致妻子函》(1937年12月12日—1938年2月5日),章开沅编译:《美国传教士的日记与书信》,张宪文主编:《南京大屠杀史料集》第4册,第159页。

② 《史迈士致家人函》(1937年12月20日—1938年1月9日),章开沅编译:《美国传教士的日记与书信》,张宪文主编:《南京大屠杀史料集》第4册,第252—253页。

组地带出来用刺刀刺死。有的哇哇叫着,有的边走边嘟囔着,有哭的,有的知道死到临头而失去了理智。

吃败仗的士兵最后的归属就是被日本军杀死。

用铁丝捆住他们手腕,扣住脖子,用木棒敲打着拉走。其中也有勇敢地唱着歌迈着大步的士兵。有装着已被刺死的,有跳入水中咕嘟嘟挣扎的,也有为了逃命,紧紧抱住屋梁藏起来,任凭怎么喊也不下来的士兵。于是我们就浇上汽油烧房子,两三个被烧成火人的人刚跑出来就猛然被刺刀捅死。

昏暗中,嗨、嗨,憋足劲呐喊着用刺刀捅着,捅死要逃走的家伙,或用枪"砰砰"地打。片刻间这里成了人间地狱。结束后,往遍地的尸体上浇上汽油点着火。看到火中还有活动的家伙就打死。后面的房子燃起熊熊大火,房顶的瓦片掉了下来,火花四下飞溅。①

井家又一在日记中的记述,在时间上与魏特琳日记的记述完全吻合,可见日军在古林寺的集体屠杀是不争的事实。

二、安全区内的零散屠杀

南京沦陷后,日军不仅在安全区内反复进行"扫荡",大肆搜捕放下武器的原中国军人和疑似军人的青壮年男子,还在安全区内随意杀人。在"扫荡"期间,日军三五成群地在安全区游荡,稍不顺眼者,就有被杀之虞。

12月13日上午,当日军首次抵达安全区南部边界,即新街口、汉中路附近时即随意杀人。13日,在日军进城的同时,安全区国际

---

① 「井家又一日記」、南京戦史編集委員会編『南京戦史資料集Ⅰ』、373頁。

委员会的部分委员即沿中山路向南行进,以便与由南向北搜索的
日军联系。当他们在新街口和汉中路附近遇到日本兵时,第一次
目睹了日军随意屠杀平民的暴行。菲奇在 12 月 13 日的日记中说:
"上午 11 时,安全区首次得到有关他们(进城)的报告。我与委员
会两位同事开车去会见他们,正好在安全区南面进口遇见一支小
分队。他们未显露敌意,尽管稍后片刻就枪杀了 20 个由于害怕他
们而慌忙逃走的难民。似乎自从 1932 年在上海已形成一条通例,
凡逃跑者必被击毙或刺杀。"①

　　在中国官方的档案中,保存有许多日军在安全区内零散屠杀
的档案资料。南京大屠杀发生不久的 1938 年,由于日军的屠杀使
南京市民妻离子散,生活在极度贫困之中,许多市民不得不向伪政
权呈文,请求救济。戚吴氏于 1938 年 8 月致伪督办南京市政公署的
呈文称:"自去岁冬事变之初,氏偕子随众避入难民区,得以安身。讵
料日军入城时,视氏子系中央遗军,即行刺杀,家屋复遭焚毁。自此
氏即沦为孤苦无依,失所流离,每思自尽,均被邻人挽救,慰言相劝,
遂告中止。但氏每日之生活,均奈乞食为依,虽东恳西求,竟难保久
饥之腹,夜宿荒庙,终难免风雨之残。兹际秋冬将届,更难为生。前
闻人言,京市救济院收容衰老媪迈,氏曾迭呈二次请求,至今未曾批
允。氏迫不得已,故特具文恳求钧署转函保送,俾免饿殍。"②

　　抗战胜利后,许多经历过南京大屠杀的南京市民纷纷向国民
政府、南京市政府等呈文,控诉日军在南京的暴行。南京市民孙宝
庆在 1945 年 11 月 5 日致南京市政府的呈文中称:"窃民孙宝庆,住

①《费吴生日记》(1937 年 12 月 10 日—1938 年 1 月下旬),章开沅编译:《美国传教士的
　日记与书信》,张宪文主编:《南京大屠杀史料集》第 4 册,第 69 页。
②《戚吴氏为其子被日军杀死致日伪督办南京市政公署呈文》(1938 年 8 月),中国第二
　历史档案馆、南京市档案馆编:《侵华日军南京大屠杀档案》,第 176 页。

皇城区李府街二号，务农为业。不料事变，南京危急，民父教胞兄孙宝学和嫂侄男女等逃难至汉中路难民区内暂住，父母看守家庭。日兵进城，惨无人道，将民六旬老父用战刀杀死。不料福无双至，祸不单行，日军到达难民区内，民兄因受军事训练防护团责任，不及逃走，被日军将民兄嫂二人执行枪决。国难时期，无有办法。民苦难万分，无处申诉。民母年老，民在幼年，忍受八年。现闻市长德政，为此特具报。国府还都，民等重见光明，陈明伏祈鉴核，俯察下情，准予救济，限敌赔偿，实为德便。"①南京市民蒋顾氏有两个儿子，南京沦陷时，长子33岁，次子30岁，战后，她在致南京市长马超俊的呈文中称："事变前住八宝前街十五号后进，以农为生，现住大光路一八七号，日军进城后在宁海路难民区将两子拖出，后发现死于五条巷口，另有草房四间（即八宝前街五号后进），于二十七年九月间给日军没收，至今只自一人，衣食不全，伏乞政府补救，实为公德。"②

　　战后审判日本战犯时，许多南京市民向法庭提交证据，控诉日军在安全区零散屠杀的暴行。王刘氏陈述："王福源因敌人侵占南京之时携同妻子儿女逃难，行至城内阴阳营地方被日军屠杀。"③方张氏陈述："民国二十六年古历十一月十六日京市沦陷之时与子方长藻同住难民处，中岛部队士兵冲门而入强扭氏长子方长藻负荷枪子氏子未遂即开枪击毙。"④张潘氏陈述："日寇侵占南京时，进城

---

① 《孙宝庆为其兄孙宝学被日军杀害致南京市政府呈文》（1945年11月5日），中国第二历史档案馆、南京市档案馆编：《侵华日军南京大屠杀档案》，第202页。

② 《蒋顾氏呈》，张建宁、郭必强、姜良芹等编：《南京大屠杀案市民呈文》，张宪文主编：《南京大屠杀史料集》第23册，第48页。

③ 郭必强、姜良芹等编：《日军罪行调查委员会调查统计》上，张宪文主编：《南京大屠杀史料集》第19册，江苏人民出版社、凤凰出版社2005年版，第231页。

④ 郭必强、姜良芹等编：《日军罪行调查委员会调查统计》上，张宪文主编：《南京大屠杀史料集》第19册，第233页。

屠杀,将氏夫张福财在难民区提出门口枪毙,惨无人道,烧杀奸掠,无恶不作。"①

1947 年,国民政府国防部审判战犯军事法庭在谷寿夫战犯案判决书附件中附有大量日军在安全区内零散屠杀的案例,现节录如下:

> 民国二十六年十二月十七日,米贩胡振海,在美大使馆难民区被枪杀。

> 民国二十六年十二月十七日,米贩胡家福,在美大使馆难民区被枪杀。

> 民国二十六年十二月十七日,车夫周大富,在中山北路难民区被枪杀。

> 民国二十六年十二月十八日,工役王福元,在阴阳营被枪杀。

> 民国二十六年十二月间,茶工何德坤,在大方巷被机枪射击后弃尸河中。

> 民国二十六年十二月十四日,农民王怀祥,在阴阳营难民区内,被机枪射杀。

> 民国二十六年十二月十四日,市民王文金,在四条巷难民区被枪杀。

> 民国二十六年十二月十六日,市民张士顺,在鼓楼难民区被杀。

> 民国二十六年十二月十六日,市民马金和,在五条巷雨花里十一号被枪杀。

---

① 郭必强、姜良芹等编:《日军罪行调查委员会调查统计》(上),张宪文主编:《南京大屠杀史料集》第 19 册,第 274 页.

民国二十六年十二月十八日，市民方长藻，在三条巷被枪杀。

民国二十六年十二月十六日，市民蒋其文、蒋其法，在五条巷被砍死。

民国二十六年十二月十六日，市民靖士荣，在难民区被用刀杀死。

民国二十六年十二月十四日，农民孔祥容、孔祥华二人，在五条巷十二号被枪杀。

民国二十六年十二月十七日，茶商金宏春，在鼓楼二条巷口被机枪射击，复用刀戳其头部而死。

民国二十六年十二月十六日，布贩戴光玮，在鼓楼二条巷口被射杀。

民国二十六年十二月十六日，平民朱巧富，在鼓楼二条巷二号被机枪射杀。

民国二十六年十二月十六日，皮匠费德芝，在鼓楼四条巷，被枪杀。

民国二十六年十二月十五日，中山北路四十七号居民何义方，被射杀于鼓楼五条巷鱼池坑内。

民国二十六年十二月十六日，商民江金荣，在五条巷挹华里，被指为国军，遭枪杀。

民国二十六年十二月十六日，商民陶士栋，在五条巷挹华里七号，被指为国军，遭枪杀。

民国二十六年十二月十六日，欧阳王氏之子欧阳童，在二条巷难民区内被枪杀。

民国二十六年十二月十六日，厨工李元发，在大方巷难民区内遭枪杀。

民国二十六年十二月十六日，茶商严必富，在阴阳营难民区内，被机枪射杀。

民国二十六年十二月十五日，商民萧作梅，在金陵神学院内，被指为军人，遭乱刀戳毙。

民国二十六年十二月间，工人王德祥，在难民区被枪击毙命。

民国二十六年十二月十七日，苦力张国强，在铜银巷三号，被绑在树上，以刺刀刺杀。

民国二十六年十二月十三日，工人周宝相、周得胜父子，在难民区同遭杀害。

民国二十六年十二月十六日，平民王金水，在阴阳营被枪杀。

民国二十六年十二月十五日，小贩罗来存，在阴阳营难民区被枪杀。

民国二十六年十二月十四日，农民赵有才，在阴阳营难民区被枪杀。

民国二十六年十二月十四日，医士赵善成，在城北难民区被刺刀戳死。

民国二十六年十二月十六日，吴鸿鸣，在上海路被枪杀。

民国二十六年十二月十六日，童炳松，在鼓楼渊声巷被屠杀。

民国二十六年十二月十四日，李茂生，在鼓楼二条巷被枪杀。

民国二十六年十二月十四日，市民路大红，在阴阳营水塘边，被机枪射死。

民国二十六年十二月十四日，市民陈润之，在大方巷口被机枪射死。

民国二十六年十二月十三日,市民刘锡进,在汉中路铜银巷口被刺死。

民国二十六年十二月十六日,市民梁坤尧,在宁海路被机枪射死。

民国二十六年十二月十六日,市民黄永龄,在五台山被枪杀。

民国二十六年十二月十六日,市民牛长春,在鼓楼二条巷被枪杀。

民国二十六年十二月十四日,市民赵福祥,在阴阳营被枪杀。

民国二十六年十二月间,市民朱邦基,在五条巷被机枪射毙。

民国二十六年十二月间,学生叶云华,在阴阳营难民区被枪杀。

民国二十六年十二月十五日,市民周汉卿,在三条巷难民区被枪杀。

民国二十六年十二月十五日,市民阎宝和,在上海路被枪杀。①

南京沦陷后,一些未及撤离南京的军人和警察,不得不进入安全区避难,其中许多人目睹了日军在安全区内的屠杀暴行。军医蒋公穀南京沦陷后被困在城内,目睹了日军在安全区的暴行。他在《陷京三月记》中记述:12 月 29 日,"敌人扬言,限下月四日登记

---

① 《谷寿夫战犯案判决书附件关于分散屠杀部分统计节录》(1947 年),中国第二历史档案馆、南京市档案馆编:《侵华日军南京大屠杀档案》,第 291—348 页。

完毕,接着便要挨户搜查。倘发现有未登记的,即遭杀戮,弄得满城鹤唳。隔壁的一位难民因为面色特黑,我们都称他为黑子,他全家兄弟妻子都逃避在馆内。今天清晨同弟进山西路回中央路家中,走在中途,被敌兵截住,一口咬定黑子是中国兵,不允分辩的就将他捆缚在地上,拿刀来乱砍。他痛极号淘,一跃好几丈,落在塘内淹死了"。①

　　首都警察厅保安科代理科长杨权记述了日军在大方巷随意杀人的情形:12月15日,一位难民"在大方巷走路,见对面来一个敌兵,他想进华安新村躲避,敌兵教〔叫〕他站住,他不肯站住,便望〔往〕华安新村逃,敌兵追着对他一枪——便是我们刚才听到的那一枪——把他打死了"。② 同一天,杨权等避难的大方巷安华新村的房东太太"上街的一会儿功夫,便亲眼看见一件残杀案,一个敌兵追着一个十六七岁的青年,一刺刀从背后戳进去直透过肚皮,那青年惨号了一声躺下了"。③

　　一些南京大屠杀的幸存者或见证人,也证实了日军在安全区内零散屠杀的暴行。日军大屠杀的幸存者吴芝生证实:"日本兵进城前半个月,我们就从原住处大丁家巷三十八号搬进难民区,住在今华侨路附近。我和弟弟吴芝塑住在一处叫'仁庐'的房子,母亲和我前妻蔡芙蓉另住一处。一九三七年冬月二十三日('送灶'节)上午,我同芝塑到德商西门子电器公司驻京办事处(今小粉桥附

---

① 蒋公毅:《陷京三月记》,张连红编:《幸存者的日记与回忆》,张宪文主编:《南京大屠杀史料集》第3册,第66页。

② 杨权:《南京难民区九十四日记》(七),《警察向导》第1卷第7期,1939年1月7日,第59页。

③ 杨权:《南京难民区九十四日记》(七),《警察向导》第1卷第7期,1939年1月7日,第54页。

近)去买米,当时买米的人很多,正簇拥着买米时,忽然来了三四个日本兵,他们抓男人看头、看手,检查'中央军'。我原是给人抄文书的'录事',心里也很害怕。我把芝堃朝人群里边一推,拔腿就跑,被日本兵看见,对准我的后脑勺就是一刀。顿时,血流得满头都是,沾湿了衣领。我装死趴在地上,日本兵踢了我一脚,看我不动就走开了。后来我弟弟和别的买米的邻居把我扶回家,用香灰撒在伤口上止了血。此后,我就躺在'仁庐'养伤,由弟弟照料。现在,我后脑勺的伤痕清晰可见,伤痕成凸型,长二点五厘米。"①另一位大屠杀幸存者杨全和也证实:"一九三七年,我住大方巷。冬月十一日,日军侵占南京城。冬月十二日下午,大约四五点钟的样子,天快晚了。我上街,在大方巷口碰到两个日本兵。他们叽里哇啦地给我讲话,我听不懂,他们举起刺刀就往我头上刺。我急了,举起左手向上一挡。头保住了,左臂前手腕后约一寸多的地方却被刺刀砍了一个大口子,深及骨头。这时日军来气了,又用刺刀在我左膀子上猛刺了一刀。正在这紧急关头,来了一个挂军刀的日本兵,似乎是个当官的,他给那个日本兵讲了几句话,那个日本兵就走了。我乘机逃回家,这时正是冬天,我穿着袍子、夹袄、衬衣等衣服,要不是这样的话,我的左膀子早就被砍了下来。"②

日军在安全区内经常是毫无理由地滥杀无辜。曾目睹日军屠杀暴行的朱有才证实:"一九三七年十二月,我帮人家做烧饼,师傅叫尹永发(已死),住在冬瓜市金陵女子大学门口……那天早上,我包了二十块烧饼,走到陶谷新村时,路上行人很少,只有一个二十岁左右的

---

① 《吴芝生证言》,"南京大屠杀"史料编辑委员会、南京图书馆编:《侵华日军南京大屠杀史料》,第 422 页。

② 《杨全和证言》,"南京大屠杀"史料编辑委员会、南京图书馆编:《侵华日军南京大屠杀史料》,第 436—437 页。

小伙子在我前面走,我连走带跑急于赶回家,不一会就赶过了这个小伙子。忽然一声枪响,惊得我回头一看,只见小伙子倒下去了。这时我离小伙子只有十多米远,吓呆了,站在那里不敢跑,也跑不动,直愣愣地看到两个日本兵跑上来又打了小伙子一枪。我想这下要完了,只好听天由命了。日本兵跑到我面前,见我拿了一大包烧饼,就拿起烧饼吃起来。他觉得好吃,就把烧饼全部拿走了。我虽空手而归,却留得了性命,总算二十块烧饼救了我一条命。"①

　　当年留在南京的西方人士也记录了大量日军在安全区随意杀人的案例。拉贝在日记中收录了 424 件日军在南京的暴行案例,这些案例均经过核实,其中第 1 号案例记载:"12 月 15 日,安全区卫生委员会第二区的 6 名街道清扫工在他们位于鼓楼的住所里被闯进的日本士兵杀害,另外一名清扫工被刺刀严重刺伤,日本士兵没有任何明显的理由! 如上所述,这些人是我们安全区的雇员。"②《拉贝日记》中收录的第 56 号案例记载:"12 月 18 日 16 时,日本士兵在颐和路 18 号向一个中国人索要香烟。由于香烟没有及时递给他们,该中国人被日本士兵用刺刀劈中头部(脑浆外溢)。受伤者现在大学医院,已经没有保住生命的希望。"③拉贝在 12 月 18 日的日记中又记述:"一个中国人踉跄着冲进房间,告诉我们,他的兄弟被日本人枪杀了,就因为他拒绝给闯进他家的日本士兵一包烟。"④

　　贝德士在远东国际军事法庭作证说:

　　　　我本人观察到了一系列的对单个平民的射击事件,而在

---

① 《朱有才证言》,"南京大屠杀"史料编辑委员会、南京图书馆编:《侵华日军南京大屠杀史料》,第 434 页。

② [德]约翰·拉贝:《拉贝日记》,第 187 页。

③ [德]约翰·拉贝:《拉贝日记》,第 222—223 页。

④ [德]约翰·拉贝:《拉贝日记》,第 200 页。

射击之前没有任何的警告或任何明显的原因，有一个中国人被从我自己的住处带走后惨遭杀害。我邻居家有两个男人，当他们的妻子被日本士兵抓住强奸时，他们挺身而出，却被带到我家附近的水塘边杀害，尸体被扔进了水塘。日本人进城后的几天时间里，我家附近的胡同和街道上到处都是平民的尸体。这种屠杀的规模极大。①

除了拉贝、贝德士之外，当时留在南京的 20 多位西方人士都目睹了日军在安全区屠杀平民的暴行。马吉在致妻子的信中写道："今天我在鼓楼医院看到了怎样的情景啊！一个七岁男孩的尸体，肚子上被刺了四至五刀，已无法抢救。一名 19 岁的姑娘怀了六个半月的身孕（第一胎），因反抗日本兵强暴，脸上有七处刀伤，腿上有八处，肚子上有一处深约两英寸，正是这一刀伤导致了流产。医生们正在抢救她。我还看到一个 10 岁的小女孩，她当时和父母站在难民营的一个工事旁，看着日本兵过来杀死了她父母。她的胳膊被狠狠刺了一刀，这一刀可能要使她终生残废。"②

在安全区，任何一个日本士兵都可以决定中国人的命运。马吉致妻子的信写道："过去一个星期的恐怖是我从未经历过的。我做梦也没有想到日本兵是如此的野蛮。这是屠杀、强奸的一周。我想人类历史上已有很长时间没有发生过如此残暴的事了，只有当年土耳其人对亚美尼亚人的大屠杀堪与比拟。日本兵不仅屠杀他们能找到的所有俘虏，而且大量屠杀不同年龄的平民百姓。就像在野外猎杀

①《贝茨的证词与回答质证》，杨夏鸣编：《东京审判》，张宪文主编：《南京大屠杀史料集》第 7 册，江苏人民出版社、凤凰出版社 2005 年版，第 80 页。

②《马吉致妻子函》(1937 年 12 月 12 日—1938 年 2 月 5 日)，章开沅编译：《美国传教士的日记与书信》，张宪文主编：《南京大屠杀史料集》第 4 册，第 156—157 页。

兔子一样,许多百姓在街上被日本兵随意杀掉。从城南到下关,整个城市到处都是尸体,就在前天我们看到一个可怜的人被日本兵杀死在我们住所附近。许多中国人很胆小,一遇日本兵掉头就跑,这个人就是这样被打死的。由于现场在我们能看到的竹篱笆的一个拐角,他具体是怎样被杀死的我们看不见。后来克拉到那儿去看,说他们在他头上开了两枪。这两个日本兵一直抽着烟,谈笑风生,杀一名中国人就像杀死一只老鼠。"[1]马吉在 1938 年 1 月 11 日致妻子的信中又写道:"昨天早上,奥地利人哈茨(Hatz,他是我们这群呆在南京的外国人之一,在外交人员到达前我们总共有 20 人),他看见两个日本兵把一名双手捆着的中国人推到山西路旁的一个塘里,让他站在齐腰深的水里,那个日本兵开枪把他打死。似乎任何下士班长或是列兵都可以决定任何一名中国人的命运。"[2]

　　许多难民为了保护自己,以及妻子、女儿不被日军侮辱,或为了保护财产不被抢劫而被日军屠杀。日军暴行的目击者金秀英证实:"一九三七年十二月十三日,日军侵占南京时,我住在新街口难民区。跟我家住在一起的还有两对夫妇,一个男的叫陈天有,另一个男的叫黄同桥。第二天,为了出去找吃的,陈天有夫妇和黄同桥夫妇带着一个老太,他们五人走到宁海路口,迎面碰到三个日本兵要强奸两人的妻子。陈天有为了保护老婆,当时就被日军打死。黄同天拖着自己的老婆跑,被日本兵刺了一刀。然后把两人的妻子拖到一户人家,把陈、黄两人的妻子强奸了。"[3]拉贝在日记中也

①《马吉致妻子函》(1937 年 12 月 12 日—1938 年 2 月 5 日),章开沅编译:《美国传教士的日记与书信》,张宪文主编:《南京大屠杀史料集》第 4 册,第 149 页。
②《马吉致妻子函》(1937 年 12 月 12 日—1938 年 2 月 5 日),章开沅编译:《美国传教士的日记与书信》,张宪文主编:《南京大屠杀史料集》第 4 册,第 164—165 页。
③《金秀英证言》,朱成山主编:《侵华日军南京大屠杀幸存者证言集》,第 367 页。

收录了许多此类案例:

第 15 号案例:"12 月 15 日,日本士兵闯进汉口路的一个中国居民住家,强奸了一名年轻妇女,强行拖走 3 名妇女。其中 2 名妇女的丈夫跟在日本士兵的后面追赶,结果这 2 名男子被这些日本士兵枪杀。"①

第 78 号案例:"12 月 20 日早晨 7 时 30 分,里格斯先生走过汉口路 28 号时,人们向他报告,由于所有的妇女都已经转移到了金陵大学,所以昨天夜里在那里拼命找女人的日本士兵出于报复枪杀了一名中国人,用刺刀将一人刺成重伤,另外 3 人受轻伤。"②

第 176 号案例:"1938 年 1 月 2 日,10 时—11 时之间,一个日本士兵闯入陈家巷 5 号刘培坤的住所,声称要对该住房进行检查。当他看到刘的妻子时,便向她提出一连串有关该住房情况的问题。当刘的妻子开始回答这些问题时,屋里的其他人示意她离开,因为他们注意到这个日本人试图把她引到另一个房间去。当她准备脱身时,她的男人刘培坤过来骂了这个日本人几句并朝他脸上打去,该日本人随即离开了这所房子。然后,刘妻为丈夫和 5 个孩子做午饭。下午 4 时这个士兵又来了,这次带了一把手枪,要寻找刘,刘此时藏身在厨房中,邻居们纷纷请求他饶恕刘,有几个人甚至给日本士兵下跪,但都没有用,都没有能制止他。该士兵一找到刘,就朝他肩膀上打了一枪。当 4 时 30 分人们喊许传音博士去的时候,刘早已死亡。约翰·马吉随后赶到,他证实了这个情况。"③

第 182 号案例:"1 月 7 日,2 个日本士兵企图强奸一名年轻姑

---

① [德]约翰·拉贝:《拉贝日记》,第 189 页。
② [德]约翰·拉贝:《拉贝日记》,第 231 页。
③ [德]约翰·拉贝:《拉贝日记》,第 340 页。

娘,要制止这一罪行的张福熙(音译)被刺死。(慈悲社 7 号)"①

第 205 号案例:"1938 年 1 月 25 日 16 时许,一名姓罗的中国女孩(她和母亲及兄弟住在安全区的一个难民收容所里)遭一名日军士兵开枪射击,命中头部致死。这名女孩 14 岁。这起事件发生在距离古林寺(难民区边缘的一座知名的寺庙)不远的农田里。这名女孩在兄弟的陪同下忙着在农田里摘蔬菜,此时一名日军士兵出现并欲对其施暴。女孩惊恐之下起身逃走,于是被日本兵击毙。子弹从这名女孩的后脑射入,从额头穿出。"②

福斯特在 1938 年 1 月 3 日的日记中也记述:"大约 4 时 30 分,一个日本兵企图强奸一位五个孩子的母亲。她的丈夫在家并与日本兵搏斗,所以妻子得以逃跑。日本兵悻悻离去,后带着步枪回来打死这个男人。"③

在参与南京大屠杀的日军士兵的日记中也记录了大量在安全区内的屠杀暴行。最高法院位于中山路西侧,在安全区之内。日军第十六师团步兵第二十联队上等兵东史郎在日记中记述:

中山路上的最高法院,相当于日本的司法省,是一座灰色大建筑。法院前有一辆破烂不堪的私人轿车翻倒在地。路对面有一个池塘。不知从哪儿拉来一个支那人,战友们像小孩玩抓来的小狗一样戏弄着他。这时,西本提出了一个残忍的提议,就是把这个支那人装入袋中,浇上那辆汽车中的汽油,然后点火。于是,大声哭喊着的支那人被装进了邮袋,袋口被扎紧,那个支那人在袋中拼命地挣扎着、哭喊着。西本像玩足球一样把袋子踢来

---

① [德]约翰·拉贝:《拉贝日记》,第 392 页。

② [德]约翰·拉贝:《拉贝日记》,第 522 页。

③ 《福斯特致妻子函》(1937 年 11 月 23 日—1938 年 2 月 13 日),章开沅编译:《美国传教士的日记与书信》,张宪文主编:《南京大屠杀史料集》第 4 册,第 109 页。

踢去,像给蔬菜施肥一样向袋子撒尿。西本从破轿车中取出汽油,浇到袋子上,在袋子上系上一根长绳子,在地上来回地拖着。

稍有一点良心的人皱着眉头盯着这个残忍的游戏,一点良心都没有的人则大声鼓励,觉得饶有兴趣。

西本点着了火。汽油刚一点燃,就冲出了令人毛骨悚然的惨叫声。袋子以浑身气力跳跃着、滚动着。有些战友面对如此残暴的玩法还觉得很有趣,袋子像火球一样满地滚,发出一阵阵地狱中的惨叫。西本拉着口袋上的绳子说:

"喂,嫌热我就给你凉快凉快吧!"

说着,在袋子上系了两颗手榴弹,随后将袋子扔进了池塘。火渐渐地灭掉了,袋子向下沉着,水的波纹也慢慢地平静下来。突然,"嘭!"手榴弹爆炸了,掀起了水花。过了一会儿,水平静下来,游戏就这样结束了。

像这样的事情在战场上算不上什么罪恶。只是西本的残忍让我惊诧。[1]

日军在安全区内屠杀时,并不区分原中国士兵和普通百姓,甚至连六七岁的小孩也不放过。目睹日军暴行的徐静芬证实:"当时住在难民区的一名叫阿五的姑娘和我一道去上海路,我们俩亲眼看到坐在路边的一个六、七岁的小姑娘,被日军一刀从背后捅了进去,刺刀在体内转动一圈再拔出来,带血的刺刀卷着小姑娘的肚肠子流了一地,惨不忍睹。在古林路,我亲眼看到日军押着一个十一、二岁的小男孩(小男孩头上还扎着一个小辫子),强迫小男孩进入防空洞,正当小男孩被迫下去时,日军将小男孩打死在台阶上。"[2]

----

① [日]东史郎:《东史郎日记》,第204—205页。
② 《徐静芬证言》,朱成山主编:《侵华日军南京大屠杀幸存者证言集》,第381页。

贝德士在 12 月 18 日的日记中记述说：17 日，"干河沿金大附中。一个恐怖至极的儿童被刺刀戳死，另一个重伤垂死"。① 这个负重伤的小男孩被人们送往鼓楼医院抢救。美国医生威尔逊为他做了手术。威尔逊在 12 月 18 日的日记中记述："在金大附中有 8 000 难民，昨晚日本兵翻墙进去 10 次，抢劫食物、衣服，并强奸妇女直到他们满足。他们用刺刀捅死了一个小男孩。上午，我花了一个半小时为另一个八岁男孩做了缝补手术，他被刺了五刀，其中一刀刺穿了他的肚子，一部分腹膜流了出来。我想他能存活。"②

即使在西方人士的房子里，日军也进行野蛮的屠杀。斯迈思在致家人的信中写道："日本兵闯入我们总部的房屋，杀死一个男人，其他人都移至我们这儿后面的房子。这样，院子里的妇女就有被越墙士兵强暴的危险。那人已经死了，我们觉得帮不了什么忙，就让一个外国人当晚住在总部，最好是德国人。"③

至于在外国财产区域内或附近，日军更是随意杀人。在金女大及附近，日军将抓到的青壮年男子押到金女大内及其附近的小山上予以屠杀。魏特琳在 12 月 16 日的日记中记述道："如果日本人怀疑哪个人，那么其命运将与在他们身后被捆着的 4 个中国人一样。日本人把那 4 个人带到西山，我听到那儿响起了枪声……街上和山上不时传来的枪声，使我意识到一些人的悲惨命运，而且

①《贝德士致日本使馆函》(1937 年 12 月 16 日—27 日)，章开沅编译：《美国传教士的日记与书信》，张宪文主编：《南京大屠杀史料集》第 4 册，第 6 页。

②《威尔逊书信(日记)选译》(1937 年 12 月 15 日—1938 年 1 月 9 日)，章开沅编译：《美国传教士的日记与书信》，张宪文主编：《南京大屠杀史料集》第 4 册，第 336 页。

③《史迈士致家人函》(1937 年 12 月 20 日—1938 年 1 月 9 日)，章开沅编译：《美国传教士的日记与书信》，张宪文主编：《南京大屠杀史料集》第 4 册，第 264—265 页。

他们很可能不是中国士兵。"①

　　这种日复一日的零散屠杀在日军占领南京后持续了相当长的一段时间,数以万计的平民被日军零散屠杀,惨死在屠刀下。

第二节　灭绝人性的性暴行

一、强奸与轮奸

　　日军攻占南京后,大肆奸淫妇女,下至八九岁的幼女,上至六七十岁的老妪均不能幸免。据保守估计,在日军南京大屠杀期间,南京至少有 2 万以上的妇女被强奸、轮奸。尤其是从日军占领南京 3 天后,即 15 日开始,强奸事件急剧增多。

　　由于受传统观念的影响,许多受害妇女不愿轻易提及自己遭受日军侮辱的事情,她们既没有留下文字资料,也不愿意接受采访。尽管如此,仍有一些受害妇女勇敢地站出来揭露日军的性暴行。抗战胜利后,一些日军性暴行的受害者向政府有关方面呈文,控诉日军的暴行。受害妇女徐洪氏在 1945 年 10 月 10 日致中国陆军总司令何应钦的呈文中称:"为因中日事变,全家避难五台山难民区,被日寇强盗枪杀,全家被难,受侮死亡,忍辱含耻,偷生迄今……氏于事变前家道小康,因南京战争全家避居难民区。讵料日寇进城,于冬月十四日,氏与弟媳王氏均被日寇奸污,当场王氏毙命。家弟幼卿(年三十岁)见其妻被数名倭[兵]奸污致死,则哭跳咒骂,旋即一枪将幼卿毙死,复又一刺刀将幼卿之子云保(年四

---

① [美]明妮·魏特琳:《魏特琳日记》,第 196 页。

岁）戳死。"①

多年之后，一些日军性暴行的受害者也说出了当年自己受害的惨痛经历。金××在接受调查采访时说："一九三七年冬天，日军侵占南京后，我住在汉口路难民区。一天夜里，几个日军闯进难民区，把我从睡梦中拖起，用汽车拉到一个地方，对我进行了奸污。第二天黎明，把我放回。和我一起受难的有十多人。"②

日军强奸妇女不分白天和夜晚，许多性暴行是在白天实施的。受害人张氏证实："一九三七年十二月十八日下午一点多钟，好几个日本兵跑到难民区里，把我和我的姑子叶××（已死），以及另一个女子（大约十五六岁，不知姓名），抓到鼓楼一家空房子里，两个日本兵拖一个，分别用刺刀逼着我们脱去衣服，进行轮奸，当时我吓得直抖，大约有一个多小时，日军哈哈大笑，叽叽咕咕地走了，我们只好哭着奔到金陵女子大学内躲起来。"③

南京沦陷后郭岐避入意大利使馆，他曾目睹日军强奸中国妇女的暴行："隔壁所见兽兵空前的大奸淫不一而足，那时又不敢出门一步，我在意国领事馆的楼上，向邻居常常窥察，于是兽兵的行为，一齐在目了。那是很完整一座洋楼，门墙坚固，还有地下室。主人当然早不在了，里面住有四五十个难民，女子占十几个，都是中年以上，儿女都成群了。但我不晓得她们的姓名，我和她们梦也梦不到有如此的下场！第一次兽兵打门时，他们尚未躲藏，以为不要紧的，哪知开门迟了一点，就把开门的人打了个半死。女人孩子

---

① 《徐洪氏为家中四口遭日军残害事致何应钦呈文》（1945 年 10 月 10 日），中国第二历史档案馆、南京市档案馆编：《侵华日军南京大屠杀档案》，第 354 页。

② 《金××证言》，"南京大屠杀"史料编辑委员会、南京图书馆编：《侵华日军南京大屠杀史料》，第 478 页。

③ 《张氏证言》，朱成山主编：《侵华日军南京大屠杀幸存者证言集》，第 358—359 页。

们未及躲避,被他们抓住了,楼上楼下先抢完,然后几十个兽兵把女子们关起来,三个一奸,二个一奸……一个兽兵出来,裤子尚未扎好,快叫第二个进去,轻俏诡诈,形同兽类。"①

一些日军性暴行的目击者纷纷出来作证,揭露日军的强奸暴行。由于目睹日军性暴行的见证人有很多,并留有大量证言,在此不能一一枚举,仅从中列举几例,以证实日军在安全区内的性暴行。

日军性暴行的目击者庄素珍证实说:"日军侵占南京时,我住在宁海路二姐家中,二姐家住有一年轻妇女刚结过婚。有一天,一个日本兵进门来把这个年轻妇女拖进屋子里强奸了。第二天,他又领来一个日本兵还要找这个妇女。当时,这个妇女已化装成老太婆的样子,手里还抱着个小孩子,别人都说她不是年轻妇女,是老太婆。可是,昨天来的那个日本兵把她认出来了,于是又把她拖进屋子里强奸了。其中一个日本兵又来拖我,我母亲对他说:'她才九岁,又是个瘸子。'他不信,叫我站起来,我便装着瘸子走路,后来他把我放了,幸免遭受污辱。"②

日军性暴行的见证人李秀清证实说:

> 日军大屠杀前,我们搬到原美国大使馆隔壁一带难民区住(即现在的宁海路、牯岭路)。一天,我在做饭,不想日本兵来了几十名,这时他们突然发现我的邻居是一对青年夫妇,就像没命似地追了上来。这位妇女为了不受侮辱,竭尽全力与日军搏斗,她的丈夫在旁苦苦哀求,但是在这群杀人不眨眼的

---

① 郭岐:《陷都血泪录》,"南京大屠杀"史料编辑委员会、南京图书馆编:《侵华日军南京大屠杀史料》,第10页。

②《庄素珍证言》,朱成山主编:《侵华日军南京大屠杀幸存者证言集》,第366页。

刽子手面前哀求又有什么用呢？丈夫绝望地向屋里的妻子喊道：'算了，随他们吧，保住自己的命要紧。'就这样，这个年轻妇女被日军轮奸了。

我楼下也住着一对年轻夫妇，记不得是哪一天了，为了一点小事，夫妻拌嘴，男的生气离家上街去了，女的一人在家，恰巧碰到日本兵闯进难民区，把这位妇女轮奸了。

另有一次，我看见一名妇女，头上围着一条毛巾，脸上贴着膏药，手中抱一小孩，装成老太婆模样和老婆婆一道去领安民证。哪知，狡猾的日本兵上去撕开毛巾一看，发现是一位年轻妇女，不由分说地去夺她手中的小孩，年轻的母亲自知厄运难逃，便将手中的小孩交给了自己的婆婆，就跟日本兵走了，过了一夜才放回来。[1]

陶正英证实说："一九三七年冬，日军侵占南京，我们家逃难躲进难民区。住在我们隔壁的邻居，他家地势比我们低，比路面还低一些，院子里晒的尿布被日军发现，他们冲进这家炒货店的老板奶奶房里，见了女人就强奸，他家老两口跪下苦苦哀求，这些日本兵与畜生一样，两个日本兵轮奸了这家女人，发泄了兽性还抢走了一床棉被……另一次，在我们家对门的一个女人，被两个进来的日本兵，抓进一个教室里，把别的人都轰出来，两个日军轮流守门，轮奸了这个妇女。"[2]

马德平证实说："日本兵侵占南京后，我们全家躲进随家仓山头上难民区居住。日本兵进城五六天后，一天日本兵闯到我们住处，见到日本兵我们吓得往外面逃，门里有个十多岁的小女孩，也

---

[1]《李秀清证言》，朱成山主编：《侵华日军南京大屠杀幸存者证言集》，第368—369页。
[2]《陶正英证言》，朱成山主编：《侵华日军南京大屠杀幸存者证言集》，第360页。

跟着我们往外走时，被鬼子兵抓住，我亲眼见到他们把这个小女孩奸污了。真是惨无人道。"①

陈福守证实说："日本兵侵占南京城后，我在难民区当办事员，管两层楼的难民……在难民区住处，有一天来了四个日本兵，同时他们抓来了几个女人，叫我们把地铺让出来，然后到外边去，四个日本兵在里边奸污了这几个妇女，其中有我认识的罗××，原住在田营，也被日军奸污了。"②

日军性暴行的目击者撒应华证实说："一九三七年十二月底，我住在难民区宁海路四十号……一九三八年一月份的一天上午，来了两个日本兵，把我们楼下的一个二十多岁的妇女，拖到一间小房子里，两个日本兵进行轮奸。我和难民们都很气愤，本来认为逃到难民区就保险了，结果仍然遭到日军的迫害。"③

另一位目击者张玉兰证实说："一九三七年十二月十三日，日军占领南京，十二月中旬的一天下午，我老公公送东西到宁夏路给我们，走到汉口路，被日军用机枪扫死。事过几天后，我爱人的妹妹曹××，当时只有十六岁。一天下午，日本兵闯入宁夏路一号住处，把她轮奸了。当时一起受害的共有八名妇女，以上这些都是我亲眼所见。"④

当时留在南京的西方人士在他们的日记和书信中也大量记述了日军在安全区的性暴行。麦卡伦在致家人的信中写道："这里叙述的是一个恐怖的故事，我不知道从何处开始，到何处结束。我从未听过或见过如此暴虐。强奸！强奸！强奸！我们估计每天晚上

①《马德平证言》，朱成山主编：《侵华日军南京大屠杀幸存者证言集》，第372—273页。
②《陈福守证言》，朱成山主编：《侵华日军南京大屠杀幸存者证言集》，第373页。
③《撒应华证言》，朱成山主编：《侵华日军南京大屠杀幸存者证言集》，第361—362页。
④《张玉兰证言》，朱成山主编：《侵华日军南京大屠杀幸存者证言集》，第372页。

至少有 1 000 起案件，而白天也有许多。只要是反抗或稍有不顺从，立即被刺刀捅戳或枪击。"①

贝德士在致朋友的信中也写道："这是在强奸、刺刀刺戳和肆无忌惮的枪杀之间仓促写下的简短笔记……估计强奸案例有 2 万起。我想不会少于 8 000 起，也许更多。仅在金陵大学房产范围内——包括我们一些教职员宿舍和现在由美国人居住的房子——我得知详细情况的就有 100 多例，可以确信的大约有 300 例。人们很难想象这种痛苦与恐怖。小至 11 岁的女孩和老到 53 岁的妇女横遭奸污。在神学院里面，17 个士兵在光天化日之下轮奸一个妇女。事实上约三分之一此类案件发生在白天。"②

日军强奸妇女不分地点，甚至在日本大使馆旁也白昼宣淫。贝德士在给日本使馆的抗议信函中陈述："在邻近你们使馆的头条巷 4 号，下午有一妇女被两个士兵奸污。难道这就意味着少数卫兵正在恢复秩序？"③

在商店里、街道旁，日军也大肆奸淫。日军性暴行的目击者蔡顺寿证实说："日军进城时，我搬进了难民区，在新街口西北角的国货大楼。有一天，我在国货大楼的楼上亲眼看见日本兵拖了个中国妇女进来，就在我住的楼下，被四个日本兵轮奸了。"④贝德士在远东国际军事法庭作证时说："每天从早到晚，都有大批成群结队

①《麦卡伦致家人函》(1937 年 12 月 9 日—1938 年 1 月 5 日)，章开沅编译：《美国传教士的日记与书信》，张宪文主编：《南京大屠杀史料集》第 4 册，第 203 页。

②《贝德士致朋友函》(1938 年 1 月 10 日)，章开沅编译：《美国传教士的日记与书信》，张宪文主编：《南京大屠杀史料集》第 4 册，第 16 页。

③《贝德士致日本使馆函》(1937 年 12 月 16 日—27 日)，章开沅编译：《美国传教士的日记与书信》，张宪文主编：《南京大屠杀史料集》第 4 册，第 7 页。

④《蔡顺寿证言》，朱成山主编：《侵华日军南京大屠杀幸存者证言集》，第 384 页。

的日本士兵,大约 15—20 人一队,在城内到处搜寻,主要是在安全区内搜寻,因为大部分人都躲到了安全区,他们挨家挨户地搜寻女性。有两次日本军官也来到大学参与了绑架与强奸,这两次我记得非常清楚,因为在这两次事件中,我差点丢掉了我自己的性命。在很多情况下,强奸事件就发生在路边,发生在光天化日之下。"①

　　医院是救死扶伤、实行人道主义的地方,然而日军在鼓楼医院也大肆奸淫。鼓楼医院美籍医生威尔逊在 12 月 18 日的日记中记述:"晚饭后我返回住所时发现三个士兵已经仔细搜查过这个地方。海因兹小姐陪着他们走后门。有两个家伙到了那儿,另一个却不见了。他一定是藏在附近哪个地方⋯⋯我快步走出去,因为发现了第三个日本兵。他正在护士宿舍的四楼,那里住着 15 位护士。她们一生中的这一刻给她们留下了永远的创伤。我不知道在我赶去之前他已侮辱了多少姑娘。"②威尔逊事后得知,这个日本兵"一丝不挂,爬上了三个护士的床,每次当护士大声叫喊时,他就匆忙穿上衣服,出去看看是否有人进来"。③ 拉贝在日记中收录了威尔逊给日本大使馆的抗议信,信中写道:"当我赶到时,其中有 3 名护士已经被强奸。全体护理人员对此感到极大的震惊。"④

　　外国大使馆、西方人士的住宅及美国人创办的大学等也成为日本兵发泄兽欲的场所。拉贝在 12 月 18 的日记中记述了在自己

①《贝茨的证词与回答质证》,杨夏鸣编:《东京审判》,张宪文主编:《南京大屠杀史料集》第 7 册,第 82 页。

②《威尔逊书信(日记)选译》(1937 年 12 月 15 日—1938 年 1 月 9 日),章开沅编译:《美国传教士的日记与书信》,张宪文主编:《南京大屠杀史料集》第 4 册,第 336 页。

③《威尔逊书信(日记)选译》(1937 年 12 月 15 日—1938 年 1 月 9 日),章开沅编译:《美国传教士的日记与书信》,张宪文主编:《南京大屠杀史料集》第 4 册,第 338 页。

④［德］约翰·拉贝:《拉贝日记》,第 215 页。

住宅中发生的事："晚上 6 时,几个日本士兵爬过院墙的时候,我正好回到家撞见了他们。其中的一个人已经脱下了军装,解了皮带,正企图强奸难民中的一个姑娘。我走上前去,命令他从爬进来的地方再爬出去。"①汉口路 11 号和 23 号是安全区国际委员会外籍成员的住所,12 月 17 日和 18 日,日本兵闯入这两处房屋,强奸了数名妇女。②

汉口路 5 号是鼓楼医院医生威尔逊的家,日本兵多次闯入。12 月 20 日,"士兵再次闯进汉口路 5 号家中,在那里逗留了三个小时,尽管他们军方的日语布告贴在大门上,禁止他们入内。当人们力言此处没有妇女时(在地下室有几名妇女),他们走出门,看到一个女孩,就把她抓到楼上蹂躏了三个小时"。③

金陵大学是美国教会创办的学校,属美国财产,南京沦陷后,这里成为难民收容所,许多妇女在这里避难。然而日军强行闯入金陵大学,大肆强奸妇女。贝德士在致日本大使馆的抗议信中写道:"(1) 12 月 14 日——士兵撕毁美国国旗和张贴在农经系(小桃园)大门上的(日本)使馆布告,抓走教师与助手,而且不等找来钥匙就打开几扇门。(2) 12 月 15 日——上述地点士兵数次前来,从收容于此的难民身上抢走现金与其他物品,也抢走女人。(3) 12 月 15 日——在我们的新图书馆,收容了 1 500 个平民。其中有四个妇女在校园被强奸,三人被抓走,再未回来;一人被抢走,但在邻近贵馆处被日本宪兵释放……在我校农经系(小桃园)被奸污者超过 30 人,这是昨晚(15 日)不断前来的大批日军所为。我已全部核

①〔德〕约翰·拉贝:《拉贝日记》,第 208—209 页。

②〔德〕约翰·拉贝:《拉贝日记》,第 210 页。

③《威尔逊书信(日记)选译》(1937 年 12 月 15 日—1938 年 1 月 9 日),章开沅编译:《美国传教士的日记与书信》,张宪文主编:《南京大屠杀史料集》第 4 册,第 340 页。

查过此事,确知报告事项的准确。"①

　　金陵大学附属中学亦属于美国财产,国际委员会在这里设立了难民收容所。但是日军经常在这里滥施淫威,大肆强奸妇女。12月17日,金陵中学难民收容所负责人、难民区第二区区长姜正云在致菲奇的信中写道:"今天晚上,日本兵为了进一步搜寻少女,闯入了我们的宿舍。到处都充满了呜咽声。我毫无任何方法阻止她们哭泣。金陵中学是美国的财产。她们都把目光投向了美国人,希望把她们从耻辱中解救出来。"②这一天,日军在金陵中学强奸了8名妇女。

　　金陵女子神学院位于安全区内,是美国教会创办的学校。在这里,日军反复闯入校内,大肆强奸和绑架妇女。当时留在南京的西方人士记录了日军在金陵女子神学院的性暴行。贝德士在《南京一瞥》中写道:"昨夜(12月21日)七个士兵进入金陵女子神学院寻找并奸污妇女。"③菲奇在12月27日的日记中也证实:"金陵女子神学院被闯进多次,老百姓被抢劫,二十个妇女被强奸。"④

　　在西方人士的不断抗议下,日军不得不在金陵女子神学院设置了宪兵,但没有想到的是,连日军宪兵也乘机实施性暴行。"日本兵在金陵女子神学院大肆奸淫掳掠。经不断抗议之后,一队宪

---

①《贝德士致日本使馆函》(1937年12月16日—27日),章开沅编译:《美国传教士的日记与书信》,张宪文主编:《南京大屠杀史料集》第4册,第3—4页。

②《姜正云给菲奇的信件》(金陵中学12月17日),张生等编:《英美文书·南京安全区文书·自治委员会文书》,张宪文主编:《南京大屠杀史料集》第12册,第92页。

③《贝德士致日本使馆函》(1937年12月16日—27日),章开沅编译:《美国传教士的日记与书信》,张宪文主编:《南京大屠杀史料集》第4册,第8页。

④《费吴生日记》(1937年12月10日—1938年1月下旬),章开沅编译:《美国传教士的日记与书信》,张宪文主编:《南京大屠杀史料集》第4册,第79页。

兵在此驻扎。一天夜里,其中一人进入并强奸了一名妇女。"①

金女大是美国教会学校,这里是南京唯一的专门收容妇女和儿童的难民收容所,难民最多时达 1 万多人。南京沦陷后,日军不断闯入金女大校园,不仅在校园内强奸妇女,还将妇女从校园内强行掳走。

日军为了抓走在金女大难民收容所避难的妇女,不惜玩弄各种伎俩。魏特琳在 12 月 17 日的日记中记述:

> 又有许多疲惫不堪、神情惊恐的妇女来了,说她们过了一个恐怖之夜。日本兵不断地光顾她们的家(从 12 岁的少女到 60 岁的老妪都被强奸。丈夫们被迫离开卧室,怀孕的妻子被刺刀剖腹。要是有良知的日本人知道这些恐怖的事实就好了)。但愿这里有人有时间写下每一件可悲的事情,特别是那些抹黑脸庞、剪掉头发的年轻女子的遭遇。看门人说,她们从早上 6 时 30 分就开始进来了。
>
> 整个上午我都奔波于出现日本兵的大门口、小门、南山和宿舍。今天早饭和午饭时也跑了一两次。数天来,没有一顿饭不被跑来的工人打断:"华小姐,3 个日本兵进了科学楼……"
>
> ……
>
> 人群不断涌入,我们简直无法应付……下午 4 时—6 时,我接受了两大批妇女和儿童。这真是一幅令人心碎的景象,惊恐的年轻姑娘、疲惫的妇女拖儿带女,背着铺盖和衣物,拖着沉重的步履走来。我很高兴我和她们一道走,因为一路上我们遇到了好几批日本兵正在挨家挨户地搜查,他们身上背

---

① 《福斯特致妻子函》(1937 年 11 月 23 日—1938 年 2 月 13 日),章开沅编译:《美国传教士的日记与书信》,张宪文主编:《南京大屠杀史料集》第 4 册,第 109 页。

着各种各样抢来的东西。

……

　　我们吃完晚饭时,中央楼的那个男孩跑来说,校园里有许多日本兵正向宿舍走去。我看见两个日本兵在中央楼前推门,坚持要求把门打开。我说没有钥匙,一个日本兵说:"这里有中国士兵,日本的敌人。"我说:"没有士兵。"和我在一起的李先生也说了同样的话。他们打了我一记耳光,也狠狠地打了李先生,坚持要开门。我指了指侧门,把他们带进去。他们在楼上楼下到处看,似乎在找中国士兵……当我到前门时,看到一大批中国人被迫跪在路旁,包括陈先生、夏先生以及我们的一些工人在内。一名日军中士及他手下的一些人在那儿。很快,在日军的押送下,程夫人和玛丽也来了。他们问谁是学校的负责人,我说我是,然后他们让我来指认每一个人。不幸的是,有些新人是最近刚雇来帮忙的,其中有一个人看上去像是一个士兵,他被粗暴地带到路的左边,并被仔细地审查。当我来指认工人时,陈先生开口说话想帮助我,他被日本兵狠狠地揍了一顿,并被带到路的右边,强迫他跪在那里。

　　……事后我们发现了他们的计谋:把负责人困在前门,由三四个士兵假装审查和搜捕中国士兵,而其他人则在大楼里挑选妇女。当这一勾当干完后,日本兵带着陈先生从前门出去,我们肯定再也见不到他了。他们走后,我们还不敢肯定日本兵确已离开,而是以为他们还守在外面,并准备向任何敢动的人开枪。

　　我永远也不会忘记这一情景:人们跪在路旁,玛丽、程夫人和我站着。枯叶瑟瑟地响着,风在低声呜咽,被抓走的妇女们发出凄惨的叫声。当我们默默地站在那儿时,"大王"过来说，有两名在东院的妇女被抓走了。我们叫他赶快回去。我们为陈先生和其他被抓走的人祈祷，希望他们能够获释，我肯定以前从来没做过祈祷的人，那一夜也做了祈祷。①

尽管魏特琳等人全力保护在金女大避难的中国妇女，但还是不时有妇女在校园内被强奸。魏特琳在 12 月 19 日的日记中记述道："上午其余的时间，我都从校园的这边跑到另一边，把一批批的日本人赶走。我去了南山三次，然后又到校园的后面，接着又被急呼到教工楼，据说那里有两名日本兵上了楼。在楼上 538 房间里，我看见一个家伙站在门口，另一个正在强奸一名姑娘。我的出现和我手上那封日本大使馆的信使他们慌忙逃走。在我内心深处，我真希望自己有力量把他们揍扁。如果日本妇女知道这些恐怖的事情，她们将会感到多么羞耻啊！"②

金女大女舍监、魏特琳的助手程瑞芳女士在 12 月 19 日的日记中也记述："昨晚有宪兵在前面睡，晚上还是有兵进来，到五百号客厅许多人之中强奸。今日白天有两兵到五百号，房门口站一兵，里面一兵叫别人出去，留下一年轻女子强奸。"③

曾目睹日军在金女大强掳妇女的董秀英证实说："一九三八年一月，当时我住在难民区金陵女子大学内。有一天夜里十二点多钟，来了很多日本兵，到处抓妇女，抓走了三大卡车妇女，三天后才送回来，都已被日本兵强奸过了。其中有一个姑娘二十六岁，送回难民区三天后就死了。"④

---

① ［美］明妮·魏特琳：《魏特琳日记》，第 197—200 页。

② ［美］明妮·魏特琳：《魏特琳日记》，第 202—203 页。

③ 《程瑞芳日记》，张连红编：《幸存者的日记与回忆》，张宪文主编：《南京大屠杀史料集》第 3 册，第 18 页。

④ 《董秀英证言》，朱成山主编：《侵华日军南京大屠杀幸存者证言集》，第 367 页。

日军性暴行的见证人刘凤英也证实说：

> 一九三七年日军从中华门攻进城时，我们全家躲入金陵女子大学避难。女子大学由美国妇女华小姐管理，日本兵经常来难民营要花姑娘，都是华小姐出面阻拦。
>
> 在难民营里没菜吃，我母亲和一个姓殷的好姐妹一起，在乌龙潭边挑野菜，被三个日本兵拖去轮奸。我妈回来后也不说，光哭不吃饭，后来问了姓殷的，才知道她俩被轮奸的事。
>
> 当时，我们脸上涂锅底灰，披头散发，故意搞得很脏，衣服破破烂烂的，以此来逃避日本兵污辱。有一次我差点被日本兵抓走，没命的跑，躲在旧芦席里，没被日本兵找到，才免遭毒手。
>
> 有一次，我亲眼看见一姓施的姨侄女俩人，被日本兵抓去轮奸，侄女被糟蹋死了，姨妈被糟蹋致残，无法行走。①

在魏特琳和安全区国际委员会的不断抗议下，日军在金女大配置了宪兵，但这些宪兵也进入校园强奸妇女。魏特琳在 12 月 21 日的日记中记述说："早饭后我们开始收集有关昨晚 25 名宪兵所干坏事的材料（两名妇女被强奸）。但我们知道，在处理这一事件时必须小心谨慎，要讲策略，否则可能引起这些士兵的仇恨。对我们来说，这可能比我们目前遇到的麻烦更糟。"②

在日军滥施暴行时，西方人士尽可能地加以制止，但日军并不许别人干涉他们的"行动自由"，并且威胁制止他们施暴的西方人士。在金陵大学，贝德士于 12 月 18 日上午到日军强奸妇女的地方去查看时，"六个（日本）士兵向我逼近，其中一人不断手扣扳机以

---

① 《刘凤英证言》，朱成山主编：《侵华日军南京大屠杀幸存者证言集》，第 367—368 页。
② ［美］明妮·魏特琳：《魏特琳日记》，第 204 页。

手枪对着我,而我无非是客气地问他曾否在这里发现任何问题"。①
斯迈思在 12 月 22 日致家人的信中也证实:"今天克勒格尔和哈茨
在总部附近一所房子制止一个酗酒士兵抢劫和强奸,他竟然转向
克勒格尔,要把他绑起来再向他开枪! 一个中国男孩跑到总部找
费吴生,费与拉贝跟着这孩子跑去抢救。凑巧田中和一个将军巡
视安全区经过此地,过来看看是怎么回事。将军问这个士兵,他竟
说克勒格尔袭击他! 然后又问克勒格尔,克勒格尔说只是礼貌地
请他离开! 所幸哈茨没有给那人一巴掌! 将军把那人铐起来又狠
狠踢了他几脚,但又把他放了! 一副手铐、加个敬礼就是他们用来
制止强奸、抢劫和枪击的办法!"②

　　南京大屠杀期间,日军为了不让西方人士干涉自己的"行动自
由",甚至威胁和殴打美国外交官,从而引发美日之间的外交事件。
1938 年 1 月 6 日,美国驻华大使馆三等秘书阿利森返回南京,开始
调查日军对美国财产的侵害以及日军在南京的暴行。1 月 27 日,
阿利森在致美国国务卿的报告中说:

　　　　25 日我接到报告说,前一天晚上大约 11 时,带着武器的
　　日本士兵强行闯入金陵大学的农具车间,在搜查在那里的一
　　个中国人后,带走一名中国妇女。两小时后,那名中国妇女回
　　来,她报告说被强奸了三次。1 月 25 日下午,里格斯和美国教
　　授 M. S. 贝茨博士与这位妇女交谈,她说她能够辨认出自己被
　　带去的地方,原来这个地方是以前天主教神父的住所,现在被

---

① 《贝德士致日本使馆函》(1937 年 12 月 16 日—27 日),章开沅编译:《美国传教士的日
　　记与书信》,张宪文主编:《南京大屠杀史料集》第 4 册,第 6 页。
② 《史迈士致家人函》(1937 年 12 月 20 日—1938 年 1 月 9 日),章开沅编译:《美国传教
　　士的日记与书信》,张宪文主编:《南京大屠杀史料集》第 4 册,第 243 页。

日本士兵占用。我们将这一事件报告给日本大使馆。1月26日下午，一名日本使馆警察和一名宪兵身着便服来调查这件事，前往那位妇女被带去的地方，里格斯先生和我陪同他们前往，他们在询问了那里的人后，又带着那位妇女和两个中国人到那个据称发生强奸的房屋。就在那时，我们讨论里格斯先生和我是否要陪她进入房子去指认强奸她的人。由于过去有被指控干坏事的（日本）人有威胁中国人的情况，里格斯先生不愿让那位妇女独自进去。那位宪兵说我们最好不要进去，但他没有明确地说我们不可以进去。他们中的一个用力拖住那个妇女，跟她一块进入院子的大门，于是里格斯先生也跟着进去。我跟在其后，正好在大门之内，我们停步商量这个问题。正在此时，一个日本兵跑出去，怒气冲冲地用英文喊：'退出去，退出去。'同时把我推出大门。我慢慢地退出，但在我退出大门外之前，他用手捆我的脸，然后转身打了里格斯一记耳光。跟我们在一起的那位宪兵有气无力地去阻止那个日本士兵，他们中一个用日语说'他们是美国人'或是类似的含义。这时，我们在大门外的街上。当那名日本士兵一听说我们是美国人时，他气得脸发青，嘴里重复着'美国人'，并且试图去攻击里格斯先生，当时里格斯离他较近。那位宪兵阻止了他，不过，他还是扯了里格斯的衣领，有几只纽扣被扯了下来。此时，那个部队的指挥官出现了，粗暴地对我们喊叫。整个过程中，里格斯和我都没有碰日本士兵一下，除了那位宪兵外，我们没有跟日本士兵说话。①

---

① 《1938年1月28日美国国务院发布的新闻稿》，杨夏鸣编：《美国外交文件》，张宪文主编：《南京大屠杀史料集》第63册，第406—407页。

　　由上可见，日军在施暴时，根本没有将美国财产放在眼里，甚至殴打美国外交官。在日军士兵看来，在美国人的房屋中实施性暴行，与在其他地方施暴并无不同。

　　日军强奸时不分对象，下至七八岁的幼女，上至七八十岁的老妪都是他们发泄兽欲的对象。日军性暴行的目击者陈桂英证实说："记得一九三七年十二月十三日，日军侵占南京，当时我家住在鼓楼二条巷十三号。有一天一群日本兵跑到我家，抓住我三叔手要花姑娘，便在楼上楼下到处乱找，我三叔当时非常害怕，从三楼摔倒在楼下。我们邻居家有个十三岁的独生女，被日军轮奸，回来不久便死了。这里不能住了，我们就逃到金陵女子大学避难。"[1]菲奇在12月24日的日记中也记述说："今天晚间和昨晚，七个士兵在金陵女子神学院过夜并强奸妇女。几乎就在我们邻近，在我们赶往救援之前，一个12岁女孩已被三个士兵奸污，另一个受害者是13岁。"[2]贝德士在远东国际军事法庭作证时说："我不愿意重复那些偶尔出现的与这些强奸有关的虐待狂和变态行为，但是我必须告诉大家，光在金陵大学的操场上，就有一个9岁的女孩和一位76岁的老奶奶被强奸了。"[3]

　　日军在实施性暴行的过程中，连孕妇也不放过。鼓楼医院外科医生威尔逊在12月21日的日记中记述："昨天早晨，一位17岁的女孩带着她的婴儿来到医院。她在前天晚上7时30分被两个日本兵强奸，9时开始剧烈腹痛，12时，她的头胎婴儿降生了。她显

<hr />

① 《陈桂英证言》，朱成山主编：《侵华日军南京大屠杀幸存者证言集》，第364—365页。
② 《费吴生日记》(1937年12月10日—1938年1月下旬)，章开沅译：《美国传教士的日记与书信》，张宪文主编：《南京大屠杀史料集》第4册，第78页。
③ 《贝茨的证词与回答质证》，杨夏鸣编：《东京审判》，张宪文主编：《南京大屠杀史料集》第7册，第82页。

然晚上不敢外出到医院,到早晨才敢过来,那孩子看起来竟奇迹般地平安和健康。"①

　　日军在施暴时,被害妇女稍有不从或反抗,就会引来杀身之祸。许多妇女为了反抗日军的性暴行而遭杀戮,有些妇女则在被奸后又遭杀戮。贝德士证实说:"干河沿金大附中……八个妇女被强奸……三天来许多人无法睡眠,出现一种歇斯底里的恐惧。如果这种恐惧与失望导致被士兵强暴的妇女的抗拒,将要造成毁灭性的屠杀。"②菲奇在12月17日的日记中也证实:"屠杀、抢劫、强奸继续横行。粗略估计至少有成千妇女在昨天被强暴。有一个可怜的女人被强奸了37次。另一妇女有五个月的婴儿,在日军强奸母亲时婴儿被残酷闷死,因为他啼哭。抵抗就意味着挨刺刀。医院迅速挤满日军残忍和兽性的牺牲品。"③

　　南京大屠杀的幸存者李秀英因反抗日军的强暴而遭到日军的残杀,她的遭遇具有典型性。李秀英证实说:

　　　　一九三七年十二二十三日下午,日本军队一进城,就开始杀、烧、淫、掠。我的丈夫已经逃到江北乡下避难,我因有七个月身孕,行动不便,就和父亲留在城内未走,躲在五台山一所小学的地下室里。

　　　　十二月十九日上午九点钟,来了六个日本兵,跑到地下室,拉走我和其他十多个年轻妇女。我想宁死也不能受辱,急

①《威尔逊书信(日记)选译》(1937年12月15日—1938年1月9日),章开沅编译:《美国传教士的日记与书信》,张宪文主编:《南京大屠杀史料集》第4册,第339页。

②《贝德士致日本使馆函》(1937年12月16日—27日),章开沅编译:《美国传教士的日记与书信》,张宪文主编:《南京大屠杀史料集》第4册,第339页。第6页。

③《费吴生日记》(1937年12月10日—1938年1月下旬),章开沅编译:《美国传教士的日记与书信》,张宪文主编:《南京大屠杀史料集》第4册,第73页。

得没有办法，就一头撞在墙上，撞得头破血流，昏倒在地。当我醒来时，日军已经走了。后来我感到这样做没有用，我自幼跟父亲学过一点武术，可以跟他们拼一拼。这天中午，又来了三个日本兵，他们把男人赶开，把两个妇女带到另外一间屋子里，准备奸污。这时一个日军上来解我的纽扣，我看到他腰间挂着一把刺刀，我急中生智，决定夺他的刀。我趁机握住刀柄，同日军拼搏。日军见状大惊，同我争夺刀柄。我刀不能用，就用牙咬，咬住日军不放。日军被咬痛了，哇哇直叫，隔壁屋里的两个日军听到喊声，就跑过来帮助这个日军。我一人对付这三个人，没有办法，但我紧紧抓住刀柄不放，和这个日本兵在地上滚来滚去搏斗，其他两个日军就用刺刀向我身上乱戳，我的脸上、腿上都被戳了好几刀。最后，一个日军向我肚子刺来，我立即失去了知觉，什么事也不知道了。

日军走后，父亲见我已死，十分伤心。他找几个邻居在五台山旁挖了一个泥坑，把门板拆下来做成担架，抬出去准备埋葬。当他们抬出门的时候，由于冷风的刺激，我苏醒了过来，哼了一声。父亲听见了，知道我还活着，赶忙抬回家，又设法将我送进鼓楼医院抢救。第二天，我流产了。经医生检查，我身上被刺了三十多刀，嘴唇、鼻子、眼皮都被刺破了。经过七个月的医治，我才恢复了健康。①

福斯特在 1938 年 1 月 3 日的日记中也记述："当我们刚吃完饭，范传教士和保罗·董跑来说，有几个日本兵进入 17 号并且正在强奸妇女。我立即乘费吴生的汽车赶去，但这些日本兵大约在

---

① 《李秀英证言》，朱成山主编：《侵华日军南京大屠杀幸存者证言集》，第 357—358 页。

三分钟以前离开了。我们试图追踪他们但未能成功。我了解的情况如此：两个日本兵走进来自浦镇的中国牧师蒋的房间，偷走他的汗衫和一双手套。他们看到蒋太太，决定回来找她。但她设法从浴室的门逃走了。于是一个士兵跑上三楼，想强奸一个未婚姑娘。她反抗并成功地摔倒这个士兵后逃跑。随后日本兵在二楼袭击两个已婚妇女。我们把她们送到医院治疗。一个士兵用刺刀捅伤其中一个妇女和试图保护她的周太太。"①

　　一些日军在实施性暴行后又将受害者杀死，以逃避罪责。日军性暴行的目击者王桂珍证实："一九三七年十二月，日军进城开始灭绝人性的大屠杀时，我们全家躲进阴阳营难民区避难，白天就躲到美国人华小姐办的金陵女子大学内。一天傍晚，我家刚结婚才二十三天的三姑回家来，三个日本兵闯进门，将她抓走奸污杀害了，至今尸体不知下落。"②

　　马吉在致妻子的信中说："昨天在医院看到一名妇女，被砍了数刀，头都快要掉了。这名妇女同其他四名妇女一起被日本兵从金陵大学抓走，这些日本兵需要一些妇女为他们洗衣裳和服侍他们。据这名妇女说，她们中间年轻漂亮些的白天洗衣服，夜晚还要被强奸 40 次，她本人和其他一些人白天干活，夜晚要被强奸 10—20 次。有一天，两个日本兵叫她跟他们走，他们把她带到一个空房子里，在那儿他们试图把她的头割下来。她没死真是个奇迹。幸运的是没有割到要害部位。她说伤害她的人中有一些是军官。"③

---

①《福斯特致妻子函》(1937 年 11 月 23 日—1938 年 2 月 13 日)，章开沅编译：《美国传教士的日记与书信》，张宪文主编：《南京大屠杀史料集》第 4 册，第 108 页。

②《王桂珍证言》，朱成山主编：《侵华日军南京大屠杀幸存者证言集》，第 387 页。

③《马吉致妻子函》(1937 年 12 月 12 日—1938 年 2 月 5 日)，章开沅编译：《美国传教士的日记与书信》，张宪文主编：《南京大屠杀史料集》第 4 册，第 165 页。

拉贝在日记中收录了许多日军在南京性暴行的案例,其中部分案例证实了日军在实施性暴行的同时,还残害受害妇女。第 37 号案例记载:"12 月 17 日,在我的小桃园住处后面的一栋小房子里,一名妇女遭强奸并被刺伤。如果她今天能得到医治的话,或许还有救。这名妇女的母亲由于头部被击而受重伤。"①第 41 号案例记载:"12 月 17 日,一名年轻姑娘在司法部大楼附近遭强奸后被刺伤下身。"②第 117 号案例记载:"12 月 19 日,据金陵大学蚕厂的难

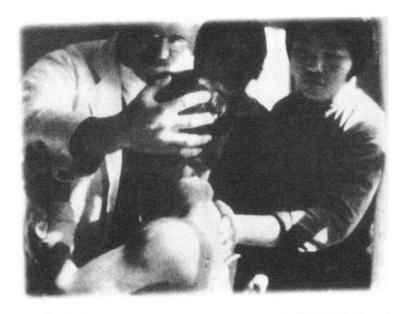

图 5-6　这名妇女和其他 5 人被从铜银巷 6 号强行带至一幢大楼里,白天要洗衣,晚上被日军奸淫,相貌平平的妇女夜间被强奸 10—20 次,年轻漂亮的则达 40 次之多。1938 年 1 月 2 日,两名日军将她带至一所空屋内,欲砍下其脑袋未遂,其颈项上有 4 处刀伤,颈部肌肉被切断,手腕有一处刀伤。后被送至鼓楼医院救治。

(耶鲁大学神学院图书馆)

---

① ② ［德］约翰·拉贝:《拉贝日记》,第 220 页。

民收容所报告,昨天晚上 8 时到今天凌晨 1 时,共有 8 名妇女被强奸,其中一人被刺刀刺伤,还有 4 名试图保护自己妻子的男子也被刺刀刺伤。"①第 118 号案例记载:"12 月 19 日晚上 6 时,颐和路 6 号,6 名妇女被 7 名日本士兵强奸,其中 2 名妇女被刺刀刺伤。"②

在日军惨无人道的性暴行中,一些妇女不堪受辱,被迫自杀。日军性暴行的目击者王兆芳证实说:"日军在南京大屠杀时,我们住在豆菜桥难民所。我表姨当时二十岁左右,被日军奸污过。第二次她又碰上日本兵,又被强奸。她实在忍受不了,就和母亲俩一起跳塘自杀。后被人救起。"③

日军第十军后备步兵团的士兵冈本健三也证实:"强奸事件也不是谣传,而是确有其事。占领南京之后,一切都乱七八糟的。登陆杭州湾后更是一点女人的气息都没有,队里又都是些年轻的士兵。上级交待过,如果干了那种事,就马上把女的干掉。用刀刺或枪杀就不用说了,听说还有被殴打致死的。我想,这是不想让别人知道是谁强奸的才下的毒手。"④

日军步兵第三十三联队第一大队士兵鬼头久二在接受调查采访时回忆:"扫荡的时候是挨家挨户进行搜查,如发现女孩子,当场就给强奸了……如果被宪兵抓住的话比较麻烦,所以就杀死了女人。"⑤日军步兵第三十三联队第三大队士兵井户直次郎在接受调

---

① ②　[德]约翰·拉贝:《拉贝日记》,第 259 页。

③ 《王兆芳证言》,朱成山主编:《侵华日军南京大屠杀幸存者证言集》,第 370 页。

④ 冈本健三:《参加杭州湾敌前登陆——士兵讲述的日中战争》,王卫星编:《日军官兵日记与回忆》下,张宪文主编:《南京大屠杀史料集》第 61 册,江苏人民出版社 2010 年版,第 640 页。

⑤ 鬼頭久二「男を殺し、女を徴発するのは兵隊の習いや」、松岡環編著『南京戦・閉ざされた記憶を尋ねて—元兵士 102 人の証言』、272—273 頁。

查采访时也回忆说:在南京,"那时也征发女人。打开屋里的衣箱盖时,发现里面藏着年轻的媳妇。因为缠足,所以逃不快,就抓住了,就地扒掉衣服强奸……干完后,对方虽说'不要',但还是对准胸口开枪杀了。这是一种默契。如果以后宪兵队来了,事情败露的话要算作罪行的,所以给杀掉了。大家都知道这个道理,所以干完就杀掉"。①

在安全区国际委员会的不断抗议与交涉下,日军派出了少数宪兵以维持安全区秩序。然而,这些宪兵形同虚设,对滥施暴行的日军士兵不闻不问。贝德士在致日本使馆的抗议信中写道:日本士兵"公然在宪兵注视下进入几处难民营搜索妇女与金钱"。② 事实上,日军宪兵不仅姑息其他日本兵的性暴行,而且自身也参与了性暴行。贝德士在致美国大使馆三等秘书阿利森的信中证实说:"昨晚四名日本人窜进附中的一间教室。他们所干坏事的细节尚不得知,因为守门人受到严重威胁。他们带走了一位姑娘。他们是宪兵,至少部分人是被派到附中门口站岗的。他们穿着中国布鞋,部分中式服装。"③贝德士在1938年1月25日致美国大使馆三等秘书阿利森的信中还报告说:

> 在全面向您报告昨天金大所发生事情之前,先给您讲上午11时一群带浅色臂章的日本兵,闯入胡家菜园11号我们农具商店的情况。
>
> 他们用枪威胁店主并搜身,然后带走一名妇女,把她强奸

---

① 井户直次郎「南京ではクーニャン探しばっかりやった」、松岡環編著『南京戦・閉ざされた記憶を尋ねて—元兵士102人の証言』、275—276頁。

②《贝德士致日本使馆函》(1937年12月16日—27日),章开沅编译:《美国传教士的日记与书信》,张宪文主编:《南京大屠杀史料集》第4册,第9页。

③《贝德士致美国使馆阿利森函》(1938年1月14日—6月16日),章开沅编译:《美国传教士的日记与书信》,张宪文主编:《南京大屠杀史料集》第4册,第20页。

了。后来有两人听说日本兵把她放了。这个妇女认为她能到被带去的那个地方,我们想尽力获得更多有用的细节。

……

林查理先生和我带着昨晚在胡家菜园 11 号被绑架的这名妇女,小心翼翼地访查了她被迫走过的路线,我们不带偏见地给她一个机会。她很清楚地指出了她被强奸了三次的建筑物。而且,她回来时走错了路,因为夜间行走看不到明显的标志……错误似乎是不可能的。这座建筑物就是这一地区宪兵的办公室,即小粉桥 32 号。①

日军在南京的性暴行持续了很长时间,直到1938 年 2 月后,日军强奸中国妇女的案件还时有发生。马吉在 1938 年 2 月 1 日致妻子的信中说:"一些日本宪兵刚才抓走了一个姑娘,她正和妹妹走在宁海路,可能由于某种原因进入位于山西路的部队驻地。这儿离国际委员会总部只隔几道门,因此史迈士赶去了(后来,克拉也去帮着翻译),在警察局没找到这个姑娘,也不知她妹妹被抓到哪个房间。我们从日本使馆叫来一些人,他们认为她会在那个房间,但还是没找到,在我们看来是太不幸了。姑娘被抓走了,但妹妹却不知抓到哪里去了。这姊妹俩闯进驻地时看到许多喝醉酒的士兵。"②

日军的性暴行集中发生在 12 月中旬至翌年 2 月间,此后日军的性暴行虽有所减少,但仍时有发生。"三月初几,在广州路口上,

---

① 《贝德士致美国使馆阿利森函》(1938 年 1 月 14 日—6 月 16 日),章开沅编译:《美国传教士的日记与书信》,张宪文主编:《南京大屠杀史料集》第 4 册,第 24—25 页。

② 《马吉致妻子函》(1937 年 12 月 12 日—1938 年 2 月 5 日),章开沅编译:《美国传教士的日记与书信》,张宪文主编:《南京大屠杀史料集》第 4 册,第 169 页。

又奸淫了一家并抢去三百元。那是一对青年夫妇,早上尚未起床,忽然来了一部汽车,停在路上,一个兽兵先进去,从梦中打醒,然后说男子是中国兵,头上脚上乱检查了一顿,结果并非军人,于是将男子赶出外面,强奸了他的妇人。"①3 月 11 日,贝德士也亲眼看见两个日本兵在金陵大学围墙连接处强奸了一名妇女。② 贝德士1938 年 3 月 20 日在致美国大使馆三等秘书阿利森的信中还写道:"昨天下午 3 时 30 分至 4 时,一名日本士兵在小粉桥 3 号小桃园强奸了一位避难的 19 岁的姑娘。士兵来去都骑着一辆带黄色标志的自行车。我 4 时到了那里。我走近士兵时,他上了刺刀,很无礼地说:'我要姑娘。'"③

南京大屠杀期间,日军在安全区内大肆强奸、强掳妇女,给南京妇女的身心造成了极大的伤害。即使几十年后,一些日军性暴行的受害妇女提及往事,仍然痛不欲生,内心承受着极大的伤痛。

二、强掳"慰安妇"

"慰安妇"是指按日本政府或军队之命令,为日本军人提供性服务、充当性奴隶的妇女,是日本军队专属的性奴隶。"慰安妇"制度是日本在侵略战争中设立的一种罪恶制度,这在世界上是绝无仅有的。日军的"慰安妇"制度,极大地伤害了被强迫女性的人格和自尊,使她们的心灵和肉体蒙受了巨大创伤和痛楚。正如学者

---

① 郭岐:《陷都血泪录》,"南京大屠杀"史料编辑委员会、南京图书馆编:《侵华日军南京大屠杀史料》,第 12 页。
②《贝德士致美国使馆阿利森函》(1938 年 1 月 14 日—6 月 16 日),章开沅编译:《美国传教士的日记与书信》,张宪文主编:《南京大屠杀史料集》第 4 册,第 25 页。
③《贝德士致日本使馆函》(1937 年 12 月 16 日—27 日),章开沅编译:《美国传教士的日记与书信》,张宪文主编:《南京大屠杀史料集》第 4 册,第 24—25 页。

所言,"慰安妇"制度是日本军国主义者违反人道主义、违反人类两性伦理、违反战争常规的制度化了的政府犯罪行为。①

日军的"慰安妇"制度虽然发端于 1932 年一·二八事变期间的上海,但最终确立是在 1937 年日军进攻南京的过程中。在日军华中方面向南京进犯的途中,相继占领苏州、无锡、广德、常州、湖州、镇江等地,日军所到之处,不仅四处"征发"粮食和物资,还大肆强奸妇女,犯下了滔天暴行。伴随着日军的性暴行,性病也逐渐在日军部队中蔓延,患病者不断增加,从而大大削弱了日军的战斗力。有鉴于此,在向南京进犯的过程中,日军中一些人认为有必要设立慰安所。日军上海派遣军司令部参谋部第一课课长兼华中方面军司令部参谋的西原一策骑兵大佐在《作战日志》中记述:1937 年 12 月 4 日,"据说第十一师团辎重队将十二三岁的少女强行带走,并在行军途中加以凌辱。根据宪兵的报告,其他类似事件还有很多,这使我感到有必要设立慰安所"。② 日军上海派遣军参谋长饭沼守也在 1937 年 12 月 11 日的日记中记载:"关于慰安设施一事,方面军来文件指示,予以实施。"③显然,设立慰安所来自日军华中方面军司令部的命令,而不是所属部队的自行决定。

在南京沦陷之初,日军尚未在南京正式设立慰安所,各部队自行设立了一些"临时"性的慰安所。没有"慰安妇",日军便强掳妇女,充当他们的性奴隶。南京沦陷后,由于日军在南京大肆强奸,大批妇女涌进了安全区避难。由于安全区外的妇女相对较少,于是日军便在安全区内大肆掳掠妇女,将她们关在房子里,供日军官兵蹂躏。

---

① 苏智良:《慰安妇研究》,上海书店出版社 1999 年版,第 13 页。

② 西原大佐『作戦日誌』(自昭和 12 年 8 月 11 日至昭和 13 年 2 月 18 日)、靖国偕行文库藏、390・28/二二。

③ 「飯沼守日記」、南京戦史編集委員会編『南京戦史資料集 I 』、153 頁。

对于日军掳掠妇女的暴行,当时留在南京的西方人士的日记、书信中均有大量记载。福斯特在致妻子的信中记述了1938年1月30日发生的事情:"我要说刚刚发生的另一件事,那个被日本人抓住当翻译的金大附中学生的妻子,或遗孀?她丈夫被一个日本领事馆警察抓去审讯,他一直没回来,我们想一定是被处决了。这位妇女准备去难民区外的一个地方买点东西,那儿被日军指定为平民居住的安全地点。但她和另外19位青年女子被路过的日军拖进一辆卡车,带进一幢军官使用的大楼。一位被迫为军官服务的中国人悄悄告诉她,她惟一逃脱的办法就是迫使自己呕吐不已,她照办了。于是她得以逃脱了比死亡更可悲的命运。"①

拉贝在日记中收录了大量日军在南京暴行的案例,并就日军犯下的暴行,向日本大使馆官员提出抗议。在拉贝收录的日军暴行案例中,不乏日军在安全区强掳妇女的案例。其中第4号案例记载:"12月15日夜晚,7个日本士兵闯进金陵大学图书馆大楼,拖走7名中国妇女,其中3名妇女被当场强奸。"②第57号案例记载:"12月16日,7名16岁—21岁的姑娘被从陆军大学的宿舍抓走,其中5个人被放了回来。根据姑娘们12月18日的报告,她们每天遭强奸6次—7次。"③第61号案例记载:"12月19日上午10时,我(斯迈思——引者注)和贝茨博士以及菲奇先生向田中先生通报完日本士兵的暴行后,去了大学附中,打算了解一下昨天夜里那个地方的情况。我们发现,昨天夜里有3名姑娘被拖走,其中的

①《福斯特致妻子函》(1937年11月23日—1938年2月13日),章开沅编译:《美国传教士的日记与书信》,张宪文主编:《南京大屠杀史料集》第4册,第123页。

②[德]约翰·拉贝:《拉贝日记》,第187页。

③[德]约翰·拉贝:《拉贝日记》,第223页。

一名在门房就遭到了 3 个日本士兵的轮奸。"①第 121 号案例记载："12 月 20 日晚上 8 时—10 时，日本士兵 3 次来到设在金陵女子神学院的难民收容所，每次都强行拖走 3 个姑娘。"②第 122 号案例记载：在金陵女子神学院难民收容所，"12 月 21 日，早上 8 时来了 7 名日本士兵，要求提供 45 名苦力和姑娘。下午 2 时，来了 4 名日本士兵找姑娘。下午 3 时 30 分，来了 6 名日本士兵和 1 名军官，强迫我们向他们提供 10 名姑娘，结果他们抢走了 4 名姑娘。"③第 196 号案例记载：1938 年 1 月 19 日，"日本领事馆警官高玉来到大学附中物色 6 名洗衣女工。同往常一样，他被告知，如果有妇女自愿报名，我们没有意见。可高玉提出，只有年轻妇女才在考虑范围之内。当被问及为何要年轻妇女而不是更适于洗衣的其他人时，答复是：她们还得长得漂亮"。④

拉贝在日记中收录的日军强掳妇女充当"慰安妇"的暴行中，有两例由鼓楼医院外科医生威尔逊提供的案例最具代表性，其中第 178 号案例如下：

1938 年 1 月 3 日，一名现安置在大学医院的妇女报告说，1937 年 12 月 30 日她同其他 5 个妇女一起被从铜银巷 6 号骗出去，据说是为给日本军官洗衣服，日本士兵把她们带到西郊的一所屋子，她们根据情况判断认为是一所日本军队医院。在这里，白天她们的确必须洗衣服，而每到晚上她们都要被反复强奸，年纪大些的妇女一个晚上被强奸 10 次—20 次，而年

① ［德］约翰·拉贝：《拉贝日记》，第 224 页。
② ［德］约翰·拉贝：《拉贝日记》，第 259 页。
③ ［德］约翰·拉贝：《拉贝日记》，第 260 页。
④ ［德］约翰·拉贝：《拉贝日记》，第 502 页。

轻漂亮一点的妇女则被强奸多达 40 次。1 月 2 日,两个日本
士兵把我们的女病人拖到一所偏僻的校舍,用刺刀总共戳了
她 10 下,4 刀戳在她的脖颈上,脖颈肌肉直至脊椎被戳穿,一
刀戳在手关节上,一刀戳在脸上,4 刀戳在背上。这个妇女虽
然预计会康复,但脖颈却不能弯曲了。这两个日本士兵以为
她死了便弃置了她。但是她被别的日本士兵发现,他们看到
她的惨状便把她送到几个中国朋友那儿,这些中国人后来把
她送到了医院。(威尔逊大夫)[1]

另一典型案例为第 211 号:

(1938 年)1 月 25 日下午,鼓楼医院收治了一名中国妇
女。夫妇 2 人住在难民区圣经师资培训学校附近的一个草棚
里。12 月 13 日,日本兵带走了她的丈夫,她被带至城南某处,
并拘禁在那里。她每天被强奸 7 次—10 次之多,只有夜间才
让她睡一会儿。可能因为她已患病,情况很糟,5 天前被放回。
她已身染 3 种性病:梅毒、白浊和下疳,这几种病非常厉害,极
易传染,她在短时间内便患上这些疾病。她在获释之后立即
回到了安全区。(威尔逊)[2]

日军经常闯入金女大难民收容所,强掳妇女。1937 年 12 月 17
日,日军假借搜捕中国军人,进入金女大校园搜查,将魏特琳等人
困在学校大门口,而更多日军乘魏特琳等人无暇他顾时,从校园后
面翻过篱笆进入校园,抓走了许多妇女。[3]

魏特琳在 12 月 24 日的日记中记述:"10 时,我被叫到我的办

①　[德]约翰·拉贝:《拉贝日记》,第 341 页。

②　[德]约翰·拉贝:《拉贝日记》,第 542—543 页。

③　[美]明妮·魏特琳:《魏特琳日记》,第 197—200 页。

公室,与日本某师团的一名高级军事顾问会晤,幸好他带了一名翻译,这是日本使馆的一名年长的中国翻译,他要求我们从 1 万名难民中挑选出 100 名妓女。他们认为,如果为日本兵安排一个合法的去处,这些士兵就不会再骚扰无辜的良家妇女了。当他们许诺不会抓走良家妇女后,我们允许他们挑选,在这期间,这位顾问坐在我的办公室里。过了很长时间,他们终于找到了 21 人。日本人认为,姑娘们听到这一消息后会躲起来。许多姑娘来问我,日本人会不会从她们中间再挑选另外 79 名？我所能回答的是,如果我能阻止的话,应该不会。"①

　　为了躲避日军的性暴行,许多妇女不得不躲避于安全区内的各难民收容所。日军为了挑选和强掳"慰安妇",采取各种卑鄙的手段。从 1937 年 12 月下旬开始,日军对南京的难民进行所谓"良民登记",其目的一是继续搜捕放下武器的原中国军人,另一个卑鄙目的就是乘机挑选和掳掠年轻妇女。当时被困在南京,目睹日军进行"良民登记"的军医蒋公穀记述了 1938 年 1 月 4 日难民登记的情形:

　　　　新年一过,敌又开始办理登记,我欲完成我的实地观察起见,乃继续前去。晨五时许,即赴宁海路,鹄立等待,至十时左右挨进阴阳营转角的觉园。该处本有两个院落,中间隔以竹篱,只见广场四周围以木栅,限止进出,犹如牛牢、马栏、猪圈,场内敌酋三五成群,蹀躞往来,或围坐方桌,焚柴取暖,木栅每一转角间,都派驻敌兵,贼头贼脑,心怀叵测地注视着。可怜我成万的男女民众,都面带愁容,于北风凛冽中,强迫每四人一排,依次向指定之木栅挨行。广场周围,行经转角处,由敌兵发一小纸条,到广场敌酋围坐之桌前,再依次出示小纸条,

---

① [美]明妮·魏特琳:《魏特琳日记》,第 209 页。

换发证书。如举止间稍有疏忽,鞭鞑立至。有被其视为形迹可疑的,立令站出,随即架去,生死莫名。

　　囚首垢面的女子,不论老幼,同样的四人一排,在木栅内挨行,行经转角处,凡稍具姿色者,立被敌兵指出,逼令鹄立木栅外的广场中,缩瑟之状,惨不忍睹。集有成数,即派卡车一车一车的载去,不知何往。唉,如此惨酷,岂止侮辱女性,真是比奴隶牛马还不如了呀!①

参与南京大屠杀的原日军官兵的供词和回忆中,也有大量日军在安全区掳掠妇女充当"慰安妇"的记载。原日军第十六师团步兵第三十八联队士兵东口义一在供词中说:"1937 年 12 月 14—16 日,在南京城中,小队长市川中尉集合下士官召开会议,为了在会后的会餐会上将中国妇女作为小队的慰安妇,对村田军曹做了指示。为此,村田军曹指挥 10 名士兵,侵入宿舍附近的中国民房,谎称让妇女洗衣服,抓了 10 名妇女,投入宿舍地下室,在枪刀监视下,强制地由小队全员 60 人进行了轮奸。我对 25 岁和 30 岁左右的中国妇女进行了两次轮奸。宿舍变动时,把她们留在那里而离开了。"②

原日军第十六师团步兵第三十三联队第二大队士兵井上益男回忆说:"南京陷落后,我进入金陵女子大学警备。警备有 10 人,实行一周交接制。女子大学是专门收容女人的避难所。那里经常有日本的军官过来说'进去一会儿',就进校舍带走女孩子了……

---

① 蒋公毅:《陷京三月记》,张连红编:《幸存者的日记与回忆》,张宪文主编:《南京大屠杀史料集》第 3 册,第 69 页。
②《东口义一笔供》(1954 年 8 月 21 日),朱成山主编:《侵华日军南京大屠杀外籍人士证言集》,第 362 页。

经常出入校园的不仅是第三十三联队的，还有第九师团和第十六师团步兵第三十旅团的。他们是开着卡车来的。白天不怎么来。一天大概来两三趟。每次来的包括军官有四五人，其中三人拿着枪。也有的时候一天来五六辆车，一车大概装 20 个女孩子……被送回来的姑娘是很少的。"①

　　原日军第九师团步兵第三十六联队本部士兵森田太郎于 2001 年 1 月接受调查采访时也回忆说："征发姑娘我们也干了……说是去征发食品，其实就是食品和姑娘一起找……也有的分队把女孩子拉过来私自设立了慰安所。基本上一个大队有 10 个左右的姑娘。"②

　　日军不仅强掳妇女充当"慰安妇"，而且还先后在南京开设了许多慰安所。斯迈思在 1937 年 12 月 24 日致家人的信中写道："住房委员会委员许先生刚刚进来。红卍字会正着手和日本人一起建慰安所，以满足日本士兵和军官而不必危及私人住户！上周六贝茨就暗示过此事，当时林查理吃惊不浅。许先生说他们准备建两个分部：一个在鼓楼火车站以北供普通士兵使用，一个在新街口以南，供军官使用，全是营业性的。"③

　　有资料显示，日军不仅在南京开设慰安所。而且还将慰安所开设在安全区内。铁管巷位于中山路西侧、汉中路北侧，在安全区范围之内。日军占领南京后不久，即在铁管巷四达里开设了"上军南部慰安所"。山西路同样位于安全区之内，日军在山西路口也开

---

① 井上益男「金陵女子大から女の子がトラックで連れ去られた」、松岡環編著『南京戦・閉ざされた記憶を尋ねて─元兵士 102 人の証言』、298─299 頁。

② 森田太郎「女の子をひっぱって中隊の私設慰安所に入れた」、松岡環編著『南京戦・閉ざされた記憶を尋ねて─元兵士 102 人の証言』、330 頁。

③《史迈士致家人函》(1937 年 12 月 20 日─1938 年 1 月 9 日)，章开沅编译：《美国传教士的日记与书信》，张宪文主编：《南京大屠杀史料集》第 4 册，第 248 页。

设了"上军北部慰安所"。①

贝德士就日军在南京开设慰安所还专门写了新闻发布稿《妓院是"东亚新秩序"的政治工具——皇军在被占领的首都大街上肆意行恶》："海报照片代表装点南京街道之一种象征模式。这种特殊招贴有两大张展示于中山北路,离广场不远。经调查属实,它正对着一所规模很大的女子学校,也靠近宪兵司令部。南京居民常常回想,在国民政府治理下,这里是不允许有有伤风化的淫秽展示的,市政当局严禁各种恶行。现在他们正在了解日本首相声明的意义,他的国家'必须尽最大努力把中国提升到日本的文化水准'。甚至连海报的语言都是中日淫秽的混合物,令每个有教养的中国人作呕,同时又是对于受过某些教育的普通日本人的冒犯。"日军在中山北路张贴的慰安所海报上写着:"支那美人 兵站指定慰安所第四日支亲善馆,沿此河前方 600 米。"②

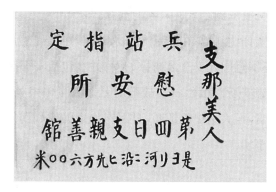

图 5-7　日军慰安所广告

(耶鲁大学神学院图书馆)

① 苏智良:《慰安妇研究》,第 118 页。

② 贝德士:《关于"慰安妇"的新闻发布稿》,章开沅编译:《美国传教士的日记与书信》,张宪文主编:《南京大屠杀史料集》第 4 册,第 36 页。

　　一些原日军官兵在接受调查采访时也纷纷讲述了日军在南京设立慰安所的情形。原日军第十六师团步兵第三十三联队第三大队的伍长井户直次郎于 2000 年 5 月接受调查采访时说:"大部分的部队都带着被称为'慰安妇'的约 30 名妇女一起行动。几乎都是朝鲜妇女。我们部队也设置过慰安所。不是设在中队,而是设在野田部队的联队里。在南京(驻屯地)的光华门附近也设置了慰安所。"①

　　日军第十六师团步兵第三十三联队第一大队士兵林正政义于1999 年 1 月接受调查采访时说:"慰安所嘛,有的,就是把(中国)居民的女儿集中起来,还有从朝鲜带来的'慰安妇'……目睹过年轻的士兵在慰安所排队等候的情景。我们所到之处都有慰安所。"②

　　日军南京第二碇泊场司令部的士兵坂田贞一在接受调查采访时也说:南京"慰安所很早就有了……下关有 2 处,城里有 10 处或12 处,对岸的浦口也有三四处……下关的慰安所里朝鲜人比较多,中国人从十二三岁到二十五六岁的都有。"③

　　大量事实证明,日军在南京大屠杀期间,在大规模强奸中国妇女的同时,还肆意闯入安全区掳掠妇女,并在包括安全区在内的南京多地开设慰安所。虽然日本战败时日军大量销毁档案文件,以逃避战争罪责,但大量史料证明,日军在南京强掳妇女并开设慰安所是不争的事实。

---

① 井户直次郎「南京ではクーニャン探しばっかりやった」、松岡環編著『南京戦・閉ざされた記憶を尋ねて―元兵士 102 人の証言』、276 頁。
② 林政義「慰安所には兵隊が並んでいた」、松岡環編著『南京戦・閉ざされた記憶を尋ねて―元兵士 102 人の証言』、311 頁。
③ 坂田貞一「南京城内には十か所ほど慰安所があった」、松岡環編著『南京戦・閉ざされた記憶を尋ねて―元兵士 102 人の証言』、308 頁。

第三节　抢劫与纵火

一、抢劫难民

日军占领南京后,在安全区内大肆屠杀和强奸的同时,还进行大规模的抢劫。"暴敌非但屠杀纵火奸淫,且复纵兵为盗,任意抢劫……自敌军进城后,一个月内每日有大批卡车满载器物向下关驰去,自系以车船运走,并闻所以红木家具亦均载运殆尽,较珍贵物品更早被席卷而去矣。难民区外财物既全抢尽,敌兵又假借检查名义闯入难民区内,翻查衣箱。当时区内难民恐慌异常,然一般赤手空拳之难民,对此暴举固无法制止,敌兵检查时每遇珍贵物品即强行取去,旋更进一步检查衣装,因此每人所有钞票及财物亦皆被夺无存。无抵抗的难民遭此浩劫既已不幸,同时外人财产亦竟不免。"①

南京沦陷后,难民成为日军的抢劫对象。由于安全区集中了大量难民,于是日军不断在安全区进行抢劫,除了挨家挨户进屋抢劫外,日军还以搜查"败残兵"为名,对难民进行搜身,乘机抢劫财物。

金女大舍监程瑞芳在日记中记述,1937 年 12 月 16 日上午 8 时 30 分,日本士兵进入金女大搜查,声称要找"中国兵",而校园内并没有"中国兵",因此在魏特琳的应对下,日本士兵离去。不久,又一批日本士兵闯入校园,遇见了魏特琳的助手李先生,就搜了李先生的身,不仅抢去了 50 元钱,还打了李先生一记耳光。同一天,金女大 700 号楼管理员也被日军抢去 10 元钱,同时还抢去学校饲

---

① 佚名:《失守后的南京》,"南京大屠杀"史料编辑委员会、南京图书馆编:《侵华日军南京大屠杀史料》,第 152 页。

养的鸡。①

　　当时未及撤离，被困在南京的军医蒋公穀在《陷京三月记》中写道：12 月 14 日，"闻说难民区外屠杀的情形，残酷极了；区内于昨天起，也已开始了抢劫"；16 日，"今天是首都沦陷后的第四日，听说敌人的暴行益发狂肆，情形愈来愈恶劣了。难民区内的每一住宅，敌人日必进出七八次，劫掠复劫掠，后来的如搜劫不到什么物品，便将箱笼捣毁"。②

　　曾任南京某文化机关职员的李克痕，南京沦陷时被困在南京，目睹了日军的抢劫暴行："抢掠，这也是敌人的拿手好戏。入城后，挨家搜索，翻箱倒笼，凡稍值钱的家用什物，或完好的衣服被褥，亦被枪去，敌人用卡禁〔车〕装载不知运往何处。不过两天光景，难民区以外各处，被抢一空，于是敌人便设法到难民区内抢劫。敌人狡猾多端，宣称以检查逃兵为口实，闯入难民区，经〔遭〕国际救济委员坚决反对，但敌人对国际公法一向漠视，也不能制止敌人的疯狂行为。他那〔哪〕里是检查逃兵？只是检查衣箱，遇有贵重物品，即行掳去，我同胞只有忍气吞声任其抢劫。敌人又想出抢劫的妙法，在路上以检查行人为名，搜索行人衣装，于是我同胞所有之钞票及其他贵重物品，尽被掳去，即或有稍美好之衣服，亦被强行剥去，想起敌人这种卑鄙行为，真令人痛恨。"③

　　一些日军抢劫暴行的受害者也纷纷揭露日军在安全区内的抢

---

① 参见《程瑞芳日记》，张连红编：《幸存者的日记与回忆》，张宪文主编：《南京大屠杀史料集》第 3 册，第 13—14 页。

② 蒋公穀：《陷京三月记》，张连红编：《幸存者的日记与回忆》，张宪文主编：《南京大屠杀史料集》第 3 册，第 60—61 页。

③ 李克痕：《沦京五月记》，张连红编：《幸存者的日记与回忆》，张宪文主编：《南京大屠杀史料集》第 3 册，第 506 页。

劫暴行。早在抗战刚刚胜利之时，许多日军抢劫的受害者即向南京市政府呈文，控诉日军的抢劫暴行。徐兆彬在1945年9月22日致南京市政府的呈文中称："窃民于民国七年时，曾在南京汉口路六号（原薛家巷十七号）开设徐复兴牛乳厂，并设饲牛场于金银街二十二号，向称乐业。自民国二十六年冬季，日军攻陷南京，民当时父亲老病，儿子幼小，又因饲牛场处于难民区内，不疑有他，故未逃避。讵料日军于进城后之第九日，有中岛部队者将民所饲养之荷兰种乳用牛三十二头（计大牛十八头，中等牛八头，小牛六头，内中有一条雄牛，余下皆为雌牛）及喂牛用之干草二百担，全部抢去。"①

南京大屠杀亲历者廖萍证实说："一九三七年南京沦陷时，我十三岁，当时住在难民区五台山村……沦陷后十天左右，日军闯入我们院内，到我家抢走十块银钱，一支金笔。"②

当年被日军抢劫的受害者江凤生证实说："我家原住邓府巷，民国二十六年冬天，日军侵占南京前夕，迁居到干河沿。我们一家和同院的大约有十二三人住在一起。有一天，只听到炮声隆隆，大门紧闭着，谁也不敢出去，后来听说广州路都挂了太阳旗，才知道日本兵进了城。有一天，日本兵冲进了我们的住所，同院的男人们招呼妇女赶快躲起来，日本兵对每个人都进行搜身，我的自来水笔和同住的上海人身上的钱都被他们抢走了，日本兵还说：'支那的钱大大的好！'我们住在干河沿，人身安全没有保障，于是同院人一起商量，到金陵中学难民区去避难。"③

日军在抢劫的同时，为了搬运抢劫来的物品，经常抓中国人为

①《徐兆彬为其牛奶场被日军抢劫一空致南京市政府的呈文》（1945年9月23日），中国第二历史档案馆、南京市档案馆编：《侵华日军南京大屠杀档案》，第440页。
②《廖萍证言》，朱成山主编：《侵华日军南京大屠杀幸存者证言集》，第392页。
③《江凤生证言》，朱成山主编：《侵华日军南京大屠杀幸存者证言集》，第400—401页。

他们搬运赃物。据史料记载:"倭兵抢夺物件后,必令我国人民代为搬运,遇有穿长衣之人,更喜拉去,见其无力抬扛之状,故意取乐,如稍露不豫之色,即鞭挞随之,人民皆饮泣吞声,有冤莫诉。"①大屠杀幸存者郑仪在接受调查采访时说:"一九三七年十二月十三日南京沦陷时,我到阴阳营避难。第二天,日军对难民区进行搜查,抢劫、杀人放火。当时我被日军抓去为他们抬东西,抬的东西都是从老百姓家里抢来的。我抬着东西跟日军走,从大方巷、鼓楼、玄武门一路上,看到隔几尺远就是一个死尸。铁路、马路口死尸遍地,令人恐惧。然后,又从中央门、珠江路、香铺营到日军驻地,一路经过时,都被日军搜身,并用刺刀吓我们。我们一起抓来的人被带到白门桥炒货店,把抢来的花生米抬回日军驻地,还强迫我为他们做饭。"②另一位曾被迫为日军搬运赃物的王又林证实说:"十二月十八日,我在难民区被日军抓去,当时日军抢了好多东西,抓我去替他们背东西。从芦席营到丁家桥,我看见日军也是挨家挨户搜查,见什么抢什么,抢空后再放火把老百姓的房子烧掉。"③

　　马长发的父亲当年是南京的一位人力车夫,马长发在接受调查采访时述说了他父亲的经历:"我小时候靠父亲拉黄包车、踏三轮车度日。一九三七年冬月日军侵占南京城,把我父亲抓去替他们拖东西。日本兵一路上挨家挨户翻箱倒柜,见什么就抢什么,抢来的东西就放在我父亲的车子上,叫他拖。后来不知为什么把我父亲绑在挹江门一棵树上,把他打得头破血流,一连绑了好几天,每天只给一个饭团吃。"④

----

① 寿田:《沦陷后之南京》(下),《警察向导》第 1 卷第 3 期,1938 年 9 月 7 日,第 44 页。
②《郑仪证言》,朱成山主编:《侵华日军南京大屠杀幸存者证言集》,第 395 页。
③《王又林证言》,朱成山主编:《侵华日军南京大屠杀幸存者证言集》,第 397 页。
④《马长发证言》,朱成山主编:《侵华日军南京大屠杀幸存者证言集》,第 397 页。

当时留在南京的西方人士也记录了日军强迫中国人为其搬运赃物的情形。贝德士记述："日军保留一些男人，带到其他地方去充当抢劫物品与装备的临时搬运工……日本士兵需要各自的挑夫帮助他们搬运大量赃物艰难行进。"①贝德士在致日本外交官福田笃泰的信中也指出：12 月 21 日，"我亲自掌握今天下午五起士兵抢走食物与卧具的案例，通常需要难民作为劫掠物品的搬运者"。②

一些被日本兵抢劫、强奸的难民，不堪忍受日军的暴行，向安全区国际委员会求救。12 月 18 日，住在广州路 83 号和 85 号的 540 名难民向安全区国际委员会发出求救信，全文如下：

致南京难民区国际委员会

南京

我们这些签署本信的 540 名难民被安置在广州路 83 号和 85 号，拥挤不堪。

从本月的 13 日到 17 日，我们的房子多次遭到三五成群的日本士兵的搜查和抢劫，今天日本士兵又不断地来抢劫。我们所有的首饰、钱财、手表和各类衣物都被抢劫一空。每天夜里都有年轻妇女被抢走，日本人用卡车把她们拉走，第二天早晨才放她们回来。到目前为止，有 30 多名妇女和姑娘被强奸。妇女儿童的呼喊声日夜不绝于耳。这里的情况已经到了

---

① 贝德士：《南京一瞥》(1937 年 12 月 15 日)，章开沅编译：《美国传教士的日记与书信》，张宪文主编：《南京大屠杀史料集》第 4 册，第 2 页。

② 《贝德士致日本使馆函》(1937 年 12 月 16 日—27 日)，章开沅编译：《美国传教士的日记与书信》，张宪文主编：《南京大屠杀史料集》第 4 册，第 7 页。

语言无法形容的地步。请救救我们！

难民

1937 年 12 月 18 日于南京①

当时留在南京的西方人士也以大量笔墨记录了日军在安全区的抢劫暴行。菲奇在日记中写道："日本人把法学院和最高法院抢空了……向难民索取金钱，把能找到的任何财物从他们身上取走，甚至连他们最后一点卧具也不放过。"②

魏特琳也记录了日军在安全区的抢劫暴行："警察治安工作逐渐加强，但仍不足以阻止这个城市的违法案件发生。军队劫掠仍在持续，但形式多少不同于以前。贫苦百姓仍旧被剥夺了铺盖和钱财，甚至连几个铜板也不能逃过，从前小康人家的房子在安全区是很安全的，现在，地毯、收音机和家具都被劫走。"③

魏特琳在 1937 年 12 月 27 日的日记中又写道："现在，日本兵抢劫时动用卡车，大的东西，如床和地毯等都用卡车装运。他们说这些脏物被送到溧阳。今天早上，一位妇女来说，抢劫仍在私人家中进行，而且连一个铜钱这样的小钱也不放过。"④

贝德士在远东国际军事法庭作证时也指出："在占领初期，我们粗略地估计大约 5 万士兵从难民手中抢劫了大量的被褥、炊具和食品。事实上，在日军占领的前 6—7 个星期的时间里，这座城市里每一幢建筑都被四处游荡、成群结队的士兵无数次地掠夺过。

① ［德］约翰·拉贝：《拉贝日记》，第 212—213 页。

② 《费吴生日记》(1937 年 12 月 10 日—1938 年 1 月下旬)，章开沅编译：《美国传教士的日记与书信》，第 72 页。

③ 华群：《作为难民营的金陵女子文理学院》(1938 年 1 月 4 日—3 月 31 日)，章开沅编译：《美国传教士的日记与书信》，张宪文主编：《南京大屠杀史料集》第 4 册，第 325 页。

④ ［美］明妮·魏特琳：《魏特琳日记》，第 212—213 页。

有时，这种抢劫是经过精密组织、系统地进行的，在军官的指挥下使用了大量的军用车辆。"①

　　日军占领上海后，为了追击向南京撤退的中国军队并攻占南京，不顾粮秣补给跟不上的现实，快速向南京进犯。为了解决粮食问题，日军采取就地"征发"的措施加以解决。所谓"征发"，实际上就是抢劫当地居民的粮食。日军占领南京后，粮食仍然是其抢劫的主要物资。1937 年 12 月 15 日下午 4 时，在金女大门口附近，一辆载有大米的卡车被日本士兵抢走。② 12 月 17 日和 18 日，日军分别从陆军大学难民收容所抓走 26 名男子和 30 名男子，并抢走了现金、行李、一袋米和 400 套医院的被褥。③ 12 月 24 日，日本士兵多次闯入金陵女子神学院难民收容所，抢走了难民的衣服、钱和食品。④

　　日军第十六师团步兵第三十八联队第一大队士兵河合锦一于 2000 年 8 月接受调查采访时，也述说了日军抢劫食物的情形："在南京，从和平门进城的时候，城内已经很荒凉了，房子里也空无一物。因为食品没有运来，就闯入民宅，偷鸡偷猪。士兵也如同小偷一样。因为我们天天出去征发，所以都知道吃的东西放在哪里。"⑤

　　拉贝位于小桃园的住宅收容了许多难民在此避难，最多时超

---

①《贝茨的证词与回答质证》，杨夏鸣编：《东京审判》，张宪文主编：《南京大屠杀史料集》
　　第 7 册，第 82 页。
②《南京安全区档案》，张生等编：《英美文书・安全区文书・自治委员会文书》，张宪文
　　主编：《南京大屠杀史料集》第 12 册，第 277 页。
③《南京安全区档案》，张生等编：《英美文书・安全区文书・自治委员会文书》，张宪文
　　主编：《南京大屠杀史料集》第 12 册，第 296 页。
④《南京安全区档案》，张生等编：《英美文书・安全区文书・自治委员会文书》，张宪文
　　主编：《南京大屠杀史料集》第 12 册，第 310 页。
⑤ 河合錦一「兵隊もドロボウと一緒ですわ」、松岡環編著『南京戦・閉ざされた記憶を
　　尋ねて—元兵士 102 人の証言』、345—346 頁。

过 600 人。日本兵不断闯入拉贝住宅抢劫难民。当拉贝在家时，日军的暴行往往被制止，而拉贝不在家时，侵入拉贝住宅的日本兵便肆无忌惮，大肆抢劫难民。拉贝在 12 月 18 日的日记中记述："今天的情况比昨天还要糟糕。今天从一大清早我就开始驱赶爬越围墙的日本士兵。有一个日本士兵开始的时候拔出刺刀朝我逼来，但是当他明白过来站在他对面的是一个德国人的时候，他便迅速把刺刀收了回去。只要我本人在家，情况就还过得去……当我回到小桃园的时候，一个士兵正打算闯进我的家……我们正准备走的时候，韩先生过来告诉我说，我不在的时候，一个闯进我家的日本士兵对他进行了抢劫。"①

日军抢劫时不分对象，甚至连日军扶植成立的伪南京市自治委员会会长陶锡三的家也去抢劫。菲奇报告说：1937 年 12 月 19 日"下午 3 时 30 分，一些醉酒的日本士兵闯进红卍字会主席陶先生位于莫干路 2 号的家，撬开了几个箱子。我和施佩林先生及时赶到，制止了进一步的掠夺。"②

为制止日军的暴行，安全区国际委员会不断致函日本大使馆，就日军的暴行提出抗议。在国际委员会的抗议信中列举了大量日军的抢劫暴行。现列举抢劫难民的部分暴行如下：

> 12 月 14 日夜晚，安全区第二区的全体居住人员被赶出房子，然后被洗劫一空。第二区区长本人被日本人抢劫过两次。
>
> 12 月 14 日，30 名显然没有军官带队的日本士兵搜查了大学医院和女护士的寝室，医院的职员们遭到了有组织的抢

①〔德〕约翰·拉贝：《拉贝日记》，第 200 页。
②《南京安全区档案》，张生等编：《英美文书·安全区文书·自治委员会文书》，张宪文主编：《南京大屠杀史料集》第 12 册，第 297 页。

劫。被偷走的物品有：6 枝自来水笔、180 元现钞、4 块表、2 卷医院的绷带、2 只手电筒、2 双手套和 1 件毛线衣。

昨天，即 12 月 15 日，不论是收容所、公共场所，还是大学建筑物内，从各个方面都传来报告，日本士兵在各个地方强行闯入，多次抢劫中国难民。

12 月 16 日，日本士兵从红卍字会（中国的一种慈善机构，类似于德国和美国的红十字会）粥厂的役工手中抢走了一个用来烧饭的铁锅，并将锅中的米饭倒在地上。

12 月 16 日，日本士兵偷走阴阳营徐氏奶场的两头奶牛并抓走两名男子。

12 月 18 日 17 时，10 名日本士兵偷走了我们医疗站 100 名难民和职员以及医疗站站长马森（音译）先生的所有铺盖用品和其他财产。

12 月 18 日，在宁海路，日本士兵抢走了一个中国小男孩的半桶柴油，将他殴打一顿，并强迫他为他们拎这个桶。日本士兵在平仓巷 6 号偷走了一头猪。另外 5 名日本士兵赶走了一批小马。

12 月 20 日，阴阳营 47 号的房子被抢劫 7 次，一大批珍贵物品被盗走，昨天日本士兵再次闯进，偷走了 3 元钱，并找寻妇女。幸好没有发生强奸事件，但是房子里的所有住户均遭到抢劫。自那以后，就再也没有人敢在这栋房子里逗留较长时间了。

12 月 20 日，2 名日本士兵今天从金陵大学红卍字会粥厂的会计处抢走了 7 元钱。

12 月 20 日夜间，安全区分区负责人在北平路 60 号的地方（中英文化协会附近）遭抢劫，其恶劣程度前所未有。

12 月 21 日下午 3 时 30 分，施佩林被叫到颐和路 19 号，在那里他看见了 2 个正在抢劫的日本士兵。施佩林走进房子后,日本士兵扔下了他们抢夺的东西逃走了。

12 月 20 日下午 4 时,4 名武装日本士兵闯入第六区的房管处办公室,偷走了衣物。离开房子时,他们强迫一名佩戴安全区袖标的工人为他们拿抢来的东西。

12 月 19 日凌晨 3 时,日本士兵扯下委员会的牌子,从门窗强行进入普陀路 7 号和 9 号无人居住的楼上和楼下的房间,抢走了一部分属于房主的东西。上午 10 时,又有 4 名士兵对这几间房子进行了搜查,他们把凡看得上眼的东西全拖走了。

12 月 21 日下午,莫干路 6 号的房子遭到 2 名日本士兵的洗劫。

12 月 21 日下午 6 时,4 名日本士兵抢劫了宁海路 40 号的房子。

12 月 22 日上午 9 时—下午 1 时,普陀路 7 号的房子 3 次被抢劫,每次有 3 名—4 名日本士兵参与抢劫。国际委员会的 7 块牌子被扯掉。

12 月 22 日下午 1 时,8 名日本士兵爬过院墙进入宁海路 25 号,偷走的各种手表、钱财等价值约 40 多元,还有 2 辆自行车。

12 月 22 日下午 2 时—4 时,闯进一些士兵,抢走了 11 条被子和较大一笔钱,总共约 100 元。

12 月 25 日,日本士兵从金陵大学胡家菜园 11 号的院子里偷走 2 头水牛。

12 月 27 日下午,在宁海路 33 号我们的住宅里,闯入 3 个日本士兵,他们砸开了 6 只箱子,劫走了一些贵重物品。所有这些物品都是我的雇主陈先生的。

(1938 年)1 月 30 日 19 时,一个日本士兵持手枪闯进上海路 115 号,抢走现金 12 元。

2月1日中午,在颐和路东头站岗的2个哨兵翻查沈先生的口袋,抢走了6元钱。

2月1日下午5时许,刘先生在古林寺附近琅玡路,被4个日本士兵抢走了370元钱。

2月1日中午时分,张先生在古林寺附近被日本士兵抢走了8角钱。(这些在安全区西部发生的事件表明,这些农民每天上下工要克服多大困难。)

2月1日,在华侨路的一条小巷里,日本士兵抢走了张青梅(音译)7.90元和30枚铜板。

1月29日,在三省里,3个身带匕首的日本士兵向刘品源(音译)索要钟表和钞票。

1月30日上午11时,两个日本士兵闯进高家酒馆苏先生家,他是1月25日刚搬到这里的。日本士兵向他要姑娘,遭到拒绝,他们就用刺刀胁迫他,抢走了他的手表和一枚金戒指。①

日本方面的许多史料也记述了日军在南京的抢劫暴行。日军第十六师团步兵第二十联队上等兵牧原信夫在 1937 年 12 月 22 日的日记中写道:"为了给中队长征发东西,我和关本二人吃完午饭后就出发。进到前日去过的杂货店里去看了看,里面几乎什么都没有。只拿了信封。大约一个小时后回来。在途中,遇到了《每日新闻》报社驻南京的通讯员志村君。此人住的地方很漂亮,但他说18日之前什么东西都没有,有二、三天不在家的时候,从澡盆到被子,东西全被抢光了,所以这会儿正在找被子。我们笑道:士兵要

---

① 参见[德]约翰·拉贝《拉贝日记》。

是不进入民家征发适当的东西的话，就没法打仗了。"①

　　小俣行男是日本随军记者，他曾随日军到达南京，目睹了日军的暴行，他记述："在南京，到处都可以掠夺、强奸。刚进城时，还有很多建筑物，可是翌日就开始放火，主要建筑物全被焚毁。士兵们冲进深宅大院，在屋里乱翻一气，掠走值钱的东西后就烧房。"②

　　日军的抢劫暴行，连参与攻占南京的日军高级指挥官也不得不承认。曾指挥部队实施南京大屠杀的日军第十六师团长中岛今朝吾中将在日记中写道：

　　　　日本军队根本不管是否是其他部队的管辖区域，都进行抢劫。他们强行闯进这些地方的民宅，洗劫一空。总之一句话，脸皮越厚，越不知羞耻，占的便宜就越大。

　　　　最好的例子就是：在我们占领的国民政府官邸，第十六师团的士兵已于13日进来扫荡过了。14日一早，管理部门经过侦察后制定了住宿分配计划并挂上"师团司令部"的牌子，结果走进各个房间一看，发现从主席房间，到每个房间所有角落都被彻底翻箱倒柜地洗劫一空。不管是古董陈列品，还是其他什么，只要认为值钱就全部拿走。

　　　　15日入城后，我将剩余物品集中起来放进一个橱子里并加上封条，但还是不行。第三天进来一看，收在里面的东西都杳无踪影了。看来只有放进保险柜里，否则放哪里都没用。③

---

①《牧原信夫日记》，王卫星编：《日军官兵日记》，张宪文主编：《南京大屠杀史料集》第8册，第610—611页。

②［日］小俣行男：《日军随军记者见闻录——南京大屠杀……》，周晓荫译，世界知识出版社1985年版，第4页。

③「中島今朝吾日記」、南京戦史編集委員会編『南京戦史資料集Ⅰ』、226頁。

日本学者在论及日军在南京的抢劫暴行时指出："日军在南京长期从事了与战斗并没有直接关系的抢劫与纵火。滞留在南京的市民一般都属于贫困阶层,当时他们那些所剩无几的家庭财产也受到损失。根据金陵大学的斯迈思和贝德士等南京国际救济委员会成员的调查,南京市内的建筑73％被掠夺。在中心商业街,许多商店有时被小股士兵抢劫之后,又用军用卡车进行彻底掠夺,最后再放火焚烧。"①

从出自受害者、目击者和加害者的大量资料中可以看出,日军在安全区内对贫苦难民的抢劫已经疯狂到无以复加的地步。日军在安全区内日复一日的抢劫暴行,造成许多难民身无分文、家徒四壁,使原本就十分贫困的南京难民的生活更加艰难。

二、抢劫第三国公私财产

日军在安全区内既抢劫中国难民,也抢劫西方人士的财产,甚至不顾国际惯例,闯入第三国设在南京的使领馆抢劫。

南京沦陷前,曾居住在南京的许多西方人士纷纷离开南京,其住宅或交给中国人照看,或借给留在南京的西方人士使用,其中许多住宅位于安全区内。日军进城后,大肆抢劫,西方人士的住宅也未能幸免。在西方人士的不断抗议下,日本大使馆在第三国房产门口张贴了布告,禁止日本士兵进入,但日本士兵根本不把布告放在眼里,继续侵入第三国房产大肆劫掠。

日军的劫掠使美国人的财产损失严重。菲奇在1937年12月16日的日记中记述:"对于我们来说,这是恐怖的一天,而对于可怜

---

① 笠原十九司『アジアの中の日本軍:戦争責任と歴史学・歴史教育』,大月書店、1994年、151頁。

的难民来说,则是惨不堪言的一天。我利用到卜凯教授家(我和其他六个人住在那里)吃午饭的时间,匆匆去我自己的房屋看了几分钟。两面美国国旗仍然飘扬,使馆的布告依旧贴在门上,但侧门被毁,门户洞开。房内一片狼藉。每个抽屉、衣柜、箱子都被打开,锁都撬掉了。阁楼上垃圾成堆。我不能停下来检查哪些东西被拿走,但是多数卧床、衣服、食物都不见了。一条桃花桌布被撕掉镶边,这是王正廷博士的礼物,还有一张沉重的橡木餐桌被敲坏。"①菲奇在致友人的信中还说:"我的房子被抢劫了。我想你能想象得出室内有多乱。但实际上每一个外侨家里都遭洗劫,甚至连一些使馆房子也未能幸免。幸运的是,我早把一些箱子提到卜凯家里,因此,损失并不严重。有些地方则损失惨重,即使房子在安全区内。"②

　　贝德士在致日本大使馆的抗议信中列举了大量日军抢劫第三国财产的案例:12月17日,"昨晚我们几所挂有美国国旗和张贴使馆布告的美国人住宅,被游荡的士兵闯入,有些被闯入数次。这些住宅包括我们三位美国同事正在居住的房屋。我们请求你们作一比较,这些行为只是发生在南京大量居民家里的小小事例,而贵国政府的正式声明则声称关切中国百姓的福祉以及保护外国财产"。③ 贝德士在致日本外交官福田笃泰的信中还写道:12月21日,"正当我今天与您在使馆晤谈时,我自己的房屋第四次被劫掠。

---

① 《费吴生日记》(1937 年 12 月 10 日—1938 年 1 月下旬),章开沅编译:《美国传教士的日记与书信》,张宪文主编:《南京大屠杀史料集》第 4 册,第 73 页。

② 《费吴生致朋友函》(1938 年 1 月 6 日),章开沅编译:《美国传教士的日记与书信》,张宪文主编:《南京大屠杀史料集》第 4 册,第 86—87 页。

③ 《贝德士致日本使馆函》(1937 年 12 月 16 日—27 日),章开沅编译:《美国传教士的日记与书信》,张宪文主编:《南京大屠杀史料集》第 4 册,第 5 页。

图5-7　美国大使馆院内的美国国旗也遭日军扯落

(耶鲁大学神学院图书馆)

本校其他七所房屋亦于今日遭劫,还有一些房屋数次被闯入"。①

　　金女大为美国教会创办的学校,然而,日本兵不顾大门口贴有美国大使馆的布告,多次闯入校园进行抢劫。魏特琳向安全区国际委员会报告说,日本士兵擅自闯入学校的五栋住房(系学校工作人员的)进行了抢劫,这五栋房屋都悬挂有美国国旗。五栋房屋中有一栋多次遭到抢劫。②

　　魏特琳在写给学院董事会的信中说:"日本士兵窜至南山宿舍有10至20次之多,藏在大餐厅的四箱女人内衣让他们找到了很大

---

①《贝德士致日本使馆函》(1937年12月16日—27日),章开沅编译:《美国传教士的日记与书信》,张宪文主编:《南京大屠杀史料集》第4册,第7页。

②〔德〕约翰·拉贝,本书翻译组译:《拉贝日记》,第234页。

乐趣。我们一次又一次地发现他们在抢劫,然后再把他们请出去。生物系的吴博士、陈博士,心理学系的张博士,图书管理员爱丽丝·莫瑞丝(Alice Morris),他们的住宅不幸被抢劫……大学财产的损失主要是由于日本士兵的劫掠,包括毁坏的门窗。"①

　　斯迈思在致家人的信中说:12月23日,"今天早上拉贝来说,领事馆警察要一份至今天2时止被抢劫的外国房屋清单。所以这就是我们马上着手做的事。当然我们给的仅是一份大概的情况报告,有关抢劫的程度,晚些时候由美国使馆确定的文件中声称(间接地)保留的权力。47幢德国房屋中据说有38幢遭到洗劫,174幢美国房屋中有158幢被劫"。②

　　鼓楼医院是金陵大学附属医院,为美国财产。日本兵时常到医院进行抢劫,甚至连美国护士也遭到抢劫。鼓楼医院美籍外科医生威尔逊在日记中写道:12月18日,"晚饭后我返回住所时发现三个士兵已经仔细搜查过这个地方。海因兹小姐陪着他们去后门。有两个家伙到了那儿,另一个却不见了。他一定是藏在附近哪个地方。我给外面的其他人打手势,明确告诉他们这是美国医院。你们怎么能这样呢? 那两个家伙允许把他们领出去。他们抢走海因兹小姐和其他人的手表,还抢走了一些钢笔"。③ 鼓楼医院总管麦卡伦在日记中也记述:"我们医院的工作人员有三次被抢去

---

① 魏特琳:《第一个月的评述》(1937年12月13日—1938年1月13日),章开沅编译:《美国传教士的日记与书信》,张宪文主编:《南京大屠杀史料集》第4册,第322页。

②《史迈士致家人函》(1937年12月20日—1938年1月9日),章开沅编译:《美国传教士的日记与书信》,张宪文主编:《南京大屠杀史料集》第4册,第245页。

③《威尔逊书信(日记)选》(1937年12月15日—1938年1月9日),章开沅编译:《美国传教士的日记与书信》,张宪文主编:《南京大屠杀史料集》第4册,第336页。

自来水笔、手表和钱。"①

　　鲍恩典是鼓楼医院的美籍护士,她在致家人的信中记述:12月14日,"日本士兵开始进入我们的房子抢劫。就在中午我回去之前,一些人来到医院,当其他美国人赶来护送他们时我回到了家。我看见几个士兵坐在叶古家门口的台阶上,所以我立刻上前,进门后我惊讶地发现他们围坐在桌边,刚刚吃光了叶家的晚饭。当时有11个人在房间里,外面还有更多。我在叶家的房间里待了一会后,他们叫我回家。我们的房间里也有日本兵闯进来。他们感觉很自在,坐下来问我们要饮料。喝光了我们为午饭准备的牛奶和水,还向我们要砂糖……士兵离开后我发现,在我回家之前他们已经彻底翻过我们的家当,拿走了他们想要的东西。我只损失了一副保暖很好的手套。陈夫人丢了一只手表,梅琳少了一支钢笔。特里默的闪光灯被拿走了,还有一些人少了钱。"②

　　为抗议日军在鼓楼医院的抢劫暴行,威尔逊致函日本大使馆指出:"在此请允许我向贵方指出12月18日夜间发生在大学医院的事件。这所医院除了有医护人员和员工,还有150多名病人。这所医院以前曾经享有特权,为日本大使馆的工作人员提供医疗护理。晚上将近8时的时候,3名日本士兵从医院的一个后门闯入,放肆地在医院的走廊里跑来跑去。医院65岁的护士海因兹小姐接待并陪同了这些闯入者,尽管海因兹小姐一再声明她的手表属于私人财产,他们仍然抢走了她的手表。此外被偷走的还有6块怀表和3支钢笔。"③

①《麦卡伦致家人函》(1937年12月19日—1938年1月5日),章开沅编译:《美国传教
　士的日记与书信》,张宪文主编:《南京大屠杀史料集》第4册,第204页。
②《鲍恩典书信选1937—1938(一)》,《日本侵华南京大屠杀研究》2018年第3期。
③[德]约翰·拉贝:《拉贝日记》,第214—215页。

日军不仅抢劫鼓楼医院美国护士的个人物品,还试图抢走鼓楼医院的救护车。贝德士在致日本外交官福田笃泰的抗议信中指出:12月21日,"双龙巷大学(鼓楼)医院大门今天被砸坏,尽管上面贴有贵馆布告。在医院其他地方,有些士兵正在盗窃一辆救护车,一个美国人及时阻止此种丑行"。①

为了制止日军的暴行,安全区国际委员会不断致函日本大使馆,抗议日军的抢劫等暴行。拉贝在日记中收录了许多日军抢劫美国财产的案例,这些案例都提交给了日本大使馆。

> 12月14日,30名显然没有军官带队的日本士兵搜查了大学医院和女护士的寝室,医院的职员们遭到了有组织的抢劫。被偷走的物品有:6枝自来水笔、180元现钞、4块表、2卷医院的绷带、2只手电筒、2双手套和1件毛线衣。
>
> 12月15日,美国大使馆遭破门盗窃,若干小物件丢失。
>
> 12月14日,日本士兵闯进美国女传教士格瑞丝·鲍尔小姐的住所,抢走一双皮手套,喝掉了桌子上的所有牛奶,然后又用手把糖罐全部掏空。
>
> 12月16日,日本士兵闯入我方卫生委员会总稽查位于牯岭路21号的住所,偷走1辆摩托车、5辆自行车和1个垃圾桶。
>
> 12月18日,约下午6时以后,3名日本士兵从琅玡路11号偷走一辆属于德国人齐姆森的福特汽车。
>
> 12月19日,我的司机李文元一家8口人,住在珞珈路16号(德国人的住房,有安全保护证明,而且门上还挂有卐字

---

① 《贝德士致日本使馆函》(1937年12月16日—27日),章开沅编译:《美国传教士的日记与书信》,张宪文主编:《南京大屠杀史料集》第4册,第7页。

旗），在 8 时 30 分的时候遭到了日本士兵的洗劫，全部财产掠夺一空，他所拥有的东西全部被抢走，有 7 箱衣物、两篓家庭用具、6 床羽绒被、3 顶蚊帐、吃饭用的碗碟和 50 元现钞。这个家庭现在一贫如洗，连一床睡觉的被子都没有。

12 月 17 日上午 8 时—9 时，戴籁三夫人位于鼓楼头条巷 3 号的私人车库里一辆汽车被偷走。这是一辆奥斯汀 7 型汽车，深蓝色，发动机号 230863，底盘号 229579，车牌号 1492（戴籁三夫人目前在金陵女子文理学院临时帮忙，每天都可以在学校找到她）。

12 月 19 日，下午 2 时许至天黑前，位于汉口路 23 号、并贴有禁止日本士兵入内的日语布告的里格斯住宅，已被日本士兵 6 次闯入并抢劫。第二天晚上，也就是 12 月 20 日，这座房子已经遭到 15 次袭扰和抢劫。

12 月 20 日下午，日本士兵闯进汉口路 5 号住宅，该房的主人是 J. H. 丹尼尔，大学医院的院长。住宅大门上贴有日语布告。日本人进入楼上的房间，弄来 2 名妇女强奸，在房间内达 3 小时之久。地下室内的 3 辆自行车被偷走。丹尼尔博士先生不在期间，这所房子由威尔逊大夫居住。

12 月 21 日下午 2 时 30 分，施佩林抓到了 2 个正在施密特公司的哈蒙先生家抢劫的日本士兵。士兵看见施佩林后，丢下抢来的东西逃走了。施佩林将曾经在上述德国公司工作过的 2 名妇女和 2 名男子妥善地安置到了自己的家中。

12 月 21 日下午 5 时，日本士兵抢劫了圣经师资培训学校难民收容所内的属于外国人的许多行李。①

---

① 参见［德］约翰·拉贝《拉贝日记》。

日军不仅抢劫西方人士的个人财物,还不顾国际公法,公然抢劫第三国驻南京大使馆的财物。南京沦陷后,军医蒋公穀被困在南京,不得不躲入位于上海路的美国大使馆避难,他记述:12月17日,"那两个美国的新闻记者,于清晨匆匆的携着行装出馆去了,据悉是由敌机载返出去的。立刻,全馆的空气变得异常愁黔了,失去了保障似的,大家都怀疑顷刻之间会有危险到来。到了夜里,果然有敌兵数人来光顾,先撬开地下的汽车室,推去一辆汽车,随后又到馆内强拉去两辆。这汽车,都是馆内职员及他们的侨民寄存的,钥匙亦归各人带走,绝不能作为战利品看待。而敌人竟不顾一切,将锁内电线割断强行推走,这种'伟大'的强盗行为,真可令人咋舌";19日,"晨起即听得有敌兵数人来劫汽车,馆内的华籍职员,无法拦阻。所有可以行驶的汽车,截至今日已悉数为敌掳去";24日,"一早敌兵又来抢去汽车两辆,使馆的汽车,不论好坏,全部被抢光了。他们弄这么多汽车去,是在装载所抢的东西,我每见到他们部队移动时,后面必定跟着许多破汽车、烂的人力车、牛车、小车和驴子,都满载着,外面拿油布遮住,这掩耳盗铃的办法是欺蒙不了众人的耳目的,谁都晓得这都是抢来的贼赃呀";1938年1月17日,"敌兵的恣意抢劫,各国使馆亦同承光顾。苏联使馆已早被他(们)纵火烧毁,其他各使馆,也都遭受很大的损失"。①

马吉在12月19日致妻子的信中记述:"在整个一星期,日本兵在南京抢劫了他们所能抢到的东西,他们甚至把德国使馆的小汽车也抢走了,并几次进入美国大使馆,但都被赶了出来。日本军官也参与抢劫。昨天他们来到我住的房子(汉森得寓所),企图把剩

---

① 蒋公穀:《陷京三月记》,张连红编:《幸存者的日记与回忆》,张宪文主编:《南京大屠杀史料集》第3册,第61、62、64、72页。

下的一辆汽车抢走(其他两辆汽车已被抢走)……抢劫持续了许多天。日本兵不断地抢人们已经贫乏的食物,然后是铺盖。抢他们所能拿走的一切物品。人们不能离开汽车,哪怕是一分钟,要不然就被抢走了。"①

1937年12月22日,米尔斯在致日本大使馆的抗议信中指出:"我们已经向你们报告过,在南京几乎所有美国住宅都被日本士兵闯入并拿走室内物品。更有甚者,竟有人闯入大使住宅,三番五次欲盗走使馆车库或院内的汽车。有次一位使馆警察被日本士兵打伤。就在昨天晚上,使馆车库里的一辆汽车被盗,还有市内的大量美国财产被日本士兵损坏,其中有些被纵火焚烧。起码有八处美国旗帜被日本士兵扯下或撕毁,他们强迫仆人们降旗,并用武力胁迫那些胆敢升旗的人。"②就在这封抗议信送达日本大使馆的第二天夜里,即12月23日晚,美国大使馆又遭到抢劫。菲奇在日记中记述:12月24日,"美国使馆唐先生报告,住在使馆的中国职员及其亲属,昨晚全部被一军官及其部属抢劫。帕克斯顿办公室的门被戳破,(日军)从停车场偷走两辆轿车,今晨又偷走两辆"。③

德国是日本的盟国,然而在南京的德国财产,甚至连德国大使馆也遭到日本兵的抢劫。拉贝在日记中记述:"德国顾问的房子几乎也都遭到了日本士兵的抢劫。已经没有人敢出家门了!为了让汽车出入,有的时候要打开院门,这个时候的妇女、儿童就会涌进

---

① 《马吉致妻子函》(1937年12月12日—1938年2月5日),章开沅编译:《美国传教士的日记与书信》,第151页。

② 《米尔士致日本大使馆函》(1937年12月22日),章开沅编译:《美国传教士的日记与书信》,张宪文主编:《南京大屠杀史料集》第4册,第219页。

③ 《费吴生日记》(1937年12月10日—1938年1月下旬),章开沅编译:《美国传教士的日记与书信》,张宪文主编:《南京大屠杀史料集》第4册,第77页。

来,跪在地上,请求我们允许他们在我的院子里露宿(我已经接纳了100多名极为困苦的难民)。"①

截至1938年1月15日,德国在南京的大部分房屋均遭到日本兵的抢劫。现将在安全区内德国住房被日军抢劫情况列表如下:

表5-1　截至1938年1月15日德国人在安全区内住房被劫情况一览表

姓名	地址	住宅被劫状况
阿尔纳德	江苏路55号	一些物品被劫,包括汽车部件
鲍姆巴赫	珞珈路3号	轻度遭劫
米勒	珞珈路12号	一些小件物品及自行车被劫
伯勒尔	五台山46号	轻度遭劫
布尔布利斯	扬州路21号	一些物品被劫
布瑟	琅玡路16号	一些物品被劫,房子里找不到佣人
格尔蒂希	天竺路23号	一些小件物品被劫
海因里希	宁海路32号	一些物品以及汽车被劫
希尔施贝格	上海路73号	一些物品被劫
雅各布	山西路81号	一些物品被劫
克鲁姆马赫尔	金银街12号	一些物品被劫
兰道尔(马丁)	上海路7号	遭严重抢劫(放在皮尔纳处的汽车被劫)
诺尔特	珞珈路6号	一些物品被劫
皮罗	玉泉路6号	一些物品被劫
拉贝	小桃园	洛伦茨停放在该处的汽车被征用
罗森	牯岭路20号	饮料等被劫
施罗德	宁夏路22号	一些物品和汽车被劫
施温宁	琅玡路1号甲	房屋看上去完好无损,佣人失踪

①［德］约翰·拉贝:《拉贝日记》,第189页。

续表

姓名	地址	住宅被劫状况
施彭勒	灵隐路 15 号	饮料被劫,小马被牵走
施塔克	北平路 62 号	汽车被劫
施泰内斯	琅玡路 17 号	一些物品被劫
施特雷齐乌斯	上海路 11 号	遭严重抢劫
福伊格特·R	上海路 13 号	遭严重抢劫
齐姆森	琅玡路 11 号	一些物品被劫

资料来源:根据［德］约翰·拉贝:《拉贝日记》,第 436—440 页相关资料整理。

意大利大使馆也位于安全区内,这里同样遭到日军的劫掠。12 月 30 日,两名日本士兵闯入位于北平路 64 号意大利大使馆官员的住所,偷走了 100 元钱,并抓走了一名年仅 16 岁的姑娘。①

1938 年 1 月 6 日,美国驻华大使馆三等秘书阿利森及副领事埃斯皮返回南京,随即开始调查日军对美国财产的侵害及损失情况。在经过充分调查和听取留在南京的美国人的陈述后,美国副领事埃斯皮于 1938 年 1 月中下旬起草了题为《南京现状》的报告,内称:

> 根据国际委员会以及美国公民提供的情况,结合大使馆职员所作的调查,确信南京城中几乎没有一处财产能够免遭日军侵入和掠夺。校园、房屋、商店或建筑,不管它们属于外国教会,还是外国人或中国人所有,都遭到不加区别的侵入,并且或多或少地遭到抢劫和掠夺。据悉,美国、英国、法国、德国大使馆均遭到侵犯,都有东西被拿走。有报告说,意大利大使馆也遭受同样命运。1 月 1 日,俄罗斯大使馆因一场神秘大

---

① ［德］约翰·拉贝:《拉贝日记》,第 321 页。

火而烧毁。经我们检查过的每一处美国财产，或美国侨民报告中所提到的每一处美国财产，都毫无例外地遭到过日本兵的侵犯，而且经常是遭到反复侵犯。即便里面仍然有美国人住着的寓所，甚至也发生过这种事情。这些美国侨民和国际委员会的其他成员，一直在不断地驱赶那些侵入外国财产并意欲掠夺或寻找女人的日本兵。直到写本报告的时候，他们仍然还在忙着驱赶日本兵。

对于日本士兵来说，所有能够拿走的东西似乎都成了理想的掠夺对象。他们对外国人住宅做过专门的摸底，他们的猎取对象尤其集中在汽车、自行车、酒类以及一切能够装进小兜里的值钱的东西上。不过，对于任何其他财物，只要这些侵犯者看中，不管它是属于中国人的，还是属于外国人的，一律难逃被掠夺的厄运。①

从上述报告中可以清楚地看出，日军在安全区内不仅抢劫西方人士住宅，而且完全不顾国际公法，擅自闯入多国大使馆进行抢劫。可以说，这一报告是日军在安全区内滥施暴行的真实写照。

三、纵火和破坏

南京沦陷后，日军在抢劫的同时还大肆纵火和破坏，劫后的南京，满目残垣断壁。马吉在致妻子的信中记述：12 月 30 日，"过去的 10 天中，日本兵在整个城市里到处放火，除了外国人在下关的最好的建筑——邮局和海关外，整个城市被逐步地烧毁了——我最后一次去那里时，所有东西都被烧毁……整个太平路除了我们

---

① 《驻华使馆三等秘书（阿利森）至美国大使约翰逊》（1938 年 1 月 25 日），杨夏鸣编：《美国外交文件》，张宪文主编：《南京大屠杀史料集》第 63 册，第 319—320 页。

的教堂和住所外全部被日军烧毁，公馆的一部分——我们用于布道讲堂的那部分，也被烧毁了（后来，在1月26日，公馆被整个烧毁了）。安全区内发生了四场大火，不幸的是这一地区，特别是山西路一带人口稠密。很难想象南京的未来会是怎样，但可以确定一点，南京要恢复元气需要很多年。我想很有可能南京将不再是中国的首都，至少，在外部威胁消除以前是这样"。①

相对来说，日军在安全区内的纵火暴行比安全区外少，但仍不时有纵火事件发生。拉贝在日记中记述："毫无疑问，日本人正在纵火焚烧城市，可能仅仅是为了抹去他们掠夺的痕迹。昨天晚上，城市有6处火灾。其中一处较大的火灾发生在珠江路（是沿我南面院墙的广州路的延续）。克勒格尔和辛德贝格两人来过，让我注意安全。但是我自己觉得起火地点距离这里还相当远。夜里2时30分，我被院墙倒塌声和屋顶坍塌声惊醒，大火已经蔓延到了主要街道中山路，这个时候危险是很大的，因为大火会蔓延到我的住所和中山路之间的最后一排房子。但是谢天谢地，火势没有发展下去。只有四处飞舞飘散的火星会对我院子里难民茅棚的稻草屋顶构成威胁，当然还有存放在院子里的汽油。"②

日军纵火常常是伴随着抢劫暴行而实施的。安全区国际委员会在致日本大使馆的抗议信中列举了日军抢劫并纵火的暴行："12月19日16时45分，贝茨博士被喊去平仓巷16号，这座房子里的难民几天前被日本士兵赶了出去（里格斯先生、斯迈思博士和斯蒂尔先生目睹了这起事件）。日本人刚刚洗劫了这所房子，并在三楼纵火。贝

---

① 《马吉致妻子函》（1937年12月12日—1938年2月5日），章开沅编译：《美国传教士的日记与书信》，张宪文主编：《南京大屠杀史料集》第4册，第159—160页。
② ［德］约翰·拉贝：《拉贝日记》，第235页。

茨博士试图灭火,但无法扑灭,整栋房子被彻底烧塌了。"①

日军占领南京时,正值隆冬,天气寒冷。日军为了取暖,在安全区内随意焚烧家具等物品。日军暴行的目击者蒋公榖记述说:"敌兵怕冷,最喜欢烤火。我曾在宁海路头看见他们将家具践破,又见在山西路拆毁邮亭,顺手夺饼摊的油壶浇上,纵火焚烧。此外也有就在屋内地板上烧起来的,种种破坏行动,不一而足。所以近来晚间火烧的处所,仍不稍减。"②

安全区国际委员会的西方人士普遍认为,日军占领南京后的纵火暴行是有计划进行的③,而且这种有计划的纵火持续了相当长的一段时间。到1938年初,日军的焚烧暴行仍在继续。1938年1月1日,伪南京自治委员会在鼓楼举行成立大会。就在这个所谓的成立大会召开时,会场周围的几处房屋正在燃烧。④

日军在南京的纵火暴行,使古城南京满目疮痍,南京人民生活在极度困苦之中。正如拉贝在日记中所记述的:"日本人在这里造成的破坏真是罄竹难书。我认为这个城市完全不可能在短时间内恢复繁荣……先前我写过这座城市被日本人纵火烧毁了三分之一,如今我担心自己的估计大错特错了。如果我还未认真看过的东城也遭到了同样的命运,那这座城市肯定有一半以上都成了废墟。"⑤

---

① ［德］约翰·拉贝:《拉贝日记》,第230页。

② 蒋公榖:《陷京三月记》,张连红编:《幸存者的日记与回忆》,张宪文主编:《南京大屠杀史料集》第3册,第71页。

③ 《贝德士致日本使馆函》(1937年12月16日—27日),章开沅编译:《美国传教士的日记与书信》,张宪文主编:《南京大屠杀史料集》第4册,第7页;《费吴生日记》(1937年12月20日—1938年1月下旬),章开沅编译:《美国传教士的日记与书信》,张宪文主编:《南京大屠杀史料集》第4册,第65页。

④ ［德］约翰·拉贝:《拉贝日记》,第318页。

⑤ ［德］约翰·拉贝:《拉贝日记》,第419页。

第六章　中日当局与南京安全区

第一节　中国政府与南京安全区

一、南京军事当局与安全区

南京安全区酝酿之初,中国军方对南京西方人士的建议持肯定的态度,南京卫戍司令唐生智为此曾专门致函拉贝表示支持,信中说:"鉴于在上海已有设立这类区域的先例,考虑到这样一个区域能拯救许多穷苦人的生命并减轻他们的苦痛,我原则上完全赞同成立这么一个区域的想法……我会在我的权限范围内满足您的愿望,因为作为卫戍司令,我钦佩贵委员会的工作并愿意竭诚与您合作。"①但是,在安全区运作的过程中,如何处理军方设在安全区内的军事设施和驻扎在安全区内的军队时,南京安全区国际委员会同军方之间的协调并不顺利。"在军事当局每晚同外国人举行的会议上,对从安全区撤出任何形式的军事设施进行激烈

---

① [德]约翰·拉贝:《拉贝日记》,第137页。

的争论。"①国际委员会希望中国军方能尽快全部撤出安全区,以便安全区能正式对外特别是向日方宣布启用。

12 月 3 日,根据国际委员会的要求,中国军事当局开始从安全区内撤出有关军事人员和军事指挥所,同一天,南京卫戍司令长官司令部下令制止一些基层军官试图在安全区内新挖战壕和安排高射炮阵地的计划。12 月 5 日上午,国际委员会的拉贝、施佩林和贝德士三人专门拜访了唐生智,希望他能立即下令将所有军事人员和军事指挥所都撤出安全区,但唐生智认为全部撤出安全区至少需要两周时间,不过唐生智作了三点声明:"(1) 在安全区内不设立新的军事设施、战壕或其他掩体,同时也不得在区内留有火炮。(2) 在安全区域作出明确标记后,下令禁止所有军事人员进入安全区。(3) 所有属于军事指挥所或其他部门的军事人员必须逐步撤出安全区。"②当时唐生智和国际委员会均不知南京还能坚守多长时间,显然,唐生智对坚守南京的前景十分乐观。

12 月 6 日,拉贝致函唐生智,首先确认前一天双方谈话的内容,同时再次敦促他能积极配合安全区的计划,该信主要内容如下:

> 委员会关切地并充满理解地注意到了您的表态,即:委员会的愿望具体实施起来会面临很大的困难。对此委员会要指出,接待大规模难民有一定的困难。他们寻求得到保护,但是只要安全区内布置有军事设施和军事人员,这种保护就不能得到。

---

① 《德国驻华大使馆留守南京办事处政务秘书罗森给德国外交部的报告》(1937 年 12 月 24 日),《抗日战争研究》1991 年第 2 期。
② 《拉贝致唐生智将军先生函》(1937 年 12 月 6 日),[德]约翰·拉贝:《拉贝日记》,第 142 页。

委员会不否认您说法的正确性，即：短时间内从安全区撤出武装军事人员比较困难。但另一方面请允许委员会冒昧地指出，由于通讯联系的难度越来越大，总有一天，当等到最后一分钟才开始从区内撤出全部军事设施时，几乎就不会再有机会通知日本人安全区开始启用了。而在这一段时间内日本人会轰炸区内的难民，并指责中国军方因滞留在所谓的安全区而必须对此负责。

为此，委员会希望您继续努力，尽快从安全区内撤出所有部队。委员会已经发表了一项声明，表达了对您所作承诺的充分信任。①

12 月 7 日，国际委员会在供报界使用的一份专稿中说，唐生智已经发布命令从安全区内撤出全部军事设施。当天，国际委员会的施佩林考察时发现，高射炮阵地已经从五台山撤出，其他一系列军事设施也正准备运走。② 但是，中国军队及军事设施从安全区撤出的速度同日军向南京进犯的速度相比，还是显得十分缓慢。8 日，金陵大学的贝德士教授发现在安全区内的汉口路小学、徐府巷、陶谷新村等地仍有不少中国士兵。同一天，中国军方某部曾试图让国际委员会更改安全区的西南界线，有的士兵甚至拿走了国际委员会刚竖起的一些界旗，他们声称并不知道军事当局已经同意有关安全区的相关协议。12 月 9 日，国际委员会的拉贝、贝德士、施佩林和米尔斯不得不再次会同军方一起勘察安全区西南面的界线。

①《拉贝致唐生智将军先生函》(1937 年 12 月 6 日)，[德]约翰·拉贝：《拉贝日记》，第143 页。

②《供报界专稿》(1937 年 12 月 7 日)，[德]约翰·拉贝：《拉贝日记》，第146 页。

国际委员会对中国军方从安全区撤退的迟缓行动感到非常不满,他们认为:"中国军事当局完全不能理解,为什么本国的平民应当尽可能地不受战争恐怖之害。例如在安全区,而且就在德国旗子的附近建立了一些指挥部,他们用种种破绽百出的理由直到最后一刻都赖在比较保险的地方,从而很可能危及安全区的计划。"①为此,拉贝曾对军方威胁说,如果军方不肯让步,他将甩手不干,并称他"将致电元首,由于唐将军的失信,难民区无法继续存在"。②12 月 10 日,唐生智明确承认了安全区在五台山一带的界线,国际委员会于是立即在五台山一带竖立了安全区的旗帜,并标明了界线。③ 同时双方还达成一个协议,即卫戌司令长官司令部的三名代表和委员会的三名成员共同巡视安全区,沿路遇到的每个士兵都将被逐出安全区。该协议还确认了唐生智所派三名代表中的任何一人都拥有全权驱逐在安全区内活动的任何士兵。④

　　12 月 10 日,为了能使驻防安全区内的中国军队尽快撤离,国际委员会曾专门派一名姓董的主教带领一群信徒,到驻扎在五台山的中国军队中去做说服工作,劝说他们放弃安全区内的阵地。⑤然而,11 日上午,还有许多士兵正在鼓楼医院和山西路广场的安全区一侧挖掘战壕,构筑防御工事。12 日早上,"在安全区内仍然可以不断地看见佩戴黄袖标的中国军人,他们全副武装,带着

①《德国驻华大使馆留守南京办事处政务秘书罗森给德国外交部的报告》(1937 年 12
　　月 24 日),《抗日战争研究》1991 年第 2 期。
②[德]约翰·拉贝:《拉贝日记》,第 155 页。
③《米尔士致妻子函》(1938 年 1 月 24 日),章开沅编译:《天理难容——美国传教士眼中
　　的南京大屠杀(1937—1938)》,第 273 页。
④[德]约翰·拉贝:《拉贝日记》,第 160 页。
⑤《史迈士致家人函》(1937 年 12 月 20 日—1938 年 1 月 9 日),章开沅编译:《天理难
　　容——美国传教士眼中的南京大屠杀(1937—1938)》,第 281 页。

步枪、手枪和手榴弹，就连警察佩带的也不再是手枪，而是违返规定地带上了步枪"。① 同一天，日军已逼近南京城外，国际委员会同意以接收受伤士兵作为交换条件，要求中国军队迅速撤离安全区。② 为此，以马吉为首的国际红十字会南京分会立即宣布成立。12日晚，南京守城部队开始撤退，同安全区一直保持联系的南京卫戍司令长官司令部的龙顺钦和一位姓周的军人奉命留在南京照顾伤兵，他们交给拉贝3万元，请求拉贝为伤兵提供医疗救护的帮助。③

在南京安全区酝酿与运作之初，南京军事当局对国际委员会的倡议表示赞成，并给予了相当程度的协助。12月8日，在安全区计划启动之后，军方虽然尽了最大努力从安全区撤出了重要的军事设施，但未能完全按照国际委员会的要求全部迅速撤出安全区，直到日军逼近南京之时，在安全区的边界附近还保留甚至构筑了一些新的防御设施。导致这一情况的原因可能有如下几方面：其一，日军当局一直没有明确接受西方人士倡议设立安全区的计划，这使得军方对西方人士倡议设立安全区的努力产生动摇；其二，由于日军占领南京之前，日机不断空袭南京，而安全区内的五台山是城内防空最为重要的军事要地之一；其三，军事当局上层支持设立安全区的指令未能得到基层军官的充分理解；其四，南京军事当局对坚守南京的前景过于乐观，这也是他们未能积极配合实施安全区计划的原因之一。④

---

① ［德］约翰·拉贝：《拉贝日记》，第166页。

② 《史迈士致家人函》（1937年12月20日—1938年1月9日），章开沅编译：《天理难容——美国传教士眼中的南京大屠杀（1937—1938）》，第280—281页。

③ ［德］约翰·拉贝：《拉贝日记》，第168页。

④ 张连红：《人道主义与民族主义：南京保卫战中的南京安全区国际委员会》，《南京政治学院学报》2014年第6期。

二、国际委员会谋求南京休战

　　自古以来,从战略上防守南京相当不易。当时防守南京的中国军队大多为从前方撤退下来的部队,作战实力已大为下降。事实上,对中国军事当局而言,防守南京的意义重在政治而非军事。当时安全区国际委员会大部分成员也都认为,"多方面的原因已经表明,中国人无法守住这座城市"①,他们认为中国军队应放弃对南京内城的防守,尽可能避免战争对城内百姓的危害和对城市建筑的破坏。

　　1937 年 12 月 9 日,安全区国际委员会谋求南京休战的建议得到了南京卫戍司令长官唐生智的同意,但唐生智认为其前提条件必须征得最高统帅蒋介石的同意。为此,当天下午,拉贝②、米尔斯、贝德士和唐生智司令部的龙顺钦上校一起开车前往停泊在长江中的美国炮舰"帕奈"号上。在炮舰上,他们通过美国驻南京大使馆代办艾奇逊致电汉口,希望由美国大使约翰逊将南京休战的建议转给蒋介石,而由艾奇逊直接向日本东京和上海日军当局拍发建议南京休战的电报。致汉口的电报中说:"国际委员会从卫戍司令唐生智处得到许可传递以下电报中所涉及的内容。唐将军请我们通过您将一号电文传给最高统帅蒋介石。二号电文我们将通过艾奇逊先生传给东京和上海的日本当局。请将该建议内容通知其他大使馆,国际委员会希望这些建议也能得到这些大使馆的同意。"其拍发给蒋介石的一号电文如下:

---

① 《米尔士致妻子函》(1938 年 1 月 24 日),章开沅编译:《天理难容——美国传教士眼中的南京大屠杀(1937—1938)》,第 274 页。

② 拉贝在日记中称自己也曾亲往"帕奈"号上发电报,但米尔斯在写给妻子的信中却只提到米尔斯和贝德士两人去了"帕奈"号,而未提及拉贝。

在国际委员会能成功地得到日本军事当局在可能的情况下放弃对城墙内南京城的进攻这一保证的前提下,已经在南京城设立了安全区的国际委员会将出于人道主义的考虑向中国当局建议,在城内不采取军事行动。为了达到这个目的,委员会建议南京附近的所有武装力量停火 3 天,在这 3 天内,日军在现有阵地按兵不动,中国军队则从城内撤出。考虑到大量受到危害的平民的困境,委员会请求立即对此建议表态。①

由大使馆代办艾奇逊转给东京和上海日本当局的二号电文,其主要内容是:如果中国军队不在城墙内采取军事行动,建议日方放弃对城内的进攻,其他内容与一号电文相同。

但是,美国驻华大使约翰逊转给蒋介石的和平建议却被蒋介石否决。10 日下午 3 时 30 分,约翰逊大使通过海军发给国际委员会的电文称:"我得到中国外交部口头但却是正式的通知,国际委员会认为唐生智将军已经同意停火 3 天并将中国军队撤出南京城内的估计是错误的。此外我还得到进一步的通知,蒋介石将军已经表示,他不能(我再重复一遍:不能)接受这项建议。"②国际委员会成员在接到这一回复后,都大为惊讶和深感沮丧,"因为唐将军已明确告诉我们,他深信蒋委员长将接受停战的建议"。在得知汉口方面反对停火建议之后,唐的司令部坚持要国际委员会与汉口再次通信,以争取最后的希望。③

---

① 《国际委员会致美国大使馆函》(1937 年 12 月 9 日),[德]约翰·拉贝:《拉贝日记》,第 156 页。

② 《美国大使馆关于国际委员会和平建议致驻南京大使馆函》(1937 年 12 月 10 日),[德]约翰·拉贝:《拉贝日记》,第 162 页。

③ 《米尔士致妻子函》(1938 年 1 月 24 日),章开沅编译:《天理难容:美国传教士眼中的南京大屠杀(1937—1938)》,第 274 页。

当天晚上,国际委员会的贝德士和米尔斯冒着生命危险再次驱车前往"帕奈"号①,他们分别致电美国驻华大使约翰逊和驻汉口的外交使团,希望争取得到他们的支持。同时,他们还拍发了拉贝专门写给德国驻汉口大使陶德曼的电报,请求他直接将此电传递给蒋介石,以作最后努力。其电文如下:

> 国际委员会在此诚挚地请求将此消息转达给蒋介石将军:卫戍司令唐生智将军出于人道主义的考虑欢迎停火建议。但由于唐将军必须奉命保卫城市,因此关于中国军队撤退的问题须交最高统帅决定。南京成千上万的平民百姓因为军事行动已经流离失所,还有 20 万人的生命正处于危险之中。在此紧要关头,国际委员会冒昧地再次重申自己的建议,望迅即接纳该建议。②

但是,国际委员会并没有得到这份电文的回音,因为第二天,"帕奈"号驶往长江上游。12 日,它遭到日军飞机的轰炸而沉没,国际委员会的对外通讯因此中断。

10 日,日军先头部队已攻至南京城郊。日军飞机散发的传单和收音机里的新闻都要求唐生智放弃抵抗,否则日军将立即攻城。11 日夜,唐生智连接蒋介石两份电报,令其相机撤退。12 日,日军对南京已形成围攻态势。

12 日中午 11 时,唐生智突然又派两名代表请求国际委员会作

---

① 米尔斯在写给妻子的信中谈到这次冒险经历:"驶过沉寂而荒凉的街道,使人毛骨悚然,有随时可能大祸临头的感觉。"《米尔士致妻子函》(1938 年 1 月 24 日),章开沅编译:《天理难容——美国传教士眼中的南京大屠杀(1937—1938)》,第 274 页。
②《拉贝致德国驻汉口大使馆函》(1937 年 12 月 10 日),〔德〕约翰·拉贝:《拉贝日记》,第 163 页。

最后一次努力，一方面了解国际委员会"有没有收到来自东京的讯息"或者"来自汉口的讯息"，另一方面希望国际委员会做最后的努力，通过军用电台向外拍发新的电报，希望能签订停火 3 天的协议。在这 3 天内，守城部队撤退，然后将城市交给日本人。于是，国际委员会起草了一份新的电报、一份和谈代表应遵守的行为规则。电报内容如下：

> 由于 20 万无助平民的原因，南京国际安全区委员会谨建议中日当局从 12 月 12 日下午 3:00 或之后尽早时间开始停战三整天。唐生智将军同意从南京城墙内撤出，并保证不再破坏城市，条件是日本军队不在撤退期间攻击他的部队并且保证同样不会破坏城市，国际委员会将保证停战协定的执行，并在双方之间进行沟通。①

这封电报较前有一个重要的变化，国际委员会作为第三方开始积极承担调停角色。电报起草后，由于情况紧急，无法等待中日双方最高当局的回复，"因此能做的只有出去到两军阵前"，递交停火协议。米尔斯立即回平仓巷住处取回一白色大床单制作白旗，在上面用日文写上"不要开枪，我想和你们交谈。我有重要的信息要传递"。德国人施佩林则毛遂自荐充当和谈代表，准备举着白旗到中日双方阵地前沿，向日军最高指挥官递交停火协议。米尔斯在致妻子的信件中详细提及此事："我们委员会的一名德籍成员施佩林先生愿意去做这件事。作为一个德国人和没有任何近亲属的单身汉，看起来的确是他最适合做这件事。此外，在青岛陷落时他有类似的经历。但他真是不错，如此乐意做这件事的确是十分勇

---

① 《米尔士致妻子》(1938 年 1 月 31 日)，张生编：《耶鲁文献》下，张宪文主编：《南京大屠杀史料集》第 70 册，第 764 页。

敢的。"①

但到了下午近6时,唐生智的代表回去报告后又回来了,他们称:"对停火来讲,一切已经太晚了。日本人已经到了城门边上了。"事实上,唐生智已于下午5时召开了师长以上高级将领会议,下达了全军从晚上9—10时各部队分别撤退的命令。

拉贝、贝德士和米尔斯等留在南京的西方人士,冒着生命危险积极斡旋中方军队能和平撤出南京城,希望能保护数十万难民幸免于战火之灾。但是,这一和平努力未能实现。一是国民政府和蒋介石从战略的角度不能接受南京城不战而退,在日军发出"劝降书"的当天,中国权威人士声称:"防守南京之华军,只要一兵一卒,均必坚守到底。中国有利之战略,在尽量延长抗战,以待日本之枯竭。"②美国驻华大使约翰逊在致美国国务卿的电报中称:"无论如何,这儿的中国人会不会接受它是一个问题,因为它意味着城市的投降。"③国际委员会主席拉贝也深知:"在通知日本人时,'投降交城'这四个字是无论如何不能提到的。"④二是唐生智不希望自己签订停火协议,以免受到蒋介石和社会舆论的谴责。拉贝认为:"在起草停火的申请或请求时,一定要让人觉得这个动议仿佛是由国际委员会提出的。换句话说,唐将军打算躲在我们的身后,因为他预料到最高统帅和在汉口的外交部会有严厉的指责,他害怕受到这个指责。他想把全部的责任都推到委员会及其主席拉

---

① 《米尔士致妻子》(1938年1月31日),张生编《耶鲁文献》下,张宪文主编:《南京大屠杀史料集》第70册,第765—766页。

② 《保卫南京 抗战到底》,《申报》1937年12月11日,第2版。

③ 《美驻华大使(约翰逊)致国务卿》(1937年12月11日),杨夏鸣编《美国外交文件》,张宪文主编:《南京大屠杀史料集》第63册,第171页。

④ [德]约翰·拉贝:《拉贝日记》,第167页。

贝的身上。"①当然还有一种可能,即唐生智接受西方人士的和平
斡旋,并非出于真要和平交出南京城的考虑,而是一种军事谋略。
12月9日他在接受西方人士和平斡旋的同时,当天下午则针对日
军的劝降下达了"卫参作第三十六号"命令,重申"各部队应以与阵
地共存亡之决心,尽力固守,决不许轻弃寸土"②,并为背水一战而
收缴长江边所有船只。唐生智派代表请西方人士前往日军阵地前
沿签订停火协议的前一天,即在11日中午12时,唐已接到第三战
区副司令长官顾祝同从南京撤退的电话通知和蒋介石关于撤退命
令的电报:"如情势不能持久时,可相机撤退,以图整理,而期反
攻。"③而在12日下午,唐在准备全军撤退的同时,请西方人士出面
同日军斡旋停火,显然这可能也只是权宜之计。

　　西方人士从人道主义出发的和平斡旋之举,没有得到汉口国
民政府上层的认可,并受到批评,其主要参与者米尔斯事后在写给
妻子的信中曾对此进行了反驳:"有些人批评我们,说我们在打消
中国人保卫城市的勇气。提出这个批评的既有外国人,也有中国
人。可是到现在,我一直觉得那是不合理的批评。事实是:1. 外国
军方一致认为句容防线和江阴要塞被攻破,中国人不可能守住南
京。2. 即使认为外国军事专家做出了错误判断,南京外围的中国
军队士气低落,也不可能组织有效的抵抗。据说对停火的批评来
自那些南京外围战斗刚打响就已经撤离的人,他们看问题的方式
与留下来的人不同。可是就算这样,事实是,当地军事指挥部急切
地希望停火,我在这里没有遇到过不希望停火的人。如果我们成

①［德］约翰·拉贝:《拉贝日记》,第167页。

②《陆军第七十八军南京会战详报》(1938年1月),中国第二历史档案馆编:《抗日战争
　正面战场》上,第422页。

③《南京卫戌军战斗详报》,中国第二历史档案馆编:《抗日战争正面战场》上,第413页。

功了,就可能避免在沦陷之后不久的毁城(我们提议的主旨是双方保证不再毁坏城市),这一点就足够为我们辩护了,只是停火没有实现。邪恶势力对于我们来说太强大了,这只是实情之一。我们只能站在一边,眼看着形势每况愈下。"①

三、国民政府对安全区国际委员会的声援

安全区酝酿设立之时,国民政府及南京市政府给予了力所能及的支持,南京市政府还将一切行政权力也委托国际委员会管理。在日军攻占南京并进行惨绝人寰的大屠杀期间,南京安全区国际委员会成员为保护和救济难民,不顾生命危险,与日军当局进行了坚决的斗争,国际委员会的这一行动获得了已撤往汉口的国民政府的高度关注和赞赏。

随着日军在南京的暴行陆续为外界所知,国际委员会的人道主义善举获得国际舆论的普遍赞誉,国民政府更是十分关注。1月6日,驻汉口德国大使馆的陶德曼大使在给德国外交部的报告中说,汉口各界人士对国际委员会为南京难民所做的工作大加赞扬,时任财政部长的孔祥熙请求他向拉贝转达他衷心的感谢。② 拉贝在后来的日记中说,当他得到这一消息后立即正式向委员会作了传达。③

其实,国民政府上层一直关注南京局势,如蒋介石核心智囊王世杰在 1938 年 1 月 10 日的日记中记载:"金陵大学美国教授Bates,曾在首都目击去年十二月十三日日军入城后抢劫私家物品,

---

① 《米尔斯致妮娜》(1938 年 2 月 3 日),朱成山主编:《海外南京大屠杀史料集》,南京出版社 2007 年,第 181 页。

② 《德国驻华使馆迁汉口后使馆特劳曼(陶德曼)给德国外交部的报告》(1938 年 1 月 6日),《抗日战争研究》1991 年第 2 期。

③ [德]约翰·拉贝:《拉贝日记》,第 549 页。

大批枪杀解除武装之我方军士及难民，并搜挟少年妇女于一处而
强奸。该教授曾将目击情形，以书面分送中外人士，但未署名。"①
在当天的日记中，王世杰还提到他见到国民政府军委会的何应钦，
也谈及日军进城后的情形，说明当时国民政府上层十分关注沦陷
后的南京。蒋介石在 1938 年 1 月 22 日的日记中写道："倭寇在京
之残杀与奸淫未已，彼固陷入深淖，进退维谷，而我同胞之痛苦极
矣。"②2 月 14 日，王世杰在日记中再次较为详细记录了贝德士关
于日军在南京暴行的报告。其内容如下：

> 今日由汉口渡江赴武昌，应华中大学之餐约。席间，该校
> 代理校长黄溥，具述留在南京之美国教授 Bates 最近托美国军
> 舰带出之信息。据 B 氏一月十日函称，日军入南京后，其强
> 奸、掳掠与残杀无武器人民之惨状，有非外间所能梦想者，全南
> 京城内，日军强奸妇女之案件，德国人估计在二万件以上，即仅
> 就金陵大学校舍而言，难民之逃避该校中者约三万余人，强奸案
> 当在八千起以上，有十一岁幼女与五十三岁老妇亦未能幸免者。
> 至于校内房屋，及商店，殆无一家未被抢劫者；劫后往往以化学
> 药物纵火焚烧。此种强奸行为，往往于白昼在学校厅堂中行之，
> 并往往由军官领导为之！业经放弃武器与军服之华兵，以及一
> 般难民，被日军任意枪杀者，则触目皆是。外国人之留在南京
> 者，亦多受侮辱与劫掠；各国使馆具被劫掠。③

席间，华中大学代理校长、曾留学美国哥伦比亚大学获哲学博

---

① 王世杰著，林美莉编辑校订：《王世杰日记》上，(台北)"中央研究院"近代史研究所，
　2012 年，第 80—81 页。
②《蒋介石日记》(手稿本)，1938 年 1 月 22 日，斯坦福大学胡佛研究所档案馆藏。
③ 王世杰著，林美莉编辑校订：《王世杰日记》上，第 91—92 页。

士学位的黄溥教授还给王世杰一份贝德士的英文报告,这份报告就是贝德士1938年1月10日的《致朋友函》①,此份英文原件目前收藏在耶鲁大学神学院图书馆。

1月28日,原安全区国际委员会副总干事、中英文教基金会总干事杭立武博士从上海有关新闻报道中获知菲奇到达上海,于是立即从汉口致电菲奇,十分关注国际委员会的处境,其电报原文为:"担忧地获悉委员会需要钱粮。请告知除上海援助外所需的其余数量及其他细节。"②

2月2日,拉贝根据菲奇转发来的电文回电杭立武,将安全区的有关情况向杭立武作了介绍,其电文如下:

> 28日来电收悉,感谢您对我们的关心,菲奇暂住上海。粮食问题相当紧迫。南京城沦陷前,我们运进了9 000袋米③和1 000袋面,此后就断了供给。直至今天,由当局通过自治委员会出售了4 200袋米和1 000袋面。3 000袋米发给了红卍字会,2 000袋米已答应免费供给安全区外的居民。到目前为止,安全区内的居民靠他们自己带来的粮食储备和安全区委员会提供的米、面生活。现在,存粮已告罄,是否有新的供给尚未达成协议。委员会用于免费供给的粮食仅够两个星期,我们设法在本地或上海筹集或购买食品的努力失败了,因为日本人拒绝合作,不允许在安全区内提供或出售大米。1月28日,日方发出命令,要求25个难民收容所里的6

---

① 《贝德士致朋友函》(1938年1月10日),章开沅编译:《美国传教士的日记书信》,张宪文主编:《南京大屠杀史料集》第4册,第16—20页。

② [德]约翰·拉贝:《拉贝日记》,第538页。

③ 克勒格尔的报告《南京受难的日日夜夜》中,运进安全区的大米为8 000袋。

万难民必须在 2 月 4 日以前离开安全区,回到自己的住所,否则就强行驱逐。撤离工作已经开始。安全区外的情况相当糟糕,特别是对妇女和房屋已被烧毁的家庭而言。我们正在谈判,争取推迟驱逐出区的时限,想方设法减轻居民返回住所的困难。自 12 月 27 日不让日本士兵进入安全区以来,安全区是比较安全的。您现在不能把大米装船运来,资金问题以后电告。①

国民政府获知国际委员会的艰难处境后,原南京市长马超俊于 2 月 13 日通过中央社致函南京难民区国际委员会表示声援:"以敌军在京蹂躏我人民,为状至惨,国际委员会曾与敌人商订划定难民区等各种办法,乃复完全违反,敌此种暴行,实属灭绝人道"。马市长希望国际委员会向日方严正交涉。其详细内容如下:

去年十一月下旬,日军向南京威胁之际,承示旅京友邦人士以人道立场,倡筹设难民区之议,当经市府转向本国最高长官请示同意,复经贵会与日方当局几经往返电商,于十二月一日根据日方当局托由上海饶神甫之复电,作最后决定,该复电日方明白允诺,该区内若无军事需要上之抵触,则日方愿勉为尊重该指定区域,于是京市难民区在贵会热忱组织之下,始行划定。抑孰知日军于入据南京之后,竟在难民区内,屠杀非武装之民众二万余人,其士兵以杀人多寡为竞争,并奸淫十一岁至六十岁之妇女。本年一月二十六日,美大使馆秘书爱理逊君之被日军殴打,即缘金陵大学农具售品所中国妇女被奸三

①《拉贝致杭立武电》(1938 年 2 月 2 日),[德]约翰·拉贝:《拉贝日记》,第 562 页。

次之事件而起。是日方违背郑重之诺言,蔑视国际之信义,惟知逞凶残杀之兽欲,绝无人类悲悯之同情,岂独有史以来未有之暴行,抑为文明国家莫大之羞辱。近更闻难民区内二十万人之粮食、蔬菜及医药品,均已告罄,贵会吁请各方输入接济,而日方拒绝不允,直欲将我二十万无辜难民陷于饥毙绝境,闻之曷胜悲愤。为此函恳贵会,请根据日方去年十二月一日托由上海饶神甫之复电,向日军严重交涉,务使区内食粮等得到接济,以延续巨量难民之余生,而完成贵会神圣无上之使命,不胜翘首感盼之至。①

2 月 18 日,南京安全区国际委员会更名为南京国际救济委员会,继续从事难民救济工作。4 月 22 日,国民政府外交部曾专门发文感谢,对南京安全区国际委员会保护和救济南京难民的善举给予了高度评价。② 1938 年 7 月 14 日,外交部呈请为约翰·拉贝等 22 位西方人士授予采玉勋章,其呈文称:"查自首都沦陷后友邦人士激于义愤对我被难人民,维护救济,卓著成绩,似宜授予勋章,以资奖励。"③7 月 31 日,国民政府决定密令授予国际委员会拉贝、贝德士、魏特琳等 22 位西方人士象征最高荣誉的采玉勋章。④

---

① 《敌军信义扫地　蹂躏南京难民区　奸淫掳掠并屠杀无辜　马市长函国际委员会请向敌严正交涉制止》,《大公报》(汉口版)1938 年 2 月 13 日,第 3 版。

② 南京事件調查研究会編訳「南京事件資料集(1)　アメリカ関係資料編」,200 頁。

③ 《行政院长孔祥熙呈国民政府为请授予对抗日救济有功友邦人士勋章》(1938 年 7 月 28 日),《友邦援华抗日有功人员勋章》,国民政府档案,(台北)"国史馆"藏,001 - 035113 - 00001 - 001。

④ 王莹莹:《抗战时期国民政府勋章制度研究》,南京师范大学硕士学位论文,2020 年,第 39 页。

表 6-1　国民政府密令授予友邦人员采玉勋章二十二员清单(1938 年 7 月)

姓　名	职　衔	授予勋章缘由	拟请授予勋章绶别
艾拉培①(John H. D. Rabe)	艾拉培系南京安全区国际委员会及南京国际救济会主席，其余二十一人或系委员，或系实际参加工作者，首四名及最后一名为德国人，除韩森系丹麦人外，其余均系美国人士。	艾拉培等二十二人系德、美、丹三国人士在国军离京前组织南京安全区国际委员会，划新街口至山西路一带为安全区，尽量收容我国无法离京难民，南京沦陷后更组织国际救济委员会对我被难人民维护救济，无微不至，即就种痘一项而论，难民之受益者亦几达二万人，艾拉培氏且将目睹情形加以摄影，尤足在历史上留一铁证。似此热心毅力，不分畛域，理宜给予勋章，以资奖励。	红色白蓝镶领绶采玉勋章
冠鲁泽(G. Kroger)			白色红蓝镶领绶采玉勋章
史培林(E. Sperling)			同前
海斯(R. Hatz)			同前
乌力士(C. H. Riggs)			同前
贝德士(M. S. Bates)			同前
施麦斯(L. S. C. Smythe)			同前
脱理默(Dr. C. S. Trimmer)			同前
麦卡陇(J. McCallum)			同前
梅乐思(W. P. Mills)			同前
宋恩(H. L. Sone)			同前
费区(G. Fitch)			同前
马骥(J. Magee)			同前
毕克林(J. V. Pickering)			同前
韩森(J. M. Hanson)			同前
华特凌(Minnie Vautrin)			红色蓝白镶附勋表襟绶采玉勋章
福思德(E. H. Forster)			同前
卫尔逊(Dr. R. Wilson)			同前
白劳迪(Dr. R. F. Brady)			同前
卜尔(Miss G. Bauer)			同前
邢思(Miss I. Hynds)			同前
韩贝乐(Richard Hempel)			同前

　　资料来源:《行政院长孔祥熙呈国民政府为请授予对抗日救济有功友邦人士勋章》(1938 年 7 月 28 日),《友邦援华抗日有功人员勋章》,国民政府档案,(台北)"国史馆"藏,001-035113-00001-001。

----

① 拉贝曾用中文名艾拉培。

　　表中 22 人名单由国民政府外交部提供,由于战时信息并不完全畅通,除了表中的丹麦人韩森(J. M. Hanson)、美国人毕克林(J. V. Pickeing)在南京大屠杀期间没有参加安全区工作外,其他 20 人都在南京,只是中文译名与现在不完全一致。另外,授勋缘由中关于艾拉培氏拍摄日军暴行一事也有误,应为马吉拍摄。根据国民政府勋章规定,采玉勋章是国民政府专门颁发给外国友人,通常由外交部呈文。这份密令授予采玉勋章的名单是 7 月 14 日外交部向行政院提出的,7 月 28 日行政院会议通过,随后由国民政府同意秘密颁发。采玉勋章共三级(一级是大绶,二级是领绶,三级是襟绶)九等,用不同颜色来体现等级。上述 22 人中,艾拉培即拉贝所获红色白蓝镶领绶采玉勋章是 4 等,冠鲁泽即克勒格尔等 14 人为 6 等,华特凌即魏特琳等 7 人为 7 等。当时国民政府考虑到避免给这些仍留在沦陷区的外国人带来麻烦,因此没有公开报道,而是通过各国大使馆代领代颁给上述外国人士。魏特琳日记记载,她是 1939 年 4 月才去南京美国使领馆领取这枚采玉勋章的。[①]

第二节　日军当局与南京安全区

一、日军攻占南京初期对安全区的默认

　　安全区国际委员会成立后,曾设法通过多种渠道与日方沟通,希望日军能够承认作为中立区的"安全区"。日军在占领南京之前并未正式承认南京安全区。但是,日军在进攻南京的过程中以及

———————————

① [美]明妮·魏特琳:《魏特琳日记》,第 571 页。

攻占南京初期,对"安全区"的存在采取了默认的态度。①

　　12 月 10 日,日军先头部队已推进到南京城郊,南京已直接受到日军炮火的攻击。11 日,炮击最为激烈,有 9 发炮弹击中安全区。② 其中几发炮弹落在安全区南面的金陵女子神学院和福昌饭店附近,当时炸死约 40 人,安全区国际委员会成员施佩林在福昌饭店也受了轻伤。13 日,"南京鼓楼医院的威尔逊博士在手术时,差点被室外飞来的弹片炸伤。还有一颗炮弹炸穿了大学一幢新宿舍楼,但无人伤亡"。③ 但日军在攻城过程中,尽管弹如雨下,而落在安全区内的炮弹并不多。这与安全区之外的市区相比,安全区无疑显得安全得多。

　　进攻南京的日军是否知道安全区的存在呢? 他们又在多大程度上承认安全区呢? 安全区国际委员会一些成员曾记下他们的各自经历。

　　在 13 日日军进城之时,安全区国际委员会总干事菲奇在同日军一小分队接触时,得知日军已经被告知安全区位置,菲奇对此感到庆幸,他回忆说:

　　　　在停止炮击的间隙,日本进攻部队开始攀越城墙。我跳进车内,驰去观察爆炸破坏的程度。在"安全区"南边,一小队日本先驱部队刚刚到达。一名日本军官讲的既非中国话,也非英语。而我只在儿时学过一点日语,远远不能应答。他取出一张城区地图,在上面指指划划,他指的明显是"安全区"。

_____

① 张连红:《南京大屠杀时期的日军当局与南京安全区》,《近代史研究》2001 年第 3 期。

② 高兴祖:《日军侵华暴行:南京大屠杀》,上海人民出版社 1985 年版,第 9 页。《泰晤士报》1937 年 12 月 18 日称有 10 发炮弹击中安全区,炸死 30 余人。参见陆束屏编译《南京大屠杀——英美人士的目击报道》,第 83 页。

③ [美]乔治·费区:《南京的毁灭》,郦玉明译,《民国档案》1995 年第 3 期。

庆幸的是,部队已被告知,安全区有希望了。①

但是,菲奇在当天的日记中却未记载有关日军已知道安全区的事。

斯迈思在致家人信中说,13 日下午,他同拉贝和懂日语的科拉决定一起去找日军高级军官,以便向他们解释三件事:安全区、新成立的红十字会以及进入安全区的一些缴械士兵。在新街口附近的汉中路,他们找到一个约 100 人的分遣队,"他们坐在马路南面,对面是一大群中国平民。我们试图向军官解释安全区的概念,并在地图上指给他看,发现他的地图上并未标明安全区。他说只要没人向日军射击,医院就会确保无恙,对于缴械的士兵,他却没说什么"。② 斯迈思等人都认为这个消息令人高兴。

斯迈思的记载与 17 日拉贝写给日本大使馆二等秘书福井淳信中所述的内容基本一致:

> 鉴于我们是唯一的城市管理机构,贵军进城后,我们立即试图和先头部队取得联系。12 月 13 日下午,我们在汉中路遇见了一位贵军大尉,他正率部进入预备阵地。我们向他作出了必要的解释,在他的地图上标出了安全区的界线,此外我们还恭敬地向他指出了 3 个红十字医院的位置,通告了解除武装的中国士兵的情况。他当时所表现出来的配合和平静增强了我们的信念,即:我们得到了贵军的完全的理解。③

---

① [美]乔治·费区:《南京的毁灭》,《民国档案》1995 年第 3 期。

② 《史迈士致家人函》(1937 年 12 月 20 日—1938 年 1 月 9 日),章开沅编译:《天理难容——美国传教士眼中的南京大屠杀(1937—1938)》,第 283—284 页。

③ 《南京安全区国际委员会致日本帝国大使馆二等秘书福井喜代志函》(1937 年 12 月 17 日),[德]约翰·拉贝:《拉贝日记》,第 192 页。实际上该信为 16 日所起草,17 日递交给福井。福井喜代志为福井淳的误译。

　　马吉在致夫人函中称:安全区委员会的一些成员同某些日本军官取得了联系,他们说只要医院不藏匿士兵,医院将受到尊重,放下武器的士兵也不会受到伤害。这以后我们许多人都忙碌起来,在城市的各个地方把消息传递给中国士兵,我们把他们的武器拿来扔掉。① 据魏特琳的日记记载,安全区委员会委员米尔斯对她说,他们目前与日本人的接触还算愉快,尽管接触并非很多。②

　　从上述各位安全区成员的各自经历来看,他们发现日军的作战地图上并没有标注安全区的位置,但他们觉得同日军的第一次接触还是比较满意的。

　　不过,从日军战后公布的战史资料来看,进攻南京的日军至少有部分部队是知道南京安全区的。在第十军发布的一份《攻占南京城及入城有关注意事项》中,其第三条为:"严禁接近外国之权益特别是外交机构,对于外交使团提议设立而为我军拒绝之中立地带,除必要外,应禁止进入,并应在重要地区设立岗哨。"③

　　12 月 14 日,国际委员会斯迈思草拟了一封信,并请人翻译成日文,准备面呈日军指挥官,信中称:国际委员会已经承担了安全区安置滞留城中的中国居民的责任,还同时接管了安全区内的中方警务管理工作。信函提出了下列请求:

　　　　1. 难民区各入口处,均派卫兵一人驻守;2. 敝委员会得行使区内的警察权,所有平民警察仅携手枪;3. 敝委员会得出售米粮,设立施粥厂,并得向难民区外的米栈两处,自由装米;

---

① 《马吉致夫人函》(1937 年 12 月 12 日—1938 年 2 月 5 日),章开沅编译:《天理难容——美国传教士眼中的南京大屠杀(1937—1938)》,第 190 页。

② [美]明妮·魏特琳:《魏特琳日记》,第 190 页。

③ 「南京城ノ攻略及入城ニ関スル注意事項」、南京戦史編集委員会編『南京戦史資料集Ⅰ』、434 頁。

4. 在难民未能回家前,敝委员会得继续进行目前的收容事宜
(实则无家可归的难民,已不在少数);5. 敝委员会得与贵司令
合作,恢复电话电灯自来水等。①

另外,信中还专门就放下武器的中国士兵进入安全区一事,请
求日军能宽恕这些士兵,考虑他们的愿望,准予重过和平的平民生
活。当天,拉贝、斯迈思和福斯特3人和1名翻译一起带着这封信,
在日本使馆参赞福田②的协助下,四处寻找日军最高统帅联系,他
们一共与5名日本军官进行了接洽,但他们均表示此事要等到第
二天最高指挥官抵达后和他联系。③ 当天,国际红十字会南京分会
的马吉和科拉在一位比较正派会讲英语的日军上校的帮助下,前往
位于励志社西南面的中央饭店,去见日军在南京的最高指挥官,希望
日军能同意由他们来照顾伤兵,但他们也被告知必须等待几天。④

15日,日本海军少尉关口和大使馆参赞福田先后访问国际委员
会,拉贝将14日的信函副本交给了福田。当天中午,委员会的拉贝、
斯迈思和施佩林同日军参谋部参谋长和特务机关长在新街口附近的
交通银行进行了会晤,福田当翻译。这次会晤实际上是日本特务队
队长一个人发表意见,其讲话的内容主要是答复国际委员会14日信
函中的请求,委员会成员并没有机会提出问题讨论,日军当局表示:

---

① 《第1号文件(1937年12月14日国际委员会致日军当局公函)》,有关国际委员会与
日军当局的往来信函,《拉贝日记》和田伯烈的《外人目睹中之日军暴行》等书均有记
载,本书以田伯烈著为准。

② 福田笃泰,后来担任过吉田首相的秘书、国会议员、防卫厅长官、行政厅长官和邮政
大臣。

③ 《史迈士致家人函》(1937年12月20日—1938年1月9日),章开沅编译:《天理难
容——美国传教士眼中的南京大屠杀(1937—1938)》,第285—286页。

④ 《马吉致夫人函》(1937年12月12日—1938年2月5日),章开沅编译《天理难容:美
国传教士眼中的南京大屠杀(1937—1938)》,第190页。

　　1.必须搜索城内的中国兵。2.难民区各入口处将派兵驻守。3.难民回家愈早愈好,故必须搜查中国兵。4.关于已被解除武装的中国兵,可以信托日军的仁慈态度。5.难民区内得留置警察,除警棒外,不得携带任何武器。6.贵委员会在区内所有1万担米,得供给难民,但日军得自由购置(关于难民区外的存米,并未明白答复)。7.电话电灯自来水必须设法修复,故午后将偕雷伯(即拉贝)先生同往视察。8.十分需要工役。从明天起将进行扫除工作,希望贵委员会援助,明天需要工役一二百人,工资照给。9.将视察米栈,并予以保护。①

　　当天,日军原田将军曾表示希望拉贝"带他去安全区转一圈看看",但下午拉贝因其他事件而错过了双方约定的时间,原计划未能实现。第二天,日军派人同委员会成员视察了下关电厂方面的情况。16日上午,日军通知国际委员会,日军将从9点开始在安全区进行全面搜寻中国士兵的行动。

　　从上面材料来看,日军当局显然已将安全区国际委员会当成南京城中唯一可以进行交涉的机构。日军在进城之初,其眼中的国际委员会的地位正如16日晚上从上海来南京的日本大使馆巡回总领事冈崎胜男②访问委员会时所说的那样,"虽然日本人没有

---

① 《第4号文件(1937年12月15日中午,日本特务队队长与国际委员会负责人谈话记录)》,章开沅:《南京大屠杀的历史见证》,第273页。该文件比《拉贝日记》中所载内容多第九条,另外译文亦不相同。参见[德]约翰·拉贝《拉贝日记》,第181页。

② 冈崎胜男后来曾为远东国际军事法庭提供宣誓证词,证词称:"我在日本驻南京领事馆曾收到了南京安全区国际委员会提出的报告。关于在南京不断发生的事件,后来与松井大将谈话时,松井大将说:'无言可以辩解'。"但这份证词后未提交法庭。《拉贝日记》中原译为冈崎胜雄,本处译名根据[日]洞富雄:《南京大屠杀》,毛良鸿、朱阿根译,上海译文出版社1987年版,第358页。

承认我们的委员会,但是我们将受到的待遇就如同被他们承认了一般。"①

日军进攻南京之前曾多次表示拒绝承认南京安全区,但在攻占南京之后,日军对南京安全区的默认增强了国际委员会管理安全区的信心。12月14日,国际委员会在给日军当局的第1号公函中还强调国际委员会负有暂时行使市政府的职权,但是由于日军进城后屡次对安全区的扫荡,使得国际委员会对坚持拥有半行政权的信心发生了动摇。针对冈崎胜男16日晚对安全区地位问题的表态,国际委员会第二天即以书面形式致函福井,对此作了说明,信中说:

> 开宗明义,敝委员会所要求者,并非任何政治上的地位。按于12月1日起,南京市市长马超俊,即以市政府所行使的职权,畀予敝委员会,俾应付过渡的紧急时期,其中包括警察、重要公用事业、消防、住宅、食物及卫生各项职权。故贵国军队于12月13日胜利入城时,敝委员会实为唯一行使职权的机关。当然,所谓职权仅限于难民区,而且也不涉及难民区的主权问题。②

接着,该信叙述了自日军进城之后,委员会积极同日军接洽的努力、日军对委员会的许诺以及日军对委员会工作的阻挠的事实。国际委员会在信中郑重声明:"敝委员会殊无意继续行使半行政机关的职权,深盼贵方迅予接收,使敝委员会成为单纯的救济机关。"国际委员会在这封信中实际上表达了四点意见:其一,安全区国际

---

① [德]约翰·拉贝:《拉贝日记》,第191页。
② 《第6号文件(1937年12月17日国际委员会致日使馆公函,解释难民区的特殊地位)》,章开沅:《南京大屠杀的历史见证》,第274—275页。

委员会享有行政管理权是原市政府赋予的,安全区的存在也曾事先告知日本军方;其二,日军进城之时,安全区国际委员会是城内唯一运转的行政机构;其三,国际委员会曾主动同日军接触,并获得日军当局的接待和认可;其四,国际委员会希望日军尽快恢复秩序,为此,国际委员会愿意协助,并移交安全区的行政权力。

12月21日,日军华中方面军司令官松井石根曾到日本大使馆与请愿的22名西方人士握手致意。松井石根在前一天的日记中记载:"避难区收容了许多下层的中国百姓,其为数达到12万多,由美国传教士及红卍字会等团体共同负责保护。"这说明松井石根也是知道南京安全区的。① 就在这之后不久,日军当局也开始为安全区重要难民收容所的入口处派遣宪兵巡逻,尽管这种巡逻并未能阻止日军的暴行。

安全区设置的主要目的是为了在战争期间保护那些在战争中受害的一般市民,日军在攻进南京之前并未给予明确承认,也未承认它在国际法上是具有治外法权的区域。可是,日军占领南京后,非但没有立即要求接管安全区,相反,却将国际委员会当作一个管理机构来对待,并希望它能协助尽快恢复南京的水电。洞富雄教授认为入城日军默认安全区的原因是:"日本军在开进南京的同时,掠夺、强奸、屠杀,为所欲为,军纪很坏,出现了军事当局亦感到束手无策的恐慌局面。于是出现了这样的局面:连在占领前还留在一般市区的市民也要求保护,陆陆续续不断地逃到安全区。为此,日本军事当局未能要求接管安全区,而国际委员会虽无能力,却也不得已而负责保护难民。不久,军事当局对安全区的存在,在

①「松井石根大将戦陣日記」、南京戦史編集委員会編『南京戦史資料集Ⅱ』、144 頁。

口头上表示了不负责任的承认,即采取了默认的方式。"①洞富雄认为日军未能接受安全区的主要原因是由于日军军纪的败坏。

但日军没有立即接收安全区还有下面原因:其一,日军攻占南京之初,物资供给十分奇缺,国际红十字会曾希望日军接管安全区内的伤兵医院,但日军则以自身伤员颇多,无力兼顾,乃予以拒绝。② 面对安全区内 20 余万缺衣少食的难民,日军当局未敢轻易要求接受安全区。其二,由于日军特务机关策划的伪自治政权迟迟不能成立,12 月 23 日才勉强凑成一个筹备委员会,日军进城 18 天后才正式成立伪南京市自治委员会。未能迅速成立可以取代国际委员会的傀儡政权,也是日军当局未能接收安全区的原因之一。其三,日军攻占南京之后,国际委员会主动与日军联系,积极寻求与日军当局合作。国际委员会几乎每次在致日本大使馆(日军当局)的函中都要强调国际委员会愿意与日军合作。安全区国际委员会这一合作态度使日军当局认为没有立即接管安全区的必要。事实上,为了达到保护和救济难民的目的,国际委员会自始至终都试图与日军当局进行相关合作。

二、国际委员会试图与日军当局合作的努力

在日军进城之初,国际委员会的首要工作是向日军当局解释安全区成立的目的,以求得日军当局的支持与合作。但是,对于日军当局而言,要让他们真正理解国际委员会的宗旨是十分困难的。12 月 16 日,金陵大学紧急委员会主席,同时也是安全区国际委员会成员的贝德士在给日本大使馆的信中称:"金陵大学位于安全

---

① [日]洞富雄:《南京大屠杀》,第 105 页。
② 「中島今朝吾日記」、南京戦史編集委員会編『南京戦史資料集Ⅰ』、219 頁。

区,直接受该区的环境与存在问题的影响。某些(日本)官员曾经表示友好与了解安全区工作的宗旨。其他的人表现得冷酷与猜疑。请他们弄清楚(安全区)从开办到现在所做的一切。每个办公室、房屋以及安全区国际委员会成员的行动,每天都是敞开门户接受检查。"贝德士在信中还说:"我们仅仅是尽最大的努力,在极其困难的条件下,为那些被战争从家中赶出来而仍生活在极端恐怖中的人们,提供住处和食物。"①国际委员会对成立安全区宗旨的诸如此类的解释,从安全区成立一直到安全区被迫解散的那一天都没有停止过。

在向日军解释安全区宗旨的同时,国际委员会几乎每次在致日本大使馆(日军当局)的信中都强调国际委员会愿意同日军合作。14 日,国际委员会在致南京日军指挥官的一封信中说:"为了维护中国平民的利益,我们想就未来的计划安排与您取得联系。"最后该信还特别声明:"为了中国平民百姓的安康,我们期盼着能有机会和您进行任何形式的合作。"②17 日,国际委员会在致信日本大使馆二等秘书福井时向日军再次表示,"为了城市平民百姓的利益,我们随时愿意和贵方通力合作。"③

国际委员会希望同日军当局进行合作,其具体内容主要是恢复水电、供应难民粮食和提供医疗卫生三个方面,这些都属于维持难民正常生活所必须者,国际委员会认为他们在上述三个方面都有许多基础,甚至已经做了很多准备。例如,在恢复水电方面,委

---

① 章开沅:《南京大屠杀的历史见证》,第 71—72 页。

②《南京安全区国际委员会致南京日本军队指挥官函》(1937 年 12 月 14 日),[德]约翰·拉贝:《拉贝日记》,第 174、175 页。

③《南京安全区国际委员会致日本帝国大使馆二等秘书福井喜代志函》(1937 年 12 月 17 日),[德]约翰·拉贝:《拉贝日记》,第 196 页。

员会主席拉贝就曾十分积极协助日军,因为他本人是西门子公司驻南京代表,十分熟悉德国西门子公司负责设计并提供设备的下关电厂方面的情况。

15 日,国际委员会同日本大使馆参赞福田就尽快恢复电厂、自来水和电话局一事进行了商谈,拉贝表示他们对这三个地方的情况非常了解,能够让工程师和工人们将工厂重新运转起来。但是,如果日军进城之后随意杀人、抢劫、强奸和纵火的暴行不能得到制止,那么要迅速恢复水电是相当困难的。国际委员会在致日本大使馆福田的信中表示:"此种恐怖状态如继续存在,本市任何正常的活动,即无法进行,如电话、电灯和自来水的供给,商店的复业,以及街道的清洁等,均以恢复秩序为先决条件。"①不过在 17 日晚上,拉贝在日本人的要求下,还是向上海西门子公司发了一份电报,内容如下:

西门子洋行(中国),上海,南京路 244 号

日本当局请求由一名德国工程师负责此地发电厂的恢复运转工作。发电厂的设备看来没有因战斗而受到损坏。请通过日本当局给我们答复。②

12 月 28 日,日本一名工程师与国际委员会会谈,他们想恢复电厂,希望国际委员会能为他们提供 50 名工人,拉贝答应尽力而为。第二天,拉贝为日本人除提供了 50 名工人外,还另外派了 30 名工人供维修水厂使用。

但国际委员会试图与日军当局合作的努力,日军并未给予积

---

① 《第 5 号文件(1937 年 12 月 16 日国际委员会致日使馆参赞福田公函,要求恢复秩序,并促请注意暴行)》,章开沅:《南京大屠杀的历史见证》,第 273 页。

② 〔德〕约翰·拉贝:《拉贝日记》,第 199 页。

极回应。随着难民救济问题的日益严重,1938 年 2 月 11 日,国际委员会在一份题为《南京国际委员会遇到的几个问题迫切希望与日本当局合作以求解决》的材料中,再次呼吁日军当局在恢复秩序和纪律问题、食品供给问题、医院和卫生所的人员问题三个方面能进行合作。如关于食品供给问题,国际委员会认为:

> 日本当局或者从这里的仓库提取必要的储备粮,或者开放通往南京的运输线,以便食品从后方或从上海直接运往南京。
>
> 国际委员会请求同意它调拨原南京市政府分配给它的1.0933 万袋大米和 1 万袋面粉,以无偿分配给安全区内外的难民。国际委员会还声明,它愿意与自治委员会合作处理好粮食分配工作……
>
> 如要预防疾病和瘟疫的蔓延(有报告说,已发现了几例脚气病病例),必须给那些至今仍依靠赈济口粮生活的难民和其他只剩有大米而买不到别的食品的人补充其他种类食品。现在,城里很难买到各种豆类……我们请求日方能同意我们从上海购买豆类及其他补充食品,并用船运到南京。①

1938 年 2 月 14 日,也就是南京安全区国际委员会更名解散前几天,国际委员会在一份内部报告中回顾了寻求与日军当局合作的情况,其报告内容如下:

> 我们与日本当局的合作,至今实际上只停留在他们默认和容忍我们委员会所做的工作上,但他们同时试图竭力限制

---

① 《南京国际委员会遇到的几个问题迫切希望与日本当局合作以求解决》(1938 年 2 月10 日),[德]约翰·拉贝:《拉贝日记》,第 609—612 页。

我们的工作。最近几周来,这种限制已有所放松。他们曾允许向安全区运进了两批数量很大的大米(这些米其实不是给我们委员会的);他们还答应不用武力将难民赶出安全区;他们允许我们将100吨蚕豆从上海船运到这里来;我们现在得到了给一位美国医生的入城许可证,这位医生以前就是鼓楼医院的工作人员,现在又回到南京。甚至在严格限制我们工作的时候即今年元月,日本人也允许自治委员会给安全区的粥厂供应煤,当然我们必须支付煤钱,因为这些煤是私人经营的。①

　　这份国际委员会的内部报告应该说比较真实地反映了国际委员会与日军当局所进行合作的情况。这里需要说明的是,由于受资料和政治气候的影响,曾经有一些著作和文章对国际委员会与日军当局的合作有不公正的评论,认为国际委员会同日军进行合作,似乎成了日军进行大屠杀的同谋。但从上文中可以看出,国际委员会寻求与日军合作的努力,是作为一个中立的国际救济组织的正常需要,他们站在人道主义的立场上,试图最大限度地达到保护与救济战争中无辜难民的目的。章开沅对此也曾给予公正评论,他说:国际委员会所提出的"合作",仅限于恢复秩序与救济难民,因为如果日军不加强纪律约束,南京正常秩序就难以恢复,而难民连生命安全都得不到保障,救济工作又如何进行?因此,国际委员会作为一个迄未得到日军当局正式承认的救济团体,在当时特殊的情况下多次提出上述合作要求是可以理解的。② 事实上,日

---

① 《南京安全区国际委员会关于形势的内部报告》(1938年2月14日),[德]约翰·拉贝:《拉贝日记》,第652—653页。
② 章开沅:《南京大屠杀的历史见证》,第261页。

军当局并不愿意同国际委员会进行真正的合作,相反,他们回报给国际委员会的更多的是仇视与压迫。

三、日军对国际委员会的仇视与压迫

日军在攻占南京之初,在一定程度上被迫默认了安全区和国际委员会的存在,但对西方人士管理的南京安全区内心是反感和不满的。曾任南京西部城区警备司令官的佐佐木到一在日记中说,由外国人管理的伤兵收容所"似乎俨然享受着治外法权"。① 在他们看来,中国人长期以来依赖欧美的思想太深,中国人应该同日本合作,共存共荣。也许如果国际委员会能够完全听从日本军事当局的摆布,日军对安全区本质上的反感可能会被淡化。但事实上,留在南京的这些对基督教义和人道主义深为理解的西方传教士、教授和商人,面对残暴无情的日军,他们没有失去公正、正义和人类的良知,他们的言行必然导致日军对他们的仇视与压迫,最后被迫其解散。

其一,日军认为安全区的存在妨碍了日军的军事行动,特别是妨碍了日军对中国士兵的搜捕。由于守城部队并没有周密的撤退计划,当日军破城之后,许多守城士兵被围困在城内,在国际委员会的同意下,他们扔掉武器换上平民服装,进入安全区寻求避难。国际委员会这样做的目的是:"如果在安全区的边上发生了巷战,那么逃跑的中国士兵毫无疑问会撤进安全区,这样安全区就不是一个非军事化的区域。它即使不被日本人摧毁,也会遭到日本士兵的猛烈射击。"②但日本人认为国际委员会未能将中国

① 「佐佐木到一少将日记」、南京戦史編集委員会編「南京戦史資料集 I」、273 頁。
② [德]约翰·拉贝:《拉贝日记》,第 173 页。

士兵集中安置,而且什么标记也没有,这增加了他们搜捕的难度。①
另外,国际委员会认为放下武器的中国士兵应准予其过上平民生活,但日军认为他们是具有威胁的"便衣兵",因此要加以搜捕消灭。

日军对南京安全区的扫荡是从 14 日开始的,扫荡部队是日军第九师团第六旅团步兵第七联队。14 日,一名日本上校和随员来到国际委员会总部,花了 1 小时追问 6 000 名解除了武器的中国士兵的下落。② 当天,国际委员会在准备面呈南京日军最高指挥官的信中,对中国士兵被解除武装安置在安全区一事作了解释,同时恳请日军"宽恕这些士兵,考虑他们的愿望,准予重过和平的平民生活"。但是,许多放下武器的中国士兵被日军带走枪决,15 日,国际委员会又专门对此写了一封信给日本大使馆参赞福田,信中说:

　　敝委员会对于解除武装的中国兵问题,颇感棘手。敝委员会的初意,原拟在难民区不留置一个中国兵,乞 12 月 13 日午后为止,确有相当成就。该时有中国兵数百人,从北面入难民区,乞求援助,敝委员会当据直以告,不能保护他们,但表示倘解除武装,放弃抵抗,日方或能予以宽容。

　　13 日晚,在混乱和匆促中,敝委员会未能将解除武装的中国兵与平民相隔离,而且一部分中国兵已脱去军服,更难判别。

　　敌国兵士固为合法的俘虏,但敝委员会深希贵军当局在措置徒手的中国兵时,能竭力避免牵累无辜平民,并望贵军当局能重视人道,保护俘虏,采取仁慈的态度,据敝委员会的意

① 参见［日］田中正明《"南京大屠杀"之虚构》,第 24 页。
② ［美］乔治·费区:《南京的毁灭》,《民国档案》1995 年第 3 期。

见,他们可充夫役,如能使之恢复平民生活,自属最佳。①

15 日下午,日军再次在安全区内抓捕中国士兵,拉贝等国际委员会成员为此向日军苦苦说情,但未起丝毫作用。16 日早晨,在司法部搜查中国士兵的日军与委员会发生冲突,日军认为他们在司法部里搜查过中国士兵之后,国际委员会又私自放进了许多中国士兵。18 日,委员会在致日本大使馆的信函中指出,"日军军官在安全区执行搜查任务时,一直有一个基本的想法在左右着他们的情绪,就是他们认为安全区里到处都是穿着便服的中国士兵……但是今天我们可以向贵方保证,安全区内已经没有解除武装的中国士兵了,贵方的搜家小分队已经将他们全部清理了出去,遗憾的是同时遭到清理的还有许多中国平民"。② 在这封信函的后面,国际委员会还就"司法部事件"给日方一份备忘录。备忘录认为国际委员会在日军检查后放进去的人都是被日本士兵从家中驱赶出来的平民百姓,"在事件的过程中,里格斯先生一再想把事件解释清楚,避免中国平民被当作士兵抓走,结果 3 次遭到这名军官用军刀威胁,他还有拳头重击里格斯的胸部"。③

日军在安全区搜捕中国士兵的行动在最初的三个星期一直没有中断。12 月 24 日,"日本军方称尚有 2 万名中国士兵在安全区内,他们必须去除掉这些'害人精'"。④ 为了继续搜捕安全区内的中国士兵,日军又采取难民登记的方法,在登记的过程中,"任何被

①《第 2 号文件(1937 年 12 月 15 日国际委员会致日使馆参赞福田公函)》,章开沅:《南京大屠杀的历史见证》,第 271—272 页。

②《南京安全区国际委员会致福井喜代志函》(1937 年 12 月 18 日),[德]约翰·拉贝:《拉贝日记》,第 203 页。

③《司法部事件备忘录》(1937 年 12 月 18 日),[德]约翰·拉贝:《拉贝日记》,第 207 页。

④[美]乔治·费区:《南京的毁灭》,《民国档案》1995 年第 3 期。

怀疑为军人的老百姓也被一起抓走。一般是注意当兵留下的标记,如头上圆形的帽痕,肩上背枪的压痕,或者身上是否有背囊,等等。一些外国目击者证实,日本人用诺言把许多中国士兵骗出安全区,例如答应不加害于他们,甚至让他们工作,可是后来还是把他们杀害了"。① 贝德士曾对日军在金陵大学欺骗难民承认是士兵然后将其枪杀一事进行详细的调查,写有《金陵大学登记后果注解》。② 这份报告后来田伯烈曾在其《外人目睹中之日军暴行》一书中引用。

　　日军对国际委员会妨碍他们在安全区内搜捕中国士兵的行动十分不满,日军认为这是国际委员会在故意帮助中国士兵,国际委员会应负藏匿士兵的责任。③ 据《泰晤士报》特约记者报道:"外国人对解除了武装的中国军人的恻隐之心亦会激怒日本人。"④1 月 25 日上海的《大陆报》曾发表日本陆军发言人永井大佐关于安全区中国士兵一事的新闻讲话,据称驻南京的日本宪兵队到 1937 年 12 月 28 日,在安全区各所房子里共抓获 23 名中国军官、54 名下级军官和 1 498 名士兵,其中原南京保安队长王新尧⑤实际上领导着难民区第四区的工作。发言人还称在外国官员撤出的大使馆和公使馆的防空洞里发现藏有大量武器弹药,有

① 《罗森给德国外交部的报告》(1938 年 1 月 20 日),《抗日战争研究》1991 年第 2 期。

② 参见章开沅《南京大屠杀的历史见证》,第 79—81 页。

③ 章开沅:《南京大屠杀的历史见证》,第 194 页。参见《满铁档案中有关南京大屠杀的一组史料》(《民国档案》1994 年第 2 期):"进入本年度后,在各国庇护下潜伏的残败兵、不法分子接连不断地被查出逮捕。"

④ 《泰晤士报》1937 年 12 月 18 日,陆束屏编译:《南京大屠杀——英美人士的目击报道》,第 85 页。

⑤ 王新尧又译为王兴龙,参见《关于王兴龙事件的会议备忘录》(1937 年 12 月 31 日),[德]约翰·拉贝:《拉贝日记》,第 394—395 页。

1 门轻型火炮、21 挺捷克造机关枪和 60 梭子弹、3 挺其他机关枪、10 挺水冷式机关枪和 3 000 梭子弹、50 支步枪和 42 万发子弹、7 000 颗手榴弹、2 000 发掩体迫击炮弹、500 发其他炮弹。①这一新闻稿的背后,显然隐藏着日本人对国际委员会的强烈不满。

其二,日军认为国际委员会对日军暴行的抗议与揭露有损日军形象。日军进城后,许多外国人都认为"秩序很快就会恢复,和平不久就会再见,难民也能迅速重返家园,重过正常的生活。但是结果却大大出乎我们的意料之外"。②日军施暴的对象,不仅有大量的中国人,而且还包括西方人、他们的财产甚至他们国家的国旗。在 20 世纪出现这种比中世纪还要野蛮的暴行,国际委员会成员实在无法容忍,他们试图通过抗议和向世人揭露事件真相来迫使日军当局采取措施来制止暴行的继续,来呼唤人性的良知,但是结果并未能如愿。相反,国际委员会成员却被日军当局看成是和中国民众一样的一群"抗日分子",是有意在损害"皇军"的形象。

从 12 月 16 日起,国际委员会开始向日本当局指控日军暴行。"我们每天去造访日本使馆,递呈我们的抗议、我们的请求,以及对于暴力和犯罪的确切记录报告。"③"在最初六个礼拜中",国际委员

① [德]约翰·拉贝:《拉贝日记》,第 583—584 页。

② [澳]哈罗德·约翰·廷珀利:《侵华日军暴行录》,马庆平、万高潮等译,新华出版社 1986 年版,第 55 页。该书于 1938 年 7 月分别由纽约的现代图书公司和伦敦的维克特·格朗兹有限公司出版,纽约版书名为《日军在华暴行》,伦敦版书名为《战争意味着什么:日军在华暴行》。该书出版前,中国人杨明即在上海从作者手中买下该书稿进行翻译,几乎于同时在汉口出版了中文版,书名为《外人目睹中之日军暴行》。但由于译稿并非根据最后定稿翻译,因此与正式出版的英文版稍有出入。1986 年,新华出版社出版了根据纽约版翻译的中文版,书名为《侵华日军暴行录》,1992 年,天津人民出版社又根据伦敦版翻译,以《外人目睹中之日军暴行》的书名出版。参见陆束屏编译《南京大屠杀——英美人士的目击报道》,第 233 页。

③ [美]乔治·费区:《南京的毁灭》,《民国档案》1995 年第 3 期。

会每天向日本大使馆"提出两次抗议"。① 如 12 月 20 日抗议信函的内容如下:

> 径启者,兹附奉《日军暴行报告》,自第 97 件起,至第 113 件止。裴志(贝德士)博士的报告另呈。所有暴行,除第一项外,均发生于昨日午后迄今。
>
> 难民区内每天有许多妇女横遭蹂躏,其中有牧师的妻子,有青年会工作人员的妻子,有大学教授的妻子,她们平时都洁身自爱、清白无瑕。
>
> 因贵国士兵不断闯入住宅,敝委员会所辖各所收容所的难民,人数激增,照预定的计划,不拟超过 3.5 万人,现在总数已达到 6.8 万人了。
>
> 深信贵国军事当局,即将采取迅速而有效的手段,以挽救目前的不幸事态。②

据统计,国际委员会记录了日军自 12 月 13 日侵占南京起至 1938 年 2 月 6 日期间的部分暴行(444 件),先后提交日本大使馆。此外,国际委员会委员、金陵大学紧急委员会主席贝德士博士,还根据拉贝的建议,用打字机打印成文字稿,几乎每天也向日本大使馆提交一封抗议信,反映日军在金陵大学的暴行事实。③ 1938 年 2 月 22 日贝德士向美国驻南京大使馆提出的综合报告称:"一般武装士兵非法进入金陵大学 1 720 次,为进行强制劳动而强行拉走

① 《远东国际军事法庭关于日军在南京进行大屠杀罪行的判决》(1948 年 11 月 4 日),中国第二历史档案馆、南京市档案馆编:《侵华日军南京大屠杀档案》,第 581 页。

② 《第 11 号文件(1937 年 12 月 20 日国际委员会致日本大使馆公函,抗议日军奸淫妇女)》,章开沅:《南京大屠杀的历史见证》,第 283 页。

③ 有关详细资料可参见田伯烈《外人目睹中之日军暴行》、徐淑希《南京安全区档案》、[德]约翰·拉贝《拉贝日记》、章开沅《南京大屠杀的历史见证》等专著。

647 人,凌辱妇女 290 人,杀伤事件超过 60 起,还犯下了其他暴行
以及撕毁美国国旗 7 次。"①毫无疑问,日军暴行的实际件数要比报
告中提到的多得多。为了抗议日军的暴行,12 月 21 日,在南京的
22 名外国侨民一起到日本大使馆去请愿,当时松井石根正好也在
大使馆。

1938 年初,随着美国、德国、英国使馆人员相继回到南京,国际
委员会成员通过他们继续向日本大使馆抗议,同时也通过书信等
各种渠道将日军暴行向世界揭露,当美国大使馆的阿利森将国际
委员会的暴行报告送给日本大使馆时,负责接待的福井称,阿利森
不应只听信那些有偏见、帮中国人的美国传教士的话。② 由于有许
多抗议都被日本使馆官员搁置,因此美、英和德国使馆官员便通过
华盛顿、伦敦和柏林与东京直接联络,"这使得此地的日本人气得
发疯"。③ 1938 年 1 月 21 日,上海的日军当局宣称:凡涉及日军暴
行的电讯稿不会通过新闻检查,并宣布"不准玷污日军名誉的恶毒
报道在国外流传"。④ 由于贝德士和菲奇等人不断向日本抗议和向
外界揭露日军暴行,他们曾被日本驻南京大使馆传询。日本大使
馆馆员曾对他们说:"(日本)将军们对他们不得不在中立的观察员
的注视下完成其占领而感到愤慨,他们声称在世界历史上从未有
过这种情况。"⑤

---

① [日]洞富雄:《南京大屠杀》,第 92 页。

② [美]约翰·阿利森:《来自草原的大使:阿利森奇境》,转引自陆束屏编译《南京大屠
　　杀——英美人士的目击报道》,第 415—416 页。

③ Martha Lund Smally, *American Missionary Eyewitnesses to the Nanking Massacre,
　　1937 - 1938*. Yale Divinity School Library Occasional Publication No. 9, 1999, p. 48.

④《南京的恐怖》,《洛杉矶时报》1938 年 1 月 25 日,陆束屏编译:《南京大屠杀——英美
　　人士的目击报道》,第 83 页。

⑤ 章开沅:《南京大屠杀的历史见证》,第 50、52 页。

其三,日军认为西方人士对日军暴行的干预加剧了中国人依赖欧美的思想,妨碍了日军"新秩序"的建立。在南京大屠杀期间,面对四处施暴的日军,国际委员会成员利用其中立国公民的特殊身份,往往不顾个人安危,挺身救助处于绝望之中的受害难民,他们有时将一些被日军当作中国兵而面临枪决的难民从死亡线上解救出来,有时将到处抢劫难民财产的日本兵赶走,有时则大喊一声轰跑正在行凶或强奸妇女的日本兵。国际委员会对日军暴行的干预,一方面使得施暴的日本官兵对他们既恨又怕,另一方面使得处于恐怖之中的南京难民看到了生存的希望,这一点也是日军所不愿意看到的。

南京大屠杀期间,困在城内的难民将唯一的希望寄托于留在南京的 20 多位西方人士身上。一些西方人士的住宅及公司成为难民躲避的最佳选择,金大、金女大这两所学校在最高峰时,分别涌进 3 万和 1 万多名难民,甚至连日本军人也认为金女大比较安全。在难民眼中,西方人成了他们唯一可以依靠的"救星","外国几位先生,每到一处,一般难民齐围上来,好像小鸟见了他的母亲一样"。[1] 在南京大屠杀之前,中国的老百姓看到西方人时,都会蔑称他们为"洋鬼子",但在南京大屠杀期间及之后,人们从内心里真正地改变了这一称呼,如对魏特琳、拉贝等都称之为"菩萨"。2 月17 日,魏特琳在金女大为拉贝先生举行了告别茶会,当金女大难民所的难民得知拉贝要离开南京后,有两三千人聚集在大草坪跪着大哭,乞求拉贝留下。[2] "在日军宣布要解散难民营的时候,数千名

---

[1] 郭岐:《陷都血泪录》,"南京大屠杀"史料编辑委员会、南京图书馆编:《侵华日军南京大屠杀史料》,第 19 页。

[2] 〔美〕明妮·魏特琳:《魏特琳日记》,第 285 页。

妇女跪在我们面前,许多人发誓宁愿死在难民营,也不愿回家被日军强奸、杀死。"①日本人曾试图让中国人"矫正依靠欧美的观念"②,但结果,日本人发现"中国人依赖欧美人的思想至今犹存"③,甚至伪政权中的中国警察看到西方人士,都要情不自禁地向他们敬礼。

另外,日军当局还认为国际委员会对日军怀有敌意,他们的行动具有不可告人的目的,日军特务机关一份报告称:

> 以德国人拉贝(鲁)为会长的国际委员会,为救济、保护难民,在国民政府放弃南京移居内地之际,接收了相当数量的资金和粮食,他们把粮食以一草袋9元的价格卖给难民。在自治委员会接受了难民区之后,作为继续救济的基金,理应把上述资金交付给自治委员会,但他们却以没有确凿证据为借口加以拒绝。而且在国际委员会解散之后,亦仍旧继续对难民加以策动。表面上标榜为慈善事业,借以避开世人的猜疑,但其实质是在竭力地维护自己的利益,还指使难民阻碍自治委员会事业的顺利开展,诸如此类的行动很多。
>
> ……皇军入城后,他们虽然提供医疗和粮食,以及进行其他对难民的各种救恤活动,但另一方面却在监视难民区皇军

---

① 《贝德士致妻子函》(1938年2月1日、13日),章开沅编译:《天理难容——美国传教士眼中的南京大屠杀(1937—1938)》,第32页。

② 《满铁档案中有关南京大屠杀的一组史料:南京班第一次报告(1月21日提交)》,《民国档案》1994年第2期。

③ 《驻南京总领事花轮义敬致驻北平森岛参事官函》(1938年4月12日),中央档案馆、中国第二历史档案馆、吉林省社会科学院合编:《日本帝国主义侵华档案资料选编·南京大屠杀》,第365—366页。

的行动,频繁进行带有恶意的对外宣传。①

由于许多难民不肯离开西方人士主持管理的安全区,致使日军策划新成立的傀儡政权形同虚设。1938 年 2 月 5 日,新任南京警备司令官天谷少将在日本驻南京大使馆招待南京的外国外交代表,在茶会上,他发表讲话,其措辞十分明显地攻击留在南京的西

图 6-1　1938 年 2 月 5 日,日本驻华公使在南京日本大使馆举行外国使节招待会。日军新任南京警备司令官、第十一师团第十旅团长天谷直次郎少将,在招待会上严厉斥责向世界揭露南京大屠杀真相的西方人士,诬蔑其"煽动中国人的反日感情"。

(秦风辑图,杨国庆、薛冰撰:《铁蹄下的南京》,广西师范大学出版社 2006 年版)

---

①《满铁档案中有关南京大屠杀的一组史料》,《民国档案》1994 年第 2、3 期。中央档案馆、中国第二历史档案馆、吉林省社会科学院合编:《日本帝国主义侵华档案资料选编·南京大屠杀》一书也收录了这份档案资料,其译文与《民国档案》所载稍有不同,亦可参考。

方人士,他说:在扬州,中国人和日本人的关系良好,但是在南京,外国人干涉鼓励下的抗日情绪在当地中国居民中继续存在,妨碍了恢复正常局面,大批中国人仍在所谓的"安全区",他请求外国代表遇到困难和他商讨,但这些困难只涉及保护外国人的财产,而不是干涉涉及中国人的事务。① 天谷少将对国际委员会的观点同特务机关的报告同出一辙。

南京大屠杀期间,国际委员会成员实际上充当了南京难民的保护者的角色,这无疑导致了作为加害者的日军当局对他们的愤恨,因此,日军总是千方百计地采取各种措施压迫和打击他们。

威胁是日军对国际委员会成员最常用的方法。为了不让国际委员会成员抗议和揭露日军的暴行,贝德士和菲奇等人曾被日本使馆主要官员正式传讯,他们指认贝德士为"反日"分子,诬蔑他有"精神病",并恐吓如不停止攻击日军,所有在南京的传教士将被赶出南京。② 为了对付国际委员会对日军暴行的指控,日军还恐吓胁迫可怜的中国人否认向国际委员会成员说过的事情,有些中国人被迫甚至准备证明抢劫、强奸和焚烧乃是中国人而非日本人所为。③ 1938 年 1 月 10 日,贝德士在一封信中针对日军这一卑劣行径写道:"现在我需要谈到告密以及日本人恫吓和收买特务的问题。我本人此刻就遇到 3 个以上此类麻烦,我开始怀疑他们是否想使我或金大陷入绝境。例如,过去 3 天中发生两件事使我对金大附中遭受损失的报告自相矛盾,于是认为我撒谎和欺骗日本人,

---

① 《驻华大使馆三等秘书(阿利森)发给国务卿的电报》(1938 年 2 月 6 日),陆束屏编译:《南京大屠杀——英美人士的目击报道》,第 198—199 页。

② 章开沅:《南京大屠杀的历史见证》,第 49—50 页。

③ Martha Lund Smally, *American Missionary Eyewitnesses to the Nanking Massacre*, *1937 - 1938*. Yale Divinity School Library Occasional Publication No. 9, 1999, p. 43.

对我表示轻蔑,从而攻击我和这个庞大难民营的另一位负责人。"①
日军试图通过这一阴谋迫使委员会成员不敢轻易再抗议日军的暴
行。对于一些要求去上海的委员会成员,日军则不断告诫他们不
得向外界讲日军的坏话,否则将得不到返回南京的许可。1938 年
2 月 10 日,日本大使馆的福井对即将赴上海的拉贝说:"如果您在
上海对报社记者说我们的坏话,您就是与日本军队为敌","如果您
讲日本人的坏话,就要激怒日本军方,这样,您就回不了南京!"②

图 6‑2　里格斯

(耶鲁大学神学院图书馆)

在南京大屠杀期间,安全区国
际委员会成员有时还直接遭到日
军殴打和侮辱,甚至面临生命的威
胁。这样的案例很多,如 12 月 16
日,里格斯遭到一个日军军官 3 次
用军刀威胁,其胸部也遭到这个军
官的拳头重击。12 月 22 日,委员
会成员克勒格尔和哈茨遭到日军
士兵的攻击,克勒格尔曾遭到他们
的捆绑。25 日,里格斯为了保护
一名被日军追逐的妇女,又遭到一
个日军军官的反复殴打,这个军官
还要求里格斯在他面前磕头。实
际上不仅安全区成员面临日军的殴打,就连美国外交官阿利森也
未能幸免,他曾被日军扇了耳光。

①　章开沅:《南京大屠杀的历史见证》,第 53—54 页。
②　[德]约翰·拉贝:《拉贝日记》,第 600、601 页。

除了威胁和殴打国际委员会成员外,日军还一直试图限制委员会成员的活动。在相当长的时间里,他们不让委员会成员在城内自由活动,更不能出城。12月28日,日军曾向拉贝提出建议,认为德国人应该集中在一个有警卫的地方;①30日,美国人也得到了日军相同的关照②,虽然这一"软禁"外国人的设想没有付诸实施,

图6-3　日军散发的欺骗性传单和漫画

（［德］约翰·拉贝:《拉贝日记》,江苏人民出版社、江苏教育出版社1997年版）

---

① ［德］约翰·拉贝:《拉贝日记》,第298页。

② Martha Lund Smally, *American Missionary Eyewitnesses to the Nanking Massacre*, *1937-1938*. Yale Divinity School Library Occasional Publication No. 9, 1999, p. 36.

但日军一直设法隔绝委员会与难民及其他单位的联系,贝德士在1938 年 3 月 3 日给《曼彻斯特卫报》驻华记者田伯烈的一封信中说:"我不知道你是否了解,日本军方甚至外交官现在对(我们)委员会是多么仇恨。他们不断迫使自治政府禁止我们与任何企业、事业单位联络。"①另外,日军还不断制造种种困难来削弱委员会的影响,最终迫使它解散。如从 1938 年 1 月 11 日开始,日军当局禁止国际委员会在安全区内出售大米,只允许居民到位于安全区以外南边一里处伪自治委员会的店里买米,国际委员会准备从上海运蚕豆和粮食的计划也屡遭阻止。②

① 章开沅:《南京大屠杀的历史见证》,第 49—50 页。
②《南京安全区国际委员会关于形势的内部报告》(1938 年 2 月 14 日),[德]约翰·拉贝:《拉贝日记》,第 653 页。

第七章　南京安全区的解散

第一节　日军扶植伪自治政权

一、伪南京市自治委员会的成立

日军攻占南京之后,为了迅速恢复社会治安,矫正难民"依靠欧美的弊风","确立自立、自治的规范",①日军当局和特务机关决定尽快成立伪自治委员会,以取代由西方人士组成的南京安全区国际委员会。

从东北和华北的经验出发,日军负责策划成立地方伪政权的任务主要由跟随日军进城的日军特务机关及日本驻南京使领馆负责。1937年12月21日,日军特务机关和日使馆召集在南京的各社会慈善救济团体负责人和亲日分子参加的会议。经过一番紧张的筹备活动,伪南京市自治委员会筹备委员会于23日在日本大使馆宣布成立。

①《满铁档案中有关南京大屠杀的一组史料》,《民国档案》1994年第2期。

伪南京市自治委员会筹备委员会由陶锡三担任会长，孙叔荣、程朗波为副会长，其成员有赵威叔、赵公谨、马锡候、黄月轩、胡启阀和王春生等人，秘书长为王仲调。筹备委员会另设有一个顾问班子，主要成员为日军特务机关和日本使领馆成员，其中有松冈功、佐藤鹤龟人、小岛友子、丸山进①、田中、渡部和鹈泽等数人，为了掩人耳目，筹备委员会同时还邀请了张南梧、许传音、王承典②、陶觉三和詹荣光五名中国人充当顾问。在伪自治委员会筹备委员会成员中，许多人为亲日分子，有留日背景，如陶锡三、赵威叔、王仲调三人是日本法政大学的毕业生，赵公谨曾在日本长琦医科大学就读，王春生是日本警察专科学校的毕业生，孙叔荣则长期在日本驻华大使馆担任译员。③ 陶锡三在筹备会上表示："今后，在日本军的占领地，我们将实行与一切亲日团体提携，致力于当地繁荣与复兴的方针。"④

当然，筹备委员会中也有部分人是被迫的，他们大都是慈善救济团体的负责人，参加伪自治委员会主要是为了使救济工作能顺利进行，如陶锡三和许传音当时是世界红卍字会南京分会的正、副会长，王承典当时是安全区国际委员会救济组的负责人。陶锡三

---

① 松冈、佐藤、小岛、丸山进四人均为日军南京特务机关成员，其中丸山进战后一直进行否定南京大屠杀的活动，2000 年 1 月 23 日，日本右翼在大阪举行"20 世纪最大的谎言：南京大屠杀的彻底验证"的集会上，丸山进是重要演讲人之一。

② 王是南京有名的旧货商，取名吉米，据德国大使馆罗森在外交报告中称，吉米的首批"公务"之一是建立妓院。罗森认为，"无论如何吉米以此帮了自己同胞的大忙，因为迄今以魔王的方式对待南京正派女性的日本兵痞的性欲要求，将被引入危害较小的轨道"。参见《罗森给德国外交部的报告》（1938 年 1 月 20 日），《抗日战争研究》1991 年第 2 期。

③ 孙宅巍主编：《南京大屠杀》，第 464—465 页。

④ 张宪文主编：《南京大屠杀全史》中，南京大学出版社 2012 年版，第 568 页。

称自己当上伪自治委员会会长并非所愿,被迫而为。陶锡三又名陶保晋,1875 年生于江苏省江宁县,1906 年毕业于日本法政大学速成科,1907 年回国创办江宁府属中学堂,曾担任江宁律师公会会长、江苏省咨议局议员、金陵法政专门学校校长等职,创办过"南汤山建业公司"和宗教慈善团体的道院,1923 年开始担任红卍字会南京分会会长。陶锡三在后来的辞职信中,提及自己被迫担任会长的隐情:"此次为维持治安,追随同人之后,本已推举正副会长有人,乃在领事府集会时,忽被前机关长佐方先生临时变更,推重锡三,田中领事等从而赞助。虽声明卍字会职员不能参与政治,固辞不获,勉暂担任,以让贤能,曾经当众声明……此次被推加放,当时未便坚决拒绝者,诚恐引起误会,影响道兹之进行,乃一时委曲求全。"①据卜正明研究,日本驻南京使馆最初策划的伪自治委员会首任人选是金陵大学陈嵘教授,但毕业于北海道帝国大学的陈嵘坚决拒绝,后来又物色曾在日本留学的商人娄筱锡,娄十分乐意担任伪自治委员会会长,但日军特务机关认为娄太像傀儡,不适合做会长,最后陶锡三成了使馆和特务机关都愿意接受的人选。② 陶锡三担任伪自治委员会会长 10 天后就提出辞职,并由孙叔荣代理会长,虽然这封信是两个月之后再次提出,而且在当时《南京民报》上刊出,足见其内心之不安。③

　　在日本特务机关的有力推进下,伪南京市自治委员会的成立很快基本准备就绪。12 月 30 日,日本特务机关召集各难民收容所

---

① 《南京市自治委员会陶锡三辞职书》(1938 年 3 月 18 日),南京市档案馆藏,1002 -
　　19 - 19。
② [加]卜正明:《秩序的沦陷:抗战初期的江南五城》,第 161 页。
③ 参见孙江《记忆不能承受之重——陶保晋及其后人的南京记忆》,孙江主编:《新史学》
　　第八卷,中华书局 2015 年版。

负责人近 60 人在日本领事馆开会,大会宣布伪南京市自治委员会
将于 1938 年 1 月 1 日下午 2 点在鼓楼广场召开成立大会,规定每
一难民所按照人数多少的比例每所派选难民代表参加。31 日,伪
南京市自治委员会筹备会以"南京自治委员会"的名义给各难民收
容所发了一封邀请信,其内容附录如下:

> 致××区难民收容所所长
>
> 我们特此通知如下:委员会决定于中华民国二十七年新
> 年下午 1 时在鼓楼举行民众大会,隆重庆祝南京自治委员会
> 组成。
>
> 特此要求各个区的每个难民收容所列出参加这个大会的
> 人员名单(不足 1 000 人的难民收容所派 5 个代表,超过 1 000
> 人的难民收容所派 10 个代表)。
>
> 请您把您的难民收容所的代表人数通知我们,并于新年
> 上午在我们这里报到,以确定您所需旗子的数量。①

从 1 月 1 日的早上开始,日本人就免费发放了大量鞭炮,整个
早晨,鞭炮声持续不断。② 下午 1 点钟,伪南京市自治委员会在鼓
楼公园正式举行成立大会,"通过供午饭、给日薪等手段,强迫 3 000
多市民参会"。③ 开幕典礼由伪自治委员会委员赵公谨主持,其议
程如下:

---

① [德]约翰·拉贝:《拉贝日记》,第 314—315 页。
② 《麦卡伦致家人函》(1937 年 12 月 19 日—1938 年 1 月 15 日),章开沅编译:《天理难
　　容——美国传教士眼中的南京大屠杀(1937—1938)》,第 258 页。
③ 沙溯因:《如此江南》,中国第二历史档案馆、南京市档案馆编:《侵华日军南京大屠杀
　　档案》,第 689 页。

会场：鼓楼

时间：1938 年 1 月 1 日新年下午 1 时

司仪：赵委员

1. 奏乐

2. 由孙先生（副会长）致开幕词

3. 由王先生（顾问）升五色旗

奏乐

4. 向国旗行三鞠躬礼

5. 陶先生（会长）宣读《宣言》

6. 来宾祝词

7. 三呼南京自治委员会万岁

8. 礼毕

9. 奏乐散会①

　　在成立典礼上，担任伪自治委员会重要角色的三个人都相继亮相，分别是会长陶锡三、副会长孙叔荣、顾问王承典，他们均是南京红卍字会的成员。在成立典礼上，伪自治委员会会长陶锡三宣读了成立宣言。宣言提出伪自治委员会成立的宗旨为：(1) 排除国民党一党专制的政治，实行以民众为基础的政治；(2) 与各地亲日团体合作，实行日华提携，以期确立东亚之和平；(3) 实行防共政策，绝对排除排日之思想，矫正依赖欧美之观念；(4) 振兴产业，造福于民众；(5) 广泛选拔人才，以期达到彻底的民众自治。②

---

① ［德］约翰·拉贝：《拉贝日记》，第 315 页。

②《南京市自治委员会成立宣言》，南京市档案馆藏，1002－19－2。

图 7 - 1　1938 年 1 月 1 日,伪南京市自治委员会成立大会。

（中国第二历史档案馆、南京市档案馆、侵华日军南京大屠杀遇难同胞纪念馆编
著：《侵华日军南京大屠杀图集》，江苏古籍出版社 1997 年版。）

　　在成立大会上,日军上海派遣军参谋长饭沼守、南京警备司令
官陆军少将佐佐木到一、南京日本总领事馆总领事代表福井淳、驻
南京武官海军大佐中原三郎等分别在大会上致辞。福井淳在祝词
中表达祝贺并对伪自治委员会寄予厚望：“幸今次自治委员会成
立,企图南京市之复兴,民众福祉之增进,并期待彻底日支亲善与
实行防共政策,是不独日支两国国民之幸福,抑亦东亚百年之大
计,诚堪庆贺之至,愿今后本会公益益发展,达成所期之目的,并切
望其迈进。”①饭沼守在祝词中说：“希望各位自觉其职责之重大,以
不屈之精神,突破万重难关,牺牲自己,一意尽粹公事,以与友邦日

---

①《南京市自治委员会成立之际日方祝词》(1938 年 1 月 1 日),张生等编：《英美文书·安
　全区文书·自治委员会文书》,张宪文主编：《南京大屠杀史料集》第 12 册,第 433 页。

本共同迈进复兴东亚之圣业。"①饭沼守在当天的日记中对成立典礼也有记载,特别提及当天参加民众有千余人,并燃放了鞭炮,但也有几个不知是何许人,随便躺在草地上。②松井石根虽然在上海,对伪南京市自治委员会的成立发来贺电,以示支持。为庆祝伪南京市自治委员会成立,在日军特务机关的策划下,成立大会结束后,伪自治委员会还在一些难民收容所组织了群众集会,"在出席人数甚少的群众大会上,演说者揭露后者(国民政府——引者注)的全部罪行,并且宣布民众可以期望得到新政府的福祉"。③

伪自治委员会是在日军特务机关的直接指导下成立的,其组织机构基本参照日本政治制度运作,根据《南京市自治委员会简章》和《南京市自治委员会办事细则》规定,伪自治委员会由南京市居民共同组织,以维护治安、促进自治为主旨。其事务的目的有四项:一是解除人民困难,二是恢复地方秩序,三是劝导工商复业,四是恢复地方交通。伪自治委员会组成以推举地方有声望者5至11人组织委员会,设会长1人,副会长2人。伪自治委员会机构设置中最为重要的是设有顾问室,延聘中日人士若干名充当顾问。伪自治委员会计下设2室6课,即:顾问室、秘书室、总务课、财务课、救济课、工商课、交通课、警务课。④为了协助日军尽快确立南京的治安,伪自治委员会成立不久,即1月10日,在日军特务机关的策

①《南京市自治委员会成立之际日方祝词》(1938年1月1日),张生等编:《英美文书·安全区文书·自治委员会文书》,张宪文主编:《南京大屠杀史料集》第12册,第434页。

②《饭沼守日记》,王卫星编:《日军官兵日记》,张宪文主编:《南京大屠杀史料集》第8册,第223页。

③《福斯特致妻子函》(1937年11月23日—1938年2月13日),章开沅编译:《天理难容——美国传教士眼中的南京大屠杀(1937—1938)》,第144页。

④《南京市自治委员会简章及办事细则》,张生等编:《英美文书·安全区文书·自治委员会文书》,张宪文主编:《南京大屠杀史料集》第12册,第436—439页。

划下,伪自治委员会在南京首都警察厅旧址成立了伪南京市警察厅,随后在各区设置了伪警察局,伪警察厅设厅长一人,由王春生担任,下设总务科、督察科、保安科、司法科、卫生科和刑务科,各区伪警察局则设有庶务、外勤、保安、卫生和司法 6 股。

　　伪南京市自治委员会成立之初,经费十分紧张,仅靠日军上海派遣军司令官朝香宫所赠 1 万元①和出售粮食所得部分资金运行,在资金实在无法周转之时,由伪自治委员会副会长程朗波自己掏钱垫付。从伪自治委员会财政收支报告中可以看出,仅 1—2 月,程就垫付了 3 000 元。② 后来,伪自治委员会通过禁止安全区国际委员会出售大米,而由其实行粮食统制和专卖,在各区设立直接销售粮食的专卖所,所卖粮食均为日军攻占南京后所没收者,将所获利润作为伪自治委员会的主要收入。另外,伪自治委员会为筹措工作人员工资,向在街上或简陋的小木棚里做生意的商贩征收 10元税金③,对人力车夫也开始征收人力车税。

　　伪南京市自治委员会的实权操于日军当局手中,具体负责者为日军特务机关,伪自治委员会事无巨细都必须请示日军特务机关,就连该委员会所订《整理及清洁全市道路计划》也需报告,"查核审定,俾便实施"。④ 实际上,伪自治委员会处于一个十分尴尬的境地,日本人对伪自治委员会存在两种截然不同的态度,"有一方

---

① 《饭沼守日记》,王卫星编:《日军官兵日记》,张宪文主编:《南京大屠杀史料集》第 8册,第 223 页。

② 《满铁档案中有关南京大屠杀的一组史料》,《民国档案》1994 年第 3 期。

③ 《罗森给德国外交部的报告》(1938 年 3 月 4 日),《抗日战争研究》1991 年第 2 期。

④ 《日伪南京市自治委员会整理及清洁全市道路计划书》(1938 年 3 月 3 日),中国第二历史档案馆、南京市档案馆编:《侵华日军南京大屠杀档案》,第 485 页。

同意给予援助,而另一方则予以拒绝"。① 在伪自治委员会成立一个月后,松井石根再次来到南京视察,2月7日下午5时,他在日本大使馆召见伪自治委员会成员,并发表讲话。他在当天的日记中写道:"只是自治委员会的成员们看上去都是软弱无力的样子。原因之一是没有财政来源,也没有一件像样的设施。他们的意见是,目前的当务之急就是想方设法恢复交通,方便物资运输。我觉得这的确是最重要的。于是向有关机构传达了这个情况,要求大家今后行动起来。"②松井石根分析了伪自治委员会缺乏实力的原因,并要求日方相关机构给予支持。

事实上日军并不尊重伪南京市自治委员会,即便是伪自治委员会的会长陶锡三,日军也不将其放在眼中,最具讽刺意义的是辞职在家静养的陶锡三本人的住宅,照样遭到日军的洗劫而得不到保护,陶锡三为此专函伪自治委员会,请求日军特务机关处理,其内容如下:

> 为报告事:一月二十九日,据家人报称:市府路二十七号住宅前住军人已经搬出。入屋查看,所有全部红木家具及衣箱、瓷铜器与一切用品,约值四五千元,被劫一空,尚不足惜。惟内有佛堂一间,供奉老祖乩笔画像及神圣佛像与历代祖宗神位、父母遗像,并道院传授《太乙北极真经》及《午集正经》《未集经髓》与各种经典,为修道以来十六年身心性命所寄托,日日馨香奉祀者也。今竟全行被劫,闻之伤心涕泪,悲泣如丧考妣,痛不欲生。正在辞职静养之时,又遭此非常惨痛,病益

---

① [日]洞富雄:《南京大屠杀》,第90页。
② 《松井石根阵中日记》,王卫星编:《日军官兵日记》,张宪文主编:《南京大屠杀史料集》第8册,第176—177页。

加剧。日前并涕泣叩求孙会长、王厅长代为协助缉获。当承王厅长派警会同家人分往一、二区各处棚户搜查,一无所得。近日复派人至各处书画摊位逐日寻找,迄无所获。前在该宅中,查得住军遗下日本邮片一枚,上书"中岛本部部队野田之队天野队长天野乡三样",此天野先生当系住在该屋之军人,可否转请日方军政长官代向天野先生探询,曾否见此经像法宝,是否以同文同信神佛关系代为收存? 如能藉此线索,返还原物,则心神始能安定,病体得以就瘥,皆出自大德之所赐也。无任叩祷,待命之至。①

陶锡三的住宅中不仅家具被洗劫一空,而且其供奉的先祖牌位和父母遗像也不见踪影。陶锡三的痛苦心情溢于言表,他恳请伪自治委员会转请日方向天野询问相关信息,希冀能找回原物。但日军当局根本不可能调查天野乡三,"特务机关根本不可能见到天野乡三,更不要说去询问天野是否拿走了陶家的东西了"。② 陶锡三的恳求如同与虎谋食。

二、伪自治委员会侵蚀安全区

日军扶植伪南京市自治委员会,实行傀儡政权的统治,其最大的障碍是国际委员会领导的南京安全区。因此,在日军当局的导演下,伪南京市自治委员会为了达到压迫安全区国际委员会的目的,决定强迫难民离开难民区,全面侵蚀安全区,为此采取了许多措施。

---

① 《陶锡三为日军劫掠财物致日伪南京市自治委员会函》(1938 年 1 月 30 日),中国第二历史档案馆、南京市档案馆编:《侵华日军南京大屠杀档案》,第 433—434 页。
② 孙江:《痕迹·事件·证言——侵华日军第十六师团第三十三联队中尉天野乡三在南京》,《南京大学学报》2016 年第 2 期。

其一，设立行政区公所，接收安全区的行政权。

伪南京市自治委员会成立初期，其管辖范围十分有限。根据日军当局的指示，伪自治委员会计划在城内设置 4 区，在下关设置 1 区，计 5 个区公所，并强迫安全区内的难民必须回到自己家中。1938 年 1 月 10 日，设在升州路考坊巷的伪第二区公所首先成立，到月底，设在下江考棚的伪第一区公所、珠江路大纱帽巷的伪第三区公所、下关中山桥无锡路的伪第五区公所和传佐园芜湖路的伪第四区公所相继成立。① 其中伪第四区公所管辖范围以新街口路以西、汉中路以北为分界，沿城墙至汉西门、挹江门至和平门以东，这一管辖范围与安全区国际委员会所划安全区范围基本相同，因而其成立最晚。到 3 月份，为了加强对南京郊区的控制，伪自治委员会又分别在上新河、燕子矶和孝陵街三个地区开设了三个伪临时区公所。

由于日军暴行仍未有丝毫收敛，难民们仍留在安全内不肯回家，这样伪自治委员会下辖的各行政区徒有虚名。为了改变这一现状，伪自治委员会在日军的指导下，先后采取了许多措施驱赶难民回家，以达到接收安全区行政权的目的。

伪自治委员会成立后不久，曾开会讨论难民分区回家办法，但当时有两个重要因素导致伪自治委员会的办法无法实施，一是部分难民回家后又遭日军毒手，纷纷重新返回难民区；二是部分难民回家时，发现原来居住的房子要么被烧毁，要么被日军强占，他们当中有的斗胆报告各区区长，要求伪自治委员会转请日军让出②，

① 《满铁档案中有关南京大屠杀的一组史料》，《民国档案》1994 年第 2 期。
② 《邓邦采等为日军强占傅成之等房屋致日伪南京自治委员会呈文》(1938 年 2 月 7 日)，中国第二历史档案馆、南京市档案馆编：《侵华日军南京大屠杀档案》，第 434 页。

但伪自治委员会岂有胆量要求日军让出?! 1月6日,随着日军暴行的逐渐披露,东京受到世界舆论的压力,于是严厉指示南京日军当局,要求无条件恢复南京秩序,而且指出一切行政工作均应由伪自治委员会承担,而不是由国际委员会负责。① 1月7日,拉贝对日军要求接受国际委员会的行政权一事致信日本大使馆的福田,信中说:

> 有关我们昨天的会谈,我冒昧地向您保证,国际委员会渴望看到的无非是南京秩序和正常的生活条件迅速恢复。我同样可以向您保证,为此目的,国际委员会将乐意看到地方自治委员会尽快承担起地方民政机关应承担的一切职责,如治安、消防和公开卫生等。您可以相信,国际委员会绝对不想继续履行平时属于地方主管部门的任何一种行政义务,也不想为自己要求这样的义务。②

但直到1月底,要求难民分区回家的工作进展十分缓慢。1月27日,伪南京市自治委员会分别给英、美、德、法、捷克、丹麦等外国使领馆致函劝谕难民回家:"本市难民回家事宜,前于第一二区公所成立时由会布告居民知照在案。现在第三四区及下关区均已组织就绪,对于难民回家后治安问题,并由本会商请日本宪兵队协助警察厅警士择要驻守,不时巡逻,当无意外之虞。除通告各区人民即日回家,以安生业外,相应函请贵大使馆知照,一体劝谕各该难民知照为荷。再各该难民等多蒙维护,得庆安全,本会同深感激,

---

① [德]约翰·拉贝:《拉贝日记》,第369页。
② 《拉贝致日本帝国大使馆福田德康函》(1938年1月7日),[德]约翰·拉贝:《拉贝日记》,第370—371页。福田德康翻译有误,应为福田笃泰。

并以致谢。"①该函语气较为友好。

1月28日下午,日军特务机关的松冈会同伪自治委员会召集各难民收容所的负责人举行了一次会议,会上,松冈要求难民必须返回其城区的原住处,截止日期是2月4日(即宣布之日起7天后)。如果不遵守此要求,便解散难民区,所有难民将被驱逐。另外,在安全区街道两旁搭设的小草棚必须拆除,商贩须到指定地点经营。难民返回后的治安问题由日军特务机关全权负责,为吸引难民离开安全区,松冈表示将采取下列三项措施:

　　(1)设置报警电话,一旦遇到骚乱,宪兵或特务部队随叫随到。(2)主要街道的街口由宪兵把守,禁止日军士兵随意在这些街道上游荡。(3)日本特务机关在所有的公共建筑和公开场所张贴告示,禁止日军士兵进入上述建筑和地区内。

松冈还称:对于那些不能支付生活费的极度贫困的难民予以登记,他们将住在日本人新设立的难民营中,并获得免费食品配给。对于无家可归的难民也予以登记,并向他们提供空房子,供其居住。②

1月30日,警察和日军士兵受特务机关的委托在各难民收容所发布通知,所有难民最迟至2月4日必须离开难民收容所,否则将封存所有的财产,关闭大楼。③ 伪自治委员会也四处张贴布告,声称:"所有区内人民应即迁回居住,一面先往区公所登记,以备查考。至于地方治安,由日军宪兵队派兵巡逻,力予维持。各该民等

---

① 《市自治委员会关于难民各安生业回家居住等事布告及致丹捷等使馆函》(1938年1月27日),张生等编:《英美文书·安全区文书·自治委员会文书》,张宪文主编《南京大屠杀史料集》第12册,第571页。

② 《南京局势报告》(1938年1月31日),[德]约翰·拉贝:《拉贝日记》,第539—540页。

③ 《南京局势报告》(1938年1月31日),[德]约翰·拉贝:《拉贝日记》,第541页。

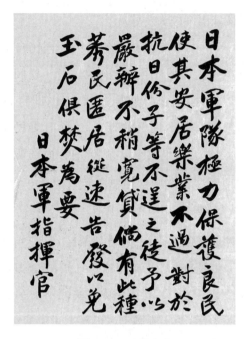

图 7 - 2　日军布告

（[德]约翰·拉贝：《拉贝日记》，江苏人民出版社、江苏教育出版社 1997 年版）

尽可安居乐业，不必畏惧。……勿再迟疑观望。"由于国际委员会的抵制，日军未敢采取武力强制措施驱赶难民回家。

　　到了 2 月初，伪自治委员会再次张贴"安民布告"，规定：（一）禁止难民久住难民区，违者严厉处罚。（二）在战前家住南京之居民，可各回已宅居住。（三）在战前寄住南京者，可各自回籍。（四）准许各城门自由出入。为了说服难民离开难民所，他们一方面令各区公所组织宣传队，游说各区，由人民回各该本区居住，同时并规定凡回已宅居住者，每人每日发米半升，每五日至各区公所领取一次。[1] 另

------

① 范式之：《敌蹂躏下的南京》"南京大屠杀"史料编辑委员会、南京图书馆编：《侵华日军南京大屠杀史料》，第 124—125 页。

一方面又将原先在上海路和宁海路一带难民所藉以小本经营的草棚尽行拆毁,强迫搬往山西路和夫子庙营业,这样,给难民区难民的生活带来很多不便,他们只好离开难民区。

对于外地来南京的避难民众,2月10日,伪自治委员会提出方案,令各区公所饬令各外地人民赶速回家,其布告内容如下:

> 为布告事,照得各地秩序渐次回复,所有前来避居南京各地人民亟应一律饬令各归原处,以安生业。兹订于本月十日起至十九日止,为各外地人民回家之期,并定每日上午七时至下午五时为送出时间。其出去城门以中山门、和平门、中华门、光华门、水西门五门为限。自此布告之后,凡来避居本市各地人民,务各遵照上述期限向本会或就近各区公所接洽。至于回去各地人民,兹为体恤起见,派员去各该城门口发给米粮并发回乡通行证,以利行程。①

到 1938 年 3 月,日军特务机关共分三次送走上海方向的难民近 3 000 人。②

据日军特务机关报告,“经过警备司令部及特务机关的指导和自治委员会警察厅及各区区长以及户籍、房屋、救济等各组织人员的积极活动,回归者的人数有了逐步增加”。各区难民回归登记人数增长很快,其各区统计人数如下:

---

① 《南京市自治委员会令各区公所饬令各外地人民赶速回家之布告》,张生等编:《英美文书·安全区文书·自治委员会文书》,张宪文主编:《南京大屠杀史料集》第 12 册,第 517—518 页。
② 《南京班第三次报告》(三月状况),《满铁档案中有关南京大屠杀的一组史料》,《民国档案》1994 年第 3 期。

表 7 - 1　1938 年 2 月、3 月南京市各区难民登记人数

区　别	2 月末登记情况（人数）	3 月末登记情况（人数）
第一区	69 067	78 639
第二区	65 222	77 694
第三区	19 206	36 036
第四区	12 007	32 473
下关区	7 000	10 214
总　计	172 502	235 056

资料来源:《南京班第三次报告》(三月状况),《满铁档案中有关南京大屠杀的一组史料》,《民国档案》1994 年第 2、3 期。

据斯迈思统计,到 3 月 8 日,各收容所中只剩下原来的 1/3 即 2.3 万左右的难民。[①] 由于大多数难民相继返回各区,国际委员会对安全区的行政权力逐渐为伪自治委员会所取代[②],在 2 月 18 日南京安全区国际委员会更名后,其行政管理的权限只能在日益减少的难民收容所中行使,并随着 25 个难民所的全部关闭而最终消失。

其二,设立警察机关,接收安全区的治安权。

伪自治委员会成立之后,积极协助日军加强对南京的统治。在日军支持下,伪自治委员会 1 月 10 日在原首都警察厅成立了警察机关,并积极协助日军当局发放"良民证"、伙同日军逮捕所谓"残败兵及抗日分子"、帮助日军特务机关收缴遗散各地的武器等

---

① 《史迈士致朋友函》(1938 年 3 月 8 日),章开沅编译:《天理难容——美国传教士眼中的南京大屠杀(1937—1938)》,第 337 页。

② 洞富雄认为,安全区国际委员会在安全区所拥有的行政职权,事实上也于 2 月 7 日、8日左右,似已移交伪自治委员会,南京国际救济委员会的名称是在其职权移交完毕后更改的。参见[日]洞富雄《南京大屠杀》,第 152—153 页。

一系列活动,逐渐接收了国际委员会的治安权。

日军占领南京之后,认为城内尚有数万中国军人躲藏在安全区中,决定采取通过难民登记的方法对中国军人进行搜捕和肃清。自治委员会在这一过程中充当了十分重要的角色。自治委员会正式成立的第二天,即召开各难民所负责人会议,要求他们立即着手布置登记场所的座位,以供日军登记之用,同时在各大难民所的墙壁上张贴布告:"本年1月3日起,由本会派员协助日方办理登记。已定在金陵中学、金陵女子大学、山西路第6局对面中苏文化协会、北平路4处为讲演地点。"登记难民听讲后,即发给登记小票分别前往规定的地点换发"安居证"。布告还要求登记人应自备三寸见方纸条子,上面写明姓名、年龄、性别,如不能自写,要请人代写,在收到登记小票后,连同所写姓名的纸条,转往各区登记处换发登记证。据日军南京特务机关报告,到1938年2月中旬止,日军中岛兵团和特务机关分别给南京难民(除12岁以下和年老的妇女外)发放1.5万张和1万张"良民证",总共发放计25万张,到3月,又发放约3万张。①

在难民登记的过程中,伪自治委员会积极协助日军逮捕所谓"残败兵及抗日分子",其中伪自治委员会顾问詹荣光表现最为积极。据难民记载:日军中岛部队在发放难民证之前,"有为虎作伥之詹某,以杀戮同胞为心,即阴以事贼为父。于是假上海路之旷场,号召难民,围如堵墙,而詹某则挟一日寇,驱汽车而来。其汽车上则置桌高如演讲之台,谓夫彼之此举,实难民之救星也,此后领证安居,必有保而始授证;如果无保者,或单身居此者,或因挪夫而

---

① 《南京班第三次报告》(三月状况),《满铁档案中有关南京大屠杀的一组史料》,《民国档案》1994年第3期。

来者,速于此时离开众人,另成一队,日军可遣送回汝之家乡,是有起死回生之德也。人群之中,有聆是言者,奔至伊所指定之一处。嗣更再三言之,而奔至该处者,几及二千人。演讲既毕,日寇乃统率此二千人以去,不二日而日寇遂悉歼之”。① 由于伪自治委员会的卖力,当时许多放下武器躲藏在安全区内的中国士兵对之均恨之入骨。据日军特务机关报告:“自去年 12 月 22 日至本年 1 月 5 日期间,协助中岛兵团的搜查,共搜出约 4 000 名残败士兵和抗日分子;1 月 6 日至 2 月 25 日,特务机关在天谷警备支队的协助下,在城内外又继续搜查,又搜出约 500 名。”②

日军认为散落在民间的武器是影响城内治安的主要危险因素之一,而中国守城部队在溃败的过程中,“隐藏的兵器大多也散在城内外的全方位地区,因此还有必要对此进行搜查”。为此日军特务机关要求伪自治委员会要积极协助收缴遗散各地的兵器,据日军特务机关的统计,到 2 月份收缴的武器已足以装满 50 辆卡车。③在搜缴武器的过程中,还有许多人被间谍和伪自治委员会成员举报而受到牵连。

在清除“残败兵及抗日分子”的同时,日军还督励伪自治委员会警察厅承担对恶劣犯罪分子的检举工作,“检举惩戒那些利用难民区特殊的生活环境而猖獗起来的不法中国人”,以维持一般治安。伪自治委员会警察厅及各区警察局积极配合日军上述治安成

---

① 陶秀夫:《倭寇祸京始末记》,张连红编:《幸存者的日记与回忆》,张宪文主编《南京大屠杀史料集》第 3 册,第 526 页。

②《南京班第二次报告》(二月状况),《满铁档案中有关南京大屠杀的一组史料》,《民国档案》1994 年第 2 期。

③《南京班第三次报告》(三月状况),《满铁档案中有关南京大屠杀的一组史料》,《民国档案》1994 年第 3 期。

绩得到了日本特务机关的肯定,认为其在"担当维持治安的任务,取得了很大的成绩"。①

其三,禁止安全区出售粮食,接收安全区的民政救济权。

伪南京市自治委员会成立不久,即1月6日,日本大使馆的福田通知国际委员会主席拉贝:根据军事当局的决定,国际委员会应予解散,其储备和资金由自治委员会接管。

拉贝当即对要求交出委员会财产和储备表示抗议。② 当天,国际委员会成员讨论了福田的要求,第二天,拉贝亲自将一封信交给福田,信中说:

> 我们委员会首先是(我想说仅仅是)一个救济组织,它成立的目的主要是为饱受战争痛苦的平民服务……因为留给我们委员会的现金和储备是专门委托我们用于上述目的的,所以依我看,国际委员会有专门的义务表明自己是值得信赖的。我觉得不论是现金还是储备都不能交给任何一个别的组织。我们当然愿意同别的救助组织合作。比如同红卍字会和红十字会,同这两个组织我们目前已经在进行合作。但是我们对自己的资金必须保留完全的支配权。③

日领事馆在后来的报告中认为:国际委员会"为了救济和保护难民,在国民政府放弃南京转迁内地时领到大量资金和粮食,他们曾以每袋9元的价格将粮食卖给难民。所以,在自治委员会接收

---

① 《南京班第二次报告》(二月状况),《满铁档案中有关南京大屠杀的一组史料》,《民国档案》1994年第2期。
② [德]约翰·拉贝:《拉贝日记》,第362—363页。
③ 《拉贝致福田德康函》(1938年1月7日),[德]约翰·拉贝:《拉贝日记》,第370—371页。

难民区时,作为尔后继续救济基金,理应将此项基金交给自治委员会,但却以无确凿证据为借口予以拒绝"。①

为防止意外,国际委员会立即决定将所存资金即18个加封的包裹存放于美国大使馆,以便得到最为妥善的保存。1月9日,德国大使馆南京办事处恢复办公,14日,国际委员会又将5个密封的救济金包裹存放到德国大使馆。

日军试图接管国际委员会的救济财产遭到严厉拒绝之后,不得不采取封闭国际委员会的粮食配售点的措施,以胁迫国际委员会,其用心在日军特务机关的一份报告中表露得十分明显:

南京本是消费城市,过去的物资贮藏量极少,加之中国军队兵站用物资已全部由皇军接管。由于本年初前后难民的粮食问题已经颇为严重,因此要借此机会将救恤难民的实权从国际委员会手中夺过来,在向军队申请后仰仗军队将其管理的物资免费供给。1月15日以来所得到的配给,米谷为11 200袋,面粉为10 000袋,盐为3 670袋。其中,将米谷2 000袋、面粉2 000袋、盐500袋作为救济物资,指示自治委员会救济课及各区公所,分配给贫困的难民。

……因为军用苦力的工资全部都是军票,所以,军队允许将其交换。为此,1月5日首先在难民区设立了军司令部直接经营的军票交换所,按照米一袋10元、面粉一袋2元50钱的比例给以交换。但后来根据解散难民区的方针,于1月15日关闭了该所,而在每个区(下关第五区除外)设立一个

①《南京班第一次报告》(1月21日提出),《满铁档案中有关南京大屠杀的一组史料》,《民国档案》1994年第2、3期。

交换所。

　　……为此,在各区设立直接销售粮食的专卖所。1 月 15
日以后,销售米谷大约为 9 000 袋、面粉大约为 8 000 袋。其价
格是米每袋 11 元,面粉每袋 3 元 50 钱。[①]

　　1 月 8 日,日军当局准备用暴力封闭安全区国际委员会的米
店。委员会在不得已的情况下,与伪自治委员会商量。10 日,国际
委员会所开米店自行停营。取消安全区国际委员会的售米权,是
日军当局把收容所里的难民强行驱赶回以前居住的家里后所采取
的一项措施。[②] 在日军的策动下,伪自治委员会决定于 1 月 10 日
开张一家米店,以吸引安全区难民离开安全区。后来,伪自治委员
会在城南和安全区以南一英里处又开设两家米店,日军也为伪自
治委员会提供了两批粮食,计 2 100 袋米和 1 000 袋面粉。为了防
止难民饥荒,国际委员会曾试图到南京郊区和上海去购买粮食,但
他们的要求均遭到日军当局的拒绝。[③]

　　这样,在日军当局的压迫下,国际委员会被迫放弃作为民间救
济组织理应拥有的权利:为救济贫困居民运送或接收食物。[④] 这一
本该是国际委员会固有的权力也落到伪自治委员会手中。

三、国际委员会眼中的伪自治委员会

　　日军扶植伪自治委员会,其目的是为了取代国际委员会,掌握

---

① 《南京班第二次报告》(二月状况),《满铁档案中有关南京大屠杀的一组史料》,《民国
　　档案》1994 年第 2 期。
② [日]洞富雄:《南京大屠杀》,第 148 页。
③ 《华北每日新闻报》(1938 年 1 月 27 日),陆束屏编译:《南京大屠杀——英美人士的目
　　击报道》,第 131—132 页。
④ [德]约翰·拉贝:《拉贝日记》,第 696 页。

对难民的控制权,从而培养亲日的傀儡政权。因此,应该说伪自治委员会与安全区国际委员会是对立的。但国际委员会很少考虑伪自治委员会的政治色彩,而更看重这个伪自治政权能否给战争灾难中的难民带来安宁和解决生活困难。国际委员会未将伪自治委员会作为对手来看待,而是看作合作伙伴,一个拯救难民于苦难的合作组织。

1938 年 1 月 1 日,伪南京市自治委员会正式成立,国际委员会针对此事通过一份内部文件。这一文件基本上表明了国际委员会对伪自治委员会的态度,内容有以下 5 点。

1. 我们是一个民间团体,成立的宗旨是帮助饱受战争苦难的平民。(1) 食品和资金是供我们支配的,是供我们委员会用于上述目的的,因此我们要设法使委员会继续存在下去,但我们在使用我们的救济金时要适应当前这里的状况。(2) 我们履行的行政管理工作由我们的合法基金单独支付报酬。(警察的薪金不由我们支付,而是由他们的行政管理机构单独支付。我们向警察提供大米,所提条件与我们向其分阶段所有的难民和自愿助手提的条件相同。市政当局派给我们组织的那 3 个职工的薪金单独汇给。)2. 我们一开始就同红卍字会和红十字会合作,并且对自治委员会将继续持这种态度。我们将准备始终以下列标准判断合作的建议:最好地为委员会的目标服务或最有利于委员会的目标。3. 我们的基金我们不会交出。这些资金是委托给我们妥善保管的,我们将用我们的声誉保证,这些资金只用于应该用的场合,不会作其他用途。4. 我们必须警惕,不要让人把会耗尽我们财力的工作或任务移交给我们,也不要指望我们会进行使我们对这笔资金失去控制的工作。5. 自治委员会在恢复秩序和恢复国家公务方面一直得到我们的充分支持和承认。但我们的基金首先是用于避免严重的食品短缺以及用于其他方面帮助居民。①

国际委员会对伪南京市自治委员会的这一态度也曾向日军当局表达。1月7日,拉贝曾给日本大使馆的福田一封信,信中说:国际委员会渴望看到的无非是南京秩序和正常的生活迅速恢复。为此目的,国际委员会将乐意看到地方自治委员会尽快承担起地方民政机关应承担的一切职责,如治安、消防和公共卫生等。国际委员会绝对不想继续履行平时属于地方主管部门的任何一种行政义务,也不想为自己要求这样的义务。② 但日军当局并不相信,在日军眼中,国际委员会怀有不可告人的目的。

事实上,国际委员会一直努力与伪自治委员会建立融洽的关系,在救济难民的一些活动中也曾进行过合作。如拉贝在日记中说:"我们与自治委员会保持着十分良好的关系。自治委员会的食品委员以前就是我们组织的成员,他在新岗位上,只要是在日本当局许可的范围内,都有和我们进行合作。只要有可能,我们也尽力帮助他解决问题。我们敦促日本当局开放禁令,通过他将大量的米和面粉出售给居民。为此目的,我们委员会的委员从圣诞节以来(早在自治委员会正式成立之前)就和这些人合作将粮食和燃料运进城内。正是这个委员今天领导着自治委员会的汽车修理厂,实际上负责全部车辆的调度,并负责车辆优先供社会

---

① 《国际委员会当前的状况》(1938年1月3日,内部文件,机密),[德]约翰・拉贝:《拉贝日记》,第330页。

② [德]约翰・拉贝:《拉贝日记》,第370页。

服务使用,然后才派其他用途。"①伪自治委员会的王承典(人称吉米 Jimmy,原为国际委员会的工作人员)与国际委员会负责运输的里格斯共同努力,竭力劝说日军准许他们为居民多运些米、面、煤进来。②

　　国际委员会与伪自治委员会的救济课也有较好的合作关系,"救济课与国际委员会的恢复秩序部之间每周共同举行数次座谈会"。双方还制定了共同合作计划。如一些来自京沪铁路(南京至上海)沿线的难民,他们想返回家乡,伪自治委员会设法免费送他们回家,而国际委员会则准备给这些难民每人发放小额回乡救济金,以帮助他们克服回乡初期的生活困难。伪自治委员会救济课还准备给那些从难民所返回自己家园的每个家庭免费发给一小部分储备米。③ 在救济难民问题上,国际委员会将伪自治委员会看作是较为满意的合作伙伴。国际委员会曾在致美国大使馆阿利森的信函中表示:"各方为救济南京难民起见,纷纷捐助款项物料,如何利用此种款项物料,以惠难民,实为敝委员会最重要的责任。故对于米粮的分配,或与自治委员会合作,或以自治委员会的名义进行,均无不可。"④国际委员会认为这样做可以获得日军当局的许可。

---

①《南京安全区国际委员会关于形势的内部报告》(1938 年 2 月 14 日)。[德]约翰·拉贝:《拉贝日记》,第 652 页。参见《南京市的救济工作局势仍极严峻》,《密勒氏评论报》1938 年 3 月 19 日。

②《华北每日新闻报》(1938 年 1 月 27 日),陆束屏编译:《南京大屠杀——英美人士的目击报道》,第 133 页。

③《南京安全区国际委员会关于形势的内部报告》(1938 年 2 月 14 日),[德]约翰·拉贝:《拉贝日记》,第 652 页。

④《国际委员会致美使馆阿利逊公函》(1938 年 2 月 6 日),章开沅:《南京大屠杀的历史见证》,第 299 页。

另外,国际救济委员会有时还利用伪自治委员会的掩护做一些社会调查,如在 2 月底 3 月初,在伪自治委员会小心翼翼地掩护下,国际委员会开展了两项调查计划。斯迈思进行了农业方面的调查,贝德士对城内进行了调查。[①] 这一调查结果具有十分重要的价值。

四、南京难民心目中的比较

南京大屠杀期间,困在城内的难民将唯一的希望寄托于留在南京的 20 余位西方传教士和其他西方人士身上。一些教会大学、传教士的住宅及公司成为难民避难的最佳场所,如金大、金女大这两所学校在最高峰时,分别收容 3 万和 1 万多名难民。在难民眼中,西方传教士成了他们唯一可以依靠的"救星","外国几位先生,每到一处,一般难民齐围上来,好像小鸟见了他的母亲一样"。[②] 在南京大屠杀之前,老百姓看到西方人往往会蔑称他们为"洋鬼子",但在南京大屠杀期间及其之后,人们从内心里真正地改变了这一称呼,如魏特琳、斯迈思、威尔逊等都被称为"菩萨"。一天,魏特琳在外出回来的路上碰到一件有趣的事:"一个小男孩看到我骑着自行车过来时大叫'洋鬼子';但另一个离他不远的小男孩强烈地纠正他说'啊,那是华小姐'!"[③]当时还有一位家住金女大西面的 80 多岁的老太太,她 19 岁守寡,一直吃斋,是位虔诚的佛教徒,她的

① 章开沅:《南京大屠杀的历史见证》,第 51 页;参见《福斯特致妻子函》(1937 年 11 月 23 日—1938 年 2 月 13 日),章开沅编译:《天理难容——传教士眼中的南京大屠杀 (1937—1938)》,第 152 页。

② 郭岐:《陷都血泪录》,"南京大屠杀"史料编辑委员会、南京图书馆编:《侵华日军南京大屠杀史料》,第 19 页。

③ [美]明妮·魏特琳:《魏特琳日记》,第 331 页。

女儿告诉金女大的罗小姐,当时这个老太太每天为魏特琳磕 10 个头,祈求这位"活菩萨"能够继续管理金女大难民所,从而一直庇护难民所里的年轻妇女。① 在南京妇女难民眼中,"活菩萨"的魏特琳成为驱赶魔鬼、逢凶化吉的守护神的化身。60 多年后,笔者曾与当年在金女大避难的老人交谈,她们对魏特琳的感激之情溢于言表。

伪南京市自治委员会在难民心目中的地位却不高,尽管他们依靠日军当局,利用救济粮食等措施拉拢难民,"汉奸""二鬼子"很难获得老百姓的承认和尊敬。"有一回一个中等汉奸在路上作威作福的走着,被一个老百姓在路上当面吐口水,他当时大怒,请日本宪兵队来抓他。当时日宪兵队就问那个老百姓:'你为什么看他不起!'老百姓狡猾地答着:'我吃的是日本皇军的饭,为什么要看得起他!'日宪兵队笑笑把他放走,汉奸碰了一鼻子灰,也莫(无)可奈何。"②

其实汉奸们对自己充当的角色也充满矛盾,当时身陷南京的郭岐听到一个关于两个汉奸对话的传说,很典型:"甲汉奸满腹疑虑的问乙汉奸:'你究竟是怎么一回事呀,东一下西一下的,是否真当了汉奸呢?'乙汉奸的回答是——'不当汉奸不晓得汉奸的苦,他妈的! 哪个王八旦再当汉奸'!"③还有一个记载更有趣:有一次伪自治委员会雇用一些年轻人做宣传,他们都是一些无知无识的青少年,虽然受了日军和汉奸的利用,良心犹未泯灭,一听难民们的反诘、调侃,当下就涨红了脸,当着众人面,嗫嗫嚅嚅地说出了真心话:"是他们叫我们这样说的嘛,究竟有没有米发,连我们也不知道

---

① [美]明妮·魏特琳:《魏特琳日记》,第 365 页。

② 林娜:《血泪话金陵》,张连红编:《幸存者的日记与回忆》,张宪文主编:《南京大屠杀史料集》第 3 册,第 571 页。

③ 郭岐:《陷都血泪录》(节录),张连红编:《幸存者的日记与回忆》,张宪文主编:《南京大屠杀史料集》第 3 册,第 237 页。

呀!"围观的难民哄然大笑,也有人向他们探问消息,高声说道:
"喂,你们在外头,可曾听到什么消息,蒋委员长什么时候打回来
呀?"一听到蒋介石,连那些汉奸狗腿子都流露出孺慕兴奋的神情,
他们不由自主地说:"快了,快了,蒋介石就要打回来了!"有人抓住
了他们的话问道:"日本鬼子呢? 他们是不是准备撤退了?"狗腿子
们马上就随声附和说:"是呀,他们已经在准备撤退了。"①这虽然只
是民众之间的传闻,但基本上能够从中窥见当时伪自治委员会在
市民心目中的角色。

　　在日军占领南京初期这一特定时期,南京安全区国际委员会
和伪南京市自治委员会的角色不尽相同。南京安全区国际委员会
是由国际人士组成的民间组织,是一个人道救援性质的机构。它
虽然得到了南京市政府的支持,但是日军当局自始至终都没有正
式承认,虽然由于国际关系的制约,日军当局也不得不默许它的存
在。伪南京市自治委员会表面上是中国人自己为了维持地方秩序
而成立的临时组织,但它背后完全听从日军当局的摆布,充当日军
统治南京的工具,几乎没有独立性,在民众中没有权威,也不可能
得到民众的认可。这是两者角色上的巨大差异。

　　南京大屠杀期间,南京安全区国际委员会成员不顾自身危险,
日夜奔波阻止日军暴行、救助南京难民,在人类文明史留下了光辉
灿烂的一页。而伪南京自治委员会在存在的三个多月中,其主要
活动是协助和服务于日军,维护统治秩序。如协助日军甄别中国
军人、发放"良民证"、建立慰安所等;当然不可否认,伪南京市自治
委员会中部分成员也与南京安全区国际委员会暗中多有合作,甚

①　郭岐:《陷都血泪录》(节录),张连红编:《幸存者的日记与回忆》,张宪文主编:《南京大
　　屠杀史料集》第3册,第240页。

至部分成员还是国际安全区委员会的成员,他们进行了诸如救济和救护难民、协助调查受害情况、掩埋尸体、打扫城市卫生等具体工作。但在当时背景下,市民从两者不同的立场便能轻易作出判断,其行为主体角色的不同自然导致民众的情感判断大相径庭。

近代以来,民族主义在救亡图存的大潮中日益昌盛,加上中国传统文化中忠奸不两立的影响,决定了伪南京市自治委员会的角色在难民心目中只能是傀儡,而不太可能像西方人士一样转变为具有中立色彩的"合作者"角色。与之相反,尽管近代以来西洋人在中国民众中的形象除了"洋鬼子"外,也没有什么好感,但在南京大屠杀期间,具有人道主义精神的西方人士特别是传教士们却用实际行动获得了南京难民的衷心爱戴。①

南京大屠杀期间,在日军当局操控下的伪南京市自治委员会一方面与南京安全区国际委员会的竞争十分激烈,另一方面双方暗中又有较为密切的协作关系。其实对历史上的人和事很难以一种标准来简单作出是非判断,只有深入到历史细节之中,才有可能品味到其中的奥妙。

第二节　安全区被迫解散

一、安全区国际委员会更名

由于日军当局对安全区国际委员会的敌视态度和由日军扶植的伪南京市自治委员会对安全区的侵蚀,南京安全区国际委员会

---

① 张连红:《南京大屠杀期间的南京市自治委员会与安全区国际委员会》,《民国档案》2007 年第 4 期。

面临着巨大压力。

在日军进攻南京之初,国际委员会对拥有安全区的行政权还相当有信心,在 1937 年 12 月 14 日致日军当局的第 1 号文件中表示:国际委员会负有收容难民和行使区内警察权。日军进城后,日军在安全区的暴行使国际委员会对坚持拥有行政权发生了动摇,在 12 月 17 日的第 6 号公函中对日军当局称:

> 在青黄不接的期间,敝委员会暂时行使市政府的职权,管理南京的市民,待贵方树立新的市政府或其他组织时,准备全部移交。关于此点,敝委员会曾竭力向贵使馆及贵军当局,反复解释。不幸贵国士兵殊不愿敝委员会继续负责,维持秩序与安宁,结果敝委员会维持秩序与安宁的整个办法,到了 12 月 14 日就宣告解体……兹再向贵使馆郑重声明:敝委员会殊无意继续行使半行政机关的职权,深盼贵方迅予接收,使敝委员会成为单纯的救济机关。[①]

1938 年 1 月 1 日,伪南京市自治委员会成立,国际委员会立即向日方表态,其对地方政府的行政权毫无恋栈之意,该委员会仅属一救济机关。[②] 国际委员会主席拉贝为消除日方误解,也开始考虑更改委员会的名称。

1 月 12 日,拉贝第一次有了更改委员会名称的想法,他在日记中说:"我想解散安全区委员会,成立一个国际救济委员会,在这个委员会里也应有日本代表。"但是,在第二天的国际委员会会议上,

---

① 《国际委员会致日使馆公函》(1937 年 12 月 17 日),章开沅:《南京大屠杀的历史见证》,第 274—276 页。

② 《国际委员会致日本大使馆参赞福田公函》(1938 年 1 月 7 日),章开沅:《南京大屠杀的历史见证》,第 286 页。

拉贝的提议未获其他成员的同意,他们认为安全区委员会事实上得到了日本人的承认,如果自动解散委员会,"人们可能会对我们完全不予理睬"。拉贝认为,他的建议的目的是为了与日本人在友好的基础上共处并得到大家都希望的结果,即为防止难民饿死和使城市恢复和平与秩序。① 但拉贝的解释未能说服其他成员,于是提议被搁置。

1 月 28 日,日军决定遣送安全区的难民回家,日军当局与安全区国际委员会的关系日益紧张。第二天,国际委员会开会讨论应对措施,是否应解散安全区国际委员会,代之以救济委员会,并寻求与伪自治委员会即新的自治政府合作。拉贝一再建议与日本人合作,但委员会成员中的美籍成员表示反对。最后会议达成以下几条共识,尽全力帮助难民度过危机:"1. 向日本当局申请,首先请他们保证居住在新指定区域内的难民的安全,再者就是宽限搬迁的时间。一旦秩序恢复并得到维护,难民将自愿回家。2. 为尽可能地减轻难民的痛苦,可否试行以下方案:(1) 请求自治委员会接管设在政府大楼里的难民收容所,而不是把难民送进新的难民营。(2) 对那些必须返回的难民提供任何可能形式的帮助,特别是那些住宅被焚的难民。"②

为了使日军放弃武力驱逐难民回家,1 月 30 日,拉贝致信德国大使馆政务秘书罗森博士,希望他能对日本人施加压力,放弃武力驱逐难民回家的做法。信中说,如果日本人的威胁兑现的话,有可能会产生以下后果:

1. 如果日本人用刺刀将中国平民从相对安全的地方赶

① [德]约翰·拉贝:《拉贝日记》,第 399 页。
②《南京局势报告》(1938 年 1 月 31 日),[德]约翰·拉贝:《拉贝日记》,第 541 页。

到一个危险的地方,这将激起他们的仇恨和报复情绪。这种做法既不符合日本军方也不符合市政当局的政策。他们之间已经达成一致,保证善待中国平民并向他们提供足够的生活条件。2. 进一步加剧世界舆论的批评。长时间以来世界舆论一直对在南京发生的事件持批评态度,对向手无寸铁的平民使用武力表示了最强烈的谴责。3. 不利于外国诸强对日本的态度。它们中的一些国家此前已站在人道主义的立场上对南京的局势表示出了忧虑。对此事的否定性的批评必将造成新的麻烦。4. 鉴于上述几点,东京的日本当局或许会有这样一种愿望,即为了免除这些麻烦,他们将放弃这一打算。①

信中表示一旦城内所有的地区恢复了秩序,安全区自然也就没有存在的必要。因此,国际委员会已经开始考虑暂且更名为"南京救济委员会","一旦全城的居民能够受到日本当局相对较好的保护(最近安全区受到了后者的保护),那么委员会的这一名称或许与它从事的工作更为相符"。

2月5日,安全区国际委员会举行理事会,会议决定由拉贝、索恩和斯迈思三人组成委员会更名问题讨论小组,在下次会议上提出报告。2月17日,国际委员会的内部文件中称:国际委员会早已考虑更改"南京安全区国际委员会"的名称,为此选择一个新的名称,以更好地符合其目前作为纯民间救济组织的工作性质。"为了更好地表达我们存在的理由,不久前,我们在与日本人谈判有关运进蚕豆事宜时,向日方提出更名的想法,可以看出,日本当局对更

①《南京安全区国际委员会致罗森函》(1938年1月30日),[德]约翰·拉贝:《拉贝日记》,第530—531页。

名是十分欢迎的。"①

随着日军当局和伪自治委员会的不断逼迫,大批难民相继离开安全区,安全区国际委员会实际上已经"失去"存在的理由。2月中旬,伪南京市自治委员会决定成立第四区,并任命方灏任区长,第四区实际上管辖的范围包括安全区。16日,在得悉这一消息后,国际委员会总干事菲奇以南京安全区国际委员会的名义在致伪自治委员会的信函中称:"由前市政府交给我们国际委员会的全部行政管理责任将随着自治委员会的成立而结束,并移交给现已完全承担了这种责任的贵组织。从这时起,我们委员会将是一个纯民间的救济组织。就我们的考虑,安全区也应该由此停止存在。"②

2月18日,南京国际安全区委员会理事会成员在宁海路总部开会,正式决定将南京国际安全区委员会更名为南京国际救济委员会,并委托斯迈思将更改名称事项通知各国大使馆以及上海各有关救援组织。在当天的会议上,对委员会成员的工作也作了适当调整,由于拉贝即将离开南京去上海,米尔斯出任副主席代理日常事务(后任主席),委员会总干事一职因菲奇离开南京而由索恩继任,斯迈思除任委员会秘书外,还担任因克勒格尔离开南京而空缺的财务主管一职,里格斯由运输主任改做秩序部工作。③ 其他成员未作变动。

---

① 《〈南京安全区国际委员会关于形势的内部报告〉的补充》(1938年2月17日)。[德]约翰·拉贝:《拉贝日记》,第677页。

② 《南京安全区国际委员会致自治委员会函》(1938年2月16日),[德]约翰·拉贝:《拉贝日记》,第662—663页。

③ 《南京安全区国际委员会理事会会议纪要》(1938年2月18日),[德]约翰·拉贝:《拉贝日记》,第677—678页。

图 7－3　1938 年 2 月 18 日，安全区解散时的情景

（史诙、尹集钧：《南京大屠杀：历史照片中的见证》，海南出版社 1999 年版）

　　本来国际委员会完全可以宣布解散而不必再取一个新名称而
继续存在，但"军事行动所致之混乱与经济资源之破坏，至深且大，
遂使本会不得不渐变为留续之救济机构矣"。① 关于这一点，国际
委员会在致各方的信函中称：更名后的国际委员会更符合委员会
的工作性质，"庶与目前的实际工作更为相符"②，更便于委员会继
续开展工作。拉贝在 2 月 21 日的告别演说中也说："根据日本人的
命令不得不撤销安全区以后，我们从此就只是一个纯粹的救济委
员会。请你们注意'纯粹'这两个字，就是说什么也不多，但是什么

---

① 《南京国际救济委员会史料一组：南京国际救济委员会报告书》（1937 年 11 月至 1939
　　年 4 月 30 日），《民国档案》1997 年第 4 期。

② Timothy Brook，*Documents on the rape of Nanking*，the university of Michigan
　　press，1999，p. 166.

也都不少!"①由此可见,南京安全区国际委员会的更名标志着安全区国际委员会正式宣布放弃自己对安全区的行政管理权,从此国际委员会仅是一个救济机构。正如拉贝所说:"我们是一个如同在其他许多国家常见的纯民间组织,除了努力帮助本城受苦受难的贫苦居民以外,没有任何其他目的或目标。"②

日军对安全区国际委员会的更名显然是欢迎的,他们更希望连其所拥有的救济难民的物资也一并交由伪南京市自治委员会,在日军看来,西方人本就不应该插手中日之间的任何事务。据 1938 年 4 月初日本驻南京的外交官报告称:"原来管理难民区的国际委员会也更名为国际救济委员会。救济难民事业虽然形式上移交给了自治委员会,但是国际救济委员会仍然进行施粥、施疗等,同时在美国系统的金陵大学、金陵女子大学、蚕丝研究所等处,仍滞留数千名难民(多为妇女),接受施米、施粥。中国人依赖欧美人的思想至今犹存。"③从某种意义上说,南京安全区国际委员会的更名并未使日方十分满意,事实上,日军不希望国际委员会还留在南京。

二、难民收容所相继关闭

1938 年 1 月底,日军当局曾试图强行关闭难民收容所,驱赶难民返回各自家中,但此举遭到安全区国际委员会的强烈反对。国际委员会认为,由于日军的大规模纵火焚烧,逃入安全区的市民大多已无家可归,即使难民想回到以前居住的家里,他们仍担心是否

---

① [德]约翰·拉贝:《拉贝日记》,第 680 页。

② [德]约翰·拉贝:《拉贝日记》,第 684 页。

③ 《驻南京总领事花轮义敬致驻北平森岛参事官函》1938 年 4 月 12 日。中央档案馆、中国第二历史档案馆、吉林省社会科学院合编:《日本帝国主义侵华档案资料选编·南京大屠杀》,第 365—366 页。

完全确保生命安全。事实上，难民回家后，日军的暴行仍不断发生。因此要强迫难民返回自己家里，国际委员会认为这是不可忍受的。

日军决定驱赶难民回家的决定是在 1 月 28 日公布的，其后许多难民被迫在一张名单上签名表示愿意回家。国际委员会拉贝和德国大使馆的罗森为此与日本大使馆的日高参事官进行面谈，要求他们不要采取强行驱赶难民的措施。① 日本人"秘而不宣地表示同意不再使用武力在 2 月 4 日将难民赶出安全区的难民收容所。但是如此所述，这种同意只是对我们委员会秘密作出的；1 月 28 日发布的命令不仅仍然有效，而且日本人通过自治委员会的代表于 1 月 30 日检查了难民收容所，还强调重申了这项命令"。② 2 月 4 日，日本军事当局没有采取激烈行动关闭难民所。但 2 月 5 日，日本人又张贴布告，要求所有难民收容所必须在 2 月 8 日解散。这样，在日本人的威胁下，"已有大约三分之一的难民撤离了安全区，余者大多为妇女和儿童，他们拒绝离开安全区"。③ 8 日，日本人也未强行关闭难民所。

18 日，南京安全区国际委员会宣布更名后，安全区也随之解散，但安全区的解散并不意味着各难民所立即关闭，各难民所的关闭经历了一个较长的过程。

对于南京国际救济委员会来说，关闭难民收容所是一个较为困难的选择。首先，日军当局及伪南京市自治委员会采取了许多措施，逼迫和利诱难民离开难民所。"军事当局，认收容所之存在，

---

① [德]约翰·拉贝：《拉贝日记》，第 549 页。
② 《南京安全区国际委员会关于形势的内部报告》（1938 年 2 月 14 日），[德]约翰·拉贝：《拉贝日记》，第 650 页。
③ [德]约翰·拉贝：《拉贝日记》，第 586 页。

足以反映城中状况，且仇视此等处所，以为留居此等处所之中国人，均在彼等所信为敌意的外国势力下者；且觉外人产业，或将为外人所揭发之处所，于激烈的警务方法之使用，较不自由。"①因此，日军千方百计要求解散并关闭各难民收容所。其次，许多难民收容收的工作人员相继离去，遂使各难民收容所的工作受到影响。一些具有相当能力及教育背景之人，"困于南京之时，固乐为本会效力"，但随着形势稍有好转，"则迫于寓居他处之家属之需要，急于另谋出路矣"。② 这些人员本来多为志愿者，因此，国际委员会对他们没有任何约束力。再次，国际委员会出于各方面考虑，也鼓励各难民收容所的难民回家，并陆续解散一些不甚需要维持的收容所。国际委员会认为这样做，"间有令人起苦痛之感者，其结果，若干难民所遭之艰苦，亦有非本会始料所及者。然就全般结果而言，此种牺牲，非徒然也。难民之自立问题，几获得最高限度之成功，本会之资金得留供后用。此种资金为今后较大之救济工作，固胜于以之消费于收容所续办也"。③ 在安全不再是最重要问题之后，主动关闭一些难民收容所是符合国际委员会的利益和救济目的的。根据委员会的财务能力，国际救济委员会研究决定，只保留包括金女大在内的四个难民收容所。④

　　然而大多数难民却不愿意离开安全区。"即使在城市沦陷十

---

① 《南京国际救济委员会史料一组：南京国际救济委员会报告书》(1937 年 11 月至 1939 年 4 月 30 日)，《民国档案》1997 年第 4 期。

② 《南京国际救济委员会史料一组：南京国际救济委员会报告书》(1937 年 11 月至 1939 年 4 月 30 日)，《民国档案》1997 年第 4 期。

③ 《南京国际救济委员会史料一组：南京国际救济委员会报告书》(1937 年 11 月至 1939 年 4 月 30 日)，《民国档案》1997 年第 4 期。

④ ［美］魏特琳：《作为难民营的金陵女子文理学院》(1938 年 1 月 14 日—3 月 31 日)，章开沅编译：《天理难容——美国传教士眼中的南京大屠杀(1937—1938)》，第 387 页。

四个星期以后,还有百分之四十三的人住在房屋只占总数的百分之四,面积只有城区总面积八分之一的安全区里。虽然安全区不是日军当局组织的,但事实上安全区里没有火灾发生却是极大的好处。而且与外面的破坏和暴力比较起来,安全区里的待遇要优厚得多了。"①尽管在关闭各收容所的同时,国际救济委员会曾要求各难民营不得再接收新的难民,但在 4 月份时,还有一些从外地来的难民要求收容所接纳她们,如 4 月 8 日,金女大难民所的魏特琳还是准备收容一些年轻的妇女。② 考虑到难民中有许多无家可归、身无分文和失去劳动能力者,还有许多年轻的妇女仍面临日军的威胁,因此,国际委员会关闭难民收容所是逐步进行的。如在 2 月和 3 月初,关闭了 25 个难民收容所中的 6 个;在 3 月、4 月间,又关闭了 19 个难民所中的 13 个,到了 5 月份只剩下 6 个。③ 这 6 个收容所分别是金陵大学、金陵女子大学、金陵神学院、金陵女子神学院、金陵中学和大方巷 15 号,共收容难民 2 万余人。④ 有时关闭一个难民所,则将其中难民数十人或数百人移至另一个收容所。

　　面对无依无靠的难民,要关闭所有难民所是一件十分困难而痛苦的事。5 月 20 日上午 10 时,国际救济委员会在宁海路 5 号召

① 路易斯·S.C·史密斯:《南京战祸写真》,"南京大屠杀"史料编辑委员会、南京图书馆编:《侵华日军南京大屠杀史料》,第 272 页。

② [美]明妮·魏特琳:《魏特琳日记》,第 340 页。

③ 《南京国际救济委员会史料一组:南京国际救济委员会报告书》(1937 年 11 月至 1939 年 4 月 30 日),《民国档案》1997 年第 4 期。就在同份材料中,其对各月份关闭的难民所数目却不一样:从 2 月份开始,难民开始陆续从难民所返回各自家中,人口从 62 500 人降至 36 800 人,3 月份难民所剩下 22 个,人口有 26 700 人,到 4 月份,难民所降至 16 个,人口为 21 750 人,5 月份只剩下 7 个难民所,人口为 12 150 人。

④ 《驻南京总领事花轮义敬致驻北平堀内干城参事官函》(机密)(1938 年 5 月 9 日),中央档案馆、中国第二历史档案馆等合编:《日本帝国主义侵华档案资料选编·南京大屠杀》,第 367 页。

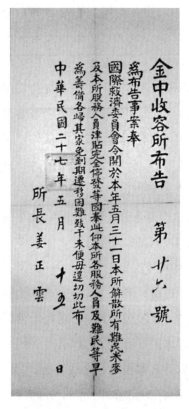

图 7-4　金陵大学附中难民收容所解散时的布告

（耶鲁大学神学院图书馆）

开了一个特别委员会会议，研究难民所关闭后的应对办法。"曾经接纳 6 5000—70 000 名难民，而现在这一些数字已锐减到只有 7 000 人呆在 6 个难民所里，其中约有 1 700 人急需帮助。"①但是各难民所关闭后，最多只能容留 1 000 人，这一困难使得国际救济委员会为此讨论了数次，因为无家可归者和生活没有着落的人太多。如仅金女大难民所的难民中，无家可归且又失去父母的年轻妇女有 32 人，无家可归又没有亲戚的年轻妇女有 672 人，无家可归且十分贫困的年轻妇女有 237 人，没有家的寡妇有 127 人，等等。② 5 月 29 日，随着难民收容所关闭日期的临近，难民已被告知难民所食堂将于 5 月 31 日关闭，这时，金女大难民所还剩 923 人。③

　　5 月 30 日，国际救济委员会在总部再次召开特别委员会会议，商讨安置最困难的难民问题，会议决定将 6 个难民所中 30 岁以上

---

① ［美］明妮·魏特琳：《魏特琳日记》，第 382 页。

② ［美］明妮·魏特琳：《魏特琳日记》，第 385 页。

③ ［美］明妮·魏特琳：《魏特琳日记》，第 390 页。

的贫困妇女安置在大方巷,金女大 30 岁以下的贫困妇女或住在城内危险地区的妇女和姑娘则无法安排。① 6 月 1 日下午,国际救济委员会在金女大礼堂召开了一次有 460 余人参加的大会,会议的主要议程是给所有为国际委员会和 26 个难民收容所的工作提供帮助的人颁发证书。至此,除还保留大方巷难民所中少数妇女难民和金女大难民所中的数百名妇女外,历时 6 个多月的 20 多个难民收容所正式宣布解散。

　　实际上,从南京国际救济委员会的报告中可以看出,国际救济委员会在相当长的时间内还承担了部分难民的救济费和住房费用,仅提供给金女大的救助款即达 1 600 元,"俾将 600 左右之难

图 7-5　从安全区返回的南京难民站在已成废墟的家园前

(耶鲁大学神学院图书馆)

---

① [美]明妮·魏特琳:《魏特琳日记》,第 391—392 页。

妇,继续收容至夏季"。①　魏特琳的日记记载:6 月 4 日,金女大难民所还约有 500 名妇女,其中包括新来避难寻求帮助的妇女。②　6日,由于担心日方通过伪市政当局要接收大方巷难民所,魏特琳女士又去该难民所,将其中 80 名年轻而没有生活来源的妇女接到金女大。③　后来,在魏特琳等人的无私帮助下,在金女大难民所里的上百名难民妇女,在金女大的家政班一边上课,一边做工,持续了很长时间,直到她们能够独立谋生。其中 5 名盲童在金女大呆了14 个月之后,被魏特琳亲自送到上海的盲人学校。

---

① 《南京国际救济委员会史料一组:南京国际救济委员会报告书》(1937 年 11 月至 1939
　　年 4 月 30 日),《民国档案》1997 年第 4 期。
② ［美］明妮·魏特琳:《魏特琳日记》,第 396 页。
③ ［美］明妮·魏特琳:《魏特琳日记》,第 399 页。

结　语

　　2017 年 8 月，为了纪念中国全面抗战爆发 80 周年，加强与欧洲史学界的交流与合作，应奥地利维也纳大学东亚研究所魏格林教授(Dr. Susanne Weigelin-Schwiedrzik)的邀请，我有幸参加了由奥地利科学院、维也纳大学等单位主办的"欧洲与东亚的二战记忆"国际学术研讨会。在会议上，我做了题为《南京英雄：南京大屠杀期间奥地利机械师鲁佩特·哈茨(Rupert R. Hatz)》的报告，试图引起奥地利学者的关注，寻找到更多有关哈茨的信息。哈茨是奥地利维也纳人，在南京大屠杀期间一直担任安全区国际委员会的机械师，负责运输粮食，在日军占领南京后，冒着生命危险，阻止日军暴行，保护和救济南京难民，拉贝称赞道："哈茨先生是理想的司机，他精通驾驶技术，即使是汽车没有轮子他也能开。"[①]但是，我们除了从留在南京西方人士的书信中了解到南京大屠杀期间哈茨的义举外，对哈茨本人的其他情况至今仍然知之甚少。

　　在南京大屠杀期间，哈茨冒着生命危险，拯救和保护了许多南京难民，时间过去 80 年了，而我们对哈茨了解实在是太

[①] ［德］约翰·拉贝：《拉贝日记》，第 680 页。

少了。哈茨出生在维也纳什么地方？其家庭情况如何？他何时来到南京？他在南京做什么工作？他为什么要留下来帮助拉贝？在南京大屠杀期间他留有相关书信文献吗？他离开南京前往上海后做什么工作？他有妻子儿女吗？他什么时候去世？①

其实，不仅哈茨，南京大屠杀期间留在南京的西方人士除了拉贝、贝德士、魏特琳、菲奇、马吉、辛德贝格、京特等外，其他如福斯特、特里默、里格斯、索恩、格蕾斯·鲍尔、伊娃·海因兹、戴籁三夫人、齐阿尔、科拉、克勒格尔、施佩林等，学界仍缺少深入研究，至今还有很多谜团未解。但随着南京大屠杀史料的不断挖掘和学界的不懈努力，南京大屠杀期间南京安全区的历史脉络已基本清晰，其历史功绩也逐渐为世人公认，当然仍有一些围绕南京安全区的思考值得我们不断探索。

一、"安全区不安全"

南京大屠杀期间，由西方民间人士发起设立的南京安全区，未能成为庇护难民的"诺亚方舟"。尽管留在南京的西方人士冒着生命危险，成功阻止了无数次日军的暴行，但在安全区内，日军的屠杀、强奸、抢劫和纵火等暴行仍然不断发生、罄竹难书。如何看待"安全区不安全"？

在日军占领南京前，西方人士围绕南京安全区的设立不断与中日双方进行沟通，因日方一直没有给予明确肯定的答复，加上安全区内中方防御阵地和军队也一直未能完全撤出，南京安全区国

① 张连红：《南京英雄：南京大屠杀期间奥地利机械师鲁佩特·哈茨（Rupert R. Hatz）》，《日本侵华南京大屠杀研究》2018 年第 1 期。

际委员会对安全区的正式启用一直缺少信心。在日军开始围攻南京前夕的 12 月 8 日，安全区内的中国军队和军事设施基本撤出后，国际委员会才正式发布安全区启用的告示，在告示中对安全区的"安全"做了特别说明："然而在战争的时候，对于任何人的安全自然不能担保的。无论何人也不应当认为进了这个区域，就可以完全保险平安。我们相信，倘然中日双方都能遵守他们的允诺，这个区域以内的人民，当然比他处的人民平安得多啦，因此，市民可以请进来吧！"①在《告南京市民书》的最后落款特别注明为"南京难民区国际委员会"，而不是"南京安全区国际委员会"。另外，在南京安全区四周边界竖立的旗帜标识中，用的也是"难民区"。南京安全区国际委员会担心用"安全区"一词会误导南京难民认为安全区绝对安全。

　　日军占领南京后，安全区的中立地位没有得到日军的基本尊重，安全区的存在并没能阻止日军对安全区实施军事"扫荡"行动，日军在安全区内的军事行动完全自由。正因为日军以执行军事任务为由可以随意进出安全区，由第三国民间人士发起设立的南京安全区未能成为"军事行动"的非军事区。面对失去控制的日军，尽管有西方人士的尽力保护，但安全区的"安全"功能根本无法得到保证。正如本书第五章揭示的那样，日军在安全区内的暴行在人类文明史留下了极不光彩的一页。

　　虽然在安全区内日军暴行十分猖獗，但丝毫不能否定南京安全区在保护难民方面所做出的巨大努力，在南京历史上最为黑暗的日子里，与失去人性的疯狂的日军相比，更能彰显 20 余位西方

①《告南京市民书》(1937 年 12 月 8 日)，中国第二历史档案馆、南京市档案馆、侵华日军南京大屠杀遇难同胞纪念馆编著：《侵华日军南京大屠杀图集》，第 149 页。

人士的大无畏精神和人道主义光芒。战时美国驻南京外交官埃斯皮报告称:"毫无疑问,安全区国际委员会和外国公民的个人努力在很大程度上使百姓免遭更大的不幸,使他们的财产免遭更大的破坏。"[1]孙宅巍在论述安全区的历史地位时认为:"安全与不安全是相对的。在战争的环境下,在强暴的民族敌人的铁蹄下,没有绝对的安全。就安全区没有能够完全阻止日军的侵入与滥施暴行来说,它并不安全;但是,拿安全区与非安全区相比,难民们多了一层保障,少了一份侵害,它又是安全的。"[2]正因为南京安全区的存在,它像黑暗之中一盏明灯,给深陷绝望之中的南京难民燃起一线生的希望。

二、人道主义遇到民族主义

在南京大屠杀期间,留在南京的 20 余位西方人士,手无寸铁,冒着生命危险,他们以人道主义精神,竭尽所能保护难民和放下武器的中国士兵,他们的英雄壮举,得到了国民政府的高度评价和南京难民的真情感激,在人类文明史上谱写了一曲人道主义的赞歌。人道主义遇到民族主义,无疑都会擦出形式多样的绚丽火花,成为人类文明发展史上最为宝贵的部分。特别是在南京难民心目中,自鸦片战争以来西方人士"洋鬼子"的形象变成了难民心目中的大救星、"活菩萨"。[3] 南京大屠杀期间,人道主义与民族主义相遇也并不都是鲜花和赞美,也有不少荆棘和指责,值得我们深思。

一是人道主义遭到民族主义的强力抵制。虽然国民政府上层和南京军事当局支持西方人士设立南京安全区,以收容安置南京

---

[1] 杨夏鸣译:《美国驻华外交官有关"南京大屠杀"的证言》,《民国档案》1997 年第 3 期。
[2] 孙宅巍:《澄清历史——南京大屠杀研究与思考》,第 158—159 页。
[3] 参见本书第六章第二节。

难民,但由于南京守军的防空军事设施位于安全区内五台山上,从军事角度而言,在实际运作过程中南京军方很难对人道主义妥协,从安全区撤离。对于军人而言,军事利益第一。另外,军方认为安全区的设立在一定程度上会瓦解士气。对于西方人士而言,拯救数十万难民的生命远远大于军队的无效抵抗。但深受民族主义教育的部分军官认为,军人放下武器投降,无疑是军人的耻辱,军人为了保家卫国应该战死疆场。西方人士则认为在安全区内发生交战无疑摧毁安全区存在的希望,放下武器不仅可以保全军人的生命,而且可以保全安全区难民的生命。① 日军占领南京后,日军当局认为留在南京的西方人士充当南京难民的"保护者",严重妨碍了日军的"军事行动",冒犯了军事占领者的尊严,因此,日军从士兵到军官,对南京西方人士都充满了敌意。作为第三方的西方人士所开展的人道主义救援,基于对战争时期普通难民生命的尊重,但遇到民族主义的强力抵制,举步维艰!

二是人道主义被民族主义利用。留在南京的西方人士十分希望南京能够避免战火的破坏,实现和平移交。但南京守城部队却尽可能利用安全区内的有利地形,"在安全区,而且就在德国旗子的附近建立了一些指挥部,他们用种种破绽百出的理由直到最后一刻都赖在比较保险的地方"。② 南京卫戍军司令长官唐生智在南京城陷前夕布署撤退之时,也曾试图利用国际委员会居中调停,以便中国军队撤退。而日军也利用了国际委员会劝说中国士兵放下武器集中安置的便利,在安全区内没有遭遇任何抵抗而搜捕枪杀

---

① 张连红:《人道主义与民族主义:南京保卫战中的南京安全区国际委员会》,《南京政治学院学报》2014 年第 6 期。

②《德国驻华大使馆留守南京办事处政务秘书罗森给德国外交部的报告》(1937 年 12 月 24 日),《抗日战争研究》1991 年第 2 期。

了数以万计的中国士兵，"由于我们解除了所有在 13 日下午进入安全区的（滞留在城内的）中国士兵的武装，我们的安全区内根本就没有狙击行动。但这并没有阻止日军最高层下达命令把在安全区内发现的每一个已经解除武装的士兵以及许多平民绑在一起带走枪毙"。① 对此，留在南京的西方人士十分自责内疚，米尔斯曾说："这就是我们所体会到的，一个真实的彩衣吹笛手。"②在占领南京初期，日军为了迅速解决占领后南京城的水、电和卫生等保障问题，也基本默认了基于人道主义而成立的南京安全区国际委员会的存在，但是随着局势慢慢稳定，日军很快成立伪南京市自治委员会傀儡政权来取代，最初对安全区国际委员会的默认也只是暂时的利用。

三是人道主义在一定的时空下遭到民族主义的误读。南京的西方人士基于人道主义立场设立安全区得到当时社会舆论的一致支持，但当时曾一度参加安全区筹备的英国人希尔兹在与 1938 年 4 月在南京访问的美国驻日大使馆武官卡波特·科维尔交流时，就对安全区设定的区域进行了指责："在南京设立安全区是一个失败，所谓保护中国民众只是名义上的，真正的目的是为了保护美国人、德国人、富裕中国人的财产。"他认为自己之所以被邀请参加，

---

① 《斯迈思致友人》（1938 年 3 月 8 日），朱成山主编：《海外南京大屠杀史料集》，第 250 页。

② 《米尔斯致妮娜》（1938 年 2 月 9 日），朱成山主编：《海外南京大屠杀史料集》，第 185—186 页。"彩衣吹笛手"是童话故事中的人物。中世纪欧洲哈默尔恩镇曾发生鼠灾，有一位身穿五彩长袍的神秘吹笛人，他的彩笛声极具魔力，老鼠受笛声魔力的吸引，纷纷从房屋里跑到街上，跟着他来到威悉河，结果老鼠全部溺死在河中。后来由于镇上百姓失信没有给予他报酬，彩衣吹笛手又通过吹笛将全镇 130 名儿童带走并令其失踪。

"是为了给派性组织增添国际色彩,这一点很明显"。① 他认为安全区遭到日军的蔑视。希尔兹是英商南京和记洋行的负责人,和记洋行当时在南京的下关,不在安全区范围内。究竟是什么原因促使希尔兹不认同安全区,目前我们无从得知。他的这一观点,到1951年初中国反对美国武装日本军国主义的浪潮中也重新被曾经在南京安全区避难的难民批判,美国传教士"准备在南京陷落前造成一个自己的势力范围,防备日寇破坏他们学校、房屋和财产等,保护其权利,同时准备在难民区大做生意。他们既利用国际委员会的名义,结合各国力量,又扛出救济难民的'人道主义'和中立等冠冕堂皇的招牌,以此同日寇形成既有勾结的机会,复有暗抗的形势"。② 安全区被描绘成日美"忠诚合作的产物",是"受难的难民区","'南京难民区国际委员会'用许多巧妙名词欺骗中国人民、世界人民,说什么'南京难民区'的地位是'中立''特殊'的……日寇在这里找到了怀着无限诚意并听其摆布指挥的'合作者'和代理者了"。所谓"美国鬼子点名,日本鬼子执行"。③ "金陵大学教授贝德士参与了当时南京的大屠杀。他一面在金大向同学们传布亲日思想,一面和日寇串通,在'招人做工'的名义下,把大批的中国难民移交给日寇,让日寇集体屠杀了"。④ 这种误读持续了很长时间,直到1980年代之后,随着思想解放和一大批原始史料的挖掘,拉贝、魏特琳等南京安全区国际委员会的西方人士才重新得到中国民众

---

① 《卡波特·科维尔的南京旅行记》,张生等编:《英美文书·安全区文书·自治委员会文书》,张宪文主编:《南京大屠杀史料集》第12册,第82—83页。

② 南京大学历史系编著:《日本帝国主义在南京的大屠杀》,1979年,第48—49页。

③ 《追记日寇南京大屠杀的血海深仇》,《新华日报》1951年2月26日。

④ 《南京金陵大学对美帝的控诉》,《人民日报》1951年1月31日。参见刘燕军《南京大屠杀的历史记忆(1937—1985)》,《抗日战争研究》2009年第4期。

的公正评价，南京大学专门设立拉贝纪念馆、南京师范大学校园里竖立了魏特琳铜像，供世人瞻仰，永远铭记。

三、安全区"地方精英"的失语

1937年11月20日，南京国民政府宣布西迁，中央和地方党政要员及科研院所研究人员和教职员工均纷纷撤离南京。在日军占领南京前夕，除了20余位西方人士留在南京外，尚有少部分大学教师、慈善宗教机构工作人员等"地方精英"由于各种原因留在南京。在南京大屠杀期间，南京绝大多数"地方精英"利用自己的知识和能力，积极参加了南京安全区国际委员会和各难民所、慈善宗教等组织，冒着生命危险，协助西方人士保护和救济无法离开南京的难民，为南京难民度过艰难时期做出了十分重要的贡献。安全区国际委员会主席拉贝在1938年2月21日的告别演讲中，特别感谢参加安全区管理的中国人，他认为安全区的成绩很大部分要归功于忠实友好的中国朋友，拉贝说"我们委员会各部门的实际工作都是中国人做的……你们的工作将会载入南京的历史史册，对此我深信不疑。"①据当时西方人士估计，参加安全区管理工作的中国人在1 500人以上。他们不仅要冒着生命危险，同时大都是义工，不取报酬的志愿者。但是，无论是战时还是战后，与安全区西方人士留下大量书信日记不同，参加安全区工作的"地方精英"似乎集体消失了。非常遗憾的是，拉贝的"深信不疑"可能落空了，至今我们在"南京的历史史册"中很难找到这些"地方精英"的身影。

阅读南京安全区西方人士的日记、书信，特别是《拉贝日记》、《魏特琳日记》等重要文献，其中有涉及南京安全区中部分地方精

---

① ［德］约翰·拉贝：《拉贝日记》，第681页。

英的描述,如在国际委员会和国际红十字会南京分会、20多个难民所等组织机构中担任重要职务的中国人姓名等。但是,我们几乎没有发现一本参加安全区工作的南京地方精英的记录,①直到2001年12月,我们才发现一部由中国人当时记录的《首都沦陷留守金校日记》,日记的主人是金女大留守三人小组成员、金女大舍监程瑞芳。② 为了保护、救助成千上万的妇孺难民,年逾花甲的程瑞芳女士冒着生命危险,不辞辛劳、竭尽心智协助魏特琳在校园内四处奔波,驱赶频频前来作恶的日军士兵。作为金女大难民所唯一的护士,程瑞芳还承担了校内卫生、产妇生产及儿童护理等繁重工作。这是到目前为止我们发现的唯一一本参加安全区管理工作的中国人的日记。作为中国人,程瑞芳将每天的所见所闻所思所感记录下来,为我们研究南京大屠杀期间南京难民的社会心理,提供了一个十分重要的观察窗口。

令人奇怪的是,程瑞芳只是武昌护士学校毕业,文化水平并不高。而当时留在南京参加国际委员会的中国人如陈嵘、汤忠谟、韩湘琳、齐兆昌、许传音、王耀廷、陈斐然等,都受过高等教育,精通外语,对南京大屠杀惨痛的历史更有能力留下记录和思考,但我们却没有发现他们有关南京安全区的日记、书信或其他文献资料。抗战胜利后南京国防部审判战犯军事法庭审判谷寿夫,以及远东国际军事法庭审判日本战犯,他们最应该积极参加并提供相关资料,但档案中只有许传音、欧阳都麟等少数人参加了南京审判并出庭

---

① 目前我们看到的郭岐、钮先铭、蒋公穀、李克痕等的回忆录,但回忆录的主人都不是参加安全区管理工作的人员。参见张连红编《幸存者的日记与回忆》,张宪文主编:《南京大屠杀史料集》第3册。

② 《程瑞芳日记》(一、二、三),《民国档案》2001年第3、4期,2002年第1期。

作证，①许传音后来赴远东国际军事法庭出庭作证，留下了法庭证词等。

　　1949 年南京解放和新中国成立后，由于朝鲜战争的爆发、反对美国武装日本运动以及冷战的影响，南京大屠杀期间无论是参加由西方传教士组织的安全区国际委员会，还是加入伪南京市自治委员会的"地方精英"，在新中国成立后各种运动的不断冲击下，对沦陷时期自身的经历，都选择了禁声失语。他们即使在战争期间保存了相关日记书信，可能也被偷偷地销毁了，2003 年 12 月，我们在采访许传音的后代时得到了相关印证。②

　　毫无疑问，除了参加伪自治委员会的成员外，在南京大屠杀期间冒着生命危险、不计报酬、义无反顾投入到南京安全区，参与保护救济南京难民的所有南京的"地方精英"，与大屠杀时期留在南京的西方人士一样，他们也是英雄。尽管他们没有留下足够的资料，但作为历史学者，我们理应继续努力，不能让他们在"南京的历史史册"中继续失语。本书已在第二章中设立专节进行讨论，但历史学者的探究，显然任重道远，期待后来者继续不懈努力！

---

① 参见杨夏鸣编《东京审判》、胡菊蓉编：《南京审判》，张宪文主编《南京大屠杀史料集》第 7、24 册。

② 张连红、胡华玲：《许传音：南京大屠杀的重要见证人》，《钟山风雨》2005 年第 4 期。

主要参考文献

（按音序排列）

一、中文资料与论著

（一）史料汇编

1. 《近代史资料》编辑部、中国人民抗日战争纪念馆编：《日军侵华暴行实录》，北京出版社1997年版。

2. 林长生：《南京大屠杀之铁证：向全世界人民鸣冤的诉讼状》，中央编译出版社2005年版。

3. 陆束屏编译：《南京大屠杀——英美人士的目击报道》，红旗出版社1999年版。

4. 陆束屏编译：《美国外交官的记载：日军大屠杀与浩劫后的南京城》，南京出版社2012年版。

5. 陆束屏编著：《英国外交官和英美海军军官的记载：日军大屠杀与浩劫后的南京城》，南京出版社2013年版。

6. 陆束屏编著：《血腥恐怖金陵岁月：金陵女子文理学院中外人士的记载》（上、下），南京出版社2014年版。

7. 美国国务院编：《美国外交文件·日本（1931—1941年）》，张玮瑛、张友云、杜继东译，中国社会科学出版社1998年版。

8. "南京大屠杀"史料编辑委员会、南京图书馆编：《侵华日军南京大屠杀史料》，江苏古籍出版社 1985 年版。

9. 南京市栖霞区地方志办公室、南京市栖霞区档案局（馆）编：《原罪：侵华日军在南京栖霞暴行录》，中国文史出版社 2007 年版。

10. 秦孝仪主编：《革命文献第 108 辑·日军在华暴行——南京大屠杀》（上），中国国民党中央委员会党史委员会，1987 年。

11. 秦孝仪主编：《革命文献第 109 辑·日军在华暴行——南京大屠杀》（下），中国国民党中央委员会党史委员会，1987 年。

12. 上海社会科学院历史研究所编：《"八一三"抗战史料选编》，上海人民出版社 1986 年版。

13. 时事出版社编辑部选编：《悲愤·血泪：南京大屠杀亲历记》，时事出版社 1988 年版。

14. ［日］松冈环编著：《南京战·寻找被封闭的记忆——侵华日军原士兵 102 人的证言》，新内如等译，上海辞书出版社 2002 年版。

15. ［日］松冈环编著：《南京战·被割裂的受害者之魂——南京大屠杀受害者 120 人的证言》，沈维藩译，上海辞书出版社 2005 年版。

16. 章开沅编译：《南京——1937 年 11 月至 1938 年 5 月》，三联书店（香港）有限公司 1995 年版。

17. 魏宏运主编：《中国现代史资料选编 4（抗日战争时期）》，黑龙江人民出版社 1981 年版。

18. 张宪文主编：《南京大屠杀史料集》（第 1—72 册），江苏人民出版社 2005—2010 年版。

19. 章开沅编译：《天理难容——美国传教士眼中的南京大屠杀（1937—1938）》，南京大学出版社 1999 年版。

20. 张连红、吴先斌、张定胜主编：《南京保卫战老兵口述史》，南京出版社 2020 年版。

21. 张伯兴主编：《南京大屠杀史研究与文献系列丛书》（1—27），南京出版社 2007—2010 年版。

22. 中央档案馆、中国第二历史档案馆、吉林省社会科学院合编：《日本帝国主义侵华档案资料选编·南京大屠杀》，中华书局 1995 年版。

23. 中国第二历史档案馆、南京市档案馆编：《侵华日军南京大屠杀档案》，江苏古籍出版社 1987 年版。

24. 中国第二历史档案馆编：《抗日战争正面战场》（上、中、下），凤凰出版社 2005 年版。

25. 中国第二历史档案馆、南京市档案馆、侵华日军南京大屠杀遇难同胞纪念馆编著：《侵华日军南京大屠杀图集》，江苏古籍出版社 1997 年版。

26. ［日］中国归还者联络会编：《三光：日本战犯侵华罪行自述》，李亚一译，世界知识出版社 1990 年版。

27. 朱成山主编：《南京大屠杀史研究与文献系列丛书》（28—35），南京出版社 2011—2014 年版。

28. 朱成山主编：《侵华日军南京大屠杀幸存者证言集》，南京大学出版社 1994 年版。

29. 朱成山主编：《侵华日军南京大屠杀外籍人士证言集》，江苏人民出版社 1998 年版。

30. 朱成山主编：《侵华日军南京大屠杀幸存者证言》，社会科学文献出版社 2005 年版。

（二）历史文献

1. （伪）督办南京市政公署秘书处编：《南京市政概况》，南京立泰阁印书馆 1939 年 3 月版。

2. 郭岐：《陷都血泪录》，南京师范大学出版社 2005 年版。

（三）日记、回忆

1. 程瑞芳：《程瑞芳日记》，南京出版社 2015 年版。

2. 陈方正编辑、校订：《陈克文日记（1937—1952）》（上、下），社会科学文献出版社 2014 年版。

3. ［日］东史郎：《东史郎日记》，本书翻译组译，江苏教育出版社 1999 年版。

4. 钮先铭著，张生编注：《佛门避难记》，南京师范大学出版社 2005 年版。

5. 宋希濂:《鹰犬将军——宋希濂自述》,中国文史出版社 1986 年版。

6. ［日］藤原彰、小野贤二、本多胜一编:《南京大屠杀:日军士兵战地日记》,刘峰译,社会科学文献出版社 2019 年版。

7.《王世杰日记》(手稿本)第一册,(台北)"中央研究院"近代史研究所,1990 年。

8. ［美］魏特琳:《魏特琳日记》,南京师范大学南京大屠杀研究中心译,江苏人民出版社 2000 年版。

9.《徐永昌日记》第四册,(台北)"中央研究院"近代史研究所,1990 年。

10. ［日］小俣行男:《日本随军记者见闻录:南京大屠杀……》,周晓萌译,世界知识出版社 1985 年版。

11. ［德］约翰·拉贝:《拉贝日记》,本书翻译组译,江苏人民出版社、江苏教育出版社 1997 年版。

12. ［日］曾根一夫:《南京大屠杀亲历记》,陈惠堃译,(台北)黎明文化事业股份有限公司 1986 年版。

（四）文史资料

1. 中国人民政治协商会议全国委员会文史资料研究委员会编:《文史资料选辑》第 12 辑,中华书局 1961 年版。

2. 中国人民政治协商会议全国委员会文史资料研究委员会《南京保卫战》编审组编:《南京保卫战:原国民党将领抗日战争亲历记》,中国文史出版社 1987 年版。

3. 中国人民政治协商会议江苏省南京市委员会文史资料研究委员会编:《史料选辑·侵华日军南京大屠杀史料专辑》(代第 4 辑),1983 年。

4. 中国人民政治协商会议上海市委员会文史资料工作委员会编:《抗日风云录》,上海人民出版社 1985 年版。

（五）论著

1. 阿垅:《南京血祭》,人民文学出版社 1987 年版。

2. ［美］阿伦·哈斯:《大屠杀后遗症》,梁骏等译,北京出版社 2000 年版。

3. ［美］安德森:《想象的共同体:民族主义的起源与散布》,吴睿人译,上海人民版社 2005 年版。

4. ［日］本多胜一：《南京大屠杀始末采访录》，刘春明等译，北岳文艺出版社 2001 年版。

5. 陈安吉主编：《侵华日军南京大屠杀国际学术研讨会论文集》，安徽大学出版社 1998 年版。

6. 程兆奇：《南京大屠杀研究：日本虚构派批判》，上海辞书出版社 2002 年版。

7. 程兆奇：《日本现存南京大屠杀史料研究》，上海人民出版社 2008 年版。

8. 戴袁支：《1937—1938：人道与暴行的见证——经历南京腥风血雨的丹麦人》，江苏人民出版社 2010 年版。

9. ［日］东史郎：《东史郎对日本军国主义的批判》，彭曦译，南京出版社 2007 年版。

10. ［日］东中野修道：《南京大屠杀的彻底检证》，严欣群译，新华出版社 2000 年版。

11. ［日］洞富雄：《南京大屠杀》，毛良鸿、朱阿根译，上海译文出版社 1987 年版。

12. 高兴祖：《日军侵华暴行——南京大屠杀》，上海人民出版社 1985 年版。

13. 高兴祖：《南京大屠杀与日本战争罪责——高兴祖文集》，南京大学出版社 2005 年版。

14. 郭士杰：《日寇侵华暴行录》，联合书店 1951 年版。

15. ［美］胡华玲：《金陵永生　魏特琳女士传》，人民文学出版社 2000 年版。

16. ［日］津田道夫：《南京大屠杀和日本人的精神构造》，程兆奇、刘燕译，新星出版社 2005 年版。

17. 经盛鸿：《南京沦陷八年史》（上、下），社会科学文献出版社 2005 年版。

18. ［日］笠原十九司:《难民区百日:亲历日军大屠杀的西方人》,李广廉、王志君译,南京师范大学出版社 2005 年版。

19. ［日］笠原十九司:《南京事件争论史:日本人是怎样认知史实的》,罗萃萃等译,社会科学文献出版社 2011 年版。

20. ［日］历史研究委员会编:《大东亚战争的总结》,东英译,新华出版社 1997 年版。

21. 刘杰、三谷博、杨大庆主编:《超越国境的历史认识:来自日本学者及海外中国学者的视角》,社会科学文献出版社 2006 年版。

22. 刘杰、川岛真编:《1945 年的历史认识:围绕"终战"的中日对话尝试》,社会科学文献出版社 2010 年版。

23. 南京大学历史系编著:《日本帝国主义在南京的大屠杀》,南京大学历史系,1979 年。

24. 南京师范大学南京大屠杀研究中心主编:《魏特琳传》,南京出版社 2001 年版。

25. ［法］皮埃尔·诺拉主编:《记忆之场:法国国民意识的文化社会史》,黄艳红等译,南京大学出版社 2015 年版。

26. ［美］阮玛霞:《饶家驹安全区:战时上海的难民》,白华山译,江苏人民出版社 2011 年版。

27. ［日］森山康平:《南京大屠杀与三光作战:记取历史教训》,天津市政协编译委员会译,四川教育出版社 1984 年版。

28. ［日］石川达三:《活着的士兵》,钟庆安、欧希林译,昆仑出版社 1987 年版。

29. ［日］松冈环:《从日本老兵战时书信与日记看——南京大屠杀》,彭曦等译,南京出版社 2007 年版。

30. ［日］松本重治:《上海时代》,曹振威、沈中琦等译,上海书店出版社 2010 年版。

31. ［日］松村俊夫:《南京大屠杀大疑问》,赵博源等译,新华出版社 2001 年版。

32. 孙宅巍主编：《南京大屠杀》，北京出版社 1997 年版。

33. 孙宅巍：《澄清历史：南京大屠杀研究与思考》，江苏人民出版社 2005 年版。

34. 孙江主编：《事件·记忆·叙述》，浙江人民出版社 2004 年版。

35. 孙建秋编著：《金陵女大（1915—1951）：金陵女儿图片故事》，广西师范大学出版社 2010 年版。

36. ［日］田中正明：《“南京大屠杀”之虚构》，军事科学院外国军事研究部译，世界知识出版社 1985 年版。

37. 徐志耕：《南京大屠杀》，昆仑出版社 1987 年版。

38. 张宪文主编：《金陵大学史》，南京大学出版社 2002 年版。

39. 张宪文主编：《南京大屠杀全史》（上、中、下），南京大学出版社 2012 年版。

40. 章开沅：《南京大屠杀的历史见证》，湖北人民出版社 1995 年版。

41. 张连红、经盛鸿、陈虹等：《创伤的历史：南京大屠杀与战时中国社会》，南京师范大学出版社 2005 年版。

42. 张连红主编：《金陵女子大学校史》，江苏人民出版社 2005 年版。

43. 张连红：《明妮·魏特琳》，南京出版社 2016 年版。

44. 张连红、孙宅巍主编：《南京大屠杀研究：历史与言说》（上、下），江苏人民出版社 2014 年版。

45. 张生等：《南京大屠杀史研究》（上、下），凤凰出版社 2015 年版。

46. 张生：《历史·记忆·书写：南京大屠杀》，南京大学出版社 2018 年版。

47. 张生：《发现历史：范式转换与路径选择》，南京大学出版社 2020 年版。

48. 王卫星：《约翰·拉贝》，南京出版社 2016 年版。

49. 杨夏鸣：《美国外交文件中的日军南京暴行研究》，江苏人民出版社 2017 年版。

50. ［美］张纯如：《南京浩劫——被遗忘的大屠杀》，杨夏鸣译，东方出版社 2008 年版。

51. ［美］张盈盈：《张纯如——无法忘却历史的女子》，鲁伊译，中信出版社 2012 年版。

52. 中国社会科学院近代史研究所编:《东亚三国近代历史》,社会科学文献出版社 2005 年版。

53. 朱成山主编:《侵华日军南京大屠杀史研究成果交流会论文集》,安徽大学出版社,1999 年。

二、英文资料与论著

1. Brook，Timothy（1999），*Documents on the Rape of Nanking*，The University of Michigan Press.

2. *China Missionary Oral History Project*：*Lewis S. C. Smythe*，Claremont Graduate School，1971.

3. Chang，Iris(1997)，*The Rape of Nanking：The forgotten holocaust of World War II*，Basic Books.

4. Chang，Ying-Ying(2011)，*The Woman who Could Not Forget：Iris Chang Before and Beyond The Rape of Nanking*，Pegasus.

5. Fogel，Joshua A（2000）. *The Nanjing Massacre in History and Historiography*，University of California Press.

6. Friedlander，Saul.（1992），ed. *Probing the Limits of Representation：Nazism and the "Final Solution"*，Harvard University Press.

7. Hua-Ling Hu，Zhang Lian-Hong(2019)；*The Undaunted Women of Nanking：The Wartime Diaries of Minnie Vautrin and Tsen Shui-fang*（paperback），Southern Illinois University Press.

8. Li，Peter(2003)，*Japanese War Crimes：The Search for Justice*，Transaction Publishers.

9. Lu Suping edit.（2008），*Terror in Minnie Vautrin's Nanjing：Diaries and Correspondence，1937 - 38*，Urbana and Chicago：University of Illinois Press.

10. Martha Lund Smally(edit.)，*American Missionary Eyewitness To*

The Nanking Massacre，*1937-1938*，Yale Divinity School Library Occasional Publication No. 9，1997.

11. Myer-Fong，Tobie.（2013），*What Remains：Coming to Terms with Civil War in* 19*th Century China*，Stanford University Press.

12. Ricoeur，Paul（2004）：*Memory*，*History*，*Forgetting.* Chicago University Press.

13. Wakabayashi，Bob Tadashi（2007），*The Nanking Atrocity*，*1937-38：Complicating the Picture*，Berghahn Books.

14. Wang Ban（2004），*Illuminations from the Past：Trauma*，*Memory*，*and History in Modern China.* Stanford University Press.

15. Yoshida，Takashi（2006），*The Making of the Rape of Nanking：History and Memory in Japan*，*China and the United States*，Oxford University Press.

16. Zhang Xianwen，Zhang Lianhong，Wang Weixing（2018）：*A History of the Nanjing Massacre*，Gale，a Cengage Company.

三、日文资料与论著

1. 本多勝一『南京への道』、朝日新聞社、1987 年。

2. 本多勝一『ペンの陰謀―あるいはペテンの論理を分析する』、潮出版社、1977 年。

3. 本多勝一『中国の旅』、朝日新聞社、1981 年。

4. 洞富雄『日中戦争資料 南京事件』第 1、2 巻、河出書房新社、1973 年。

5. 洞富雄『近代戦史の謎』、新人物往来社、1967 年。

6. 洞富雄『南京事件』、新人物往来社、1972 年。

7. 洞富雄『南京大虐殺「まぼろし」化工作批判』、現代史出版会、1975 年。

8. 洞富雄、藤原彰、本多勝一編『南京事件を考える』、大月書店、1987 年。

9. 東中野修道、藤岡信勝『「ザ.レイプ.オブ.南京」の研究―中国における「情報戦の手口と戦略」』、祥伝社、1999 年。

10. 東中野修道『「南京虐殺」の徹底検証』、展轉社、1998 年。

11. 井口和起、木坂順一郎、下里正樹編『南京事件・京都師団関係資料集』、青木書店、1989 年。

12. 河辺虎四郎『市ケ谷台から市ケ谷台へ——最後の参謀次長回想録』、時事通信社、1962 年。

13. 笠原十九司『南京難民区の百日——虐殺を見た外国人』、岩波書店、1995 年。

14. 笠原十九司『南京事件』、岩波書店、1999 年。

15. 鈴木明『「南京大虐殺」のまぼろし』、文藝春秋、1973 年。

16. 南京戦史編集委員会編『南京戦史資料集 I 』、偕行社、1993 年。

17. 南京戦史編集委員会編『南京戦史資料集 II 』、偕行社、1993 年。

18. 南京事件調査研究会編訳『南京事件資料集〈1〉 アメリカ関係資料編』、青木書店、1992 年。

19. 南京事件調査研究会編『南京事件現地調査報告書』、1985 年。

20. 南京事件調査研究会『南京大虐殺否定論 13のウソ』、柏書房、1999 年。

21. 秦郁彦『南京事件—「虐殺」の構造』、中公新書、1986 年。

22. 山本七平『私の中の日本軍』、文藝春秋、1975 年。

23. 松岡環編著『南京戦・閉ざされた記憶を尋ねて—元兵士 102 人の証言』、社会評論社、2002 年。

24. 田中正明『パール判事の日本無罪論』、慧文社、1963 年。

25. 田中正明『南京虐殺の虚構——松井大將の日記をめぐって』、日本教文社、1984 年。

26. 田中正明編『松井石根大將の陣中日誌』、芙蓉書房出版、1985 年。

27. 藤原彰『天皇制と軍隊』、青木書店、1978 年。

28. 藤原彰『南京大虐殺』、岩波書店、1985 年。

29. 下野一霍講述、五島広作編『南京作戦の真相——熊本第六師団戦記』、東京情報社、1965 年。

30. 伊佐一男『歩兵第七聯隊史・上海—南京戦』、歩七戦友会、1967 年。

附录 常见外国人姓名翻译对照表

姓名	新华社译名	曾用中文名	其他译名	国籍	机构、职务
Hallett Edward Abend	阿本德		哈立德·埃邦德	美国	纽约时报
John Moore Allison	阿利森		爱利生、亚立逊、阿里逊、爱理逊、艾利森	美国	美国驻华大使馆
George Atcheson, Jr.	艾奇逊			美国	美国驻华大使馆
Miner Searle Bates	M. S. 贝茨	贝德士	裴志、裴滋、贝特斯	美国	金陵大学
Grace Bauer	格雷斯·鲍尔	鲍恩典	格瑞丝·鲍尔	美国	金大医院
Prideaux-Brune	普里多-布龙			英国	英国驻华大使馆
F. J. Buck	巴克	卜克	卜凯	美国	金陵大学
Richard F. Brady	布雷迪	裴睿德		美国	金大医院
Brown	布朗			美国	芜湖总医院
Robert L. Craigie	克雷吉		克莱琪	英国	英国驻日本大使
Frank Tillman Durdin	德丁		F. 提尔曼·杜丁	美国	纽约时报
James Espy	詹姆斯·埃斯皮			美国	美国驻华大使馆
George A. Fitch	乔治·菲奇	费吴生	费奇、费区、费尔生、菲思	美国	基督教青年会
Ernest H. Forster	欧内斯特·福斯特		福斯多、厄内斯特·福斯特、厄恩斯特·H. 福斯特	美国	圣公会
Von Falkenhausen	冯·法肯豪森			德国	军事顾问
J. M. Hanson	汉森		翰生	丹麦	德士古石油公司

姓名	新华社译名	曾用中文名	其他译名	国籍	机构、职务
R. R. Hatz	R. R. 哈茨			奥地利	机械师
R. Hempel	R. 亨普尔	韩贝乐	黑姆佩尔	德国	北方饭店
Iva Hynds	伊娃·海因兹			美国	金陵大学医院
Reverent Jacquinot	雅坎诺	饶家驹	饶神父	法国	上海法国教会
Jeffery	杰弗里			英国	英国驻华大使馆
Douglas Jenkins, Jr.	格拉斯·詹金斯				美国驻华大使馆
Christian Kroeger	克里斯蒂安·克勒格尔		克罗戈、克鲁格、克鲁治、克罗戈	德国	礼和洋行（卡洛维兹公司）
Ivor Mackay	麦凯		麦寇	英国	太古公司
John G. Magee	约翰·马吉	马骥	梅奇、马约翰、马冀、麦琪	美国	圣公会
James H. McCallum	詹姆斯·麦卡勒姆		麦卡伦、麦考伦、麦加伦	美国	基督会
W. Plumer Mills	W. P. 米尔斯		米尔士、密尔士	美国	长老会
C. Yates McDaniel	麦克丹尼尔			美国	美联社
Arthur Menken	孟肯			美国	美国派拉蒙电影公司
G. Schultze-Pantin	舒尔茨·潘廷		舒尔彻·潘丁、舒尔兹兹·潘亭	德国	兴明贸易公司
J. V. Pickering	皮克林	毕戈林		美国	美孚洋行
Cola Podshivoloff	科拉·波德希沃洛夫		普特希伏洛夫、克拉·波德希伏洛夫	白俄	桑格伦电器商行（桑德格林电器商店）
John Hall Paxton	帕克斯顿			美国	美国驻华大使馆
Frank Price	弗兰克·普赖斯	毕范宇		美国	金陵神学院
John H. D. Rabe	约翰·H. D. 拉贝	艾拉培	雷伯、拉比、锐比、诺波	德国	西门子洋行
Charles H. Riggs	查尔斯·里格斯	林查理	李格斯、里格斯	美国	金陵大学
G. F. Rosen	罗森			德国	德国驻华大使馆
Scharffenberg			沙尔芬贝格	德国	德国驻华大使馆
Archibald T. Steele	阿奇博尔德·斯蒂尔		阿契包德·斯提尔、A. T. 斯提尔	美国	芝加哥《每日新闻报》
L. C. Smith	史密斯		莱斯利·史密斯	英国	路透社

续表

姓名	新华社译名	曾用中文名	其他译名	国籍	机构、职务
Lewis S. C. Smythe	刘易斯·斯迈思		史迈士、史密斯、史迈斯、路易斯·S. C. 史迈士	美国	金陵大学
Hubert L. Sone	休伯特·索恩	宋煦伯	宋尼	美国	金陵神学院
Eduard Sperling	爱德华·斯珀林		史波林、斯伯林、斯波林、施佩林	德国	上海保险公司
Albert N. Steward	艾伯特·斯图尔特	史德蔚	司徒华	美国	金陵大学
T. F. Shields	希尔德			美国	古士德公司
C. S. Trimmer	C. S. 特里默	屈穆尔	德利谟	美国	金陵大学医院
Paul D. Twinem	特威纳姆	戴籁三夫人	特文兰太太、德威南夫人、特威兰、杜南夫人、特维内姆	美国	金陵大学
H. J. Timperley	坦珀利		田伯烈	英国	曼彻斯特卫报
Minnie Vautrin	明妮·沃特林	华群	魏特琳	美国	金陵女子文理学院
Robert O. Wilson	罗伯特·威尔逊	韦如柏		美国	金陵大学医院
Aug Zautig	A. 曹迪希			德国	起士林糕饼店（基士林克和巴达公司）
A. Zial	齐阿尔		塞尔	白俄	机械师

索　引

370,377,379,382,383,397,419,
420,424,433,434,449,452,454,
459, 462, 467—470, 472—480,
482, 484—486, 488, 489, 491—
509, 511—514, 516, 522, 524—
526, 528, 530, 531, 533—539,
542—551,553,555,557—564

H

哈茨　51,56,57,76,77,80,83,
407,425,512,555,556
海斯　487
海因兹　73,76,78,418,460,461,
556
韩贝乐　487
韩森　487,488
汉口路　31,39,182,224,288,300,
342,369,408,413,416,419,447,
463
汉口路小学　58,59,118,143,473
汉森　48,89,315,464
汉中路　31,39,40,45,362,363,
369,396—398,402,442,490,525
汉中门　228,230,358,369,372,
379—382,388,394
杭立武　20,25,26,32,37,42,50,
51,71,76,249,368,484,485
和记洋行　48,62,110,229,561

黑姆佩尔　77,84,186
红卍字会　44,53,67,68,106,108,
109,113,115,116,130,145,150,
152,313,442,452,453,484,495,
517,519,533,536
虎踞关　391,392
华侨招待所　58,267,377
华群　19,216,260,287,292,308,
330,346,349,450
华特凌　487,488
华小姐　232,287,421,424,430,
539
华中方面军　13—16,361,363,
436,495

J

基督教总会　55,154,227,317
江南水泥厂　62,73,79,80,229
姜正云　114,118,122,130,420
蒋公穀　275,281,298,304,321,
340,402,403,440,441,446,464,
470
蒋介石　13,15,17,18,25,26,42,
214,225,236,248,249,252,353,
354,476—478,480—483,541
金大附中　72,119,122,123,295,
296,333,376,411,428,437,511
金陵大学　20,22,25,36,40,41,

后　记

　　本书原是国家社科基金项目《南京大屠杀时期的南京"安全区"研究》(98CZS005)最终成果,该项目1998年立项,2001年5月完成初稿,得到评审专家一致好评而顺利结项。但其后一直束之高阁,直到列入南京大学"抗日战争专题研究"项目,我们课题组才决定修订出版。

　　史料是史学研究的前提和基础,而南京大屠杀研究其史料的重要性更是不言而喻。1998年我申请这个项目时,得益于1995年章开沅先生编译出版的贝德士文献之一《南京大屠杀的历史见证》和1997年由南京大学郑寿康等人翻译出版的《拉贝日记》,1999年章开沅先生又推出《天理难容——美国传教士眼中的南京大屠杀(1937—1938)》,2000年我们翻译出版了《魏特琳日记》,这些当年留在南京的西方人士的日记、书信等原始史料对我们课题研究起到了十分重要的史料支撑作用。但是,要深入研究南京安全区,仍有许多不解之谜,我们一直期待有更多的史料出现。从2005年开始,在南京大学资深教授张宪文先生领衔下,经过近十年的搜集整理,出版了72册的《南京大屠杀史料集》,为学界深入研究南京大屠杀提供了丰富的史料。

时光荏苒，初心不改。当年我们课题组的五位成员，除了研究生邹洪凯后来毕业从政外，王卫星、杨夏鸣、刘燕军和我一直坚持从事南京大屠杀研究，围绕南京安全区在《近代史研究》《抗日战争研究》《民国档案》等学术刊物上发表系列论文。本书是课题组成员集体研究的成果，这次重新修订，具体分工如下：张连红承担前言、第二章（部分）、第六章、第七章、结语和统稿，王卫星承担第一章、第五章，刘燕军承担第二章（部分）、第四章、图片，杨夏鸣承担第三章、附录。邹洪凯承担了第二章初稿，本次修订没有能邀请他参加，十分感谢当年他的热情参与和辛苦付出。20年前，课题结项时只有16万字左右，经过这次补充修订后的书稿44万字，除了字数比初稿多了一倍多外，本次修改重在史料充实和吸纳学界的最新研究成果，部分章节几乎全部重写。虽然本书是课题组共同研究的成果，但如有差池，责任全在我。

此书能够面世出版，首先要感谢国家社科基金规划办公室的支持，本课题是我承担的第一个国家社科基金项目，对我后来学术研究方向的确定具有十分重要的意义。感谢南开大学魏宏运先生，当年虽未谋面，他作为国家社科基金评审专家，对我这位刚毕业工作的年轻博士给予支持，若干年之后他来我校讲学时才提及此事，令人十分感动！感谢华中师范大学章开沅先生对我从事南京大屠杀研究的肯定、鼓励和悉心指导，1999年他和夫人黄老师一起来南京耳提面命的情景仍历历在目。不幸的是二位老先生都新近去世，学界悲恸，令人唏嘘。日本研究南京大屠杀的专家笠原十九司教授最早应邀前来讲学，对本课题给予了许多帮助，并在藤原彰先生去世后协助捐赠了藤原彰先生所收藏的有关南京大屠杀的全部书籍资料。感谢江苏省社科院南京大屠杀研究权威专家孙宅巍教授、侵华日军南京大屠杀遇难同胞纪念馆原馆长张建军等对我们的长期关心支持,感谢江苏人民出版社的王保顶社长、张晓薇主任和张惠玲编辑的精心投入。最后,我要特别感谢我的导师张宪文先生,虽然已近鲐背之年,仍活跃在科研一线,永远是我们学习的榜样。没有张老师的培养、鼓励和督促,就没有本书的出版。

谨以此书献给在南京大屠杀期间仍坚持留在南京的 20 余位西方人士,献给与西方人士并肩战斗、与同胞守望相助的中方人员,人道主义精神永放光芒!

张连红

2022 年 3 月于南京仙林